KB211388

엑스포지멘터리

호세아·요엘
아모스
오바댜·요나

엑스포지멘터리 호세아·요엘·아모스·오바댜·요나

초판 1쇄 발행 2011년 2월 21일
개정판 2쇄 발행 2022년 3월 10일

지은이 송병현

펴낸곳 도서출판 이엠
등록번호 제25100-2015-000063
주소 서울시 강서구 공항대로 220, 601호
전화 070-8832-4671
E-mail empublisher@gmail.com

내용 및 세미나 문의 스타선교회: 02-520-0877 / EMail: starofkorea@gmail.com / www.star123.kr
Copyright © 송병현, 2022, *Print in Korea*.
ISBN 979-11-86880-51-7   93230

엑스포지멘터리

호세아·요엘 아모스 오바댜·요나

| 송병현 지음 |

EXPOSItory comMENTARY

EM Exposi Mentary

한국 교회를 위한 하나의 희망

저의 서재에는 성경 본문 연구에 관한 많은 책이 있습니다. 그중에는 주석서들도 있고 강해서들도 있습니다. 그러나 그중에 송병현 교수가 시도한 이런 책은 없습니다. 엑스포지멘터리, 듣기만 해도 가슴이 뛰는 책입니다. 설교자와 진지한 성경 학도 모두에게 꿈의 책이 아닐 수 없습니다. 이런 책이 좀 더 일찍 나올 수 있었다면 한국 교회가 어떠했을까를 생각해 봅니다. 저는 이 책을 꼼꼼히 읽어 보면서 가슴 깊은 곳에서 큰 자긍심을 느꼈습니다.

이 책은 지금까지 복음주의 교회가 쌓아 온 모든 학문적 업적을 망라하고 있을 뿐만 아니라 한국 교회 강단이 목말라하는 모든 실용적 갈망에 해답을 던져 줍니다. 이 책에서는 실제로 활용할 수 있는 충실한 신학적 정보가 일목요연하게 제시됩니다. 그러면서도 또한 위트와 감탄을 자아내는 감동적인 적용들도 제공됩니다. 얼마나 큰 축복이며 얼마나 신나는 일이며 얼마나 큰 은총인지요. 저의 사역에 좀 더 일찍 이런 학문적 효과를 활용하지 못한 것이 아쉽기만 합니다. 진실로 한국 교회의 내일을 위해 너무나 소중한 기여라고 생각합니다.

일찍이 한국 교회 1세대를 위해 박윤선 목사님과 이상근 목사님의 기여가 컸습니다. 그러나 이제 한국 교회는 새 시대의 리더십을 열어야 하는 교차로에 서 있습니다. 저는 송병현 교수가 이런 시점을 위해 준비된 선물이라고 생각합니다. 진지한 강해 설교를 시도하고자 하는 모든 이와 진지한 성경 강의를 준비하고자 하는 모든 성경공부 지도자에게 어떤 대가를 지불하고서라도 우선 이 책을 소장하고 성경을 연구하는 책상 가까운 곳에 두라고 권면하고 싶습니다. 앞으로 계속 출판될 책들이 참으로 기다려집니다.

한국 교회는 다행스럽게 말씀과 더불어 그 기초를 놓을 수 있었습니다. 이제는 그 말씀으로 어떻게 미래의 집을 지을 것인가를 고민하고 있습니다. 이 〈엑스포지멘터리 시리즈〉는 분명한 하나의 해답, 하나의 희망입니다. 이 책과 함께 성숙의 길을 걸어갈 한국 교회의 미래가 벌써 성급하게 기다려집니다. 더 나아가 한국 교회 역사의 성과물 중의 하나인 이 책이 다른 열방에도 나누어졌으면 합니다. 이제 우리는 복음에 빚진 자로서 열방을 학문적으로도 섬겨야 하기 때문입니다. 이 책을 한국 교회에 허락하신 우리 주님께 감사와 찬양을 드립니다.

이동원 | 지구촌교회 원로목사

총체적 변화를 가져다줄 영적 선물

교회사를 돌이켜 볼 때, 교회가 위기에 처해 있었다면 결국 강단에서 하나님의 말씀이 제대로 선포되지 못한 데서 그 근본 원인을 찾을 수 있습니다. 영적 분별력이 있는 사람이라면 모두 이에 대해 동의할 것입니다. 사회가 아무리 암울할지라도 강단에서 선포되는 말씀이 살아 있는 한, 교회는 교회로서의 기능이 약화되지 않고 오히려 사회를 선도하고 국민들의 가슴에 희망을 안겨 주었습니다. 백 년 전 영적 부흥이 일어났던 한국의 초대교회가 그 좋은 예입니다. 이러한 영적 부흥은 살아 있는 하나님의 말씀이 강단에서 영적 권위를 가지고 "하나님께서 이렇게 말씀하셨다"고 선포하였을 때 나타났던 현상입니다.

오늘날에는 날이 갈수록 강단에서 선포되는 말씀이 약화되거나 축소되고 있습니다. 이런 상황 속에서 출간되는 송병현 교수의 〈엑스포지멘터리 시리즈〉는 한국 교회와 전 세계에 흩어진 7백만 한인 디아스포라에게 주는 커다란 영적 선물이 아닐 수 없습니다. 이 시리즈는 하나님의 말씀을 쉽게 이해할 수 있도록 풀이한 것으로, 목회자와 선교사는 물론이고 평신도들의 경건생활과 사역에도 큰 도움이 될 것입니다. 무엇보다도 저는 이 시리즈가 강단에서 원 저자이신 성령님의 의도대로 하나님 나라 복음이 선포되게 하여 믿는 이들에게 총체적 변화(total transformation)를 다시 경험할 수 있는 계기를 마련해 주리라 확신합니다.

송병현 교수는 지금까지 구약학계에서 토의된 학설 중 본문을 석의하는 데 불필요한 내용들은 걸러내는 한편, 철저하게 원 저자가 전하고자 하는 메시지를 현대인들이 가장 잘 이해할 수 있도록 전하고자 부단히 애를 썼습니다. 이 시리즈를 이용하는 모든 이에게 저자의 이런 수고와 노력에 걸맞은 하나님의 축복과 기쁨과 능력이 함께하실 것을 기대하면서 이 시리즈를 적극 추천합니다.

이태웅 | GMTC 초대 원장, 글로벌리더십포커스 원장

주석과 강해의 적절한 조화를 이뤄낸 시리즈

한국 교회는 성경 전체를 속독하는 '성경통독' 운동과 매일 짧은 본문을 읽는 '말씀 묵상'(QT) 운동이 세계 어느 나라 교회보다 활성화되어 있습니다. 얼마나 감사한 일인지 모릅니다. 그러나 상대적으로 책별 성경연구는 심각하게 결핍되어 있는 것이 사실입니다. 때때로 교회 지도자들 중에도 성경해석의 기본이 제대로 갖춰져 있지 않아 성경 저자가 말하려는 의도와 상관없이 본문을 인용해서 자신이 하고 싶은 말을 하는 분들이 적지 않음을 보고 충격을 받은 일도 있습니다. 앞으로 한국 교회가 풀어야 할 과제가 '진정한 말씀의 회복'이라면 이를 위해 가장 중요한 것은 바른 말씀의 세계로 인도해 줄 좋은 주석서와 강해서를 만나는 일일 것입니다.

좋은 주석서는 지금까지 축적된 다른 성경학자들의 연구 결과가 잘 정돈되어 있을 뿐 아니라 저자의 새로운 영적·신학적 통찰이 번뜩이는 책이어야 합니다. 또한 좋은 강해서는 자기 견해를 독자들에게 강요하는(impose) 책이 아니라, 철저한 본문 석의 과정을 거친 후에 추출되는 신학적·사회과학적 연구가 배어 있는 책이어야 할 것이며, 글의 표현이 현학적이지 않은, 독자들에게 친절한 저술이어야 할 것입니다.

그러나 솔직히 말씀드리면, 저는 서점에서 한국인 저자의 주석서나 강해서를 만나면 한참을 망설이다가 내려놓게 됩니다. 또 주석서를 시리즈로 사는 것은 어리석은 행동이라는 말을 신학교 교수들에게 들은 뒤로 여간해서 시리즈로 책을 사지 않습니다. 이는 아마도 풍성한 말씀의 보고(寶庫) 가운데로 이끌어 주는 만족스러운 주석서를 아직까지 발견하지 못했기 때문일 것입니다. 그러나 제가 처음으로 시리즈로 산 한국인 저자의 책이 있는데, 바로 송병현 교수의 〈엑스포지멘터리 시리즈〉입니다.

송병현 교수의 〈엑스포지멘터리 시리즈〉야말로 제가 가졌던 좋은 주석서와 강해서에 대한 모든 염원을 실현해 내고 있습니다. 이 주석서는 분명 한국 교회 목회자들과 평신도 성경 교사들의 고민을 해결해 줄 하나님의 값진 선물입니다. 지금까지 없었던, 주석서와 강해서의 적절한 조화를 이뤄낸 신개념의 해설주석이라는 점도 매우 신선하게 다가옵니다. 또한 쉽고 친절한 글이면서도 우물 깊은 곳에서 퍼 올린 생수와 같은 깊이가 느껴집니다. 이 같은 주석 시리즈가 한국에서 나왔다는 사실에 저는 감격하지 않을 수 없습니다. 이 땅에서 말씀으로 세상에 도전하고자 하는 모든 목회자와 평신도에게 이 주석 시리즈를 적극 추천합니다.

이승장 | 예수마을교회 목사, 성서한국 공동대표

시리즈 서문

"너는 50세까지는 좋은 선생이 되려고 노력하고, 그 이후에는 좋은 저자가 되려고 노력해라." 내가 시카고 근교에 위치한 트리니티 신학교(Trinity Evangelical Divinity School) 박사과정을 시작할 즈음에 지금은 고인이 되신 스승 맥코미스키(Thomas E. McComiskey)와 아처(Gleason L. Archer) 두 교수님께서 주신 조언이었다. 너무 일찍 책을 쓰면 훗날 아쉬움이 많이 남는다며 하신 말씀이었다. 박사학위를 마치고 1997년에 한국에 들어와 신대원에서 가르치기 시작하면서 나는 이 조언을 마음에 새겼다. 사실 이 조언과 상관없이 내가 당시에 당장 책을 출판한다는 일은 불가능한 일이었다. 중학교를 다니던 70년대 중반에 캐나다로 이민을 갔다가 20여 년 만에 귀국하여 우리말로 강의하는 일 자체가 당시 나에게는 매우 큰 도전이었으며, 책을 출판하는 일은 사치로 느껴졌기 때문이다.

세월이 지나 어느덧 나는 선생님들이 말씀하신 오십을 눈앞에 두었다. 1997년에 귀국한 후 지난 10여 년 동안 나는 구약 전체에 대한 강의안을 만드는 일을 목표로 삼았다. 내 자신에게 동기를 부여하기 위하여 내가 몸담고 있는 신대원 학생들에게 매학기 새로운 구약 강해과

목을 개설해 주었다. 감사한 것은 지혜문헌을 제외한 구약 모든 책의 본문관찰을 중심으로 한 강의안을 13년 만에 완성할 수 있었다는 점이다. 앞으로 수년에 걸쳐 이 강의안들을 대폭 수정하여 매년 2-3권씩을 책으로 출판하려 한다. 지혜문헌은 잠시 미루어두었다. 시편 1권(1-41편)에 대하여 강의안을 만든 적이 있었는데, 본문관찰과 주해는 얼마든지 할 수 있었지만, 무언가 아쉬움이 남았다. 삶의 연륜이 가미되지 않은 데서 비롯된 부족함이었다. 그래서 나는 지혜문헌에 대한 주석은 육십을 바라볼 때쯤 집필하기로 작정했다. 삶을 조금 더 경험한 후로 미루어 놓은 것이다. 아마도 이 시리즈가 완성될 때쯤이면, 자연스럽게 지혜문헌에 대한 책들을 출판할 때가 되지 않을까 싶다.

이 시리즈는 설교하고 성경공부를 인도해야 하는 중견목회자들과 평신도 지도자들을 마음에 두고 집필한 책들이다. 나는 이 시리즈의 성향을 exposimentary('해설주석')이라고 부르고 싶다. Exposimentary라는 단어는 내가 만들어낸 용어이다. 해설/설명을 뜻하는 expository라는 단어와 주석을 뜻하는 commentary를 합성하였다. 대체적으로 expository는 본문과 별 연관성이 없는 주제와 묵상으로 치우치기 쉽고, commentary는 필요 이상으로 논쟁적이고 기술적일 수 있다는 한계를 의식해서 이러한 상황을 의도적으로 피하고 가르치는 사역에 조금이나마 실용적이고 도움이 되는 교재를 만들기 위하여 만들어낸 개념이다. 나는 본문의 다양한 요소와 이슈들에 대하여 정확하게 석의하면서도 전후 문맥과 책 전체의 문형(文形; literary shape)을 최대한 고려하여 텍스트의 의미를 설명하고 우리의 삶과 연결하려고 노력했다. 또한 히브리어 사용은 최소화했다.

이 시리즈를 내놓으면서 감사할 사람이 참 많다. 먼저, 지난 25년 동안 나의 인생의 동반자가 되어 아낌없는 후원과 격려를 해주었던 아내 임우민에게 감사한다. 아내를 생각할 때마다 참으로 현숙한 여인을(cf. 잠 31:10-31) 배필로 주신 하나님께 감사할 뿐이다. 아빠의 사역을 기도와 격려로 도와준 지혜, 은혜, 한빛에게도 고마운 마음을 표한다. 평생 기도와 후원을 아끼지 않은 친가와 처가 친척들에게도 감사하다는 말을 전하고 싶다. 항상 옆에서 돕고 격려해준 평생친구 장병환·윤인옥, 박선철·송주연 부부들에게도 고마움을 표하는 바이며, 시카고 유학시절에 큰 힘이 되어주셨던 이선구 장로님·최화자 권사님 부부에게도 이 자리를 빌어 평생 빚진 마음을 표하고 싶다. 우리 가족이 20여 년 만에 귀국하여 정착할 수 있도록 배려를 아끼지 않으신 백석학원 설립자 장종현 목사님에게도 감사하는 바이다. 우리 부부의 영원한 담임목자이신 이동원 목사님에게도 고마움을 표하고 싶다.

2009년 겨울 방배동에서

감사의 글

스타선교회의 사역에 물심양면으로 헌신하여 오늘도 하나님의 말씀이 온 세상에 선포되는 일에 기쁜 마음으로 동참하시는 김형국, 백영걸, 정진성, 장병환, 임우민, 정채훈, 송은혜, 강숙희 이사님들께 감사의 마음을 전하고 싶습니다. 이사님들의 헌신이 있기에 세상은 조금 더 살맛나는 곳이 되고 있습니다.

2016년 여름이 시작된 방배동에서

일러두기

엑스포지멘터리(exposimentary)는 '해설/설명'을 뜻하는 엑스포지토리 (expository)라는 단어와 '주석'을 뜻하는 코멘터리(commentary)를 합성한 단어이다. 본문의 뜻과 저자의 의도와는 별 연관성이 없는 주제와 묵상으로 치우치기 쉬운 엑스포지토리(expository)의 한계와 필요 이상으로 논쟁적이고 기술적일 수 있는 코멘터리(commentary)의 한계를 극복하여 목회현장에서 가르치고 선포하는 사역에 실질적으로 도움이 되도록 하는 새로운 장르이다. 본문의 다양한 요소와 이슈들에 대하여 정확하게 석의하면서도 전후 문맥과 책 전체의 문형(文形; literary shape)을 최대한 고려하여 텍스트의 의미를 설명하고 성도의 삶과 연결하려고 노력하는 설명서이다. 엑스포지멘터리는 다음과 같은 원칙을 바탕으로 인용한 정보를 표기한다.

1. 참고문헌을 모두 표기하지 않고 선별된 참고문헌으로 대신한다.
2. 출처를 표기할 때 각주(foot note) 처리는 하지 않는다.
3. 출처 표기는 괄호 안에 하되 페이지는 밝히지 않는다.
4. 여러 학자들이 동일하게 해석할 때 모든 학자들을 표기하지 않고

일부만 표기한다.

5. 한 출처를 인용하여 설명할 때, 설명이 길어지더라도 각 문장마다 출처를 표기하지 않는다.

주석은 목적과 주 대상에 따라 인용하는 정보 출처와 참고문헌 표기가 매우 탄력적으로 제시되는 장르이다. 참고문헌이 없이 출판되는 주석들도 있고, 각주가 전혀 없이 출판되는 주석들도 있다. 또한 각주와 참고문헌이 없이 출판되는 주석들도 있다. 엑스포지멘터리 시리즈는 이 같은 장르의 탄력적인 성향을 고려하여 제작된 주석이다.

선별된 약어표

개역	개역성경
개정	개역성경개정판
공동	공동번역
새번역	표준새번역 개정판
현대	현대인의 성경
아가페	아가페 쉬운성경
BHK	Biblica Hebraica Kittel
BHS	Biblica Hebraica Stuttgartensia
ESV	English Standard Version
CSB	Nashville: Broadman & Holman, Christian Standard Bible
KJV	King James Version
LXX	칠십인역(Septuaginta)
MT	마소라 사본
NAB	New American Bible
NAS	New American Standard Bible
NEB	New English Bible

NIV	New International Version
NRS	New Revised Standard Bible
TNK	Jewish Publication Society Tanakh
TNIV	Today's New International Version
AAR	American Academy of Religion
AB	Anchor Bible
ABD	The Anchor Bible Dictionary
ABRL	Anchor Bible Reference Library
ACCS	Ancient Christian Commentary on Scripture
AJSL	American Journal of Semitic Languages and Literature
ANET	J. B. Pritchard, ed., The Ancient Near Eastern Texts Relating to the Old Testament. 3rd. ed. Princeton: Princeton University Press, 1969.
ANETS	Ancient Near Eastern Texts and Studies
AOTC	Abingdon Old Testament Commentary
ASORDS	American Schools of Oriental Research Dissertation Series
BA	Biblical Archaeologist
BAR	Biblical Archaeology Review
BASOR	Bulletin of the American Schools of Oriental Research
BBR	Bulletin for Biblical Research
BCBC	Believers Church Bible Commentary
BDB	F. Brown, S. R. Driver & C. A. Briggs, A Hebrew and English Lexicon of the Old Testament. Oxford: Clarendon Press, 1907.
BETL	Bibliotheca Ephemeridum Theoloicarum Lovaniensium
BibOr	Biblia et Orientalia
BibSac	Bibliotheca Sacra

BibInt	Biblical Interpretation
BJRL	Bulletin of the John Rylands Library
BJS	Brown Judaic Studies
BLS	Bible and Literature Series
BN	Biblische Notizen
BO	Berit Olam: Studies in Hebrew Narrative & Poetry
BR	Bible Review
BRS	The Biblical Relevancy Series
BSC	Bible Student Commentary
BT	The Bible Today
BTCB	Brazos Theological Commentary on the Bible
BV	Biblical Viewpoint
BZAW	Beihefte zur Zeitschrift für die alttestamentliche Wissenschaft
CAD	Chicago Assyrian Dictionary
CBC	Cambridge Bible Commentary
CBSC	Cambridge Bible for Schools and Colleges
CBQ	Catholic Biblical Quarterly
CBQMS	Catholic Biblical Quarterly Monograph Series
CB	Communicator's Bible
CHANE	Culture and History of the Ancient Near East
DSB	Daily Study Bible
EBC	Expositor's Bible Commentary
ECC	Eerdmans Critical Commentary
EncJud	Encyclopedia Judaica
EvJ	Evangelical Journal
EvQ	Evangelical Quarterly
ET	Expository Times

ETL	Ephemerides Theologicae Lovanienses
FOTL	Forms of Old Testament Literature
GCA	Gratz College Annual of Jewish Studies
GKC	E. Kautszch and A. E. Cowley, Gesenius' Hebrew Grammar. Second English edition. Oxford: Clarendon Press, 1910.
GTJ	Grace Theological Journal
HALOT	L. Koehler and W. Baumgartner, The Hebrew and Aramaic Lexicon of the Old Testament. Trans. by M. E. J. Richardson. Leiden: E. J. Brill, 1994−2000.
HBT	Horizon in Biblical Theology
HSM	Harvard Semitic Monographs
HOTC	Holman Old Testament Commentary
HUCA	Hebrew Union College Annual
IB	Interpreter's Bible
ICC	International Critical Commentary
IDB	Interpreter's Dictionary of the Bible
ISBE	G. W. Bromiley (ed.), The International Standard Bible Encyclopedia. 4 vols. Grand Rapids: 1979−88.
ITC	International Theological Commentary
J−M	P. Joüon−T. Muraoka, A Grammar of Biblical Hebrew. Part One: Orthography and Phonetics. Part Two: Morphology. Part Three: Syntax. Subsidia Biblica 14/I−II. Rome: Editrice Pontificio Istituto Biblico, 1991.
JAAR	Journal of the American Academy of Religion
JANES	Journal of Ancient Near Eastern Society
JNES	Journal of Near Eastern Studies

JBL	Journal of Biblical Literature
JBQ	Jewish Bible Quarterly
JJS	Journal of Jewish Studies
JSJ	Journal for the Study of Judaism
JNES	Journal of Near Eastern Studies
JSOT	Journal for the Study of the Old Testament
JSOTSup	Journal for the Study of the Old Testament Supplement Series
JPSTC	JPS Torah Commentary
LCBI	Literary Currents in Biblical Interpretation
MHUC	Monographs of the Hebrew Union College
MJT	Midwestern Journal of Theology
MOT	Mastering the Old Testament
MSG	Mercer Student Guide
NAC	New American Commentary
NCB	New Century Bible Commentary
NCBC	New Collegeville Bible Commentary
NEAEHL	E. Stern (ed.), The New Encyclopedia of Archaeological Excavations in the Holy Land. 4 vols. Jerusalem: Israel Exploration Society & Carta, 1993.
NIB	New Interpreter's Bible
NIBC	New International Biblical Commentary
NICOT	New International Commentary on the Old Testament
NIDOTTE	W. A. Van Gemeren, ed., The New International Dictionary of Old Testament Theology and Exegesis. Grand Rapids: Zondervan, 1996.
NIVAC	New International Version Application Commentary

OBC	Oxford Bible Commentary
Or	Orientalia
OTA	Old Testament Abstracts
OTE	Old Testament Essays
OTG	Old Testament Guides
OTL	Old Testament Library
OTM	Old Testament Message
OTS	Oudtestamentische Studiën
OTWSA	Ou−Testamentiese Werkgemeenskap in Suid−Afrika
PBC	People's Bible Commentary
PEQ	Palestine Exploration Quarterly
PSB	Princeton Seminary Bulletin
RevExp	Review and Expositor
RTR	Reformed Theological Review
SBJT	Southern Baptist Journal of Theology
SBLDS	Society of Biblical Literature Dissertation Series
SBLMS	Society of Biblical Literature Monograph Series
SBLSymS	Society of Biblical Literature Symposium Series
SHBC	Smyth & Helwys Bible Commentary
SJOT	Scandinavian Journal of the Old Testament
SJT	Scottish Journal of Theology
SSN	Studia Semitica Neerlandica
TBC	Torch Bible Commentary
TynBul	Tyndale Bulletin
TD	Theology Digest
TDOT	G. J. Botterweck and H. Ringgren (eds.), Theological Dictionary of the Old Testament. Vol. I−. Grand Rapids:

Eerdmans, 1974–.

TGUOS   Transactions of the Glasgow University Oriental Society

THAT   Theologisches Handwörterbuch zum Alten Testament. 2 vols. Munich: Chr. Kaiser, 1971–1976.

TJ   Trinity Journal

TOTC   Tyndale Old Testament Commentaries

TS   Theological Studies

TWAT   Theologisches Wörterbuch zum Alten Testament. Stuttgart: W. Kohlhammer, 1970–.

TWBC   The Westminster Bible Companion

TWOT   R. L. Harris, G. L. Archer, Jr., and B. K. Waltke (eds.), Theological Wordbook of the Old Testament, 2 vols. Chicago: Moody, 1980.

TZ   Theologische Zeitschrift

UBT   Understanding Biblical Themes

VT   Vetus Testament

VTSup   Vetus Testament Supplement Series

W–O   B. K. Waltke and M. O'Connor, An Introduction to Biblical Hebrew Syntax. Winona Lake: Eisenbrauns, 1990.

WBC   Word Biblical Commentary

WBCom   Westminster Bible Companion

WCS   Welwyn Commentary Series

WEC   Wycliffe Exegetical Commentary

WTJ   The Westminster Theological Journal

ZAW   Zeitschrift für die alttestamentliche Wissenschaft

선별된 참고문헌

Abma, R. *Bonds of Love: Methodic Studies of Prophetic Texts with Marriage Imagery (Isaiah 50:1-3 and 54:1-10, Hosea 1-3, Jeremiah 2-3)*. SSN. Assen: Van Gorcum, 1999.

Achtemeier, E. "The Book of Joel: Introduction, Commentary, and Reflections." Pp. 299–336 in *New Interpreter's Bible*, vol. 7. Nashville: Abingdon, 1996.

_____. *Minor Prophets I*. NIBCOT. Grand Rapids: Hendrickson/ Paternoster, 1996.

Ackerman, J. "Satire and Symbolism in the Song of Jonah." Pp. 213–46 in *Traditions in Transformation*. Ed. by B. Halpern and J. Levenson. Winona Lake: Eisenbrauns, 1981.

Ackerman, S. *Under Every Green Tree: Popular Religion in Sixth-Century Judah*. HSM. Atlanta: Scholars, 1992.

Ackroyd, P. *Exile and Restoration: A Study of Hebrew Thought of the Sixth Century B.C.* Phildadelphia: Westminster Press, 1975.

Ahlström, G. W. *Joel and the Temple Cult of Jerusalem*. VTSup. Leiden:

Brill, 1971.

Alexander, T. D. "Jonah and Genre." TynBul 36 (1985): 35−59.

Allen, L. C. *The Books of Joel, Obadiah, Jonah and Micah.* NICOT. Grand Rapids: Eerdmans, 1976.

Anderson, G. W. *A Critical Introduction to the Old Testament.* London: Duckworth, 1960.

Andersen, F. I. and D. N. Freedman. *Amos: A New Translation with Introduction and Commentary.* AB. Garden City, NY: Doubleday, 1989.

_____. *Hosea: A New Translation with Introduction and Commentary.* AB. Garden City, NY: Doubleday, 1980.

Andinach, P. R. "The Locusts in the Message of Joel." VT 42 (1992): 433−41.

Armerding, C. E. "Nahum." Pp. 553−601 in *The Expositor's Bible Commentary Revised Edition*, vol. 8. Grand Rapids: Zondervan, 2008.

_____. "Habakkuk." Pp. 603−648 in *The Expositor's Bible Commentary Revised Edition*, vol. 8. Grand Rapids: Zondervan, 2008.

Arnold, P. "Hosea and the Sin of Gibeah." CBQ 51 (1989), 37−65.

Auld, A. G. *Amos.* Sheffield: Sheffield Academic Press, 1986.

Baker, D. W. *Joel, Obadiah, Malachi.* NIVAC. Grand Rapids: Zondervan, 2006.

Baker, D. W.; T. D. Alexander; B. K. Waltke. *Obadiah, Jonah, Micah.* TOTC. Downers Grove: InterVarsity, 1988.

Baldwin, J. G. "Jonah." Pp. 543−590 in *The Minor Prophets*, vol. 2. Ed. by T. McComiskey. Grand Rapids: Baker, 1993.

Barker, K. L. "Zechariah." Pp. 721−833 in *The Expositor's Bible*

Commentary Revised Edition, vol. 8. Grand Rapids: Zondervan, 2008.

Baron, S. *The Desert Locust*. New York: Scribner, 1972.

Barré, M. L. *The God-List in Treaty between Hannibal and Philip V of Macedonia: A Study in the Light of Ancient Near Eastern Treaty Tradition*. Baltimore: Johns Hopkins University Press, 1983.

Barstad, H. *The Religious Polemics of Amos*. VTSup. Leiden: E. J. Brill, 1984.

Bartlett, J. R. *Edom and the Edomites*. JSOTSS. Sheffield: Sheffield Academic Press, 1989.

Barton, J. "The Canonical Meaning of the Book of the Twelve." Pp. 59–73 in *After the Exile: Essays in Honour of Rex Mason*. Ed. by J. Barton and D. J. Reimer. Macon, GA: Mercer University, 1996.

_____. *Joel and Obadiah: A Commentary*. OTL. Louisville: Westminster John Knox, 2001.

Baumann, G. *Love and Violence: Marriage as Metaphor for Relationship between YHWH and Israel in the Prophetic Books*. Trans. by Linda M. Maloney. Collegeville, MN: Liturgical, 2003.

Ben Zvi, E. "Twelve Prophetic Books or 'The Twelve': A Few Preliminary Considerations." Pp. 125–56 in *Forming Prophetic Literature: Essays on Isaiah and the Twelve in Honor of J. D. W. Watts*. Eds., J. W. Watts, P. R. House. JSOTSS. Sheffield: Sheffield Academic Press, 1996.

_____. *A Historical-Critical Study of the Book of Obadiah*. BZAW. New York: Walter de Gruyter, 1996.

_____. *Hosea*. FOTL. Grand Rapids: Eerdmans, 2005.

Bennett, R. A. "The Book of Zephaniah: Introduction, Commentary, and Reflections." Pp. 657-704 in *New Interpreter's Bible*, vol. 7. Nashville: Abingdon, 1996.

Bergler, S. *Joel als Schriftinterpret*. Frankfurt am Lain: Peter Lang, 1988.

Bewer, J. A. *A Critical and Exegetical Commentary on Obadiah and Joel*. ICC. Edinburgh: T. & T. Clark, 1911.

_____. *A Literature of the Old Testament*. rev. ed. New York: Columbia University Press, 1933.

Bewer, J. A.; Mitchel, H. G.; Smith, M. P. *A Critical and Exegetical Commentary on Haggai, Zechariah, Malachi, and Jonah*. ICC. New York: Scribner, 1912.

Bickerman, E. *Four Strange Books of the Bible*. New York: Schocken, 1967.

Bič, M. "Zur Problematik des Boches Obadiah." SVT 1 (1953): 11-25.

Birch, B. C. *Hosea, Joel and Amos*. Louisville: Westminster John Knox Press, 1997.

Bird, P. A. "'To Play the Harlot': An Inquiry into an Old Testament Metaphor." Pp. 219-36 in *Missing Persons and Mistaken Identities: Women and Gender in Ancient Israel*. Ed. by P. A. Bird. Minneapolis: Fortress, 1997.

Borowski, O. *Agriculture in Iron Age Israel*. Winona Lake: Eisenbrauns, 1987.

Boshoff, W. S. "Yahweh as God of Nature: Elements of the Concept of God in the Book of Hosea." JNSL 18 (1992), 13-24.

Braaten, "God Sows: Hosea's Land Theme in the Book of Twelve." Pp. 104-32 in *Thematic Threads in the Book of the Twelve*. Ed. by P. L. Redditt and A. Shart. Berlin: de Gruyter, 2003.

Bracke, J. M. "Sûb sᵉbût: A Reappraisal." ZAW 97 (1985): 233-44.

Brenner, A., ed. *A Feminist Companion to the Latter Prophets.* Sheffield: Sheffield Academic Press, 1995.

Brichto, H. C. *Toward a Grammar of Biblical Poetics.* New York: Oxford University Press, 1992.

Brody, A. J. *"Each Man Cried Out to His God:" The Specialized Religion of Canaanite and Phoenician Seafarers.* Atlanta: Scholars Press, 1998.

Brown, W. P. *Obadiah Through Malachi. Westminster Bible Companion.* Louisville: Westminster John Knox, 1996.

Bruckner, J. *Jonah, Nahum, Habakkuk, Zephaniah.* NIVAC. Zondervan, 2004.

Brueggemann, W. *Tradition for Crisis: A Study in Hosea.* Richmond: John Knox, 1968.

Budde, K. "Vermutungen zum 'Midrasch des Buches der Könige.'" ZAW 11 (1892): 37−51.

Burrows, D. P. *Jonah, the Reluctant Missionary.* Leominster, England: Gracewing, 2008.

Buss, M. J. *The Prophetic Word of Hosea: A Morphological Study.* BZAW. Berlin: Alfred Töpelmann, 1969.

Calvin, J. *Joel, Amos, Obadiah.* Edinburgh: Calvin Translation Society, 1896.

Cannon, W. W. "The Day of the Lord in Joel." Church Quarterly Review 103 (1926): 32−63.

Carroll, D. M. "Hosea." Pp. 213−305 in *The Expositor's Bible Commentary Revised Edition*, vol. 8. Grand Rapids: Zondervan, 2008.

_____. "The Prophetic Denunciation of Religion in Hosea 4−7." Chriswell Theological Review 7 (1993): 15−38.

Cary, P. *Jonah*. BTCB. Grand Rapids: Brazos Press, 2008.

Cathcart, K. J.; Gordon, R. P. *The Targum of the Minor Prophets*. The Aramaic Bible. Wilmington: Michael Glazier, 1989.

Childs, B. S. "The Enemy from the North and the Chaos Tradition." JBL 78 (1959): 187–98.

Christensen, D. L. "Narrative Poetics and the Interpretation of the Book of Jonah." Pp. 29–48 in *Directions in Biblical Hebrew Poetry*. Ed. by E. R. Follis. JSOTSS. Sheffield: Sheffield Academic Press, 1987.

Clark, G. R. *The Word Hesed in the Hebrew Bible*. JSOTSS. Sheffield: Sheffield Academic Press, 1993.

Coggins, R. J.; S. P. Re'emi. *Israel Among the Nations: Nahum, Obadiah, Esther*. ITC. Grand Rapids: Eerdmans, 1985.

Cole, R. A. "Joel." Pp. 716–25 in T*he Bible Commentary Revised*. Ed. by D. Guthrie et al. London: InterVarsity Press, 1970.

Cooper, D. L. "The Message of Joel." Biblical Research Monthly 47 (1982): 21–23.

Coote, R. B. "Hosea xii." VT 21 (1971): 389–402.

Craigie, P. C. *The Twelve Prophets*, 2 vols. DSB. Edinburgh: The Saint Andrew Press, 1984–85.

Credner, K. A. *Der Prophet Joel. Uebers. und erklärt*. 1831.

Crenshaw, J. L. *Joel*. AB. New York: Doubleday, 1995.

Cresson, B. C. "Israel and Edom: A Study of the Anti–Edom Bias in the Old Testament Religion." Ph. D. Diss. Duke University, 1963.

Cross, F. M. *From Epic to Canon; History and Literature in Ancient Israel*. Baltimore: Johns Hopkins University, 1998.

Dahood, M. "The Four Cardinal Points in Psalm 75:7 and Joel 2:20."

Biblica 52 (1971): 397.

Daniels, D. R. *Hosea and Salvation History: The Early Traditions of Israel in the Prophecy of Hosea*. BZAW. Berlin: de Gruyter, 1990.

Davies, G. I. *Hosea*. NCBC. Grand Rapids: Eerdmans, 1992.

_____. *Hosea*. Sheffield: JSOT Press, 1993.

Day, J. "Pre−Deuternomic Allusions to the Covenant in Hosea and Psalm LXXVIII." VT 36 (1986): 1−12.

_____. "Does the Old Testament Refer to Sacred Prostitution and Did It Actually Exist in Ancient Israel? Pp. 2−21 in *Biblical and Near Eastern Essays: Studies in Honour of Kevin J. Cathcart*. Ed. by C. McCarthy and J. F. Healey. JSOTSS. London: T & T Clark, 2004.

Dearman J. A. *The Book of Hosea*. NICOT. Grand Rapids: Eerdmans, 2010.

_____. "Interpreting the Religious Polemics against Baal and the Baalism in the Book of Hosea." OTE 14 (2001): 9−25.

Delitzsch, F. *Old Testament History of Redemption*. Trans. by Samuel I. Curtiss. New York: Scribner, 1881.

DeRoche, M. "Structure and Meaning in Hosea 4:4−10." VT 33 (1983): 185−98.

Dever, W. G. *Did God Have a Wife? Archaeology and Folk Religion in Ancient Israel*. Grand Rapids: Eerdmans, 2005.

Dicou, B. *Edom, Israel's Brother and Antagonist: The Role of Edom in Biblical Prophecy and Story*. JSOTSS. Sheffield: Sheffield Academic Press, 1994.

Dillard, R. B. "Joel." Pp. 239−313 in *The Minor Prophets: An Exegetical and Expository Commentary*, vol. 1. Ed. by T. E. McComiskey.

Grand Rapids: Baker Book House, 1992.

Dillard, R. B.; Longman, T. *An Introduction to the Old Testament*. Grand Rapids: Zondervan, 1994.

Dorsey, D. A. *The Literary Structure of the Old Testament: A Commentary on Genesis-Malachi*. Grand Rapids: Baker Book House, 1999.

Dozeman, T. B. "Hosea and the Wandering Wilderness Tradition." Pp. 55–70 in *Rethinking the Foundations: Historiography in the Ancient World and in the Bible: Essays in Honour of John Van Seters*. Ed. by S. McKenzie and T. Römer. BZAW. New York: de Gruyter, 2000.

Driver, S. R. *The Books of Joel and Amos, with Introduction and Notes*. CBS. Cambridge: Cambridge University, 1901.

_____. *An Introduction to the Literature of the Old Testament*. Gloucester, Mass.: Peter Smith, 1972 rep.

Duhm, B. "Ammerkungen zu den zwolf Propheten." ZAW 31 (1911): 1–43, 184–88.

Eaton, J. H. *Obadiah, Nahum, Habakkuk, Zephaniah*. TBC. London: SCM, 1961.

Eidevall, G. *Grapes in the Desert: Metaphors, Models, and Themes in Hosea 4-14*. Stockholm: Almquist & Wiksell, 1996.

Eiselen, F. C. *The Prophetic Books of the Old Testament*. vol. 2. New York: the Methodist Book Concern, 1923.

Ellis, E. E. The Old Testament in Early Christianity. Grand Rapids: Baker Book House, 1991.

Ellul, J. *The Judgment of Jonah*. Trans. by G. W. Bromily. Grand Rapids: Eerdmans, 1971.

Emmerson, G. I. *Hosea: An Israelite Prophet in Judean Perspective*. Sheffield: JSOT Press, 1984.

_____. "The Structure and Meaning of Hosea 9:1–3." VT 25 (1975): 700–710.

_____. "Another Look at the Book of Jonah." ExpTim 88 (1976): 86–88.

Fensham, F. C. "The Covenant–Idea in the Book of Hosea." Pp. 35–49 in *Studies on the Books of Hosea and Amos: Papers Read at the 7th and 8th Meetings of die O. T. Werkgemeenskap in Suid Africa (1964-65)* (no publ. info. 1966).

Finley, T. J. *Joel, Amos, Obadiah.* WEC. Chicago: Moody, 1996.

Fohrer, G. *Introduction to the Old Testament.* Trans. by D. E. Green. Nashville: Abingdon Press, 1968.

Fretheim, T. *The Suffering of God: An Old Testament Perspective.* OBT. Minneapolis: Fortress, 1984.

_____. *The Message of Jonah: A Theological Commentary.* Eugene, OR: Wipf and Stock Publishers, 2000.

Fuller, R. "The Form and Formation of the Book of the Twelve: The Evidence from the Judean Desert." Pp. 86–101 in *Forming Prophetic Literature: Essays on Isaiah and the Twelve in Honor of J. D. W. Watts.* Ed. by J. W. Watts and P. R. House. JSOTSS. Sheffield: Sheffield Academic Press, 1996.

Gaebelein, F. E. *Four Minor Prophets: Obadiah, Jonah, Habakkuk, and Haggai.* Chicago: Moody, 1977.

García–Treto, F. O. "The Book of Nahum: Introduction, Commentary, and Reflections." Pp. 591–619 in *New Interpreter's Bible*, vol. 7. Nashville: Abingdon, 1996.

Garrett, D. *Hosea, Joel.* NAC. Nashville: Broadman and Holman, 1997.

_____. "The Structure of Joel." JETS 28 (1985): 289–97.

Gelston, A. "Kingship in the Book of Hosea." OtSt 19 (1974): 71–85.

Ginzberg, L. *Legends of the Bible*. Philadelphia: The Jewish Publication Society, 1956.

Gisin, W. *Hosea: Ein literaisches Netzwerk beweist seine Authentizität*. Berlin: Philo, 2002.

Glaze, A. J. "Jonah." in *The Broadman Bible Commentary, vol. 7*. Nashville: Broadman Publishers, 1972.

Glazier–McDonald, B. "Edom in the Prophetical Corpus." Pp. 23–32 in *You Shall Not Abhor an Edomite for He Is Your Brother: Edom and Seir in History and Tradition*. Ed. by D. V. Edelman (Archaeology and Biblical Studies 3. Atlanta: Scholars Press, 1995.

Gordon, C. H. "Hos 2:4–5 in the Light of New Semitic Inscriptions." *ZAW* 54 (1936): 277–80.

Gowan, D. E. "The Book of Amos Introduction, Commentary, and Reflections." Pp. 337–431 in *New Interpreter's Bible*, vol. 7. Nashville: Abingdon, 1996.

Grayson, A. K. "Assyria: Ashur–Dan II to Ashur–Nirari V (934–745 B. C.)." Pp. 238–81 in *Cambridge Ancient History II*. Ed. by J. Boardman et al. Cambridge: Cambridge University Press, 1982.

Groningen, G. Van. *Messianic Revelation in the Old Testament*. Grand Rapids: Baker Book House, 1990.

Guenther, A. *Hosea, Amos*. Scottsdale: Herald, 1998.

Hallo, W. W. "From Qarqar to Carchemish: Assyria and Israel in the Light of New Discoveries." Pp. 152–88 in *The Biblical Archaeologist Reader II*. Ed. by D. N. Freedman and E. F. Campbell. New York: Anchor, 1964.

Halo, W. W.; W. K. Simpson. *The Ancient Near East: A History*. New

York: Harcourt Brace Jovanovich, 1971.

Harper, W. R. *A Critical and Exegetical Commentary on Amos and Hosea*. ICC. Edinburgh: T. & T. Clark, 1905.

Harrison, R. K. *Introduction to the Old Testament*. Grand Rapids: Eerdmans, 1969.

Hasel, G. F. *Understanding the Book of Amos: Basic Issues in Current Interpretations*. Grand Rapids: Baker, 1991.

_____. *The Remnant*. Berrien Springs, MI: Andrews University Press, 1972.

Hayes, J. H. *Amos: The Eighth Century Prophet*. Nashville: Abingdon, 1988.

Hayes, J. H.; J. K. Kuan. "The Final Years of Samaria (730–720)." Bib 72 (1991), 153–81.

Hess, R. *Israelite Religions: An Archaeological and Biblical Survey*. Grand Rapids: Baker Academic Books, 2007.

Hiebert, T. "The Book of Habakkuk: Introduction, Commentary, and Reflections." Pp. 621–655 in *New Interpreter's Bible*, vol. 7. Nashville: Abingdon, 1996.

Hillers, D. *Treaty-Curses and the Old Testament Prophets*. BibOr. Rome: Pontifical Biblical Institute, 1964.

Holt, E. K. *Prophesying the Past: The Use of Israel's History in the Book of Hosea*. JSOTSS. Sheffield: Sheffield Academic Press, 1995.

Hosch, H. "The Concept of Prophetic Time in the Book of Joel." JETS 15 (1972): 31–38.

House, P. *The Unity of the Twelve*. JSOTSS. Bible and Literature Series. Sheffield: Almond, 1990.

Hubbard, D. A. *Hosea: An Introduction and Commentary*. TOTC.

Downers Grove: InterVarsity, 1989.

_____. *Joel and Amos: An Introduction and Commentary*. TOTC. Downers Grove: InterVarsity, 1989.

Hurowitz, V. A. "Joel's Locust Plague in Light of Sargon II's Hymn to Nanaya." JBL 112 (1993): 597–603.

Jeremias, J. *The Book of Amos*. Trans. by D. W. Stott. OTL. Louisville: Westminster John Knox Press, 1998.

_____. Die Propheten Joel, Obadja, Jona, Micha. Göttingen: Vandenhoeck & Ruprecht, 2007.

Jones, B. A. *The Formation of the Book of the Twelve: A Study in Text and Canon*. SBLDS Atlanta: Scholars Press, 1995.

Kakkanattu, J. P. *God's Enduring Love in the Book of Hosea: A Synchronic and Diachronic Analysis of Hosea 11:1-11*. Tübingen: Mohr Siebeck, 2006.

Kaminsky, J. *Corporate Responsibility in the Hebrew Bible*. JSOTSS. Sheffield: Sheffield Academic Press, 1995.

Kamp, A. *Inner Worlds: A Cognitive Linguistic Approach to the Book of Jonah*. Trans. by D. Orton. Leiden: E. J. Brill, 2004.

Kapelrud, A. S. *Joel Studies*. Uppsala: Lundqvist, 1948.

Karp, L. "A Comparative Analysis of Stylistic Embellishment in the Speeches of Hosea and Joel." *Society of Biblical Literature: Proceedings* 1974: 55–67.

Kassis, H. "Gath and the Structure of 'Philistine' Society." JBL 84 (1965): 259–71.

Kedar–Kopfstein, B. "The Hebrew Text of Joel as Reflected in the Vulgate." Textus 9 (1981): 16–35.

Keefe, A. A. *Woman's Body and the Social Body in Hosea*. JSOTSS.

Sheffield: Sheffield Academic, 2001.

Keel, O. *Goddesses and Trees, New Moon and Yahweh: Ancient Near Eastern Art and the Hebrew Bible.* JSOTSS. Sheffield: Sheffield Academic Press, 1998.

Keil, C. F. *The Twelve Minor Prophets.* 2 vols. Keil and Delitzsch. Trans. by James Martin. Reprinted Grand Rapids: Eerdmans, 1977.

Kelle, B. E. *Hosea 2: Metaphor and Rhetoric in Historical Perspective.* SBLAB Atlanta: Society of Biblical Literature, 2005.

Kendal, R. T. *Jonah: An Exposition.* BCL. Milton Keynes, England: Paternoster Press, 1995.

Kennedy, J. H. "Joel." Pp. 61–80 in *The Broadman Bible Commentary*, vol. 7. Ed. by C. J. Allen. Nashville: Broadman, 1972.

Kerrigan, A. "The 'Sensus Plenior' of Joel 3:1–5 in Acts 2:14–36." Pp. 295–313 in *Sacra Pagina: Miscellanea Biblica, Congressus Internationalis Catholici de Re Biblica*, vol. 2. Ed. by J. Coppens, A. Descamps, and E. Massaux. Paris: Lecoffre, 1959.

Kessler, J. A. "The Shaking of the Nations: An Eschatological View." JETS 30 (1987): 159–66.

Kidner, D. *Love to the Loveless: The Message of Hosea.* Downers Grove: InterVarsity, 1981.

King, P. J. *Amos, Hosea, Micah: An Archaeological Commentary.* Philadelphia: Westminster, 1988.

King, P. E.; Stager, L. E. *Life in Ancient Israel.* Louisville: John–Knox Press, 2001.

Kline, M. G. *Images of the Spirit.* Grand Rapids: Baker Book House, 1980.

Knight, G. A. F.; F. W. Golka. *The Song of Songs and Jonah: Revelation of*

God. ITC. Edinburgh: Handsel, 1988.

Krause, D. "A Blessing Cursed: The Prophet's Prayer for Barren Womb and Dry Breasts in Hosea 9." Pp. 191−202 in *Reading between Texts: Intertextuality and the Hebrew Bible*. Ed. by D. N. Fewell. Louisville: John−Knox Press, 1992.

Kruger, P. A. "Prophetic Imagery: On Metaphors and Similes in the Book of Hosea." JNSL 14 (1988), 143−51.

Landes, G. M. "Linguistic Criteria and the Date of the Book of Jonah." Erets Israel 16 (1982): 147−70.

Landy, F. *Hosea*. Readings. Sheffield: Sheffield Academic, 1995.

_____. "In the Wilderness Speech: Problems of Metaphor in Hosea." BibInt 31 (1995): 35−56.

Lattimore, R. E. "The Date of Joel." Th. D. thesis, Southern Baptist Theological Seminary, 1951.

Lawrence, P. J. N. "Assyrian Nobles and the Book of Jonah." TynBul 37 (1986): 126−32.

Light, G. W. "The New Covenant in the Book of Hosea." RevExp 90 (1993): 229−32.

Limburg, J. *Hosea—Micah*. Interpretation. Atlanta: John Knox, 1988.

Limburg, J. *Jonah*. OTL. Louisville: Westminster−John Knox, 1993.

Lindblom, J. *Prophecy in Ancient Israel*. Philadelphia: Muhlenberg Press, 1963.

Lohfink, N. "Jona ging zur Stadt hinaus (Jona 4,5)." BZ NF 5 (1961): 185−203.

Longacre, R. E.; Hwang, S. J. J. "A Textlinguistic Approach to the Biblical Hebrew Narrative of Jonah." Pp. 336−58 in *Biblical Hebrew and Discourse Linguistics*. Ed. by R. D. Bergen. Dallas:

Summer Institute of Linguistics, 1994.

Lundbom, J. R. "Contentious Priests and Contentious People." VT 36 (1986): 52–70.

Macintosh, A. A. *A Critical and Exegetical Commentary on Hosea*. ICC. Edinburgh: T. & T. Clark, 1997.

Magonet, J. *Form and Meaning: Studies in Literary Techniques in the Book of Jonah*. Sheffield: Almond, 1983.

Mallon, E. D. "A Stylistic Analysis of Joel 1:10–12." CBQ 45 (1983): 537–48.

March, W. E. "The Book of Haggai: Introduction, Commentary, and Reflections." Pp. 705–732 in *New Interpreter's Bible*, vol. 7. Nashville: Abingdon, 1996.

Marcus, D. "Nonrecurring Doublets in Joel." CBQ 56 (1994): 56–57, 65–66.

Mariottinni, C. F. "Joel 3:10 [H4:10]: 'Beat Your Plowshares into Swords.'" Perspectives in Religious Studies 14 (1987): 125–30.

Martin–Achard, R. *The End of the People of God: A Commentary on the Book of Amos*. ITC. Grand Rapids: Eerdmans, 1984.

Mason, R. *Micah, Nahum, Obadiah*. OTG. Sheffield: JSOT Press, 1991.

Mays, J. L. *Hosea*. OTL. Philadelphia: Westminster, 1969.

McComiskey, T. E. "Hosea." Pp. 1–237 in *The Minor Prophets: An Exegetical and Expository Commentary* "Amos." Pp. 267–331 in *The Expositor's Bible Commentary*, vol. 7. Ed. by F. E. Gaebelein. Grand Rapids: Zondervan 1985.

McComiskey, T. E.; T. Longman. "Amos." Pp. 347–449 in *The Expositor's Bible Commentary Revised Edition*, vol. 8. Grand Rapids: Zondervan, 2008.

_____. "Micah." Pp. 491-551 in *The Expositor's Bible Commentary Revised Edition*, vol. 8. Grand Rapids: Zondervan, 2008.

McKeating, H. *Amos, Hosea, Micah*. CBC. Cambridge: Cambridge University Press, 1971.

McKenzie, S. L. *Covenant*. Understanding Biblical Themes. St. Louis: Chalice, 2000.

McLaughlin, *The Marzeah in the Prophetic Literature: References and Allusions in Light of Extra-Biblical Evidence*. VTSup. Leiden: Brill, 2001.

Melnyk, J. R. "When Israel Was a Child." Pp. 245-59 in *History and Interpretation: Essays in Honour of John H. Hayes*. Ed. by M. P. Graham et al. JSOTSS. Sheffield: Sheffield Academic Press, 1993.

Merrill, E. H. "Haggai." Pp. 697-720 in *The Expositor's Bible Commentary Revised Edition*, vol. 8. Grand Rapids: Zondervan, 2008.

_____. "Malachi." Pp. 835-863 in *The Expositor's Bible Commentary Revised Edition*, vol. 8. Grand Rapids: Zondervan, 2008.

Merx, A. D*ie Prophtie des Joel und ihre Ausleger von den ältesten Zeiten bis zu den Reformatoren*. Halle: Buchhandlung des Waisenhauses, 1879.

Miller, P. D. "The Divine Council and the Prophetic Call to War." VT 18 (1968): 100-107.

Miller, J. M.; J. H. Hayes. *A History of Ancient Israel and Judah*. 2nd ed. Louisville: John-Knox Press, 2006.

Mitchell, H. G.; J. M. P. Smith; J. A. Bewer. *Haggai, Zechariah, Malachi, and Jonah*. ICC. Edinburgh: T. & T. Clark, 1912.

Morris, G. *Prophecy, Poetry and Hosea*. JSOTSS.. Sheffield: Sheffield Academic Press, 1996.

Myers, C. *Households and Holiness: The Religious Culture of Women*.

Minneapolis: Fortress, 2005.

Myers, J. M. "Some Considerations Bearing on the Date of Joel." ZAW 74 (1962): 177−95.

Nelson, R. D. "Priestly Purity and Prophetic Lunacy: Hosea 1:2−3 and 9:7." Pp. 115−33 in *The Priests in the Prophets: The Portrayal of Priests, Prophets and Other Religious Specialists in the Latter Prophets*. Ed. by L. L. Grabbe and A. O. Belis. JSOTSS. London: T & T Clark, 2004.

Nicholson, E. W. *God and His People: Covenant and Theology in the Old Testament*. Oxford: Clarendon, 1986.

Niehaus, J. "Amos." Pp. 315−494 in *The Minor Prophets*, vol. 1. Ed. by T. McComiskey. Grand Rapids: Baker, 1992.

_____. "Obadiah." Pp. 495−541 in *The Minor Prophets*, vol. 2. Ed. by T. McComiskey. Grand Rapids: Baker, 1993.

Nielsen, K. *Yahweh as Prosecutor and Judge: An Investigation of the Prophetic Lawsuit (Rîb Pattern)*. Trans. by F. Cryer. JSOTSS. Sheffield: JSOT Press, 1978.

Noble, P. R. "The Literary Structure of Amos: A Thematic Analysis." JBL 114 (1995): 209−26.

_____. "'I Will Not Bring It Back' (Amos 1:3): A Deliberately Ambiguous Oracle?" ExpTim 106 (1995/4): 105−09.

_____. "Israel among the Nations." HBT 15 (1993): 56−152.

Nogalski, J. D. "Intertextuality and the Twelve." Pp. 102−24 in *Forming Prophetic Literature: Essays on Isaiah and the Twelve in Honor of J. D. W. Watts*. Ed. by J. W. Watts and P. R. House. JSOTSS. Sheffield: Sheffield Academic Press, 1996.

_____. "Recurring Themes in the Book of the Twelve: Creating Points of Contact for a Theological Reading." Interpretation 61 (2007), 125−36.

_____. *Literary Precursors to the Book of the Twelve*. BZAW. Berlin and New York: Walter de Gruyter, 1993.

Nogalski, J. D.; and M. Sweeney, eds. *Reading and Hearing the Book of the Twelve*. SBLSymS Atlanta: SBL, 2000.

O'Brien, J. M. *Challenging Prophetic Metaphor: Theology and Ideology in the Prophets*. Louisville: Westminster John Knox, 2008.

Odell, M. "Who Were the Prophets in Hosea?" HBT 18 (1996), 78−95.

Oden, R. A. "Religious Identity and the Sacred Prostitution Accusation." Pp. 132−35 in *The Bible Without Theology: The Theological Tradition and Alternatives to It. New Voices in Biblical Studies*. San Francisco: Harper & Row, 1987.

Ogden, G. S. "Joel 4 and Prophetic Responses to National Laments." JSOT 26 (1983): 97−106.

_____. "Prophetic Oracles against Foreign Nations and Psalms of Communal Lament: The Relationship of Psalm 137 to Jeremiah 49:7−22 and Obadiah." JSOT 24 (1982): 89−97.

Ogden, G. S.; R. R. Deutsch. *Joel & Malachi: A Promise of Hope—A Call to Obedience*. ITC. Grand Rapids: Eerdmans, 1987.

Oesterly, W. O. E.; Robinson, T. H. *An Introduction to the Books of the Old Testament*. London: S. P. C. K., 1934.

Oestreich, B. *Metaphors and Similes for Yahweh in Hosea 14:2-9 (1-8): A Study of Hoseanic Pictorial Language*. Frankfurt: Peter Lang, 1998.

Ollenburger, B. C. "The Book of Zechariah: Introduction, Commentary, and Reflections." Pp. 733−840 in *New Interpreter's Bible*, vol. 7. Nashville: Abingdon, 1996.

Pagán, S. "The Book of Obadiah: Introduction, Commentary, and Reflections." Pp. 434–459 in *New Interpreter's Bible*, vol. 7. Nashville: Abingdon, 1996.

Parpola, S. *Assyrian Prophecies*. Helsinki: University of Helsinki Press, 1997.

Patterson, R. D. "Joel." Pp. 307–346 in *The Expositor's Bible Commentary Revised Edition*, vol. 8. Grand Rapids: Zondervan, 2008.

Paul, S. *Amos: A Commentary*. Hermeneia. Philadelphia: Fortress, 1991.

Pearson, W. L. *The Prophecy of Joel: Its Unity, Its Aim and the Age of Its Composition*. Leipzig: Stauffer, 1885.

Pentiuc, E. J. *Long-Suffering Love: A Commentary on Hosea with Patristic Annotations*. Brookline, MA: Holy Cross Orthodox Press, 2002.

Perry, T. A. *The Honeymoon Is Over: Jonah's Argument with God*. Peabody, MA: Hendrickson, 2006.

Pfeiffer, R. H. *Introduction to the Old Testament*. New York: Harper & Brothers, 1941.

Plath, M. "Joel 1:15–20." ZAW 47 (1929): 159–40.

Price, W. K. *The Prophet Joel and the Day of the Lord*. Chicago: Moody, 1976.

Prinsloo, W. S. *The Theology of the Book of Joel*. BZAW. Berlin: de Gruyter, 1985.

Prior, D. *The Message of Joel, Micah & Habakkuk*. BST. Downers Grove: InterVarsity, 1998.

Raabe, P. R. *Obadiah*. AB. New York: Doubleday, 1996.

Rabinowitz, I. "The Guides of Righteousness." VT 8 (1958): 391–404.

Rad, G. von. "The Origin of the Concept of the Day of Yahweh." JSS 4 (1959), 97–108.

Redditt, P. L.; and A. Schart, eds. *Thematic Threads in the Book of the Twelve*. BZAW Berlin: de Gruyter, 2003.

Robinson, T. H. *Prophecy and Prophets in Ancient Israel*. London: Gerald Duckworth, 1923.

Rofé, A. "Classes in the Prophetical Stories: Didactic Legend and Parable." Pp. 143–64 in *Studies on Prophecy: A Collection of Twelve Papers*. VTSup. Leiden: E. J. Brill, 1974.

Rosenbaum, S. N. *Amos of Israel: A New Interpretation*. Macon: Mercer University Press, 1990.

Roth, C. "The Teacher of Righteousness and the Prophecy of Joel." VT 13 (1963): 91–95.

_____. "The Numerical Sequence x/x+1 in the Old Testament." VT 12 (1962): 300–11.

Roux, G. *Ancient Iraq*. Baltimore: Penguin Books, 1966.

Rowley, H. H. "The Marriage of Hosea." Pp. 66–97 in *Men of G-d: Studies in Old Testament History and Prophecy*. London: Thomas Nelson, 1963.

_____. *The Servant of the Lord*. Oxford: Blackwell, 1965.

Rudolph, W. *Joel, Amos, Obadja, Jona*. KAT XIII 2. Gütersloh: Gütersloher, 1971.

Sailhamer, J. H. *Introduction to Old Testament Theology*. Grand Rapids: Zondervan, 1995.

Salters, R. B. *Jonah & Lamentations*. OTG. Sheffield: Sheffield Academic Press, 1994.

Sasson, J. M. *Jonah*. AB. New York: Doubleday, 1990.

Schmitt, J. J. "Yahweh's Divorce in Hosea 2—Who is That Woman?" SJOT 9 (1995), 119–32.

Schuller, E. M. "The Book of Malachi: Introduction, Commentary, and Reflections." Pp. 841–877 in *New Interpreter's Bible*, vol. 7. Nashville: Abingdon, 1996.

Schüngel–Straumann, H. "God as Mother in Hosea 11." Pp. 194–218 in *A Feminist Companion to the Latter Prophets*. Ed. by A. Brenner. FCB. Sheffield: Sheffield Academic, 1995.

Sellers, O. R. "Stages of Locust in Joel." AJSL 52 (1935–36): 81–85.

Sheppard, G. T. "Canonization: Hearing the Voice of the Same God through Historically Dissimilar Traditions." Interpretation 36 (1982): 21–33.

Sherwood, Y. *A Biblical Text and Its Afterlives: The Survival of Jonah in Western Culture*. Cambridge: Cambridge University Press, 2000.

_____. *The Prostitute and the Prophet: Hosea's Marriage in Literary-Theological Perspective*. JSOTSS. Sheffield: Sheffield Academic Press, 1996.

Simkins, R. *Yahweh's Activity in History and Nature in the Book of Joel*. Lewiston, NY: Mellen, 1991.

Simon, U. *Jonah*. JPS Bible Commentary. Philadelphia: Jewish Publication Society, 1999.

Simundson, D. J. "The Book of Micah: Introduction, Commentary, and Reflections." Pp. 531–589 in *New Interpreter's Bible*, vol. 7. Nashville: Abingdon, 1996.

_____. *Hosea, Joel, Amos, Obadiah, Jonah, Micah*. AOTC. Nashville: Abingdon Press, 2005.

Smith, B. K.; F. S. Page. *Amos, Obadiah, Jonah*. NAC. Nashville: Broadman & Holman, 1995.

Smith, G. V. *Amos*. Mentor. Ross–shire, Great Britain: Christian Focus

Publications, 1998.

_____. *Hosea, Amos, Micah*. NIVAC. Grand Rapids: Zondervan, 2001.

Snyman, S. D. "Cohesion in the Book of Obadiah." ZAW 101 (1989): 59–71.

Soggin, J. A. *The Prophet Amos*. London: SCM, 1987.

Sprengling, M. "Joel 1:17a." JBL 38 (1919): 129–41.

Stephenson, F. R. "The Date of the Book of Joel." VT 19 (1969): 224–29.

Strawn, B. A. "Jonah's Sailors and Their Lot Casting: A Rhetorical–Critical Observation." Bib 91 (2010): 66–76.

Stuart, D. *Hosea—Jonah*. WBC. Waco, TX: Word, 1987.

Sweeney, M. "The Place and Function of Joel in the Book of the Twelve." Pp. 570–95 in *Society of Biblical Literature 1999 Seminar Papers*. Atlanta: Scholars, 1999.

_____. "Three Recent European Studies of the Composition of the Book of the Twelve." Review of Biblical Literature 1 (1999), 22–37.

_____. *The Twelve Prophets*, 2 vols. BO. Collegeville, MN: Liturgical Press, 2000

Taylor, A. "A Riddle for a Locust." Pp. 429–32 in *Semitic and Oriental Studies: A Volume Presented to William Popper*. Ed. by W. J. Fischel. Berkeley: University of California Press, 1951.

Thompson, J. A. "The Date of Joel." Pp. 453–64 in *A Light unto My Path: Old Testament Studies in Honor of Jacob M. Myers*. Ed. by H. N. Bream, R. D. Heim, and C. A. Moore. Philadelphia: Temple University Press, 1974.

_____. "Joel's Locusts in the Light of Near Eastern Parallels." JNES 14 (1955): 52–55.

_____. "The Use of Repetition in the Prophecy of Joel." Pp. 101–10 in *On Language, Culture, and Religion: In Honor of Eugene A. Nida.* Ed. by M. Black, and A. Smalley. The Hague: Mouton, 1974.

Treves, M. "The Date of Joel." VT 7 (1957): 149–56.

Trible, P. "The Book of Jonah: Introduction, Commentary, and Reflections." Pp. 461–529 in *New Interpreter's Bible*, vol. 7. Nashville: Abingdon, 1996.

Tucker, G. M. "Prophetic Superscriptions and the Growth of Canon." Pp. 56–70 in *Canon and Authority*. Ed. by B. O. Long and G. W. Coats. Philadelphia: Fortress, 1977.

Uvarov, B. P. "Descriptions of four new Orthoptera from Macedonia. Entomologist's Record London 33 (1921): 155–59.

Van Leeuwen, R. C. "Scribal Wisdom and Theodicy in the Book of the Twelve." Pp. 31–49 in *In Search of Wisdom: Essays in Memory of John G. Gammie.* Ed. by L. G. Perdue and B. B. Scott and W. J. Wiseman. Louisville: Westminster John Knox, 1993.

VanGemeren, W. A. "The Spirit of Restoration." WTJ 50 (1988): 81–102.

Von Rad, G. "The Origin of the Concept of the Day of Yahweh." JSS 4 (1959), 97–108.

Wacker, M.-T. "Traces of the Goddess in the Book of Hosea." Pp. 219–41 in *A Feminist Companion to the Latter Prophets*. Ed. by A. Brenner. Sheffield: Sheffield Academic Press, 1995.

Walker, L. L. "Zephaniah" Pp. 649–695 in *The Expositor's Bible Commentary Revised Edition*, vol. 8. Grand Rapids: Zondervan,

2008.

Walton, J. H. "Jonah." Pp. 451–490 in *The Expositor's Bible Commentary Revised Edition*, vol. 8. Grand Rapids: Zondervan, 2008.

Ward, J. *Hosea: A Theological Commentary*. New York: Harper and Row, 1966.

Watson, W. G. E. *Classical Hebrew Poetry: A Guide to Its Techniques*. London: T & T Clark, 2005.

Watts, J. D. W. *Obadiah: A Critical and Exegetical Commentary*. Grand Rapids: Eerdmans, 1969.

_____. *The Books of Joel, Obadiah, Jonah, Nahum, Habakkuk, and Zephaniah*. CBC. New York: Cambridge University, 1975.

_____. "A Frame for the Book of the Twelve: Hosea 1–3 and Malachi." Pp. 209–17 in *Reading and Hearing the Book of the Twelve*. Ed. by J. D. Nogalski and M. A. Sweeney. Atlanta: SBL, 2000.

Weems, R. J. *Battered Love: Marriage, Sex, and Violence in the Hebrew Prophets*. OBT. Minneapolis: Fortress, 1995.

Weidner, E. "Das Alter der mittelassyrischen Gesetzestexte: Studien im Anschluß and Driver and Miles, The Assyrian Law. AFO 12 (1937–39): 46–54.

Weingree, J. "The Title Môrêh Sedek."JSS 6 (1961): 162–74.

Wendland, E. R. *Prophetic Rhetoric: Case Studies in Text Analysis and Translation*. Lakewood, FL:Xulon Press, 2009.

Westermann, C. *Basic Forms of Prophetic Speech*. Trans. by H. C. White. Philadelphia: Westminster, 1967.

Wiseman, D. J. "The Nimrud Tablets, 1953." Iraq 15 (1953): 135–160

Wolfe, R. E. "The Editing of the Book of the Twelve." ZAW 53 (1935),

90—129.

Wolff, H. W. *Hosea*. Hermeneia. Trans. by G. Stansell. Philadelphia:
Fortress, 1974.

_____. *Joel and Amos*. Hermeneia. Trans. by Waldemar Janzen et al.,
Philadelphia: Fortress, 1977.

_____. *Obadiah and Jonah*. CC. Trans. by M. Kohl. Minneapolis:
Augsburg, 1986.

Wright, C. H. H. "The Book of Jonah Considered from an Allegorical
Point of View." Biblical Essay (1886): 34—98.

Yadin, Y. et al. *Hazor II: An Account of the Second Season of Excavations,
1956*. Jerusalem: Magnes Press, 1960.

Yee, G. "The Book of Hosea Introduction, Commentary, and
Reflections." Pp. 197—297 in *New Interpreter's Bible*, vol. 7.
Nashville: Abingdon, 1996.

_____. *Composition and Tradition in the Book of Hosea: A Redaction
Critical Investigation*. SBLDS Atlanta: Scholars Press, 1987.

Youngblood, K. J. *Jonah: God's Scandalous Mercy*. HMS. Grand Rapids:
Zondervan, 2013.

차례

엑스포지멘터리

호세아

Hosea

EXPOSItory comMENTARY

호세아

에브라임이여 내가 어찌 너를 놓겠느냐
이스라엘이여 내가 어찌 너를 버리겠느냐
내가 어찌 너를 아드마 같이 놓겠느냐
어찌 너를 스보임 같이 두겠느냐
내 마음이 내 속에서 돌이키어
나의 긍휼이 온전히 불붙듯 하도다(11:8)

에브라임아 내가 네게 어떻게 하랴
유다야 내가 네게 어떻게 하랴
너희의 인애가 아침 구름이나
쉬 없어지는 이슬 같도다
…
나는 인애를 원하고
제사를 원하지 아니하며
번제보다
하나님을 아는 것을 원하노라(6:4, 6)

성경은 우리가 서로 사랑해야 한다는 말씀을 반복적으로 한다. 특히 부부간의 사랑을 매우 각별하게 표현하고 있다. 그리스도인 남편에게 예수님은 교회를 사랑하는 것처럼 아내를 사랑하라고 권면한다(엡 5:25). 우리가 어떻게 사랑해야 그리스도가 교회를 사랑하는 만큼 아내를 사랑할 수 있을까? 즉, 교회(성도)를 향한 하나님의 사랑은 얼마나 크고 열정적인 것일까? 더 나아가 하나님의 사랑은 도대체 얼마나 끈질기고 간절하기에 세상의 그 무엇도 우리를 하나님의 사랑에서 끊을 수 없다고 하는 것일까?(롬 8:39) 이런 질문은 하나님 사랑에 대해 생각해 본 사람이라면 누구나 한 번쯤 던져보는 것이다.

구약성경에서 이 질문에 대해 가장 확실한 답을 제시하는 것이 호세아서다. 우리는 호세아서에서 도저히 사랑할 수 없는 사람을 사랑하시는 하나님을 만난다. 선지자의 삶과 메시지를 통해서 누군가를 한 번 사랑하시면 끝까지 포기하지 않으시는 하나님의 열정과 헌신을 경험한다. 하나님이 전능하신 분이라도, 누구를 사랑하는 것, 특히 도저히 사랑할 수 없는 사람을 사랑하는 일은 결코 쉽지 않다. 하나님은 자기 백성을 사랑하는 것 때문에 엄청난 대가를 치르신다. 호세아서에서 가장 믿고 사랑했던 아내에게 배신당하고 어찌할 바 몰라 발을 동동 구르는 한 남편의 눈물로 범벅이 된 얼굴을 본다. 자신이 아내를 위해 해준 모든 것을 아내가 빼돌려 정부에게 가져다 바치는 장면을 목격하고 낙심하는 남편을 만난다. 모든 것을 바쳐 사랑한 아내의 외도에 분노하는 남편을 목격한다. 잘못했다며 다시는 안 그러겠다는 아내를 용서해도 다시 정부를 찾아갈 것을 알면서, 제발 그렇게 되지 않기를 간절히 소원하며 또다시 용서하는 속 좋은, 그러나 한없이 처량한 남편을 본다. 이처럼 호세아서는 온갖 아픔과 수치에도 외도하는 아내를 끝까지 포기하지 않고 기다리는 한 남편의 이야기이다. 그러나 남편의 무한한 사랑과 용서에도 아내는 결국 남편과 아이들을 버리고 가출한다. 원래 창녀였던 아내는 가출한 후 줄곧 몸을 팔다가 늙어 이제는 몸을 팔 수도 없게 되었다. 포주는 그녀가 더는 창녀로 이용가치가 없다며 노예로 팔기로 한다. 그 소식을 들은 남편은 기다렸다는 듯이 세상이 팽개친 아내를 찾아가 "나는 한 번도 당신을 포기한 적 없으며 아직도 당신을 사랑하니 우리 집으로 가서 다시 시작하자"라며 애원한다. 이처럼 끝까지 아내를 포기하지 않는 남편은 곧 하나님이시요, 간음하고 방탕한 아내는 이스라엘이다. 이것이 호세아서가 우리에게 보여주는 하나님의 간절하다 못해 처절한 사랑이다. 이런 사랑으로 하나님은 오늘도 우리를 향해 외치신다. "나는 결코 너를 포기하지 않는다!" 이처럼 호세아서는 포기하지 않는 하나님의 자기 백성에 대한 사랑 이야기다.

호세아를 생각하면 제일 먼저 떠오르는 것은 비극적인 결혼이다. 그만큼 그의 결혼은 충격적이며 파격적이었다. 호세아서의 히브리어는 해석하기가 결코 쉽지 않다. 학자들은 일반적으로 구약 정경 중 호세아서의 히브리어를 욥기 다음으로 난해하다고 한다(Anderson & Freedman). 이야기는 선지자 호세아가 창녀와 결혼하라는 하나님의 명령을 받고 그대로 행하여 세 아이를 낳아 아주 특이한 이름들을 지어주는 것으로 시작한다. 여기까지는 별 어려움이 없다. 그러나 그 이후부터는 여러 가지 상징적이고 때로는 혼란스러운 이미지들, 소(小)설교, 애가, 그 외 다양한 주제와 양식으로 구성되어 있다(Morris). 내용 자체도 매우 난해해서 선지자는 주로 시/노래를 통해 메시지를 전한다. 사건을 중요시 여기는 이야기체(narrative)를 해석하는 것보다 감성과 상상력을 자극하는 시를 해석하는 일이 훨씬 더 어렵다. 호세아서는 시가체를 매우 광범위하게 사용하기에 선지서 중 가장 시적(詩的; poetic)인 책으로 불리기도 한다(Morris). 이러한 어려움에도 호세아서는 뒤따랐던 선지자들―이사야, 예레미야, 에스겔 중 특히 예레미야에게 매우 큰 영향을 미쳤다. 호세아는 후배 선지자에게 하나님의 사랑이 어떤 것인지 깊은 인상을 주었다.

1. 선지자

호세아(הושׁע)라는 이름은 '구원'이란 뜻을 지니고 있으며 "여호와께서 구원하셨다/구원하소서 오 여호와여!"(הושׁעיה)의 간략형으로 여겨진다 (Carroll). 호세아는 주전 7–8세기 유다에서 상대적으로 흔했던 남성 이름이며, 이스라엘을 지휘하여 가나안을 정복했던 여호수아의 본명이 기도 하다(민 13:8; 신 32:44). 우리는 선지자 호세아에 대해 아는 바가 거의 없지만 그는 오랫동안 사역을 했던 선지자였다(1:1). 성경은 브에리의 아들이라는 것 외에는 이렇다 할 신상정보를 제공하지 않고, 다른 선지서에서 흔히 발견되는 소명 이야기조차 없다(Dearman). 호세아는 자신이 어떤 경위를 통해 언제 어디서 선지자 소명을 받았는지도 밝히지 않는다. 물론 일부 주석가들은 하나님이 음란한 여자와 결혼하라고 명령하신 것(1:2)을 소명이라고 하지만, 그 명령을 소명으로 간주하기에는 문제가 많다. 그러므로 많은 학자는 그 명령을 호세아가 선지자 소명을 받고 사역을 시작한 지 얼마 되지 않았지만, 사람에게 선지자로 인정을 받은 상황에서 있었던 일로 간주한다(cf. 본문 주해).

우리는 호세아가 어디에서 태어나서 죽었는지도 알 수 없다. 선지자로 부르심을 받기 전에 어떤 직업에 종사했고, 소명 받았을 때 나이가 얼마나 됐는지도 모른다. 한 주석가는 7:4-7을 근거로 선지자로 부르심을 받기 전에 빵 만드는 자(baker)였다고 하고(Knight), 다른 주석가는 레위 사람이었다고 하지만(Wolff), 큰 설득력이 없는 추측일 뿐이다. 다만 호세아가 주전 750년대에 북 왕국에서 사역을 시작했고, 아시리아의 손에 사마리아가 함락된 722년쯤에 남 왕국 유다로 이주해 그곳에서 남은 여생을 보낸 것으로 추정할 뿐이다(1:1). 호세아가 아내 고멜을 노예 시장에서 다시 사들여 온 일(3장)을 회고하면서 세세한 신상정보를 주지 않는 것을 보면 아마도 자신과 가족에 대해 자세히 언급하지 않는 것이 그의 스타일이거나 선호하는 이야기 전개 방식일 수 있다.

호세아가 이처럼 하는 것은 독자가 그의 삶에 지나친 관심을 쏟다가 정작 하나님이 선포하고자 하는 메시지를 놓치는 것은 아닌지 우려해 서였을 것이다. 우리가 마음을 가다듬고 오직 하나님이 이 책을 통해 하시고자 하는 말씀에 귀를 기울일 때 저자인 호세아가 의도하는 대로 책을 읽게 될 것이다.

정경에 글을 남긴 선지자(writing prophets) 중 북 왕국에서 사역한 사람은 호세아와 아모스가 유이하다. 이 중 아모스는 남 왕국 사람으로, 잠시 북 왕국으로 원정을 가서 하나님의 말씀을 선포한 후 다시 유다로 돌아갔다. 반면에 호세아는 북 왕국 이스라엘에서 사역했을 뿐만 아니라 북 왕국 출신이었다. 호세아가 정경에 글을 남긴 선지자 중 유일하게 북 왕국 이스라엘 사람이라는 사실은 당연히 그의 사역이 갖는 희소성과 중요성의 가치를 높여 준다.

호세아가 북 왕국 출신이었다는 점이 책의 난해함을 어느 정도 설명해 줄 수 있겠다. 어떤 언어든지 사용 중에는 계속 변화한다. 이스라엘은 솔로몬의 죄에 대한 하나님의 심판으로 주전 931년에 남 왕국 유다와 북 왕국 이스라엘로 나뉘었다. 두 자매 나라는 처음에는 동일한 히브리어를 사용했다. 그러나 세월이 지나며 이스라엘과 유다의 교류가 줄어들면서 두 나라의 히브리어는 점차 문법의 세세한 부분이나 표현 방식에서 조금씩 차이를 보이기 시작했다. 이와 같은 언어적 변화가 지속되는 가운데 호세아는 통일 이스라엘이 남과 북으로 나뉜 지 170여 년 만에 사역을 시작했고, 자연히 북 왕국 이스라엘 출신이었기에 북 왕국 이스라엘의 히브리어를 사용했다. 반면에 오늘날 우리에게 전수된 히브리어 성경은 거의 대부분 남 왕국 유다의 히브리어로 기록되어 있다. 그러므로 남 왕국식 히브리어에 익숙해져 있는 우리에게 북 왕국 히브리어를 사용한 호세아와 책은 당연히 낯설고 어려울 수밖에 없다(Dearman). 게다가 호세아서는 구약 정경 중 가장 보존이 되지 않은 책에 속한다(Anderson & Freedman). 이 같은 이유로 호세아서는 구약에서 가장 해석하기 어려운 책 중 하나라는 명성을 갖게 된다(Seow).

750년대 중반에 사역을 시작한(Smith, Carroll) 호세아는 대단한 문장가였고, 저서를 보면 언어의 달인(wordsmith)일 뿐만 아니라(Dearman), 모세오경, 여호수아, 사사기 등에 대해 매우 박식했음을 드러내고 있다. 즉, 호세아는 그 시대의 정경으로 철저한 '말씀 교육'을 받았던 것이다. 우리는 종종 "하나님은 준비된 자를 사용하신다"라는 말로 서로를 격려하는데, 호세아의 삶은 이러한 원리가 매우 적절한 사실로 드러나는 좋은 본이다. 또한 책의 난해함과 광범위한 이미지와 상상력 등을 감안했을 때 호세아 선지자는 매우 명석하면서도 미묘한 사고를 지녔던 것으로 본다.

2. 저자

책의 중심인물이 호세아 선지자이기 때문에 무조건 책의 저자로 볼 수는 없다. 호세아가 메시지를 선포했을 뿐 문서 형태로 남기지 않았던 것을 훗날 다른 사람이 정리해 책을 집필했을 가능성을 완전히 배제할 수 없기 때문이다. 구약의 선지서가 추종하면서 형성된 제자 혹은 추종자에 의해 정리되고 문서화되었다는 주장은 학자들 사이에 상당히 널리 알려진 설이다. 상당수의 학자는 호세아서의 경우에도 책의 대부분 혹은 상당 부분이 호세아에게서 비롯되었지만, 메시지가 실제적인 문서로 남게 된 것은 그의 제자 혹은 추종자가 기울인 노력의 대가였던 것으로 추정한다(Mays, Wolff). 한 학자는 호세아서의 대부분이 포로기 이후 다른 사람에 의해 저작된 것이라고 주장하기도 한다(Yee). 이러한 주장의 출발점은 선지자가 하나님 이름으로 말씀을 선포하기는 했지만, 선포한 말씀을 글로 옮기지는 않았다는 근거 없는 주장에서 시작했다(Macintosh). 그러나 이러한 주장은 오늘날 많은 지지를 받지 못하고 있다. 특별히 호세아는 선포자(orator)였을 뿐만 아니라 문필가

(writer)였다는 평가가 지배적이다(Anderson & Freedman, Dearman).

　문제는 성경 그 어디를 봐도 선지자가 말씀만 전하고 메시지를 문서화하지 않았다는 주장을 입증할 만한 증거가 특별히 없다는 것이다. 물론 예레미야 36장에 의하면 경우에 따라 선지자를 대신해서 글을 써 줄 사람을 채용한 경우가 있었던 것이 확실하다. 예레미야의 경우, 바룩이란 서기관을 고용해 이런 일을 하게 했다. 그러나 이러한 사실이 선지자들이 사역을 마친 먼 훗날 따르던 제자들이 메시지를 최종 정리했다는 증거로는 사용할 수 없다. 반면에 상당수의 선지자가 왕의 역대지략을 맡아 기록하던 서기관들이었던 것으로 추정한다. 이사야는 히스기야 왕에 관한 기록을 정리했고(대하 26:22), 다윗의 업적은 선지자 사무엘, 나단, 갓 등이 정리했다(대상 29:29). 역대기 기자는 이 외에도 많은 선지자가 왕의 업적에 관한 책을 남긴 것으로 기록하고 있다(대하 9:29; 12:15; 13:22; 32:32; 33:19). 아마도 이들은 선지자이면서 동시에 서기관들이었을 것이다. 만약에 선지자들이 이 정도로 광범위한 문서 저작을 할 수 있는 능력과 시간적 여유도 있었다면, 그들이 왜 자신의 메시지를 제자에게 정리하라고 맡겼겠는가? 그러므로 성경적 증거는 오히려 선지자들이 직접 책을 저술해서 남겼을 가능성을 지지한다.

　호세아가 호세아서를 집필했는가 아니면 제자들이 훗날 집필한 것인가와 상관없이 생각해볼 또 하나의 이슈는 오늘날 우리에게 전수된 호세아서가 원작 그대로인가 아니면 세월이 지나면서 여러 차례의 개정 과정을 통해 수정된 것인가다(Carroll). 대부분 비평학자는 호세아서가 완성된 다음에도 여러 차례의 개정을 거치며 부분적으로 삽입 또는 편집되기도 했다고 주장한다(Seow, cf. Carroll). 이들이 책에서 주목하는 부분은 유다에 대한 발언이다. 호세아는 북 왕국 이스라엘에서 사역한 선지자였는데, 일부러 남 왕국 유다를 언급할 필요가 있겠는가 하는 논리다. 그러므로 호세아서는 두 차례의 주요 개정 과정을 거쳤고, 이 개정 작업은 한결같이 유다를 중심으로 행해졌다고 생각한다(Childs,

Yee, Judaica).

두 차례의 개정을 주장하는 학자에 따르면 호세아서는 8세기 말에 기본 형태를 갖췄다. 선지자 호세아가 선포한 메시지가 이때 한 권의 책으로 모아진 것이다. 그러다가 7세기 요시야 왕 시대(643–641 BC)에 첫 번째 개정 작업이 이루어졌다(Yee). 이 개정 작업은 신명기적인 관점에서 행해졌으며 친유다적인(pro-Judah) 성향을 띠고 있었다. 근본적으로 남 왕국 유다를 이미 망해버린 북 왕국 이스라엘과 분류하고 대조하기 위해 행해진 편집 작업이었다(Emmerson). 이때 삽입/편집된 주요 텍스트는 "그러나 내가 유다 족속을 긍휼히 여겨 그들의 하나님 여호와로 구원하겠고 활과 칼이나 전쟁이나 말과 마병으로 구원하지 아니하리라 하시니라"(1:7)와 "그 후에 이스라엘 자손이 돌아와서 그들의 하나님 여호와와 그들의 왕 다윗을 찾고 마지막 날에는 여호와를 경외하므로 여호와와 그의 은총으로 나아가리라"(3:5)이다(Mays). 그러므로 첫 번째 개정 작업은 요시야의 종교개혁을 더욱 격려하는 역할을 했다.

두 번째 개정 작업은 바빌론 포로기(586–539 BC) 때 이루어졌으며 원래 북 왕국 이스라엘에게 선포된 심판과 정죄의 메시지를 남 왕국 유다로 옮기는 작업이었다. 이때 삽입/편집된 주요 텍스트는 "이스라엘의 교만이 그 얼굴에 드러났나니 그 죄악으로 말미암아 이스라엘과 에브라임이 넘어지고 유다도 그들과 함께 넘어지리라"(5:5)와 "또한 유다여 내가 내 백성의 사로잡힘을 돌이킬 때에 네게도 추수할 일을 정하였느니라"(6:11)이다(Garrett). 바빌론에서 행해진 개정 작업은 하나님이 유다를 내치신 일의 정당함을 입증하는 것이 주목적이었다. 하나님이 범죄한 이스라엘을 타국으로 내치신 일을 정당화하는 이 개정 역시 불순종에는 반드시 심판이 따른다는 신명기적 사상을 바탕으로 한 작업이었다(Yee).

그러나 이러한 주장을 뒷받침할 만한 역사적 단서나 근거는 없다. 또한 개정을 주장하는 사람들은 선지서들이 미래에 있을 일에 대해 예언과 경고를 선포한 것이 아니라, 사건이 일어난 다음에 이 일들이 마치 앞으로 일어날 일처럼 조작한 역사서에 불과하다는 입장을 고수한다. 자세히 살펴보면 이러한 학자들의 편견은 '인간은 미래의 일을 예언할 수 없다'라는 전제를 바탕에 두고 있다. 결국 이러한 주장은 학자들의 경험에서 나온 추측(educated guess) 혹은 초자연적 현상(예: 예언)을 부인하는 편견에 불과하다. 반면에 구약의 선지자는 가까운 미래뿐만 아니라 먼 미래도 예언할 수 있었던 사람들로 묘사한다.

호세아가 북 왕국 출신이었지만 남 왕국 유다와 그 나라를 통치하는 다윗 왕조에 큰 관심을 지닌 것에는 합리적인 이유가 있다. 호세아는 분명히 북 왕국을 대상으로 사역한 사람이었다. 그러나 그는 다른 선지자들처럼 사마리아에 있는 왕은 정치적인 사생아에 불과하며(7장), 예루살렘에 있는 다윗의 후손만이 여호와께서 세우신 정당한 왕이라는 사실도 알고 있었다. 선지자에게 이러한 확신을 준 것은 다윗 언약(삼하 7:1-16)과 야곱이 죽기 전 아들들을 불러놓고 유다 지파에서 통치자가 끊이지 않을 것이라고 선언한 말씀이었다(창 49:10). 호세아가 정경의 내용, 특히 창세기에 관해 매우 박식했다는 사실이 이러한 가능성을 더욱더 높여 준다.

호세아가 비록 북 왕국의 멸망을 경고하는 소명을 받았지만, 남 왕국 유다만이라도 죄의 노예가 되어 타국으로 끌려가는 일이 없기를 간절히 원했다(4:15). 다윗의 집안만이 이스라엘을 구원할 유일한 소망이라는 것을 잘 알고 있었기 때문이다(3:5). 그러나 불행하게도 유다 역시 죄로 가득했기에 머지않아 종말을 맞이할 것을 선지자는 이미 예측하고 있었다(6:11). 선지자의 이러한 두 나라의 관계에 대한 이해를 전제할 때, 유다를 염두에 둔 개정설은 별로 설득력이 없어 보인다.

일부 학자들은 호세아서 안에서 발견되는 '긍정적이고 소망적인 메시지'는 그의 것이 아니라고 한다. 호세아는 이스라엘의 멸망만을 경고한 '파멸의 선지자'(prophet of doom)였기에 곳곳에서 발견되는 소망과 회복에 관한 메시지는 훗날 다른 사람(들)이 삽입한 것이라는 주장이다. 그러나 이러한 논리 역시 성경에서 목격하는 증거들과 상반된다. 성경에 책을 남긴 모든 선지자(writing prophets)는 한 가지(심판 혹은 회복)가 아니라 두 가지(심판과 회복)를 동시에 선포했다. 선지자들이 두 가지를 동시에 선언하는 것은 당연한 일이다. 선지자들이 선포한 메시지는 죄인을 회개시켜 다가오는 심판을 피하고, 다시 하나님 백성으로 회복시키는 것이 근본 목적이기 때문이다. 선지자는 청중에게 항상 '생명의 길과 죽음의 길'을 동시에 제시했다. 또한 선지자가 한 가지 메시지만 선포할 수 있었다고 전제하는 것은 선지자의 창의력이나 미래관을 매우 비관적으로 평가하는 편견에 불과하다. 선지자들은 단순하고 일방적인 심판 혹은 소망적 메시지뿐만 아니라 두 가지가 섞인 복잡한 메시지도 전할 수 있는 능력과 사명이 있었다는 것을 인정해야 한다. 실제로 대부분 선지서에서 심판과 소망은 매우 역동적인 관계를 유지하며 전개되는 주제다. 호세아서의 경우도 마찬가지다.

그러므로 호세아서는 한 저자가 오늘날 우리가 전수받은 형태 그대로 집필한 것으로 간주하여 해석하는 것이 가장 바람직하다. 실제로 대부분의 학자가 호세아서의 내용을 면밀하게 분석한 후 이 책이 호세아 선지자가 활동했던 주전 8세기 이후에 저작되었을 가능성을 배제한다(Gisin, Anderson & Freedman, Dearman). 특히 기진(Gisin)은 호세아서의 모든 것이 주전 720년대에 최종적으로 정리된 것이라 하고, 스위니(Sweeney)는 호세아서의 대부분이 735-732년에 있었던 아시리아의 가나안 침략 바로 전에 이스라엘이 아시리아와의 관계를 정리하도록 하기 위해 기록되었다고 한다(8:9; 10:6; 11:5, 11; 12:1; 14:3). 만일 우리가 이들의 주장을 액면 그대로 수용한다면, 호세아는 메시지만 선포한 설교자였을 뿐만 아니라 메시지를 글로 남긴 저자가 확실하다.

3. 역사적 정황

선지자 호세아는 남 왕국 유다의 왕 웃시야(792-740 BC), 요담(750-732 BC), 아하스(735-716 BC), 히스기야(716-687 BC) 시대와 북 왕국 이스라엘의 왕 여로보암 2세(793-753 BC) 시대에 사역한 것으로 밝히고 있다 (1:1). 호세아가 북 왕국 왕 여로보암 2세 통치의 마지막 시대에 시작해서 남 왕국 왕 히스기야가 통치를 시작할 때쯤까지 사역한 것으로 간주하면, 아마도 주전 750-710년대에 40-50년 동안 사역한 것으로 추정한다. 사역을 일찍 시작했다고 생각하는 학자는 755년(Smith), 늦게 시작했다고 생각하는 주석가들은 750년을(Yee) 호세아가 사역을 시작한 원년으로 본다. 모두 750년대를 지목하고 있다. 또한 호세아가 히스기야 시대까지 살았다는 것은 722년 북 왕국의 멸망을 지켜본 것을 암시한다. 이러한 사실은 비록 선지자가 북 왕국 이스라엘에서는 홀로 하나님 말씀을 전했지만, 사역을 시작한 지 10여 년이 지난 후에 남 왕국 유다에서는 이사야와 미가가 선지자 사역을 시작했음을 뜻한다.

호세아의 사역 시기는 크게 세 시대로 구분할 수 있다. (1) 강력한 왕여로보암 2세의 마지막 통치를 중심으로 한 이른 시대, (2) 이스라엘이 엄청난 정치적 혼란을 겪은 중간 시대, (3) 이스라엘이 최후를 맞이한 마지막 시대(Smith). 다음 도표에서 보듯이 한 나라의 운명은 통치하는 리더의 능력에 의해 결정된다 해도 과언이 아니다. 리더십이 그만큼 중요하다는 것은 역사가 끊임없이 입증하는 사실이다.

	유다	이스라엘	아시리아
이른 시대	웃시야: 강함	여로보암 2세: 강함	아술단: 약함
중간 시대	요담/아하스: 약함	베가: 약함	디글랏 블레셀: 강함
마지막 시대	아하스: 약함	호세아: 약함	디글랏 블레셀—살만에셀: 강함

첫째, 이른 시대. 북 왕국의 여로보암 2세는 이스라엘의 북쪽 인접 국가인 시리아와 아시리아가 내부적인 갈등으로 약화되었을 때 정치 무대에 등장했다. 그는 이스라엘을 아주 오랫동안 능률적으로 다스렸던 정치적 능력과 수단이 뛰어난 통치자였다. 여로보암은 시리아의 벤하닷(Ben-Hadad II)이 죽자 이스라엘의 영토를 다메섹(Damascus) 근교까지 확장했다(왕하 14:25-26). 영토 확장은 곧 경제 부흥으로 연결됐고, 장기집권에서 비롯된 정치적인 안정으로 이스라엘은 역사상 가장 찬란한 경제적인 르네상스를 맞이했다(Bright). 남 왕국에서는 웃시야가 매우 큰 군대를 재건했으며, 유다의 영향력은 주변 국가까지 뻗어나갔다(대하 26:1-15). 두 자매 나라는 건국 이래 최고의 힘과 재력을 갖춘 나라가 되었다.

비록 여로보암이 경제적인 부흥을 가져왔지만 모두 만족하는 것은 아니었다. 부유한 사람은 많은 것을 누리게 되었지만 서민의 상황은 풍요로움에서 멀어져 있었으며 날이 갈수록 고충과 어려움이 더해갈 뿐이었다(cf. 아모스서). 있는 자는 사치스러운 생활과 잔치와 쾌락을 일삼았고, 매우 만족한 삶을 살며 교만에 빠졌다(4:1-5:7). 반면 가난한 자의 형편은 날이 갈수록 더 어려워져 심지어는 자신을 노예로 파는 실정이 되었다. 빈익빈 부익부(貧益貧 富益富) 현상이 극대화된 것이다.

종교적으로는 혼합주의(syncretism)가 시대를 지배했다. 부자를 중심으로 형성된 이스라엘의 지도층은 길갈과 벧엘에 있는 성소에 이방인의 풍습을 끌어들여 여호와 종교와 혼합했다(4:15-5:7; 9:15). 선지자는 이러한 종교적 혼합주의가 이스라엘을 멸망에 이르게 한 가장 큰 원인이라고 한다(McComiskey). 더 나아가 여호와께 예배를 드리는 사람 중 대다수는 이제는 여호와를 의지하지 않고 종교 예식 자체를 의지하기 시작했다(8:13; 6:6). 종교가 부패하니 사회가 부패하기 시작했다. 사람들은 여호와께서 요구하시는 의를 행하는 것보다 자신을 위해 부를 쌓는 데 집착하기도 했다(12:8-9[7-8]). 어느 정도 부를 쌓은 사람들은 하나님을 의지하기보다 자신의 힘과 군사력에 마음을 두기 시작했다 (10:13-14; 8:14). 부유하게 될수록 더 많은 성소를 세우고 더 많은 악을 행했다. 이즈음 북 왕국에서 제작된 것으로 보이는 한 동상에 이러한 글이 기록되어 있다. "사마리아의 여호와와 그의 아내 아세라가 너를 축복하기를 원한다." 당시 이스라엘에서 유행하던 영적 혼합주의를 잘 드러내고 있다.

둘째, 중간 시대. 여로보암의 지속적이고 안정적인 통치가 막을 내리자 이스라엘은 곧 정치적인 혼란에 빠져들었다. 이 시대를 실제적인 무정부(virtual anarchy) 시대로 보아도 문제가 없을 정도다(Smith). 여로보암의 대를 이은 왕들은 계속 살해당했고, 이러한 이스라엘의 내부적인 혼란과 디글랏 블레셀 3세(Tiglath-pileser III)(745-727 BC), 살만에셀 5세(Shalmaneser V)(727-722 BC), 사르곤 2세(Sargon II)(722-705 BC)의 통치 하에 활기를 되찾은 아시리아의 위력이 북 왕국의 운명을 결정지었다. 여로보암 이후로 이스라엘의 남은 30년의 역사 동안 6명의 왕이 등극하지만 세 명은 통치 기간이 2년 이하였고, 네 명은 살해당했고, 한 명은 유배당했다(왕하 17:4-5). 호세아의 메시지는 나라의 이런 혼란을 반영하고 있고(5:1; 7:5-7; 8:4; 9:15; 13:10-11), 이 시대에 이스라엘은 국가로서의 면모를 모두 잃어버리고 급속도로 몰락하는 상황이었다.

여로보암이 죽자 아들 스가랴가 주전 753년에 아버지의 대를 이어 왕이 되었다. 그는 등극한 후 6개월 만에 살룸에게 암살당했고, 이 일로 주전 841년경에 시작된 예후 왕조가 90여 년 만에 막을 내렸다. 스가랴를 살해하고 왕위에 올랐던 살룸 역시 오랫동안 왕권을 누릴 수 없었다. 살룸이 이스라엘 왕이 된 지 한 달 만에 므나헴이 그를 살해하고 왕이 된 것이다. 므나헴은 주전 752-742년에 걸쳐 10년 동안 이스라엘을 통치했다. 그가 통치하는 동안 이스라엘의 국제적 입지와 경제적 하락세가 계속되었다. 므나헴은 아시리아가 자신의 정권에 정당성을 인정하는 대가로 은 1,000달란트(=34t)를 디글랏 블레셀에게 바쳤다

(왕하 15:17-22). 이 엄청난 금액이 세금으로 징수되었으니 백성의 고통이 어느 정도였을지 쉽게 짐작할 수 있다.

므나헴의 뒤를 이어 아들 브가히야가 이스라엘 왕이 되었다. 그는 주전 742-740년 사이에 2년 동안 이스라엘을 다스린 후 이스라엘 군대의 지휘관이었던 르말랴의 아들 베가에 의해 살해되었다. 므나헴을 살해하고 이스라엘 왕이 된 베가의 통치 기간을 조명하는 일은 쉽지 않다. 열왕기하 15:27에 의하면 20년 동안 통치했다. 그러나 만약 베가가 740년에 통치를 시작했고, 북 왕국이 722년에 막을 내렸다는 점을 감안하면 앞뒤가 맞지 않는다. 왜냐하면 북 왕국 이스라엘의 마지막 왕은 호세아였고 10년을 통치하다가 나라가 종말을 맞았기 때문이다. 성경을 필사하던 사람(들)의 실수로 빚어진 결과일 수 있고, 아니면 성경에는 기록되어 있지 않지만, 750년대부터 북 왕국이 둘로 분열되어 한쪽은 므나헴이, 다른 쪽은 베가가 통치해 온 것으로 볼 수도 있다. 한 가지 확실한 것은 그의 통치가 늦어도 732년에는 막을 내려야 한다는 것이다(Thile). 베가는 외교적으로 반아시리아(anti-Assyrian) 정책을 펼쳐나갔고, 시리아의 르신(Rezin)과 동맹을 맺고 아시리아에 대항했다. 베가는 남 왕국 유다의 요담 왕과 아들 아하스가 친아시리아(pro-Assyrian) 정책을 펼쳐나가자 시리아와 함께 유다를 공격했다.

이스라엘 왕 베가는 시리아 왕 르신과 함께 친아시리아 정책을 지향했던 유다 왕 아하스를 제거하고, 다비엘의 아들(lit., '바보의 아들')을 꼭두각시 왕으로 세우려는 계획을 가지고 있었다(사 7장). 르신과 베가의 군대는 유다 군 12만 명을 죽이고 20만 명을 포로로 잡아갔다(대하 28:6-8). 공격을 받은 아하스는 즉각 아시리아의 왕 디글랏 블레셀에게 엄청난 돈을 보내며 도움을 요청했다. 원래부터 아시리아는 가나안 정치에 개입할 기회를 호시탐탐 노리고 있었는데, 아하스의 도움 요청이 결국은 꿩 먹고 알 먹는 기회를 제공하게 되는 꼴이 되었다. 디글랏 블레셀은 즉각 군대를 파견해 유다를 압박하던 시리아-이스라엘 연합군을 쉽게 물리쳤다. 이 일로 시리아는 곧바로 멸망했고 영토는 아시리아의 주로 편승되었다. 그러고는 도움을 요청한 아하스에게 엄청난 세금을 징수해 갔다(대하 28:20-21). 유다는 스스로 아시리아의 속국이 된 것이다(Carroll).

셋째, 마지막 시대. 별 어려움 없이 시리아를 멸망시키고 아시리아의 주로 편승시킨 아시리아가 북 왕국 이스라엘을 향해 진군해오자, 상황을 지켜보던 엘라의 아들 호세아가 베가를 살해하고 이스라엘의 왕권을 장악했다. 그는 즉시 디글랏 블레셀에게 항복했고, 이 일로 이스라엘은 아시리아에게 엄청난 벌금을 바쳤지만, 국가의 운명을 잠시 연장할 수 있었다. 그러나 이스라엘 왕 호세아는 곧 비밀리에 이집트와 반아시리아적인 협상을 진행했다. 이러한 상황에서 디글랏 블레셀이 주전 727년에 죽자 호세아는 아시리아에 바쳐야 할 조공을 바치지 않았다(왕하 17:4). 디글랏 블레셀의 뒤를 이어 아시리아의 왕이 된 살만에셀(Shalmaneser V)이 이 사실을 알게 되자 북 왕국을 침략했다. 사마리아는 2년 동안 아시리아 군의 포위를 견디어 냈다. 사마리아가 포위된 상태에서 살만에셀은 죽고 아들 사르곤이 뒤를 이어 사마리아 포위를 계속했다. 결국 사마리아는 사르곤의 손에 의해 주전 722년에 붕괴되었다. 여로보암이 솔로몬의 죄로 인하여 이스라엘의 10지파를 끌고 나가 나라를 세운 지 210년 만의 일이었다. 아시리아의 기록에 의하면 이 사건을 계기로 이스라엘 사람 2만 7,290명이 메소포타미아 지역으로 끌려갔다.

4. 다른 책과의 관계

호세아서가 선지서 16권 중 가장 일찍 문서화된 책에 속한다는 것은 호세아의 뒤를 이어 사역한 후배 선지자에게 큰 영향을 미쳤을 가능성을 시사한다. 실제로 호세아서가 소선지서 12권 중 가장 먼저 등장하는 것은 소선지서의 전반적인 메시지와 분위기에 결정적인 영향을 미쳤기 때문이라는 것이 학자들의 생각이다(Sweeney, Nogalski). 이 섹션에서는 호세아서와 소선지서, 모세오경, 예레미야서의 관계를 간략하게 생각해 보고자 한다.

(1) 호세아서와 소선지서

최근 들어 학자들의 관심이 정경의 내용뿐만 아니라 순서에도 집중되고 있다. 예를 들면 지난 20-30년 동안 시편을 연구하는 학자들은 다섯 권으로 구성되어 있는 시편 150편 전체 혹은 일부가 편집상의 의도와 메시지 전개를 위해 순서가 정해진 것이라 생각하고 이 주제에 관해 많은 논문을 출판했다. 지난 2000년 동안 시편은 특별한 목적이나 흐름 없이 임의로 모여 순서가 정해진 것이라는 생각이 지배적이었던 상황에서 매우 도전적이고 신선한 사고의 전환이라고 할 수 있다. 연구가 아직 초보 단계에 머물고 있지만, 이 주제에 관한 출판물을 살펴보면 상당한 설득력을 지니고 있다는 생각을 하게 된다.

이러한 구약학계의 전반적인 분위기 속에서 일부 학자는 소선지서 12권의 순서에도 관심을 가지기 시작했다(Nogalski, Sweeney). 그동안 소선지서 12권이 시대와 저자가 각각 다른 독립적인 책들이었는데 함께 모이면서 특별한 이유 없이 순서가 정해진 것으로 생각해 왔다. 학자들은 소선지서의 순서가 각 책의 분량이나 연관된 선지자의 활동 시기에 의해 결정된 것이 아니라는 점을 이미 오래전부터 인식하고 있었다. 만일 선지자의 활동 순서에 따라 책의 순서가 정해졌다면, 분명 아모스서가 호세아서를 앞서야 한다.[1] 그러나 실제로 호세아서와 요엘서

---

[1] 탈무드는 호세아서가 제일 먼저 문서화되었으며, 그 뒤에 아모스서와 미가서가 문서화되었다고 했다(Baba Batra 14b, Pesahim 87a, Sota 48b). 그렇다면 호세아서가 제일 먼저 등장하는 것은 시대적인 순서에 따른 것이라고 볼 수 있다. 그러나 소선지서 12권의 순서에 대해 탈무드가 설명하지 못하는 부분도 많다.

다음에 아모스서가 등장한다. 만일 책의 분량에 따라 순서가 정해졌다면 호세아서와 아모스서 사이에 끼어 있는 요엘서는 한참 뒤로 물러나야 한다. 그러므로 각 책의 길이나 선지자의 활동 시기로 소선지서 12권의 순서를 설명하는 것은 부적절하다.

최근 들어 소선지서 12권이 독립적인 책들이지만, 한 세트로 모이고 순서가 정해질 때 편집자(들)가 구상하고자 하는 메시지를 염두에 두고 의도적으로 순서를 정했다고 생각하기 시작했다(Carroll). 소선지서 12권이 서로 유기적인 관계를 유지할 뿐만 아니라 12권의 책이 하나가 되어 발전시키고 전개하는 주제와 메시지가 있다는 것이다. 쉽게 말해 12권을 한 권의 책으로 보기 시작한 것이다. 그래서 소선지서를 '열둘의 책'(Book of the Twelve)이라고 부르기를 좋아한다. 이 명칭이 소선지서 12권의 연결성과 유기적인 연합을 강조한다고 생각하기 때문이다.

호세아서가 소선지서 12권 중 제일 앞에 오면서 '열둘의 책'에 어떤 기여를 하고 있는가를 생각해 보자. 무엇보다 소선지서가 어떻게 읽혀야 하는가에 관한 지침을 담고 있다(Sweeney). 호세아는 고멜과 결혼하여 아이들을 낳는데, 이 이야기는 단순히 개인적인 이야기로 끝나지 않고 하나님과 이스라엘의 관계를 상징하는 은유(metaphor)이기도 하다. 호세아가 음란한 아내 고멜을 간음했다고 비난하지만 끝까지 포기하지 않고 고멜을 다시 맞아들여 결혼생활을 지속한 것처럼, 하나님도 다른 신들을 좇아 '남편' 여호와를 버린 '아내' 이스라엘을 맹렬히 비난하시지만, 끝까지 포기하지 않으시고 돌아올 것을 호소하신다는 것이 호세아서의 기본 메시지다. 하나님이 죄를 범한 이스라엘/유다를 맹렬하게 비난하시지만, 죗값을 치르고 나면 다시 옛날처럼 관계를 회복해 주실 것이라는 메시지가 소선지서 12권 전체의 맥을 연결하는 중심 주제이기도 하다. 그런 면에서 호세아서는 '열둘의 책'의 중심 메시지가 무엇이고, 어떻게 읽혀야 하는가에 관해 미리 분위기와 맥을 잡아준다. 더욱이 호세아서의 메시지는 12권 중 마지막 책인 말라기서의 중심 주제가 이혼이라는 점과 깊은 연관성이 있어 보인다. 첫 번째 책 호세아가 이혼 위기에 와 있는 하나님과 이스라엘의 관계를 세상에 드러내고 있다면, 마지막 책 말라기는 이혼 위기에 와 있는 이 둘의 관계가 어떻게 해결점을 찾았는가에 관해 언급하고 있다(Sweeney). 이혼을 싫어하시는 하나님은 어떤 경우에도 이스라엘과 이혼하지 않으실 것을 선언하고 다짐하신 것이다. 물론 하나님의 이러한 결정은 결코 쉽게 내려진 것이 아니었다. 엄청난 고민과 고통을 겪으신 다음 내리신 결론이며, 나머지 10권의 책은 하나님이 어떤 경로를 통해 어떻게 이러한 결정을 하게 되셨는가를 전개하고 있다고 볼 수 있다.

'열둘의 책'은 역사적인 배경과 정황에 있어서 중요한 공통점을 지니고 있다. 대선지서(이사야, 예레미야, 에스겔, 다니엘)는 바빌론이 고대 근동을 지배하는 시대를 배경으로 하고 있으며, 하나같이 바빌론의 손에 망하게 될 유다의 운명을 경고한다. 반면에 소선지서 12권은 대부분 아시리아의 손에 고통을 당하거나 망하게 될 이스라엘과 유다의 운명에 관한 책이라는 점이다. 이러한 맥락에서 요나와 나훔이 아시리아에 대해 메시지를 선포한 것도 우연은 아닐 것이다.

위에서 본 것처럼 호세아서는 분명 뒤따르는 나머지 소선지서들과 유기적인 관계를 유지하며 '열둘의 책'을 어떻게 읽을 것인가에 관해 많은 해석적 지표와 이 책들에서 전개될 주제를 제시하고 있다. 소선지서 12권의 순서 자체가 어떤 메시지나 의미를 구상하기 위해 정해졌다는 생각 자체가 매우 신선한 발상이며 연구 가능성이 매우 높다고 생각된다. 다만 아직은 연구가 초보 단계에 있기에 시간이 더 지나야 의미 있는 결과물이 출판될 것으로 본다.

한 가지 염두에 두어야 할 것은 마소라 사본(MT)과 칠십인역(LXX)의 소선지서 12권의 순서가 다소 다르다는 점이다. 차이는 두 가지인데, 요엘과 미가의 위치다(다음 도표를 참조하라). 물론 히브리어 성경과 칠십인역을 최종적으로 편집한 사람들이 조금은 다른 신학적 메시지와 주제 전개를 염두에 두고 순서를 정한 결과다.[2] 그럼에도 이 두 버전이 서로 차이를 지니고 있다는 사실은 어떤 결과가 제시되든 간에 두 버전의 차이점을 설득력 있게 설명할 수 있는 것이어야 한다.

마소라 사본	칠십인역
호세아	호세아
요엘	아모스
아모스	미가
오바댜	요엘
요나	오바댜
미가	요나
나훔	나훔
하박국	하박국
스바냐	스바냐
학개	학개
스가랴	스가랴
말라기	말라기

(2) 호세아서와 오경

호세아 선지자는 모세오경에 기록된 율법과 이스라엘 역사에 대한 지식과 이해를 바탕으로 메시지를 전하고 있기에 율법에 대한 이해가 없이는 호세아서를 바르게 해석하기가 어렵다. 그는 자신이 사역하던 사회가 당면한 여러 가지 문제는 이스라엘이 하나님의 율법을 등한시하거나 어긴 것에서 비롯된 것임을 확고히 하고 있다(Brueggemann). 특히 창세기와 출애굽기가 호세아서와 깊은 연관을 가지고 있다는 것이 일

---

2 학자들은 이러한 차이를 다음과 같이 설명한다. 칠십인역은 탈무드가 제시한 것에 따라 각 선지서가 저작된 역사적 순서를 따른 것이고, 마소라 사본은 '여호와의 날' 등의 주제를 중심으로 메시지를 전개한 것이 이러한 차이를 가져왔다고 하지만, 잘 설명되지 않는 부분이 많다.

반적인 견해다. 예를 들면, 호세아서는 다음 도표에서와 같이 창세기의 내용을 언급하고 있다(Garrett). 전체적인 정황을 고려할 때 호세아는 창세기를 매우 잘 알고 있었고, 그것을 매우 적절하게 인용해 자신의 책을 전개해 나갔다.

호세아서	창세기 구절과 내용
1:10	22:17 아브라함의 축복
2:18	1:20-25 야생 짐승의 창조
4:3	1:20-25 야생 짐승의 창조
6:7	3:6 아담의 죄
6:9	34:1-31 세겜의 멸망
9:6	47:29 이집트에서 장사됨
9:14	49:25 가슴과 탯줄에 대한 축복
11:8	14:2(19장) 평지 도시의 멸망
12:2-5	25:19-35:15 야곱의 일생
12:12-13	30:25-31:16 야곱의 양 떼
13:15	41:2, 18 바로의 꿈

호세아서는 출애굽기의 내용과 출애굽 사건에 대해 2:15; 5:7; 6:7; 7:1; 7:13; 8:4-6; 9:10; 10:9-10; 11:1-4; 12:9-10; 13:4-6 등에서 인용하거나 언급한다. 하나님은 시내 산에서 자신을 "나는 스스로 있는 자"(אֶהְיֶה)로 소개하셨다(출 3:14). 그러나 호세아서에서는 하나님은 이스라엘의 죄 때문에 자신은 "[너의] 하나님이 아니다"(לֹא־אֶהְיֶה)라고 하신다(호 1:9). 정황상 두 문구의 번역과 의미는 다르지만, 히브리어로는 둘 다 같으며 유일한 차이는 호세아서에서는 부정사(לֹא)가 앞에 붙었다는 점이다. 시내 산에서 스스로 이스라엘의 하나님이 되어주신 여호와께서 호세아서에서는 관계를 청산하기를 원하신다.

호세아는 다른 민족의 구원이나 심판에 대해 관심이 없었다. 오로지 이스라엘과 하나님의 언약 관계를 중심으로 메시지를 전하고 있다. 그렇기 때문에 '여호와'(יהוה)라는 언약적 이름을 38차례나 사용하며 '하나님'(אֱלֹהִים)이란 칭호를 사용할 때 대체로 관계 접미사를 붙여 '나의, 너희의 하나님' 등으로 부른다. 하나님(אֱלֹהִים)이란 단어를 관계 접미사 없이 사용하는 것은 세 차례에 불과하다. 그만큼 이스라엘과 하나님과의 관계를 부각시키고자 하는 것이다. 이처럼 호세아가 하나님과 이스라엘의 관계에 초점을 맞추는 것은 시내 산에서 맺어진 언약을 전제하고 있다는 것이 대부분의 주장이다.

호세아 2:9-10은 신명기 28장에 대한 지식을 바탕으로 하고 있으며, 호세아 4:2는 십계명을, 호세아 9:9는 사사기 19-21장을 배경으로 하고 있다. 또한 호세아서의 가장 기본적인 비유라 할 수 있는 간음한 아내 이스라엘은 모세오경이 배교(apostasy)를 매춘행위로 표현하는 것과 직접적인 연관이 있다는 것이 기정사실이다(출 34:11-16; 레 17:7; 20:4-6; 신 31:16; cf. 삿 2:16-17). 오경과 연관해 기억할 것은 호세아서 안에서는 지식과 충성이 가장 중요한 신학적 강조점에 속한다는 점이다(2:19-20; 4:1, 6; 5:4; 6:1-3, 4, 6; 8:1-2; 10:12; 12:6; 13:6). 호세아에게 오경에 기록된 율법은 이러한 것들의 바탕이자 출처다.

(3) 호세아서와 예레미야서

호세아가 문서 선지자 중 가장 일찍 사역한 사람 중 한 명이다 보니 그의 사역이 후배 선지자에게 큰 영향을 미쳤을 가능성이 매우 크다. 특별히 호세아가 예레미야에게 미친 영향에 주목한다. 예레미야는 호세아가 사역을 시작한 지 150여 년 후에 남 왕국에서 사역을 시작했지만, 그가 남긴 책을 보면 주제나 내용이 호세아서와 매우 흡사하다는 결론에 도달한다. 예레미야서의 내용이 얼마나 많이 호세아서의 내용을 반영하고 있는지 한 학자는 예레미야를 호세아의 '영적 아들'(Jacob), 다른 학자는 '가장 충성스럽게 [호세아를] 답습한 자'(most devoted imitator)라고 부른다(Morris). 이러한 차원에서 예레미야서는 북 왕국을 대상으로 선포된 호세아서를 확대해 남 왕국에 선포한 것으로 간주될 수 있다. 이처럼 예레미야가 호세아로부터 많은 영향을 받았다는 것은 예레미야가 호세아와 그의 글에 관해 많은 것을 알고 있었다는 점을 전제한다.

5. 이슈들

호세아서를 연구할 때 이슈가 되는 것 중 네 가지를 생각해 보고자 한다. 첫째는 텍스트의 불확실성이다. 호세아서가 매우 난해한 부분을 많이 지니고 있어서 일부 학자들은 본문을 수정하기까지 하는데, 이러한 행위가 합당한가? 만일 합당하다면 어느 정도 범위까지 본문 수정을 허용해야 하는가? 둘째는 거침없는 비유와 상상력이다. 호세아는 선지자 중에도 매우 상상력이 풍부한 사람이다. 물론 상상력이 풍부하다는 것은 매우 좋은 일이고 작품에 긍정적 영향을 미치는 것이 일반적이겠지만, 심판하시는 하나님을 옷을 삭게 하는 좀과 구더기(5:12)로 묘사하는 것은 하나님을 거룩하게만 생각해 왔던 사람에게는 충격이 아닐 수 없다. 셋째는 호세아의 결혼이다. 일부 학자들은 호세아가 고멜과 결혼한 일은 실제 일이 아니라고 주장하고 나섰다. 넷째는 호세아서가 여성을 비하하고 희생물로 삼고 있다는 일부 여성 신학자의 주장이다. 이 네 가지의 주장과 근거를 하나씩 살펴보자.

(1) 텍스트의 불확실성

이미 언급한 것처럼 호세아서는 해석하기가 매우 난해한 책이다. 상당수의 학자는 호세아서에서 사용되는 히브리어를 가장 어려운 수준의 것이라고 주장한다(Carroll). 책에서 사용된 히브리어 단어의 의미가 확실치 않은 것도 많다. 또한 구약성경에서 단 한 번만 사용되는 단어들

(hapax legomena)이 호세아서 안에는 매우 많다(2:12, 15; 3:2; 5:2, 13; 7:9; 8:6, 13; 9:14; 10:6-7, 10; 12:5; 13:5, 14-15). 여기에 호세아서에서 사용되는 단어 중 성경의 다른 부분에서는 별로 사용되지 않는 단어까지 더하면 호세아서에는 문제가 될 수 있는 해석과 동사분해(parsing)를 지닌 구절이 매우 많다. 문법도 매우 어려운 수준인데 경우에 따라 한 문장에서 서로 상반되는 문법을 사용하기도 한다. 문제를 더욱 가중시키는 것은 호세아서가 지나치게 문구를 생략하는(elliptical) 성향을 가지고 있어 뜻을 파악하기가 매우 어렵다는 점이다. 또한 과거에 일어났던 일에 대한 간접적인 언급(allusion)이 책의 곳곳에 퍼져 있어 해석의 어려움을 더한다.

호세아서의 사본 실태도 해석에 큰 어려움을 더한다. 호세아서가 오늘날까지 전수되면서 잘 보존되지 않아 매우 많은 부패(corruption)를 지니고 있기 때문이다(Harper). 실제로 호세아서는 구약 정경 중 원문 보존이 가장 빈약한 책에 속한다. 고대 사본을 새로이 발굴한다 해서 이런 문제가 해결될 것 같지도 않다. 예를 들면 호세아 1:7-2:5를 기록한 텍스트가 사해 사본 중에서 발견된 적이 있는데(4QXII), 문제를 안고 있는 마소라 사본과 거의 흡사해서 마소라 사본의 부패를 바로잡는데 별로 도움이 되지 않았다. 또한 많은 고대 번역본도 호세아서만큼은 번역가들도 매우 어려워하고 있음이 역력하다는 것이 일반적인 견해다(Seow). 즉, 고대 번역가들도 호세아서의 난제를 해결하지 못했다.

그러므로 많은 사람이 호세아서를 해석하고 주해하면서 본문 교정(emendation)을 자유로이 시도했다(Soggin). 이러한 노력이 때로는 좋은 결과를 내놓았지만, 오히려 더 혼란과 논란을 초래한 경우가 많았다. 본문을 연구하다 보면 본문 교정이 꼭 필요할 때가 있다. 그러나 전반적으로 학자들이 주장하는 본문 교정의 상당 부분은 그 필요성이 의심스럽다(Harper). 그러므로 호세아서를 주해하면서 본문 교정은 최대한으로 제한하는 것이 바람직하다. 우리는 호세아서가 어려운 이유가 본문의 문제가 아니라, 대부분 우리가 호세아의 세계와 언어에 대해 익숙하지 않아서 빚어진 일이라는 점을 인정해야 한다.

또한 이미 언급한 것처럼 호세아서가 다른 선지서보다 어렵게 느껴지게 된 것은 글을 남긴 선지자 중 호세아가 유일한 북 왕국 출신이라는 점이 크게 작용하고 있는 듯하다(Macintosh). 그러므로 호세아서가 구약의 다른 책에 비해 난해한 것은 이러한 지역적인 차이가 언어에 반영된 것이기 때문이며, 우리가 북 왕국에서 사용되었던 히브리어에 대해 별로 아는 바가 없기 때문일 수도 있다. 이 점 때문에 일부 학자 사이에는 호세아서의 히브리어를 우가릿어(Ugaritic) 배경에서 연구하려는 정서가 조성되기도 했다.

(2) 이미지와 비유

호세아는 상상력의 대가다. 온갖 이미지와 비유를 동원해 메시지를 청중의 마음에 각인시키는 언어의 달인(wordsmith)이다(Dearman). 그가 언어 구사에 매우 능통했다는 사실은 구약성경에서 단 한번 사용되거나 거의 사용되지 않는 히브리어 단어들이 호세아서에 매우 많이 있다는 점에서도 역력히 드러난다.

선지자가 여호와 하나님에 대해 사용하는 이미지도 매우 다양하다(Oestreich, Kruger). 어떤 것은 매우 전통적인가 하면, 어떤 것은 매우 충격적이면서도 본문의 내용과 직접적인 연관성이 없어 보이는 것도 있다(Landy, Eidevall). 저자가 이렇게 충격적인 이미지를 사용해 메시지를 전하는 것은 청중의 집중력을 끌어모아 하나님의 말씀을 더 강력하고 확실하게 전하고자 한 데서 비롯된 것이다. 전통적인 맥락에서 선지자는 여호와를 남편(2:2), 아버지(11:1), 치유자(14:4) 등으로 묘사한다. 또한 여호와 하나님을 새 사냥꾼(7:12), 사자(13:7), 곰(13:8), 이슬(14:5), 왕성한 나무(14:8), 심지어는 좀과 구더기(5:12)에 비유하기도 한다. 하나님이 이스라엘을 심판하시는 날, 옷을 삭이는 좀과 썩은 살을 갉아먹는 구더기처럼 그들을 괴롭히고 벌하실 것이라는 뜻이다. 의미 전달은 더할 나위 없이 효과적이지만, 전혀 기대하지 못한 섬찟하고 비위를 자극하는 비유들이다. 충격적인 것은 호세아가 이러한 비유들을 하나님께 적용한다는 사실이다(Oestreich).

선지자가 책에서 사용하는 하나님에 대한 은유는 긍정적인 것과 부정적인 것으로 구분될 수 있다(Kruger). 긍정적인 것으로는 용서와 자비로 가득한 로맨틱한 남편(2-3장), 치유자(6:1-2, 14:4), 소생시키는 단비(6:3), 사랑하는 부모(11:1-4, 14:3-4), 보호하는 사자(11:10-11), 생기를 주는 이슬(14:5), 풍요로운 잣나무(14:8) 등이 있다. 부정적인 것으로는 시기하는 남편(2:2-13), 사정없이 파괴하고 먹어 치우는 야생동물(5:14-15; 13:8), 분노하는 목자(4:16), 파괴하는 나방이나 좀(5:12), 무시무시한 사자(5:14; cf. 13:7-8), 새 사냥꾼(7:12), 소에게 멍에를 지게 하는 농부(11:4) 등이 있다.

여호와의 아내 이스라엘에 대한 비유와 은유도 매우 다양하다. 선지자는 하나님과 맺은 언약을 위반한 이스라엘을 간음한 아내(1-3장), 고집이 센 암소(4:16; 10:11), 순식간에 증발하는 이슬(6:4; 13:3), 순간적으로 사라지는 안개와 연기(6:4; 13:3), 뜨거운 화덕(7:3-7), 불에 탄 떡(7:8), 어리석은 비둘기(7:11; 11:11), 어리석은 농부(8:7), 사용할 수 없는 그릇(8:8), 길을 잃은 나귀(8:9), 열매를 맺지 못하는 과일 나무(9:10, 16), 나쁜 포도나무(10:1), 쓸모 없는 가지(10:7-8), 불순종하는 아이(11:1-4), 아이를 낳지 못하는 여인(13:13) 등으로 묘사한다. 모두 부정적인 비유다. 그러나 긍정적인 비유도 있다. 훗날 하나님이 이스라엘과 다시 결혼하실 것(2:14-20)과 이로 인해 이스라엘이 다시 열매를 맺는 나무와 아름다운 꽃이 될 것이라는 비유다(14:5-7).

선지자 호세아의 특징은 아무런 예고도 없이 아주 쉽게, 자주 이미지의 사용과 적용 방향을 바꾼다는 것이다(Yee). 호세아서를 읽고 해석하기가 어려운 이유 중 하나는 바로 이미지가 예고 없이 순간적으로 바뀌기 때문이다. 예를 들면 호세아는 7:4-7에서 이스라엘을 아주 뜨거운 화덕으로 비유한다. 이러한 비유는 이스라엘이 방탕과 악한 계략으로 '뜨겁다'(가득하다)는 의미다. 그러나 7:8에서는 이스라엘이 더는 열을 발하는 화덕이 아니라 화덕 속에서 타는 빵 조각으로 묘사된다.

(3) 호세아의 결혼

호세아서는 하나님이 선지자에게 음란한 여인과 결혼하여 음란한 자식을 낳으라고 명령하시는 일로 시작한다. 여기까지는 확실하다. 그러나 이 말씀이 정확히 무엇을 선지자에게 요구하며 호세아는 어떤 방식으로 이 명령에 순종했는가에 관해서는 학자들의 의견이 분분하다. 또한 3장의 여인과 1장의 고멜은 같은 여인인가? 아니면 서로 다른 여인인가? 그동안 최소한 여덟 가지의 해석이 제시되었다(Rowley, Sherwood, Baumann).

첫째, 호세아 1-3장은 비유 혹은 풍유이다(Keil). 또한 이 모든 일은 환상 속에서 일어난 일이다(Calvin, Abraham Ibn Ezra, David Kimchi, Maimonides). 호세아는 실제로 창녀와 결혼한 것이 아니라는 해석이다. 그러므로 이 이야기는 호세아의 삶에서 실제로 있었던 일이 아니며 모든 것이 비유이거나 환상 속에서 일어난 일이다(Young). 이러한 견해를 고수하는 것은 이 이야기가 실제로 있었던 일이라면 내용이 너무 충격적이고, 거룩한 선지자는 결코 그런 여자와 결혼할 수 없다는 전제 때문이다. 또한 이 해석에 의하면 1장과 3장은 같은 사건을 다르게 묘사한 것에 불과하다.

둘째, 고멜은 호세아의 실제 아내였을 뿐만 아니라 신실한 여인이었다(Pfeiffer). 이 주장에 의하면 1장은 단순히 이스라엘의 죄악을 비난하는 은유에 불과하며, 3장에서는 호세아가 선지자적이고 상징적인 은혜의 제스처(gesture)로 험난한 인생을 살아온 한 창녀에게 자비를 베푸는 것뿐이다. 호세아가 실제로는 음란한 여자와 결혼하지 않았다고 주장하는 면에서 첫 번째 해석과 비슷하다. 1장의 고멜과 3장의 '이름 모를 창녀'(첫 번째 설은 같은 여인으로 취급하지만, 이 해석은 서로 다른 여자로 취급함)를 역사적인 인물로 간주한다는 점이다. 그러나 고멜의 음행은 호세아가 하나님의 뜻을 전하기 위해 만들어낸 가정(假定)에 불과하지 실제로 일어난 일이 아니었다(Kaufmann).

셋째, 1장과 3장은 역사성이 있는 사건들이었으며 두 명의 다른 여인들의 이야기를 회고하고 있다(Stuart). 호세아는 하나님과 이스라엘의 관계를 묘사하기 위해 우상 숭배자(영적으로 음란한 자) 고멜이란 창녀와 결혼했다(1장). 그리고 훗날 또 다른 여인과 결혼했다(3장). 이 여인은 실제 창녀였으며 선지자는 하나님의 사랑과 구원에 대한 소망을 제시하기 위해 이 여인과 결혼했다(Fohrer). 이 해석은 두 번째 주장과 비슷하다. 다만 고멜이 실제로 몸 파는 여자가 아니라 영적으로 간음한 여인이었다고 주장하는 것이 다르다. 카우프만(Kaufmann)도 비슷한 주장을 한다. 호세아는 3장의 여인과 결혼하지 않았으며, 다만 하나님의 사랑을 표현하기 위해 그녀에게 선을 행한 것에 불과했다.

넷째, 호세아가 고멜과 결혼했을 때 그녀는 이미 몸을 팔고 있었다. 그녀는 호세아와 결혼하여 아들을 낳고 가출했다. 다시 옛날 직업으로 돌아간 것이다. 몸을 팔면서 두 아이를 더 낳았다. 물론 호세아의 아이는 아니었다. 고멜은 가난과 빈곤에 시달리다가 자신을 노예로 팔았다. 소식을 들은 호세아가 그녀의 주인에게 값을 치르고 집으로 데려왔다(Limburg, Smith, Garrett). 이 견해는 세 번째 것과 비슷하다. 다만 고멜과 3장의 여인을 같은 여자로 해석하는 차이점을 지니고 있다. 또한 3장의 사건이 1장 사건을 다시 설명하는 것이 아니라 그 이후에 일어났던 일이라 한다.

다섯째, 호세아가 고멜과 결혼할 때는 아직 음란한 삶을 시작하지 않은 상황이었다(Wood). 다만 호세아는 이미 하나님의 계시를 통해 그녀가 호세아와 결혼한 다음 간음할 것을 알고 있었다(Vasholz, Johansen, Harper). 이 해석은 네 번째 해석과 비슷하지만 고멜이 호세아와 결혼했을 때 몸을 팔지 않고 있었다는 점을 강조함으로써 '하나님이 어떻게 선지자에게 처음부터 음란한 여인과 결혼하라고 명령할 수 있는가'라는 난제를 피해가고 있다.

여섯째, 1장과 3장은 비유나 은유가 아닌 실제 사건을 묘사한다. 그러나 1장과 3장은 두 개의 다른 사건이 아니라, 같은 사건을 조금 다르게 묘사하는 것이다. 하나님이 호세아에게 창녀와 결혼하라고 명령하시자(1:2), 노예 시장에서 고멜을 사들였다(1:3; 3:1-3). 고멜은 호세아와의 사이에서 아이들을 모두 낳은 다음에 다시 창녀의 삶으로 돌아갔다(Gordis). 이 견해와 넷째와 다섯째 견해의 차이점은 1장과 3장을 같은 사건으로 묘사한다는 점이다.

일곱째, 고멜은 호세아의 아내였다. 그러나 그녀의 죄는 실제적인 것이 아니라 영적인 것이었다. 즉, 우상을 섬긴 것이다. 고멜이 바알 신전에서 신을 위해 몸을 팔던 신전창녀였다고 주장하는 사람도 있다(Mays).[3] 그러므로 그녀의 음탕한 생활은 비유적이고 역사적이다. 영적으로 간음했기 때문에 비유적이고, 실제로 우상을 섬김으로 여호와를 떠났기에 역사적이다(Andersen & Freedman).

여덟째, 3장은 훗날 누군가가 삽입한 이야기이고, 호세아의 삶을 조명하는 데 사용하지 않는 것이 좋다(North). 이 해석은 3장에 언급된 이야기의 역사성을 부인한다. 아울러 1장을 비유 혹은 역사적 사건으로 해석할 수 있는 융통성을 수용한다.

책의 메시지와 역사적 정황을 고려할 때 네 번째 설이 가장 설득력 있다. 하나님은 호세아를 통해 이스라엘의 현실에 대한 마음을 전하기 원하신다. 동일한 사건은 그 일을 체험한 사람들을 가깝게 만든다. 하

---

3 가나안 종교와 매춘의 연관성에 관해서는 버드(Bird), 데이(Day), ABD 등을 참조하라.

하나님은 호세아에게 이러한 어려운 일을 요구하시고 경험하게 하심으로 하나님의 마음을 품고 이스라엘에게 그분의 말씀과 마음을 전하기 원하신다. 호세아는 불행한 결혼을 통해 하나님과 이스라엘의 관계를 이해할 수 있었으므로 그분을 대신해서 메시지를 전할 자격이 있었던 것이다. 호세아의 첫 아이는 선지자의 자식이었지만, 둘째, 셋째는 호세아의 자식이 아니었을 가능성이 매우 크다. 선지자가 둘째를 '사랑받지 못할 자', 셋째를 '내 백성[자식]이 아니다'로 이름한 것은 이러한 가능성을 고조시킨다. 게다가 아내 이스라엘은 남편 여호와와 결혼한 상태에서 우상을 숭배했고 그 우상과의 사이에서 자식들(우상 숭배자들)을 낳았다. 이러한 정황은 고멜이 호세아와 결혼한 상황에서 다른 남자와의 사이에 아이를 낳은 것과 큰 차이가 없다.

(4) 호세아서의 여성관

포스트모더니즘이 지향하는 것 중 하나가 다양성이다. 시대의 정신과 분위기가 이렇다 보니 성경해석도 포스트모더니즘의 영향을 많이 받고 있다. 이제는 한 해석적인 관점만 고집하지 않고 여러 가지 해석 방법이 동시다발적으로 진행되고 있다. 그렇다 보니 예전 해석방법론이 보지 못했거나 간과했던 것을 드러내는 장점이 있는 동시에 일부 방법론은 전통적인 관점에 의한 해석을 위협하기도 한다.

구약 연구에 있어 가장 참신하게 기여하면서도, 전통적인 입장을 고수하는 해석가를 불편하게 하는 방법론이 '여성신학적' 성경해석이다. 예를 들면 사사기 연구에서 여성신학적인 해석의 기여를 무시하고는 저자가 제시하고자 하는 메시지를 제대로 파악하기가 쉽지 않다. 반면에 구약의 역사적·문화적 배경이 매우 남성 중심적이고 여성의 정당한 지위를 인정하지 않는 듯하기에 이러한 배경을 바탕으로 해석해온 사람들을 불편하게 할 수 있는 가능성이 다분하다.

구약 정경 중 호세아서가 여성 신학자들의 집중적인 관심을 받게 된 것은 1-3장이 묘사하고 있는 '남편-아내 이야기' 때문이다. 여성 신학자들은 호세아 1-3장이 당시 이스라엘 사회가 실제로 여자를 어떻게 대했는가를 반영하고 있다고 주장한다(Yee, Schüngel-Straumann, Wacker). 그들에 의하면 호세아는 여자의 성(sexuality)을 매우 악한 것으로 간주하고 있으며, 아내 고멜은 공개적으로 학대와 폭행을 당하고 쫓겨났다가 빈정대는 남편의 배려로 겨우 집으로 돌아오게 되었다고 한다. 이스라엘 사회가 이처럼 여자를 비하하는 것은 선조 시대 때부터 있었던 일이며, 호세아도 이 같은 전통을 이어받아 여자에 대해 매우 부정적이고, 더 나아가 여자를 증오하는 책을 남겼다고 한다.

이러한 주장을 우리는 어떻게 생각해야 할까? 논의를 시작하기 전에 마음에 두어야 할 것은 창조주 하나님이 인간을 창조하실 때 남자만이 아니라, 남자와 여자 모두 자신의 모양과 형상대로 창조하셨다는 사실이다(창 1:26-27). 남자뿐만 아니라 여자도 하나님의 모양과 형상에 따라 창조되었다는 것은 모든 여성비하와 미움(misogyny)은 비(非)성경적인 사고이고, 창조주를 미워하는 행위이다. 그러므로 성경을 하나님 말씀으로 믿는 사람은 성(性) 때문에 여자를 미워하거나 비하하는 일은 없어야 한다. 오늘날 우리 사회의 법도 이 같은 행위를 금지한다.

그렇다면 선지자가 아내 고멜이 저질렀던 죄를 덮지 않고 낱낱이 고하는 것을 어떻게 이해해야 할까? 선지자는 청중이 이해할 수 있는 개념과 사고의 범위 내에서 하나님 말씀을 전하려고 한다. 그래서 청중의 일상에서 흔히 찾을 수 있는 도구를 발견했는데, 다름 아닌 호세아와 고멜의 파경에 이른 부부관계였다. 하나님도 이 같은 의도에서 호세아에게 음란한 여자와 결혼하라고 명령하셨다(1:2). 선지자가 하나님과 이스라엘의 관계를 가장 적절하게 묘사하는 예를 청중이 익숙한 삶에서 찾다 보니 자신과 아내 이야기를 하게 된 것이지, 여자를 미워하거나 싫어해서 고멜을 예로 삼은 것은 아니다.

성경 저자는 독자의 이해를 돕기 위해 일상에서 많은 예와 비유 (metaphor)를 수집해 메시지를 전한다. 문제는 모든 예와 비유는 어느 순간에는 더는 전하고자 하는 메시지와 일치하지 않는다는 것이다. 그 러므로 우리는 호세아와 고멜의 관계를 예로 들어 이야기하고 있지 만, 그가 경험한 일이 하나님이 이스라엘에게 전하고자 하는 메시지를 100% 반영하고 있다고 볼 필요는 없다. 그러므로 '호세아와 고멜 이야 기'는 제한된 범위에서 이해해야지, 전하고자 하는 모든 메시지로 볼 필요는 없고, 더욱이 그가 여자를 증오하는 사람이라는 주장은 설득력 이 없는 말이다(Kelle). 예와 비유는 한계를 지닌 것으로 이해해야지 그 이상의 의미는 아니다.

문제를 제기하면서 여성 신학자들이 간과하기 쉬운 중요한 것은 정 경의 문화 코드(cultural code)이다. 구약은 지금부터 수천 년 전에 저작된 작품이다. 이 작품들은 저자가 있고, 저자가 살았던 역사적·문화적 정 황을 반영하고 있다. 그렇기 때문에 해석이 필요한 것이다. 여성 신학 자들의 문제 제기의 상당 부분은 이러한 문화적 격차(gap)를 고려하지 않은 데서 비롯되었다(Keefe, cf. Myers). 21세기의 문화적 관점으로 수천 년 전의 작품을 해석하는 것은 옳지 않다. 먼저 작품의 역사적·문화적 정황을 숙지한 다음에 해석하도록 노력해야 한다. 이렇게 하면 여성신 학자들이 제시하는 문제의 상당 부분이 해결될 것이다.

6. 신학과 메시지

호세아가 뒤를 이은 문서 선지자(writing prophets)에게 미친 영향은 대단 하다. 그의 영향력은 한 세대에서 끝나지 않고 에스겔 시대까지 지속 되었다. 그러므로 호세아서의 영향력을 평가할 때 책의 작은 규모와는 대조적으로 큰 영향력을 발휘했다고 주장한다(Judaica). 호세아서를 신 학적으로 요약하는 것은 매우 어렵다는 것이 일반적인 견해다. 이는 하나님과 이스라엘의 관계에 대해 매우 광범위하게 언급하고 있기 때문이다. 호세아가 전개하는 여러 가지 주제 중 몇 가지만 간략하게 생각하고 이것이 오늘날 우리의 삶에 어떤 의미와 도전을 제시하는지 생각해 보자.

(1) 언약

대부분의 선지자처럼 호세아도 이스라엘 백성이 시내 산 언약을 준수하지 않고 있는 것에 대한 비난을 기초로 메시지를 전개한다(Brueggemann). 그러므로 호세아서를 이해하기 위해서는 언약과 율법에 대한 이해가 필수적이다(Stuart). 호세아는 특히 언약의 불순종이 가져올 저주에 대해 지속적으로 경고한다(Day, Fensham). 한 예로 선지자는 "아무리 먹어도 배부르지 않고, 아무리 음행을 하여도 자손이 불어나지 않을 것이다. 이 백성이 다른 신들을 섬기려고 나 주를 버렸기 때문이다. 나의 백성은 음행하는 일에 정신을 빼앗겼다"(4:10-11a, 새번역)라고 선언한다. 이 텍스트에서 언급하는 배고픔과 자식을 낳지 못하는 것은 신명기 28:17-18과 32:24-28에 기록된 언약적 저주를 바탕으로 하고 있다(Fensham). 이스라엘이 아시리아의 손에 멸망하게 된 것은 아시리아가 강자고 이스라엘이 약자여서가 아니라, 그들이 하나님과 맺은 언약을 준수하지 않았기 때문이다. 죄를 범한 이스라엘이 정작 두려워할 강자는 아시리아가 아니라, 아시리아를 진노의 막대기로 사용하여 이스라엘을 벌하려고 하시는 여호와다. 이스라엘이 두려워하는 강자 아시리아는 사실 여호와께서 언약을 위반한 이스라엘을 훈계하기 위해 사용하시는 도구에 불과하다.

　우리는 예수님을 구주로 영접하는 순간 하나님과 언약을 맺었다. 성경은 '새 언약'이라 하기도 하고 '은혜의 언약'이라고도 한다. 언약은 여러 조항으로 구성되어 있다. 이 조항 중 언약을 준수하면 얻게 될 좋은 결과와 이행하지 않으면 치러야 할 대가도 있다. 문제는 많은 사람이 주님을 영접할 때 누리게 될 축복만 생각한다는 점이다. 물론 순종하려고 노력하고 하나님을 닮아가려는 삶에는 주님의 축복이 임할 것이다. 그러나 언약에는 불순종하는 자에게 징계를 가한다는 '어두운 면'이 있다. 축복과 저주(징계)는 언약의 양면성인 것이다. 그러므로 예수님을 영접한 자가 하나님과 맺은 언약에 따라 살지 않으면 마음을 돌이켜 순종하는 삶을 살 때까지 믿지 않는 자보다 더 큰 곤경에 처할 수도 있다. 이 복음의 '어두운 면'을 피하려면, 하나님의 부르심을 받아 구원을 입은 자들은 그분의 부르심에 합당한 삶을 살도록 노력해야 한다.

(2) 위기에 처한 하나님과 이스라엘의 관계

호세아가 음란한 고멜과 결혼한 것은 개인적인 삶의 이야기로만 끝나지 않는다. 불행한 결혼은 여호와와 이스라엘의 관계를 상징한다. 하나님이 시내 산에서 이스라엘과 언약을 맺은 것은 곧 남편 여호와께서 아내 이스라엘을 맞이한 것을 의미하기 때문이다. 즉, 구약에서 결혼과 언약은 매우 밀접한 관계를 가지고 있으며 호세아의 곤고한 부부 관계는 위기에 처한 이스라엘과 하나님의 언약 관계를 잘 묘사하고 있다. 두 사람의 부부관계에 제삼자가 침범할 수 없듯이 이스라엘과 하나님의 관계에도 침입자가 있을 수 없다. 문제는 고멜(이스라엘)이 사랑하는 자는 남편 호세아(하나님)가 아니라 다른 남자(들)라는 사실이다. 이런 측면에서 고멜의 행동은 곧 이스라엘이 이방 신들을 좇아 나선 일을 비유하고 있다. 그러므로 고멜은 이스라엘과 지도자, 여러 가지 사회적 제도, 문화를 상징한다(Garrett). 그렇다면 고멜의 자녀들은 누구를 의미하는가? 이스라엘의 타락한 지도자, 제도, 종교적으로 오염된 문화에서 양육된 이스라엘 사람들이다. 불행하게도 그들은 선민으로서 갖추어야 할 기본 성향 세 가지—하나님을 아는 지식(knowledge of

God), 진실성(integrity), 자비(compassion)—중 하나도 갖지 못했다. 이스라엘은 지니고 추구해야 할 것은 하나도 지니지 못했으면서 자기 이권을 추구하기에 바쁘다. 여호와의 선민이기에 하나님의 사랑과 자비를 무조건적이고 무한적으로 받을 권리가 있다고 생각한 것이다. 그러나 이 시대 사역했던 선지자들은 한결같이 불의한 제도와 오염된 신앙의 산물인 자녀들에게 그들의 '어머니 이스라엘'로부터 자유하여 '아버지 여호와'를 찾아야 살 수 있다고 선언한다. 원래 이스라엘 종교와 문화는 백성을 하나님께 인도하는 역할을 해야 하는데, 어느덧 이 제도는 주의 백성이 하나님께 나아오는 것을 막는 걸림돌이 된 것이다. 그러므로 하나님과 이스라엘의 부부관계가 위기에 이르렀다(Watts).

그렇다면 앞으로 여호와와 이스라엘의 결혼이 지속될 수 있는 길은 없는가? 정부와 놀아나 부부관계를 파경에 이르게 한 아내 이스라엘에게는 남편 하나님과의 결혼을 지속하려는 의지가 없으며 결혼 관계를 파경에서 보호할 능력이 없다. 이 결혼이 어떻게 될 것인가는 전적으로 남편이신 하나님께 달려 있다(Baumann). 다행히 남편 하나님은 아내 이스라엘을 절대 포기하지 않겠다고 선언하시고 적절한 행동을 취하신다. 하나님의 일방적인 용서와 은총으로 관계가 유지될 수 있었던 것이다. 그러나 그 과정에서 하나님은 결정을 내리시기까지 매우 고통스러워하신다. 간음한 아내 이스라엘을 다시 사랑하기 위해 남편 하나님은 엄청난 대가를 치르시는 것이다(Sherwood).

구약에는 여러 장르의 책들이 있고 모두 이스라엘을 향한 하나님의 의지와 애틋한 감정을 전하지만, 특별히 선지서는 하나님의 마음을 잘 표현하고 있다. 전반적으로 우리는 하나님의 고뇌와 눈물을 선지서들을 통해 본다. 죄를 짓고 심판받는 이스라엘을 피해자로, 그들을 벌하시는 하나님을 가해자로 생각할 수 있다. 그러나 선지자들은 오히려 하나님이 피해자라는 사실을 명확히 한다. 그래서 학자들은 선지서에서 중심 주제 중 하나로 '하나님의 고통'(suffering of God)을 논한다

(Frethheim). 이사야가 묘사하는 하나님은 애지중지 키운 자식에게 배신 당하고 눈물짓는 부모의 모습이다(사 1:2-4). 호세아와 예레미야가 제 시하는 하나님은 외도하는 아내 때문에 '내가 도대체 뭘 잘못했기에 당 신이 이러느냐?'며 자책하고 신음하는 남편이다. 그러므로 선지서를 읽을 때 하나님이 여호와 종교에 대해 제시하는 기풍(ethos) 혹은 말씀 (logos)에도 관심을 가져야겠지만, 하나님이 결코 사랑할 수 없는 백성 을 사랑하시면서 겪는 아픔과 연민(pathos)에도 더욱 귀를 기울여야 한 다. 호세아서는 특별히 그렇다.

정경 중 자신이 가장 사랑하는 사람들의 죄 때문에 고통 속에서 신음 하시는 하나님을 가장 잘 묘사하는 선지서 중에서도 호세아서는 매우 특별하다. 이 책은 선지서 중에서도 순간적으로 변하고 흔들리는 하나 님의 감정을 잘 묘사해 놓았다. 그러므로 호세아서를 읽을 때 하나님 의 연민(pathos)과 고통(suffering)을 예민한 마음으로 묵상해야 한다. 호세 아서를 선지자의 의도에 따라 읽어 내려가다 보면 우리는 하나님의 눈 물을 목격하게 될 뿐만 아니라, 하나님과 하나 되어 우리의 죄를 아파 하며 울고 있는 자신을 발견할 것이다.

(3) 형식으로 치우쳐버린 여호와 종교

호세아 시대를 살았던 사람들은 이스라엘 종교 예식의 근본 의미와 정 신을 망각해 버렸다. 물론 그들은 매우 종교적인 삶을 살았다. 종교 적인 절기를 잘 지키고(2:11, 13), 번제와 제물을 끊임없이 바쳤고(5:6; 6:6), 제단도 계속 세웠다(10:1). 그러나 이러한 외형적인 종교 예식은 내부적인 영적 부패를 가리는 연막에 불과했다. 호세아는 제사장을 맹 렬하게 비난한다. 제사장의 의무는 하나님 말씀을 잘 가르치고 올바른 예배를 권장하는 것에 있는데, 당시 여호와 종교 제사장이라는 사람이 일반 백성과 다를 바 없이 타락했기 때문이다(4:9). 제사장은 윤리적인 면에서는 오히려 사회 전반의 타락을 주도했다(4:4-9). 가장 도덕적이고 모범이 되어야 할 제사장이 가장 타락했으니 종교도 타락할 수밖에 없다. 결과적으로 호세아가 사역하던 시대에는 제사장의 주도하에 종교적인 혼합주의가 성행했다. 성소에는 여호와의 제단 바로 옆에 바알에게 바치는 제단이 세워졌으며 여호와의 백성이 봄철 추수에 대해 하나님 여호와가 아니라, 우상인 바알에게 감사했다(2:11-13). 사람들은 그 외 이방 종교들에서 도입된 종교적 예식을 통해 온갖 음란을 저지르고 있다(4:12-14). 심지어 이스라엘은 송아지 신상들에게 입을 맞추었다(13:2). 모든 것이 여호와 종교에 종사하는 제사장의 집도 아래 이루어지고 있는 일이었다.

이처럼 이방 풍습에 물들어 있는 여호와 종교와 종교적 혼합주의는 우상숭배처럼 하나님을 분노케 하고 아프게 한다. 성경에서 지속적으로 강조되는 것 중 하나가 하나님은 오직 한 분이시니 우리는 몸과 마음을 다하여 그분만 사랑해야 한다는 사실이다(신 6장). 또한 하나님은 자신이 질투하는 하나님이니 절대 다른 신들을 옆에 두지 말라고 하셨다. 주의 백성은 오직 여호와만 경배하고 섬겨야 한다는 뜻이다. 그런데 종교적 혼합주의에 빠져 있는 주의 백성이 하나님을 여러 신 중 하나라고 한다! 그래서 다른 종교 예식에서 좋아 보이는 것은 하나님의 의중과 상관없이 여호와 종교의 예배와 제사에 도입했다. 심지어 하나님께 예배드리며 동시에 바알과 아세라에게 제물을 바쳤다. 당시 영적 상황이 이러하니 자기 백성을 지켜보시는 하나님이 얼마나 열불 나고 자존심이 상하셨겠는가? 하나님은 자신만이 신 중의 신이요, 왕 중의 왕이라고 하셨는데, 이스라엘은 인정하지 않고 하나님을 여러 신 중 하나로, 왕 중 지극히 평범한 자로 대한 것이다.

우리는 예배의 본질과 정신을 놓치고 외형적인 것에 치중하면 어떤 결과가 초래되는가를 호세아서를 통해 뼈저리게 인식해야 한다. 당시 이스라엘 사람은 하나님께 예배드렸지만 하나님과 교제하지 못했고,

예배를 통해 하나님을 만나지 못했으며, 그분의 음성도 듣지 못했다. 그래서 예배가 하나님을 경험하는 수단이 아니라 주의 백성이 치러야 할 대가이자 의무라고 생각하기 시작했다. 관심이 예배의 본질에서 예배 예식과 겉치레로 옮겨간 것이다. 하나님이 특별히 택하신 소수에게만 예배를 통해 그분과 교통하고 즐길 수 있는 특권을 주셨는데, 의무적으로 되다 보니 주의 백성에게 예배는 이제는 그들만이 누릴 수 있는 특권이 아니라 지고 가야 할 짐이 되어버렸다. 어느덧 이스라엘에게 하나님은 숭배자에게서 예식 절차에 따라 제물이나 요구하는 평범한 신 중 하나로 전락해 버린 것이다.

(4) 하나님에 대한 지식

호세아는 이스라엘의 근본적인 영적 문제는 하나님에 대한 지식이 없는 것에서 비롯되었음을 지속적으로 강조한다. "이스라엘 자손아, 주의 말씀을 들어라. 주님께서 이 땅의 주민들과 변론하신다. 이 땅에는 진실도 없고, 사랑도 없고, 하나님을 아는 지식도 없다…내 백성이 나를 알지 못하여 망한다. 네가 제사장이라고 하면서 내가 가르쳐 준 것을 버리니, 나도 너를 버려서 네가 다시는 나의 성직을 맡지 못하도록 하겠다. 네 하나님의 율법을 네가 마음에 두지 않으니, 나도 네 아들딸들을 마음에 두지 않겠다"(4:1, 6, 새번역). 하나님을 아는 지식(knowledge of God)은 단순히 하나님에 관한 지식(knowledge about God)이 아니다. 사랑과 순종으로 하나님과 관계를 맺는다는 의미다. 하나님이 노예와 속박의 땅 이집트에서 이스라엘에게 구원을 베푸신 후, 이스라엘은 하나님의 명령과 계시에 순종하겠다고 다짐하며 그분과 언약을 맺었다. 즉, 하나님을 알며 살아가겠다고 약속한 것이다. 그러나 세월이 지나면서 하나님을 아는 지식을 예식과 제사로 대체해 버렸다. 그 무엇과도 바꾸지 말아야 할 본질적인 것이 어이없게도 부수적인 것에 의해 대체된 것이다. 그러므로 하나님을 아는 고상한 지식을 회복해야 한다. 즉, 하나님의 뜻에 순종하며 살아가는 것이 무엇을 의미하는지를 다시 배우고 실천해야 하는 것이다. 우리는 하나님에 대한 무지함이 어떤 결과를 초래할 수 있는지를 기억하고 이러한 일이 없도록 더욱더 하나님을 알아가야 한다. 다행히 이스라엘이 하나님을 알고 그분의 풍요로우심을 누릴 수 있는 날이 다가오고 있다(2:20; 6:3; 8:2). 모두 하나님이 베푸시는 일방적인 용서와 은혜의 결과다.

(5) 이스라엘의 배은망덕

선지자는 이스라엘과 하나님이 처음 만났을 때부터 자신의 시대에 이르기까지 지나온 역사를 회상하며 이스라엘의 망은(忘恩)을 비난하고 있다. "내가 이스라엘을 처음 만났을 때에, 광야에서 만난 포도송이 같았다…그러나 바알브올에 이르자, 그들은 거기에서 그 부끄러운 우상에게 몸을 바치고, 우상을 좋아하다가 우상처럼 추악해지고 말았다"(9:10, 새번역). 은혜를 베푼 자에게 배신을 당한 하나님이 다음과 같이 탄식하신다. "나는 저 광야에서, 그 메마른 땅에서, 너희를 먹이고 살렸다. 그들을 잘 먹였더니 먹는 대로 배가 불렀고, 배가 부를수록 마음이 교만해지더니, 마침내 나를 잊었다"(13:5-6, 새번역). 그뿐만 아니라 이스라엘은 하나님이 그들을 위해 행하신 일에 대해서도 바알에게 영광을 돌렸다. "바로 내가 그에게 곡식과 포도주와 기름을 주었으며, 또 내가 그에게 은과 금을 넉넉하게 주었으나, 그는 그것을 전혀 모르고 그 금과 은으로 바알의 우상들을 만들었다"(2:8, 새번역). 이스라엘의 비뚤어진 마음과 관점은 하나님이 베푸신 은혜에 대해 배은망덕을 저지르고 있는 것이다.

그래서 선지자는 '돌아오라'(שוב)라는 동사를 지속적으로 사용한다(5:4; 6:1; 7:10; 11:5). 히브리어에는 우리가 이해하는 '회개'를 뜻하는 단어가 없다. 이 개념에 가장 근접한 단어가 '돌아오다'이다. 이 동사가 구상하고 있는 이미지는 가던 길에서 180도 돌아서서 떠난 곳으로 다시 오는 것이다. 만일 이스라엘이 돌아오지 않으면 하나님을 아는 지식이 부족해서 심판받아 멸망할 것이다(4:6). 하나님이 배은망덕한 이스라엘을 내버려두지 않으실 것이기 때문이다. 또한 호세아는 언젠가는 이스라엘의 하나님에 대한 지식이 더 완전해져서 하나님의 풍요를 경험하게 될 것을 소망으로 제시한다(2:20). 회개는 곧 우리가 하나님을 바로 알 때 가능하다. 하나님이 지식을 더 완벽하게 해주실 것이고, 이 지식으로 그들이 회개할 수 있게 되기 때문이다. 결국은 이스라엘의 배은망덕은 하나님이 해주셔야 비로소 완전한 치료가 된다.

유대교-기독교의 성향을 한 마디로 요약하면 '기념하는 종교'라고 할 수 있다. 우리는 지난날 하나님이 베풀어주신 은혜를 끊임없이 묵상하고 기념해야 할 필요가 있다. 하나님이 우리를 위해 하신 일을 두루두루 기념하며 감사하는 것은 그분의 은혜를 입은 우리의 당연한 본분이다. 그러나 지난날 하나님이 베풀어주신 은혜를 기념하는 일은 결코 과거에만 국한된 것이 아니다. 지난날의 은혜를 묵상하면 할수록 현재와 미래에 대한 불안감과 불확실성을 해소해 준다. 과거의 일에 대한 묵상이 현재와 미래에 영향을 미치는 것이다. 어떻게 이런 일이 가능한가? 지난날 우리가 경험한 하나님의 은혜를 하나하나 묵상하다 보면 하나님이 구원하시고 오늘에 이르기까지 우리를 위해 얼마나 수고하셨는가를 깨닫게 된다. 만일 하나님이 오늘 혹은 미래에 우리를 버리신다면 이때까지의 모든 수고가 열매를 맺지 못하고 수포로 돌아가게 될 것이다. 하나님이 이런 무의미한 투자를 하실 분이신가? 결코 아니다. 그러므로 과거에 베풀어주신 은혜를 기념하면 현재와 미래에 대한 확신이 생기는 것이다. 그래서 시편에 보면 이스라엘이 위기를 맞이할 때마다 함께 모여 예배를 드리며 하나님이 출애굽 때와 광야 시절에 베풀어주신 은혜를 기념한 후 현실과 미래에도 지속될 하나님의 은혜에 대한 확신으로 마무리되는 노래들을 많이 보게 된다(시 80편 외).

(6) 심판과 구원

위의 여러 주제가 보여주는 것처럼 이스라엘은 타락할 대로 타락해 있다. 그러나 놀라운 것은 하나님의 사랑은 이런 이스라엘의 타락을 덮고도 남는다는 것이다. 시내 산에서 하나님이 이스라엘과 세우신 언약으로부터 불순종에 대한 심판과 순종에 대한 축복이 시작된다. 물론 축복에는 하나님의 은혜로운 구원이 속해 있다. 이스라엘의 불순종은 여러 가지로 표현이 되었지만, 배교(apostasy)에서 절정을 이룬다. 그들은 하나님을 섬기는 진정한 예배를 버리고 이방 신들을 숭배했다. 특히 지도자들이 가장 심각하게 하나님을 배신했다. 제사장(4:6; 5:1; 6:9; 10:5), 선지자(4:5), 정치적 리더(5:1, 10; 7:3-7; 9:15)들이 이스라엘의 배교를 주도했다. 타의 모범이 되어야 할 리더가 왜 이런 죄를 짓고 있었는가? 가장 기본적인 문제는 하나님을 아는 지식이 없다는 점이었다(4:6). 자신과 언약을 맺으신 전능하고 참 하나님이신 여호와를 제대로 알지 못했기 때문에 이방 신들을 쉽게 따르게 된 것이다(5:13; 7:8-10; 8:9). 그러므로 하나님을 알지 못하는 백성을 심판하실 것을 선언하신다. 생각해보면 참으로 안타까운 일이다. 처녀 이스라엘은 시내 산에서 하나님과 결혼했는데, 정작 남편을 모른다니! 우리가 하나님 백성이라고 자부한다면 이러한 과오는 범하지 않아야 한다. 선지자는 앞으로 다가올 하나님의 심판을 일종의 광야생활로 표현한다. 이스라엘은 약속의 땅에서 쫓겨나 광야에 머물게 될 것이다(2:14). 물론 이러한 경고의 성취는 북 왕국에게는 주전 722년에, 남 왕국에게는 586년에 찾아왔다. 그러나 동시에 매우 강력한 구원과 소망의 메시지를 전하고 있는 책이 호세아서다. 그 대표적인 예가 다음 말씀이다.

에브라임이여 내가 어찌 너를 놓겠느냐

이스라엘이여 내가 어찌 너를 버리겠느냐

내가 어찌 너를 아드마 같이 놓겠느냐

어찌 너를 스보임 같이 두겠느냐

내 마음이 내 속에서 돌이키어

나의 긍휼이 온전히 불붙듯 하도다(11:8)

위의 말씀에서 하나님의 어떤 모습을 보는가? 호세아서는 하나님을 아내에게 배신당하고 신음하는 남편의 모습으로 묘사한다고 했다. 그런데 놀라운 것은 이 남편이 자신과 아이들을 버리고 창녀의 길로 돌아선 아내를 끝까지 버리지도, 잊지도 못하고 아내의 일 때문에 괴로워한다는 사실이다. 더 놀라운 것은 남편은 이미 정부의 손에 놀아나다가 이제는 이용 가치가 없다 하여 노예로 팔려 나온 아내를 찾아가 손을 끌어당기며 다음과 같이 애원한다는 사실이다. "여보, 제발 이제는 집으로 갑시다. 우리 다시 시작합시다. 집에는 아이들이 있고 내가 있소. 당신이 새 삶을 다시 시작할 수 있도록 내가 도와주겠소. 당신을 집으로 데려가기 위해 재산을 처분해서 당신의 몸값을 만들어 왔소. 당신의 포주에게 지불할 테니 나와 집으로 갑시다. 우리 다시 시작합시다. 나는 당신을 결코 포기하거나 이렇게 내버려둘 수 없소. 그렇게 하기에는 나는 당신을 너무나도 사랑합니다." 간음한 아내 이스라엘을 향한 남편 하나님의 사랑은 이처럼 애절하고 깊다.

고멜은 더는 이용 가치가 없다며 포주마저 내버린 자기를 사러 노예 시장을 찾아온 남편을 통해 평생 처음으로 용서와 사랑이 어떤 것인가를 체험했다. 그리고 처음으로 회개의 눈물을 흘리며 자신을 끝까지 사랑하는 남편을 다시는 배신하지 않겠다고 다짐했다. 고멜은 남편의 손에 이끌려 집으로 돌아온 후 다시는 방황하지 않았다. 오직 남편만을 사랑하며 살았다. 그렇기 때문에 호세아 3장 이후로 고멜을 포함한 호세아의 가족 이야기가 나오지 않는다. 행복한 가정이 되었기에 더이야기할 필요가 없었던 것이다.

이 과정에서 우리는 남편의 사랑과 헌신을 이해하기가 어렵다. 어찌 이런 음란하고 방탕한 아내를 포기하지 않고 끝까지 사랑할 수 있단 말인가? 인간의 생각으로는 도저히 납득이 가지 않는다. 혹시 남편 하나님께도 어떤 문제가 있어서 아내 이스라엘을 이렇게 처절하게 사랑한 것은 아닌가? 성경은 하나님께는 그 어떤 문제나 잘못이 없었다는 사실을 확실히 한다. 그리고 기억하라. 이 포기하지 않는 사랑이 방황하는 고멜의 마음을 녹이고 감동시켰다는 사실을 말이다. 나는 이 책의 독자에게 묻고 싶다. 당신은 이런 사랑을 경험해 보았는가? 이런 사랑을 할 수 있는가? 이런 체험을 해보았거나, 이런 사랑을 할 수 있는 사람은 행복한 사람이다. 호세아는 자신의 책을 통해 우리에게 이렇게 선포한다. "하나님은 당신을 이처럼 사랑하신다!"

7. 개요

호세아서는 구조를 파악하기가 매우 어려운 책으로 정평이 나 있다. 이 때문에 학자들이 나름대로 통일성과 연합성을 전제하고 구조를 제시하지만 서로 현저한 차이를 지닌다. 일부 학자들은 호세아서를 1-3장과 4-14장으로 구분하지만(Garrett), 대부분은 1:1-3:5, 4:1-11:11, 11:12-14:9[마소라 사본으로는 12:1-14:10] 등 세 섹션으로 구분한다. 그러나 이와 같은 거시적인 구분 아래 각 섹션의 세세한 구조는 학자에 따라 천차만별이다(Yee, Dearman).

구조를 파악하는데 하나의 단서가 되는 것은 선지자가 세 자녀를 시작으로 3이라는 숫자를 매우 중요시하며 지속적으로 사용하고 있다는 점이다. 물론 항상 완벽하게 3을 구상하는 것은 아니다. 그러나 우연이라고 하기에는 3이라는 숫자가 구조에 상당한 영향을 미쳤다는 것이 확실하다. 호세아서의 장·절 구분은 마소라 사본(MT)과 번역본 사이에 다소 차이를 보인다. 본문 주해에서는 우리에게 익숙한 번역본의 구분을 사용할 것이다.

I. 호세아와 가족(1:1-3:5)
   A. 표제(1:1)
   B. 아내 고멜(1:2-2:1 [1:2-2:3])
   C. 결혼의 의미(2:2-23 [2:4-25])
   D. 고멜을 다시 집으로(3:1-5)

II. 하나님과 이스라엘(4:1-11:11)
   A. 여호와의 백성에 대한 논쟁(4:1-3)
   B. 간음하는 백성(4:4-5:4)
   C. 이스라엘과 유다에 대한 경고(5:5-6:11a)
   D. 정치와 외교가 몰락을 재촉함(6:11b-7:16)
   E. 다가오는 포로생활(8:1-9:9)
   F. 지난날의 죄가 현재를 짓누름(9:10-11:11)

III. 하나님과 백성(11:12-14:9 [12:1-14:10])
   A. 하나님의 백성에 대한 비난(11:12-12:14 [12:1-15])
   B. 배은망덕한 이스라엘의 소망(13:1-16 [13:1-14:1])
   C. 하나님의 돌아오라는 호소(14:1-9 [14:2-10])

I. 호세아와 가족

(1:1–3:5)

호세아는 경제적으로는 상당히 부유했지만 정치적으로는 매우 불안하고 혼란스러웠으며 영적으로는 암흑에 가까운 혼탁한 시대를 살았다. 게다가 불행했던 결혼생활은 선지자의 삶에 이루 말할 수 없는 아픔과 고통을 더했다. 험난한 세상에서 피난처가 되고 위로와 격려의 원천이 되어야 할 가정이 선지자에게는 영적인 전쟁터요, 육체적으로는 하나님을 사랑하기에 지고 가야 하는 십자가가 되었던 것이다. 물론 호세아 외에도 많은 선지자가 정치적으로 매우 어려운 시대를 살고 개인적으로도 혹독하리만큼 어렵고 고통스러운 나날을 보내야 했다. 이사야, 예레미야, 에스겔, 다니엘 등도 예외는 아니었으며 이들은 모두 풍전등화와 같은 국가적 위기를 맞이하여 매우 비극적인 삶을 살았던 사람들이었다.

선지자들의 삶이 이처럼 고통스러울 수밖에 없었던 것에는 사역하던 시대가 가장 큰 원인을 제공했다. 문서 선지자(writing prophets) 중 많은 사람이 북 왕국 이스라엘과 남 왕국 유다가 멸망한 시기를 전후로 사역했으며 실제로 자매 나라들이 멸망하는 것을 지켜본 증인도 많았다. 범죄한 이스라엘이 하나님의 심판을 받아 다른 나라로 끌려가는 순간에 사역한 선지자들이 가장 많았다는 사실이 시사하는 바가 크다. 선지자들은 곧 범죄한 백성에게 심판을 행하실 하나님의 최후통첩이었고, 심판하고 싶지 않으니 어떻게 해서든 심판하지 않게 해달라는 심판주 하나님의 백성을 향한 간곡한 부탁이었다. 비록 백성에 대한 심판이 결정되고 이 사실이 선지자들을 통해 선언되었지만, 마지막 순간에라도 메시지를 듣고 회개하면 심판을 면할 수 있다며 살 길을 대안으로 제시해 주셨기 때문이다. 안타깝게도 이스라엘은 하나님의 간곡한 부탁을 외면했고, 결국 전쟁 포로가 되어 타국으로 끌려갔다.

하나님은 이스라엘이 가장 큰 위기를 맞이하여 어려워하고 고통스러워하는 순간에 가장 많은 선지자를 보내셨다는 사실은 또한 하나님의 백성(특히 남은 자)에 대한 배려와 위로이기도 하다. 비록 범죄한 이스라엘이 하나님의 심판을 받아 타국으로 끌려가지만, 선지자를 통해 이것이 주의 백성의 끝이 아니며 언젠가는 그들 중 일부가 다시 돌아와 주의 백성으로 살아가게 될 것이라는 소망을 주셨다. 더 나아가 이스라엘이 멸망하는 순간에도 하나님이 함께하셨다는 사실은 비록 여호와의 심판을 받아 멸망하지만, 하나님으로부터 영원히 버림받지 않았음을 시사했다. 그래서 호세아 선지자도 확신을 가지고 "오라 우리가 여호와께로 돌아가자 여호와께서 우리를 찢으셨으나 도로 낫게 하실 것이요 우리를 치셨으나 싸매어 주실 것임이라"(6:1)라고 선포할 수 있었다.

심판주 여호와께서 범죄한 이스라엘을 심판하실 때 이처럼 간절하고 애절한 마음으로 내치셨다는 것은 백성을 심판해야만 하는 하나님의 고통과 아픔을 어느 정도 상상하게 한다. 우리는 심판을 논할 때 일반적으로 심판받는 자의 고통과 치러야 할 대가에 초점을 맞출 뿐 심판자 하나님의 고뇌에 대해서는 별로 생각하지 못한다. 그러나 선지자가 삶과 신탁을 통해 선포하는 메시지를 잘 살펴보면 범죄한 주의 백성이 심판받을 때 가장 고통스러워하시는 분은 정작 심판을 행하셔야 하는 하나님이라는 사실이 확연히 드러난다. 하나님은 냉담한 마음으로 차갑게 심판하시는 분이 아니다. 죄지은 백성을 심판하시는 심판주 하나님의 눈에는 항상 눈물이 고여 있다. 잘못한 자식을 벌해야 하는 부모의 심정이 바로 자기 백성을 심판하셔야 하는 하나님 마음이다.

선지자 호세아가 책을 통해 보여주는 하나님은 성경 그 어느 곳에서 만나는 하나님보다 훨씬 더 고통스러워하시는 모습이다. 호세아와 결혼한 후에도 다른 남자들과 눈이 맞아 간음하던 고멜이 마침내 가출을 했다. 아내에게 배신당한 선지자의 고통은 이루 말할 수 없었다. 남편과 자식들을 두고 가출한 고멜은 선지자와 결혼하기 전처럼 창녀가 되었고 세월이 지나 나이가 들어 더는 창녀로서 가치가 없어졌다. 그래서 포주는 그동안 그녀에게 빌려준 돈을 회수하기 위하여 고멜을 노예시장의 매물로 내놓았고, 호세아는 이때를 기다렸다는 듯이 온 재산을 털어 그녀를 사서 집으로 데려왔다. 자기와 자식들을 버리고 떠났던 고멜을 다시 아내이자 어머니로 맞이하여 사랑하기 위해서였다. 이러한 호세아와 고멜의 이야기가 이 섹션에 묘사되어 있다.

그러나 호세아와 고멜의 이야기는 두 사람의 이야기로 끝나지 않는다. 그들의 이야기는 곧 여호와 하나님과 이스라엘의 이야기이기도 하다. 하나님은 호세아와 고멜 이야기를 통해 자신과 이스라엘 관계가 어떤 상황인지를 설명하고자 했다. 그래서 하나님은 평생 거룩한 삶을 추구하며 살아왔던 호세아에게 음란한 여자(viz., 몸 파는 여자) 고멜을 아내로 맞이하라고 하셨다. 이 섹션은 호세아의 위기를 맞은 가정 이야기(1장)로 시작해 회복된 가정 이야기로 끝을 맺는다(3장). 그 사이에 위치한 2장은 하나님과 이스라엘의 흔들리는 부부관계에 관한 이야기이다. 본 텍스트는 다음과 같은 구조를 가진다.

  A. 표제(1:1)
    B. 아내 고멜(1:2-2:1 [1:2-2:3])

C. 결혼의 의미(2:2-23 [2:4-25])
B´. 고멜을 다시 집으로(3:1-5)

이러한 구조 역시 호세아와 고멜 이야기는 하나님과 이스라엘 이야기임을 시사한다(Yee). 이 섹션에서 하나님과 호세아가 하나로, 범죄한 이스라엘과 고멜이 하나로 묘사되고 있다. 이 과정에서 호세아는 상상을 초월하는 고통과 수모를 감수해야 했다. 물론 그의 고통은 곧 하나님이 아내 이스라엘의 배신으로부터 받으신 고통을 상징하기도 한다. 다른 것은 전혀 고려하지 않더라도 비극적인 가정생활 하나만으로도 이미 호세아는 '가장 비참하게 살았던 선지자'라는 타이틀을 갖기에 충분하다. 세상에서 가장 슬픈 삶을 살다 간 사람 중 하나로 만들기에 충분한 가정생활 이야기가 책의 첫 부분인 이 섹션에 기록되어 있다.

I. 호세아와 가족(1:1-3:5)

A. 표제(1:1)

¹ 웃시야와 요담과 아하스와 히스기야가 이어 유다 왕이 된 시대 곧 요아스의 아들 여로보암이 이스라엘 왕이 된 시대에 브에리의 아들 호세아에게 임한 여호와의 말씀이라

선지자들이 책을 시작하면서 제일 먼저 표제를 제공하는 것은 일반화되어 있다(사 1:1; 렘 1:1-3; 겔 1:1-3). 표제는 선지자의 활동 시기와 사역 범위를 제시해 주는 중요한 단서다(Sweeney, Tucker). 제일 먼저 이러한 정보를 제공함으로써 메시지가 표제에 제공된 역사적 정황을 배경으로 이해하고 해석하기를 원한다. 구약에 기록된 여러 예언의 의미를 해석하는 일에 그 메시지가 선포된 역사적 정황은 가장 중요한 요

소이기 때문이다. 오늘날 우리 곁에 있는 이단의 기본 특징 중 하나는 선지서를 당시 역사적·문학적 정황이나 기준을 고려하지 않고 주관적인 생각에 따라 마음대로 해석하는 일이다. 그러나 이러한 해석 방식은 오래전부터 유태인의 성경 분류에서도 금지되어 있다. 구약을 오경-역사서-지혜서-선지서 등 네 파트로 분류하는 기독교적인 방식과는 달리 유태인은 구약을 오경-선지서-성문서 등 세 파트로 나누었다. 이 중 선지서는 전(前)선지서와 후(後)선지서로 나누었는데, 유태인들이 전선지서라고 부른 것이 오늘날 역사서라고 하는 책들이고, 후선지서라고 칭한 것이 오늘날 우리가 선지서라고 부르는 책들이다. 유태인은 이미 오래전부터 역사와 예언의 관계를 이처럼 절대 떼어놓아서는 안 되는 관계로 묶어놓은 것이다. 그들에게 역사는 하나님이 태초에 계획하신/예언하신 것들이 적절한 때에 따라 성취되는 것이기에 예언을 올바르게 이해하려면 적절한 역사적 배경(성취)을 바탕으로 해석해야 했다.

호세아의 표제는 요엘, 미가, 스바냐의 것과 매우 흡사하다. "여호와의 말씀이 ___에게 임하니라." 이러한 표현은 선지자가 선포하는 메시지가 (1) 하나님이 호세아에게 주신 것이며, (2) 호세아가 받은 메시지를 자기 세대 사람에게 전달하기 위해 스피치와 문서 형태로 편집했음을 뜻한다(Dearman, cf. Yee). 호세아는 "브에리의 아들"(בֶּן־בְּאֵרִי)이었다고 하는데, 당시에는 이러한 사실이 청중에게 어떤 특별한 의미를 전달했을 수 있지만, 오늘날에 이르러서는 모두 잊힌 정보다. 브에리(בְּאֵרִי)의 문자적 의미는 '나의 우물'이라는 뜻이다(창 26:34).

호세아의 표제는 메시지와 사역을 어떤 시대적 정황과 배경을 바탕으로 해석해야 하는가를 가늠하는 데 큰 도움을 준다. 호세아는 남 왕국에서는 유다의 웃시야, 요담, 아하스, 히스기야 등이 통치하던 시대에, 북 왕국에서는 여로보암 2세가 통치하던 시대에 사역했다고 밝히고 있다. 그러나 문제는 북 왕국의 여로보암 시대와 언급된 남 왕국의 여러 왕의 통치 시기가 잘 맞지 않는다는 데에 있다. 여로보암은 주전 793-753년에 50년 동안 군림했던 북 왕국의 왕이었으며, 이곳에 언급된 남 왕국 유다 왕들의 시대는 웃시야(792-740 BC)에서 시작해 히스기야(716-687 BC)에 이른다(Thiele의 연대를 사용). 그러므로 다른 선지자의 경우 표제에서 남 왕국과 북 왕국의 왕 이름을 함께 언급할 경우 이왕들의 통치 기간 중 겹치는 시대를 역사적 배경으로 삼지만(cf. 아모스서), 호세아의 경우 표제에 나열된 남·북 왕국의 왕 이름은 사역 시작과 사역 기간을 알리기 위해 사용되고 있는 것으로 이해하는 것이 바람직하다. 호세아는 북 왕국 이스라엘 왕 여로보암 2세의 통치가 끝나갈 무렵(대략 750년대 말)에 사역을 시작해서 남 왕국 유다 왕 히스기야의 통치가 시작될 무렵(대략 710년대)까지 40여 년 동안 사역했다.[4] 그렇다면 북 왕국 이스라엘에서 사역을 시작했다가 이스라엘이 아시리아에 의해 멸망한 주전 722년을 전후로 남 왕국 유다로 피신하여 그곳에서 사역과 생을 마감한 것으로 보인다.

만일 선지자가 주전 710년대까지 사역을 했다면 왜 표제에서 여로보암 2세 이후 북 왕국을 통치했던 왕들에 관해 한마디도 언급하지 않는 것일까? 아마도 호세아는 북 왕국의 왕으로는 여로보암 2세를 괄목할 만한 마지막 인물로 간주했던 것으로 여겨진다(McComiskey). 이미 서론에서 언급한 것처럼 여로보암 2세 이후 사마리아에서는 여섯 왕이 30년 동안 북 왕국 이스라엘의 왕권을 놓고 살인과 암살을 일삼았다. 그러므로 이 30년은 매우 혼란스러웠을 뿐만 아니라 이 시대 왕들이 합당하지 않은 방법으로 왕권을 차지하였기에 선지자는 왕으로 대하기보다 폭력적인 불량배로 여겼던 것이다(7:1-7). 또한 선지자는 자신의 나라이자 사역지였던 북 왕국 이스라엘의 정치 여건에 대해 실망한 것과는 대조적으로 남 왕국 유다에 대해서는 상당한 기대와 소망을 가지

---

4 디어맨(Dearman)은 그의 사역 시기를 주전 750-725년으로 압축한다. 그러나 이렇게 간주한다면 표제가 히스기야를 언급하는 사실을 설명하기 어려울 수 있다.

고 있었다.[5] 선지자는 개인적인 기대감을 표현하려고 유다 왕들을 자세하게 나열한다. 자신이 지켜보는 가운데 운명을 달리한 북 왕국과는 달리 유다는 더 오래 지속될 것이라는 확신과 소망이 나열된 유다 왕들 속에 나타나 있는 것이다. 물론 남 왕국 유다를 북 왕국 이스라엘과 함께 혹독하게 비난하는 것도 사실이다(5:5, 12). 그러나 동시에 유다만큼은 북 왕국의 발자취를 따르지 않기를 간절히 소망했으며(4:15), 언젠가는 남 왕국과 북 왕국이 다윗 집안을 통해 통일이 되고 하나님의 구속을 받게 될 것을 기대했다(3:5).

B. 아내 고멜(1:2-2:1[1:2-2:3])

하나님이 '처음으로'(개역개정; 새번역; cf. 공동번역)/'비로소'(개역)(תְּחִלַּת) 호세아에게 말씀하셨다(2절). 일부 주석가들은 이 표현이 호세아가 선지자 소명을 받고 사역을 시작한 후 어느 정도의 시간이 지난 다음에 고멜과 결혼하라는 명령이 임한 것을 뜻한다고 생각한다(Dearman). 반면에 대부분 번역본은 고멜과 결혼하라는 명령이 호세아를 선지자로 부른 소명을 뜻하는 것으로 생각한다(NAS, NIV, NRS, cf. HALOT, McComiskey, Carroll). 이 문구의 역할을 어떻게 이해하느냐가 책을 해석하는 데 별다른 영향을 끼치지는 않지만, 만일 호세아가 이미 사역을 시작한 후에 이러한 명령이 임했다면 사역 기간이 더 길어질 수 있다. 만일 호세아가 선지자 사역을 시작하면서부터 고멜과 결혼했다면, 그의 가정 이야기가 청중에 의해 하나님과 이스라엘의 관계를 뜻하는 것

---

5 일부 학자들은 호세아서를 철저하게 반(反)아시리아적인 책으로 이해한다. 이러한 정황에서 호세아가 북 왕국 왕들을 언급하지 않는 이유는 전반적으로 친아시리아 정책을 폈기 때문이며, 남 왕국 왕들은 모두 반아시리아적인 외교 정책을 펼쳤기 때문이라고 한다(Sweeney).

으로 받아들여지는 것이 상당히 어려웠을 수 있다. 호세아의 선지자 사역이 아직 대중적으로 인정받지 못한 상태였기 때문이다. 반면에 어느 정도의 사역 기간을 통해 사람들이 호세아가 여호와의 선지자라는 것을 인정하게 된 상황에서 그가 고멜과 결혼했다면 그의 가정 이야기를 통한 하나님의 메시지는 청중들에게 그만큼 더 영향을 끼쳤을 것이다. 이러한 정황을 고려한다면 아마도 호세아는 선지자 사역을 시작한 지 어느 정도의 시간이 지난 다음 고멜과 결혼하라는 하나님의 명령을 받았을 것으로 추정한다.

이 섹션은 다음과 같이 구분할 수 있다. 호세아의 첫 메시지는 음란한 여자와 결혼하라는 절망적인 명령으로 시작하지만(2절), 아이들의 이름의 부정적인 요소들이 희망과 소망으로 반전되는 긍정적인 메시지로 마무리한다(10-11절). 중간에 끼어 있는 아이들의 출생 이야기(3-9절)가 이스라엘에게 임할 심판을 상징하며 장차 다가올 비극적인 운명을 강조한다. 호세아의 아이들 이야기는 곧 하나님의 '아이들'인 이스라엘 이야기다. 이런 차원에서 호세아의 아이들 이야기는 소선지서 12권의 관문이기도 하다(Sweeney). 비록 선지자가 다가오는 심판을 전제하며 메시지를 선포하지만, 이스라엘이 듣고 회개한다면 이곳에서 선포되는 심판이 보류될 수 있다. 그러나 그들은 회개하지 않아 주전 722년에 아시리아로 끌려갔다.

  A. 절망: 음란한 여자와 결혼하라는 명령(1:2)
    B. 아이들 이름에 근거한 심판(1:3-9)
  A'. 소망: 아이들 이름의 의미가 반전됨(1:10-2:1)

I. 호세아와 가족(1:1–3:5)
  B. 아내 고멜(1:2–2:1[1:2–2:3])

1. 절망: 음란한 여자와 결혼하라는 명령(1:2)

² 여호와께서 처음 호세아에게 말씀하실 때 여호와께서 호세아에게 이르시되

너는 가서 음란한 여자를 맞이하여

음란한 자식들을 낳으라

이 나라가 여호와를 떠나

크게 음란함이니라 하시니

호세아가 선지자의 소명을 받고 사역을 시작한 지 얼마나 되었을까? 그동안 그는 열심히 사역하여 사람들 사이에 여호와의 참 선지자로서 자리매김했다. 물론 모든 사람이 좋아하거나 존경한 것은 아니다. 아마도 대다수는 반기지 않았고, 오직 들을 귀가 있어 선지자의 메시지를 통해 선포된 하나님의 마음을 깨달을 수 있는 소수가 메시지에 귀를 기울였을 것이다. 왜냐하면 신앙생활하는 사람 중 대부분의 사람이 진의 여부에 상관없이 잘 될 것이라는 '듣기 좋은 소리'에 열광하지 현실의 문제를 지적하며 경고하는 '듣기 싫은 소리'에는 반응을 보이지 않거나 의도적으로 거부하기 때문이다.

이러한 상황에서 하나님 말씀이 호세아에게 임했다. 그런데 이번에 임한 말씀의 내용이 하나님의 참 선지자도 감당하기에 매우 충격적이다 못해 부적절한 것으로 보인다. 하나님이 갑자기 호세아에게 '음란한 여인'과 결혼하라고 명령하신 것이다. '음란한 여인'(אֵשֶׁת זְנוּנִים)을 창녀로 해석할 것인가? 아니면 단순히 음란함이 잠재해 있는, 그러나 표면적으로는 아직 정숙한 여인으로 해석할 것인가? 주석가들은 창녀를 의미하는 전문적인 히브리어 단어(זוֹנָה)가 있다는 점을 감안해서 단순히 음란한 성향이 잠재해 있는 여인으로 해석하기도 한다(Harper, Carroll, Yee, cf. 잠 21:9; 27:15). 즉, 호세아가 창녀와 결혼한 것이 아니라 창녀 기질

103

이 보이는, 그렇지만 아직 그러한 짓을 하지 않은 여인과 결혼했다는 것이다. 그러나 여기서 선지자가 창녀를 의미하는 전문적인 히브리어 단어(זוֹנָה)를 사용하지 않고 음란한 성향을 강조하는 단어를 사용하는 것은 그 초점을 결혼하기 전 여인의 직업에 맞추기보다 행위와 사고에 맞추기 위해서다(Davies). 고멜은 호세아와 결혼하기 전부터 창녀의 삶을 살고 있었는데(Keil, Garrett, Smith), 몸을 파는 직업에 종사한 것은 경제적인 필요성(당시 대부분 창녀가 가정 형편 때문에 몸을 팔았음) 때문이 아니라, 원래 마음과 생각이 음란했기 때문이라는 것이다. 이와 같은 해석은 하나님과 이스라엘의 관계에 더없이 잘 어울린다. 이스라엘은 시내 산에서 하나님과 결혼하기 전인 이집트에서 생활할 때부터 이미 온갖 음란을 저질렀다는 것이 선지자들의 주장이다(겔 23:1-3). 그러므로 호세아와 고멜의 관계가 하나님과 이스라엘의 관계를 보여주고 있는 예라는 점을 감안할 때, 이 해석이 가장 설득력이 있다.

일부 주석가는 고멜이 훗날 종교적 이유로 바알 신전에서 몸을 팔던 신전 창녀로 전락했지만, 호세아와 결혼할 때만 해도 평범한 여인이었다고 하기도 한다(Andersen & Freedman). 이렇게 해석할 경우 하나님이 호세아에게 지시하신 것은 단순히 한 여자와 결혼하라는 평범한 명령이 된다(Harper). 하나님이 선지자에게 음란한 여자와 결혼하라는 명령이 쉽게 납득이 가지 않기 때문에 이런 해석이 나왔다(레 21:7, 14). 그러나 정황과 문맥을 고려하면 별로 설득력 있어 보이지 않는다. 호세아는 이미 몸을 팔고 있던 여자와 결혼을 했다(Carroll).

'음란한 여인'의 의미를 해석하는 것보다 더 어려운 일은 '음란한 아이들'(יַלְדֵי זְנוּנִים)을 어떻게 이해할 것인가다. 호세아와 고멜 사이에 태어난 아이들이 왜 음란한가? 아이들이 엄마를 닮아서 성적(性的)으로 문란했다는 말인가? 고멜이 바알 신전과 계속 관계를 유지했기에 그녀에게서 태어난 아이들도 바알을 따르는 자가 되었다는 말인가? 아니면 호세아가 고멜과 결혼할 때 이미 몸을 팔다가 생겨난 아이들을 데리고 있는 여자를 택했다는 말인가? 상당수의 주석가는 이 아이들이 음란하다는 것이 고멜이 몸을 팔던 시절에 태어난 아이들을 호세아와 결혼하면서 데리고 왔기 때문이라고 한다(McComiskey, Carroll). 그러나 '음란한 아이들'은 고멜이 호세아에게 시집올 때 데리고 온 이미 태어난 아이들을 뜻하는 것이 아니라, 앞으로 호세아가 음란한 여자와 관계를 맺어 태어나게 될 아이들을 칭하는 것으로 해석하는 것이 제일 무난해 보인다. 그렇다면 왜 앞으로 선지자와 고멜 사이에 태어날 아이들이 '음란한 아이들'로 불리는가? 고멜이 음란해서일까? 아니다. 무엇보다 이 아이들은 상징적인 차원에서 이스라엘 백성과 연관이 있기 때문이다. 하나님은 호세아와 음란한 고멜 사이에 태어난 아이들의 음란함과 이스라엘이 여호와를 떠나 음행한 일(viz., 우상숭배)을 직접 연관 짓고 있다. 아이들은 이스라엘 백성을 상징하는 것이다. 그렇기에 이들은 음란한 아이들로 불린다. 선지자의 상징적인 예언이었지(acting prophecy), 아이들 자체가 음란하다는 것은 아니다.

생각해보면 호세아의 아이들도 피해자이기는 마찬가지다. 원해서 호세아와 고멜의 자식으로 태어난 것이 아닌데도 이름은 매우 부정적인 의미로 불린다. 심지어는 놀림과 따돌림까지 당했을 것이다. 선지자인 아버지가 아이들의 이름을 통해 사람들에게 메시지를 전하는 것은 좋은 일이지만, 그 과정에서 아이들이 희생과 상처를 감수해야 한다. 목회자인 부모의 사역으로 자녀가 피해를 입는 것은 아직까지 해결하지 못한 어려움이자 수수께끼다. 다만 선하신 하나님이 목회자와 자녀의 눈물을 보시고 위로하고 축복해 주시기를 바랄 뿐이다.

호세아가 음란한 여자와 결혼하라는 하나님 명령을 듣고 받았을 충격을 상상해 보라. 아닌 밤중에 홍두깨도 유분수지! 경건한 몸가짐을 지녀야 할 선지자에게 몸을 파는 여자와 결혼을 해서 아이들을 낳으라니! 순교자들이 믿음과 메시지에 자신들의 피를 뿌려 하나님을 선포했던 것처럼 때로는 여호와께서 우리에게도 혹독한 희생을 선포하는 메

시지의 바탕으로 삼을 것을 요구하실 수 있다. 어떻게 보면 호세아가
느꼈을 황당함은 오늘날 그의 글을 해석하고 주해하려는 학자들의 느
낌과도 같았을 것이다. 그만큼 호세아의 글은 해석하기가 어렵고 아무
런 예고도 없이 순식간에 분위기와 주제가 변하는 예가 허다하다.

하나님이 호세아에게 가서 음란한 여인과 결혼하여 음란한 자식을
낳으라고 명령하신다. 여기까지는 확실하다. 그러나 정확히 이 말이
무엇을 의미하며 호세아는 이 명령에 어떻게 순종했는가? 학자들의 추
측이 분분하다. 게다가 3장에 가면 또 한 명의 음란한 여인이 등장한
다. 그 여인과 1장에서 언급되는 고멜은 같은 여인인가? 아니면 또 다
른 여인인가? 이미 서론에서 언급한 것처럼 이러한 해석적인 이슈에
근거하여 지금까지 여덟 가지의 해석이 제시되었다(Rowley, Davies).

해석	학자(들)
호세아 1–3장은 비유 혹은 풍유이며 이 모든 일은 환상 속에서 일어난 일이다.	Calvin, Ibn Ezra, Kimchi, Maimonides, Keil, Young
고멜은 호세아의 실제 아내였을 뿐만 아니라 신실한 여인이었다.	Pfeiffer, Kaufmann
1장과 3장은 역사성이 있는 사건들이었으며 두 명의 다른 여인들의 이야기를 회고하고 있다.	Stuart, Fohrer
호세아가 고멜과 결혼했을 때 그녀는 이미 몸을 팔고 있었다.	Limburg, Smith, Garrett
호세아가 결혼할 때 고멜은 아직 음란한 삶을 시작하지 않은 상황이었다. 다만 호세아가 이미 하나님의 계시를 통해 그녀가 호세아와 결혼한 다음에 간음할 것이라는 점을 알고 있었다.	Wood, Vasholz, Johansen, Harper, Yee
1장과 3장은 비유나 은유가 아닌 실제 사건을 묘사한다. 그러나 1장과 3장은 두 개의 다른 사건이 아니라, 같은 사건을 조금 다르게 묘사하는 것뿐이다.	Gordis
고멜은 호세아의 아내였다. 그러나 그녀의 죄는 실제적인 것이 아니라 영적인 것이었다. 즉, 그녀는 우상을 섬겼다.	Mays, Andersen & Freedman
3장은 훗날 누군가가 삽입한 이야기이며 호세아의 삶을 조명하는 데 사용하지 않는 것이 좋다.	North

이미 언급한 것처럼 책의 메시지와 역사적 정황을 고려할 때 네 번째 설이 가장 설득력이 있다. 하나님은 호세아를 통해 이스라엘의 현실에 대한 자신의 마음을 전하기 원하셨다. 동일한 사건은 그 일을 체험한 사람들을 가깝게 만든다. 하나님은 호세아에게 이런 어려운 일을 요구하시고 경험하게 하심으로써 하나님의 마음을 품고 이스라엘에게 그분의 말씀과 마음을 전하기 원하신 것이다. 호세아는 자신의 불행한 결혼을 통해 하나님이 이스라엘과의 관계에서 체험하셨던 것을 조금이나마 이해할 수 있었으므로 주님을 대신해서 메시지를 전할 자격을 갖게 되었다.

> I. 호세아와 가족(1:1-3:5)
>   B. 아내 고멜(1:2-2:1[1:2-2:3])

2. 아이들 이름에 근거한 심판(1:3-9)

호세아는 하나님이 명령하신 대로 디블라임의 딸 고멜이라는 창녀를 찾아가 그녀와 결혼했다. 그리고 하나님 말씀대로 호세아는 곧 아버지가 되었다. 호세아는 아이들이 태어날 때마다 예언적이고 상징적인 이름을 주었다. 물론 이사야도 훗날 자신의 아이들의 이름에 상징적인 의미를 주었지만(사 7:3, 8:3-4), 호세아의 경우는 아이들이 그의 사역에 큰 비중을 차지한다. 그는 결혼생활보다는 자녀들의 출생과 여호와께서 주신 아이들 이름이 가진 중요성에 더 많은 관심을 쏟는다. 그의 아이들은 하나님의 신탁(oracles)이자 호세아가 전할 메시지의 요약이었기 때문이다.

호세아의 첫 아이는 선지자의 자녀였지만, 둘째와 셋째는 호세아의 아이가 아니었을 가능성이 매우 높다(Carroll, cf. Sweeney, McComiskey). 선지자가 둘째를 '사랑받지 못할 자', 셋째를 '내 백성[자식]이 아니다'로 이름한 것은 이런 가능성을 고조시킨다. 게다가 아내 이스라엘은 남편 여호와와 결혼한 상태에서 우상들을 숭배했고 그 우상과의 사이에서 자녀들(우상 숭배자들)을 낳았다. 이러한 정황은 고멜이 호세아와 결혼한 상황에서 다른 남자의 아이를 낳은 것과 크게 다를 바가 없다. 세 아이의 출생 이야기로 구성된 본문을 다음과 같이 구분한다.

A. 이스르엘이 태어남(1:3-5)
B. 로루하마가 태어남(1:6-7)
C. 로암미가 태어남(1:8-9)

I. 호세아와 가족(1:1-3:5)
  B. 아내 고멜(1:2-2:1[1:2-2:3])
    2. 아이들 이름에 근거한 심판(1:3-9)

---

(1) 이스르엘이 태어남(1:3-5)

³ 이에 그가 가서 디블라임의 딸 고멜을 맞이하였더니 고멜이 임신하여 아들을 낳으매 ⁴ 여호와께서 호세아에게 이르시되

그의 이름을 이스르엘이라 하라
조금 후에 내가 이스르엘의 피를 예후의 집에 갚으며
이스라엘 족속의 나라를 폐할 것임이니라
⁵ 그 날에 내가 이스르엘 골짜기에서
이스라엘의 활을 꺾으리라 하시니라

호세아는 하나님 명령에 따라 디블라임의 딸 고멜이라는 여자를 아내로 맞이했다. 일부 주석가는 그녀가 신전창녀였다고 한다. 왜냐하면 여호와와 이스라엘 관계를 묘사하는 일에 바알 신전에서 몸을 팔고 있던 여자가 일반적인 창녀보다 훨씬 더 강력하고 의미 있는 대조를 형성하기 때문이다(Mays). 그러나 하나님이 호세아에게 결혼하라고 명하

신 여자가 신전 창녀였다면 분명 '음란한 여인'(אֵשֶׁת זְנוּנִים)이란 용어가 아니라 '신전 창녀'를 뜻하는 전문적인 용어(קְדֵשָׁה)를 사용했을 것이다. 선지자의 결혼은 후배 선지자에게 많은 영향력을 미쳤다. 호세아가 음란한 여인과 결혼한 후부터, 뒤를 이은 선지자들이 이스라엘을 여호와의 음탕한 아내로 묘사하는 일이 일상화되었기 때문이다(Greenburg). 또한 이 결혼은 선지자의 사역과 신학에도 큰 영향을 가져온 것이 확실하다. 창녀 고멜과의 결혼은 단순히 호세아 개인의 비운에 그치지 않았다. 결혼은 그에게 하나님의 심장을 품고 주의 백성에게 여호와의 말씀을 전할 수 있는 자격과 관점을 제공하여 그의 신학과 사역의 바탕이 되었다. 그러므로 호세아의 결혼을 염두에 두지 않고는 그의 메시지를 제대로 이해할 수 없다. 하나님은 사역자 호세아에게 참으로 큰 희생을 요구하셨다. 사역자로 부르심을 받은 자들은 항상 다음과 같은 질문을 해보아야 한다. "만약에 하나님이 당신에게 이런 사역의 대가를 원하신다면 어떻게 하겠는가?"

고멜(גֹּמֶר)은 '완성하다'(גמר)라는 동사에서 유래된 이름이며(Dearman, cf. HALOT), 성경에서는 남성의 이름으로 등장한다(창 10:2, 3; 대상 1:5, 6; 겔 38:6). 호세아의 아내만이 예외다. 고멜은 디블라임의 딸이었다고 하는데, 디블라임(דִּבְלָיִם)을 지역 이름으로 해석하거나, '과일 떡'(דְּבֵלָה)의 복수형으로 간주한다. 후자의 경우 과일 떡이 신들에게 바치는 제물이라는 점을 감안해서 고멜은 신전 창녀였다고 하기도 하고, 창녀인 그녀가 찾아온 손님에게 몸을 내주고 받은 삯이라는 결론에 도달하기도 한다(Sweeney). 그러나 여기서는 이 단어에 종교적 의미를 부여하지 않고 단순히 사람 이름(viz., 고멜의 아버지의 이름)으로 해석하는 것이 바람직해 보인다. 한 가지 주목할 것은 디블라임은 히브리어가 아니라 외래어에서 유래한 이방인의 이름이다(McComiskey). 고대 이스라엘 사회에서 활동했던 창녀들은 대부분 이방인이었는데, 고멜 역시 이방 여인이었던 것이다.

109

호세아가 고멜과 결혼한 후 얼마의 세월이 흘렀고, 고멜이 호세아에게 아들을 낳아주었다. 하나님은 호세아에게 그 아이의 이름을 '이스르엘'(יִזְרְעֶאל)로 부르라고 하셨다. 이 이름의 상징성은 하나님이 곧 예후의 집안을 심판하겠다는 의지를 밝히는 것에 있다. 이스르엘이 사람의 이름으로 사용되는 것은 흔한 일이 아니었다. 정경에서 사람의 이름으로 딱 한 번 더 사용되고(대상 4:3), 지형 이름으로는 종종 사용되었다. 다윗의 아내 아히노암이 유다 지파에 속했던 이스르엘이라는 마을 출신이었다(삼상 25:43).

그러나 호세아의 청중에게 이스르엘은 갈릴리 호수와 지중해 사이에 있던 넓은 평지를 의미했다(Carroll, Dearman). 이곳은 이스라엘에서 보기 드문 평지였으며 매우 비옥한 땅이었기에 이 땅을 차지하기 위한 갈등이 끊임없이 재현되었다(ABD). 이스르엘은 또한 이스라엘 역사에서 여러 가지 중요한 사건의 배경이 되었다. 사울의 최후를 가져왔던 길보아 산 전쟁의 서곡이 이곳에서 펼쳐졌다(삼상 29:1). 이스르엘은 다윗과 사울의 집안이 대립해 있었을 때, 사울의 아들 이스보셋에 속했던 지역이었다(삼하 2:8-9). 아합의 아내 이세벨은 나봇을 살해하고 이스르엘에 있던 그의 포도원을 갈취했다(왕상 21:1). 예후는 이곳에서 요람, 이세벨, 나머지 아합 집안 사람을 살해했다(왕하 9:24-10:11). 드보라와 기드온은 이스르엘 계곡에서 이스라엘의 적들을 물리쳤다(삿 4-5장; 6-7장). 한마디로 이스르엘은 피로 물든 땅이었다. 그러므로 이스라엘 사람에게 이스르엘은 살상과 폭력을 상징하는 곳이었다(Dearman).

이스르엘(יִזְרְעֶאל)을 문자적으로 풀이하면 '하나님이 심으신다'라는 뜻이다. 그 의미는 땅의 생산성과 연관되어 있음을 쉽게 상상할 수 있고, 하나님이 이스라엘을 번성하게 하실 것이라는 매우 긍정적인 의미를 지니고 있다. 선지자는 이처럼 긍정적인 뜻으로 이 이름을 1:11에서 사용한다. 그러나 부정적인 의미의 이스르엘은 예후 왕조에게 '피 흘림/피바다'로밖에 묘사될 수 없는 매우 무서운 심판을 뜻하는 이름이다. 그러므로 이 이름은 피로 얼룩진 난폭한 죽음과 하나님이 번성케 하시고 풍요롭게 하실 것이라는 두 가지 의미(double entendre)를 지녔다 (Andersen & Freedman).

이 이름을 하나님이 예후(יהוא)의 집안을 심판하시는 일과 연결시키는 것은 쉽지 않다. 예후는 하나님 명령을 받고 오므리 왕조를 뿌리뽑고 이 왕조가 유행시켰던 바알 종교의 제사장들을 처형한 사람이었다 (왕하 9–10장). 그런데 왜 이제 와서 하나님이 예후 왕조를 심판하시겠다는 것일까? 비평학자들의 설명은 예후를 매우 부정적으로 보는 호세아와 그의 업적을 긍정적으로 평가하는 열왕기 저자의 관점이 극명한 대립을 이루고 있기 때문이라고 말한다. 이들에 의하면 열왕기와 호세아서가 서로의 존재를 알지 못하던 저자의 작품이다 보니 같은 왕조에 대하여 결코 조화될 수 없는 상반적인 평가를 내놓고 있다는 것이다 (Yee). 그러나 이 비평학자들이 전제하는 것처럼 만일 정경이 인간 저자들이 자신들 생각대로 기록한 책이라면, 왜 이런 모순된 본문이 보존되었을까? 훗날 편집자들이 분명 둘 중 하나를 수정할 수 있었을 텐데 말이다. 이는 성경이 하나님의 영감으로 쓰였다고 믿는 자에게는 도저히 용납될 수 없는 주장이다.

혹시 예후가 아합 일가를 제거하면서 너무 많은 피를 흘려서 그런 것일까? 즉, 예후가 오므리 왕조를 멸하면서 지나친 폭력을 사용했기에 그 폭력에 대한 책임을 물으시겠다는 뜻인가 묻는 것이다(Limburg). 그러나 열왕기하 10:30에 의하면 하나님은 예후가 이스르엘에서 저지른 모든 행위를 절대적으로 지지하셨다. 또한 예후의 폭력이 문제였다면 그때 하나님이 문제를 삼지 왜 80여 년이 지난 이 시점에 문제를 삼으시겠는가? 그러므로 이 해석은 설득력이 없다. 일부 학자들은 호세아의 선언이 당시 이스라엘 종교가 하나님에 대한 새로운 이해를 바탕으로 더 높은 차원으로 진화하고 있음을 시사한다고 본다. 즉, 처음에는 예후의 폭력을 정당한 것으로 지지하셨던 하나님이, 호세아 시대에는 어떤 목적을 두고 행해지든 모든 형태의 폭력을 심판하는 신으로 진화한 결과라는 것이다(Wolff). 그러나 이러한 추정은 근거가 없을 뿐만 아니라 주전 8-9세기의 이스라엘과 고대 근동의 분위기나 정서와도 어울리지 않는다(Andersen & Freedman). 또한 호세아도 종종 하나님의 진노를 묘사할 때 아주 강렬하고 폭력적인 표현을 사용하고 있지 않은가!(13:7-8) 이러한 맥락에서 호세아도 때로는 맹렬하게 폭력을 선언했던 선배들-엘리야, 엘리사 등-과 특별히 다르지 않다.

그렇다면 이 말씀을 어떻게 해석할 것인가? '심판하다'(פקד)라는 동사는 매우 일반적이고 광범위한 의미를 지닌 단어다. 이 단어는 '임명하다, 방문하다, 군사를 모으다, 참석하다, 집중하다' 등으로 풀이될 수 있는데, 문맥에 따라 그 의미가 결정되어야 한다(HALOT). 선지자가 이 동사와 연관해 사용하는 문법이 매우 특이하다. 이 단어가 '학살/피흘림'을 목적어로 취하는 פקד + דְּמִים(bloodshed, massacre) 히브리어 형태로는 성경 전체에서 이곳에서만 사용한다. 그리고 예후 왕조가 이스르엘의 일 때문에 대가를 치러야 한다는 사실을 암시해 주는 것이 본문에는 없다(Garrett). 그러므로 이 문장을 "내가 이스르엘의(이스르엘 이름과 연관된) 학살을 예후의 집안에 내리리라"로 해석하는 것이 가장 설득력 있어 보인다(McComiskey, Carroll). 즉, 예후가 이스르엘에서 저지른 일에 대한 심판을 받을 것을 예언하는 것이 아니라, 이 시대에 북 왕국을 통치하고 있던 예후 왕조가 처음에는 종교개혁을 단행하는 등 좋은 일을 하며 출범했지만, 세월이 지나면서 오므리 왕조처럼 이스라엘을 영적으로 타락하게 만들었기 때문에 오므리 왕조의 막을 내리게 했던 난폭한 학살이 예후 왕조의 막을 내리게 할 것이라는 의미다. 비록 예후가 처음에는 아합과 이세벨이 이스라엘에 심어놓은 종교적 독소들을 제거하여 하나님을 기쁘게 했지만, 그의 후손들은 얼마 지나지 않아 스스로 아합과 이세벨의 길을 걸었던 것이다. 이러한 예후 왕조의 모습은 처음에는 개혁의 의지를 천명하고 실천하던 젊은 사역자가 시간이 지나면서 자기가 비판했던 사역자들의 모습을 답습하게 되는 것을 연상케 한다.

유태인들의 종합사전 유다이카(*Judaica*)는 이 문제에 대해 아주 재미있는 제안을 한다. 예후의 이름이 이곳에 등장하는 점을 이상하게 생각하며 그의 이름 예후(יהוא)를 둘로 나눈다. הוא + י 이렇게 구분하면 הוא는 3인칭 남성 단수 인칭대명사 '그'(he)이다. 그렇다면 י는 무엇을 상징하는가? 이스라엘(ישראל)의 준말이라는 것이다. 즉, 이 말은 예후의 이름을 언급하는 것이 아니라, '이스라엘, 바로 그 [나라]'를 의미하는 것이다. 이렇게 해석할 때 문장의 뜻은 "이제 곧 내가 이스라엘의 집안을 심판하겠다. 그(이스라엘)가 이스르엘에서 살육한 죄를 물어서 이스라엘 왕조를 없애겠다"가 된다. 매우 흥미로운 제안이다. 그러나 요드(י)가 이스라엘(ישראל)의 준말이라는 것은 추측에 불과하다. 충분한 역사적 증거가 제시되어야 할 것이다.

호세아의 첫 아들의 이름인 이스르엘은 이스라엘에게 절망과 소망을 동시에 제시한다. 이 이름이 혹독한 심판과 하나님의 회복과 은총을 동시에 상징하기 때문이다. 문제는 그 이름이 상징하고 있는 심판의 범위가 어디까지인가이다. 파멸이 예후의 집안뿐만 아니라 "이스라엘 족속의 나라"(ממלכות בית ישראל)까지 미칠 것이라고 하는데(4절), 이 표현이 예후 집안을 뜻하는 것인가, 아니면 북 왕국 이스라엘을 의미하는가가 이슈다. 대부분은 이 선언문을 다음과 같이 교차대구법적 구조로 이해하여 이 문구가 예후 왕조를 뜻하는 것으로 해석한다(Andersen & Freedman, Mays, Wolff).

이스르엘의 피를(a) 예후의 집에(b) 갚으며
이스라엘 족속의 나라를(b') 폐할 것(a')이다

반면에 이 표현이 왕조가 아니라 이스라엘 국가를 뜻하거나(Wood),

이스라엘의 주권(dominion)을 뜻하는 것으로 해석하는 학자도 있다 (McComiskey). 문장 구조를 생각해보면 이 문구가 예후 왕조를 뜻하는 것으로 해석하는 것이 가장 자연스럽지만, 성경 그 어디에도 '이스라엘 집안'(בֵּית יִשְׂרָאֵל)이 왕족이나 왕권을 상징하는 예는 없고 항상 국가를 의미하기 때문이다(Block). 또한 이 문구가 '이스라엘 국가'로 풀이되는 것은 예후 왕조가 망한 후에도 이 나라는 30년 동안 더 지속되었다는 점이다. 아마도 문서 선지자 중 유일하게 북 왕국 출신인 호세아의 독특한 표현 방법으로 간주하여 이 문구 역시 예후 왕조를 뜻하는 것으로 이해하는 것이 바람직해 보인다.

여호와께서 예후 왕조를 심판하시는 날 '이스라엘의 활'(קֶשֶׁת יִשְׂרָאֵל) 도 함께 꺾으시겠다고 하신다(5절). '이스라엘의 활'이란 말은 성경 전체에서 이곳에 단 한 번 사용되는 문구이지만 의미는 쉽게 찾을 수 있다. 이스라엘의 군사력을 의미한다. 즉, 예후 왕조와 이 왕조가 통치하던 국가를 상징하는 군대가 함께 꺾일 것이라는 뜻이다. 문제는 이 예언이 언제 성취되었는가다. 이스라엘이 시리아와 연합군을 형성하여 남 왕국 유다를 공격한 적이 있다(735-732 BC경 이 전쟁을 Syro-Ephraimite War라고 부름). 반(反)아시리아 정책을 지향하던 두 나라가 그들에게 협조하지 않고 친(親)아시리아 정책을 펼치던 유다 왕 아하스를 제거하기 위해 시작한 전쟁이었다(사 7장). 아하스는 즉시 아시리아에 사절단을 보내 많은 돈을 바치며 도움을 요청했다. 가나안에 영향력과 입지를 강화하고 싶어했던 아시리아는 곧장 출정하여 시리아를 멸망시키고 이스라엘 군대를 이스르엘 계곡에서 물리치고는 그들의 영토를 빼앗았다(왕하 15:29). 일부 주석가들은 이때 예언이 성취된 것으로 간주한다(Wolff). 이 해석에 따르면 예후 왕조의 멸망(753 BC경)과 이스르엘에서 이스라엘의 활이 꺾이는 날 사이에 20여 년이 흘렀다. 이스르엘을 온 이스라엘로 해석해 여기에 예고된 멸망이 북 왕국이 완전히 망해 버린 722년 사건을 뜻한다는 해석도 있다(McComiskey, Smith, Carroll).

그러나 본문은 이스라엘의 활이 꺾이는 날이 곧 예후 왕조가 폐망하는 날임을 시사한다. 그러므로 설득력 있는 해석은 아니다.

예후 왕조는 여로보암 2세의 아들이자 왕조의 마지막 왕 스가랴가 6개월 정도 통치하다가 살룸에 의해 저격됨으로써 90여 년 만에 막을 내렸다(왕하 15:10). 한 헬라어 사본은 열왕기하 15:10에 살룸이 스가랴를 이스르엘 계곡에 속해 있던 이브레암이라는 마을에서 살해한 것으로 기록하고 있다(Andersen & Freedman). 이때가 752년이다(Thiele). 스가랴가 살룸에 의해 '꺾일 때' 거느리고 있던 '이스라엘의 활'(군대)도 함께 '꺾인 것'은 당연한 일이다. 그러므로 752년 사건을 염두에 두고 이렇게 선언한 것으로 해석하는 것이 바람직하다(Garrett). 개혁의 의지를 가지고 841년경에 이스르엘에서 출범한 예후 왕조는 90여 년의 세월이 지난 다음 출범한 장소에서 막을 내리게 된 것이다. 이스라엘의 한 왕조의 역사가 원점으로 돌아왔다. 그러나 예후 왕조는 출범지로 돌아와 막을 내릴 때까지 온 이스라엘을 돌이킬 수 없는 죄의 길로 인도했다.

(2) 로루하마가 태어남(1:6–7)

[6] 고멜이 또 임신하여 딸을 낳으매 여호와께서 호세아에게 이르시되
그의 이름을 로루하마라 하라
내가 다시는 이스라엘 족속을 긍휼히 여겨서
용서하지 않을 것임이니라
[7] 그러나 내가 유다 족속을 긍휼히 여겨 그들의 하나님 여호와로 구원하겠고
활과 칼이나 전쟁이나 말과 마병으로 구원하지 아니하리라 하시니라

얼마만큼의 시간이 더 흘렀을까? 고멜이 또 아이를 낳았다. 이번에
는 딸이다. 이미 앞에서 언급한 것처럼 이 아이는 호세아의 아이가 아
니라 간음한 고멜과 정부(情夫) 사이의 아이일 가능성이 크다. 하나님
은 선지자를 통해 이 아이에게 너무나도 잔인한 이름을 주셨다. 물론
이 아이를 미워해서가 아니라, 머지않아 이스라엘을 심판하실 것을 아
이의 이름을 통해 선언하시다 보니 일어난 일이다. 아이의 이름 '로루
하마'(לא רֻחָמָה)를 문자적으로 풀이하면 '사랑을 받지 못한다'라는 뜻을
지녔다. 그것도 단순한 사랑이 아니다. 이 단어의 어원에서 '자궁'(רֶחֶם)
이란 파생어가 나왔다(NIDOTTE). 즉, 사람이 태어나면서 기본적으로
바랄 수 있는 엄마의 사랑마저도 이 아이는 받지 못할 것이라는 점을
암시하고 있는 이름이다. 또한 하나님의 이스라엘을 향한 애정과 관심
이 단절될 것을 의미한다. 특히 아이들에게 각별한 관심과 사랑을 쏟
았던 고대 이스라엘의 문화적인 배경에서 이러한 이름은 매우 충격적
으로 여겨졌을 것이다.

로루하마는 여호와의 백성이라고 자부하는 이스라엘의 정체성과 자
아를 뒤집기에 충분한 이름이었다(Smith). 그들은 자신들을 사랑과 복
을 누리기 위해 하나님의 선택을 받은 백성이라고 자부했다. 그러나
로루하마는 전혀 그렇지 않은 이스라엘의 처지를 잘 나타낸다. 이스라
엘은 하나님을 떠나 바알을 찾아갔다. 그러므로 다시는 여호와의 사
랑이나 인애를 바라거나 기대할 수 없는 상황에 처했다. 아이의 이름
은 이스라엘로 하여금 깨어져 버린 하나님과의 관계를 생각나도록 하
기 위한 목적을 지녔던 것이다. 하나님이 호세아의 딸에게 이런 이름
을 주신 것은 "다시는 이스라엘 족속을 불쌍히 여기지 않겠다"는 선언
을 하시기 위해서였다. 그러므로 이스라엘 사람이 이 아이 이름을 들
을 때마다 선지자는 "너희들이야말로 진정 여호와께 사랑받지 못하는
로루하마라는 것을 기억하라!"고 외쳤을 것이다. 그러므로 로루하마는
시내 산에서 맺은 하나님과 이스라엘의 '사랑하는 관계'를 완전히 반전

시키는 이름이기도 하다(Sweeney).

이 아이의 이름은 또한 호세아의 주변 사람에게 많은 소문거리를 제공했을 것이다. "고멜이 낳은 아이가 호세아의 애가 아니래! 그래서 호세아가 아이에게 '사랑받지 못하는 딸'이란 이름을 주었대!" 고멜이나 로루하마의 관점에서 생각해보면 참으로 잔인하고 혹독한 이름이다. 세상에 그 누구도 이런 이름으로 불려야 할 사람은 없으니 말이다. 때로 선지자의 가족들은 가장이 선지자라는 사실 하나 때문에 엄청난 대가를 치르곤 했다. 에스겔의 아내는 선지자와 결혼했다는 이유로 일찍 죽었다(겔 24장). 로루하마는 태어날 때부터 큰 대가를 치러야 했다. 자식에게 이런 이름을 주어야 하는 선지자의 마음도 결코 편안하지는 않았을 것이다.

6절 후반부는 해석하기가 매우 난해하다. 이 문구를 문자적으로 해석하면 "내가 더 이상 이스라엘 집안을 긍휼히 여기지 않겠다(1행)//내가 그들을 용서하겠다[데려가겠다](2행)"가 된다. 다음을 참조하라.

(1행) כִּי לֹא אוֹסִיף עוֹד אֲרַחֵם אֶת־בֵּית יִשְׂרָאֵל

(2행) כִּי־נָשֹׂא אֶשָּׂא לָהֶם

선지자가 말하고자 하는 것이 무엇인가? 위 두 행의 관계를 어떻게 이해하느냐에 따라 의미가 달라진다. 만약 2행이 1행과 평행을 형성하고 있으며 2행에 있어야 할 부정사 לֹא가 빠져버린 일종의 생략(ellipsis)이거나 보존이 잘 안 되어 빠져버린 것이라면 본문의 뜻은 "내가 더 이상 이스라엘 집안을 불쌍히 여기지도 않고 사랑하지도 않겠다"가 된다(개역; 새번역). 반면에 NIV와 NAS는 2행을 조격(instrumental) 문장으로 간주하여 "내가 그들을 용서함으로 이스라엘의 집안에 다시 사랑을 베푸는 일은 없을 것이다"로 해석한다. 2행의 동사(נָשֹׂא)를 '용서하다'로 해석하지 않고 '가지고/끌고 가다'로 이해하면 "내가 다시는 이스라엘의 집안을 불쌍히 여기지 않겠다. 내가 그들을 [포로로] 끌고 갈 것이다"
가 된다(McComiskey, Smith). 이 해석은 아시리아로 끌려가야 하는 이스
라엘과 바로 다음에 언급된 유다의 구원(7절)을 극명하게 대조시키는
장점이 있다. 비슷한 맥락에서 이해하여 "내가 다시는 이스라엘 집안
을 불쌍히 여기지 않겠다. 내가 그것(용서)을 철회하겠다"로 해석하기
도 한다(Wolff).

만일 1행과 2행을 문자적으로 해석하여 이것이 마소라 사본의 원래
의도이며, 본 텍스트에서 어떤 생략도 사용하지 않은 것으로 간주한
다면 "내가 다시는 이스라엘의 집안을 불쌍히 여기지 않으리라. 내가
그들을 용서하리라"가 된다(Garrett, Carroll). 그렇다면 두 문장의 상반
된 의미를 어떻게 설명할 수 있는가? 즉, 첫 번째 문장은 불쌍히 여기
지 않겠다고 했는데, 어떻게 연이은 문장에서 용서하겠다고 할 수 있
는 것인가? 호세아서의 특징은 이스라엘의 죄 때문에 격화되고 억제할
수 없을 정도로 극단적으로 치닫는 하나님의 분노와 동시에 그들을 너
무 사랑해서 어떻게 할 줄을 몰라 발만 동동 구르는 하나님의 감정을
잘 묘사한다. 그리고 감정이 격해진 사람의 특징은 문법이나 논리적으
로 앞뒤가 안 맞는 말을 하는 경우도 있다. 즉, 우리는 이 책에서는 처
음으로 사랑과 분노로 격앙된 하나님의 감정 노출을 보는 것이다. 실
제로 호세아서 안에서 이러한 현상이 자주 포착되기에(1:9-10; 11:8;
13:14) 충분히 가능성 있는 해석이다.

그러나 하나님이 이스라엘에게 용서를 약속하기에는 너무 이른 시점
이다. 호세아의 세 아이가 다 소개된 다음에는 충분히 가능한 일이지
만, 지금은 아니다. 왜냐하면 호세아는 세 아이의 이름을 통해 점차적
으로 멀어져 가는 하나님과 이스라엘의 관계를 지적하기 원하는, 절정
인 셋째 아이의 이름이 선포되기 전에 벌써 용서를 선언해 버리면 셋
째 아이의 이름이 가져와야 할 효과가 많이 희석되기 때문이다. 생각
해보라. 첫째 아이 이스르엘은 하나님의 심판으로 이스라엘의 땅이 피

로 물들게 될 것을 경고했다. 왜 하나님의 선민이라는 이스라엘이 이런 심판을 받아야 하는가? 둘째 아이 로루하마가 이스라엘은 이제는 하나님의 사랑을 받지 못한 자들이 되었기 때문이라고 했다. 잠시 후에 태어날 셋째 아이는 한 걸음 더 나아가 이스라엘은 하나님 백성이 아니라고 선언한다. 로암미는 하나님과 이스라엘 관계가 완전히 단절되었음을 시사하는 이름이자, 선지자가 전하고자 하는 메시지의 절정인 것이다. 이러한 정황을 고려하면 이스라엘의 용서를 말하는 것은 아직 시기상조다. 그러므로 2행을 "용서하지 않겠다" 혹은 "포로로 끌고 가겠다"는 의미로 해석해야 한다.

　심판을 받아야 하는 이스라엘과는 대조적으로 유다는 하나님의 긍휼을 입어 구원을 입을 것이다(7절). 이 구원은 유다의 군사력을 통해 얻어지는 것이 아니라 하나님이 자신의 능력을 발휘하여 이루시는 일이다. 유다의 역사에서 하나님의 약속이 가장 확실하게 지켜졌을 때가 언제인가? 아마도 아시리아 왕 산헤립이 대군을 이끌고 유다를 쳤던 때일 것이다(McComiskey, Smith). 산헤립은 주전 701년에 히스기야가 다스리던 유다를 공격했다. 순식간에 온 유다를 정복했고, 아시리아에서 발굴된 문서에 기록된, 그의 말을 빌리자면 히스기야를 "새장에 새를 가두듯이 예루살렘에 가두었다"(사 36–39장; 왕하 18장). 그러나 산헤립은 자신이 예루살렘을 함락시키거나 입성했다는 말을 남기지 않았다. 하나님이 약속하신 대로 유다를 지키셨기 때문이다. 성경에 의하면 오히려 산헤립의 군대 중 18만 5,000명이 하루 밤 사이에 죽임을 당했다(사 37장). 물론 이사야는 하나님이 하신 일이라 한다(사 37:36). 하나님은 어느 시대든 주님의 복을 누리고 살 자와 심판을 받아 죽을 자를 구분하신다. 북 왕국 이스라엘이 멸망하는 순간에도 유다가 살 수 있었던 것처럼 말이다. 우리는 항상 하나님의 은총 속에서 살 수 있도록 그분의 자비를 구해야 한다.

　선지자가 심판을 선언하고 있는 상황에서 구원을 말하는 것과 이스라엘에 대해 예언하는 상황에서 유다가 언급된다는 것이 본문의 흐름에 잘 어울리지 않으며 매우 부자연스럽게 느껴진다 해서 이 절을 훗날 친유다(pro-Judah) 편집자가 삽입한 것이라고 주장하기도 한다(Mays, Wolff, Seow). 그러나 이렇게 예고 없이 주제와 내용을 바꾸는 것이 호세아의 전반적인 특징이다. 또한 서론에서 언급한 것처럼 선지자들은 다윗 언약을 매우 중요시 여겼던 사람들이라는 점을 감안할 때, 비록 호세아가 북 왕국에서 사역했지만, 남 왕국에 대한 기대와 소망은 각별했을 것이다. 비록 북 왕국은 망해 없어질 것이지만, 남 왕국은 하나님의 은총을 입어 보존될 것이라는 말이 호세아를 통해 선포되었을 것은 당연한 일이다. 그러므로 이 문구는 훗날 편집자에 의해 삽입된 것이 아니라 호세아가 선포한 말씀이다. 호세아와 비슷한 시대에 북 왕국을 향해 메시지를 외쳤던 아모스 선지자도 다윗 언약을 바탕으로 허물어진 다윗의 장막이 언젠가는 회복될 것을 예언했다(암 9:11).

심판을 받아 멸망할 이스라엘과 하나님의 은총을 입어 구원받을 유다의 운명이 대조를 이루고 있다. 이러한 대조는 이스라엘도 유다처럼 하나님의 구원과 보호를 누릴 수 있었지만, 스스로 멸망의 길로 들어섰음을 암시한다. 두 자매 국가의 역사를 살펴보면 호세아가 사역하던 시대까지 이스라엘보다는 유다가 하나님 앞에 더 신실했던 것이 사실이다. 그러나 하나님이 유다를 이렇게까지 다르게 대접하실 정도로 의로웠던 것은 아니다. 그렇다면 호세아는 어떤 근거에서 남 왕국을 소망적으로 바라보았을까? 무엇보다도 다윗 언약을 마음에 두고 있었던 사람이다(3:5). 비록 사역의 대상이 된 북 왕국은 완전히 타락했지만 남 왕국만큼은 꼭 하나님께 신실하게 살기를 바랐던 사람이었다. 하나님은 다윗과 맺은 약속을 생각하면서 남 왕국에게 자비를 베푸실 것을 선언하신다. 그러나 그것도 잠시, 므낫세 왕 시대로 접어들면서 남 왕국 역시 돌이킬 수 없는 반역의 길을 걷게 된다.

(3) 로암미가 태어남(1:8-9)

⁸ 고멜이 로루하마를 젖뗀 후에 또 임신하여 아들을 낳으매 ⁹ 여호와께서 이
르시되

그의 이름을 로암미라 하라

너희는 내 백성이 아니요

나는 너희 하나님이 되지 아니할 것임이니라

고멜이 로루하마를 낳은 얼마 후에 다시 아이를 낳았다. 로루하마를
젖뗀 후 임신했다고 하니, 아마도 두 아이 사이에 4-5년 터울이 있었
던 것으로 생각된다. 고멜이 이번에는 아들을 낳았다. 이 아이도 호세
아의 아이가 아니라 고멜과 다른 남자 사이에 태어난 아이일 가능성이
다분하다(Carroll). 어찌 되었건 법적으로 호세아는 2남 1녀의 아버지가
되었다. 하나님은 선지자의 셋째 아이의 이름을 '로암미'(לֹא עַמִּי)로 부르
라고 하셨다. '로암미'를 문자적으로 풀이하면 '내 백성이 아니다'라는
뜻이다. 이 이름 역시 로루하마처럼 이스라엘의 자아와 근본적인 정체
성을 뒤집는 이름이다(Sweeney). 더 나아가 이스라엘과 하나님 관계를
완전히 백지화하는 이름이다(Dearman). 이 아이의 이름을 통해 하나님
과 이스라엘 관계가 깨졌음을 공식적으로 선언하는 것이다(Smith). 하
나님이 아브라함에게 처음 나타나신 이후로 후손 이스라엘은 자신들
을 항상 여호와의 백성으로 정의했다. 시내 산 언약 이후 하나님도 "나
는 너희의 하나님이고 너희는 나의 백성이다"라는 말씀을 즐겨 하셨
다(출 6:7; 19:4-6; 레 26:12). 그런데 이제 이스라엘의 근본적인 신학적
정체성의 바탕이 흔들리고 있다. 하나님이 스스로 이스라엘의 하나님
이기를 포기하셨기 때문이다. 하나님의 백성이라고 자부하던 자들에

게 이런 날이 올 줄이야! 성경은 하나님의 백성이 그분의 원수가 될 수도 있다고 경고한다(사 1:24). 그러므로 우리도 긴장해야 한다. 물론 주님께서 우리를 버리실 일은 없을 것이지만, 경각심을 가지고 하나님이 기뻐하실 경건한 삶을 추구하는 것은 좋은 습관이다.

로암미는 이스라엘이 더 이상 하나님의 백성이 아니라는 것을 의미하는 이름이다(9절). 그렇다면 지금까지 아이들의 이름을 통해 하나님과 이스라엘 관계에 대해 메시지를 선포한 호세아는 새로 태어난 아들에게 또 하나의 의심스러운 이름을 지어줌으로써 다시 한 번 주변 사람의 구설수에 올랐을 것이다. 그들은 이 이름의 의미를 '호세아가 이 아이는 내 아들이 아니다'라고 선언하는 것으로 추정했을 것이다. 그러나 역시 호세아는 "당신들이야말로 진정 여호와께서 더 이상 여러분들을 당신의 백성으로 여기지 못하시는 로암미라는 것을 깨달아야 할 것이다!"라고 외쳤을 것이다.

"나도 너희의 것(하나님)이 아니다"(אָנֹכִי לֹא־אֶהְיֶה לָכֶם)(9절)라는 말이 출애굽기 3:14의 "나는 스스로 있는 자이다"(אֶהְיֶה אֲשֶׁר אֶהְיֶה)를 상기시키고 있다고 해석한다(Hubbard, Wolff, Dearman). 즉, 하나님이 이스라엘로부터 '스스로 있는 자'라는 호칭을 거두어가실 것을 선언하고 있다는 것이다. 더는 모세가 가르쳐 주었던 하나님이 아닐 것이라는 의미다. 물론 이 동사(היה)의 일인칭 형태가 두 곳에서 사용되는 것은 사실이지만, 이 단어 하나를 가지고 호세아의 청중이 이러한 연관성을 기억해 내었을 것으로 여겨지지는 않는다. 단순히 하나님은 다시는 과거에 그들이 알았던 자비롭고 은혜로운 분이 아닐 것이라는 선언일 뿐이다.

3. 소망: 아이들 이름의 의미가 반전됨(1:10-2:1)

¹⁰ 그러나 이스라엘 자손의 수가 바닷가의 모래 같이 되어서

헤아릴 수도 없고 셀 수도 없을 것이며

전에 그들에게 이르기를

너희는 내 백성이 아니라 한 그 곳에서

그들에게 이르기를

너희는 살아 계신 하나님의 아들들이라 할 것이라

¹¹ 이에 유다 자손과 이스라엘 자손이 함께 모여

한 우두머리를 세우고 그 땅에서부터 올라오리니

이스르엘의 날이 클 것임이로다

^{2:1} 너희 형제에게는 암미라 하고 너희 자매에게는 루하마라 하라

바로 앞 절까지 하나님과 이스라엘 관계가 단절되었음을 선언했던 선지자가 갑자기 회복을 선언한다. 어떠한 예고도 없이 메시지의 내용이 순식간에 바뀐 것이다. 게다가 심판과 회복 사이에 선지자의 중보나 백성의 회개도 없었다는 점이 더욱 당혹스럽게 만든다(Wolff). 그래서 일부 비평학자는 이런 극단적인 반전 현상을 훗날 편집자가 한 일이라고 지적하지만(Yee), 그렇지 않다. 이처럼 주제가 급변하는 것은 두 가지를 뜻한다. 첫째, 선지자, 특히 호세아는 하나님의 감성을 매우 풍부하게 묘사한다. 그는 전혀 예고 없이 순식간에 주제를 바꿈으로써 하나님의 급변하고 흔들리는 감정을 묘사하고자 한다. 하나님이 아내 이스라엘을 어떻게 할 것인가에 갈등하시는 것이다. 책이 시작된 이후 하나님은 이스라엘을 심판하실 것을 호세아의 세 아이의 이름을 통해 말씀하셨으며, 셋째인 로암미를 통해 이스라엘과 관계가 공식적으로 단절되었음을 선언하셨다(Yee). 드디어 꼭 하실 말씀으로 마무리 지으

신 것이다. 이렇게 마음에 있는 말을 다하고 나면 홀가분해질 줄 알았는데, 바로 다음 순간에 하나님은 백성을 향해 주체할 수 없는 강한 연민의 정을 느끼신다. 그래서 주님은 주저하지 않고 구원을 선언하시는 것이다. 심판받는 자는 대가를 치러야 하기에 고통스럽고, 심판자이신 하나님은 사랑하는 자를 매몰차게 내쳐야 하기에 신음하신다. 이 텍스트에 귀를 기울이면 마치 온갖 감정에 복받친 하나님의 거친 숨소리를 듣는 듯하다.

둘째, 심판을 선언하신 후 바로 회복을 약속하시는 것은 하나님의 심판이 어떤 것인가를 가늠하게 하기 위함이다. 하나님은 주의 백성을 파멸과 죽음으로 내모는 심판을 즐기시는 분이 아니다. 주님께서 백성을 심판하시는 이유는 회복을 위함이다(사 1:24-27). 범죄한 이스라엘은 분명 대가를 치러야 한다. 그러나 주의 백성이 심판을 받는다 해도 절망할 필요가 없는 것은 용광로 같은 심판이 지나면 정금같이 깨끗해져 다시 주님 곁에 있게 될 소망이 있기 때문이다. 하나님은 이날을 염두에 두고 백성을 심판하신다. 이와 같은 교훈을 주기 위해 선지자는 심판 직후 회복을 선언하고 있다. 여기에 한 가지 이유를 더한다면 호세아는 청중에게 심판과 회복의 극명한 대조를 각인시키기 위해 이런 스타일을 선호했다(Smith).

호세아는 책에 기록된 최초의 이스라엘 회복 메시지를 하나님이 창세기 22:17에서 아브라함에게 주신 약속을 배경으로 삼아 선포한다. 물론 아브라함의 자손인 이스라엘이 하나님의 백성임을 상기시키기 위함이다. 열왕기하 15:19-20에 근거하여 주전 738년쯤에 북 왕국 이스라엘에는 약 6만 명의 땅 주인이 있었을 것으로 추정한다(Wolff). 그렇다면 북 왕국 이스라엘의 인구 수가 50만 명에도 미치지 못했다는 뜻이다. 이러한 숫자는 당시 무서운 속도로 팽창하던 아시리아 제국에 비하면 아주 보잘것없다. 그래서 때가 이르면 이스라엘 자손의 수가 바닷가의 모래처럼 많아져서 얼마나 되는지 아무도 셀 수 없게 된다는 하나님의 약속이 호세아의 청중에게는 비웃음거리에 지나지 않았을 것이라고 생각하기도 한다(Garrett). 그러나 호세아의 메시지는 아브라함의 자손이 매우 크게 번성한 긍정적인 상황을 그리며 선포되었다. 선지자는 또한 자신의 메시지를 들은 백성도 이 비전에 매력을 느낄 것을 기대하는 듯하다. 그러므로 호세아의 메시지에 대한 백성의 반응에 대해 냉소적으로 평가할 필요는 없다.

'이스라엘의 아들들'(בְּנֵי־יִשְׂרָאֵל)이라는 표현은 이스라엘 백성을 의미하는 것으로 호세아서에서 이 표현을 7차례 사용한다(McComiskey). 이 표현은 책의 흐름에서 새 섹션을 시작하는 4:1을 제외하고는 모두 1-3장에서 사용된다. 그런데 선지자가 1-3장에서만 자녀들을 직접적으로 언급하는 것을 감안하면 자신의 자녀들과 이스라엘 자손의 연관성을 강조하기 위해 사용하고 있음을 알 수 있다(Garrett). 그래서 선지자는 이때까지 자녀의 이름으로만 사용해 왔던 로암미를 온 이스라엘을 뜻하는 지역 이름으로 확장해 '로암미라고 부른 땅'(10절, 새번역, cf. 개역개정 '내 백성이 아니라 한 그 곳')이라는 말로 사용한다.

'로암미(לֹא־עַמִּי)라고 부른 땅'은 미래에 이스라엘이 여호와께 돌아올 광야라 하기도 하고(Andersen & Freedman), 수많은 실패와 피 흘림의 상징이 되어버린 이스르엘 계곡이라 하기도 한다(Mays). 정확히 어디인가는 중요하지 않다. 아마도 온 이스라엘 땅으로 간주해도 별문제는 없을 것이다. 중요한 것은 그곳에서 이스라엘이 '살아 계신 하나님의 아들들'(בְּנֵי אֵל־חָי)이라고 불릴 것이라는 점이다. 이 표현은 이 책에서만 사용되는 호세아 선지자의 고유 문구이다. 저자는 이 표현을 통해 살아 계신 하나님과 이스라엘의 매우 특별하고 생명력으로 가득 찬 관계를 강조하고자 한다.

이스라엘이 살아 계신 하나님의 자녀로 불리는 것은 다음과 같은 의미를 내포하고 있다. 첫째, 이스라엘과 하나님 관계가 다시 회복되었다. '아들'은 언약 관계를 뜻하는 표현이다. 그러므로 이스라엘이 다시 하나님의 아들들로 불린다는 것은 언약 관계의 회복을 뜻한다(Smith). 심판을 받아 멸망하게 된 이스라엘이 살아 계신 하나님의 살리는 능력에 의해 다시 민족으로 회생한 것이다. 이처럼 '살아 계신 하나님'이란 성호는 새로운 생명을 창조하기에 충분히 왕성한 생기를 내포하고 있는 이름이다(Mays). 둘째, '살아 계신 하나님'이란 표현은 이스라엘과 이방 나라들 사이에 군사적인 갈등이 있을 때 자주 사용된다. 즉, 이 성호는 전쟁과 연관이 있는 표현인 것이다. 살아 계신 하나님이 이스라엘 자손과의 관계를 회복시키실 뿐만 아니라 적들을 상대로 승리할 수 있도록 도와주셨다는 뜻이다. 셋째, '살아 계신 하나님'은 생명과 생기를 주시는 분이다(Garrett). 이스라엘의 하나님은 생기와 풍요를 약속하지만 무능하여 생기가 없어 죽은 것과 다름없는 바알과는 대조적으로 생명력이 넘치시는 분이다.

한때 로암미였던 이스라엘이 살아 계신 하나님의 아들들로 불리는 날, 여호와께서는 이스라엘과 유다가 한 나라가 될 것도 약속하신다(11절). 호세아는 다른 선지자처럼 솔로몬의 죄로 주전 931년에 통일 이스라엘이 여로보암과 르호보암이 통치하는 두 나라로 나뉘어진 것을 매우 부정적으로 보았다. 이스라엘과 유다는 한 백성이며 한 나라가 되어야 한다는 것이 그의 생각이다. 호세아의 이러한 통일 사상은 뒤따른 이스라엘 선지자 사이에 지속적인 염원으로 남게 된다(겔 37:18-25).

언젠가 유다와 이스라엘이 다시 한 나라가 된다면, 두 자매 나라 중 어느 쪽의 왕이 통일왕국을 통치해야 하는가? 호세아는 당연히 다윗의 집안이 통치해야 한다고 생각한다. 그도 다윗 언약(삼하 7장)에 대해 익히 알고 있었음을 시사한다. 흥미로운 것은 호세아가 두 자매 나라가 통일왕국이 되면 하나님이 그들을 위해 왕을 세우는 것이 아니라 백성 스스로 왕을 세울 것이라고 한다. 이 말은 하나님의 통치를 거부함을 뜻하는 것이 아니라, 한때 두 나라로 나뉘었던 백성의 마음이 하나가 되고 뜻이 일치될 것을 강조한다. 선지자가 사역하던 시대에도 남과 북은 끝없는 경쟁과 갈등 관계를 유지하고 있었다. 그러므로 선지자를 통해 선포된 하나님의 통일 메시지는 얼마나 신선한 정치적·국민적 염원의 실현이었을까!

호세아가 하나님이 '왕'이라는 단어를 피하고 '한 우두머리'(רֹאשׁ אֶחָד)를 세운다는 것에 대해 의아하기도 한다. 이러한 현상을 당시 북 왕국에 팽배해 있던 반왕권(anti-kingship) 정서를 반영했다고 하기도 하고, '왕'이 종말론적 의미를 지녔기 때문이라고도 한다(Carroll). 그러나 호세아 3:5에서 다윗 계열의 왕이 언급된 것으로 보아 선지자는 이 단어에 특별한 의미를 두고 사용을 제한하지 않은 것으로 보인다. 단순히 호세아의 스타일일 수 있고, 왕권이 상징하는 가장 근본적인 기능인 '[훌륭한] 리더십'의 갈망을 담아 왕 대신 우두머리를 사용한 것으로 본다.

많은 학자는 "그 땅에서부터 올라오리니"(עָלוּ מִן־הָאָרֶץ)(11절)를 포로 시대에서 돌아오는 것으로 해석한다(Andersen & Freedman, Stuart, Sweeney, Yee). 그러나 문제는 히브리 성경은 이방 나라를 한 번도 '그 땅'(הָאָרֶץ)이라고 부르지 않는다는 점이다. 이 표현은 성경에서 보통 약속의 땅을 의미할 때 사용한다. 또한 저 세상(죽음)을 뜻한다 하여(욥 10:21-22; 사 44:23) 이스라엘의 국가적 '부활'을 뜻하는 것으로 해석하기도 한다(Carroll). 그러나 본문에서 이 표현이 이스르엘이란 풍요로움을 상징하는 이름(1:4)과 함께 사용된 점을 감안할 때 '풀이 땅에서 올라오듯이' 그들이 번성할 것을 비유하는 것으로 해석하는 것이 바람직하다(McComiskey, Macintosh, Dearman; cf. 신 29:23). 그렇다면 위에서 언급한 아브라함과의 언약(10절)을 성취한 것처럼 사람들의 수가 왕성하게 불어날 것을 예언하고 있다. 에스겔 선지자 또한 왕성하게 자라나는 풀과 하나님 백성의 번성을 다음과 같이 연결한다.

내가 너희의 편을 들겠다. 내가 너희에게로 얼굴을 돌리면, 사람들이 너희 산악지대를 갈아서 씨를 뿌릴 것이다. 그리고 내가 너희 이스라엘 족속의 인구가 늘게 하여, 성읍들에 사람이 다시 살고, 폐허를 다시 건설할 것이다. 내가 너희 산들 위에 사람과 짐승을 많게 하여, 그들의 숫자가 많아지고 번창할 것이다. 산들아, 내가 너희를 예전처럼 사람들이 살도록 하고, 전보다 더 좋아지게 해주겠다(겔 36:9-11, 새번역).

풍요로움과 번성 속에서 이스라엘은 스스로 형제를 암미라 하고 자매를 루하마라 하게 될 것이다(2:1). 이 말씀은 지금까지 선포된 메시지를 뒤돌아보게 한다. 로암미와 로루하마에서 부정사가 떨어져 나갔으니 다시 하나님 백성이 될 것이고 하나님의 사랑을 받게 될 것이다. 마치 '부정한 자'에게서 '부'가 떨어져 나가 '정한 자'가 되는 것처럼 말이다. 이런 이름의 변화는 앞으로 이스라엘에게 임할 구원을 기대하게 한다. 그러나 그 구원이 오기 전에 로암미, 로루하마에 대한 심판이 와야 한다. 먼저 죄에 대한 대가를 치른 다음에야 회복을 기대할 수 있다. 우리는 흔히 "세상에는 공짜란 없다"라고 한다. 우리의 죄도 하나님이 용서해 주신다고 해서 공짜가 아니다. 설령 직접 대가를 치르지 않는다고 해도 누군가가 우리의 죗값을 치러 주어야만 한다. 성경은 우리의 죗값을 치르기 위해 그리스도께서 고난을 받으셨다고 한다. 하나님은 '로암미'(내 백성이 아니다')와 같은 우리와의 관계를 회복하려고 세상에서 가장 큰 대가를 치르시고 우리를 '암미'(내 백성이다)라고 하셨다.

| I. 호세아와 가족(1:1-3:5)

C. 결혼의 의미(2:2-23[2:4-25])

하나님은 지금까지 선지자의 비극적인 가정을 일종의 실례(object lesson)로 삼아 자신과 이스라엘 관계에 대해 말씀하셨다. 처음에는 호세아가 창녀와 결혼하라는 하나님 명령에 대해 고민하다가 겨우 순종했을 수

있다. 그러나 고멜을 통해 세 아이를 얻으면서 자신의 불행을 통해서
이루 말로 형언할 수 없는 하나님의 아픔을 조금이나마 헤아릴 수 있
었다. 호세아는 하나님이 왜 자기에게 그처럼 무모하고 황당한 명령을
하셨는지 이해하게 되었고, 마음에 남아 있을 수 있는 하나님에 대한
서운함은 모두 사라졌다. 하나님에 대한 서운함보다는 오히려 하나님
에 대한 연민의 정을 느끼며 안타까워했다. 어느 순간부터 아내 이스
라엘의 외도에 신음하시는 남편 하나님의 아픔과 고뇌가 선지자의 것
이 되어 있었기 때문이다. 고통은 아픔 속에 있는 자와 안타까워하고
마음 아파하는 자가 하나 되게 하는 힘을 지니고 있다. 그래서 우리는
고통당하는 자를 위한 기도를 멈춰서는 안 된다. 그들을 위해 기도하
다 보면 어느덧 그들의 눈물이 우리의 눈물이 되고, 그들의 탄식이 우
리의 신음이 되어 있음을 발견하게 된다. 이것이 하나님이 이 세상에
서 공동체를 형성하고 살아가고 있는 우리에게 요구하고 기대하시는
애통하는 마음이다.

앞 섹션에서는 하나님이 자신과 이스라엘의 부부관계에 대해 호세아
의 가정을 통해 우회적으로 말씀하신 것과 달리 이 섹션에서는 직선적
으로 말씀하신다. 대부분은 이 섹션에서 호세아의 '가정 이야기'와 하
나님의 '가정 이야기'가 서로 구분되지 않을 정도로 섞여 있다고 생각
한다(McComiskey, Garrett, Smith, Dearman). 그러나 전적으로 하나님의 '가
정 이야기', 곧 시내 산에서 아내로 맞이한 이스라엘과의 관계를 회고
하는 것으로 구성되어 있다. 유일하게 호세아의 가정을 떠올리게 하는
곳은 2절이다. 선지자는 새로운 주제와 섹션으로 전환하면서 앞부분과
연결성을 고려해 2절을 연결고리로 삼은 것이다. 나머지 부분인 3-23
절은 모두 파경을 맞은 하나님과 이스라엘의 결혼 이야기이다. 그러므
로 어느 부분이 호세아의 말이며, 어디서부터 여호와의 말인 것과 어
느 부분이 고멜에게 전하는 말이며, 어디서부터 이스라엘에게 전하는
말인가를 구분하기도 어렵지만 굳이 구분할 필요도 없다. 호세아의 가

정에 비유하자면, 호세아는 여호와를, 고멜은 이스라엘 국가를, 아이들은 이스라엘 백성을 상징한다. 이미 앞에서 언급한 것처럼 1-3장은 호세아의 가정(A)(1장)-하나님의 가정(B)(2장)-호세아의 가정(A')의 구조를 지니고 있다.

본 텍스트는 전반적으로 비난과 심판(2-13절)과 회복(14-23절) 등 두 섹션으로 구분되고, 더 세분화해 구조를 파악하는 일은 쉽지 않다. 여러 가지 다양한 이미지와 메시지가 서로 복잡하게 얽혀 있기 때문이다. 이 책에서는 다음과 같은 구조를 바탕으로 본문을 주해해 나갈 것이다.

  A. 남편이 아내를 버림(2:2-5)
    B. 아내가 남편에게 돌아옴(2:6-7)
    B'. 남편이 돌아온 아내를 벌함(2:8-13)
  A'. 남편이 아내를 찾음(2:14-23)

I. 호세아와 가족(1:1-3:5)
  C. 결혼의 의미(2:2-23 [2:4-25])

1. 남편이 아내를 버림(2:2-5)

2 너희 어머니와 논쟁하고 논쟁하라
그는 내 아내가 아니요 나는 그의 남편이 아니라
그가 그의 얼굴에서 음란을 제하게 하고
그 유방 사이에서 음행을 제하게 하라
3 그렇지 아니하면 내가 그를 벌거벗겨서
그 나던 날과 같게 할 것이요
그로 광야 같이 되게 하며
마른 땅 같이 되게 하여

목말라 죽게 할 것이며
⁴ 내가 그의 자녀를 긍휼히 여기지 아니하리니
이는 그들이 음란한 자식들임이니라
⁵ 그들의 어머니는 음행하였고
그들을 임신했던 자는 부끄러운 일을 행하였나니
이는 그가 이르기를
나는 나를 사랑하는 자들을 따르리니
그들이 내 떡과 내 물과 내 양털과 내 삼과
내 기름과 내 술들을 내게 준다 하였음이라

고멜이 세 아이를 낳은 후에 제법 많은 시간이 흘렀다. 하나님이 선지자의 아이들에게 어머니의 행실을 비난하라는 것을 감안하면(2절), 호세아의 아이들은 어머니의 부정한 행동에 대해 도덕적인 평가를 할 정도의 나이로 성장해 있음을 암시하고 있다. 아이들은 최소한 사춘기를 맞았고, 고멜은 아예 집을 뛰쳐나가 옛 길, 곧 창녀의 삶으로 돌아갔다. 다시 몸을 팔기 시작한 것이다. 호세아가 고멜과의 관계가 하나님과 이스라엘 관계의 축소판임을 의식한 지 오래다. 가출한 고멜에게 받은 호세아의 상처가 이스라엘에게 버림받은 하나님의 상처가 되어 있었던 것이다. 그러므로 이 말씀에서는 방탕한 고멜과 이스라엘이 하나인 것처럼, 분노하는 호세아와 하나님이 하나가 되어 있다. 또한 호세아의 아이들은 이스라엘 백성과 하나가 되어 있다.

호세아는 아이들에게 어머니와 '논쟁하라'(ריב)고 한다(2절). 이 단어는 흔히 '고발하다'(새번역)라는 의미로 사용된다. 그래서 호세아(하나님)가 고멜(이스라엘)과 이혼하기 위해 법정에 세우는 것이라고 생각한다(May, Nielsen, Stuart, Wolff). 그러나 그 의미는 아이들에게 어머니를 법정에 고발하라는 것이 아니라 어머니의 삶에서 잘못된 것을 보고 삶의 방식을 거부하고 비난하라는 뜻으로 사용되고 있다. 간음한 아내

131

에 대한 재판이 아니라 개인적인 비난과 분노의 표현이다(Andersen & Freedman, Macintosh, Garrett).

호세아가 아이들을 권면하는 일을 통해 하나님은 이스라엘 백성에게 무엇을 강요하시는 것일까? 하나님은 이집트에서 광야로 도망 나온 이스라엘과 결혼하셨다. 이스라엘이 하나님과 시내 산에서 맺은 언약은 곧 결혼 계약이었다. 이스라엘 백성은 이 결혼관계에서 태어난 아이들이다. 그러나 고멜이 남편 호세아와 아이들을 버리고 정부를 따라 음란한 길을 걷고 있는 것처럼 이스라엘은 하나님을 떠나 다른 신들을 섬기고 있다. 그러므로 호세아의 아이들이 어머니 고멜의 음행을 비난해야 하는 것처럼 이스라엘 백성이 어미 이스라엘(Mother Israel)을 비난하고 거부하는 것만이 아버지 하나님께로 돌아오는 길이 되는 것이다. 왜 그래야만 하는가? 어미 이스라엘은 그동안 자녀에게 음란의 길을 가르쳤다. 백성이 어미 이스라엘(viz., 종교를 포함한 모든 제도)로부터 받은 것들이 모두 잘못되어 있다. 여호와에 대한 가르침, 가치관 등이 모두 변질되거나 엉터리가 되어 있고, 대신 우상숭배가 만연해 있었다. 그러므로 호세아는 청중에게 이스라엘의 전통이 제시하고 강요하는 종교와 가치관을 버림으로써 의로운 남은 자(remnant)의 삶을 추구하기를 권면하고 있다.

호세아는 고멜이 자기의 아내가 아니며, 자신은 고멜의 남편이 아니라고 소리치고 있다. 만약 창녀의 삶을—얼굴에 가득한 색욕과 젖가슴에 가득한 음행의 자취—정리하지 않는다면 발가벗겨 내쳐서 수치와 굶주림으로 죽게 하겠다고 선언하고 있다(3절). 색욕(זְנוּנִים)과 음행(נַאֲפוּפִים)은 우상숭배 예식에서 사용되었던, 혹은 고멜이 신전 창녀라는 것을 나타내는 치장이나(Carroll) 일종의 화장품으로 해석되기도 한다(Mays, Hubbard). 창녀 신분을 노출하는 문신이나 종교 예식에서 비롯된 흉터로 해석하기도 한다(Wolff). 그러나 성경에서 얼굴은 흔히 인격과 의지를 상징하며, 젖가슴은 성적(性的) 뉘앙스를 지닌 환유(metonymy)로 사용된다. 그러므로 호세아는 고멜에게 문란하고 음란한 삶의 모든 것을 버리고 돌아서라고 호소한다. 그 길에서 몸과 마음을 완전히 되돌릴 때 수치를 면하게 될 것이라는 권면이다. 물론 이는 하나님이 이스라엘에게 하시는 말씀이다. 하나님은 백성이 입으로만 회개하는 것이 아니라 마음과 삶의 방식을 바꾸어가기를 간절히 바라신다(Smith). 결국 하나님이 호세아서에서 문제 삼고 있는 이스라엘 문제는 정치적인 것이 아니고(Kelle), 사회적·경제적 성향을 지닌 것도 아닌 종교적인 죄이다(Keefe).

이처럼 간절한 권면과 호소에도 만일 이스라엘이 악한 길에서 돌아서지 않으면 하나님은 어떻게 하실 것인가? 그들을 발가벗겨서 내쳐 굶어 죽게 하시겠다고 경고하신다(3절). 여성 신학자는 이 말씀이 고대 사회에서 남편이 일상적으로 아내에게 폭력을 행했던 관습을 반영한다고 하지만(Weems, cf. Carroll), 본문의 의도는 그런 상황을 고발하는 것이 아니라 간음한 아내가 회개하지 않으면 남편의 제재를 피할 수 없음을 경고하는 것뿐이다. 발가벗겨 내치는 것은 고대 근동의 결혼과 재혼 계약서에서 등장하는 것이 사실이지만(Gordon, Gordis), 이혼하게 될 경우 모든 재산권을 포기하는 의미로 사용하지, 실제 폭력 이행을 뜻하는 것은 아니다(Kelle, Day). 또한 고대 근동의 계약 문서에서도 이 조항이 계약을 어기는 자에게 임할 신(들)의 저주로 등장한다(Hillers). 피해자를 발가벗겨 내치는 것은 남편과 아내 관계에만 적용되는 표현이 아니다.

성경에서 이혼 절차를 언급하고 있는 신명기 24장에도 이처럼 혹독하고 공개적으로 수치를 주거나 폭력을 행사하는 일이 언급되지 않은 것을 감안하고, 다음 말씀에서 하나님이 이스라엘을 발가벗겨 내치는 것이 기근과 흉년을 주시는 일로 묘사되는 것을 보면 이 말씀이 실제 남편의 아내에 대한 폭력을 배경으로 하는 말씀이 아니라는 것이 확실해진다. 게다가 본문에서는 이혼이 아니라 얼굴을 들 수 없는 수치가 이슈다.

하나님이 이 말씀을 통해 아내 이스라엘에게 전하고자 하는 메시지는 무엇인가? 이스라엘이 이방 신들을 숭배하는 것은 마치 남편을 둔 여자가 다른 남자와 정을 통하는 것과 같은 행위이다. 그러므로 하나님은 문제가 해결되지 않는 한 절대 이스라엘의 남편이 아니요, 이스라엘은 여호와의 아내가 될 수 없다. 그뿐만 아니라 아내 이스라엘이 정을 주고 있는 우상을 버리고 돌아오지 않으면, 하나님이 이스라엘을 광야에서 처음 만났을 때의 형편없고 벌거벗은 모습으로 되돌려보내실 것이고 땅에 기근을 내려서 자멸하게 할 것이라고 경고하고 있다(레 26:19-20; 신 28:22-24). 백성은 살기 위해서라도 선지자의 음성에 귀를 기울이고 하나님께 돌아와야 한다. 그러나 우리가 알고 있듯이 죄에 너무 익숙해진 이스라엘은 들을 귀가 없다. 끝까지 돌아오지 않아 결국 하나님이 말씀하신 모든 것이 현실로 드러났다. 오늘날도 하나님은 징계 전에 미리 경고하시고 생명의 길로 인도해 주시기를 원하신다. 우리는 이런 하나님의 음성을 들을 수 있는 귀를 달라고 기도해야겠다.

하나님이 처음 만났던 이스라엘을 벌거벗은 여인으로 묘사하는 것은 여러 선지자의 글에서도 자주 등장한다(겔 16장; 렘 13:22-27; 사 3:16-17; 나 3:4-5). 에스겔은 하나님이 이스라엘을 광야에서 처음 발견했을 때의 모습을 태의 피도 마르지 않은 채 죽게 버려진 벌거벗은 여자아이로 묘사한다(겔 16:4-6). 하나님이 오래전 아브라함에게 약속하신 것을 지키기 위해 이집트에서 혹독한 노예생활을 하며 살고 있던 후손 이스라엘을 찾아오셔서 광야로 이끌어내실 때까지 이스라엘은 벌거벗은 모습을 하고 있었다는 뜻이다. 그때까지 아무런 희망도 없이 이집트에서 노예생활로 억압받던 이스라엘에게 가장 잘 어울리는 모습이다. 고대 근동에서는 전쟁의 승리자는 패배한 나라의 백성을 끌고 갈 때 흔히 발가벗겨 끌고 갔다. 그러므로 다시 발가벗겨 내치실 것이라는 경고는 이스라엘이 회개하지 않으면 나라가 멸망하고 포로가 되어 타국으로 끌려갈 것을 암시한다.

기근 이미지(3b절)는 이스라엘 땅이 황폐해져서 더는 곡식을 생산할 수 없게 될 것을 경고한다. 땅이 황폐하면 먹을 것이 없어지고, 먹을 것이 없는 땅에는 사람이 살지 않는다. 이스라엘 땅이 사람이 살 수 없는 광야로 변해갈 것이라는 선언이다. 그러므로 수치와 배고픔의 이미지는 회개하지 않는다면 앞으로 이스라엘이 포로가 되어 타국으로 끌려갈 것이고 땅은 황무지가 되어 다시는 거주민을 먹여 살리지 못할 것이라는 경고인 것이다(Garrett). 더 나아가 하나님은 그동안 이스라엘에게 내려 주셨던 풍요로움을 모두 거두실 것을 선언하신다(8-9절). 하나님이 이처럼 극단적인 조치를 취해 이스라엘을 빈곤케 하시는 것은 이스라엘이 하나님이 내려 주신 풍요로움을 모두 정부가 준 것이라고 자랑하며 하나님을 버리고 그들을 따랐기 때문이다(5절). 하나님은 아내 이스라엘에게 온갖 풍요로움을 안겨 주고도 무시당하고 버림받은 남편이 되었다. 그렇다면 분노한 남편이 그동안 아내에게 가져다준 모든 것을 빼앗는 것은 당연한 일이 아니겠는가!

이스라엘이 바알을 찾은 이유는 그가 태풍의 신으로 비를 준다고 믿었기 때문이다. 여호와께서 기근을 선언하셨는데도 과연 바알이 비를 내릴 수 있을 것인가가 시험대에 오르게 되었다(Smith, Sweeney). 만일 바알이 참 신이고 여호와보다 능력 있는 신이라면 분명 그를 숭배하는 이스라엘에 기근이 없게 할 것이다. 그러나 우리는 바알이 참 신이 아니라 인간이 만들어낸 우상에 불과하기에 아무런 능력도 행할 수 없음을 잘 알고 있다. 자신의 손으로 만든 바알을 숭배한 이스라엘은 스스로를 속인 것이다.

이스라엘이 죄를 지었기에 심판을 받아 끌려가는 것은 당연한 일이겠지만, 왜 그들의 땅도 벌을 받아 황무지로 변해야 하는가? 성경은 어느 땅이든지 거주민의 죄가 그 땅을 더럽히고 오염시킨다고 한다.

그러므로 거주민이 심판받아 그 땅을 비우게 되면, 땅도 방치된 상태에서 그동안 거주민이 쌓았던 오염과 부정을 씻어내야 한다. 죄지은 주민이 치유가 필요한 만큼 그들이 살던 땅도 치유와 회복이 필요하다는 것이 성경의 가르침이다.

한 가지 생각해볼 것은 누가 이스라엘의 수치를 드러내느냐는 것이다. 이스라엘은 분명 좋아했던 바알과 아세라로 인해 수치를 당할 것이다. 당시 주변 민족처럼 이것이 풍요로움을 주는 것으로 생각했기 때문이다(King & Stager). 그렇다면 이 형벌은 세상에서 분별된 삶(viz., 거룩함)을 살지 못하고 주변 민족의 풍습을 따르다가 빚어진 일이라 할 수 있겠다. 이스라엘이 가나안을 '여호와화'하지 못하고 스스로 '가나안화'된 결과인 것이다. 또한 본문은 이스라엘을 포로로 끌고 갈 이방 나라가 이스라엘의 수치를 드러낼 것을 암시하는 듯하다(Kelle). 에스겔 16장은 이집트, 바벨론, 아시리아 등 이스라엘의 정부(情夫)였던 나라들이 이스라엘을 발가벗길 것을 선언한다. 이스라엘은 참 어리석은 여인이다. 처음에는 이들이 좋아서 정부로 맞아들여 정을 나누었는데, 정작 이 '남자들'에 의해 노예로 끌려가게 되었다. 몸과 마음을 다 주었건만 끝에 가서 버림받은 여인의 꼴이 된 것이다. 선지자들은 이것이 바로 우상숭배의 종착역이라는 점을 누누이 강조했다. 그러나 한 번 외간 남자와 눈이 맞은 이스라엘은 도대체 돌아올 줄 몰랐다. 물론 이 이방 나라들을 뒤에서 조정하시는 분은 하나님이다. 그러므로 하나님이 이스라엘을 내치시며 수치를 드러내는 것이라 할 수 있다.

아비가 자식들까지 불쌍히 여기지 않을 것(לֹא אֲרַחֵם)이라는 선언(4절)은 호세아의 둘째 아이인 로루하마의 이름과 연관된 말씀이다(Dearman). 그런데 이 말씀을 호세아의 개인적인 삶과 연관시킬 것인가, 아니면 어미 이스라엘에 대한 일반적인 선포의 연속으로 볼 것인가? 만약에 호세아의 가정과 직접 연관이 있는 이야기라면, 선지자는 음란한 아내를 내치면서 왜 아이들까지 버리고 있는가? 한 주석가는 호세아의 이러한 행동을 정당화하기 위해 세 가지 가능성을 제시한다(Hubbard). (1) 이 아이들은 호세아의 자녀가 아니다. 즉, 고멜과 다른 사람과의 관계에서 태어난 아이들이다. (2) 이 아이들 자신이 간음하고 있다. (3) 이 자녀들이 '결속적인 집단'(corporate solidarity)으로서 어머니의 간음에 동참했다. 호세아가 자기 아이들을 내치는 것이라는 해석은 별 설득력이 없다(Carroll). 호세아의 가정 이야기가 하나님과 이스라엘 이야기와 평행을 이루고 있다고 해서 모든 것이 1대 1로 대칭을 이룰 필요는 없다. 모든 비유(analogy)는 어느 순간에는 요소들의 1대 1 대칭이 무너지게 되어 있기 때문이다. 이 말씀을 아무런 제한도 없이 호세아의 가정과 직접적으로 연관시키는 것 자체가 무리다. 비록 호세아는 하나님 명령에 따라 창녀와 결혼했지만, 고멜은 최소한 호세아와 법적인 관계 안에서 아이들을 낳아주었다. 비록 아내는 간음하는 여자이지만, 호세아가 어찌 아이들에게 이처럼 매정할 수 있겠는가! 그러므로 이 선언은 하나님이 이스라엘에게 비유로 말씀하시는 것의 연속이라고 간주하는 것이 적합하다.

하나님은 아내 이스라엘을 버리실 뿐만 아니라 그와의 결혼 관계에서 태어난 아이들(이스라엘 백성)을 불쌍히 여기지 않으시고 버리시겠다고 하신다. 왜? 첫째는 이 아이들은 이스라엘(고멜)이 외간 남자들(우상들)과 정을 나누어 태어난 아이들이기 때문이다(Carroll). 둘째는 그들도 어미를 따라 음행한 자녀이기 때문이다. 어미 이스라엘은 정부인 바알과 놀아났다. 그뿐만 아니라 아이들도 어미처럼 바알을 숭배했다. 즉, 하나님의 입장에서 생각할 때 이스라엘 백성은 어미 이스라엘이 바알과 간음해서 낳은 아이들이라는 것이다. 그러므로 하나님은 이 아이들마저도 불쌍히 여길 수 없다고 선언하시는 것이다.

그렇다면 이미 여호와를 남편으로 맞이한 이스라엘이 왜 바알을 찾아가고 있는가? 가나안의 다른 민족처럼 이스라엘은 바알이 풍요로움을 주는 다산(多産)의 신이라고 믿었기 때문이다. 바알 종교는 섬기는 자에게 풍요로운 의식주(衣食住)를 약속했다(5절). 그러나 실제로 이스라엘에게 이러한 풍요로움을 주실 수 있는 분은 남편 여호와이시다. 이스라엘은 속아서 '엉뚱한 남자'와 놀아난 것이다. 이스라엘(국가)의 자식(이스라엘 백성)도 이러한 어미의 모습을 보며 전혀 의심하지 않고 당연한 것처럼 따라갔다. 그러므로 하나님은 자식들에게 어미의 행동을 비난하고 돌아서라고 명령하셨던 것이다(2절). 한 나라/공동체가 그 뿌리에서부터 잘못되면 백성/멤버들이 진리와 정의를 유지하는 것은 결코 쉬운 일이 아니다.

I. 호세아와 가족(1:1–3:5)
  C. 결혼의 의미(2:2–23 [2:4–25])

2. 아내가 남편에게 돌아옴(2:6–7)

> ⁶ 그러므로 내가 가시로 그 길을 막으며 담을 쌓아
> 그로 그 길을 찾지 못하게 하리니
> ⁷ 그가 그 사랑하는 자를 따라갈지라도 미치지 못하며
> 그들을 찾을지라도 만나지 못할 것이라
> 그제야 그가 이르기를 내가 본 남편에게로 돌아가리니
> 그 때의 내 형편이 지금보다 나았음이라 하리라

만일 남편이 외간 남자와 놀아나는 아내를 방관만 했다면, 남편에게도 어느 정도의 책임이 있다고 할 수 있다. 그래서 선지자는 남편 여호와가 아내 이스라엘이 외도하는 것을 막기 위해 어떤 대책을 가지고 계셨는가를 선포한다. 한마디로 말해서 아내 이스라엘이 정부를 찾아가는 길에 담을 쌓고 가시를 두어 아내가 스스로 가던 길을 포기하고 남편(여호와)에게 돌아오도록 유도하셨다. 아내 이스라엘을 바라보는 남편 하나님의 감정은 분노보다는 어떻게 해서든 외도한 아내가 다

시 제자리로 돌아올 수 있도록 은혜를 베푸는 애틋함이었다(Smith). 남편의 의도대로 아내는 정부를 찾아 집을 나섰지만 남편이 길을 바꾸어 놓아 도저히 찾지 못했다. 여기서 강조하는 것은 간음하는 아내 이스라엘의 정부는 하나가 아니라 여럿이라는 점이다. 이 말씀을 디글랏 블레셀 시대에 아시리아와 연합하려던 이스라엘의 외교 정책을 하나님이 막으신 것으로(Stuart), 혹은 백성이 이스라엘 곳곳에 서 있는 바알 신전에 들어가지 못하도록 훼방하신 일을 뜻하는 것으로 풀이한다(Wolff, Andersen & Freedman). 선지자가 어떤 특정한 사건이나 정황을 회고하는 것이 아니라 지난 세월 동안 하나님이 이스라엘이 우상을 찾지 않도록 하기 위해 하신 일을 전반적으로 회고하는 비유로 보는 것이 바람직하다(Dearman, cf. Kruger).

본문이 여호와의 아내 이스라엘이 진정으로 회심하고 남편 하나님께 돌아올 것을 예고한다고 하지만(Carroll), 아내는 어쩔 수 없이 잠시 남편에게 돌아가기로 했으나 진정한 회심은 아니다. 정부를 찾아 나섰다가 무턱대고 헛걸음하는 것보다는 남편에게 돌아가는 것이 더 나을 것이라는 생각에 이렇게 결정한 것뿐이다. 그렇다면 기회만 주어지면 이 여인은 언제든지 다시 남편과 집을 떠나 정부를 찾아 나설 것이다. 변화된 마음에서 발걸음을 돌린 것이 아니기 때문이다. 이러한 아내의 자세는 2:16을 기대하고 있다. "그 날에 네가 나를 '내 남편'이라 일컫고 다시는 '내 바알'(주인)이라 일컫지 아니하리라." 이 말씀은 앞으로 이스라엘이 우상을 좇는 것을 마지못해 포기하고 여호와께 돌아올 것을 의미한다. 그러나 선지자는 구체적으로 언제, 어떤 상황에서 이 일이 일어날 것인가에 대하여는 언급하지 않는다. 단순히 이스라엘이 스스로 우상 좇는 것을 체념할 때가 올 것이라는 소망을 제시할 뿐이다.

3. 남편이 돌아온 아내를 벌함(2:8-13)

⁸ 곡식과 새 포도주와 기름은

내가 그에게 준 것이요

그들이 바알을 위하여 쓴 은과 금도

내가 그에게 더하여 준 것이거늘

그가 알지 못하도다

⁹ 그러므로 내가 내 곡식을

그것이 익을 계절에 도로 찾으며

내가 내 새 포도주를

그것이 맛 들 시기에 도로 찾으며

또 그들의 벌거벗은 몸을 가릴

내 양털과 내 삼을 빼앗으리라

¹⁰ 이제 내가 그 수치를 그 사랑하는 자의 눈 앞에 드러내리니

그를 내 손에서 건져낼 사람이 없으리라

¹¹ 내가 그의 모든 희락과 절기와

월삭과 안식일과 모든 명절을 폐하겠고

¹² 그가 전에 이르기를

이것은 나를 사랑하는 자들이 내게 준 값이라 하던

그 포도나무와 무화과나무를 거칠게 하여

수풀이 되게 하며 들짐승들에게 먹게 하리라

¹³ 그가 귀고리와 패물로 장식하고

그가 사랑하는 자를 따라가서 나를 잊어버리고

향을 살라 바알들을 섬긴 시일대로

내가 그에게 벌을 주리라 여호와의 말씀이니라

만일 아내 이스라엘이 자신의 죄를 철저하게 회개하고 남편 하나님께 돌아왔다면 여호와께서는 그녀를 별다른 징계 없이 용서하셨을 것이다. 그러나 이 여인은 마지 못해서, 곧 찾아나선 정부를 만나지 못했기에 어쩔 수 없이 차선책으로 남편에게 돌아왔다. 이런 아내를 남편은 맹렬히 비난하고 벌한다. 당연한 일이다. 하나님의 이스라엘에 대한 심판은 지금까지 내려 주셨던 축복을 거두시는 것으로 시작된다(9a절). 하나님은 3절에서 이스라엘을 '벌거벗겨 내치겠다'고 하셨는데, 무엇을 의미하는가가 본 텍스트를 통해 밝혀지고 있다. 이스라엘의 삶을 풍요롭게 했던 곡식, 포도주, 기름, 금과 은 등이 모두 제거된다. 하나님이 이미 주신 것을 왜 다시 거두시는가? 이유는 간단하다. 아내 이스라엘이 배은망덕한 행위를 하고 있기 때문이다. 하나님이 여러 가지 풍요로움을 주셨지만, 오히려 바알에게 감사했을 뿐만 아니라, 바알과 놀아나는 데 사용한 것이다(8절).

이러한 이스라엘의 배은망덕한 행위는 에스겔 16:9-22에 더 자세하게 묘사되어 있다. 그러므로 하나님이 아내 이스라엘이 즐기고 있는 모든 풍요로움을 거두어 가신다. 중요한 것은 하나님이 거두시겠다는 것이 삶에 필수적인 것이지 사치품이 아니라는 사실이다. 즉, 앞으로 이스라엘에게 임할 심판은 매우 혹독해서 사람이 생명을 보존하기 위해 꼭 필요한 기본 필요도 채울 수 없을 것이다. 이러한 경고는 전혀 새로운 것이 아니라 이미 율법이 선포한 배교(背敎)에 따르는 언약적 저주에 불과하다. 예를 들어 신명기 28:18은 이렇게 경고하고 있다. "당신들의 몸에서 태어난 자녀와 당신들 땅의 곡식과 소 새끼와 양 새끼도 저주를 받을 것입니다."

하나님은 아내 이스라엘이 입고 있는 옷까지 벗겨 빼앗으실 것이다(9b절). 그것도 아내가 놀아난 정부 앞에서 그녀의 알몸을 드러내시겠다고 선언하신다(10절). 하나님이 이렇게 하셔도 한때 이스라엘과 정을 나누었던 정부는 그녀를 위해 아무것도 하지 못하고 지켜만 보고 있어야 한다. 같이 놀아난 자들이니 어찌 나서겠는가! 게다가 바알과 아세라는 우상이지 신이 아니다. 신은 오직 여호와 한 분이다. 그러므로 어찌 우상이 감히 살아 계신 하나님 앞에 나설 수 있겠는가! 벌거벗은 여인의 모습은 앞으로 다가올 포로 시대, 이스라엘이 처하게 될 절박한 상황, 이스라엘이 당하게 될 수치 등을 암시하고 있다.

그렇다면 남편 하나님의 심판을 받아 모든 것을 빼앗기고 옷까지 벗겨져 알몸으로 길거리에 내동댕이 처진 아내에 비유되는 이스라엘은 실제로 어떤 심판을 경험할 것인가? 호세아는 11-13절을 통해 이스라엘이 경험할 심판을 세 단계로 설명한다. 첫째, 하나님은 이스라엘이 하고 있는 모든 종교적 예식과 축제를 끝장내실 것이다(11절). 이스라엘은 이제는 초하루와 안식일과 그 외 절기와 예배 모임을 가질 수 없다. 초하루와 안식일은 이스라엘 종교의 가장 기본적이고 중요한 절기이자 예배드리는 날이다. 그런데 "그녀가 즐거워하는 모든 것과 그녀의 온갖 잔치"(כָּל־מִשּׂוֹשָׂהּ חַגָּהּ)는 무엇을 뜻하는가? 이스라엘이 안식일과 초하루 외에 여호와께 드리던 종교적인 절기들을 말하고 있다고 해석할 수도 있겠지만, 문맥이 이스라엘이 종교적인 혼합주의를 하고 있는 점을 문제로 지적하고 있다는 것을 감안할 때, 바알을 기념하는 축제로 해석하는 것이 바람직해 보인다(Wolff). 즉, 하나님께서 아내 이스라엘이 남편 여호와를 기념하기 위해 지키는 절기와 정부 바알 등을 위해 여는 축제들을 모두 함께 멸하시겠다는 것이다. 즉, 이스라엘 땅에서 다시는 어떤 종교적 행위도 허락되지 않는다. 나라가 망하고 타국으로 끌려가 땅이 텅 빌 것을 암시하고 있다.

바알이나 아세라를 숭배하는 예배 및 그 외 종교행위를 금하는 것은 쉽게 납득이 가지만, 하나님은 왜 여호와 종교의 예배와 절기까지 금하시는 것일까? 우리는 예배가 무엇인지에 관해 생각해보아야 한다. 우리 주변에는 하나님께 드리는 예배를 주의 백성이 져야 할 짐 정도로 생각하는 사람들이 있다. 그러나 성경은 절대 예배를 의무로 규정하지 않는다. 세상 모든 사람이 창조주 하나님께 예배를 드리지는 않는다. 오직 하나님 백성으로 부르심을 입은 자만이 하나님께 예배를 드릴 수 있는 특권을 누린다. 특히 선지자들은 예배를 하나님이 선택하신 백성에게만 허락하신 축복이라고 한다. 이러한 사실을 안다면 하나님이 심판을 시작하실 때 가장 먼저 하시는 것 중 하나가 예배를 금하는 일이라는 점이 이상하게 생각되지 않을 것이다. 우리 믿는 자들은 마음껏 하나님을 예배할 수 있는 시대에 살고 있다. 이런 특권을 즐기고 기뻐해야 한다. 오늘날에도 세상 곳곳에 하나님께 예배드리고 싶어도 그렇게 하지 못하는 사람들이 허다하다. 심지어는 생명을 걸고 예배를 드려야 하는 상황에 사는 성도도 있다. 그러므로 하나님께 마음껏 예배드릴 수 있는 것이 특권이자 하나님의 축복이지 우리에게 지어진 짐이나 의무가 아님을 알자. 또한 예배가 금지되면 하나님의 심판이 시작되었음을 직감해야 한다.

둘째, 땅에 기근이 든다(12절). 하나님이 아내 이스라엘에게 풍요로움을 주셨다(8절). 그러나 이스라엘은 정부가 이 풍요로움을 준 것이라고 자랑했다. 여호와께서 백성의 농사가 잘 되도록 이른 비와 늦은 비를 때에 따라 주셨지만, 이스라엘은 오히려 풍성한 수확을 여호와가 아닌 바알이 준 것이라고 떠들어댔다. 그러므로 이제 하나님이 주셨던 농작물의 풍요로움을 거두신다. 이 일을 통해 이스라엘은 다시 한번 풍요로움을 준 것은 바알이 아니라 하나님이셨음을 새롭게 깨달아야 한다. 하나님이 예고하신 기근이 오면 태풍과 천둥의 신 바알이 자연을 조정하는 것이 아니라 창조주 하나님이 하늘과 땅을 모두 주관하신다는 사실을 인정하게 될 것이다(신 28:16, 38-40).

기근이 임하면 곡식과 같은 1년 농사만 망치는 것이 아니라, 몇 해에 걸쳐 성장하는 과실수도 회복이 어려울 정도로 파괴된다. 포도나무, 무화과나무 등은 심은 지 수년이 지나야 열매를 맺기 시작하는 과일나무들이다. 그뿐만 아니라 파괴된 과수원 자리에 수풀이 무성하고 들짐승들이 돌아다닌다. 하나님이 죄를 범한 이스라엘에게 잠시 진노하시는 것이 아니라 오랫동안 지속되는 파괴를 벌로 내리시겠다는 뜻이다. 오늘날 세상은 몸살을 앓고 있다. 기후 변화, 천재지변 등으로 곡물 재배가 어려워지고 있어 값이 계속 오르고 있다. 예민한 마음을 가지고 하나님이 이런 일들을 통해 우리에게 하시려는 말씀에 귀를 기울여야 한다.

셋째, 포로가 되어 타국으로 끌려간다(13절). 이미 언급된 두 가지 재앙—예배와 예식을 폐하는 것, 땅이 황폐해지는 것—을 가져올 것은 포로생활이다. 이스라엘은 바알들(בְּעָלִים)을 좇으며 여호와를 잊어버린 그 세월만큼 하나님으로부터 벌을 받게 된다. 바알이 복수로 표현되는 것은 이스라엘이 따르던 여러 신을 의미할 수도 있고, 바알의 여러 모습을 의미할 수도 있다(Carroll). 우가릿에서 발견된 글을 보면 그 문화에는 여러 바알이 있었으며, 이 바알들 뒤에 절대적인 힘을 지닌 바알 하다드(Baal Hadad)라는 신이 있었다. 그는 혼돈과 파괴를 상징하는 바다신, 얌(Yamm)을 물리쳤다고 한다. 또한 여동생이자 아내였던 아나트(Anat)의 도움을 받아 여름 가뭄을 통해 위력을 드러내는 죽음의 신, 모트(Mot)를 매년 이겼다. 이 마지막 내용이 이스라엘 사람을 매료시켰다. 이스라엘 사람은 여름 가뭄을 해갈시켜줄 수 있는 가을비가 와야 농사를 지을 수 있었다. 그런데 가나안 사람은 바알이, 죽음의 신 모트가 기승을 부려 생기는 가뭄을 몰아내고 풍요로움을 약속하는 비를 가져다준다고 믿었으며, 이러한 생각이 점차적으로 이스라엘 사람과 여호와 종교를 오염시키기 시작했다. 이스라엘이 가나안을 정복할 때 하나님은 가나안 사람을 진멸하라고 하셨지만, 이스라엘은 순종하지 않고 오히려 가나안 사람 사이에서 살기를 선호했다(삿 1장). 이 일로 결국 가나안을 여호와화하라는 소명을 받은 이스라엘은 오히려 가나안화되는 것을 경험했다. 가나안화된 이스라엘은 하나님이 보실 때 가나안 사람과 별반 다를 바가 없었다. 그러므로 하나님은 이 백성을 약속의 땅에서 내보내셔야 했다. 그들은 약속의 땅에서 살 자격이 없기 때문이다.

I. 호세아와 가족(1:1-3:5)
  C. 결혼의 의미(2:2-23 [2:4-25])

4. 남편이 아내를 찾음(2:14-23)

선지자는 2장에 들어와서 지금까지 남편 하나님이 아내 이스라엘을 혹독하게 심판하실 것을 선언했다. 그러므로 그다음 단계로 하나님이 이스라엘과 대화를 단절할 것을 예상해 볼 수 있다(Carroll). 그러나 예상과 달리, 이 섹션은 그동안 하나님 마음을 가득 채웠던 분노가 태양에 눈 녹듯이 녹아내리고 오히려 이스라엘을 향한 걷잡을 수 없는 연민의 정으로 채워진다. 아내에 대한 남편의 미움이 그녀를 향한 애틋함으로 변한 것이다. 하나님은 간음한 아내 이스라엘과 자식들을 심판만 하셔서 내치고 버려두시는 것이 아니라, 그들을 회복시켜 아내로, 자식들로 받아들여서 남편이 아내를 사랑하듯 그리고 아비가 자식들을 사랑하듯 그들을 사랑하실 것이라고 말씀하신다. 이 섹션은 다음과 같은 구조를 지니고 있다.

  A. 반전: 광야에서의 속삭임(2:14-15)
    B. 부부관계 회복(2:16-17)
      C. 자연의 회복(2:18)
    B′. 부부관계의 회복(2:19-20)
      C′. 자연의 회복(2:21-22)
  A′. 반전: 아이들의 이름이 변함(2:23)

```
I. 호세아와 가족(1:1-3:5)
   C. 결혼의 의미(2:2-23 [2:4-25])
      4. 남편이 아내를 찾음(2:14-23)
```

(1) 반전: 광야에서의 속삭임(2:14-15)

¹⁴ 그러므로 보라

내가 그를 타일러 거친 들로 데리고 가서

말로 위로하고

¹⁵ 거기서 비로소 그의 포도원을 그에게 주고

아골 골짜기로 소망의 문을 삼아 주리니

그가 거기서 응대하기를 어렸을 때와

애굽 땅에서 올라오던 날과 같이 하리라

호세아는 구원 신탁을 '그러므로'(לָכֵן)라는 단어로 시작한다. 앞부분 (2:2-13)의 심판 선언과 논리적으로 연결되지 않는다고 하여 이 부분을 또 하나의 거친 편집을 통해 삽입된 텍스트라고 단정하는 사람도 있지 만(Yee), 선지자의 스타일 자체가 한 주제에서 다른 주제로 넘나들며 일 종의 역설(paradox)을 형성할 때가 많다는 점을 생각할 때 그다지 설득 력 없는 주장이라는 것을 알 수 있다. 또한 선지자는 의도적으로 구원 신탁을 앞부분의 심판을 선언하는 것과 연결하고자 한다. 호세아의 논 리는 간단하다. 심판 다음에는 회복이 올 것이요, 죄를 지은 백성이 회 복되려면 먼저 심판을 받아야 한다는 것이다. 죄로 얼룩진 이스라엘 역사에서 심판과 회복은 동전의 양면이다. 즉, 호세아의 사고 체계에 서는 결코 이 두 가지가 분리될 수 없는 하나이다.

다른 선지자도 같은 사상을 지속적으로 주장한다. 선지자는 심판의 의미를 회복에서 찾았기에 심판을 지나치게 부정적으로 보지 않았다. 경우에 따라 심판은 '회복을 위한 서곡'이었다. 특히 사회가 너무 부패 하여 개혁될 수 없을 때에는 차라리 심판이 빨리 올수록 좋다는 생각도 가지고 있었다. 심판이 빨리 올수록 인간은 죄를 덜 지을 것이고, 죄를 덜 지을수록 치러야 하는 대가도 줄어들기 때문이다. 게다가 심판이 빠를수록 뒤따르는 회복도 빠를 것을 기대할 수 있었다. 하나님은 결코 심판을 위한 심판을 하시는 분이 아니라는 것을 잘 알고 있었기 때문이다. 하나님이 주의 백성을 심판하실 때에는 항상 회복을 염두에 두셨다.

심판이 끝나면 하나님이 아내 이스라엘을 광야로 데리고 가서 그곳에서 그녀에게 다정한 말로 속삭이시겠다고 말씀하신다. "거기에서 내가 그를 다정한 말로 달래 주겠다"(דִּבַּרְתִּי עַל־לִבָּהּ)(새번역). 이 히브리어 문구를 문자적으로 번역하면 "내가 그녀의 마음에 [위로의] 말을 해주겠다"가 된다. 호세아는 이곳에서도 훗날 후배 선지자들에게 영향을 미칠 언어 '마음'(לֵב)을 사용하고 있다. 이사야는 하나님이 언젠가는 이스라엘의 '마음'(לֵב)을 치료할 거라고 예언했다(사 57:14-21). 예레미야는 하나님이 백성의 '마음'(לֵב)에 새 언약을 새길 때가 올 것이라고 선언했다(렘 31:31-34). 에스겔은 언젠가는 하나님이 백성에게서 돌과 같이 굳은 '마음'(לֵב)을 제거하시고 부드러운 살로 만들어진 '마음'(לֵב)을 주실 날이 이를 것이라고 선포했다(겔 11:18-20; 36:26-27). 선지자들은 근본적으로 이스라엘의 죄는 하나님이 주관하시는 심장이식 수술이 이루어진 다음에야 비로소 해결될 수 있음을 의식했던 것 같다. 이 심장이식 수술이 이미 이루어졌는가, 아니면 앞으로 이루어질 것인가? 예수 그리스도께서 십자가에서 죄인인 우리를 대신해서 죽으심으로 이 예언들은 상당부분 이미 성취되었다.

하나님이 이스라엘을 광야로 데리고 나가신다는 것은(14절) 12절에서 언급한 황폐해져 광야가 되어버린 이스라엘 땅을 연상케 하는 표현이다. 12절에서 광야는 심판이 빚어낸 장소였는데, 본문에서는 회복이 시작되는 장소로 반전한다. 또한 성경에서 광야 비유(wilderness metaphor)는 새로운 탄생과 시작을 상징한다. 광야는 단순히 위험하고 메마른 곳이 아니라 새 출발과 새 시대가 시작되는 곳이다(렘 2:2; 31:2; 겔 20:10-38). 예수님이 세례를 받으신 후에 제일 먼저 광야로 나가신 것도 우연이 아니다. 예수님이 광야에서 사역을 시작하신 것은 이 땅에 임한 하나님 나라의 시작을 알리는 신호탄이었다. 또한 예수님의 길을 예비했던 세례 요한이 광야에서 사역한 것 역시 광야가 지닌 새 출발의 의미를 배경으로 하고 있다. 이스라엘 역사에서 거짓 메시아들이 광야에서 활동을 시작한 것도 이런 신학적 배경이 동기가 되었다(행 21:38).

새로운 출발을 상징하는 광야 테마는 오래전 출애굽 때의 모세율법에서부터 발전하기 시작했다. 이집트에서 나온 이스라엘은 광야에서 새로운 신분을 갖게 되었다. 광야에서 여호와와 결혼하여 한 나라로 출범했다. 또한 이스라엘의 절기 중 장막절(Feast of Tabernacles)이라는 것이 있는데(레 23:33-43; 신 16:13-15; 민 29:12-40), 이 절기는 오늘날 달력으로 하면 10월 중순인 티쉬리월 15일(속죄일로부터 5일 지난 후)에 시작해서 7일간 진행한다. 이 절기가 진행되는 동안 이스라엘 사람은 나뭇가지들로 만든 임시 움막에서 거했다. 잠시 동안이라도 이스라엘의 선조가 40년 동안 광야에서 살았던 것을 회상하고 기념하는 데 절기의 목적이 있었다. 또한 이스라엘은 장막절에 그 해의 추수에 대해 하나님께 감사하며 기쁨을 나누기도 하였다(신 16:14-15). 오늘날로 말하면 추수감사절에 해당하는 것이다. 즉, 장막절과 연관된 광야는 기쁨과 즐거움을 동반하는 새 시대와 새 정체성의 시작을 상징하는 곳이었다.

하나님이 아내 이스라엘의 새 출발을 위해 광야로 데리고 나가 마음을 위로하실 뿐만 아니라 심판을 통해 거두셨던 풍요로운 삶을 되돌려주신다. 옛적에 이스라엘은 출애굽 직후 광야생활을 시작한 적이 있지만, 본문처럼 자비로운 분위기는 아니었다. 그때 하나님은 이스라엘 사람들을 죽이셨다. 하지만 이번에는 매우 자비롭고 은혜로운 광야 경험이 될 것이다. 하나님이 광야에서 이스라엘에게 사랑의 세레나데를 속삭이신 다음에 포도원을 되돌려주셔서 이스라엘이 오랫동안 거기서 살면서 포도를 즐길 수 있게 하실 것이다. 또한 아골 골짜기가 '소망의 문'(פֶּתַח תִּקְוָה)이 될 것이며 오래전에 이집트에서 탈출한 이스라엘을 기뻐하신 것처럼 이스라엘을 다시 기뻐하실 것이라 말씀하신다(15절). 이곳에서 사용되는 이미지와 언어들이 모두 가나안 정복시대를 연상하게 한다. '아골 골짜기'(עֵמֶק עָכוֹר)는 문자적으로 '고통의 골짜기'라는 뜻을 지니고 있고, 아간이 여호와께서 성소에 들여놓으라고 명하신 물건을 취했다가 그와 온 가족이 진멸 당해 묻힌 곳이다(수 7:26). 이곳에서 아골 골짜기가 언급되는 것은 호세아 시대에 이스라엘 사람이 하나님이 취하지 말라고 명하신 것을 취하고 있음을 암시한다. 이스라엘이 바알의 물건들을 취했던 것이다. 본문에서 아골 골짜기는 실제적인 장소보다 상징성을 지닌 것으로 사용된다(Macintosh). 그러나 하나님은 은혜로 아골 골짜기의 의미를 바꾸실 것이다. 아골 골짜기는 다시는 부끄러움과 심판의 장소가 아니라 소망과 회복의 장소가 될 것이다. 마치 호세아의 세 아이의 이름이 바뀐 것처럼 아골 골짜기가 지닌 의미가 변화될 것이다.

'소망의 문'(פֶּתַח תִּקְוָה)이라는 말이 지나치게 감성적이라고 생각하는 자들도 있다(Andersen & Freedman).[6] 그러나 이 표현은 이스라엘이 이때까지 경험한 모든 부정적인 것이 긍정적으로 바뀔 것을 상징하며(Carroll), 한 가지 특별한 의미를 지닌다. 이미 언급한 대로 본문은 출애굽과 정복시대를 회상하고 있다. 그렇다면 정복시대에 '소망'(תִּקְוָה)이란 단어가 특별하게 사용된 곳이 있는가? 한 군데 있다. 여리고 성에서 몸을 팔

---

6 아골 골짜기가 정확히 어디에 있었는가는 아직까지도 논쟁이 되고 있다. 노트(Noth)가 처음 주장한 이후로 많은 학자가 그의 제안에 따라 아골 골짜기가 쿰란 근처에 있는 엘부케아(El Buqeah)라고 한다. 이 골짜기를 지나면 머지않아 예루살렘이 눈에 들어온다. 이 같은 사실에 근거하여 호세아가 아골 골짜기가 '소망의 문'으로 바뀔 것이라는 말씀을 통해 청중이 예루살렘에 소망을 둘 것을 권면하는 것으로 풀이한다(Sweeney). 그러나 호세아가 광야생활과 가나안 정복시대를 배경으로 메시지를 전하고 있다는 사실이 이 '소망'(תִּקְוָה)을 라합 사건과 연결해 해석하는 것을 선호하는 듯하다.

던 라합이 이스라엘의 정탐꾼을 숨겨준 대가로 '[빨간] 띠'(הַתִּקְוָה)를 문
밖에 달아두라는 지시를 받았다. 그렇게 할 경우 여리고 성을 공격하
는 이스라엘 군이 그녀와 가족들을 해치지 않을 것이라는 약속을 받았
다(수 2:18, 21). 즉, '소망'과 '띠'가 같은 소리와 표기법을 사용하는 동음
이의어(異義語)이다. 그렇다면 이 단어는 호세아 시대의 이스라엘이 옛
적에 라합이 사람들에게 몸을 팔았던 것처럼 우상들에게 몸을 팔고 있
다는 사실을 지적하는 표현이다. 또한 하나님이 훗날 이스라엘에게 베
푸시는 구원이 마치 창녀 라합을 구원하신 것과 같은 것이라는 점을
암시하는 듯하다. 그렇다면 '소망의 문'은 가장 형편없고, 천하고, 흉측
한 죄를 지은 자들과 크게 다를 바 없는 이스라엘을 버리지 않고 구원
하시겠다는 하나님의 의지를 상징한다. 하나님은 몸을 판 창녀 라합을
구원하셨듯이, 결코 인간이 손대서는 안될 하나님의 물건을 훔친 아간
을 용서하시고 구원하셨듯이 이스라엘을 구원하실 것이다.

I. 호세아와 가족(1:1-3:5)
  C. 결혼의 의미(2:2-23 [2:4-25])
    4. 남편이 아내를 찾음(2:14-23)

(2) 부부관계 회복(2:16-17)

¹⁶ 여호와께서 이르시되
그 날에 네가 나를 내 남편이라 일컫고
다시는 내 바알이라 일컫지 아니하리라
¹⁷ 내가 바알들의 이름을 그의 입에서 제거하여
다시는 그의 이름을 기억하여 부르는 일이 없게 하리라

남편 여호와가 광야에서 아내 이스라엘에게 사랑을 속삭이자 이스라
엘도 좋은 말로 화답한다. 선지자는 '그날'(בַּיּוֹם־הַהוּא)에 이스라엘은 여

호와를 '내 남편'(אִישִׁי)이라고 부르고 다시는 '내 바알'(בַּעְלִי)이라 부르지 않을 것이라고 선언한다. '내 바알'(בַּעְלִי)이란 말에는 두 가지 뜻이 있다. 첫째, 이스라엘이 이제는 여호와를 바알과 혼동하는 죄―하나님이 주신 것을 바알이 주었다고 하는 행위(2:8)―를 범하지 않을 것이다 (Carroll). 둘째, 바알(בַּעַל)은 우상을 칭하는 고유명사지만, 동시에 일반명사로 '주인'을 뜻하기도 한다. 즉, 선지자가 예언하는 날이 이르면 하나님과 이스라엘 관계가 옛날처럼 '주―종' 관계가 아니라 친밀한 '남편―아내' 관계로 이해될 것이다.

이스라엘은 스스로 죄 문제를 해결하고 하나님을 남편으로 맞이할 자격과 능력이 없다. 이 일이 가능한 것은 오로지 하나님의 일방적인 은총으로, 하나님이 이스라엘의 삶에서 바알의 흔적을 완전히 제거하시는 일을 통해 '남편―아내' 관계가 회복되는 계기를 만드시기 때문이다(17절). 이와 같은 관계 회복은 이스라엘이 노력한 결과가 아니라 모든 것이 하나님의 주도권(initiative)에서 시작한다. 이스라엘에는 이제 바알을 기억하는 자도, 바알의 이름을 부르는 자도 없을 것이다. 하나님과 이스라엘 관계가 신실한 부부관계로 회복되고, 바알은 다시는 끼어들 자리를 찾지 못할 것이다. 하나님이 이스라엘 '사전'에 바알을 완전히 지워주셨기 때문이다. 본문이 훗날 예레미야가 선언한 '새 언약'(렘 31:31-34; cf. 사 59:21; 겔 37:26)의 시작이 되었다고도 한다(Carroll).

이 모든 일이 '그날' 이루어진다. 이 말은 선지자들이 앞으로 다가올 종말의 날을 의미하며 자주 사용하는 표현이다(욜 3:18). 즉, 호세아는 미래에 성취될 일을 예언하고 있는 것이다. 중요한 것은, 호세아가 청중에게 앞으로 일어날 일을 미리 설명하는 이유가 그들에게 바로 이 순간 그 자리에서 회개하고 하나님의 뜻에 따라 개혁을 이루어나갈 것을 호소함을 의미한다. 미래의 일을 깨달았으면 당장 다가오는 미래에 대한 준비작업을 시작하라는 뜻이다. 종말론은 사람에게 이처럼 현실적인 차원에서 호소한다. 종말론이 단순히 종말 이야기에 머물지 않고 오늘 이 순간을 살아가는 우리에게 더욱더 거룩하게 살 수 있도록 권면하는 활력소가 되어야 하는 것이다.

(3) 땅의 회복(2:18)

> [18] 그 날에는 내가 그들을 위하여
> 들짐승과 공중의 새와 땅의 곤충과 더불어 언약을 맺으며
> 또 이 땅에서 활과 칼을 꺾어 전쟁을 없이하고
> 그들로 평안히 눕게 하리라

남편 하나님이 아내 이스라엘에게 다정하게 속삭이는 날, 여호와께서는 이스라엘 땅도 회복시키실 것이다. 들짐승, 새, 벌레 등과 언약을 맺는다는 것은 노아 시대를 연상시킨다(창 9:8–17; cf. Davies). 물론 본문에서는 하나님이 자연과 언약을 맺는다는 것이 자연이 하나님과 언약을 체결할 만한 의지나 능력을 지녔음을 뜻하는 것은 아니다(McComiskey). 이것은 주의 백성이 거할 땅의 질서가 하나님이 천지를 창조하실 때 계획하셨던 대로 되돌아갈 것을 의미한다(창 1:21, 24). 인간의 죄로(창 3장) 망가졌던 창조의 질서가 원래 하나님이 의도하신 대로 회복될 것을 뜻한다(Smith). 선지자는 완전한 회복을 상징하기 위하여 '들짐승, 공중의 새, 땅의 곤충' 등 세 가지를 언급하고 있다. 자연이 회복되면 오늘날 짐승들 사이에 존재하는 먹이사슬이 사라질 것이다. 하나님이 원래 인간과 짐승들을 초식하는 존재로 창조하셨기 때문이다(창 1장). 그러므로 이스라엘도 더는 들짐승들 때문에 위협을 느끼지 않고 평안히 쉴 수 있다. 이사야도 이런 미래를 보았으며(사 11:6–9), 에

스겔도 동일한 환상을 보았다(겔 34:25). 이처럼 복된 미래는 드디어 새 하늘과 새 땅이 세상에 임할 때 비로소 현실이 된다(계 21:1).

하나님의 원대한 자연/땅 회복 계획은 2:12에서 선포된 심판의 반전이기도 하다. 망가진 자연이 회복될 것이며, 황무지가 되어버린 이스라엘 땅을 배회하던 들짐승들이 하나님의 창조 의도에 따라 각기 자기 자리를 찾고 있다. 이스라엘에게 들짐승들은 항상 위험을 안겨 주는 존재들이었으며, 언약적인 저주이기도 했다(신 7:22; 32:24). 그러나 하나님이 이스라엘을 회복하실 때 들짐승들은 이스라엘에게 어떤 위협도 되지 못할 것이다. 하나님이 이처럼 자연을 회복시키시는 것은 그분이 역사를 주관하시는 주님이실 뿐만 아니라 자연도 통치하시는 창조자이심을 강조한다(Dearman).

그뿐만 아니라 하나님은 세상의 전쟁 무기를 모두 폐기처분해 이제는 전쟁이 없게 하실 것이다. 선지자는 '활, 칼, 전쟁'(숫자 3)을 언급하여 하나님이 세상에서 모든 전쟁을 없애시고 완전한 평화를 주실 것을 선언한다. 전쟁이 없어진다는 것은 더는 살생도 없을 것을 뜻한다(Smith). 하나님은 이미 이스라엘을 갈등에서 구출하실 것을 선언하셨다(1:7). 그러나 구체적으로 어떤 방법을 사용하실 것인가는 밝히지 않으셨다. 이제 그 구체적인 방법이 밝혀지고 있다. 본문에서 언급된 '땅'(אָרֶץ)이 이스라엘 땅으로 제한된 것이라고 주장하기도 하지만(Wolff), 온 세상으로 해석하는 것이 바람직하다(Garrett). 하나님이 세상에서 모든 무기를 없애 버리시는 방법으로 이스라엘이 주변 국가와 평화롭게 살 수 있는 여건을 만들어 나가시겠다는 것이다. 훗날 이사야와 미가는 이 테마를 더 발전시키며(사 2:4; 미 4:3-4), 요한계시록 21:2-4에서는 이 예언이 성취된다. 본문은 경고했던 들짐승의 피해(2:12)와 전쟁으로 인한 폭력(1:4-5)을 완전히 반전시키고 있다(Carroll).

(4) 부부관계의 회복(2:19-20)

¹⁹ 내가 네게 장가 들어 영원히 살되
공의와 정의와 은총과 긍휼히 여김으로 네게 장가 들며
²⁰ 진실함으로 네게 장가 들리니
네가 여호와를 알리라

선지자는 이미 16-17절에서 언급한 것을 다시 한 번 확인한다. 하나님은 이스라엘을 다시 아내로 맞아들이실 것이다. 앞에서 들짐승의 피해와 전쟁이 완전히 멈출 것을 강조하면서 완전수 3을 사용했듯이, 이번에도 '장가들다'(שׂרא) 동사를 세 차례 사용해 이스라엘을 다시 아내로 맞이하여 사랑하실 것이라는 하나님의 확고한 의지를 강조한다. 하나님이 시내 산에서 이스라엘과 맺으신 언약은 "내가 이만큼 할 테니 당신도 이만큼 하시오" 유형의 계약이자 조약이었다. 그러나 여기서 강조되는 것은 앞으로 하나님과 이스라엘 사이에 있을 결혼은 전적으로 사랑에 근거한 것이고, 먼저 남편이 아내에게 신실함을 보여 아내의 마음을 감동으로 사로잡는 관계로 발전된다.

선지자는 남편 하나님이 아내 이스라엘을 대하시는 태도와 자세를 네 가지로 표현한다. '공의'(צֶדֶק), '정의'(מִשְׁפָּט), '은총'(חֶסֶד), '긍휼'(רַחֲמִים)이다(19절). 이 개념은 성경에서 대체로 하나님(출 34:6)과 이상적인 다윗의 후손(사 11:3-5)에게 적용하는 것들이다(Sweeney). 또한 고대 근동에서 4는 포괄성을 지닌 숫자였다. 하나님이 이스라엘과의 관계에 이보다 좋을 수 없는 최고로 좋은 마음으로 임하실 것을 다짐하시는 것이다. 하나님이 네 가지를 가지고 백성과의 관계에 임하신다는 것은 다음과 같은 의미를 지닌다(Smith). 첫째, 하나님의 공의(צֶדֶק)는 백성을 하나님의 눈에 의롭게 보이게 하는 은혜이다. 둘째, 하나님의 정의(מִשְׁפָּט)는 관계가 쌍방에게 매우 합리적이고 균형적으로 적용될 것을 보장한다. 셋째, 하나님의 은총(חֶסֶד)은 하나님이 관계에서 절대적으로 충실할 것을 전제한다. 이 단어는 구약에서 언약적 충성을 뜻하며 자주 사용되는 단어다. 하나님은 이날 맺어지는 언약에 매우 신실하게 임하실 것이다. 물론 이스라엘도 옛날처럼 행해서는 안 되고, 생명을 다할 각오로 언약에 충성해야 한다. 넷째, 하나님의 긍휼(רַחֲמִים)은 관계가 사무적인 것이 아니라 매우 인격적이고 따뜻한 관계가 될 것을 보장하는 은혜이다. 긍휼로 번역된 이 단어는 또한 로루하마라는 이름의 반전과 연관된다. 하나님이 이스라엘을 다시 사랑하실 것을 선언하시는 것이다. 중요한 것은 이스라엘의 공의와 정의가 그를 구원하는 것이 아니라, 하나님의 공의와 정의가 이스라엘을 구원한다는 사실이다. 호세아에 의하면 하나님의 공의는 그분이 세상을 심판하실 때 기준으로 삼는 도덕적 완벽함이 아니라 하나님이 세상을 구원하실 때 사용하는 완벽한 사랑이다(Garrett).

하나님은 아내 이스라엘과의 관계에 진실함(בֶּאֱמוּנָה)으로 임할 것을 약속하신다(20절). 하나님의 진실하심은 위에 언급된 네 가지를 모두 종합한 것이다. 하나님의 선하심(공의와 정의)과 자비로우심(은총과 긍휼)이 백성을 향한 그분의 끊임없는 사랑을 기대할 수 있게 한다(Smith). 결국 옛 언약 관계도 그렇지만, 새로 형성될 관계도 전적으로 하나님의 진실하심에 기초하게 될 것이다. 모든 것이 하나님이 일방적으로 부어주시는 은총의 결과이다.

이렇게 하나님과 주의 백성이 다시 사랑하게 되는 날, "너는 나 주를 바로 알 것이다"(20절)라는 말씀은 전혀 상상을 초월하는 은혜를 체험한 신부 이스라엘의 반응을 묘사한다. 기대하지도, 예측하지도 못했던 은총에 감격한 이스라엘이 비로소 하나님이 어떤 분이신가를 알게 되어 감격할 것이다. 이스라엘은 지금까지 알지 못했던 하나님을 새롭게 경험하게 된다. 이 말씀은 또한 2:13에서 하나님이 탄식하면서 "너는 나를 잊었다"라는 말씀을 반전시킨다. 하나님이 이스라엘에게 다정하게 속삭이고, 자연을 회복시키고, 사랑과 공의로 대하시는 궁극적인 목적이 바로 이것이다. "너희들이 나 여호와를 알게 하려 함이다." 호세아에게 하나님을 아는 지식보다 더 고귀한 것은 없다. 그래서 하나님의 모든 은총과 사역은 사람들에게 그를 알게 하기 위한 목적을 두고 베풀어지고 이루어진다. 이 세상에서 우리가 사역하고 수고하는 최종 목적은 바로 하나님을 더 알아가는 것이다. 사도 바울은 그리스도인을 핍박하러 다마스쿠스로 가는 길에 주님을 만난 후 수십 년 동안 오직 예수님을 알고 전파하기 위해 생명을 바쳤다. 말년에는 복음을 전파한 죄로 제국의 수도인 로마로 이송되어 죽음을 기다리는 상황이 되었다. 평생 주님의 일을 하고 주님을 알아왔던 바울이 죽기 전에 마지막으로 소망하는 것이 '예수를 더 아는 것'이었다는 사실은 우리를 겸손케 하고, 삶의 목표를 설정하는 데 큰 도전이 된다(빌 3:8-10). 우리는 하나님을 더 알아가기 위해 일하고, 사역해야 한다. 이 주제 역시 에스겔에 의해 거듭 반복된다.

```
I. 호세아와 가족(1:1-3:5)
  C. 결혼의 의미(2:2-23 [2:4-25])
    4. 남편이 아내를 찾음(2:14-23)
```

(5) 땅의 회복(2:21-22)

21 여호와께서 이르시되
그 날에 내가 응답하리라
나는 하늘에 응답하고 하늘은 땅에 응답하고
22 땅은 곡식과 포도주와 기름에 응답하고
또 이것들은 이스르엘에 응답하리라

선지자가 이미 18절에서 선언한 주제와 연결해 말씀을 진행하고 있다. 앞에서는 하나님이 자연과 언약을 세우시겠다고 했는데, 본문은 언약의 결과를 말하고 있다. 구약에서 하나님이 사람과 맺는 언약을 한 마디로 표현하면 "부르짖으라. 내가 응답하리라"라고 할 수 있다. 그러므로 하나님이 자연과 언약을 맺었으므로 그 자연의 필요에 응답하시는 것은 당연한 일이라 할 수 있다. 본문은 바알이 주었다고 착각하는 모든 풍요로움이 원래 하나님께로부터 오는 것이고, 오직 하나님만 꿈에도 그리던 범우주적인 풍요를 내려주실 수 있음을 강조한다(Smith).

하나님이 이스라엘의 땅이 다시 풍성하고 생산성 있는 경작지로 변하도록 조치를 취하신다. 이런 땅의 변화는 다음과 같이 세 단계로 진행된다. 하나님이 하늘에 명령하시니 하늘이 비를 내린다. 이스라엘은 비를 주시는 이가 하나님이지 바알이 아니라는 점을 마음에 새겨야 한다. 비를 받은 땅은 소산물—곡식, 포도주, 올리브 기름— 등을 생산한다. 이 소산물들은 이스라엘의 필요를 채워준다. 특히 포도주와 기름은 잔치와 풍요로움을 상징한다. 하나님의 심판을 받아 황무지로 변했던 땅이 다시 옥토로 변화되어 풍작을 내놓을 것이고, 이 풍작은 이스라엘에게 더 없는 풍요로움을 안겨 주는 것이다. 이와 같은 은혜를 누리면서 이스라엘은 누릴 수 있는 풍요로움을 바알이 아니라 여호와가 주시는 것임을 마음에 새겨야 할 것이다. 하나님의 은혜를 입은 자는 결코 그 은혜를 잊지 않도록 반드시 기념해야 한다.

호세아는 왜 '응답하다'라는 단어를 사용하며 이스라엘(יִשְׂרָאֵל)을 이스르엘(יִזְרְעֶאל)이라고 부르는 것일까? '응답하다'(ענה)는 두 가지 의미를 지닌다(HALOT). 첫째, 도움을 요청하는 부르짖음에 답하는 것이다. 황폐한 땅에 거하는 백성이 도움을 청하니 땅이 하늘을 향해 비를 요청하고, 하늘은 하나님께 어떻게 하면 좋겠는가에 응답을 요청한다. 즉, '응답하다'는 백성의 기도가 적절한 대응을 받게 될 것이라는 뜻이다(Garrett). 둘째, 하나님 말씀의 능력을 강조한다. 신화에 의하면 바알은 이 세상에 비를 내릴 때마다 죽음과 심각한 갈등을 빚는다. 그러나 하나님은 단순히 말씀만 하시면 된다. 그렇다면 아무런 능력을 지니지 못한 우상인 바알이 설령 살아 있는 신이었더라도 여호와와 비교할 때 누가 더 능력 있는 신인가?

선지자가 이스라엘을 이스르엘로 부르는 이유는 다음과 같다. 이스르엘은 이스라엘의 갈등과 패배를 상징하는 곳이었다(1:4-5). 그러나 이제 이스르엘은 '하나님이 심으신다'라는 이스르엘(יזרעאל)의 원래 의미에 따라 회복될 것이다(23절). 그러므로 선지자는 심는 은유를 지속하면서 하나님이 이스라엘을 이 땅에 심으실 것이라고 선언한다. 하나님이 전에는 죄를 범한 이스라엘을 뿌리째 뽑아 타국으로 내치셨다. 이제 그런 일은 없을 것이다. 하나님이 이스라엘의 뿌리를 깊이 '이스르엘'(심으실 것)하실 것이기 때문이다. 다시는 이스라엘의 뿌리가 뽑히지 않을 것이다. 하나님이 이스라엘을 구원하고 창대하게 하실 것이기 때문이다.

```
I. 호세아와 가족(1:1-3:5)
  C. 결혼의 의미(2:2-23 [2:4-25])
    4. 남편이 아내를 찾음(2:14-23)
```

(6) 반전: 아이들의 이름이 변함(2:23)

> 23 내가 나를 위하여 그를 이 땅에 심고
> 긍휼히 여김을 받지 못하였던 자를 긍휼히 여기며
> 내 백성 아니었던 자에게 향하여 이르기를
> 너는 내 백성이라 하리니
> 그들은 이르기를 주는 내 하나님이시라 하리라 하시니라

하나님이 '그날'에 심으시는 것은 곡식만이 아니다. 위에서 언급한

것처럼 주의 백성도 그 땅에 깊숙이 심으실 것이다. 본문은 하나님이 14-22절을 통해 선포하신 말씀의 요약으로, 호세아의 아이들의 이름이 이용되면서 절정에 달한다. 이스라엘을 다시 아내로 맞이하시는 날, 로루하마(לֹא רֻחָמָה)(불쌍히 여김/사랑을 받지 못하다)의 이름이 루하마(רֻחָמָה)(불쌍히 여김/사랑을 받다)로 바뀐다. 로암미(לֹא־עַמִּי)(내 백성이 아니다)가 암미(עַמִּי)(내 백성이다)로 변화한다. 아내 이스라엘뿐만 아니라 아이들(이스라엘 백성)까지도 새로운 정체성을 부여받고 있는 것이다. 이러한 반전은 이미 1:10에 암시되어 있었다. 또한 '나의 백성이다'는 "너는 나 주를 알 것이다"(2:20)라는 말씀의 성취이며 "나는 너희의 하나님이 아니다"(1:9)라는 말씀의 반전이기도 하다. 이러한 반전은 하나님이 어미 이스라엘과 우상들 사이에 태어난 아이들(이스라엘 백성)을 자기 자식들로 입양하시겠다는 의미이다(Yee). 상상을 초월하는 은혜가 이스라엘에게 임하고 있다.

하나님의 일방적인 은총을 약속받은 주의 백성이 할 수 있는 일은 무엇일까? 하나님의 은혜로운 초청에 어떻게 반응하는 것이 바람직한 것일까? 이미 위에서 언급한 것처럼 주의 백성은 감격할 것이고, 감격한 백성은 감사하게 될 것이다. 그러므로 가장 자연스러운 반응은 떨리는 목소리에 감사의 마음을 담아 "당신은 진정으로 나의 하나님이십니다"라고 고백하는 것이다. 또한 감사하는 백성은 같은 죄를 반복하기를 꺼린다. 하나님이 어떤 대가를 치르며 이루신 구원이고 베푸신 은총인지 잘 알기 때문이다. 그러므로 하나님의 큰 은혜를 체험한 사람은 함부로 살지 않으며 다시는 죄로 인해 하나님께 상처 주는 일은 하지 않으려고 노력한다.

하나님이 먼 미래에, 곧 이스라엘이 타국으로 끌려갔다가 돌아온 이후에 이런 일을 하실 것은 참으로 감사한 일이다. 그러나 백성의 입장에서는 하나님이 선지자를 통해 약속하신 것을 꼭 이루실 것이라는 일종의 보증이 필요하다. 그래야 믿을 수 있지 않겠는가! 또한 이 보증은 호세아의 청중이 직접 보고 느낄 수 있어야 한다. 즉, 하나님이 어떤 증표를 주시려면 그들의 시대에 주셔야 한다는 것이다. 바로 다음 장 (3장)에 호세아가 고멜을 노예시장에서 집으로 데려와 다시 사랑한 사건이 지금 이때까지 선포된 먼 훗날의 회복이 반드시 실현될 것이라는 증표다. 호세아의 청중은 3장에서 벌어질 일을 상상도 못했을 뿐만 아니라 직접 목격하면서도 믿기 어려운 충격에 휩싸였을 것이다. 드디어 그들이 충격에서 헤어나면서 비로소 하나님의 사랑이 어떤 것인지를 깨닫게 되고, 선지자를 통해 선포된 회복이 가능할 뿐만 아니라 하나님의 끝없는 사랑과 헌신이 이 일을 이루실 것을 확신하게 된다.

I. 호세아와 가족(1:1-3:5)

D. 고멜을 다시 집으로(3:1-5)

이미 언급한 대로 3장 사건이 1장 사건과 어떤 관계가 있는가는 아직도 많은 논쟁이 있다(Rowley, Stuart, Davies, Sweeney). 3장에 등장하는 여인이 고멜인가, 아니면 또 다른 창녀인가? 만약에 고멜이라면 3장은 1장에 언급된 사건에 대한 또 다른 버전(version)인가, 아니면 1장 사건이 있은 후 일어난 일을 정리하고 있는 것인가? 더 나아가 이 이야기는 호세아서에서 호세아가 기록한 것이 가장 확실한 텍스트라고 하는가 하면(Wolff), 호세아가 기록한 것이 아니라고 하기도 한다(Yee). 물론 대부분은 호세아가 남긴 기록으로 본다(Andersen & Freedman, McComiskey, Dearman). 호세아서 안에서 3장이 가장 많은 논쟁을 유발하고 있다고 해도 과언은 아니다. 가장 자연스러운 해석은 3장의 여인은 고멜이고 (Carroll), 3장 사건은 1장 사건이 있은 후 상당한 세월이 흐른 후의 일이라는 것이다.

하나님이 2장에서 여러 차례나 '그날'이란 용어를 사용해 비록 이스라엘이 죄로 인해 심판을 받아 끌려가야 하지만, 먼 훗날 여호와는 그들을 용서하고 다시 회복해 줄 것을 다짐하고 약속하셨다. 그러나 이스라엘은 하나님이 약속하신 것이 모두 그대로 될 것이라는 증표/보장이 필요하다. 물론 하나님을 믿지 못해서만은 아니다. 심판을 받아 끌려가야 하는 이스라엘 사람 중 자신이 저지른 죄가 얼마나 악하고 하나님께 많은 상처를 안겨 주었는가를 깨달은 남은 자들이 있다. 그들은 하나님이 버려야 마땅한 자를 버리지 않고 구원하실 것을 보장하는 증표가 필요하다. 그러므로 하나님은 남은 자들을 위로하시고 소망의 증표를 주시기 위해 호세아가 고멜을 다시 집으로 맞아들이는 사건을 자신도 언젠가는 이스라엘을 꼭 껴안으실 것이라는 증표로 사용하신다.

내용 면에서 이 섹션에 기록된 사건은 가히 충격적이고 믿기 어려운 사실이라고 할 수 있다. 호세아는 고멜이 몸을 파는 창녀라는 사실을 알면서도 결혼하여 그녀를 사랑했다. 둘 사이에 세 아이가 태어났지만, 첫째를 제외한 두 아이의 아비가 누구인지 확실하지 않다. 외도하는 아내와 딴 남자(들) 사이에 생긴 아이일 가능성이 매우 크다. 호세아는 꾹 참았지만, 고멜은 외도만으로 만족하지 못해 끝내 남편과 아이들을 두고 가출해버렸다. 가출한 그녀는 다시 몸을 팔기 시작했고, 호세아는 이 사실을 알고도 묵묵히 기다릴 뿐 어떠한 일도 하지 않았다. 세월이 지나 이제는 고멜이 늙었고, 나이가 들어 창녀로서도 가치가 없어졌다. 그래서 포주가 그동안 그녀에게 빌려준 돈을 회수하기 위해 고멜을 노예로 팔려고 경매시장에 내놓았다. 이런 상황에서 하나님이 호세아에게 고멜의 몸값을 지불하고 집으로 데려와 다시 그녀를 사랑하라고 명령하시는 것으로 3장의 이야기가 시작된다. 만일 우리가 호세아였다면 어떻게 했을까? 그래도 하나님의 명령에 순종할 것인가? 아니면 어이없고 황당하기까지 한 이 명령을 '우리 입장은 한 번도 생각하지 않은 처사'라며 거부할 것인가? 우리는 어떤 대답을 하기 전에 많은 고민과 번뇌에 빠지게 될 것이다.

이 이야기는 아주 간단한 구조를 따라 진행된다. 하나님이 명령하시니(1절), 호세아가 순종하고(2-3절), 하나님은 이 일이 이스라엘과 자신의 관계에서 무엇을 뜻하는가를 설명해 주신다(4-5절). 이러한 진행은 이미 1-2장에서 하나님의 결혼 명령에 호세아가 순종하고, 그다음 하나님이 호세아의 결혼이 이스라엘과 하나님의 관계에 무엇을 의미하는가를 설명해 주신 것과 같은 패턴이다.

  A. 하나님의 명령(3:1)
    B. 호세아의 순종(3:2-3)
  A'. 하나님의 설명(3:4-5)

I. 호세아와 가족(1:1-3:5)
  D. 고멜을 다시 집으로(3:1-5)

---

1. 하나님의 명령(3:1)

¹ 여호와께서 내게 이르시되 이스라엘 자손이 다른 신을 섬기고 건포도 과자를 즐길지라도 여호와가 그들을 사랑하나니 너는 또 가서 타인의 사랑을 받아 음녀가 된 그 여자를 사랑하라 하시기로

책이 시작된 이후 지금까지 호세아는 3인칭을 사용해 이야기를 전개해왔다. 이제부터는 1인칭을 사용해 이야기를 진행한다. 이렇게 1인칭-3인칭을 왕래하면서 이야기를 전개하는 것은 호세아의 특성이며 8:1-14:8에서도 이런 변화를 주로 사용한다. 선지자는 책이 시작된 이후 처음으로 화술(話術)에 인칭 변화를 주어 지금부터 전개되는 이야기가 매우 특별하니 이때까지 전개된 이야기에도 귀를 기울였지만, 지금부터는 더욱 그렇게 해달라고 당부하는 듯하다.

하나님이 호세아에게 내리신 명령은 단순히 "너는 다시 가서, 다른 남자의 사랑을 받고 음녀가 된 여인을 사랑하여라"이다(새번역). '네 아내'라는 말이 없고, '다시'(עוד)라고 번역된 단어의 의미도 확실하지 않다. 그래서 이 여인이 고멜이 아닐 수도 있다는 결론을 내리게 된 것이다(Wolff, Macintosh). 그러나 호세아가 이 여인이 누구를 뜻하는가를 구체적으로 밝히지 않은 것은 고멜이 아닌 다른 여인이어서가 아니라, 당연히 고멜로 간주될 것을 전제하기 때문이다. 호세아서가 시작된 이후 지금까지 그의 삶에는 고멜 외에는 어떠한 여자도 없었다. 그러므로 만일 이 여인이 다른 여자였다면, 분명 어떤 설명이나 추가 정보가 주어졌을 것이다.

이 여인의 이름을 고멜이라 밝히지 않고 '내 아내'라고 부르지도 않은 데는 이 이야기가 호세아와 고멜의 이야기일 뿐만 아니라, 하나님과 이스라엘 이야기이기 때문이다. 간음한 이스라엘이 하나님과의 관계에서 더는 아내로 취급받을 수 없었던 것처럼, 간음한 고멜 역시 호세아의 아내로 취급받을 수 없는 상황에 처해 있음을 의미하는 것이다(Garrett). 게다가 호세아가 고멜을 아내로 맞이했을 때만 해도 호세아에게 고멜이라는 이름을 지닌 여자였지만, 이제는 그나마 그 정체성마저 잃어버린 그저 [아무런 상관없는] 한 여인처럼 되어버렸음을 상징한다. 만일 호세아가 고멜이 아닌 여인을 찾아가고 있다면 호세아가 간음을 범할 위기에 처하게 된다.

하나님은 호세아에게 "여인을 사랑하라"(אֱהַב־אִשָּׁה)라고 하신다. 1:2에서는 "아내를 취하라"(קַח־לְךָ אֵשֶׁת זְנוּנִים)라고 하신 반면 이제는 그 여인을 진정으로 사랑하라고 명령하시는 것이다. 호세아 입장에서는 얼마나 어려운 일이었을까? 하나님이 창녀와 결혼하라고 명령하셨을 때도(1:2) 많이 힘들었겠지만 호세아는 아무 대꾸도 하지 않고 그대로 순종했다. 고멜은 호세아와 가정을 꾸리는 중에도 외도하기 일쑤였고, 심지어는 둘 사이에 태어난 아이 중 둘은 아버지가 누구인지 확실하지 않다. 고멜의 외도는 여기서 끝나지 않고 급기야 남편과 아이들을 두고 가출했다. 고멜은 집을 뛰쳐나간 후 다시 몸을 파는 창녀가 되었다. 세월이 지나 고멜은 창녀로도 이용가치가 없는 여자가 되었다. 그래서 포주도 그녀를 버렸다. 그런데 하나님이 그런 여자를 다시 데려와 사랑하라 하신다! 이미 다른 남자들에게 수없이 몸을 내주었을 그녀를 사랑하라니! 그것도 그녀의 몸값을 지불하면서 말이다. 호세아는 선지자로 부르심을 받은 이후 가장 어려운 선택의 기로에 서 있다. 하나님의 이스라엘을 향한 사랑과 용서를 온 세상에 보여주려면 말씀하신 대로 고멜을 집으로 데려와 다시 사랑해야 한다. 반면에 모든 사람(특히 남자들)은 자존심으로 산다. 하나님 명령에 순종하려면 호세아는 창녀와의 결혼으로 이미 크게 상처받고 그나마 남은 자존심마저 버려야 한다. 그러니 이 명령은 결코 쉽게 받아들일 만한 것이 아니다. 아마도 호세아는 하나님의 명령을 받고 몇 날 며칠 동안 깊이 고민했을 것이다.

하나님이 호세아에게 고멜을 사랑하라고 하시는 명령이 이스라엘에게는 어떤 메시지를 전하는 것일까? 비록 아내 이스라엘이 다른 신들에게 마음을 주어 음란을 행하고 있지만, 그래도 하나님은 이스라엘을 사랑하시겠다는 의지를 선언하신다. 그런데 이스라엘이 '건포도를 넣은 빵'(אֲשִׁישֵׁי עֲנָבִים)을 좋아하는 것이 왜 문제가 되는가? 물론 건포도를 넣은 빵을 먹는 것 자체가 나쁜 것은 아니다(삼하 6:19). 건포도는 높은 당도로 이스라엘에서 고(高)에너지 음식으로 널리 사용되기도 했다(삼상 30:12; 아 2:5). 여기서는 건포도 빵이 이방 신들을 섬기는 데 사용된 것이 문제가 되고 있다(cf. "다른 신들에게 돌아가서", 렘 7:18; 44:19). 하나님도 예배하고 우상도 숭배하는 이스라엘의 종교적 혼합주의가 이슈가 되고 있다.

2. 호세아의 순종(3:2–3)

[2] 내가 은 열다섯 개와 보리 한 호멜 반으로 나를 위하여 그를 사고 [3] 그에게 이르기를 너는 많은 날 동안 나와 함께 지내고 음행하지 말며 다른 남자를 따르지 말라 나도 네게 그리하리라 하였노라

호세아는 참으로 성화된 사람이었을까? 아내의 몸값을 지불하고 집으로 데려와 다시 사랑하라는 하나님의 무리한 명령을 별다른 반항이나 고민 없이 수행한 것으로 보인다. 아니면 순종하기로 결정하는 과정이 너무도 고통스러워서 모든 세부 내용은 빼버리고 지나치게 간결하게 기록하고 있는 것일까? 정확히 알 수 없지만, 선지자는 창녀와 결혼하라는 하나님의 명령(1:2)에 이렇다 할 감정을 표현하지 않고 순종했던 것처럼, 이번에도 자신의 감정을 전혀 노출하지 않으면서 묵묵히 하나님의 명령을 수행한다. 비록 하나님 명령에 따라 아내를 데려오려고 집을 나서지만, 호세아는 이 여자를 진정으로 다시 사랑할 수 있을까?

호세아가 정황을 자세하게 설명하지 않기에 정확히 어떤 일이 벌어지고 있는지 가늠하기가 쉽지 않다(Macintosh). 어떤 학자는 고멜이 진 빚을 호세아가 갚아주고 데려오는 것으로, 어떤 주석가는 가출한 후 생활고에 시달리던 고멜이 자신을 노예로 판 것을 호세아가 사서 집으로 데려온 것으로, 다른 사람은 고멜을 데리고 있던 포주가 나이 들어 이제는 이용가치가 없어진 그녀를 노예로 팔려고 한 것을 호세아가 값을 지불하고 데려오는 것으로 이해한다(Rowley, Mays, Andersen & Freedman, McComiskey). [7] 한 가지 확실한 것은 호세아가 이미 오래전에

---

7   앞에서 언급한 것처럼 일부 학자는 3장의 사건과 1장의 사건이 같은 것이라고 한다. 이렇게 해석할 경우 호세아가 지불하는 돈은 그녀를 아내로 맞이하기 위해 처가에 지불한 몸값이다.

가출하여 남이 되어버린 아내를 위해 큰 돈을 지불하고 집으로 데려온 다는 점이다. 당시 고멜과 같은 처지에 있는 여자 노예의 몸값이 얼마나 되었는지는 알 수 없다. 출애굽기 21:32은 여자 노예의 몸값을 은 30세겔이라 하고, 신명기 22:29은 아내를 얻기 위해 처가에 치르는 몸값을 은 50세겔이라고 한다. 이러한 정황을 고려할 때 고멜처럼 늙고 이용가치가 별로 없는 여자 노예의 몸값은 아마도 은 20세겔 정도였을 것으로 추측할 수 있다.

　호세아는 돈과 곡식을 가지고 가서 고멜을 사서 집에 데려왔다. 그가 아내의 몸값으로 치른 것은 보리 한 호멜 반(약 330ℓ)과 은 15세겔(약 166g)이었다. 그 당시 노동자의 일 년 수입이 은 5-10세겔이었던 점을 감안하면 만만치 않은 돈이다. 쉽게 말해 호세아는 노동자의 2-3년 봉급에 해당하는 큰돈을 늙어 창녀로 활동할 수 없는 아내의 몸값을 위해 지불한다. 그런데 왜 돈만 가지고 가지 않고 곡식도 함께 가져가 고멜을 산 것일까? 이런 정황을 상상할 수 있다. 호세아가 하나님 명령을 받고 고멜을 사려고 돈을 마련했다. 집에 있는 것 중 돈 될 만한 것을 모두 팔았지만 액수가 턱없이 부족했다. 청렴하게 살아왔던 선지자에게 무슨 큰돈이 있겠는가! 또한 그의 집에 값나가는 것이 있을 리 없지 않은가! 결국 부족한 돈을 마련하기 위해 아는 사람들에게 부탁해서 빌릴 수 있는 돈은 모두 빌렸다. 그래도 부족했다. 마지막 수단으로 자신이 먹고 살아야 할 곡식을 수레에 실었다. 그래서 모든 방법을 동원해서 마련한 15세겔을 손에 쥐고 곡식을 실은 수레를 끌고 고멜의 포주를 찾아갔다. 포주를 만나 반(半) 흥정-반(半) 호소를 시작했다. 자기가 구할 수 있는 돈을 모두 구했지만 그래도 부족해서 먹고 살아야 할 식량까지 가져왔으니 다소 부족한 감이 있더라도 마련해온 것을 모두 받고 제발 고멜을 돌려달라고 애원했다. 참으로 처량한 남편의 애원이었다.[8]

8　한 주석가는 보리 한 호멜 반의 값을 15세겔로 계산해 호세아가 30세겔의 돈을 지불하고

'사다'(כרה)라는 단어에는 '흥정하다'라는 개념이 포함되어 있다(Mays, cf. 욥 6:27; 41:6). 또한 '봉급을 주고 고용하다'로 해석할 수도 있다 (Garrett). 그러나 본문에서 호세아가 지불한 액수를 감안할 때 선지자가 노예로 팔려 나온 그녀를 사들인 것이 확실하다. 선지자는 고멜을 집으로 데려온 다음 다짐시켰다. 그런데 선지자가 고멜에게 정확히 무엇을 다짐시키는가?

3절을 형성하고 있는 히브리어 문장이 여러 가지 해석적 어려움을 가지고 있어서 다양한 해석이 제시되었다(McComiskey, Andersen & Freedman, Smith). 첫째, "당신은 많은 날을 나와 함께 살면서, 창녀가 되지도 말고, 다른 남자와 관계를 맺지도 말고, 나를 기다리시오. 그 동안 나도 당신을 기다리겠소"(새번역). 이렇게 해석할 경우 호세아가 고멜에게 자신의 삶을 정리하며 근신할 수 있는 기간을 주고 있다. 둘째, "당신은 나와 오랫동안 함께 살아야 하오. 당신은 창녀가 되어서도, 다른 남자와 친하게 지내서도 안 되오. 그렇게 하면 내가 당신과 함께 살 것이오"(You are to live with me many days, you must not be a prostitute or be intimate with any man, and I will live with you)(NIV). 이렇게 해석하면, 고멜이 과거의 음란한 생활을 정리했다는 증거가 보이면 호세아가 그녀와 다시 화합하겠다는 뜻이 된다. 셋째, "당신은 나와 오랫동안 지내야 하오. 당신은 창녀가 되어서도, 다른 남자와 관계를 가져서도 안 되오. 나도 당신을 위해 그렇게 하겠소"(You shall stay with me for many days. You shall not play the harlot, nor shall you have a man, so I will also be toward you) (NAS, cf. TNK). 이 해석에 의하면 호세아가 고멜에게 모든 문란한 생활을 정리하라 하고 있다. 그렇게 하면 호세아도 고멜을 '건들지' 않고 혼자 있도록 배려하겠다는 뜻이다. 넷째, "당신은 나의 여자로 지내야 하오. 당신은 창녀가 되어서도 안 되고 다른 남자와 성관계를 가져서도

___

있다고 한다(Wolff). 그러나 이러한 계산의 근거가 정확하지 않고 다소 지나치게 비싼 가격으로 여겨진다.

안 되오. 나도 당신에게 성관계를 요구하지 않겠소"(You must remain as mine for many days, you shall not play the whore, you shall not have intercourse with a man, nor I with you)(NRS, Dearman). 이 해석에 의하면 호세아가 이 여인(고멜로 간주하고 있지 않음)을 고용했다. 조건은 값이 치러진 기간에 몸을 팔지 말고 자기와 함께 있어야 한다는 것이다. 물론 호세아 자신도 고멜을 '괴롭히지' 않을 것을 약속한다.

호세아가 집으로 돌아온 고멜과 곧바로 합방하지 않았다. 고멜에게 '여러 날 동안' 혼자 생각하라는 것은 4절의 이스라엘 자손도 '여러 날 동안'(יָמִים רַבִּים) 근신해야 한다는 것과 평행을 이루고 있다. 호세아는 고멜에게 어느 정도의 시간을 주어 지난날의 삶을 정리하도록 했다(Smith). 그 후 그녀와 합방했다. 성관계를 맺지 않고 부부가 '사랑한다'(אהב)(1절)라는 것은 히브리 사람에게는 이해되지 않기 때문이다. 또한 적절한 부부관계가 이루어져야만 1:9에서 선포된 "너희는 나의 백성이 아니요, 나는 너희의 하나님이 아니다"라는 말씀이 확실하게 반전될 수 있다.

호세아와 고멜의 이야기를 머릿속에 그려볼 때마다 한편으로는 하나님의 절대 포기하지 않는 사랑에 감격하면서도 다른 한편으로는 한없이 속이 상한다. 다음과 같은 그림이 그려지기 때문이다. 호세아는 결혼하기 전부터 몸을 팔던 여자 고멜을 아내로 맞이했다. 그녀에게 새로운 출발을 주어 인간답게 살게 하기 위해서였다. 그러나 그녀는 남편 호세아의 배려와 사랑을 별로 달갑지 않게 생각했다. 그와 살면서 세 아이를 낳았는데, 그중 둘은 외간 남자와의 관계에서 태어난 아이들이었다. 얼마 후 고멜은 남편과 자식들마저 버리고 가출하여 다시 창녀의 길로 들어섰다.

세월이 흘러 고멜이 늙었다. 이제는 손님이 찾아오지 않는 늙은 창녀가 되었다. 날이 갈수록 포주에게 진 빚만 늘어갔다. 포주는 고멜이 창녀로서 가치가 없다고 생각해 고멜이 진 빚을 받아내기 위해 노예로 팔아버리기로 했다. 고멜은 세상에서 가장 천한 직업이라 할 수 있는 매춘계에서도 버림받았다. 세상이 어떠한 이용가치도 없다며 고멜을 완전히 버린 것이다. 바로 그때 고멜의 남편이라는 사람이 나타나 몸값을 지불하고 드디어 그녀를 데리고 갔다.

노예로 팔려 나온 아내를 사서 집으로 돌아가는 길에 남편이 그녀의 손을 잡고 애원하며 말했다. "당신이 집을 떠난 후에도 나는 한 번도 당신을 잊은 적이 없습니다. 당신은 나를 버렸지만 나는 당신을 버리지 않았고, 이때까지 당신이 집으로 돌아오기만을 학수고대하고 있었습니다. 그러니 우리 집으로 돌아가서 다시 시작합시다. 나는 당신을 포기할 수가 없습니다. 포기하기에는 내가 당신을 너무 사랑하고 있습니다. 나는 아직도 당신을 사랑합니다." 이렇게 사랑을 고백하고 있는 남편 호세아의 눈에서 눈물이 흘러내리고 있었다. 그의 손에 잡혀 집으로 가는 아내 고멜 역시 하염없이 울며 집으로 돌아갔다.

고멜이 생각에 잠겼다. 자기는 더는 내려갈 수 없는 곳까지 내려간 천한 인생이고, 도저히 헤어날 수 없는 막다른 골목에 처한 인생이라는 것을 누구보다도 잘 알고 있었다. 포주도 이용가치가 없다며 그녀를 버렸다. 세상이 그녀를 버린 것이다. 이제는 노예로 팔려가 누군가에 의해 학대당하다가 파란만장한 인생을 마무리해야 한다. 그런데 그 순간 남편 호세아가 나타났다. 돈뿐만 아니라 먹고 살아야 할 식량까지 챙겨와 그녀의 몸값을 치렀다. 아마도 갖은 방법을 동원해 돈을 만들어보았지만, 부족해서 나머지 부분을 자기가 먹고 살아야 할 식량으로 채울 생각으로 돈과 곡식을 가져온 듯하다.

드디어 포주와 계산을 끝낸 후 호세아가 다가와 그녀의 손을 잡으며 아직도 사랑한다고, 자기는 절대 포기할 수 없으니 집으로 돌아와 다시 시작하자고 애원한다. 고멜은 이런 남편이 너무 고맙다. 자기를 얼마나 사랑했는지 평생 처음으로 깨닫게 되었다. 사실 고멜은 자기 같은 사람이 이 같은 사랑을 받을 자격이 있는지 믿기지 않을 뿐이다. 그래서 고멜은 감격한 나머지 눈물을 흘린다. 다시는 남편을 배신하지 않겠노라고 마음속으로 다짐도 해본다. 그러나 고멜의 눈물은 고마워서, 감격해서만 흘리는 눈물은 아니다. 눈물에는 속상함도 섞여 있다. 도대체 호세아가 뭘 잘못했고, 어떤 흠을 지니고 있는 사람이기에 자기같이 형편없는 여자를 절대 포기할 수 없다며 끝까지 사랑하겠다는 것일까? 갑자기 고멜의 눈에 남편이 매우 작고 초라해 보인다. 남편이 측은하다 못해 불쌍해 보인다. 그래서 고멜은 다시 운다. 자기 같은 여자를 잊지 못하는 불쌍하고 처량한 남편을 위한 눈물이다.

전혀 기대하지 못했던 남편의 은혜와 사랑을 체험한 고멜은 평생 처음으로 뜨거운 눈물을 흘린다. 그녀의 눈물은 참회의 눈물이자 감격의 눈물이다. 하염없이 흐르는 눈물 사이로 그녀는 다짐한다. 다시는 남편을 배반하지 않을 뿐만 아니라 마음을 아프게 하지 않겠다고 말이다. 호세아의 포기하지 않는 사랑이 그녀를 완전히 감동시키고 변화시킨 것이다. 그러므로 어떤 면에서는 이 일을 통해 고멜이 평생 처음으로 호세아의 진정한 아내가 되었다. 처음에 결혼했을 때 고멜은 호세아에게 몸만 주었는데, 이번에는 마음을 주었기 때문이다.

훗날 고멜은 자신의 다짐을 실천으로 옮겼다. 호세아서의 나머지 부분에서 다시는 고멜에 대한 이야기를 접하지 못하는 것은 아마도 그녀가 이후로 가정생활에 충실하고 호세아의 좋은 후견자가 되었기 때문일 것이다. 이 일로 고멜은 마음을 잡고 가정에 충실했기에 호세아도 처음으로 그녀를 아내라고 할 수 있었다. 호세아의 포기하지 않는 사랑이 고멜을 감동시켰고, 그 감동이 삶의 변화로 이어진 것이다. 이처럼 하나님은 자기 백성의 마음을 감동시키시고, 이를 통해 그들의 마음을 얻는 분이다.

호세아가 끝까지 고멜을 포기하지 못하는 것은 하나님이 우리를 끝까지 포기하지 않고 사랑하심을 뜻한다. 우리는 또한 고멜과 함께 운다. 그녀와 함께 참회의 눈물을 흘린다. 그리고 고멜같이 형편없는 우리를 끝까지 포기하지 못하시는 하나님이 안쓰러워서 눈물을 흘린다. 하나님이 어떤 분이고, 우리를 위해 어떤 일을 하셨는가에 대해 깨달 았다면 다시는 그분의 마음을 상하게 하는 일을 하지 않도록 노력해야 할 것이다.

I. 호세아와 가족(1:1-3:5)
  D. 고멜을 다시 집으로(3:1-5)

3. 하나님의 설명(3:4-5)

⁴ 이스라엘 자손들이 많은 날 동안 왕도 없고 지도자도 없고 제사도 없고 주상도 없고 에봇도 없고 드라빔도 없이 지내다가 ⁵ 그 후에 이스라엘 자손이 돌아와서 그들의 하나님 여호와와 그들의 왕 다윗을 찾고 마지막 날에는 여호와를 경외하므로 여호와와 그의 은총으로 나아가리라

이 섹션은 호세아가 고멜의 몸값을 치르고 집으로 데려와 오랫동안 근신을 시키는 것이 하나님과 이스라엘 관계에 무엇을 의미하는지를 설명한다. 이스라엘은 오랫동안 "왕도 통치자도 없이, 희생제물도 돌기둥도 없이, 에봇도 드라빔도 없이 살 것이다." 이스라엘의 왕권과 종교가 함께 없어질 것을 뜻한다. 이곳에 언급된 종교적 물건은 모두 이방인의 것이다. 하나님이 이스라엘을 치시는 날 우상도 함께 멸망할 것이다. 그뿐만 아니라 선택받은 소수에게 허락하신 특권, 곧 여호와를 예배하고 섬길 수 있는 특권도 제거하신다.

왕권과 종교가 없어진다는 것은 쉽게 말해 나라가 망하게 될 것이라는 의미다. 그러나 하나님은 씨를 남겨 두셨다가 훗날 이 씨를 중심으로 나라를 재건하실 것이다. 이스라엘은 나라가 망한 다음에야 비로소 여호와께 돌아올 것이다. 드디어 정부를 좇는 것이 유익하지 않다는 것을 스스로 깨달은 것이다. 이곳에서는 언급하고 있지 않지만, 이미

171

여러 차례 암시된 것처럼 이스라엘은 사랑했던 정부의 손에 의해 망하게 될 것이다. 그때에야 비로소 깨닫게 될 것이다. 그녀를 진정으로 사랑하시는 분은 오직 남편 여호와라는 사실을 말이다(2:7).

이스라엘은 하나님과 '그들의 왕 다윗'에게 돌아온다. 다윗에게 돌아온다는 것은 북 왕국이 반역의 길을 멈추고 남 왕국과 합세할 것이라는 뜻이 아니다. 만약에 본문이 그런 의미를 지니고 있다면 다윗 왕 보다는 '다윗의 집안'이란 말이 더 적절할 것이다(Hubbard). 여기서 다윗 왕은 메시아를 뜻한다(Andersen & Freedman, McComiskey). 메시아가 오시면 두 왕국은 그의 통치 아래 다시 하나가 되고, 왕권을 놓고 빚어지는 모든 혼란이 막을 내리고(8:4), 열방의 왕들에게 보호를 요청하는 일도 없어질 것이다(7:11). 물론 이 일은 '마지막 날'(בְּאַחֲרִית הַיָּמִים)에 이루어지는 일이다(5절). 그날, 이스라엘은 형편없는 자신의 처지를 생각하며 심히 떨리는 자세로 하나님 앞에 서게 될 것이다. 놀라운 은혜에 감격한 사람의 자세다.

II. 하나님과 이스라엘

(4:1-11:11)

호세아서의 첫 주요 섹션인 1-3장은 호세아의 가정에 대한 비극적인 이야기를 배경으로 진행되었다. 파탄에 이른 호세아의 가정 이야기를 통해 위기에 처한 하나님과 이스라엘의 관계를 살펴볼 수 있었다. 선지자와 고멜의 관계는 곧 하나님과 이스라엘 관계의 모형(type)이다. 이스라엘 입장에서는 모든 것이 절망적이고, 파탄에 이른 관계에 대해 아무것도 할 수 없다. 다행히 선지자가 도저히 사랑할 수 없는 고멜을 다시 사랑하겠다는 굳은 의지를 가졌던 것처럼 여호와께서도 다시 용서하고 받아들이기에는 너무도 크고 많은 죄를 지은 이스라엘을 끝까지 포기하지 않고 사랑하시겠다고 선언하셨다.

하나님께 버림받아 죽어 마땅한 이스라엘에게는 참으로 고맙고 다행스러운 일이지만 정작 다시 사랑하기로 결정하신 하나님 입장에서는 참으로 고통스럽고 힘든 결단이었다. 하나님의 결정이 얼마나 힘든 것이었는가는 하나님과 이스라엘 관계를 상징하는 호세아와 고멜 이야기(1-3장)를 통해 잘 묘사되어 있다. 하나님은 이집트에서부터 우상을 숭배해 몸을 파는 여자와 다름없는 이스라엘을 사랑하셨다. 벌거벗은 상태로 노예가 되어 어려운 나날을 보내던 그녀를 가혹한 주인인 이집

173

트의 손에서 구원하셨고, 시내 산으로 데려가 그곳에서 이스라엘을, 과거가 많은 이 여자 이스라엘을 아내로 맞이하셨다. 오직 한 가지, 옛적에 하나님이 아브라함과 맺으신 약속 때문이었다.

　결혼하자마자 아내 이스라엘은 남편 여호와께 등을 돌리고 정부(우상)와 정을 나누고 사생아를 낳았다. 남편 하나님은 이스라엘이 절대 정부와 내통하지 못하도록 그녀의 길을 막았다. 마지못해 남편에게 돌아왔지만, 일시적으로 돌아온 것이지 그녀의 방탕이 끝난 것은 아니었다. 오래지 않아 이스라엘이 가출해 아예 결혼 전 직업이었던 창녀의 삶으로 돌아갔기 때문이다. 세월이 지나 아내는 늙어서 이제 몸을 팔 수도 없게 되었다. 창녀로도 이용가치가 없다고 생각되자 포주는 그동안 그녀에게 준 빚을 받아내기 위해 그녀를 노예로 내놓았다. 이 소식을 들은 남편은 마치 이때를 기다렸다는 듯이 돈을 마련해 가서 몸값을 지불하고 다시 집으로 데려와 사랑했다. 이 과정에서 남편 하나님의 고통과 번뇌를 상상해 보라. 잘 이해되지 않는다면 이 남편의 입장에 대입해 보라. 만일 우리가 이 남편이었다면, 이런 아내를 다시 사랑할 수 있을까? 세상의 어떤 남자도 이런 여자를 다시 아내로 맞이한다는 것은 결코 쉬운 일이 아니다. 아니, 불가능하다고 보는 게 맞을 것이다. 그러면 불가능한 사랑을 하신 하나님 마음은 어떠했을까? 나미라는 가수가 부른 〈슬픈 인연〉이라는 곡의 한 대목이 생각난다.

멀어져 가는 저 뒷모습을 바라보면서 난 아직도 이 순간을 이별이라 하지 않겠네
달콤했었지 그 수많았던 추억 속에서 흠뻑 젖은 두 마음을 우린 어떻게 잊을까
아 다시 올 거야 너는 외로움을 견딜 수 없어 아 나의 곁으로 다시 돌아올 거야
그러나 그 시절에 너를 또 만나서 사랑할 수 있을까
흐르는 그 세월에 나는 또 얼마나 많은 눈물을 흘리려나

하나님은 이스라엘을 다시 사랑하기 위해 얼마나 많은 눈물을 흘리

셔야 했을까? 생각만 해도 마음이 저려온다. 우리는 여호와가 하나님 이시기에 용서와 사랑이 쉬울 것이라는 착각을 버려야 한다. 인류를 구원하시기 위해 독생자 예수를 죽게 하신 그날, 하늘에 먹구름이 끼고, 성전의 휘장이 찢어지고, 온땅에 지진이 임한 것은 신학적인 상징성을 지녔을 뿐만 아니라, 나아가 하나밖에 없는 아들의 죽음을 바라만 보아야 하는 아버지의 분노와 아픔의 표현이기도 했다.

이제부터 호세아는 자신의 가정에 대한 언급은 더는 하지 않고 이스라엘이 여호와께 범한 죄에 대해 신랄한 비난과 고발(ריב)을 시작한다.[9] 책이 진행되는 방식을 보면 마치 법정에서 검사가 피고를 증인석에 세워놓고 죄를 낱낱이 고발하고 여러 가지 증거로 그 죄를 입증하는 듯 하다(Nielson, Stuart). 선지자는 이 언약 소송 양식을 사용해 청중에게 만일 하나님이 이스라엘을 가상적 법정에 세우고 소송을 진행한다면 어떤 질문을 할 것이며, 삶에서 무엇을 문제 삼을 것인가를 생각해 보라고 도전하고 있다. 호세아는 또한 소송을 가정(假定)해 메시지를 전함으로써 청중으로 하여금 이스라엘이 얼마나 심각한 범죄를 저질렀는가를 스스로 생각해 보도록 유도한다(Smith). 이스라엘은 법정에서 자신의 입장을 변호해야 할 만큼 하나님께 많은 죄를 저질렀다는 것이다.

그러나 이 책은 냉정하고 냉혹한 법정 드라마만은 아니다. 더 나아가 아내의 외도 때문에 세상에서 가장 비참하게 되어버린 한 남편이 아직도 아내를 잊지 못해 괴로워하며 지금이라도 돌아와서 같이 살자고 외치는 울분 섞인 호소이자 절규이다. 즉, 지금부터 전개되는 내용은 1-3장을 통해 모형적이고 요약적으로 제시된 메시지의 뒷이야기

---

9 이 양식에 대하여는 C. Westermann의 Basic Forms of Prophetic Speech, trans. H. C. White(Philadelphia:Wetminster, 1967)를 참조하라. 이 양식은 선지서에서 상당히 광범위하게 사용되며(cf. 사 1장) 마치 이스라엘을 소송에 회부하여 피고인석에 세우고 재판을 진행하는 것을 생각하면 된다. 그러나 선지자들이 이 소송 양식을 완벽하게 반영하는 경우는 거의 없고, 대부분 부분적으로 반영한다(cf. Andersen & Freedman).

(behind story)이다. 3장에 기록된 '다시 사랑하리라'라는 결단을 내리기까지 하나님이 얼마나 괴로워하고 힘들어하셨는가를 회고하는 부연설명이다.

선지자는 앞부분에서 하나님이 어떻게 방탕한 이스라엘을 다시 사랑하실 것인가를 보여주었다. 이제부터는 그런 하나님의 결정이 있기까지의 일들, 곧 아내 이스라엘이 어떤 범죄를 저질렀고, 아내를 바라보는 하나님의 고통이 어떠했는가를 회고하고자 한다. 호세아는 하나님의 용서는 결코 쉽게 내린 결단이 아니었으며, 그분의 번뇌와 눈물이 서려 있음을 강조한다. 그러므로 우리는 이 섹션을 읽으면서 하나님의 이슬 맺힌 눈을 볼 수 있어야 한다. 그 이슬은 바로 나와 당신을 위한 하나님 사랑의 결정체라는 사실을 잊지 말아야 한다. 이 섹션은 다음과 같이 여섯 파트로 구분할 수 있다. 선지자는 4:1-3에서 장르(고발과 재판)를 간략하게 정의한 다음, 나머지 부분에서 이스라엘의 범죄와 받아야 할 형벌을 낱낱이 나열한다.

A. 여호와의 백성에 대한 논쟁(4:1-3)
B. 간음하는 백성(4:4-5:4)
C. 이스라엘과 유다에 대한 경고(5:5-6:11a)
D. 잘못된 외교정책이 몰락을 재촉함(6:11b-7:16)
E. 다가오는 포로생활(8:1-9:9)
F. 지난날의 죄가 현재를 짓누름(9:10-11:11)

Ⅱ. 하나님과 이스라엘(4:1-11:11)

A. 여호와의 백성에 대한 논쟁(4:1-3)

¹ 이스라엘 자손들아 여호와의 말씀을 들으라

> 여호와께서 이 땅 주민과 논쟁하시나니
> 이 땅에는 진실도 없고 인애도 없고
> 하나님을 아는 지식도 없고
> ² 오직 저주와 속임과 살인과 도둑질과 간음뿐이요
> 포악하여 피가 피를 뒤이음이라
> ³ 그러므로 이 땅이 슬퍼하며
> 거기 사는 자와 들짐승과 공중에 나는 새가 다 쇠잔할 것이요
> 바다의 고기도 없어지리라

선지자는 1절에서 여러 가지 정보를 제공함으로써 새로운 디스코스(discourse : 담론)가 시작되고 있음을 알린다. ⑴ 들으라는 권면, ⑵ 하나님의 말씀이 선포되고 있음, ⑶ 온 이스라엘이 들을 것을 요구, ⑷ 하나님이 이스라엘에게 할 말이 있으심, ⑸ 선지자가 앞으로 전개해 나갈 주제를 1절에서 요약하고 있다는 점이다. 이러한 양식을 '관심을 집중하라는 명령'(call to attention)이라고 한다(Wolff, Sweeney). 위에 나열된 요소 중 다섯 번째 포인트와 연결해 4:1-3은 4:1-11:11 전체의 논제라 할 수도 있다(Dearman). 선지자는 이스라엘에는 있어야 할 것은 없고, 대신 결코 없어야 할 것만 있다고 한다. 여기부터는 호세아의 가정 이야기에 대한 언급이 전혀 없다는 점도 새로운 섹션의 시작을 알린다(Carroll).

선지자는 왜 '이스라엘의 자손'(בְּנֵי יִשְׂרָאֵל)과 '이 땅의 주민들'(יֹשְׁבֵי הָאָרֶץ)을 구분하는가? 둘은 비슷하지만 다른 부류의 사람을 의미하는 것으로 여겨진다. 호세아는 아이들에게 어머니의 행실을 비난하라(רִיב)고 명령했다(2:2). 이제 하나님이 온 나라의 백성(viz., 하나님과의 관계에서 남과 같이 되어버려서 '이 땅의 주민들')을 비난하실 것이니(רִיב) 이스라엘 자손(viz., 남은 자, 신실한 소수의 사람)은 지켜보라는 것이다(Garrett). 1:2에서는 '이 땅'(הָאָרֶץ) 자체가 죄를 범하고 있다고 선포하신 적이 있다.

호세아는 이스라엘의 죄를 세 가지로 구분하여 고발을 시작한다.

"진실도 없고(אֵין־אֱמֶת), 인애도 없고(אֵין־חֶסֶד), 여호와를 아는 지식도 없다(אֵין־דַּעַת אֱלֹהִים)"(1절). '없다'(אֵין)라는 부정사를 세 차례나 사용하면서 이땅에 꼭 있어야 할 것이 절대적으로 부족함을 강조한다. 세 가지는 하나님의 언약 백성이 꼭 지녀야 할 것이고(Carroll), 하나님이 이스라엘을 다시 아내로 맞이하실 때 내려주시는 은총이기도 하다(Yee, cf. 2:18-20). 첫째, '진실이 없다'(אֵין־אֱמֶת)라는 것은 근본적으로 양심이 실종되었다는 뜻이다. '진실'(אֱמֶת)은 신실한 사람의 성품을 뜻하며 이웃에게 신실하고, 진실을 말하고, 행동이 항상 믿을 수 있고 꾸준함을 뜻한다(Jepsen, Sweeney; cf. 출 18:21; 삼상 12:24). 인간은 가치관과 원칙을 정해놓고 그것에 따라 살아간다(Smith). 그래서 진실한 사람은 진리를 알고 그 진리를 기준으로 살아간다(잠 29:14; 출 18:21). 이와는 대조적으로 이스라엘은 정해놓은 원칙과 가치관에 따라 사는 것이 아니라 기회를 봐서 그때그때 지나친 융통성을 발휘하며 살아가고 있다(Garrett). 그러므로 이스라엘은 하나님께서 관계를 유지하실 만한 믿음을 주지 못하는 자들이 된 것이다.

둘째, '인애가 없다'(אֵין־חֶסֶד)라는 것은 사람이 이미 맺은 사랑의 관계에 근거해 상대방에게 꾸준히 충성하고 선을 행해야 하는데 이스라엘은 그렇게 하지 않고 있다는 뜻이다(Clark, cf. 출 34:6; 시 36:7). '인애/자비'(חֶסֶד)는 단순히 자신의 책임을 다한다는 의미가 아니라 책임이 요구하는 임무 이상을 뜻한다(Farr). 대표적인 예가 룻이다. 룻이 시어머니 나오미를 위해 행동한 것이 룻의 사랑으로 표현된다(룻 3:10). 인간 관계 중에서 사랑/[언약적·관계적] 충성(חֶסֶד)이 가장 확실하게 필요하고 나타나야 할 곳이 부부관계다. 남편은 아내를 보살피고 사랑하는 일에 기대치와 요구되는 범위를 훨씬 더 넘어야 한다. 이스라엘에 사랑이 없다는 것은 이스라엘 백성이 하나님 여호와는 안중에도 없고 자신밖에 모르는 이기주의자들로 변질되었다는 것을 뜻한다. 이런 사람들은 당연히 하나님과의 관계에도 관심이 없다(Smith). 하나님을 두려워하는 마음도, 하나님이 시내 산에서 이스라엘과 맺으신 계약조건에 따라 백성에게 요구하시는 기준도 모두 무시되고 있음을 시사한다.

셋째, '여호와를 아는 지식이 없다'(אֵין־דַּעַת אֱלֹהִים). 호세아서에서 안다는 것은 곧 남편과 아내가 서로를 매우 깊이 아는 것을 뜻한다(Sweeney). 이스라엘이 하나님에 대해 알기를 아내가 남편을 아는 것처럼 해야 하는데, 이스라엘에게는 이러한 의지도 열정도 없다. 하나님을 안다는 것은 객관적인 것과 주관적인 차원의 체험을 말한다(Garrett). 이스라엘은 객관적인 지식을 제사장과 선지자의 가르침과 문서화된 정경에서 접할 수 있었다. 그러나 이스라엘은 바알을 섬겨 하나님에 대한 객관적인 지식조차 갖추지 못했다. 만일 하나님에 대한 올바른 지식과 이해만 있었더라면 결코 우상에게 절하는 일은 없었을 것이다. 더 나아가 이스라엘은 삶에서 하나님을 실제로 체험할 때만 생기는 주관적 지식도 없다. 설령 있다 해도 객관적 지식에 근거하지 않은 주관적 지식은 별 의미가 없을 뿐만 아니라 오히려 위험할 때도 있다. 구약에서 하나님을 안다는 것은 곧 그분의 가르침과 성품을 자신의 삶의 모토로 삼는다는 것을 의미하기 때문이다(Carroll).

호세아는 4:6에서 주의 백성이라고 자부하는 이스라엘에게는 하나님에 대한 객관적 지식이 없는 현실을 다음과 같이 한탄한다. "내 백성이 지식이 없으므로 망하는도다 네가 지식을 버렸으니 나도 너를 버려 내 제사장이 되지 못하게 할 것이요 네가 네 하나님의 율법을 잊었으니 나도 네 자녀들을 잊어버리리라." 우리는 무엇보다도 성경을 연구하고 묵상하여 하나님을 객관적으로 알아가려고 노력해야 한다. 하나님을 객관적으로 알아가는 것은 삶에서 가장 중요한 영적 행위이기 때문이다. 이어서 6:3에서는 주관적 지식을 추구할 것을 호소한다. "그러므로 우리가 여호와를 알자 힘써 여호와를 알자 그의 나타나심은 새벽 빛 같이 어김없나니 비와 같이, 땅을 적시는 늦은 비와 같이 우리에게 임하시리라 하니라."

위 세 가지는 시대와 장소를 초월해서 하나님의 백성이라면 누구든지 필수적으로 추구하고 행동으로 옮겨야 할 것들이다. 호세아의 비난이 이스라엘 백성에게는 세 가지가 없다는 것에서 시작되고 있다는 사실을 보면 얼마나 중요한 것인가를 쉽게 알 수 있다. 우리는 끊임없이 질문해야 한다. "나는 삶에서 무엇을 추구하고, 실천하고 있는가?"

이스라엘이 언약백성으로서 갖추어야 할 것을 가지고 있지 않다면, 과연 무엇을 가지고 있단 말인가? 선지자는 이스라엘을 가득 채우고 있는 것을 2절에서 나열하고 있다. 저주, 속임, 살인, 도둑질, 간음 등이다. 하나님 백성의 삶이 거룩하고 경건한 것들로 가득 차야 하는데 이처럼 악한 것으로 가득하다! 우리는 항상 경건하고 거룩한 것을 추구해야 한다. 경건하고 거룩한 가치를 추구하는 것을 멈추는 순간부터 우리의 삶은 악한 것으로 채워지기 때문이다.

여기에 언급된 죄들은 십계명과 직접적인 연관이 있다(Weiss). 첫째, '저주'(אלה)를 문자적으로 풀이하면 '저주를 선언 혹은 맹세하는 행위'(HALOT)이다. 그러므로 셋째 계명이 금하는 것과 직접적으로 연관되어 있다(Sweeney). 물론 셋째 계명이 이 단어를 사용하고 있지는 않지만, 셋째 계명이 금하는 것이 한 단어로 요약된다면 바로 이 단어가 가장 적절하기 때문이다. 둘째, '속임'(כחש)은 넓은 의미에서 거짓을 말하거나 속이는 것을 뜻한다(HALOT). 이 단어는 위증을 하지 말라는 아홉 번째 계명과 직접적인 연관이 있다(Dearman). 여기서는 무엇을 거부하거나, 비밀에 부치거나, 속이는 것을 뜻한다(Garrett). 진실이 아닌 것을 통해 책임을 회피하거나 감지된 사실을 피하는 행위를 의미한다. 창세기 18장에서 사라가 아들을 낳을 것이라는 하나님 말씀에 비웃었던 것을 숨기려 할 때 이 단어가 사용됐다.

셋째, '살인(רצח), 도둑질(גנב), 간음(נאף)' 등은 십계명이 이런 성향의 죄를 금하며 사용하는 것과 동일한 단어이다. '살인'(רצח)은 사법제도에 의한 처형이나 전쟁을 통해 사람을 죽이는 것 등을 제외한 부당하게 사람의 생명을 빼앗는 행위이다. 이 구절의 마지막 부분에 '피 흘림'(דָּמִים)이 함께 사용되면서 죄의 심각성을 강조하고 있다(Dearman). '도둑질'(גָּנֹב)은 십계명에서 직접 사용되는 단어이며, 남의 물건을 훔치는 것뿐만 아니라 인신매매 등의 목적으로 사람을 유괴하는 일을 뜻하기도 한다 (HALOT, cf. 출 21:16-17). 십계명에서 '간음'(נָאֹף)은 남자가 결혼한 여자와 성관계를 갖는 것을 뜻한다. 그러므로 세 가지는 앞의 것들과 합하여 십계명 중 최소한 다섯 계명과 직접적으로 연관이 있는 것이다. 호세아가 이곳에서 나열하고 있는 다섯 가지 죄의 공통점은 신학적인 죄보다는 사회적인 죄라는 사실이다. 물론 호세아가 신학적인 죄를 등한시 여기기 때문에 사회적인 죄만 언급한 것은 아니다. 호세아에 의하면 이스라엘의 가장 심각한 죄는 신학적인 죄다. 모든 것이 그들이 여호와를 버렸기에 일어나는 일이다. 그러므로 강조하고자하는 것은 이스라엘이 범한 신학적인 죄가 사회에도 이렇게 심각한 영향을 미쳤다는 점이다. 종교적 타락이 사회적 타락으로 이어진 것이다. 이러한 사회적 현상은 이스라엘이 하나님께 순종하지 않았기에 내려진 언약적 저주이기도 하다(Carroll).

개역개정은 2절 마지막 부분을 "피가 피를 뒤이음이라"(דָּמִים בְּדָמִים נָגָעוּ)라고 번역하고 있다. 사회를 위협하는 가장 위험한 폭력과 죄들이 꼬리에 꼬리를 물며 사회를 파멸에 이르게 했다는 뜻이다(Sweeney). 그러나 '피 흘림'(דָּמִים)은 이미 언급된 살인에 내포되어 있는데 왜 다시 반복하는 것일까? 피 흘림은 호세아의 첫째 아이 이름과 연루되어 이스르엘 예언에서 사용되었다(1:4). 호세아가 이스라엘에 팽배해 있던 폭력과 살인을 언급하는 과정에서 이스르엘과 의도적으로 연관시키고 있다는 사실이 다음 섹션(4:4-5:15)이 로암미, 로루하마와 연관이 있다는 점에서도 역력히 드러난다. 호세아는 이 신탁의 구조를 자신의 아이들의 이름과 맞추고자 이 구절을 피 흘림으로 마무리하고 있다.

이스라엘 사람들의 범죄는 그들의 땅에 가뭄이 들게 한다(3절). 호세

아는 이러한 상황을 "땅이 슬퍼한다"(תֶּאֱבַל הָאָרֶץ)라고 의인화하여(person
ification) 묘사한다. 결국 먹을 것이 없어진 땅에서 사람과 짐승이 고통
을 당한다. 그런데 가뭄이 어떻게 물고기의 씨를 말릴 수 있는가? 땅
에 먹을 것이 없으니 사람이 바다의 고기를 지나치게 많이 잡아들인다
는 의미로 해석될 수 있다(Garrett). 실제로 이러한 현상이 세계에서 가
장 가난하게 산다는 아이티(Haiti)에서 일어나고 있다. 그러나 이 표현
이 실제 상황을 설명하고 있는 것이 아니라, 단순히 이스라엘 때문에
세상에 내려진 포괄적인 심판을 적나라하게 묘사하는 것뿐이라는 가
능성도 배제할 수 없다(스 1:2-3)(Judaica). 선지자는 짐승(땅에 사는 것),
새(궁창에 사는 것), 물고기(바다에 사는 것)가 사라져 간다는 선언을 통해
여호와로부터 임한 이스라엘의 죄에 대한 대가를 창조된 모든 피조물
이 치르게 될 것이라고 선언한다. 호세아는 여호와의 심판의 결과로
역창조(anti-creation, reverse creation)를 묘사한다. 본문은 세상을 아름답게
창조하신 하나님이 이처럼 아름다운 세상을 언제든지 사람이 살 수 없
는 황량한 곳으로 돌이킬 수 있음을 경고한다.

Ⅱ. 하나님과 이스라엘(4:1-11:11)

B. 간음하는 백성(4:4-5:4)

책의 어느 부분에서든 구조를 파악하기가 매우 어려운 것이 호세아서
의 전반적인 성향이다. 그중 이 섹션의 구조를 파악하는 것은 더욱 어
렵다는 것이 일반적인 견해다(Sweeney). 통일성 있는 구조를 파악하기
어려운 이유는 여러 개의 메시지 조각이 세월이 지나며 함께 묶이다
보니 빚어진 현상이라고 설명한다(Davies). 이러한 설명이 구조를 파악
하기가 어려운 이유를(별로 설득력이 있어 보이지는 않지만) 설명할지는 몰
라도 섹션의 구조를 파악하는 데는 전혀 도움이 되지 않는다.

이 섹션은 전반적으로 선지자의 맹렬한 비난과 심판 선언들로 구성되어 있다. 가장 집중적으로 비난을 받는 것은 우상숭배다(4:11-14, 16-19). 이스라엘의 영적 상황이 이렇게 된 것에는 분명 제사장과 지도자의 책임이 제일 크다(4:4-10; 5:1-4). 선지자가 제시하는 유일한 소망의 빛은 비록 북 왕국 이스라엘은 돌이킬 수 없는 곳까지 가버렸지만, 유다에게는 아직도 하나님의 심판을 피할 수 있는 기회가 남아 있다는 기대감이다(4:15). 이미 언급한 것처럼 이 섹션의 구조를 파악하는 것이 매우 어렵기는 하지만, 다음과 같은 분석을 바탕으로 주해해 나가고자 한다.

   A. 제사장에 대한 비난과 심판(4:4-10)
      B. 우상숭배 비난(4:11-14)
         C. 권면: 성행하는 종교를 거부하라(14:15)
      B'. 우상숭배 비난(4:16-19)
   A'. 지도자에 대한 비난과 심판(5:1-4)

1. 제사장에 대한 비난과 심판(4:4-10)

⁴ 그러나 어떤 사람이든지 다투지도 말며 책망하지도 말라
네 백성들이 제사장과 다투는 자처럼 되었음이니라
⁵ 너는 낮에 넘어지겠고
너와 함께 있는 선지자는 밤에 넘어지리라
내가 네 어머니를 멸하리라
⁶ 내 백성이 지식이 없으므로 망하는도다
네가 지식을 버렸으니 나도 너를 버려

내 제사장이 되지 못하게 할 것이요

네가 네 하나님의 율법을 잊었으니

나도 네 자녀들을 잊어버리리라

7 그들은 번성할수록 내게 범죄하니

내가 그들의 영화를 변하여 욕이 되게 하리라

8 그들이 내 백성의 속죄제물을 먹고

그 마음을 그들의 죄악에 두는도다

9 장차는 백성이나 제사장이나 동일함이라

내가 그들의 행실대로 벌하며

그들의 행위대로 갚으리라

10 그들이 먹어도 배부르지 아니하며

음행하여도 수효가 늘지 못하니

이는 여호와를 버리고 따르지 아니하였음이니라

본 텍스트는 선지자가 4:1-3에서 요약적으로 선언한 백성의 불신에 대한 비난을 확대해 설명하고 있다(McComiskey, DeRoche). 언약 소송 양식의 배경이 되고 있는 비난 혹은 고소 분위기가 지속되고 있다. 그런데 "어떤 사람이든지 다투지도 말며 책망하지도 말라"(יָרֵב וְאַל־יוֹכַח אִישׁ אַל אִישׁ אַף)(4절)라는 말씀은 누가 누구에게 하는 말인지 정확하지 않다(Lundbom, Andersen & Freedman, cf. Smith, Yee). 또한 바로 뒤를 잇는 "네 백성들이 제사장과 다투는 자처럼 되었다"(עַמְּךָ כִּמְרִיבֵי כֹהֵן)의 의미도 정확하지 않다. 말하는 자와 의미가 정확하지 않아 다양한 본문 수정이 제안되기도 하지만(Wolff, Harper, cf. NRS), 마소라 텍스트의 뜻은 어느 정도는 확실하다. 즉, 본문이 안고 있는 것은 해석적 문제이지 텍스트의 불확실성으로 인한 문제만은 아니다. 일부는 호세아가 메시지를 통해 이스라엘의 제사장을 법정에서 비난하듯 비난하려고 하자(4:1-3), 메시지를 듣고 있던 한 제사장이 그렇게 하지 말라고 말렸고, 호세아

가 충고를 거부한 것이라고 풀이한다(Andersen & Freedman). 다른 주석가
는 선지자의 메시지를 듣고 있던 청중이 마음에 자극을 받아 웅성거리
자 선지자가 그들에게 "자신을 너무 책망하지 말라"라는 뜻에서 이 말
을 하고 있다고 생각한다(Garrett). 이렇게 이해하면 뒤를 잇는 "너의 백
성은 제사장과 다투는 사람들과 같다"라는 말씀은 백성이 제사장의 부
패와 직무유기에 대한 증거와 자료를 선지자에게 가져왔음을 뜻한다.
한 주석가는 선지자가 대제사장을 상대로 소송을 제기하고 있는 것이
라고 하기도 한다(Dearman). 그러나 가장 간단하고 합리적인 해석은 선
지자가 이스라엘 백성에게 하나님의 비난과 문제 제기에 반박하지 말
고 끝까지 들으라는 권면으로 간주하는 것이다(Smith). 호세아는 청중
에게 선포하는 메시지를 집중해서 들어달라고 요구하고 있다.

하나님은 제사장이 '넘어질 것'(כשל)이라 경고하신다(5절; cf. 암 7:17).
제사장이 죄로 인해 절대 사역을 못하게 되는 것을 뜻한다(Wolff). 그들
은 어떤 죄를 지었는가? 제사장의 가장 기본 역할은 백성에게 하나님
의 말씀을 가르치는 일이었다. 만약 하나님 말씀을 제대로 가르쳤다
면, 백성이 여호와와 바알을 혼동하는 일은 없었을 것이다. 결국 제사
장이 백성에게 율법을 가르치지 않음으로써 백성을 멸망으로 몰고 갔
다(Smith). 제사장은 하나님께 받은 소명을 잘 감당하지 않은 직무유기
의 죄를 저지른 것이다.

호세아는 제사장은 낮에, 선지자는 밤에 넘어질 것이라고 하는데(5절),
'낮과 밤'은 모든 시간(all the time)을 상징하는 쌍(merismus)이다. 또한 '제
사장과 선지자' 역시 이스라엘의 종교적 리더십을 총체적으로 상징하
는 쌍이다. 이스라엘 역사에서 선지자의 주요 비난 대상 중 하나가 제
사장이었다. 선지자의 주된 사명이 잘못된 종교를 바로잡는 일이고 잘
못된 종교에는 항상 제사장이 선봉에 있었다. 그런데 호세아는 잘못을
지적해야 할 선지자와 지적당해야 할 제사장이 한통속이 되어 백성을
잘못 인도하고 있다고 비난한다. 제사장도 문제지만, 선지자도 양심을

속여 어느덧 제사장의 일을 도우며 잇속을 챙기고 있었다. 선지자는 이런 상황을 이스라엘 종교의 모든 리더십이 시도 때도 없이 흔들리고 넘어진다고 표현한다. 마치 술 취한 사람이 넘어지는 것처럼 말이다. 이들이 하나님의 '진노의 잔'(심판의 잔)을 마셨기 때문이다. 심판이 이미 시작되었다는 뜻이다. 선지자는 하나님의 심판이 시작되는 증표 중 하나로 좋은 리더십의 부재를 든다(사 3장). 하나님은 이들에게 '네 어머니'를 멸하시겠다는 말씀을 덧붙이신다(5b절). 이 어머니를 제사장의 어머니로 이해하기도 한다(Wolff, Andersen & Freedman). 자식을 잘못 둔 죄를 어머니에게도 묻겠다는 뜻이 된다. 그러나 우리가 잘 알다시피 성경은 연좌제를 금한다. 그러므로 제사장의 실제 어머니일 수는 없다. 이 표현은 비유이며 이스라엘을 뜻하는 것으로 풀이하는 것이 바람직하다(Sweeney, Dearman). 즉, 백성이 속한 공동체인 '어머니 이스라엘'을 심판하실 날이 다가오고 있다는 뜻이다(새번역).

선지자는 이 백성이 망할 근본 이유를 여호와와 '율법'(תּוֹרָה)에 대한 지식이 부족하기 때문이라고 한다(6절). 하나님이 이스라엘에 여호와를 경외하는 지식이 없게 된 것에 대해 그 책임을 제사장에게 추궁하신다. 제사장이 백성에게 가르쳐야 할 것을 제대로 가르치지 않았을 뿐만 아니라, 스스로가 여호와의 가르침을 버렸기 때문이다. 지도층이 하나님의 율법(תּוֹרָה)을 등한시하고 버렸으니, 가르침을 받아야 할 백성이 더 하나님 말씀을 모르는 것은 당연한 결과다. 우리는 이런 사실에서 교훈을 얻어야 한다. 교회에서 지도자 위치에 있는 사람은 스스로 열심히 성경 말씀을 배우고 익혀야 한다. 그래야 성도를 잘 가르칠 수 있다. 지도자는 하나님께로부터 좋은 것(진리)을 남에게 주기 위해 배움의 사명을 받은 자들이다.

그런데 "네 하나님의 율법"(תּוֹרַת אֱלֹהֶיךָ)(6절)은 정확히 무엇을 의미하는가? 모세오경을 뜻하는가, 아니면 종교적인 가르침을 의미하는 일반적인 표현인가? 요시야 시대(ca. 621 BC)(cf. 왕하 22-23장)까지 모세오경이 존재하지 않았다고 주장하는 사람은 '율법'을 종교적인 가르침을 의미하는 일반적인 표현으로 이해한다. 그러나 이미 언급한 대로 2절은 십계명을 전제하고 있다. 또한 호세아서는 이 외에도 율법에 대한 언급을 곳곳에서 하고 있다(Cassuto). 그러므로 본문에서 '율법'은 하나님이 시내 산에서 모세를 통해 이스라엘에게 주신 규례들이라고 보는 것이 타당하다. 호세아서 안에서 이 표현은 '하나님을 아는 지식'에 대입될 수도 있는 비슷한 말로 사용된다(Dearman).

제사장이 하나님의 가르침을 버린 것처럼 이제 하나님이 제사장과 그들의 자손을 버리실 것을 선언하신다. 자식에게 하나님 말씀을 제대로 가르치지 못해 심판받게 된 엘리 제사장과 집안에 임한 심판을 연상케 하고(삼상 3:11-14), 호세아의 세 아이들을 생각나게 한다(Light). 하나님이 제사장의 '아이들'을 버리신다는 말씀은 두 가지 의미를 지닌다. 첫째, 제사장의 집안에 대한 경고다. 많은 특혜를 누리는 제사장 신분을 잃게 될 것이다. 이스라엘뿐만 아니라 대부분 고대 사회에서 제사장은 많은 것을 누리는 위치에 있었다. 신분상 상류층이고, 물질적으로 부유층에 속했다. 사회에서 매우 존경받는 부류이기도 했다. 이스라엘에서는 레위 지파 사람 중 아론의 자손만이 이 특권을 누렸다. 모든 것이 하나님의 축복이었다. 이제 하나님이 제사장으로부터 그 축복을 거두실 것이다. 제사장이 하나님이 주신 본래 사명에 충실하지 않았기 때문이다. 우리가 초심을 잃어서는 안 되는 것은 이런 이유이기도 하다.

둘째, 호세아의 아이들과 '어미 이스라엘의 아이들'처럼 제사장의 아이들 역시 리더에 의해 잘못된 가르침을 받았으며, 결국 리더와 함께 망하게 될 것을 의미한다(Garrett). 비록 책임 추궁은 지도층인 제사장이 당하지만, 책임은 모든 사람이 져야 하는 것이다. 선지자들이 지도층을 형성하고 있는 소수에게만 책임 추궁을 하지만, 책임 전가는 그들의 리더십 아래 있었던 모든 사람에게 하는 것이 일반화되어 있다. 그렇기 때문에 리더가 아니라도 사람들은 자신이 속한 공동체에 대해 신중해야 한다. 잘못 선택하면 혹독한 대가를 치러야 하기 때문이다.

제사장이 많아지는 것은 그만큼 하나님의 말씀을 가르칠 사람이 많아진다는 것을 뜻하기 때문에 좋은 일이다. 그러나 호세아 시대는 그렇지 않았다. 그의 시대에는 제사장이 많아질수록 백성의 죄가 많아졌다(7a절). 제사장이 공의와 정의의 사도가 된 것이 아니라, 오히려 죄에 죄를 더하는 자가 되어버렸기 때문이다. 어떻게 이런 일이 가능했을까? 이미 서론에서 언급한 것처럼 여로보암 2세 때 이스라엘은 경제적으로 대부흥을 맞았다. 부유함은 곧 종교 르네상스로도 연결되었던 것으로 보인다. 다만 문제는 여호와를 경외하고 말씀을 중심으로 한 여호와 종교의 부흥이 아니라, 이방 신과 여호와 종교가 섞인 혼합 종교를 중심으로 르네상스가 전개된 것이다. 그러므로 제사장의 수가 늘어날수록, 곧 종교가 부흥할수록 하나님 앞에 쌓이는 죄의 높이는 높아만 갔다.

그러므로 하나님은 제사장의 영광을 수치로 바꾸시겠다고 선언하신다(7b절). 제사장이 누리는 특혜와 사회적 지위를 박탈하시겠다는 의미다. 오늘의 한국 교회는 어떠한가? 호세아 시대와 다르다고 할 수 있는가? 오늘날 사회의 분위기를 살펴보면 목사만 불신을 받고 욕을 먹는 것이 아니라 모든 기독교인이 지탄을 받는다. 이러한 사회적 비난이 우리가 하나님을 믿기에 빚어진 일이라면 감사히 받아야 할 십자가이겠지만, 대부분 목사와 교인이 상식 밖의 일을 하기 때문에 빚어진 비난이다. 그렇다면 왜 상식 밖의 일을 하는 그리스도인이 많아진 것일까?

무엇보다도 하나님을 몰라서다. 물론 그들은 하나님을 안다고 할 것이다. 그러나 호세아가 지속적으로 말하는 것처럼 하나님을 바로 안다면 오늘날 교회가 지탄을 받는 일은 없을 것이다. 그렇다면 왜 우리 교인이 하나님을 바로 알지 못하는 것일까? 목자들이 제대로 가르치지 않기 때문이다. 왜 사역자들이 성도를 제대로 가르치지 않는가? 두 가지 가능성이 있다.

첫째, 많지는 않지만 악의적으로 잘못 가르치거나 안 가르치는 자가 분명히 있다. 주변에서 간혹 "성도들은 알면 알수록 말이 많아지고 건방져진다"라고 서슴없이 말하는 목사를 본다. 이들은 성도가 '건방져지지 않게 하기 위해' 교회에서 성경공부도 하지 못하도록 한다. 그러고는 성도를 예수님의 제자가 아닌 자신의 제자, 곧 이용해 먹기 좋은 꼭두각시로 만들어간다. 불행하게도 이런 교회에 출석하는 성도에게는 그나마 이러한 사실조차 깨달을 만한 분별력이 없다. 목사의 하수인으로 강하게 세뇌되었기 때문이다. 둘째, 사역자가 하나님 말씀을 잘 몰라서 잘못 가르치거나 가르치지 않는다. 지난 수년간 방학 때면 국내외에서 목회자를 상대로 성경세미나를 하면서 이것이 우리의 현실이라는 것을 뼈저리게 느꼈다. 성경이 강조하는 것처럼 사람을 변화시키는 것은 오직 하나님 말씀뿐이라는 사실을 믿는다면, 목회자가 생명을 걸고 노력해야 할 것은 성경말씀을 잘 가르치는 일이다. 그러나 목회자 중 성경을 모르는 사람이 너무 많다. 성경을 가르치지 않고 자신의 지식을 가르치려고 작정한 사람들이야 그렇다지만 심지어는 성도에게 진심으로 하나님 말씀을 가르치고자 하는 사람 중에도 성경을 모르는 사람이 너무 많다.

두 가지 이유에서 이런 문제가 발생한다. 첫째는 한국 신학교에서 목회자 후보생에게 다른 것은 다 가르치는데 정작 성경은 거의 가르치지 않는다. 신대원 교육과정을 생각해 보라. 성경강해 과목은 별로 없고, 성경에 연관된 과목은 대부분 수박 겉핥기 식의 탐구(survey)과목이 고작이다. 신대원 3년 동안 많은 과목, 그러나 부수적인 것들을 주로 가르치다 보니 정작 신앙의 핵심인 하나님 말씀에 대한 깊은 이해와 묵상을 가르치는 것은 등한시하는 것이다. 둘째, 목회자가 꾸준한 노력을 하지 않는다. 신대원 3년은 평생 할 사역의 토대를 만들어주기에는 미흡하다. 성경교육에서는 더욱 그렇다. 성경을 읽고 연구하는 도구(tool)를 마련해 주는 것이지, 성경에 대한 완전한 지식인 해결책(solution)을 제시하지 않는다. 그렇다면 사역자는 목회하면서 평생 연구하고 공부해서 부족한 부분을 채워야 하는데 사역 현장이 그런 여건을 허락하지 않는다. 그래서 많은 사람이 신대원을 나서는 순간 공부하는 것을 포기한다. 그러니 이런 목회자의 설교와 성경공부에서 무슨 심오한 것이 나오겠는가? 이런 한국 교회의 정황을 생각해보면 이 말씀이 결코 호세아 시대에만 적절한 표현이 아니었음을 인식하게 된다.

제사장은 원래 백성이 범죄하지 않도록 권면하고 가르치는 것을 위해 세움 받은 사람이다. 그러나 자신의 배를 채우기 위해 오히려 백성이 죄를 더 많이 짓기를 바라고 있다(8절). 대부분의 번역이 이 히브리어 문구(חַטַּאת עַמִּי)를 '내 백성들의 죄'로 해석한다(NIV, NAS, NRS). 그러나 제사장이 어떻게 백성의 죄를 먹고 사는가? 논리적으로 맞지 않다. 죄로 해석되는 단어(חַטָּאת)가 '속죄 제물'을 뜻하기도 한다(출 29:36; 30:10; 레 4:8, 20; 겔 43:21). 그러므로 여기서도 속죄 제물로 해석할 수 있다(개역개정; 새번역; TNK). 율법에 의하면 속죄 제물은 제사장 몫이다(레 6:26). 즉, 제사장은 죄를 많이 지어야 더 많은 속죄 제물이 그들의 것이 되는 것을 알고 백성이 죄를 많이 짓기를 바라고 있었던 것이다.

히브리어로 죄와 속죄 제물이 같은 단어라는 사실이 본문에서 언어유희를 형성하고 있다(Sweeney). 가장 경건하고 죄를 멀리해야 할 제사장이 끊임없이 죄를 먹고 있다! 또한 백성이 죄를 많이 지을수록 제사장의 먹을 것(백성의 속죄 제물)이 많이 생기고, 권세도 그만큼 높아지는 것은 당연한 일이다. 호세아 시대에 행해졌던 여호와 종교가 바알 종교와 혼합되었다면 성전 창녀도 있었을 것이다. 타락한 종교 지도자가 이러한 여건을 이용하여 사람들의 미신적인 사고를 부추겼을 가능성도 충분히 상상할 수 있다(Garrett). 속죄를 추구하는 것을 자랑 삼는 종교가 이렇게 타락할 수도 있다는 것이 씁쓸한 느낌을 갖게 한다. 혹시 한국 교회도 이런 모습은 아닌지 생각해보게 한다.

자신의 소명을 망각하고 지위를 남용한 제사장이 심판을 받는 것
은 당연하다. 그들은 무식해서 죄를 지었던 자와 똑같은 벌을 받는다
(9절). 이제는 특권을 누릴 수 없다. 또한 제사장이 백성에게 행한 '행
실대로' 벌을 받는다. 백성을 실족하게 하고, 보호하지 않고, 가르치지
않고, 버림당하게 하고, 잘못된 소망으로 기대감만 부풀게 했던 것에
적절한 응보를 받게 될 것이다.

하나님은 제사장이 자기 배를 채우기 위해 백성의 범죄를 유도했
던 것에 상응하는 벌을 내리신다. 이제는 아무리 먹어도 배부르지 않
게 될 것이다(10절). 백성에게 풍요로움을 얻으려면 바알과 여호와 앞
에 음행을 저질러야 한다고 가르쳤기에, 제사장 자신이 아무리 풍요로
움을 바라며 음행을 해도 허사가 되어 자손은 번성하지 않을 것이다.
모두 여호와를 버리고 다른 신을 섬겼기 때문이다. 그중에서도 제사장
이 앞장섰다. 하나님은 이 섹션을 "이 백성이 다른 신들을 섬기려고 나
주를 버렸다"(10b절; 새번역)라는 말씀으로 마무리하신다. 이 말씀에 서
려 있는 하나님의 아픔과 상처가 느껴지는가? 하나님은 백성에게 거부
당하신 아픔에 신음하고 계신다. 그것도 이스라엘이 하나님을 버린 후
더 나은 신을 찾아갔다면 그럴 수도 있다고 할 텐데, 전능자 하나님을
버리고 말도 못하고 듣지도 못하는 우상을 찾았다. 그러니 하나님이
얼마나 기가 막히시겠는가?

2. 우상숭배 비난(4:11–14)

[11] 음행과 묵은 포도주와 새 포도주가 마음을 빼앗느니라
[12] 내 백성이 나무에게 묻고
그 막대기는 그들에게 고하나니

이는 그들이 음란한 마음에 미혹되어
하나님을 버리고 음행하였음이니라
¹³ 그들이 산 꼭대기에서 제사를 드리며
작은 산 위에서 분향하되
참나무와 버드나무와 상수리나무 아래에서 하니
이는 그 나무 그늘이 좋음이라
이러므로 너희 딸들은 음행하며
너희 며느리들은 간음을 행하는도다
¹⁴ 너희 딸들이 음행하며
너희 며느리들이 간음하여도
내가 벌하지 아니하리니
이는 남자들도 창기와 함께 나가며
음부와 함께 희생을 드림이니라
깨닫지 못하는 백성은 망하리라

선지자는 바로 앞 문단의 끝부분에서 이스라엘이 우상을 숭배하기 위해 주 하나님을 버렸다고 했다(10b절). 이 섹션에서는 우상숭배에 미쳐 있는 이스라엘 사회가 경험하게 된 여러 가지 가치관의 혼란과 가정 파괴에 대해 고발한다. 선지자는 이스라엘이 우상숭배를 통해 좋은 것을 얻으려 하지만, 결국에는 가장 나쁜 것만 얻고 있음을 지적하고 있다. 종교와 신앙이 오염되고 타락하면 사회가 뒤를 이어 타락한다는 것은 선지자들의 끊임없는 가르침이다.

이 단락을 시작하고 있는 "음행과 묵은 포도주와 새 포도주가 마음을 빼앗느니라"(זְנוּת וְיַיִן וְתִירוֹשׁ יִקַּח־לֵב)(11절)는 당시 사람이 사용한 일종의 격언/잠언이라고 생각한다(Dearman). 술이 사람을 현혹하여 판단력을 흐리게 하는 것은 시대와 문화를 초월한 범세계적인 현상이다. 아마도 호세아가 제사장을 향한 경고를 끝맺고 다음 주제로 넘어가고 있음을 알리려고 이곳에 삽입한 것으로 보인다. 종교 지도자가 넘어진다는 비난으로 시작된 바로 앞 디스코스(4:4-10)를 회고하며 그들이 과연 어떻게 '넘어지게 되었는가'를 보충 설명해주는 듯하다. 제사장이 온갖 음란함과 술 취함으로 넘어졌다는 것이다. 더욱이 '마음'(לב)은 사람의 의지, 사고, 인격 등을 상징한다(2:14; 7:6, 11, 14; 10:2; cf. HALOT)는 점을 감안할 때 방탕은 사람을 부분적으로 망치는 것이 아니라 전체적으로 망친다는 것을 경고하고 있다. 그러나 한 가지 특이한 점은 대체로 격언은 두 행(two stanza)으로 형성되어 있는데 이 격언은 한 행으로 이루어졌다는 점이다. 아마도 14절 마지막 부분에 등장하는 "깨닫지 못하는 백성은 망한다"라는 말이 바로 두 번째 행이 아닌가 싶다(Garrett, Yee). 즉, "간음, 술 그리고 새 술은 마음을 빼앗는다//[이것을] 깨닫지 못하는 백성은 망한다"가 원래 격언이었는데, 호세아가 두 행 사이에 나머지 메시지를 삽입한 것이라고 생각한다(14절 주해).

"내 백성이 나무에게 묻고 그 막대기는 그들에게 고하나니"(12절)는 이스라엘이 우상을 접한다는 뜻이다. NIV와 NAS는 나무(עץ)를 '나무로 된 우상'(wooden idol)으로 번역하며 NAS는 지팡이(מקל)를 점쟁이의 지휘봉(diviner's wand)으로 번역해 이러한 의미를 더 확고히 한다. 본문에서 나무와 지팡이는 이스라엘이 이방 종교로부터 도입해서 여호와 종교 예식에서도 활용하고 있던 여러 가지 미신적인 풍습을 상징하는 대표성을 띠고 있다(Smith, cf. Keel). 가나안을 여호와화하라는 명령을 받고 가나안에 입성한 이스라엘이 사회뿐만 아니라 종교까지 오히려 가나안화한 죄를 범하고 있다(Oden). 어떻게 바알 종교의 풍습이 여호와 종교로 도입될 수 있었을까? 당시 이스라엘 사람은 여호와와 바알이 같은 신의 다른 현현이라고 생각했기 때문이다(Smith). 이스라엘은 결코 섞여서도, 섞일 수도 없는 존재를 혼합한 것이다. 고대 근동에서 사용된 미신적인 행위(divination)에는 활을 공중에 쏘아서 땅에 박히는 모습을 보고, 짐승을 잡아서 간의 모양을 살펴서, 새가 날아가는 모습을 관찰해서, 별들의 움직임을 보고 점치는 것 등이 포함되어 있었다.

"음란한 마음"(רוּחַ זְנוּנִים)(12절)은 실제적인 의미와 종교적인 상징성을 지녔다. 이스라엘 사람은 실제로 신전 창녀와 놀아났고, 동시에 다른 신을 좇았다. 선지자는 이 같은 백성의 영적 실태를 음란함으로 규정한다. 이스라엘이 영적 간음을 저질렀던 것이다. 종교 지도자는 스스로 넘어지고(4절), 백성은 여호와를 배신하여 우상을 숭배하고 있다. 이스라엘의 영적 상황이 이렇게 된 것은 무엇보다 종교 지도자의 책임이 크다. 이스라엘을 여호와께 인도해야 할 제사장과 선지자가 오히려 백성의 배교(背敎)를 조장했다.

이스라엘은 세 가지 나무 밑에서 음란한 마음을 드러내고 있다. 참나무, 버드나무, 상수리나무다(13절). 이 나무들의 공통점은 매우 푸르고 무성한 잎을 가지고 있다는 점이다. 강수량이 많지 않아 나무가 잘 자라지 않는 이스라엘의 들판에서 매우 무성하고 푸르게 자란 나무는 신비와 경외를 유발했다. 사람들은 이 나무들이 왕성하게 자라고 푸른 잎을 가지는 이유는 곧 이곳에 신(들)이 머물기 때문이라고 생각했다. 그래서 이런 나무들 아래에 제단을 쌓고 우상에게 제물을 바쳤다(Keel). 이러한 문화적·종교적 배경을 바탕으로 푸른 나무는 우상숭배의 상징으로 선지서에 자주 등장한다.

선지자는 이스라엘 남자뿐만 아니라 여자까지 온갖 음행을 일삼고 있음을 비난한다. "너희 딸들은 음행하며 너희 며느리들은 간음을 행하는도다"(13b절). 우상숭배를 비난하는 상황에서 선지자가 이스라엘 여인의 영적 간음(우상숭배)을 비난하는지, 아니면 실제적인 음란(신전에서 몸을 파는 행위)을 문제 삼고 있는지 이 구절만 보아서는 정확하지 않다. 그러나 바로 다음 절에 기록된 "남자들도 창기와 함께 나가며 음부와 함께 희생을 드림이니라"(14b절)라는 말이 선지자가 이스라엘 여인의 실제적인 음란을 비난하고 있음을 드러낸다. 만일 이스라엘 남자가 신전 창녀와 놀아나고 갖가지 음란을 행한다면, 이스라엘의 여인(아내

194

와 딸) 역시 정조를 지키며 살 필요가 없다. 우리가 도덕적으로 양심을 지키며 살지 못하면서 무슨 자격으로 남들에게 양심적으로 살라고 권면할 수 있겠는가? 양심과 도덕만큼은 강의나 책을 통해서가 아니라 삶과 삶이 만나면서 역할 모델링(role modeling) 방식으로 전달되어야 오래가고 의미가 있다. 윤리만큼은 각별히 산 교육이 필요한 것이다. 또한 윤리와 도덕에는 성별에 따른 이중 잣대가 존재하지 않는다.

　이스라엘 여인은 음행하는 아버지와 남편을 눈여겨보았을 것이고, 그들의 음란을 배웠을 것이다. 게다가 이스라엘 남자와 신전에서 놀아나는 창녀가 누구이겠는가? 그들의 가족이 아니겠는가! 특히 이스라엘처럼 하나님의 통치 아래 한 공동체를 형성했던 사회에서 이런 문제는 심각하게 취급되어야 한다. 같은 공동체에 속한 지체 중 일부가 남을 희생시키며 자신의 향락을 추구한다면, 그들에게 희생당하는 자들은 다름 아닌 그 공동체의 다른 지체들이다. 남자들의 음란 파트너는 다른 지체의 딸이요, 아내인 것이다. 그러므로 선지자는 우상숭배가 온 가정을 파멸에 이르게 한다는 점을 강조한다.

　여자들마저 서슴지 않고 음란을 행한다는 것은 이 사회가 얼마나 큰 도덕적·종교적 위기에 처해 있는가를 드러낸다. 예나 지금이나 어느 사회에서든지 대다수의 여자가 정조를 지키는 것을 소중하게 여기지 않으면 그 사회는 큰 위기에 빠질 수밖에 없다. 고대 근동 사회도 이 부분을 중요하게 여겨서 간음하는 여자는 처형하는 것을 원칙으로 했다(창 38장). 그러나 남자들은 마음껏 창녀와 놀아나고, 원하면 처녀를 새 아내로 들일 수 있었으니 명백한 이중 기준(double standard)이다. 호세아 시대의 이스라엘은 그나마 이러한 이중 기준마저도 무너져 내렸다. '남자들이 음행을 저지르는데 여자만 정조를 지키고 살 필요가 없지 않은가?' 하는 논리가 팽배했던 것이다. 결국 남자나 여자나 우상 앞에서 문란하게 놀아나기는 마찬가지였다.

　일부 학자는 바알 종교와 성적 문란함의 연관성을 부인하지만(van

der Toorn, cf. Dearman), 대부분은 바알 종교가 성적으로 매우 문란했다고 한다(McComiskey, Day, Smith). 주전 5세기 그리스 역사가 헤로도투스(Herodotus)는 그리스 신화에 등장하는 사랑의 여신 아프로디테(Aphrodite)(로마 사람은 이 여신을 Venus로 부름)의 바빌론 신전에서 다음과 같은 일이 성행했다고 기록하고 있다. 바빌론의 여자는 누구든지 평생 최소한 한 번은 이 신전에 와서 그녀에게 처음 접근하는 남자와 돈을 받고 아프로디테 앞에서 성관계를 가져야 하는 의무가 있었다는 것이다. 이는 사회적 지위나 신분에 상관없이 그 누구도 예외가 없었다고 기록하고 있다. 물론 이스라엘에서 종교적 성관계가 이런 타락의 수준까지 도달했는지는 알 수 없으나, 종교와 성적 문란의 치명적인 혼합(deadly mix)을 상상할 수는 있을 것이다. 그렇다면 왜 가나안 사람은 매춘을 바알 종교에 도입한 것일까? 그들은 바알 신상 앞에서 성행위를 하면, 그 행위가 바알을 자극해 그 앞에서 성교하고 있는 자에게 다산과 풍요를 준다고 믿었기 때문이다.

선지자는 4:11부터 시작되는 새 문단을 바로 앞에 기록된 텍스트로부터 구분하기 위해 "간음, 술 그리고 새 술은 마음을 빼앗는다"(זְנוּת וְיַיִן וְתִירוֹשׁ יִקַּח־לֵב)(11절)라는 격언을 사용했다. 이번에는 호세아가 15절부터 신탁의 주제가 바뀌고 있음을 알리기 위해 또 하나의 격언을 사용해 이 섹션을 마무리한다. "깨닫지 못하는 백성은 망한다"(וְעָם לֹא־יָבִין יִלָּבֵט). 내용을 분석해볼 때 이 말씀은 격언일 가능성이 다분하다. 또한 문법적으로 생각할 때 이 문장은 아무런 어려움 없이 14절에서 분리될 수 있고, 이 문장이 없으면 오히려 선지자가 제시하는 수사학적인 질문이 더 큰 효과를 발휘할 수도 있다. 대체로 이스라엘의 격언은 이 혹은 삼 행(stanzas)으로 형성되어 있는데 이것은 일 행으로 이루어졌다는 것이 특이하다는 사실을 언급한 바 있다(cf. 11절 주해). 여기의 격언도 마찬가지다. 혹시 하나였던 격언을 두 파트로 나눈 것은 아닐까? 둘을 합하면 다음과 같이 된다.

"간음, 술 그리고 새 술은 마음을 빼앗는다"(זְנוּת וְיַיִן וְתִירוֹשׁ יִקַּח־לֵב)

"깨닫지 못하는 백성은 망한다"(וְעָם לֹא־יָבִין יִלָּבֵט)

위 두 행은 상당한 논리적 연관성을 지니고 있다. "간음, 술 그리고 새 술은 마음을 부패시킨다는 것을 깨닫지 못하는 백성은 망한다." 아마도 호세아는 그 당시 사람이 입버릇처럼 떠들어대던 잠언을 일부러 둘로 나누어서 사용하고 있는 듯하다. 그렇다면 왜 잠언을 이렇게 둘로 나누어서 사용하는가? 첫째, 모든 사람이 하나로 알고 있는 잠언을 나누어 말함으로 변화를 주어 청중의 관심을 끌어모으는 효과를 유도하고 있다. 둘째, 11-14절 내용이 이 잠언을 설명하는 것으로 여겨질 정도로 잠언과 연관성이 있어 보인다. 이스라엘은 지금 간음(영적, 육적)과 방탕에 마음을 빼앗겼다. 그러므로 선지자는 자신의 가르침을 일단락하면서 그들이 잘 아는 잠언의 뒷부분으로 경고하고 있다. "[자신의 행위가 무엇을 뜻하는가를] 깨닫지 못하는 백성은 망한다." 회개하고 여호와께 돌아오라는 권면이다. 그러므로 이 격언은 선지자에 의해 두 개로 분리되어 효율적으로 사용되고 있는 것이다.

위 잠언이 이곳에서 사용되는 또 다른 의미는 제사장이 잘 가르치지 않아서 백성이 깨닫지 못한 것임을 비난하기 위해서다(Sweeney). 그들은 오히려 백성을 비틀거리게 했고 여자들을 음탕한 길로 인도했다. 제사장의 직무유기로 벌어진 결과다. 우리는 사역자가 어떤 일을 하도록 부르심을 받았는지 잘 생각해보아야 한다. 사역자는 무엇보다도 하나님 말씀을 잘 가르치고, 그 말씀으로 백성을 양육하기 위해 부르심을 받았다. 사역자에게 하나님 말씀을 잘 가르치는 것보다 더 중요한 일은 없다. 이 일에 우리는 생명을 걸어야 한다. 말씀만이 사람을 변화시킬 수 있기 때문이다.

호세아가 자신의 책에서 이미 백성에게 잘 알려진 잠언을 사용하는 예는 한 번 더 등장한다. 책 전체를 마무리하는 잠언이다. "누가 지혜가 있어 이런 일을 깨달으며 누가 총명이 있어 이런 일을 알겠느냐 여호와의 도는 정직하니 의인은 그 길로 다니거니와 그러나 죄인은 그 길에 걸려 넘어지리라"(14:9). 선지자는 모든 메시지를 마무리하면서 백성에게 익숙한 잠언을 사용해 "내가 당신들에게 전해야 할 메시지는 다 전했으니 이제 의인의 길과 죄인의 길 중 하나를 택하라"는 권면을 하는 것이다. 선지자의 몫은 하나님 말씀을 선포하는 것이지만, 순종에 대한 선택은 각자의 몫이라는 뜻이다.

II. 하나님과 이스라엘(4:1–11:11)
  B. 간음하는 백성(4:4–5:4)

3. 권면: 성행하는 종교를 거부하라(4:15)

> ¹⁵ 이스라엘아 너는 음행하여도
> 유다는 죄를 범하지 못하게 할 것이라
> 너희는 길갈로 가지 말며
> 벧아웬으로 올라가지 말며
> 여호와의 사심을 두고 맹세하지 말지어다

선지자는 지금까지 선포한 메시지에 대한 실질적인 적용으로 이 말씀을 선포한다. 선지자는 이 메시지가 이스라엘을 위한 것일 뿐만 아니라 유다를 위한 것임을 분명히 한다. 유다의 이름이 등장하는 것이 기대 밖의 일이라 하여, 본문에서 유다를 삭제할 것을 제안하는 학자도 있다(Emmerson). 그러나 호세아는 유다에 대하여 첨예한 관심을 가지고 있다는 점을 감안할 때, 삭제하지 않고 그대로 두어야 한다. 게다가 선지자는 북 왕국 이스라엘의 비극적인 운명을 근거로 남 왕국 유다에게 교훈을 주고자 한다.

'이스라엘'이란 이름이 이 백성을 가리키는 용어로는 1:11 이후 처음

으로 다시 사용되고 있다. 물론 '이스라엘의 자손'(בְּנֵי יִשְׂרָאֵל)이란 표현은
3:1, 4, 5; 4:1에서 사용되었다. 그러나 '이스라엘'이란 호칭으로 부르
는 것은 1:11 이후 처음이다. 반면에 '내 백성'(עַמִּי)이란 애칭은 지금부
터 7:1에 이르기까지 사용되지 않는다. 여기서 다시 유다를 언급하는
것은 선지자가 이스라엘의 구원은 진정으로 다윗 왕조를 통해서 이루
어질 것을 확신하고 있기 때문인 듯하다(3:5; Garrett). 유다에게 이스라
엘의 행실을 따르지 말라고 권면한 다음, 선지자는 세 개의 금지령을
내린다.

첫째, "길갈로 가지 말라"(אַל־תָּבֹאוּ הַגִּלְגָּל). 길갈은 여호수아가 가나안
정복전쟁의 베이스캠프(basecamp)로 삼은 곳으로, 이스라엘이 요단 강
을 건넌 후 강에서 채취한 바위 열두 개로 기념비를 쌓은 장소이기도
하다. 여호수아는 이곳에서 백성에게 할례를 행한 후 가나안 땅에서는
처음으로 유월절을 지내도록 했다(수 5:7–12). 이스라엘은 이곳에 거하
면서 여리고 성을 함락시켰다. 길갈은 또한 사무엘이 사사와 제사장으
로 군림할 때 매년 찾던 곳이다(삼상 7:16). 사무엘과 사울에 얽힌 이야
기도 이곳을 배경으로 하고 있다(삼상 11:14–15). 다윗이 압살롬으로 인
해 도망했다가 돌아올 때, 유다 지파에 속한 백성은 이곳에서 그를 맞
이했다. 또한 엘리사의 제자들이 거하던 곳이기도 하다(왕하 4:38). 이
런 이유로 이스라엘은 길갈을 성지(聖地)로 삼았고, 자주 이곳으로 순
례를 갔던 것으로 생각된다. 이 유서 깊은 곳에 그들은 당연히 하나님
께 예배드릴 수 있는 처소를 세웠다(암 4:5; 5:5). 그러나 불행하게도 성
지 길갈에 세워진 제단이 이스라엘의 배교(背敎)를 부추기고 있었다.
그러므로 호세아뿐만 아니라 거의 비슷한 시대, 그러나 조금 앞선 시
대에 사역한 선지자 아모스도 백성에게 이곳에 가지 말라고 명령했다
(암 4:5; 5:5).

둘째, "벧아웬으로 올라가지 말라"(אַל־תַּעֲלוּ בֵּית אָוֶן). 벧아웬(lit., '죄의
집')은 벧엘(בֵּית־אֵל)을 비꼬는 말이 확실하다(Macintosh, Carroll). 아모스 선

지자도 길갈과 벧엘을 함께 연결하여 쌍으로 비난한다(암 4:4; 5:5). 호
세아가 아모스가 사용했던 방식을 그대로 사용하여 메시지를 선포하
고 있는 것이다. 벧엘은 모든 면에서 길갈보다 더 거룩한 곳이었다. 이
스라엘과 벧엘의 관계는 아브라함이 이곳에 장막을 친 것에서부터 시
작한다(창 12:8). 훗날 아브라함의 손자 야곱은 이곳에서 잠을 자다가
하늘에 이르는 사다리를 보고 원래 이름이 '루스'였던 이곳의 이름을
'벧엘'(문자적으로 '하나님의 집'이라는 의미)로 부르기 시작했다(창 28:11-18;
31:1-15). 훗날 하나님은 야곱에게 자신을 '벧엘의 하나님'(הָאֵל בֵּית־אֵל)
으로 소개하신다(창 31:13). 야곱은 이곳에 기념비와 단을 세웠다. 통일
왕국이 솔로몬의 죄로 분열할 때(931 BC), 이스라엘의 열 지파를 중심
으로 구성된 북 왕국 이스라엘을 통치하게 된 여로보암은 백성이 예루
살렘에 있는 솔로몬 성전으로 순례가는 것을 막기 위해 벧엘에 전을
세우고 그곳에 금송아지를 두었다(왕상 12:29). 물론 이런 행위는 선지
자들을 통해 강력한 비난을 받았지만(왕상 13장), 벧엘에서의 예배는 북
왕국이 아시리아로 끌려갈 때까지 진행되었다.

'아웬'(אָוֶן)은 재난, 무(無), 거짓, 속임수 등을 뜻하는 단어이며, 선지
자가 우상숭배를 비난할 때 우상을 부르는 말로 사용하기도 한다(사
66:3). 시편에서는 자주 '악을 행하는 자들'(פֹּעֲלֵי אָוֶן)이 언급되며, 우상
숭배자들로 해석되기도 한다(Andersen & Freedman). 호세아의 유희적인
단어 사용은 '하나님의 집'(בֵּית־אֵל)이 '속임수의 집'(בֵּית אָוֶן)으로 변했다는
것을 강조한다. 이 속임수는 우상숭배를 통해 행해지는 종교적인 사기
라는 것이 선지자의 주장이다.

셋째, "주의 살아계심으로 맹세하지 말라"(אַל־תִּשָּׁבְעוּ חַי־יְהוָה). '주의 살
아계심으로'(חַי־יְהוָה)라는 표현은 구약의 영웅이 자주 사용하는 맹세의
언어다(룻 3:13; 삼상 20:3; 왕상 2:24; 대하 18:13). 예레미야는 하나님이 바
알의 이름 대신 '주의 살아 계심으로' 맹세할 사람을 세우실 것을 예언
하기도 했다(렘 12:16). 그러나 또한 사람들이 '여호와의 살아 계심으로'

맹세하고도 거짓을 말하는 것을 비난하기도 했다(렘 5:2). 호세아 선지자가 본문에서 맹세를 금하는 것은 예수님의 가르침에 버금간다. 예수님도 맹세를 금하셨기 때문이다(마 5:34). 또한 호세아 시대 이스라엘은 숭배하는 여호와를 완전히 세속화(paganize)시켜 버렸다(Smith). 바알과 여호와를 같은 신으로 취급해버린 것이다. 그러므로 선지자는 아예 거룩한 이름, 곧 여호와의 이름을 들먹이지 말라고 경고하고 있다.

호세아의 권면은 이미 언급된 두 성지(聖地)에 연결해 이해해야 한다. 이스라엘의 역사, 종교에서 벧엘과 길갈은 매우 중요한 성지였다. 그러나 호세아 시대에 두 성지는 이제는 사람들 마음속에 경외심을 불러일으키지 못했던 것처럼, '여호와의 사심으로'라는 말 역시 아무런 종교적인 동기나 여호와에 대한 두려움을 유발하지 못하고 그저 사람들이 입버릇처럼 사용하는 표현이 되어버렸던 것이다(Mays). 그러므로 광야에서 많은 백성을 살렸던 모세의 청동 뱀이 훗날 이스라엘의 걸림돌이 되었던 것처럼(왕하 18:4), 이 말 역시 백성을 실족하게 하는 것이 되었다. 그러므로 다시는 죄를 짓지 않기 위해서는 이 표현의 사용을 완전히 금해야만 하는 불행한 시절이 임한 것이다. 위의 세 경고는 북 이스라엘보다는 남 유다에게 주는 것으로 여겨진다. 벧엘은 북 왕국에 속해 있지만 유다에서 매우 가까운 곳이었기에 남 왕국 사람도 자주 찾았던 곳이다(Garrett). 한 가지 흥미로운 것은 본문과 비슷한 구조를 형성하고 있는 아모스 5:5은 벧엘, 길갈, 브엘세바 등 세 성지를 비난한다. 반면에 호세아는 브엘세바를 '여호와의 살아 계심으로'라는 말로 대체하고 있다. 문자적으로 풀이하면 브엘세바는 '맹세의 우물'이라는 의미를 지녔다. 브엘세바와 '여호와의 사심으로'는 둘 다 맹세와 연관이 있다는 점을 고려할 때, 아주 재치 있고 적절한 대체로 여겨진다.

II. 하나님과 이스라엘(4:1-11:11)
  B. 간음하는 백성(4:4-5:4)

4. 우상숭배 비난(4:16-19)

¹⁶ 이스라엘은 완강한 암소처럼 완강하니

이제 여호와께서 어린 양을 넓은 들에서 먹임 같이

그들을 먹이시겠느냐

¹⁷ 에브라임이 우상과 연합하였으니 버려 두라

¹⁸ 그들이 마시기를 다 하고는 이어서 음행하였으며

그들은 부끄러운 일을 좋아하느니라

¹⁹ 바람이 그 날개로 그를 쌌나니

그들이 그 제물로 말미암아 부끄러운 일을 당하리라

앞에서 남 왕국 유다에게 북 왕국 이스라엘을 닮지 말라고 권면한 선지자는(15절), 이 섹션에서는 북 왕국 이스라엘의 죄를 세 가지 이미지를 사용해 포괄적으로 비난한다(16-18절). (1) 완강한 암소(16절), (2) 강력 접착제와 같은 우상숭배 근성(17절), (3) 그칠 줄 모르는 방탕(18절)이다. 이 같은 삶을 살고 있는 이스라엘이 심판을 피해갈 수 없는 것은 당연한 일이다. 그러므로 선지자는 자신의 메시지를 심판선언으로 마무리한다(19절).

첫째, '완강한 암소'(16절)는 훗날 예레미야가 다시 사용하는 이미지로 주인이 끄는 대로 따라가지 않는 짐승의 모습을 묘사한다. 이스라엘은 원하는 대로 길을 가겠다고 고집 피우면서 하나님이 바른 길로 인도하고 축복하실 수 있는 모든 가능성을 거부하고 있다. 그러나 잘 알고 있듯이 우리가 생각할 때 옳은 길을 가는 것이 아니라(각자 자기 소견에 옳은 대로 행하는 것이 아니라) 하나님이 정해 주신 길을 가야 한다. 우리는 하나님의 어린 양이며 양은 목자가 인도하는 대로 가는 것이 당연하다. 그래서 성경은 하나님과 백성의 이상적인 관계를 목자와 양의 관계로 묘사한다(16절; cf. 시 23장). 안타깝게도 하나님의 양인 이스라엘이 철없고 고집만 피우는 송아지로 전락했으니 이제는 '목자-양' 관계가 유지될 수 없다.

둘째, "에브라임이 우상과 연합하였으니"(17절)는 '우상에게 홀렸다'라는 의미다(Garrett). 즉, 아무리 논리적, 이성적으로 그들의 잘못과 우상의 허무함을 말해도 알아들을 수 없고, 들으려고도 하지 않는 상태가 되어버린 것이다. 이처럼 상황이 매우 절망적이기에 "버려두라"(17절)라는 말밖에 나오지 않는다. 앞으로도 상황이 바뀌지 않을 것 같고 개혁으로는 해결될 문제가 아니기에 결국 심판 때까지 내버려두었다가 그때 가서 확실하게 우상 문제를 다루시겠다는 뜻이다. 이런 정황에서 하나님의 '버려두라'는 죄인을 포기하신 무서운 말씀이다. 오늘날로 말하면 이스라엘과 우상이 강력 접착제로 하나가 되어 있다고 말할 수 있다. 도저히 둘을 떼 놓을 수가 없다.

주변에서 "나는 하나님을 믿지 않고 온갖 나쁜 짓을 하면서도 잘 사는데, 너희 그리스도인은 왜 그렇게 지은 죄를 회개한답시고 매일 신의 용서를 구하며 사냐? 만일 심판하는 신이 있다면, 내가 그 신이라도 나 같은 사람을 가만히 두지 않을 텐데 말이다"라며 깐죽거리는 사람들을 종종 본다. 호세아는 이런 사람에게 일침을 가하고 있다. 하나님이 무능해서가 아니라, 창조주가 그들을 아예 포기하셨기에 심판 때까지 가만두시는 것이라고 한다. 예수님도 비유로 말씀하면서 농부가 추수 때까지 혹시라도 곡식이 다칠까 봐 가라지를 뽑지 않고 가만히 두라고 하셨다(마 13:24-30). 선하신 창조주가 포기하신 악한 피조물! 심판 때 얼마나 혹독한 벌을 받게 될까? 생각만 해도 두렵다!

셋째, 그들은 끊임없이 방탕생활을 한다(18절). 술에 취해 마음이 부패하니(11절) 눈에 뵈는 게 없다. 취기에 음행(신전 창녀들과 놀아남 등등)을 행한다. 그것도 이스라엘 지도자가 앞장서서 이런 짓을 행한다. 본문에 '그의 지도자들'(מָגִנֶּיהָ)을 문자적으로 해석하면 '그의 방패들'이라는 뜻이다. 방패가 이방 종교의 예식에 사용되었던 물건으로 간주하여 "그들은 수치러운 방패들을 사랑한다"라는 맥락으로 해석하기도 한다 (McLaughlin, Emmerson, Garrett, Macintosh). 개역개정과 새번역도 이런 맥락에서 이 구절을 해석한다(May, Stuart). 물론 선지자가 갑자기 리더에 대해 언급하는 것이 예상 밖이라고 생각할 수 있지만, 이스라엘의 '방패'가 되는 리더로 이해하는 것이 바람직해 보인다(Keil, Harper, cf. NIV, NAS). 또한 리더에 대한 언급은 5:1을 위한 준비 작업이라고 할 수 있다. 즉, 선지자는 이스라엘의 영적 타락에 리더가 한 몫을 톡톡히 하고 있다고 고발하고 있는 것이다. 그러니 나라 꼴이 뻔하지 않겠는가!

한 가지 깨달아야 할 점은 호세아가 본문을 통해 이스라엘 사회의 몰락을 묘사하고 있다는 점이다. 하나님을 중심으로 형성된 사회의 몰락은 여호와의 진리를 버리고 자신들의 가치관과 철학을 고집하는 것에서 시작된다. 그다음 우상숭배/이방 종교의 가치관 등을 수용하는 종교적 타락이 오게 된다. 이러한 종교적 가치관의 타락은 윤리적 타락으로 치닫는다. 즉, 사회의 몰락은 하나님 말씀과 가치관에 복종시키지 않고 자신의 길을 고집하는 데서 비롯되는 것이다. 사사 시대에 이스라엘이 몰락한 이유가 하나님 기준에 따라 살지 않고 '각자 자기 소견에 옳은 대로 행하다'가 그렇게 되었다는 사실이 교훈이 된다.

하나님은 완전히 부패해 버린 이스라엘에게 회오리바람처럼 임하셔서 멸하실 것을 선언하신다(19절). '날개 있는 바람'은 회오리바람을 뜻한다(NIV). 회오리바람은 하나님의 현현과 연관되어 있고 자주 하나님의 심판을 의미한다(Niehaus). 욥은 회오리바람 속에서 말씀하시는 하나님을 보았다. 이 말씀은 호세아가 유다에게 이스라엘을 본받지 말라고 한 경고의 절정이다. 만약 유다가 이스라엘을 따르면, 그들도 결코 하나님의 '회오리바람'의 심판을 피할 수 없을 것이다.

5. 지도자에 대한 비난과 심판(5:1-4)

¹ 제사장들아 이를 들으라

이스라엘 족속들아 깨달으라

왕족들아 귀를 기울이라

너희에게 심판이 있나니

너희가 미스바에 대하여 올무가 되며

다볼 위에 친 그물이 됨이라

² 패역자가 살육죄에 깊이 빠졌으매

내가 그들을 다 벌하노라

³ 에브라임은 내가 알고

이스라엘은 내게 숨기지 못하나니

에브라임아 이제 네가 음행하였고

이스라엘이 더러워졌느니라

⁴ 그들의 행위가 그들로 자기 하나님에게 돌아가지 못하게 하나니

이는 음란한 마음이 그 속에 있어

여호와를 알지 못하는 까닭이라

선지자는 지금부터 하고자 하는 말씀이 매우 중요하다며 세 개의 명령문을 사용해 사람들의 집중적인 관심을 요구하는 것으로 이 섹션을 시작한다. "들으라(שִׁמְעוּ)…깨달으라(הַקְשִׁיבוּ)…귀를 기울이라(הַאֲזִינוּ)"(1절). 호세아는 이스라엘이 이렇게 몰락하게 된 것에 대해 이스라엘 사회를 구성하는 세 그룹에게 책임을 추궁한다. 종교적 지도자인 제사장, 정치적 지도자, 해석적으로 논란이 되고 있는 '이스라엘 집안/족속'(יִשְׂרָאֵל בֵּית)이다. 메시지의 전체 분위기가 이스라엘의 지도자에 대한 비난이란 점을 감안할 때 '이스라엘 집안'이란 말이 잘 어울리지 않는다. 그

205

러므로 BHS는 리더십을 문제 삼는 문맥과 어울리게 '집'(בֵּית)을 '왕자들'(שָׂרִי)로 수정할 것을 제안한다. 유태인의 성경인 TNK는 각주(marginal reading)에서 '선지자들'을 제안한다. 이 제안에 의하면 호세아는 당시 종교적 지도층인 제사장과 한통속이 된 [거짓] 선지자를 중점적으로 비난하고 있다. 한 주석가는 미가 3:1, 9; 사무엘상 11:3; 열왕기상 21:8, 신명기 19:12 등에 근거해 '이스라엘의 집안'(בֵּית יִשְׂרָאֵל)을 '이스라엘 집안의 장로들'(וְזִקְנֵי בֵּית יִשְׂרָאֵל)로 수정할 것을 제안한다(Wolff). 선지자가 '제사장-이스라엘 집안-정치인'의 순서로 리더십을 비난하고 있다는 것을 참작해 '이스라엘 집안'은 두 그룹, 곧 종교적 리더와 정치적 리더를 뜻하는 포괄적 표현이라 하기도 한다(Andersen & Freedman). 이 해석에 의하면 비록 세 개의 경고가 제시되고 있지만, 두 종류의 리더십에 속한 사회의 상류층이 비난을 받고 있다는 것이다. 이처럼 다양한 제안이 있지만 한 가지 확실한 것은 이 텍스트가 리더에 대한 비난이라는 것이다.

개역개정에서 "너희에게 심판이 있나니"(1절)로, 새번역이 "너희가 심판을 받아야 할 것이다"(NIV, NRS, NAS)로 번역된 히브리어 문구(הַמִּשְׁפָּט לָכֶם)를 문자적으로 풀이하면 '심판/재판은 너희의 것이다'라는 뜻이다. 또한 TNK는 '그 정의'(הַמִּשְׁפָּט)를 '의로운 행위'로 해석해 "의로운 행위는 너희의 책임이다"(right conduct is your responsibility)로 번역한다. 이렇듯 이 짧은 문구에 대한 해석이 다를 수 있는 것은 호세아가 의도적으로 문장의 뜻을 흐리고 있기 때문이다. 아마도 "너희들이 리더들로서 모범이 되어야 하는데 제대로 재판(מִשְׁפָּט)을 하는 의로운 삶을 살지 못했기 때문에 이제 심판(הַמִּשְׁפָּט)을 받아야 한다"라는 뜻을 전하기 위해 다소 애매모호한 문장을 사용한 것으로 생각된다.

"반역자들이 살상에 깊이 빠져들었다"(וְשַׁחֲטָה שֵׂטִים הֶעְמִיקוּ)(새번역; cf. 개역; NIV, NAS)(2절). 역시 해석상의 문제를 안고 있다. 호세아는 자신의 책에서 종종 숫자 '3'을 중심으로 메시지를 구성하고 있는데 1절에서도 사회의 세 부류 사람에게 비난의 화살을 쏘았다. 또한 같은 구절을 미스바, 다볼에 대해 언급하고 마쳤기 때문에 이 구절에서 세 번째 도시 이름을 기대하는 것은 당연하다. 그런데 셋째 도시 이름이 기대되는 상황에서 이런 표현이 나오는 것은 전혀 뜻밖의 일이다. 그래서 BHS 는 שַׁחֲטָה שֵׂטִים(lit., '반역자들이 살상을 [한다]')를 שַׁחַת הַשִּׂטִים('싯딤의 함정')으로 대체할 것을 제안한다(cf. 새번역 각주). 이 제안을 받아들이면 이 문장은 "너희는 싯딤에 파놓은 함정이다"/"싯딤에 파놓은 깊은 함정"이된다(NRS, REB). 문맥의 흐름을 감안할 때 이 제안을 수용하는 것이 바람직하다. "너희는 미스바에 놓은 덫이고, 다볼 산 위에 펼쳐 놓은 그물이다. 너희는 싯딤 땅에 깊이 파놓은 함정이다"(1c–2a절).

도시/지역 이름과 연관된 세 가지 비유를 하나씩 살펴보자. 첫째, '너희는 미스바에 놓은 덫'(פַּח הֱיִיתֶם לְמִצְפָּה)이다. 팔레스타인의 여러 도시가 미스바라는 이름으로 불렸다. 그러나 본문이 언급하는 미스바는 같은 이름으로 불리는 여러 도시 중 가장 중요한 미스바였을 것이다. 이 미스바는 예루살렘에서 북쪽으로 약 10㎞ 떨어진 곳으로, 벧엘, 길갈과 같이 사무엘이 자주 방문했던 곳이다(삼상 7장). 이곳은 왕권 통치가 시작되기 전까지 이스라엘 각 지파에게 중요한 곳이었고, 아마도 신전이 있었던 곳으로 추측된다. 주전 8세기 것으로 여겨지는 아스탈트 여신(Astarte)의 입상(立像) 여러 개가 이곳에서 발견되었다(Mays).

둘째, '너희는 다볼 산 위에 펼쳐 놓은 그물'(רֶשֶׁת פְּרוּשָׂה עַל־תָּבוֹר)이다. 다볼 산은 갈릴리 호수에서 남서쪽으로 약 20㎞ 떨어진 곳에 있다. 사사 시대에 드보라의 명령에 따라 바락이 야빈의 부하 시스라와 전쟁을 하기 위해 이 산에 간 것이 기록되어 있다(삿 4:6). 우리는 이 사실 외에는 이 산에 대해 특별히 아는 바가 없다. 다만 이 산이 이스르엘 계곡을 내려다보고 있다는 점을 감안할 때 아마도 이곳에 산당(high place)이 있었을 가능성이 높다(Garrett, Dearman).

셋째, '너희는 싯딤에 파놓은 함정'(שַׁחַת הַשִּׂטִים הֶעְמִיקוּ)이다. 싯딤은 요

단 강 건너편에 있던 곳으로 가나안 정복을 앞둔 이스라엘이 요단 강을 건너기 전에 마지막으로 머물던 곳이다(수 2:1). 길갈은 이스라엘이 요단 강을 건넌 후 머물렀던 첫 지역이었다는 점을 감안할 때, 싯딤은 요단 강을 사이에 두고 길갈과 대조를 이룬다. 또한 갓, 르우벤, 므낫세 반 지파가 차지하고 있는 땅의 상징이다(Dearman). 호세아가 활동했던 여로보암 2세 시대에 이 지역은 이스라엘에 속해 있었다. 확실하지는 않지만 이곳에서도 종교적인 타락이 있었던 것으로 추정된다.

위에 나열된 세 비유의 공통점은 모두 '덫'(viz., 속임수), 곧 사냥과 연관되어 있다는 점이다. 하나님은 이스라엘의 지도자가 백성을 속이고 잘못 지도하고 있음을 비난하신다. 비유는 이스라엘 사회에서 일부 그룹이 정권을 장악하기 위해 온갖 권모술수를 사용하고 있음을 뜻할 수 있다(Smith). 그러나 어떤 구체성을 띠지 않고 사회의 전반적인 분위기를 묘사하는 표현일 가능성이 더 크다. 지도자는 백성을 덫에 걸리지 않도록 해야 하며, 덫이 없는 안전한 곳으로 인도할 책임이 있다. 그런 그들이 오히려 백성을 잡고 다치게 하는 덫이 되었으니 참으로 안타까운 일이다. 이들의 만행은 벧엘, 길갈과 같이 잘 알려진 곳에서만 성행하는 것이 아니라(4:15), 별로 중요하지 않은 지역까지 영향을 미치고 있었다. 선지자가 고발하고자 하는 것은 경건과 거룩으로 가득해야 할 온 이스라엘이 죄로 가득하다는 사실이다(Carroll, Smith). 그러므로 그들이 죄로 오염시킨 땅의 주인이신 하나님이 이들을 벌하실 것이다(2b절).

이미 언급된 이스라엘의 죄에 대한 비난은 하나님의 편견이나 선지자의 선입견에서 비롯된 것이 아니다. 하나님은 그동안 관심 있게 지켜보셨으므로 그들을 잘 알고(ידע) 있으시다(3절). 그러므로 이스라엘은 변명하거나 하나님의 심판에서 숨지 못한다. 북 왕국 이스라엘의 구심점을 이루고 있는 지파인 에브라임이 집중적으로 비난을 받고 있다. 북 왕국의 '우두머리'를 정죄하고 있는 것이다. 이스라엘의 가장 심각한 죄는 창녀가 몸을 팔듯이 우상에게 몸을 판 것이다(3b절). 이스라엘이 이방 신에게 미쳐 있다는 뜻이다.

우리는 이 절박한 상황에서도 "설령 하나님의 심판이 코앞에 와 있다 할지라도 회개하면 살려주시지 않을까?"라는 질문을 해본다. 물론 진정으로 회개하면 하나님은 용서하실 것이다. 그러나 이스라엘은 회개할 능력도, 의지도 없다. 죄 속에서 너무 오랫동안 살아왔기 때문이다. 성경에는 이 두 가지 진리가 팽팽한 긴장관계를 유지한다. 첫 번째 진리는 회개는 항상 가능하다는 사실이다. 두 번째 진리는 타락과 부패의 노예가 되면 회개가 현실적으로 불가능하다는 사실이다. 본문은 두 번째 진리에 초점을 맞추고 있다. 이스라엘의 완전한 배교가 회개의 가능성을 송두리째 빼앗아간 것이다(Wolff). 이스라엘이 오랜 세월 동안 이방 종교와 가치관에 젖어 살다 보니 이제는 여호와께 돌아가고 싶어도 돌아갈 수 없는 상황이 되어버렸다. 돌아가기에는 하나님으로부터 너무 멀리 떠나왔기 때문이다. 왜 이렇게 되었는가? 그들의 삶이 음란한 생각과 행동으로 가득 차 있기에 하나님을 알지 못해서이다. 더는 여호와를 알지 못한다는 것은 4:1을 연상시킨다.

II. 하나님과 이스라엘(4:1–11:11)

C. 이스라엘과 유다에 대한 경고(5:5–6:11a)

선지자는 바로 앞 섹션(4:1–5:4)에서 이스라엘의 우상숭배와 이교화(異敎化)되어버린 여호와 종교를 맹렬히 비난했다. 호세아는 이번에도 같은 주제를 언급한다(6:7–11). 그러나 이 섹션에서 선지자의 주 관심은 이스라엘과 유다의 정치 상황이다. 선지자는 머지않아 이스라엘과 유다가 전쟁을 하게 될 것이고(5:8–12), 이스라엘과 유다가 종교 문제를 외교적으로 해결하려는 것을 비난한다(5:13–14). 지금까지 이스라엘의 종교적 부패를 중심적으로 지적해 왔던 선지자가 정치 외교에도 관심을 갖기 시작한 것이다. 정치에 대한 관심은 다음 섹션(6:11b-7:16)에서 절정에 달한다.

호세아가 이 섹션에서 중요하게 다루는 또 다른 이슈는 하나님의 접근성(accessibility)이다. 많은 사람이 자신은 언제든지 마음만 먹으면 언제든지 하나님을 찾을 수 있다고 착각하며 산다. 하나님은 언제든지 우리를 만나주실 것이라고 생각한다. 그러나 선지자는 이 섹션에서 두 차례나 그렇지 않다고 한다. 하나님이 때로는 떠나실 수도 있고, 한 번 떠나시면 아무리 큰 제물을 가지고 와도 그분을 만날 수 없을 것이라고 말한다(5:6). 또한 백성의 죄에 실망하신 하나님이 회개하고 진심으로 주님을 찾을 때까지 백성 앞에 모습을 드러내지 않으실 수도 있다고 한다(5:15). 우리는 하나님을 찾을 만할 때에 찾아야 한다는 것이 선지자의 가르침이다.

이 섹션은 이렇다 할 구조를 갖추지 못했다. 여러 주제가 규칙적인 흐름 없이 전개되고 있다. 이 책에서는 다음과 같은 분석을 바탕을 본문을 주해해 나가고자 한다.

A. 이스라엘과 유다는 하나님을 만나지 못할 것(5:5-7)
B. 임박한 이스라엘과 유다의 전쟁(5:8-12)
C. 하나님이 백성을 심판하시고 떠나심(5:13-15)
D. 주께 돌아오라는 선지자의 권면(6:1-3)
E. 하나님이 원하시는 것(6:4-6)
F. 에브라임과 유다의 배교(6:7-11a)

1. 이스라엘과 유다는 하나님을 만나지 못할 것(5:5–7)

> 5 이스라엘의 교만이 그 얼굴에 드러났나니
>
> 그 죄악으로 말미암아 이스라엘과 에브라임이 넘어지고
>
> 유다도 그들과 함께 넘어지리라
>
> 6 그들이 양 떼와 소 떼를 끌고 여호와를 찾으러 갈지라도
>
> 만나지 못할 것은 이미 그들에게서 떠나셨음이라
>
> 7 그들이 여호와께 정조를 지키지 아니하고 사생아를 낳았으니
>
> 그러므로 새 달이 그들과 그 기업을 함께 삼키리로다

선지자가 이때까지 우상숭배에 대해 언급해 오다가 갑자기 이곳에서 이스라엘의 교만을 비난하는 것에 대해 의아해 하는 사람도 있다. 그러나 호세아가 이곳에서 '교만'을 사용하는 것은 아직도 이스라엘의 지도자를 상대로 말씀을 선포하고 있음을 암시하는 일종의 신호이다. 또한 4:16–18에서 본 것처럼 호세아에 의하면 부패의 시작이 고집(viz., 일종의 교만)에 있다는 점을 감안할 때, 하나님의 심판을 논하는 이곳에서 교만이 언급되는 것은 당연하다. 교만한 자의 가장 기본 모습은 자신의 죄/과오를 인정하지 않는 일이다. 아마도 이스라엘의 가장 큰 교만은 곧 자신의 잘못을 인정하지 않는 것이다(Smith).

이스라엘이 하나님의 심판을 받아 멸망하는 날, 사람들은 이스라엘이 왜 멸망했는지 그 이유를 분명히 알게 될 것이다. 결국 그들은 자신의 죄에 걸려서 스스로 넘어진다. 이스라엘은 하나님의 징벌을 받아 무너지는 것이 아니라 스스로 지은 죄에 걸려 넘어지는 것이다. 죄는 이처럼 죄지은 자를 넘어뜨리는 올무와 같은 역할을 한다. 그러므로 우리는 스스로 걸려 넘어질 올무를 만들지 않도록 노력해야 한다. 선지자는 유다도 이스라엘처럼 죄에 걸려 넘어질 것이라고 한다(viz., 망할

것). 비록 호세아가 유다만큼은 하나님의 심판을 피하기를 바라고 있지만, 유다도 하나님의 심판을 받아야 하는 시대가 다가오고 있음을 안타까운 마음으로 지켜보고 있다. 심판을 받는 자는 아프고, 심판을 행하시는 하나님은 고통스러워하시고, 옆에서 지켜보는 자는 안타깝기 그지없다. 그러므로 하나님의 심판을 받지 않도록 경건하게 살아야 한다. 심판의 결과는 여러 사람을 아프게 한다.

선지자는 4절에서 죄를 즐기고 있는 이스라엘이 회개할 능력을 상실했다고 선언했다. 이제 호세아는 설령 그들이 회개하기로 작정하고 용서받기 위해 '양 떼와 소 떼'를 몰고 여호와를 찾아나선다 할지라도 하나님이 만나 주시지 않을 것이라고 선언한다(6절). 그렇다면 하나님이 진정으로 회개하는 사람을 용서하지 않으시는 경우도 있다는 말인가? 그런 뜻이 아니다. 여기에 언급된 내용과 4절 내용은 함께 가논법(假論法)(pseudosorites)을 형성하고 있다(O'Connor, Andersen & Freedman). 즉, 이 문장의 의미는 "비록 이스라엘의 행실이 그들로 하여금 여호와께 돌아오는 것을 불가능하게 하고 있지만, 설령 그들이 돌아와도 여호와를 찾을 수 없을 것이다"이다. 이 논법의 더 확실한 예가 9:11-12에서 사용된다.

선지자가 말하고 있는 '여호와를 찾는 것'은 마음의 회심을 동반한 진정한 회개가 아니다. 아마도 여호와를 바알같이 취급해 추구할 경건과 거룩한 삶과는 전혀 상관 없이 그저 율법이 정한 제물과 예식을 통해 여호와의 마음을 달래고 환심을 사려는 행위로 여겨진다(Mays). 진정한 회개는 언제든지 가능하고, 하나님은 이런 회개를 얼마든지 환영하시기 때문이다. "나 주가 이스라엘 가문에 선고한다. 너희는 나를 찾으라. 그러면 산다. 너희는 베델을 찾지 말고, 길갈로 들어가지 말고, 브엘세바로 넘어가지 말아라…너희는 주님을 찾아라. 그러면 산다"(암 5:4-6, 새번역). 그러나 문제는 사람이 죄를 범하는 일에 익숙해질수록 점차 회개의 필요성을 느끼지 못하게 되어 결국 회개할 수 없게 된다는 것이다. 그러므로 여호와를 찾을 만할 때(viz., 양심이 회개의 필요성을 조금이라도 느낄 때) 하나님을 찾아야 한다.

　이스라엘이 주님께 정조를 지키지 않고 사생아를 낳았다는 말씀(7a절)은 남편 여호와를 버리고 우상에게 몸을 팔았다고 하는 3절의 자연스러운 결과다. 이스라엘의 지속적인 배교는 여호와의 자식이라 할 수 없고 바알의 자식이라 불릴 수밖에 없는 '사생아 세대'(בָּנִים זָרִים)를 탄생시킨 것이다. 사생아로 번역되고 있는 히브리어 단어(זָרִים)는 이방인을 뜻한다. 즉, 한때 하나님이 특별히 자기 백성으로 구별하여 사랑하셨던 이스라엘이 어느덧 이방인과 별반 다를 바 없는 백성으로 타락했다. 이스라엘이 선민으로서 정체성을 잃어버린 것이다. 이스라엘의 신학적 정체성은 여호와를 알고 섬기기를 서약한 일에서 비롯되었다. 그들이 이방 민족과 달리 거룩한(구별된) 백성이었던 것은 열방의 신과 구별된 거룩하신(구별된) 하나님을 섬겼기 때문이었다. 그런데 이스라엘이 다른 민족의 신에게 절하고 있다. 그러므로 이제는 거룩한(구별된) 백성이 아니다. 거룩하신 여호와를 좇지 않고 이방인처럼 우상을 좇았기 때문이다. 이것이 선지자의 정체성에 대한 가르침이다. 우리가 거룩하신 하나님을 섬기면 거룩하게 되지만, 허무한 우상을 숭배하면 우리도 허무한 사람이 된다(렘 2:5). 우리의 정체성과 가치는 재능과 재력에 의해 결정되는 것이 아니라, 누구를 아느냐에 의해 결정되기 때문이다.

　상황이 이렇게 되었으니 하나님은 이방인들과 별반 다를 바 없는 이스라엘을 심판하실 수밖에 없다. 그러나 "월삭(new moon)이 그들과 그 기업을 함께 삼키리로다"로 번역된 문장(עַתָּה יֹאכְלֵם חֹדֶשׁ אֶת-חֶלְקֵיהֶם)(7b절)이 정확히 무슨 의미를 지니고 있는가? 마소라 사본(MT)에 전혀 손을 대지 않는 상태에서는 '월삭'(חֹדֶשׁ)이 이스라엘의 종교 행사였던 '월삭 축제'라는 의미를 지녔다(사 1:13). 월삭 축제는 이스라엘 종교를 통틀어 말하는 대표성(metonymy)으로 이해된다. 즉, 하나님이 썩을 대로 썩어버린 그들의 종교를 멸하시겠다는 것이다. 그러나 이스라엘 종교가 어떻게 밭을 삼키는가? 잘 설명이 되지 않는다. 칠십인역(LXX)은 '월삭'(חֹדֶשׁ)을 식물이 말라 죽어가는 '마름병'(ἡ ἐρυσίβη)으로 해석한다. 즉, 가뭄이 땅을 황폐하게 만들 것이라는 예언이다. "기근이 너희와 너희 밭을 함께 삼킬 것이다." 한 주석가는 칠십인역이 요엘 1:4의 메뚜기 떼(חָסִיל)를 이 헬라어 단어(ἡ ἐρυσίβη)로 번역한다는 점에 근거해 이 단어가 히브리어로 메뚜기 떼를 뜻하는 단어(הֶחָסִיל)로 수정되어 '메뚜기 떼'로 해석되어야 한다고 주장한다. "메뚜기 떼가 너희와 너희 밭들을 함께 삼킬 것이다"(Wolff). '월삭'(חֹדֶשׁ)을 '다른 사람'(חָדֵשׁ)으로 히브리어 단어의 모음만 바꾸는 것이 제안되기도 한다(Andersen & Freedman). 이 제안에 의하면 본문은 "다른 사람(이방인)들이 너희와 너희 밭을 삼킬 것이다"가 된다. 이방인의 손에 이스라엘이 망하게 될 것을 의미하는 것이다. 호세아가 정확하게 무엇을 염두에 두고 있는지 알 수 없지만, 한 가지 확실한 것은 이스라엘이 농경지와 함께 하나님의 심판을 받아 망할 것이라는 사실이다.

II. 하나님과 이스라엘(4:1–11:11)
  C. 이스라엘과 유다에 대한 경고(5:5–6:11a)

2. 임박한 이스라엘과 유다의 전쟁(5:8–12)

⁸ 너희가 기브아에서 뿔나팔을 불며
라마에서 나팔을 불며
벧아웬에서 외치기를
베냐민아 네 뒤를 쫓는다 할지어다
⁹ 벌하는 날에 에브라임이 황폐할 것이라
내가 이스라엘 지파 중에서 반드시 있을 일을 보였노라
¹⁰ 유다 지도자들은 경계표를 옮기는 자 같으니

내가 나의 진노를 그들에게 물 같이 부으리라
[11] 에브라임은 사람의 명령 뒤따르기를 좋아하므로
학대를 받고 재판의 압제를 받는도다
[12] 그러므로 내가 에브라임에게는 좀 같으며
유다 족속에게는 썩이는 것 같도다

북 왕국 출신인 호세아가 남 왕국 유다에 거는 기대는 각별했다. 그는 이스라엘에게 치명적인 심판을 선언하면서도 유다는 이스라엘을 모방하지 말라고 호소했다(4:15-19). 그러나 유다 역시 이스라엘처럼 하나님께 죄를 짓고 있다는 사실을 그 누구보다 잘 알고 있었다. 그래서 선지자는 유다가 이스라엘과 함께 넘어질 날이 올 것이라고 경고했다(5:5). 선지자는 이제부터 유다와 이스라엘이 구분되지 않을 정도로 함께 타락해 있음을 비난한다. 두 나라는 같은 죄를 저지르고 있기에 동일한 심판을 받게 될 것이다. 그동안 선지자가 이스라엘과 유다의 죄를 드러내는 데 중점을 두었다면, 이번에는 그들에게 내릴 하나님의 심판에 초점을 맞춘다. 유다와 이스라엘에 대한 하나님의 심판은 두 나라의 갈등으로 임한다. 많은 학자가 5:8-6:6의 역사적 배경을 주전 735-732년에 이스라엘과 시리아가 연합하여 유다를 쳤던 전쟁(Syro-Ephraimite War)으로 간주한다(Macintosh, Carroll, cf. 사 7장).[10] 그러나 누가 누구를 공격했는지 정확하지 않다. 일부에서는 이스라엘이 유다를 공격했다고 하고(Arnold, Smith), 유다가 이스라엘을 공격했다고 풀이하는 사람도 있다(Alt, Wolff, Stuart). 심지어 본문에 묘사된 트럼펫 소리가 전쟁을 알리는 것이 아니라 예배의 시작을 알리는 것이라고 해석하는 사람도 있다(Good, cf. Dearman). 이처럼 본문의 의미가 불확실하다. 여기

---

10 이러한 견해는 알트(Alt)가 제일 먼저 제시한 것이며 대부분이 오늘날에도 그의 해석을 수용한다. 그러나 이 전쟁이 말씀의 배경이 될 수 없다며 여로보암 2세의 죽음 이후인 750년대 말에 있었던 일로 해석하는 주석가도 있다(Sweeney).

서는 주전 735-732년에 이스라엘-시리아 연합군에게 선제 공격을 받았던 유다가 아시리아 군이 가나안에 입성하여 시리아와 이스라엘을 무력화시킨 틈을 타 유다가 반격한 일을 배경으로 본문을 해석하고자 한다(Wolff, Stuart).

주전 735년, 이스라엘의 도발에 자극을 받았던 유다가 이스라엘을 침략하는 일로 이 전쟁은 시작한다(8절). 원래 나팔(שׁוֹפָר)은 숫양의 뿔을 뜻하며, 호각(חֲצֹצְרָה)은 쇠로 만든 도구였으며 여러 가지 기능을 담당했다. 여기서는 전쟁을 알리는 기구로 사용되고 있다. 본문에 언급된 세 도시는-기브아, 라마, 벧아웬(벧엘)-모두 예루살렘 바로 위쪽에 있는 베냐민 지파에 속한 땅이다. 또한 순서가 기브아(가장 남쪽에 있는 곳)에서 벧엘(가장 북쪽에 있는 곳)로 정렬되어 있는 것은 아마도 유다가 이스라엘을 향해 진군하고 있음을 암시하는 듯하다(Mays). "베냐민아, 네 뒤를 쫓는다"는 전쟁으로 진군하는 군인들의 함성으로 해석되기도 한다(Garrett). 본문은 유다가 베냐민 땅을 놓고 이스라엘과 한판 전쟁을 치르는 느낌을 준다. 이러한 상황에서 이 함성은 유다가 베냐민 지파에게 자신의 땅을 이스라엘로부터 지키기 위해 앞서 가라는 말로 보인다(McComiskey).

유다의 진군은 하나님이 이스라엘을 염두에 두고 계획하신 심판의 날이 될 것이다(9절). 북 왕국 이스라엘에게 올 것이 온 것이다. 그러나 하나님의 도구가 되어 이스라엘을 벌하기 위해 진군하는 유다 역시 하나님의 심판을 면하지 못한다. 비록 하나님의 진노의 도구로 사용되고 있지만, 단순히 영토 확장을 위하여 자매 나라를 치고 있기 때문이다(10절). 신명기 27:17은 각 개인 땅이나 지파 소유의 땅 경계선을 옮기는 자는 저주를 받을 것이라고 한다. 유다는 이처럼 저주받을 행위를 범국가적으로 행하고 있는 것이다.[11] 그러므로 하나님이 유다에게도

---

11 한 주석가는 이 말씀이 선지자의 것이 아니라 이스라엘 사람이 평소 유다 공격을 정당화시키기 위해 한 말이라고 한다(Wolff).

"나의 분노를 물처럼 쏟아 부을 것이다"라고 선언하신다. 두 나라가 동일하게 하나님의 진노를 받고 있다.

"에브라임이 심판을 받아, 억압을 당하고 짓밟혔다"(פְּרִים רְצוּץ מִשְׁפָּט אֶשׁוּק עָ)(11절, 새번역)는 문자적으로 풀이하면 "에브라임은 짓밟혔고, 심판에 의해 무너졌다"라는 뜻이다. 비록 유다가 경건한 마음으로 전쟁을 시작한 것은 아니지만 북 왕국과의 싸움에서 승리할 것을 예언하고 있다. 왜 에브라임이 유다의 손에 무너져야만 하는가? 개역개정이 "사람의 명령 뒤따르기를 좋아하므로"(11절)로 번역하고 있는 히브리어 문구(הוֹאִיל הָלַךְ אַחֲרֵי־צָו)의 정확한 의미는 "결심하고 허무한 것을 뒤쫓아갔다"이다(NAS, NRS, cf. TNK). 그들이 강한 의지를 가지고 허무한 것을 추구했기에 하나님의 심판을 받게 된 것이다. 그들이 추구했던 허무한 것이 정확히 무엇인가? '허무한 것'(צָו)은 '명령'을 의미한다. 그러나 이것이 무엇을 뜻하는가는 해석이 분분하다. '우상'(NIV), '인간의 명령'(NAS), '맹랑한 것'(NRS), '헛됨'(TNK), '외교정책'(Garrett) 등이다. 본문의 문맥상 '우상'이 제일 적합한 것으로 생각된다. 북 왕국은 지금 우상을 따라간 죄 때문에 심판을 면할 수 없는 상황에 처해 있는 것이다.

하나님은 이스라엘과 유다에 심판을 내리시는 자신의 모습을 '좀'과 '썩이는 것'으로 묘사하신다(12절; cf. HALOT, Macintosh, Sweeney). 그러나 '좀'(עָשׁ)이라는 말은 본문과 잘 어울리지 않는다. 5:12-14에서 이스라엘과 유다를 심각하게 병든 사람의 모습으로 비유하고 있기 때문이다. 즉, 좀은 옷과 연관된 것인데 문맥은 병든 자와 연관된 비유를 요구하고 있다. 이 단어가 상처에 사용될 때에는 구더기 혹은 고름으로 해석될 수 있다(Andersen & Freedman, HALOT). 그러므로 하나님은 이 말씀을 통해 자신을 병든 사람의 몸을 상하게 하는 고름에 비유하고 있다. '썩이는 것'(רָקָב) 역시 살이 썩어 들어가는 것을 묘사하는 것으로 해석하는 것이 바람직하다. 이 은유의 의미는 상처를 입어 몸이 불편한 사람이 그 상처에 있는 균과 구더기에 의해 더 악화되는 것처럼, 여호와께서 이스라엘과 유다가 당면한 위기와 어려움을 더 악화시켜서 죽게 만드시겠다는 뜻이다. 과거에 하나님은 이스라엘에게 치유하시는 하나님, 곧 "나는 여호와, 너의 치료자이다"(אֲנִי יְהוָה רֹפְאֶךָ)라고 말씀하셨다(출 15:26). 그러나 이제 하나님은 그들의 병을 더 악화시키고 급기야 죽음에 이르게 하시는 분이 되었다. 선지자들은 하나님이 가장 사랑하시는 백성도 계속 하나님을 거역하면 어느 순간 하나님의 원수가 될 수 있음을 누누이 경고한다(사 1:24).

II. 하나님과 이스라엘(4:1–11:11)
　　C. 이스라엘과 유다에 대한 경고(5:5–6:11a)

3. 하나님이 백성을 심판하시고 떠나심(5:13–15)

¹³ 에브라임이 자기의 병을 깨달으며
유다가 자기의 상처를 깨달았고
에브라임은 앗수르로 가서 야렙 왕에게 사람을 보내었으나
그가 능히 너희를 고치지 못하겠고
너희 상처를 낫게 하지 못하리라
¹⁴ 내가 에브라임에게는 사자 같고
유다 족속에게는 젊은 사자 같으니
바로 내가 움켜갈지라
내가 탈취하여 갈지라도
건져낼 자가 없으리라
¹⁵ 그들이 그 죄를 뉘우치고
내 얼굴을 구하기까지
내가 내 곳으로 돌아가리라
그들이 고난 받을 때에 나를 간절히 구하리라

이스라엘과 유다는 병을 깨닫는 순간 치유하실 수 있는 유일한 분에게 돌아가야 한다. 여호와가 이 자매 나라들의 주인이자 치유자가 아닌가! 성경은 또한 오직 여호와만이 우리를 치유하실 수 있다는 점을 강조하며 그분의 성호를 '여호와 라파'(lit., '치유하시는 하나님')라고 한다. 그러나 자매 나라 모두 엉뚱한 데에 도움을 청하는 것(13절)은 외교적·정치적 문제일 뿐만 아니라, 더 나아가 그들의 왕이자 통치자이신 하나님을 무시하는 신학적 문제다. 둘 사이의 갈등을 해결하기 위해 유다와 이스라엘은 각자 아시리아에 도움을 청했다. 이 말에는 정치적·종교적 의미가 내포되어 있다. 아시리아는 정치적·종교적으로 이스라엘과 유다에 매우 부정적 영향력을 행사한 나라였다. 이런 나라에게 유다와 이스라엘이 동시에 돈을 보내며 도와달라고 했으니 참으로 안타까운 일이다. 그래서 한 주석가는 이 섹션의 제목을 '스스로 멸망하는 정치'라고 이름 지었다(Yee). 또한 신학적인 차원에서도 아시리아는 그들을 돕지 못한다. 당연한 것이 여호와가 이들을 치시고, 죽을 병을 주셨는데 누가 도울 수 있겠는가?

실제로 유다와 이스라엘이 아시리아에게 사절들을 보내고 안 보내고는 중요하지 않다. 만일 실제로 보낸 것으로 풀이한다면 이 말씀의 역사적 정황은 주전 735-732년 전쟁이 될 수 없다(Yee). 이 전쟁에서는 오직 유다만이 아시리아에 도움을 청했고, 당시 이스라엘은 아시리아의 지배 아래 있기 싫어 반역을 했던 상태였기 때문이다. 호세아가 사역하던 시대에 아시리아는 국제적인 무대에서 가장 큰 힘을 발휘했던 강대국이었다. 그러므로 이스라엘과 유다가 함께 아시리아에게 도움을 청했다는 것은 단순히 자매 국가들이 다른 힘센 나라들(viz., 이집트 포함)에게 도움을 요청했다는 상징적인 의미로 해석할 수 있다. 선지자가 비난하는 것은 두 자매 나라의 내부적 갈등에 이방 나라의 정치력을 끌어들였다는 점이다.

이스라엘과 유다에 의해 무시당한 하나님이 사자처럼 달려들어 갈기

갈기 찢을 것이다(14절). '그러므로 이제 내가'(כִּי אָנֹכִי)는 강조형이다. 사
자가 짐승을 찢듯 하나님이 이스라엘을 찢으실 것이라며 맹렬한 심판
을 선언하는 이 구절에는 1인칭 단수 대명사가 세 차례, 1인칭 단수 동
사가 세 차례 사용되며 이스라엘을 벌하시는 이가 다름 아닌 하나님
여호와이심을 강조한다(Sweeney). 분노하신 하나님이 이들을 찢으실 것
이다. 하나님에 대한 은유가 살을 먹어 들어가는 구더기에서 살을 찢
는 사자로 변하고 있다. 처음 은유는 조금씩 병자의 상황이 약화되는
것을 의미하지만, 사자 비유는 순식간에 닥치는 멸망을 뜻한다. 또한
여기서 형성되는 이미지의 처참함을 생각해 보라. 살이 썩어가는 병을
앓고 있는 환자를 그마저도 사자가 덮치고 있다. 사자의 공격을 당한
환자는 대항할 마음조차 갖지 못하고 죽어간다.

　먹이를 해치운 사자가 자기 집으로 돌아가듯이 심판을 끝내신 하나
님이 자신의 거처(מְקוֹמִי)로 돌아가서 백성이 회개하고 돌아오기를 기
다리신다(15절). 이 구절은 하나님의 맹렬한 심판을 선언하는 바로
앞 문단과 회개를 호소하는 다음 문단에 꼭 있어야 할 필수적인 전환
(indispensable transition)이다(Mays). 전환 문장이기에 때로는 바로 앞 텍스
트(McComiskey, Dearman)와 때로는 바로 뒤 텍스트와 함께 취급되기도
한다(Smith, Sweeney). 본 구절은 분노하며 백성의 곁을 떠나신 하나님
을 묘사하고 있고, 그런 하나님을 백성이 찾아나서기를 기대하고 있기
때문이다. 하나님이 거하시는 곳은 어디인가? 솔로몬은 성전헌당 기
도에서 하나님은 '하늘에 계신 분'이라는 점을 거듭 강조했다(왕상 8장).
하나님은 주의 백성을 기다리신다. 마치 탕자를 기다리던 아버지처럼
지금도 기다리고 계신다.

4. 주께 돌아오라는 선지자의 권면(6:1-3)

¹ 오라 우리가 여호와께로 돌아가자

여호와께서 우리를 찢으셨으나 도로 낫게 하실 것이요

우리를 치셨으나 싸매어 주실 것임이라

² 여호와께서 이틀 후에 우리를 살리시며

셋째 날에 우리를 일으키시리니

우리가 그의 앞에서 살리라

³ 그러므로 우리가 여호와를 알자

힘써 여호와를 알자

그의 나타나심은 새벽 빛 같이 어김없나니

비와 같이, 땅을 적시는 늦은 비와 같이

우리에게 임하시리라 하니라

이 디스코스(discourse : 담론)는 4:1에서 시작된 선지자의 비난과 심판 경고에 대한 가장 자연스러운 결론이라 생각된다. 호세아가 지금까지 이스라엘의 죄를 비난하고, 다가오는 심판에 대해 경고하면서 중간마다 회복과 소망의 씨앗을 심었던 것이 본문에서 활짝 꽃피고 있다. 지금이라도 이스라엘이 회개하면 밤이 지난 다음에는 꼭 아침이 오듯이, 늦가을에는 항상 이른 비가 오고, 봄에는 항상 늦은 비가 오듯이, 바로 앞절에서 이스라엘을 떠나신 하나님이 용서하고 다시 돌아오실 것을 노래한다. 하나님의 은혜의 단비가 다시 그들을 적셔 주실 것은 정확한 때에 따라 비를 내리는 계절을 믿을 수 있듯이 확실하게 믿을 수 있다는 것이다.

하나님의 용서와 은혜를 매우 시적으로 표현해 주고 있는 본 텍스트는 호세아서에서 가장 유명하고 자주 사용되는 말씀에 속한다. 그러나 정작 이 말을 누가 하고 있는가는 학자들 사이에 논란이 많다(Wolff, Macintosh). 일부에서는 호세아가 이 말을 하지 않았고 훗날 편집자에 의해 삽입된 것이라고 주장하지만(Yee), 이러한 주장의 근거는 명백하지 않거나 주관적인 생각에서 비롯되었기에 별로 설득력을 얻지 못한다. 앞에서 제사장이 맹렬한 비난을 받았기 때문에 제사장이 회개하는 의미에서 이러한 고백을 하고 있다고 해석하기도 하고(Wolff), 하나님이 그들의 곁을 떠나신다는 말씀에 충격을 입은 백성이 하는 말이라고 하기도 한다(Dearman). 만일 백성이 하는 고백이라면, 이 말은 진실된 마음을 담은 것으로 해석될 수 있고(Davies, Yee), 혹은 위선적이고 불성실한 회개라고 할 수 있다(cf. 이 섹션에 대한 새번역의 표제). 만일 백성이 고백하는 것이라면 불성실한 회개일 가능성이 높다(Harper, Carroll). 바로 다음 말씀인 4-6절이 진정한 회개를 입증할 만한 삶을 살지 못하는 이스라엘에 대한 하나님의 불만과 좌절감을 표현하기 때문이다.

그러나 이 말씀은 선지자가 백성에게 이렇게 기도하며 하나님께 돌아오라며 가르쳐주는 기도문이다(McComiskey, Stuart, Smith). 이 기도문은 하나님이 자기 백성의 입술을 통해 듣고자 하는 기도인 것이다(Macintosh). 선지자가 여호와께서 들어주실 만한 기도를 어떻게 하는지를 잊어버린 백성에게 아예 하나님께 돌아올 수 있는 방법을 가르쳐주고 있다! 바로 앞에서 하나님은 자기 거처로 돌아가셔서 이스라엘이 돌아오기를 기다리시겠다고 말씀하셨다. 이제 선지자는 이스라엘에게 하나님께 돌아가자고 호소한다. 또한 앞의 메시지에서 사용되었던 이미지를 그대로 사용해 이 메시지를 앞의 것과 연관시키고 있다. 안타깝게도 호세아의 호소에 반응한 사람은 별로 많지 않았을 것이다.

선지자는 백성에게 두 가지를 호소한다. 그중 첫 번째 호소는 '여호와께 돌아가자'이다(1-2절). 호세아는 백성에게 "오라 우리가 여호와께 돌아가자"(לכו ונשובה אל־יהוה)라는 눈물어린 호소로 시작한다(1절). 성경에서 '이스라엘'이 돌아가다(שוב)의 주어로 사용되고 '여호와'가 그 목표가 될 때에는 항상 진정한 회개를 의미한다. 호세아서에서도 '돌아가다'라는 개념으로 묘사되는 '회개'가 중요한 주제로 자리잡고 있다(2:7; 3:5; 5:4; 7:10, 16; 11:5; 12:6; 14:1–2). 선지자는 이스라엘이 하나님께 돌아가면 주님이 치유하고 회복해 주실 것이라는 점을 세 개의 반전 현상을 예로 들어 설명한다. 첫째 반전 이미지는 '그가 찢으셨으나 싸매어 주실 것이다'(הוא טָרָף וְיִרְפָּאֵנוּ)이다. 이 선언은 5:14에서 하나님을 물어뜯는 사자로 묘사한 이미지를 연상시킨다. 이스라엘이 여호와께 돌아오기만 하면 사자(여호와)의 이빨에 입은 치명적인 상처도 치유받을 수 있다는 것이 호세아의 부르짖음이다. 둘째 반전 이미지는 '그가 치셨으나 다시 아물게 하실 것이다'(יַךְ וְיַחְבְּשֵׁנוּ)이다. 하나님이 이스라엘의 상처가 썩어 들어가게 하셨던 것(5:12)을 이제 싸매어 주실 것이다. 아시리아같이 큰 나라도 도와줄 수 없는 이스라엘의 상처가 하나님께 돌아가면 완치될 수 있다. 셋째 반전 이미지는 '이틀 뒤에 우리를 살리시고, 사흘째에 일으켜 세우실 것이다'(יְחַיֵּנוּ מִיֹּמָיִם בַּיּוֹם הַשְּׁלִישִׁי יְקִמֵנוּ)이다. 여호와께서는 사자(하나님)에게 찢겨 병들어 죽어가는 자들을 회복시키실 뿐만 아니라, 사자의 이빨에 찢겨 이미 죽임을 당한 자까지 살려주실 것이다(5:14). 이미지는 확실하다. 이미 죽은 자들이 다시 살아나고 있다. 물론 호세아가 이 말씀을 선포할 때 우리가 오늘날 그리스도의 부활을 통해 이해하는 부활 개념은 이해하지 못했을 것이다. 그러나 그도 죽음은 항상 하나님에 의해 생명으로 바뀔 수 있음을 인식하고 있었다.

죽은 지 3일째 되는 날 살아난다는 것이 예수님의 부활과 어떤 관계가 있을까? 이 말씀을 부활이 아니라 심각하게 아픈 사람이 회복되는 것을 뜻하는 것으로 보는 이들은 전혀 상관이 없다고 한다(Wolff, Mays, Smith). 반면에 대부분은 본문에서 부활을 본다(Andersen & Freedman, McComiskey, Stuart, Garrett, Dearman). 바울은 예수님이 죽으신 지 3일째 되는 날 부활하신 것을 '성경에 기록된 대로' 이루어진 일이라고 주장

했다(고전 15:4). 그러나 구약에서 죽은 자가 3일 만에 살아난다는 말을
직접 언급하거나 암시하는 말씀은 이곳뿐이다. 그러므로 이 구절은
예수님의 부활과 결코 무관하지 않다. 바울은 이 말씀을 그리스도가
3일 만에 부활하는 구약적 배경으로 사용하고 있다. 3일의 중요성을
살펴보면 근동 사람은 사람이 죽으면 죽은 자의 몸을 이탈한 영이 시
체를 맴돌며 다시 몸으로 돌아올 수 있는 기회를 엿보다가 3일째 되
는 날에는 아예 포기하고 영들이 가는 곳으로 간다고 믿었다. 그러므
로 여기서 3일째 회복되는 것은 완전히 죽은 자를 살려주신다는 것을
의미한다.

이스라엘이 선지자의 말씀을 귀담아듣고 지금이라도 하나님께 돌아
오면 어떤 일이 있을까? 선지자는 하나님 앞에 살게 될 것이라고 한
다. "우리가 그분 앞에서 살 것이다"(וְנִחְיֶה לְפָנָיו). 하나님이 죄를 범한 백
성의 곁을 떠나신 상황에서(5:15), 하나님 앞에서 살 것이라는 약속은
곧 떠나신 분이 다시 돌아오실 것을 뜻한다. 하나님의 백성이 주님 앞
에서 사는 것보다 더 복된 일이 있을까? 그분 앞에서 산다면 모든 것이
저절로 해결될 것이다. 부조리, 우상숭배, 대인관계, 전쟁, 갈등, 배고
픔, 질병 등등. 호세아는 지금 환상적이고 파격적인 제안을 하고 있다.
지금이라도 돌아가기만 하면 이스라엘은 '낙원'에서 살게 될 것이다.

선지자의 두 번째 호소는 '여호와를 알자'(וְנֵדְעָה נִרְדְּפָה לָדַעַת אֶת־יהוה)이
다(3절). 이스라엘이 하나님을 떠나서 죄를 범하고 있는 것은 무엇보다
여호와에 대한 지식이 없어서라고 주장한다(4:1). 그러므로 이스라엘이
이제는 죄를 짓지 않고 살려면 여호와에 대한 올바른 지식을 회복해야
한다고 호소하고 있다. 이미 언급한 것처럼 여호와에 대한 지식에는
객관적인 면과 주관적인 면이 있다. 객관적인 지식은 여호와에 대한
원리적인 것으로 율법, 선지자의 가르침 등으로 충족될 수 있다. 우리
는 먼저 이러한 지식을 얻기 위해서라도 성경을 열심히 읽고 연구해야
한다. 그러나 그것만으로 충분하지 않다. 개인적이고 인격적인 하나님

과의 관계를 의미하는 주관적 지식도 있어야 한다. 호세아는 백성에게 두 가지 지식을 추구하자고 호소한다. 하나님에 대한 지식이 균형 잡힐 때 비로소 우리의 삶은 그만큼 하늘나라에 가까워지는 것이 아닐까!

선지자는 이스라엘이 여호와에 대한 지식을 추구하고 갖게 되면, 먹이(이스라엘)를 찢어놓고 굴로 돌아가버린 사자(하나님)처럼 떠나신 여호와께서(5:15) 다시 그들을 찾으실 것이라고 선언한다. 두 개의 확실하고 신선한 이미지를 사용하는데, 밤이 지나고 새벽이 되면 어김없이 여명이 오듯이 하나님도 다시 이스라엘을 찾아오실 것이다. 하나님이 꼭 오실 것이라는 확신이다. 또한 이 이미지가 강조하는 것은 두 가지다. 기쁨과 풍요로움이다. 첫째, 사람들은 어두운 밤을 지새다가 동이 트는 것을 보면 기뻐한다. 밤을 장악했던 어두움이 물러가고 새로운 하루의 시작을 알리는 광명이기 때문이다(Garrett). 비가 와야 파종을 하고 곡식이 자랄 수 있다는 사실을 익히 아는 농부 역시 제때 내리는 비를 기쁜 마음으로 맞이한다. 둘째, 햇빛과 비는 풍요로움의 가장 기본이 되는 요소이다(Sweeney, Dearman). 하나님은 매일 아침마다 대지를 밝히고 생물을 자라게 하는 햇빛이 되어 이스라엘을 찾으실 것이다. 또한 해마다 가나안 지역에 내리는 가을비(이른 비)처럼, 땅을 적시는 봄비(늦은 비)처럼 이스라엘에게 오셔서 그들을 풍성하게 하실 것이다. 선지자는 이스라엘이 그토록 사랑하는 바알이 아니라 등을 돌린 하나님이 풍요로움을 주시는 분임을 강조한다. 호세아는 또한 이 비유를 사용하여 비가 내릴 때 움츠렸던 대지가 생기를 되찾고, 메말랐던 풀들이 소생하듯이 하나님이 이스라엘에게 구원을 베푸시기 위해 은혜의 단비가 되어 찾아오실 것이라고 한다. 오직 이스라엘이 회개만 한다면!

이 짧은 노래에서 한 가지 깊은 진리를 깨닫는다. 선지자는 회개("이제 주께로 돌아가자")(1절)만으로는 문제가 해결될 수 없다는 것을 알고 있다. 그러므로 회개 다음에는 적극적인 배움이 필요하다는 것("우리가 주를 알자. 애써 주를 알자")(3절)을 두 차례나 강조한다. 회개하고 하나님께 돌아오는 것 즉, 과거를 정리하는 것은 중요한 일이다. 그러나 돌아온 후에 하나님에 대한 올바른 지식을 추구하는 것, 곧 그 순간부터 자신의 삶의 방식을 하나님의 가르침에 적절하게 맞추어 나가는 것은 두 배로 중요하다는 것일까? 그래서 '돌아가자'는 한 차례 권면하는 것에 반해(1절), '여호와를 알자/배우자'는 두 차례나 호소하고 있다(3절; cf. 사 1:16-17).

히브리인 사고에 의하면 '지식'과 '순종, 삶의 방식'은 나눌 수 없는 것이다. 같은 동전의 양면이기 때문이다. 그러므로 선지자가 외치는 것은 단순히 지식을 쌓아가는 것에 멈추지 않는다. 세례요한의 "회개에 합당한 열매를 맺으라"(마 3:8)는 가르침과 같다. 어떻게 보면 현대 기독교의 윤리문제는 이 두 가지를 지나치게 구분하는 데서 비롯된 것이 아닐까 싶다. 그러나 예수님은 열매를 보면 나무를 알 수 있다고 하셨다. 선지자는 오늘을 살아가는 우리에게도 외치고 있다. "회개하라! 그리고 열심을 내서 하나님을 알라!"

> II. 하나님과 이스라엘(4:1-11:11)
> C. 이스라엘과 유다에 대한 경고(5:5-6:11a)

5. 하나님이 원하시는 것(6:4-6)

⁴ 에브라임아 내가 네게 어떻게 하랴
유다야 내가 네게 어떻게 하랴
너희의 인애가 아침 구름이나 쉬 없어지는 이슬 같도다
⁵ 그러므로 내가 선지자들로 그들을 치고
내 입의 말로 그들을 죽였노니
내 심판은 빛처럼 나오느니라
⁶ 나는 인애를 원하고 제사를 원하지 아니하며
번제보다 하나님을 아는 것을 원하노라

226

선지자가 이스라엘에게 용서와 회복이 있는 하나님께 돌아가기만 한다면 상상을 초월하는 은혜가 기다리고 있다고 외쳤지만(6:1-3) "쇠귀에 경 읽기"밖에 되지 않았다. 주의 백성은 회개할 수 있는 가능성과 능력을 상실한 것이다(5:4, 6). 그러므로 하나님과 선지자는 다시 슬픔의 노래를 부를 수밖에 없다. 이 노래는 아무리 설득시키려 해도 설득되기를 거부하며 끝까지 이를 악물고 반항하는 자녀를 둔 부모의 신음소리이다(Smith). 그러므로 분노보다는 아픔과 실망이 하나님의 마음을 가득 채우고 있다. 어떻게 해서든지 이스라엘이 다가오는 진노를 피할 수 있도록 도와주고 싶지만, 정작 본인들은 안하무인이었다.

하나님은 이스라엘이 자신과 맺은 '사랑/충성'(חֶסֶד)의 언약에 대한 변덕을 한탄하신다(4절). 이스라엘은 참으로 믿을 수 없는 자들이 되어버렸다. 그들의 변덕스러운 충성 때문에 결국 벌이 내려졌다(5절). 하나님이 진정 원하셨던 것은 제물과 예식이 아니라, 남을 배려할 줄 아는 자비와 하나님을 아는 지식에 바탕을 둔 참 신앙, 곧 언약적 충성이었다(6절).

하나님의 심판을 받아 멸망하게 된 북 왕국과 달리 유다만큼은 다르게 살아야 한다고 권면했던 선지자는 바로 앞 신탁에서 유다의 죄가 이스라엘의 죄와 크게 다를 바 없다는 것을 선포했다. 기대와는 달리 유다도 선지자에게 실망감을 안겨주기는 마찬가지였다. 이제 호세아는 노골적으로 이스라엘이나 유다나 위선적인 신앙생활을 하기는 마찬가지라며 비난한다. 또한 하나님이 두 나라에 대해 얼마나 안타깝고 애틋한 마음을 가지고 계신지를 잘 보여주고 있다. 여호와의 "내가 너를 어떻게 하면 좋겠느냐?"라는 수많은 권고와 경고에도 회개하기를 거부하는 백성에 대한 하나님의 절망과 상처로 가득한 사랑의 표현이다.

이 말씀을 통해 우리는 왜 그동안 호세아가 어떤 예고도 없이 순식간에 혹독한 심판과 상상을 초월하는 회복과 용서란 주제를 넘나들면서 경우에 따라서는 미완성의 문장들을 유발했는가를 이해하게 된다(1:6; 1:9-10; 13:14; 11:8). 이런 주제의 급변화는 하나님의 이스라엘에 대한 변치 않는 사랑과 항상 흔들리고 심지어는 노골적으로 반항하는 이스라엘의 엉터리 신앙에 대한 심판의 필요성이 하나님의 마음속에서 갈등을 빚고 있음을 보여주고 있는 것이다. 이스라엘과 유다는 죄로 인해 분명히 심판받아 멸망해야 한다. 그러나 하나님은 그들을 멸하시기에는 너무나도 사랑하신다. 호세아에서 보여지는 거친 문법과 주제 변화는 이런 하나님의 마음을 잘 묘사하고 있다. 하나님은 너무나도 사랑하셨기에 심판을 말씀하실 때마다 고통의 숨소리가 거칠어지셨고, 숨소리가 거칠어지셨기에 논리 정연함보다는 극단적으로 오가는 감정에 따라 말씀하시는 것이다.

하나님의 이스라엘을 향한 사랑(חֶסֶד)은 이렇건만 이스라엘과 유다의 하나님을 향한 사랑(חֶסֶד)은 고작 '아침 구름'(עֲנַן־בֹּקֶר)과 같고 '쉬 없어지는 이슬'(טַל מַשְׁכִּים הֹלֵךְ)과 같다(4절). 구름과 이슬은 쉽게 사라지는 것이다. 구름은 바람이 불면 없어지는 것, 특히 아침 구름('안개', 새번역)과 이슬은 햇볕이 나기 시작하면 곧 없어지는 것이다. 이스라엘과 유다의 신실함은 이렇게 순간적인 것이다. 하나님의 영구적인 사랑에 비하면 너무나도 어처구니가 없다는 뜻이다. 그럴 수밖에 없는 것이 이스라엘이 우상을 섬기는 한, 여호와를 향한 마음이 진실하거나 지속적일 수 없기 때문이다.

하나님은 변덕스러운 봄 날씨와 같은 이스라엘과 유다를 돌이키기 위해 선지자들을 보내어 "그들을 산산조각나게 하셨다"(בַּנְּבִיאִים חָצַבְתִּי הֲרַגְתִּים)(5절, 새번역). 이 문장의 구조가 정확하지 않아서 다르게 해석될 수도 있지만(Garrett, TNK), 여기서는 일반적인 해석을 따른다(새번역; 개역; NIV, NAS, NRS). 하나님이 선지자들을 통해 선포된 말씀으로 심판하시니 온 천하가 죽음으로 가득했다(5b절). 번갯불과 같이 무시무시한 하나님의 '심판이 그들 위에 빛났기'(מִשְׁפָּטֶיךָ אוֹר יֵצֵא)(5c절) 때문이다. 역시 이 문장도 정확히 해석하기가 매우 어렵다. 가장 큰 문제는 성경에서 '빛'(אוֹר)이 천둥(רַעַם)/번개불(בָּרָק)이란 의미로 사용되는 예가 없다는 점이다. 특히 본문의 문맥이 심판을 말하고 있는데, 성경에서 '빛'은 항상 긍정적으로 사용되지 심판을 포함한 부정적인 뜻을 전달할 때 사용되는 예가 없다. 이러한 점을 감안할 때 이 문장은 "너희에게 임한 심판이 빛처럼 나갔다"가 된다. 이 해석을 유지하면서 이 문장을 "나의 심판은 너희들의 우상으로 얼룩진 어두운 신앙생활을 빛처럼 밝혔다"라고 해석할 수 있다(Garrett, cf. Stuart). 심판이 아닌 구원의 메시지가 되는 것이다. 그러나 TNK는 빛을 날이 밝아오는 것으로 해석해 "너희들을 심판하는 날이 밝았다"로 해석한다. 빛을 심판과 연관시켜 '번개'로 해석하는 것이 문맥을 고려할 때 바람직하게 보인다(새번역; '심판을 발하는 빛'—개역; NIV, NRS, NAS). 그렇다면 호세아의 독특성을 어떻게 설명할 것인가? 서론에서 언급한 것처럼 호세아는 우리가 알고 있는 유일한 북 왕국 출신 선지자이다. 북 왕국의 히브리어가 남 왕국의 히브리어(성경 대부분)와 차이가 있을 수 있다는 점이 충분히 이 차이를 수용할 수 있다고 생각된다.

하나님이 이스라엘에게 요구하셨지만, 이스라엘이 이행하지 못해 심판받아야만 하는 운명에 처하게 된 것이 무엇인가? 선지자는 두 가지를 언급한다(6절). 사랑/충성(חֶסֶד)과 여호와를 아는 지식(דַעַת אֱלֹהִים)이다. 첫째, 하나님은 '제물을 원하시는 것이 아니라 사랑/충성'을 원하신다(חֶסֶד חָפַצְתִּי וְלֹא־זָבַח). 사랑(חֶסֶד)은 두 면모를 지닌 개념이다. 먼저 하나님과 백성의 관계를 나타내는 단어다. 이미 4절에서 하나님이 한탄하신 것처럼 하나님의 이스라엘을 향한 사랑(חֶסֶד)(언약적 충성)은 변함없는데, 이스라엘의 하나님을 향한 사랑(חֶסֶד)(언약적 충성)은 아침 안개와 같고, 덧없이 사라지는 이슬과 같다. 그들은 하나님과의 관계에서 신실하지 못했던 것이다. 그러므로 아무리 많은 제물을 가져온들 무슨 소용이 있겠는가! 하나님과의 관계에 문제가 생겼는데! 사랑(חֶסֶד)은 또한 하나님의 백성 사이에 존재해야 할 본질이다. 여호와를 섬기는 자로서 서로 신실하고 진실해야 한다. 그러나 이 부분도 확실하게 깨어졌다는 것을 그 시대의 역사적 정황에서 알 수 있다(cf. 서론). 하나님과의 관계에서, 공동체를 형성하는 백성 사이에서 사랑(חֶסֶד)이 이행되지 않는 하나님의 공동체는 빛 좋은 개살구에 불과하며, 하나님의 뜻대로 살지 못했기에 심판을 받을 수밖에 없다.

둘째, 하나님이 주의 백성에게 원하시는 것은 번제가 아니라 하나님에 대한 지식이다(דַּעַת אֱלֹהִים מֵעֹלוֹת). 하나님은 이미 이들에게 여호와를 아는 지식이 없음을 한탄하셨다(4:1). 선지자는 두 번이나 "여호와를 알자"고 외쳤다(6:4). 여기서 다시 한 번 하나님이 자기 백성에게 진정 무엇을 원하시는가를 확인해 주신다.

이 말씀은 선지자의 가르침 중에서도 특별히 부각되는 것으로, 예수님이 반대하는 자들의 위선을 드러내기 위해 사용하셨다(마 9:13; 12:7). 지금까지 호세아가 강력하게 비난해 온 우상숭배·간음·폭력·부패 등이 중요하기는 하지만, 여기에서 요구되는 것들에 비하면 조금 뒷전이다. 하나님이 가장 원하시는 것, 그들의 악행이 멈추는 것보다 더 염원하시는 것은 하나님과 서로를 향한 사랑과 하나님에 대한 지식이다. 우리는 어느 수준에서 하나님을 아는가? 한번쯤은 깊이 생각해볼 문제다.

II. 하나님과 이스라엘(4:1-11:11)
　C. 이스라엘과 유다에 대한 경고(5:5-6:11a)

6. 에브라임과 유다의 배교(6:7-11a)

7 그들은 아담처럼 언약을 어기고
거기에서 나를 반역하였느니라
8 길르앗은 악을 행하는 자의 고을이라

피 발자국으로 가득 찼도다

⁹ 강도 떼가 사람을 기다림 같이

제사장의 무리가 세겜 길에서 살인하니

그들이 사악을 행하였느니라

¹⁰ 내가 이스라엘 집에서 가증한 일을 보았나니

거기서 에브라임은 음행하였고 이스라엘은 더럽혀졌느니라

¹¹ᵃ 또한 유다여 네게도 추수할 일을 정하였느니라¹²

본문의 역사적 배경은 여로보암 2세가 죽은 후 므나헴이 주도권을 잡을 때까지의 정치적 혼란기라고 한다(Andersen & Freedman, Stuart, Smith). 여로보암 2세가 주전 753년에 죽은 후 아들 스가랴가 왕위에 올랐지만, 통치 6개월 만에 살룸에게 살해를 당했다. 이렇게 해서 스가랴는 예후 왕조의 마지막 왕이었으며, 예후 왕조는 90여 년 만에 막을 내렸다. 스가랴를 암살하고 이스라엘의 왕이 된 살룸도 즉위 1개월 만에 므나헴에게 살해당했다(Thiele). 살룸을 암살하고 이스라엘의 왕이 된 므나헴은 10년 동안 북 왕국을 통치하며 어느 정도의 정치적 안정을 가져왔다. 그러므로 본문의 역사적 정황은 여로보암 2세가 죽은 이후 므나헴이 왕권을 잡을 때까지 혼란스러웠던 1년을 배경으로 하고 있으며, 본문이 언급하고 있는 아담, 길르앗, 세겜 등은 왕권을 잡기 위한 음모들이 무르익은 곳들이라고 한다(Andersen & Freedman). 그러나 본문의 내용을 살펴보면 별로 설득력이 없다.

선지자는 본 텍스트에서 제사장을 언급한다(9절). 선지자는 에브라

---

12 11절의 의미가 매우 불확실하고 번역도 어렵다 보니 번역본마다 현저한 차이가 난다. 게다가 개역개정은 문구들의 순서를 섞어 놓아 더 어렵다. 개역개정이 이 구절을 "또한 유다여 내가 내 백성의 사로잡힘을 돌이킬 때에 네게도 추수할 일을 정하였느니라"로 번역해 놓았는데, 중간에 끼어 있는 '내 백성이 사로잡힘을 돌이킬 때'라는 문구는 이 구절의 마지막 부분에 있을 뿐만 아니라 다음 문장(7:1)의 일부로 이해하는 것이 일상화되어 있다(새번역; NIV, NRS, TNK). 그러므로 이 책에서도 '내 백성이 사로잡힘을 돌이킬 때'라는 문구는 다음 섹션과 함께 취급할 것이다.

임이 몸을 팔고 있다고 한다(10절). 우상숭배에 대한 표현이다. 이 같은
문맥을 감안하면 호세아가 언급하고 있는 아담·길르앗·세겜 등 세 도
시는 정치적 음모가 있었던 곳이 아니라, 이스라엘의 종교적 요충지일
가능성이 다분하다. 선지자는 정치적 혼란이 아니라 우상숭배 내지는
이교도화된 여호와 종교를 비난하고 있는 것이다.

호세아는 아담에 대한 말로 이 스피치를 시작한다. '아담'(אָדָם)은 무
엇을 뜻하는가? 여러 가지 가능성을 제안한다. 첫째, 본문이 말하고
있는 아담은 최초의 인간이었던 아담이다(Keil, McComiskey, cf. 개역; 새번
역; NIV, NAS, ESV). 그가 에덴동산에서 죄를 지은 것이 이스라엘이 하
나님께 죄를 범하는 것의 모델로 제시되고 있다는 것이다. 그러나 문
제는 바로 다음 행에서 아담을 가리키며 '거기서'(שָׁם)라고 하여 아담이
특정한 장소의 이름이라는 것을 암시한다. 또한 아담과 평행을 이루고
있는 길르앗, 세겜 역시 지역 이름이다. 그러므로 아담이 최초의 인간
이라는 주장은 별로 설득력이 없어 보인다. 아담이 온 인류를 상징한
다는 해석도 있는데(Harper), 같은 문제를 안고 있다.

둘째, 아담은 여호수아가 이스라엘 백성을 이끌고 요단 강을 건너던
곳에서부터 차기 시작하던 물이 최종적으로 역류했던 지점이다(Eaton,
Wolff, Macintosh, cf. 수 3:16). 문제는 요단 강 도하 이후 이 도시는 이스
라엘의 역사에서 별다른 일이 일어난 곳이 아니다. 이 도시에 대한 새
로운 자료들이 발굴되기 전까지는 이스라엘의 역사와 거의 무관한 곳
으로 간주할 수밖에 없다. 그러므로 호세아가 이스라엘의 죄를 논하면
서 이 도시의 이름을 염두에 둔 것 같아 보이지는 않는다. 비슷한 맥락
에서 아담은 아직까지 발굴되지 않아서 우리가 전혀 모르고 있는 이스
라엘의 한 도시였다는 해석도 있다(Judaica).

셋째, 아담(אָדָם)을 아드마(אַדְמָה)로 교정하면 소돔과 고모라와 함께 멸
망한 도시가 된다(창 10:19). 호세아도 아드마에 대해서는 11:8에서도
언급한다. 그러나 역시 아드마가 어떻게 언약을 파괴하는 모델로 제시

될 수 있는가가 문제이다. 우리가 아드마에 관해 별로 아는 것이 없기 때문이다. 그러므로 새로운 정보가 발굴될 때까지는 이 해석도 큰 설득력을 지닌 것으로 볼 수 없다.

넷째, 아담을 '흙'으로 읽어야 한다는 제안이다. 아담을 흙으로 읽을 경우 본문의 의미는 "그들이 내 언약을 흙을 짓밟듯이 짓밟았다"가 된다(Stuart). 그러나 이 해석에 도달하기 위해서는 필요 이상의 본문 수정을 거쳐야 한다. 특별한 경우가 아니면 마소라 사본을 수정하는 것은 권장할 만한 일이 아니다. 그러므로 이 해석 역시 뒷받침할 만한 역사적 자료가 없다는 한계를 지닌다.

다섯째, 호세아는 '아담'이란 이름을 유희적으로 사용하고 있다(Garrett). '아담처럼'(כְאָדָם)이라는 말은 청중이 듣자마자 최초로 창조된 사람을 떠올리게 한다. 그러나 바로 다음 순간에 선지자는 '아담'이란 지역(אָדָם)으로 우리의 관심을 집중하도록 한다. 그렇다면 아담이란 곳에서 무슨 일이 벌어졌을까? 데이(Day)는 열왕기하 15:25에서 베가가 길르앗에서 50명의 군사를 동원한 점과 아담은 길르앗에 속한 지역이라는 점을 고려해 아담 성읍의 죄는 쿠데타였다고 주장한다. 그러나 이렇게까지 추정하기에는 증거가 부족하다.

아직까지는 아담이라는 도시에 대한 정보가 지극히 제한되어 있는 현실을 감안할 때, 가장 합리적이고 간단한 해석은 아담에 신전 내지 산당이 있어 사람들을 우상숭배로 현혹시켰다는 것이다. 이스라엘 곳곳에 신전과 산당이 즐비했던 호세아 시대의 종교적 분위기를 감안할 때 아담이란 곳에도 예외 없이 신전이 있었을 것이고, 이 점을 호세아가 비난하고 있다는 것이다. 그렇다면 선지자가 왜 아담을 택했을까? 특별한 사연이 있어서가 아니라 이름 때문인 것으로 여겨진다.[13]

---

13 호세아가 아담을 언급하는 이유로 아담이 가나안 입성을 연상시키기 때문이라고 한다. 이렇게 해석할 경우 의미는 "너희는 가나안에서 첫 걸음을 뗄 때부터 반역하였다"가 된다(Sweeney). 매우 매력적인 추측이지만, 같은 맥락에서 길르앗과 세겜의 중요성에 대해서는 충분히 설명하지 못하기 때문에 조금 더 지켜보아야 한다.

이름을 가지고 유희적인 효과를 성취하고자 하는 것이다. "아담(인간)처럼 그들은 언약을 파괴했다. 그들은 아담(장소)에서 나를 배반했다"(McKenzie, Macintosh). 그러므로 이 말씀은 창세기에 언급되는 첫 사람과 연관이 있다.

'길르앗'(8절)은 요단 강 건너편에 있던 지역으로 여러 가지 유명한 사건이 일어났던 곳이다. 라반이 이곳에서 도망하던 야곱을 따라잡았다(창 31:25-26). 야곱은 길르앗에 속한 마하나임에서 형 에서를 만날 준비를 하다가 하나님과 밤새 씨름했다(창 32장). 딸을 제물로 바쳤던 입다가 길르앗 출신이었다(삿 11장). 선지자는 길르앗 사람을 '악을 행하는 자들'(אָוֶן פֹּעֲלֵי)로 표현하고 있다. '악'(אָוֶן)은 선지자가 이미 벧엘의 타락을 비난하면서 '벧아웬'(אָוֶן בֵּית)이라 부를 때 사용한 단어다.

"발자국마다 핏자국이 뚜렷하다"(מִדָּם עֲקֻבָּה)(8절; 새번역)는 문장은 해석하기가 어렵고 독특하다. 재미있는 것은 '발자국'으로 해석되고 있는 히브리어 단어(עֲקֻבָּה)의 어근이 야곱(יַעֲקֹב)의 이름과 같다는 점이다. 그렇다면 길르앗, 벧엘, '발자국'은 모두 야곱과 연관이 있다. 야곱은 라반에게서 도망쳐 왔을 때 길르앗 지역을 통과했고, 훗날 벧엘에 이르러 정착했다. 선지자는 이 말씀을 통해 이스라엘 사람이 하나같이 야곱의 나쁜 부분만을—남을 속이고, 자신의 욕심만 챙기는 습성만을—배우고 행동으로 옮기고 있다고 비난하고 있는 것으로 생각한다(Garrett). 그러므로 이 말씀 역시 창세기에 기록된 야곱 이야기와 연관성을 유지하고 있다.

'세겜'(9절)은 팔레스타인 북부의 중심 지역으로 이스라엘의 역사에서 여러 가지 중요한 사건이 일어났던 곳이다. 여호수아와 백성이 가나안 정복을 어느 정도 마친 후 세겜에 모여 이집트에서 가지고 나온 요셉의 뼈를 묻어주었다. 르호보암이 솔로몬의 대를 이어 왕이 된 곳이 세겜이다(왕상 12:1). 세겜에서 일어난 사건 중 가장 흉악한 일은 동생 디나가 강간을 당한 일 때문에 분노한 시므온과 레위가 속임수를 써서 세겜 사람을 죽이고 약탈한 사건이다(창 34장). 선지자는 "제사장들은 사람의 목숨을 노리고 숨어 있는 강도 떼"와 다름없다고 비난한다. 그것도 세겜으로 가는 길목에서! 우연이 아니다. 제사장의 조상은 레위가 아닌가! 즉, 제사장은 오랜 세월이 지난 다음에도 선조 레위의 비열함과 잔인성을 그대로 유지하고 있으며, 이 비열함과 잔인성을 사용해 사람들을 죽음의 길로 몰아가고 있다는 것이다(Carroll). 이 이야기 역시 창세기와 연관되어 있다. 호세아는 이렇게 창세기에서 해석상의 열쇠를 얻을 수 있는 세 도시를 언급하며 예언을 진행한다. 그는 이스라엘의 역사를 잘 알고 있었을 뿐만 아니라 천재적인 문학 소질을 가졌던 것이다.

하나님이 이스라엘에서 못 볼 것을 보셨다고 하는 이 단락은 앞의 텍스트(6:7-9)를 포함한 지금까지의 비난에 대한 적절한 결론이다. 여호와의 아내인 이스라엘이 우상에게 몸을 파는, 있어서는 안 될 일이 행해지고 있다(10절). 그러므로 남편이신 하나님은 이 방탕한 아내를 반드시 심판하셔야 한다. 그러나 하나님의 심판은 이스라엘에만 국한된 것이 아니다. 하나님은 '유다에게도 추수할 시기'(גַּם־יְהוּדָה שָׁת קָצִיר)를 정해놓았다고 선포하신다(11절). 추수는 곧 심판을 의미한다(호 10:13; 사 18:5; 63:3; 렘 51:33). 이스라엘과 유다가 같은 종말을 맞게 될 것을 경고하고 있다.

D. 정치와 외교가 몰락을 재촉함(6:11b-7:16)

지금까지 조금씩 강도를 높여왔던 이스라엘 정치에 대한 호세아의 비난이 본 텍스트에서 절정에 달하고 있다. 정치인이 이스라엘의 진정한 왕이신 여호와를 전혀 의식하지 않고 스스로 왕이 될 기회를 호시탐탐 노리는 것을 탄식한다. 왕이 되기 위해서 이미 이스라엘의 보좌에 앉은 이를 죽이는 일을 서슴지 않는다. 또한 왕이 되기 위한 음모를 꾸미기에 바빠 정작 이스라엘과 다른 나라의 관계에 대해서는 관심이 없다. 오히려 어떻게 해서든 이스라엘 주변에 있는 강대국의 도움과 인준을 받으려고 안달이 나 있다. 심지어는 종교 문제도 외교적으로 풀려고 한다. 호세아는 리더가 이 모양인 나라는 소망이 없다고 단언한다. 자신을 위해 인간 왕을 세울 뿐 진정한 왕이신 하나님은 안중에도 없는 이스라엘은 이제 왕이신 하나님의 심판을 받아야 한다. 이 섹션은 다음과 같은 구조를 지녔다.

  A. 불가능한 용서(6:11-7:2)
　　B. 썩은 정치(7:3-7)
　　B′. 썩은 외교(7:8-12)
  A′. 불가능한 용서(7:13-16)

II. 하나님과 이스라엘(4:1-11:11)
　　D. 정치와 외교가 몰락을 재촉함(6:11b-7:16)

1. 불가능한 용서(6:11b-7:2)

^{6:11b} 내가 내 백성의 사로잡힘을 돌이킬 때에[14]

^{7:1} 내가 이스라엘을 치료하려 할 때에

에브라임의 죄와 사마리아의 악이 드러나도다

그들은 거짓을 행하며

안으로 들어가 도둑질하고

밖으로 떼 지어 노략질하며

14　이 구절의 재구성에 대해서는 바로 위의 문단(6:7-11a)의 텍스트에 대한 각주 내용을 참조하라.

² 내가 모든 악을 기억하였음을
그들이 마음에 생각하지 아니하거니와
이제 그들의 행위가 그들을 에워싸고
내 얼굴 앞에 있도다

6장의 마지막 문장인 "내가 내 백성의 운명을 바꾸어 주고자 할 때 마다"(בשובי שבות עמי)(새번역)는 앞 텍스트와 분류되어 뒤따르는 텍스트와 함께 취급되어야 한다고 대부분 주장한다(새번역; NIV, NRS, NAS, TNK). 이 문장의 의미는 하나님이 이스라엘을 치유해 주시려고 할 때마다 한계를 느끼신다는 것이다. 상황은 이렇다. 하나님이 죄를 밥 먹듯 짓는 이스라엘을 용서해야 하나 말아야 하나를 고민하다가 드디어 한 번 더 용서하시겠다며 어려운 결단을 내리고 돌아보니, 하나님이 용서를 고민하는 동안 이스라엘은 새로운 죄를 지었다! 이스라엘은 보면 볼수록 계속해서 새로운 죄가 드러나는 자들인 것이다. 삶은 끊임없는 죄의 연속이다. 선지자는 이스라엘을 뜻하는 세 고유명사를 사용해 메시지를 시작한다. 이스라엘, 에브라임, 사마리아(7:1)이다. 온 이스라엘이 하나님을 반역했다는 사실을 강조하기 위해서다.

이 비난들은 4:2에 기록된 말씀처럼 이스라엘 사회가 온통 죄로 가득 차 있는 현실을 탄식한다. 사기, 도둑질, 강도질이 성행하고 있는데(7:1b), 모두 십계명이 금하는 것이다. 이스라엘 사회에서 율법은 잊혔고 정의가 사라진 지 오래되었음을 뜻한다. 그러므로 하나님이 이스라엘을 바라보시면 죄밖에 보이지 않는다(2절). 그들은 죄에 대한 대책도 없다. 어느 각도에서 보아도 이스라엘 사회는 죄로 가득하다. 그러므로 하나님이 이스라엘 사회에 만연한 죄를 보셨다면, 이제는 오직 심판만이 남아 있을 뿐이다.

온 이스라엘이 죄로 가득하지만, 죄보다 더 심각한 문제는 죄에 대한 그들의 마음자세다. 이스라엘은 죄를 짓고도 심각성을 깨닫지 못한다. 그러다 보니 하나님이 심판하실 수 있다는 사실을 두려워하지도 않는다(2절). 사람이 죄를 짓는 것은 분명 나쁜 일이다. 그러나 죄를 짓는 것보다 더 심각한 문제는 지은 죄에 대해 어떻게 생각하느냐이다. 죄가 잘못된 것인 줄 알고 회개의 필요성을 느낀다면 그래도 소망이 있다. 그러나 죄에 대해 별다른 문제의식 없이 당연하게 여긴다면 그 사람은 영적으로 심각한 상황에 처해 있다고 할 수 있다. 이스라엘이 이러한 상황에 처해 있다. 지은 죄로 하나님을 두려워해야 할 그들이 전혀 하나님을 두려워하지 않는다.

II. 하나님과 이스라엘(4:1–11:11)
　　D. 정치와 외교가 몰락을 재촉함(6:11b–7:16)

2. 썩은 정치(7:3–7)

³ 그들이 그 악으로 왕을,
그 거짓말로 지도자들을 기쁘게 하도다
⁴ 그들은 다 간음하는 자라
과자 만드는 자에 의해 달궈진 화덕과 같도다
그가 반죽을 뭉침으로 발효되기까지만
불 일으키기를 그칠 뿐이니라
⁵ 우리 왕의 날에 지도자들은
술의 뜨거움으로 병이 나며
왕은 오만한 자들과 더불어 악수하는도다
⁶ 그들이 가까이 올 때에
그들의 마음은 간교하여 화덕 같으니
그들의 분노는 밤새도록 자고
아침에 피우는 불꽃 같도다
⁷ 그들이 다 화덕 같이 뜨거워져서

그 재판장들을 삼키며

그들의 왕들을 다 엎드러지게 하며

그들 중에는 내게 부르짖는 자가 하나도 없도다

본 텍스트는 히브리어 성경 중 가장 어려운 부분에 속한다. 번역 자체가 난감할 뿐만 아니라 해석 또한 매우 어렵다. 그러므로 마소라 사본을 수정하기를 제안한다(Wolff, Stuart, Mays). 우리말 성경을 비교해 봐도 상당한 차이가 있음을 알 수 있다. 다음 번역본을 개정개역 성경과 비교해 보라.

개역개정	새번역	공동번역
3그들이 그 악으로 왕을, 그 거짓말로 지도자들을 기쁘게 하도다.	3왕을 갈아치울 자들이 악한 음모를 품고서도 겉으로는 왕을 기쁘게 하며, 온갖 기만으로 대신들을 속여 즐겁게 한다.	3간사하게 왕의 호감이나 사고 가면을 써 대신들의 환심이나 사면서도
4그들은 다 간음하는 자라 과자 만드는 자에 의해 달궈진 화덕과 같도다. 그가 반죽을 뭉침으로 발효되기까지만 불 일으키기를 그칠 뿐이니라.	4그들은 성욕이 달아오른 자들이다. 그들은 화덕처럼 달아 있다. 빵 굽는 이가 가루를 반죽해 놓고서, 반죽이 발효될 때를 제외하고는 늘 달구어 놓은 화덕과 같다.	4모두들 미운 생각이 끌어올라 달아오른 솥처럼 되어 기다리는구나. 떡반죽이 다 부풀기를 불을 헤치지 않듯.
5우리 왕의 날에 지도자들은 술의 뜨거움으로 병이 나며 왕은 오만한 자들과 더불어 악수하는도다.	5드디어 우리 왕의 잔칫날이 되면, 대신들은 술에 만취되어 끓아 떨어지고 왕은 거만한 무리들과 손을 잡는다.	5임금님의 잔칫날이 되니 대신들은 포도주에 만취하여 흰소리나 치다가 끓아 떨어진다.
6그들이 가까이 올 때에 그들의 마음은 간교하여 화덕 같으니 그들의 분노는 밤새도록 자고 아침에 피우는 불꽃 같도다.	6새 왕을 세우려는 자들의 마음은 빵 굽는 화덕처럼 달아 오르고, 그들은 음모를 품고 왕에게 접근한다. 밤새 그들의 열정을 부풀리고 있다가 아침에 맹렬하게 불꽃을 피워 올린다.	6음모를 꾸미고 모여들어 화덕처럼 마음에 불을 지피고 밤새 타는 가슴을 잠재우다가 아침이 되면 불꽃을 퉁긴다.

239

7그들이 다 화덕 같이 뜨 거워져서 그 재판장들을 삼키며 그들의 왕들을 다 엎드러지게 하며 그들 중 에는 내게 부르짖는 자가 하나도 없도다.	7그들은 모두 빵 굽는 화 덕처럼 뜨거워져서, 그들 의 통치자들을 죽인다. 이 렇게 왕들이 하나하나 죽 어 가는데도 어느 누구도 주에게 호소하지 않는다.	7모두들 솥처럼 달아올라 통치자를 하나하나 집어 삼키니, 왕은 뒤이어 거꾸 러지는구나. 그래도 나를 부르는 자 하나 없구나.

일부 주석가들은 본문이 이스라엘의 마지막 왕 호세아(732-722 BC) 가 선왕 베가(740-732 BC)를 암살한 사건을 배경으로 하고 있다고 생각 한다(Wolff, Mays, Stuart, Yee). 그러나 이스라엘에는 스가랴, 살룸, 브가 히야 등 베가 외에도 암살을 당한 왕들이 허다했다. 게다가 본문은 복 수형을 사용해 여러 사람의 이야기를 하고 있다. 그러므로 꼭 베가의 암살이 이 말씀의 역사적 배경이 될 필요는 없다(Sweeney). 제사장이 중 심이 되어 왕과 왕족을 죽이는 일이 본문의 배경이라고 하기도 한다 (Andersen & Freedman, cf. Carroll). 이 해석 역시 확실하지 않다. 한 가지 확실한 것은 본 텍스트는 살인과 독살로 연속되는 북 왕국의 정치 풍 토를 비방하고 있다는 점이다.

이미 서론에서 언급한 것처럼, 여로보암이 죽은 후, 이스라엘은 30 년 동안 6명의 왕을 경험했다. 여로보암이 10지파를 중심으로 나라를 세운 이후 이스라엘은 210년의 짧은 역사에 무려 19명의 왕이 대를 이 어 통치하는 것을 보았으며, 이 중 7명은 살해당했다. 이 기간에 북 왕 국에는 왕조만도 9개가 형성되었다. 그들의 역사는 한마디로 '왕권 쟁 탈전'의 연속이었다. 새 왕이 즉위하면 그들의 마음은 달아오르는 화덕 처럼 살생하고자 하는 마음으로 뜨거워지고, 기회만 주어지면 가차없 이 왕을 살해했다. 본문이 말하는 것처럼 왕들은 죽어 나갔지만 그 어 느 누구도 여호와께 이 문제를 호소하는 자가 없다. 하나님이야말로 정 작 왕이신데도 말이다. 이스라엘 정계에는 완전히 하나님을 떠난 사람 들의 방탕과 야심이 뒤범벅이 된 추하고 잔혹한 모습만 있을 뿐이다.

3. 썩은 외교(7:8–12)

⁸ 에브라임이 여러 민족 가운데에 혼합되니

그는 곧 뒤집지 않은 전병이로다

⁹ 이방인들이 그의 힘을 삼켰으나 알지 못하고

백발이 무성할지라도 알지 못하는도다

¹⁰ 이스라엘의 교만은 그 얼굴에 드러났나니

그들이 이 모든 일을 당하여도

그들의 하나님 여호와께로 돌아오지 아니하며

구하지 아니하도다

¹¹ 에브라임은 어리석은 비둘기 같이 지혜가 없어서

애굽을 향하여 부르짖으며 앗수르로 가는도다

¹² 그들이 갈 때에 내가 나의 그물을 그 위에 쳐서

공중의 새처럼 떨어뜨리고

전에 그 회중에 들려 준 대로 그들을 징계하리라

이스라엘과 에브라임에 대한 언급이 이 디스코스를 6:10–11a와 연결하고 있다. 또한 에브라임을 화덕 위에서 타는 빵으로 비유하여 7:3–6의 화덕 이미지와 연결한다. 7:8–10은 뒤집어지지 않은 빵 비유를 통해 이스라엘 리더가 직무유기를 범하고 있음을 비난하고, 7:11–12은 방황하는 비둘기 비유를 통해 갈팡질팡하는 이스라엘의 외교정책을 비난한다.

호세아 시대의 이스라엘은 여러 차원에서 주변 나라와 섞이고 있었다. 이스라엘은 이방 신들과 예식을 받아들임으로써 종교 혼합주의를 행하고 있었다. 정치적으로는 다른 나라와 동맹을 맺거나 속국의 신분을 유지하고 있었고, 문화적으로는 열방의 가치관과 세계관을 수용하고 있었다. 이스라엘이 이처럼 다방면에서 혼합주의를 추구하게 된 것은 지도자가 맡은 소명을 제대로 완수하지 않았기 때문이다. 요리사가 빵(부침개와 같이 넓적한 빵)을 구울 때, 한 쪽이 익은 듯 싶으면 당연히 뒤집어야 양쪽이 고루 익는다. 그러나 요리사가 한눈을 팔거나 엉뚱한 일에 신경을 쓰다가 빵을 뒤집지 않으면 한 쪽은 익지 않고 한 쪽은 타게 된다. 선지자는 이스라엘의 리더가 바로 이러한 요리사와 같다고 비난한다(8절). 그들은 다른 것에 정신이 팔려 정작 나라와 백성의 안녕은 안중에 없다. 결국 이스라엘은 이방인이 아니라 잘못된 지도자에 의해 멸망하게 된다.

지도자가 백성을 방관하는 동안 이방인이 이스라엘의 모든 것을 빵 삼키듯이 빼앗아 삼켜버렸다(9절). '삼키다/먹다'(אכל)라는 단어가 빵의 이미지를 지속시키고 있다. 이 말은 이방인이 그들의 재력을 모두 빼앗아갔다는 의미일 수도 있고(왕하 15:20), 이방인이 이스라엘에게 엄청난 문화와 종교적인 영향을 끼쳐 이스라엘로 정체성을 상실할 위기에 처하게 했다는 뜻으로 해석할 수도 있다. 그런데도 에브라임의 리더는 절박한 상황을 깨닫지 못한다. 나라의 운명이 곧 끝이 날 텐데도 깨닫지 못하는 것이다. 아니, 나라의 운명 따위에는 도대체 관심이 없다는 말이 더 옳을 것이다. 지도자들이라는 작자들이 어떻게 하면 자기 잇속을 챙길 수 있을까만 고민하고 있기 때문이다.

거의 모든 번역이 "백발이 무성할지라도 알지 못하는도다"(לֹא יָדָע
גַּם־שֵׂיבָה זָרְקָה בּוֹ וְהוּא)(9절)에서 히브리어 단어(שֵׂיבָה)를 새번역처럼(viz., '죽을 날이 얼마 남지 않은 것') 오랜 삶과 연륜의 상징인 '백발'로 해석한다(NIV, NAS, NRS). 그러나 문제는 빵 이야기를 하다가 왜 갑자기 흰머리에 대해 언급하느냐는 것이다. 게다가 성경에서 백발은 좋은 것으로 모든 사람의 선망의 대상이라는 것을 감안할 때(잠 16:31; 20:29), 비난하는 말씀에서 백발이 언급되는 것은 예외적이지 않을 수 없다. 반면에 TNK는 이 히브리어 단어(שֵׂיבָה)를 아카디아어 shību와 연관시켜

서 곰팡이(mold)로 해석한다. 즉, 빵이 상하면서 표면에 생기는 흰 곰팡이라는 것이다(Paul, Hubbard, Garrett, Yee). 이 단어를 백발로 해석하면 인생의 연륜이 많아 모든 것을 쉽게 깨달을 만한 자도 정작 다가오는 이스라엘의 운명은 깨닫지 못하고 있다는 뜻이 된다(Carroll). 반면에 곰팡이로 대치하면 문장의 의미는 화덕 위에서 한쪽이 타버린 빵이 그나마 방치되어 곰팡이가 피어오르는데도 주방장(지도자)은 빵이 잘못된 것을 의식하지 못한다는 뜻이다. 본문이 이스라엘 지도자가 딴 곳에 정신을 팔고 있음을 비난한다는 점을 감안하면, 이 해석이 문맥에 훨씬 더 잘 어울린다.

선지자가 이 텍스트에서 그리는 이미지는 이미 5:12에서 제시한 그림과 비슷하다. 이스라엘의 리더는 나라가 조금씩 썩어 들어가는 것도 모르고 방관만 하고 있다는 것이다. 당연한 것 아닌가! 앞 텍스트(7:3-7)가 묘사한 것처럼 이스라엘의 리더는 왕권을 놓고 치열하고 무자비한 싸움을 계속하고 있다. 욕망과 성화되지 않은 야심으로 가득한 마음에 나라의 미래나 백성의 안녕이 있을 리 없다. 자신들의 생사(生死)가 왔다갔다하는 상황이기 때문이다! 그들이 이렇게 치열하게 싸우는 동안, 나라는 돌이킬 수 없는 상태로 치닫고 있는 것이다. 권세 잡은 자가 개인적인 야심에 사로잡히면 나라가 이 꼴이 된다. 그러므로 지도자는 항상 자신이 이제는 개인이 아니라 공인이라는 것을 의식하며 살아가야 한다.

"이스라엘의 교만이 그에 대해 불리하게 말한다"(וְעָנָה גְאוֹן־יִשְׂרָאֵל בְּפָנָיו)(10절)는 문장은 이미 5:5에서 동일한 형태로 사용되었다. 하나님은 한탄하신다. "이 모든 일을 겪고도, 주 하나님에게로 돌아오지 않는다. 나를 찾지도 않는다"(10절). 이 탄식은 선지자가 6:1-3에서 외쳤던 "여호와께 돌아가자"라는 부르짖음이 허공에 외친 소리에 불과했음을 증거하고 있다(Garrett). 이스라엘은 선지자가 "이렇게 회개의 기도를 드리면 하나님이 들어주실 것이니 이렇게 기도하시오" 하고 가르쳐준 것마저도 버렸다. 주의 백성이라고 자부하는 이스라엘은 하나님께 돌아오기에는 너무 멀리가 버렸다. 그러니 이제 이들을 돌이키게 하는 유일한 방법은 혹독한 고난을 동반한 심판뿐이다. 이스라엘은 고난 속에서 비로소 이 모든 일을 깨닫게 될 것이다.

아무런 예고 없이 빵의 이미지가 방황하는 어리석은 비둘기의 은유로 바뀌고 있다(11절). 이 말씀의 포인트는 더는 리더의 직무유기가 아니라 그들이 무분별하게 외국에 도움을 청한다는 것이다. 위에 언급된 내부 문제를 해결하기 위해 외부에 도움을 청한다는 뜻일까? 실제로 이스라엘의 마지막 왕 호세아는 왕위에 오르자마자 그동안 이스라엘이 시리아, 블레셋, 이집트와 맺었던 동맹관계를 청산하고 아시리아의 왕 디글랏 빌레셀(Tiglath-Pileser III)과 동맹을 맺었다(왕하 15:30). 그러다가 다시 이집트와 비밀 동맹을 맺기도 했다(왕하 17:4). 이스라엘의 정치인은 분명 나라의 이익을 위해 동맹을 맺었다고 자신의 외교정책을 정당화시킬 것이다. 그러나 선지자는 이런 외교가 오히려 나라를 좀먹을 뿐만 아니라 아예 파멸의 길로 인도하고 있다고 한다. 아시리아는 엄청난 조공을 요구했으며, 동맹국에게 자신의 문화와 종교를 강요한 나라로 알려져 있다. 그러므로 아시리아와의 동맹은 이스라엘의 우상숭배를 더욱 가속화하는 결과를 초래했다.

비둘기 은유가 사용되는 것에는 이유가 있다. 비둘기는 먼 곳에서도 목표를 찾아가는 새다. 오래전부터 소식을 전하는 '우편부' 역할을 하기도 했다. 즉, 비둘기는 자기 갈 길을 확실히 아는 새다. 그런데 이 비유에 등장하는 비둘기는 멍청한 비둘기로 갈팡질팡한다. 특히 이집트와 아시리아를 왕래하고 있는데 이집트와 아시리아는 호세아 시대 때에 고대 근동의 강대국이었다. 동시에 이집트와 아시리아는 서로 앙숙이었다. 그러므로 둘 사이를 오가며 외교하는 것은 지뢰밭을 왕래하는 것과 마찬가지였다. 예루살렘과 사마리아의 정치무대에는 항상 친이집트파와 친아시리아파가 팽팽하게 맞서 있었고, 두 강대국에서 방황하다가 이스라엘과 유다는 종말을 맞게 되었다. 사실 이 비둘기가 가야 할 곳은 어디인가? 그의 하나님 여호와의 품이 아닌가!

그러므로 하나님은 스스로 덫을 세워 이 어리석은 비둘기를 다 잡아 버리겠다고 선언하신다. "그들이 저지른 죄악 그대로 내가 그들을 징계하겠다"(אֲיַסְּרֵם כְּשֵׁמַע לַעֲדָתָם)(새번역)를 문자 그대로 해석하면 "내가 그들의 공회에 소식이 전해지면 그들을 심판하겠다"(개역)이다. 무엇을 뜻하는가? 의미를 해석하기가 어렵다고 해서 본문 수정을 제안하는 학자도 많다(Stuart, Wolff, Mays, Andersen & Freedman). 그러나 특별한 경우가 아니면 본문에 손을 대지 않고 해석하는 것이 바람직하다. 이 말씀은 갈피를 못 잡고 방황하는 이스라엘의 외교정책이 실패했다는 소식이 공회에 보고될 때 하나님이 비로소 심판하실 것이라는 뜻이다(McComiskey, Garrett). 정치인은 이런 외교정책의 일부를 비밀에 부쳤을지 모른다. 그러나 공회에 실패가 보고된다는 것은 실패한 정책이 온 천하에 알려진다는 뜻이다. 또한 설령 소수가 이런 일을 공모했다 하더라도 결과로 드러난 실패는 이스라엘이 공동체로서 져야 할 책임이다. 그러므로 공회에 실패가 알려지는 날, 이스라엘은 이 일로 하나님의 심판이 임박했다는 것을 깨닫게 될 것이다. 하나님께 도움을 청해야 하는 사람이 외국의 도움을 청했으니, 하나님이 가만히 계시겠는가!

II. 하나님과 이스라엘(4:1-11:11)
  D. 정치와 외교가 몰락을 재촉함(6:11b-7:16)

4. 불가능한 용서(7:13-16)

[13] 화 있을진저
그들이 나를 떠나 그릇 갔음이니라
패망할진저
그들이 내게 범죄하였음이니라

내가 그들을 건져 주려 하나

그들이 나를 거슬러 거짓을 말하고

¹⁴ 성심으로 나를 부르지 아니하였으며

오직 침상에서 슬피 부르짖으며

곡식과 새 포도주로 말미암아 모이며

나를 거역하는도다

¹⁵ 내가 그들 팔을 연습시켜 힘 있게 하였으나

그들은 내게 대하여 악을 꾀하는도다

¹⁶ 그들은 돌아오나

높으신 자에게로 돌아오지 아니하니

속이는 활과 같으며

그들의 지도자들은 그 혀의 거친 말로 말미암아

칼에 엎드러지리니

이것이 애굽 땅에서 조롱거리가 되리라

이 문단은 선지자가 6:1-3에서 외쳤던 "여호와께 돌아가자"에 대한
백성의 미지근한 반응에 대한 하나님의 조치로 볼 수 있다. 또한 4:1-
7:16에서 강렬한 비난을 받은 종교 지도자와 정치인에 대한 심판 선언
이라 할 수 있다. 탄식시를 시작하는 전문 용어인 '화 있을진저!'(אוֹי)로
이 섹션을 시작하고 있다(9:12). 이 노래는 탄식시로 앞으로 선포될 메
시지의 분위기를 조성하고 있다. 8-14장에는 이 시와 비슷한 탄식시
가 많이 등장하는데, 탄식시는 심판을 선언하시는 하나님의 마음을 이
해하는 데 도움이 된다. 하나님은 죄를 범한 이스라엘에게 벌 내리시
는 일을 즐기지 않으신다. 오히려 벌을 내리시는 여호와의 마음이 벌
을 받는 이스라엘의 마음보다 더 아프고 고통스럽다. 그래서 하나님은
애가(슬픔의 노래)를 부르신다. 애가는 온갖 은혜와 사랑을 베푸시고도
백성에게 거부당한 하나님의 신음 소리이다(Smith, cf. Carroll).

선지자는 먼저 종교 지도자의 배교(背敎)에 대한 비난으로 섹션을 시작한다(13-14절). 제사장은 섬겨야 할 여호와를 등지고 엉뚱한 짓을 하고 있다. 그뿐만 아니라 거짓말로 사람을 유혹한다. 선지자가 말하는 거짓말(כָּזָב)은 신학적/종교적 거짓말이라고 생각한다. 아마도 제사장은 추구하던 종교적 혼합주의를 여호와가 인정했다며 백성을 속였을 것이다(Andersen & Freedman). 그들은 자신의 배교를 여호와의 이름을 빌어 정당화했던 것이다. "오히려 침상에 엎드려 통곡한다"(כִּי יְיֵלִילוּ עַל־מִשְׁכְּבוֹתָם)(14절)는 문제가 너무 심각해서 잠을 이루지 못하고 하나님께 애절하게 매달린다는 뜻으로 해석되기도 하지만, 본문의 분위기와는 맞지 않다. 이 문장은 하나님이 "그들이 나에게 부르짖으나, 거기에 진실이 없다"는 이유를 설명하고 있다. 즉, 두 행동이 일치하지 않다는 표현으로 다산(多産)종교의 예식으로 알려진 죽은 바알을 위한 통곡인 것이 거의 확실하다(Hubbard, Garrett). 이 예식에 대한 자세한 것은 알 수 없으나 바알 종교는 신전에서의 성관계와 예식적으로 통곡하는 것이 포함되어 있다(겔 8:14).

종교 지도자를 문제 삼은 호세아는 이어 정치 지도자의 배신을 비난한다(15-16절). 하나님이 그들을 힘있게 길렀다는 것은 16절에서 이집트가 언급되는 것으로 보아 가나안 정복시대의 이스라엘 군대를 양육하시고 훈련시키신 것을 의미하는 것으로 보인다(Garrett). 그런데 이제 와서 이스라엘의 지도자는 여호와를 "해치려고 음모를 꾸몄다"(יְחַשְּׁבוּ־רָע אֵלָי). 물론 인간이 하나님을 해할 수는 없다. 그러므로 여기서는 정치적인 입장을 비난하고자 하는 것으로 여겨진다. 그들이 아시리아의 속국으로 있으면서도 끊임없이 아시리아에 대한 음모를 꾸민 것처럼(왕하 17:3-5), 여호와의 종속이면서도 하나님께 반역을 하고 있다는 것이다. 이스라엘이 하나님을 배신한 것은 은혜를 베푸신 분에 대한 배은망덕이다.

이스라엘의 정치적 지도자들은 '느슨하게 풀어진 활'(כְּקֶשֶׁת רְמִיָּה, 새번역)과 같다.[15] 아무짝에도 쓸모없는 무용지물이라는 것이다. 그러므로 선지자는 그들이 "칼에 찔려 죽을 것이다"라고 경고한다. 이스라엘의 정치인은 배신을 일삼는 자이고, 무능한 자이고, 시한부 인생을 살고 있다는 것이다. 본문에서 이집트가 언급되는 것은 하나님의 심판이 이 나라에 임하면 그 사건이 마치 역(逆)출애굽과 같은 파괴적인 효과를 초래할 것을 경고하기 위해서다.

하나님을 떠난 이스라엘은 실제로 아무것도 아니다. 그들이 자랑삼아 내놓을 만한 것이 하나도 없다. 이스라엘의 땅이 다른 나라의 영토보다 크지도 않고, 큰 백성도 아니다. 정말 볼품없는 민족이었다. 하나님이 사랑하시어 선민으로 삼으셨기에 아무것도 아닌 그들이(nobody) 온 세상에 두루 빛나는 대단한 민족이(somebody) 되었다. 그런 이스라엘이 배은망덕하게 은인이신 하나님을 배반했으니 앞으로 어떻게 될 것인가는 뻔한 일이 아닌가? 한 고대 철학자가 말한 것처럼 우리는 항상 자신을 의식하고 우리가 누구인가를 마음에 새기고 살아갈 필요가 있다. 그렇게만 한다면 하나님을 배반하는 일이 없을 것이다.

Ⅱ. 하나님과 이스라엘(4:1-11:11)

E. 다가오는 포로생활(8:1-9:9)

선지자는 지금까지 이스라엘의 죄를 낱낱이 고발했다. 그들은 시내 산에서 남편으로 맞이했던 여호와께 등을 돌리고 우상을 숭배했다. 결과적으로 하나님의 말씀과 기준에 따라 살겠다는 언약을 파괴했으며 대신 우상의 가치관에 따라 살기 시작했다. 그러다 보니 배교에서 시작된 종교적 문제가 사회정의와 질서에 엄청난 파괴를 초래했다. 거룩한 백성으로 살아가라는 소명을 받은 이스라엘은 어느덧 이방인과 전

---

15 개역개정은 "속이는 활"로 해석하지만 새번역이 더 정확한 의미를 전달하고 있다.

혀 다를 바 없는 민족이 되어 있었다. 그들의 신학적 정체성이 송두리째 뽑힌 것이다. 그러므로 하나님은 열방과 전혀 다를 바 없는 이스라엘을 내버리실 수밖에 없으셨다.

이 섹션은 이스라엘에게 다가오고 있는 심판에 대한 설명, 심판의 필요성, 심판의 결과가 귀양생활이 될 것이라는 등의 온갖 정보를 제공한다. 선지자는 이 섹션에서 이스라엘의 가장 큰 문제로 두 가지를 지적한다. (1) 잘못된 예배, (2) 잘못된 정치다. 두 가지는 정책을 확립하고 추진하는 자에게 가장 큰 문제가 있으므로 선지자는 종교 지도자와 사회 지도자의 책임을 중점적으로 도마 위에 올려놓는다.

지도자의 잘못된 정책수립과 추진은 참담한 결과를 초래하여 이스라엘은 전쟁, 기근 등을 통해 멸망할 것이다. 그들의 신분은 옛적 이집트에서 노예살이하던 때로 돌아갈 것이며, 하나님의 축복 아래 번성했던 민족이 이제는 자손이 부족하여 멸종 위기에 처하게 될 것이다. 그 외에도 가장 심각한 문제는 이스라엘의 하나님 여호와께서 스스로 그들을 버리실 것이라는 사실이다. 선지자는 매우 충격적이며 다양한 이미지를 사용하여 메시지를 선포하고 있는데, 이는 깨달을 수 있는 마음을 지닌 자는 듣고 회개하게 하기 위함이다.

이 섹션에 기록된 메시지는 나팔을 부는 일로 시작한다(8:1). 전쟁을 알리는 나팔소리가 성소를 덮치는 나팔소리가 된 것이다. 그래서 대체로 이 메시지들이 주전 735-732년 동안 진행되었던 이스라엘-시리아 동맹군과 유다의 전쟁(Syro-Ephraimite War)을 배경으로 하고 있다고 풀이한다(Smith). 이 전쟁의 참담한 결과는 호세아의 경고를 단면적으로나마 현실로 충분히 보여주었다. 이스라엘이 시리아와 연합하여 시작한 전쟁이 실패로 끝난 것은 곧 하나님이 북 왕국에 내리신 심판의 시작으로 여겨야 했다. 그러나 이스라엘은 사실을 깨닫지 못했기에 끝까지 하나님께 대항하다가 결국 주전 722년에 멸망하게 된 것이다.

이 섹션은 크게 두 파트로 나눈다. (1) 이스라엘의 멸망(8:1-14), (2)

다가오는 귀양생활(9:1-9). 머지않아 다가올 멸망을 예언하고 있는 첫 번째 파트는 이스라엘의 파멸 과정과 심지어는 예배도 그들을 구원할 수 없다는 선언으로 끝이 난다. 귀양생활을 경고하고 있는 두 번째 파트 역시 어떤 과정을 통해 이런 일이 있을 것인가를 설명한 다음, 일이 이렇게 된 것은 하나님이 회개하라고 보내셨던 선지자들이 전한 메시지를 무시한 결과라는 말로 마무리한다.

   A. 이스라엘의 멸망(8:1-14)
   B. 다가오는 귀양생활(9:1-9)

Ⅱ. 하나님과 이스라엘(4:1-11:11)
  E. 다가오는 포로생활(8:1-9:9)

1. 이스라엘의 멸망(8:1-14)

선지자는 이스라엘이 정치적으로 추구하고 있는 안정이 그들의 신앙처럼 허망한 것이라고 비난한다. 그래서 하나님의 심판을 받아 군사적인 파탄과 기근을 경험하게 될 것이며, 어떠한 조치, 심지어는 여호와께 예배와 제물을 드려도 효과가 없을 것이라고 경고한다. 이 섹션은 다음과 같이 구분될 수 있다.[16]

---

16 한 주석가(Garrett)는 이 텍스트에 대해 다음과 같은 구조를 제시하지만 짧은 글이 지나치게 세분화되어 있으며, 구조도 제시하고자 하는 것처럼 명백한 흐름이 있지 않다.
  A. 다가오는 정복시대(8:1a)
    B. 거짓 경건: 헛된 언약에 대한 의존(8:1b-3)
      C. 거짓 정치적 안정: 스스로 왕들을 선출하는 것(8:4a)
    B′. 거짓 경건: 송아지 우상(8:4b-6)
  A′. 다가오는 손실(8:7)
      C′. 거짓 정치적 안정: 외국에 도움을 요청하는 것(8:8-10)
    B″. 거짓 경건: 예배의 예상치 못한 결과(8:11-13)
      C″. 거짓 정치적 안정: 요새들(8:14)

A. 적의 침략(8:1-3)

B. 무너지는 방어벽(8:4-6)

C. 아시리아에 멸망(8:7-10)

D. 효력 없는 예배(8:11-14)

II. 하나님과 이스라엘(4:1-11:11)
   E. 다가오는 포로생활(8:1-9:9)
     1. 이스라엘의 멸망(8:1-14)

---

(1) 적의 침략(8:1-3)

¹ 나팔을 네 입에 댈지어다

원수가 독수리처럼 여호와의 집에 덮치리니

이는 그들이 내 언약을 어기며 내 율법을 범함이로다

² 그들이 장차 내게 부르짖기를

나의 하나님이여

우리 이스라엘이 주를 아나이다 하리라

³ 이스라엘이 이미 선을 버렸으니

원수가 그를 따를 것이라

"나팔을 네 입에 댈지어다. 원수가 독수리처럼 여호와의 집에 덮치리니"(אֶל־חִכְּךָ שֹׁפָר כַּנֶּשֶׁר עַל־בֵּית יְהוָה)(개역; cf. 새번역)를 문자적으로 번역하면 "네 입에 나팔을 대라. 독수리/매가 여호와의 집 위에 있다"가 된다 (NIV, NRS, JPS). 이 문장을 새번역과 개정개역(cf. NAS)은 적군이 침략하여 여호와의 집을 파괴할 것이라고 선언하는 예언으로 해석한다. 호세아는 적의 침략을 알리는 파수꾼 역할을 하고 있다(Emmerson). 대부분이 이 해석을 따른다. 적이 매/독수리처럼 날아와 여호와의 집이 상징하고 있는 이스라엘을 파괴할 것이라는 뜻이다(McComiskey). 하나의 아이러니가 형성되고 있다. 원래 하나님은 자기 백성을 보호하는 독수리이지만(출 19:4; 신 32:10-11), 본문에서는 그들을 공격하는 독수리가 되셨다(Carroll). 그러나 본문은 성전에서 간혹 일어났던 일을 바탕으로 적군의 침입보다는 이스라엘의 부정함을 비난하고 있다. 독수리나 매는 부정한 새의 대표적인 것이다. 이 새들이 성전 위에 앉거나 맴돌 경우 흉조로 여겨 제사장은 트럼펫을 불고 불을 피워 연기로 새들을 쫓았다. 본문에서 제시되는 그림이 바로 이런 상황이다(Garrett). 부정한 새가 성전을 맴돌 때, 그 사실을 알려서 모든 제사장이 하던 일을 중단하고 힘을 모아 쫓았던 것처럼, 사람들에게 이스라엘의 부정함에 대해 알리라는 것이다(Davies). 세상에서 가장 거룩해야 할 여호와의 성소가 부정한 제사장과 온갖 부정한 풍습으로 가득 차 있어 부정하다는 사실을 말이다. 물론 이 이미지에는 다가오는 전쟁에 대한 경고도 함축되어 있다고 볼 수 있다.

가장 거룩해야 할 하나님의 성소가 어떻게 이처럼 부정하게 되었는가? 선지자가 이미 4:1-3과 6:7에서 언급한 것처럼 이스라엘이 여호와께 등을 돌렸으니 당연한 결과라는 것이 본문의 내용이다. 또한 호세아 시대에는 종교가 이스라엘 정권을 바른 길로 인도하는 것이 아니라, 오히려 정권의 시녀가 되어 하나님의 분노를 사기에 충분했다(Carroll). 이스라엘이 하나님과의 언약을 깨고, 율법과 규례를 위반했다. 일부 학자는 "그들이 장차 내게 부르짖기를 나의 하나님이여 우리 이스라엘이 주를 아나이다"(לִי יִזְעָקוּ אֱלֹהַי יְדַעֲנוּךָ יִשְׂרָאֵל)(2절)를 "그들이 나에게 부르짖기를 '나의 하나님! 우리가 당신을 아나이다!' (그리고) '이스라엘!'"로 해석하여 이스라엘 예배에서 사용되었던 기도문을 반영하고 있다고 해석하기도 한다(Garrett, cf. NRS). 그러나 비록 문법이 어렵지만 새번역, 개역개정 등이(NAS, NIV, JPS) 제시하는 전통적인 해석이 훨씬 더 선지자가 전달하고자 하는 의미에 가까워 보인다. 이 문구는 일반화된 표현이기에 기도문의 일부라는 주장은 크게 설득력이 없다.

이스라엘이 이렇게 여호와를 아는 척하면서도 "선을 버렸다"(וַיִּזְנַח טוֹב)
(3절). 이 말씀은 무엇을 의미하는가? 주의 백성이 하나님께 도와달
라고 부르짖지만(2절), 정작 하나님이 기뻐하시는 일은 하지 않는다.
'선'(טוֹב)이 넓은 의미에서 여호와 하나님의 모든 것을 뜻할 수도 있지
만(Dearman), 호세아가 1절에서 이미 언약을 깨고, 율법을 지키지 않은
것을 비난하는 것으로 보아 선은 언약을 지키고, 율법을 준수하는 것
을 뜻한다. 일부 주석가는 '선'이 하나님을 뜻하는 것으로 해석하기도
한다(Stuart, Andersen & Freedman). 이스라엘이 하나님에 관한 모든 것을
거부한 상황이라는 것을 감안하면 충분히 가능한 해석이다. 즉, 이스
라엘은 입으로는 여호와를 사랑하고 존경한다고 하지만, 삶이 그들의
주장을 뒷받침해 주지 못하고 있다. 그러므로 하나님이 적군에게 쫓
기도록 하신다(3b절). 혹은 하나님이 적이 되어 그들을 쫓으실 것이다
(Andersen & Freedman). 하나님은 이스라엘의 예배를 부정하다고 하시더
니(1절), 마침내 그들을 내치시는데(3절), 이는 모두 그들의 위선적인 신
앙생활 때문이다(2절).

우리는 종종 하나님을 섬기고 예배하는 것을 환난 날에 하나님의 보
호를 받기 위한 일종의 '보험'으로 생각하는 사람을 만난다. 선지자는
진정한 예배와 의로운 삶이 '보험'을 뒷받침하지 않으면 아무런 소용이
없다고 선언한다. '하늘 보험'에 가입해 놓고도 하나님 말씀에 따라 살
지 않는다면 오히려 하나님이 직접 원수가 되어 치실 수도 있다고 말씀
하신다. 하나님은 위선과 거짓을 싫어하시고, 우리를 그리스도인으로
부르셨을 때에는 하나님 뜻에 따라 살아줄 것을 바라셨기 때문이다.

```
II. 하나님과 이스라엘(4:1–11:11)
  E. 다가오는 포로생활(8:1–9:9)
    1. 이스라엘의 멸망(8:1–14)
```

(2) 무너지는 방어벽(8:4–6)

⁴ 그들이 왕들을 세웠으나
내게서 난 것이 아니며
그들이 지도자들을 세웠으나
내가 모르는 바이며
그들이 또 그 은, 금으로 자기를 위하여 우상을 만들었나니
결국은 파괴되고 말리라
⁵ 사마리아여
네 송아지는 버려졌느니라
내 진노가 무리를 향하여 타오르나니
그들이 어느 때에야 무죄하겠느냐
⁶ 이것은 이스라엘에서 나고 장인이 만든 것이라
참 신이 아니니 사마리아의 송아지가 산산조각이 나리라

이미 서론에서 언급한 것처럼 주전 8세기 후반 북 왕국 이스라엘의 정치계는 매우 혼란스러웠다. 이 말씀은 여로보암이 죽은 후 30년 동안 여섯 왕이 정권을 교체했던 혼란스러운 시대를 배경으로 하고 있다 (Carroll). 이스라엘은 하나님의 뜻과는 상관없이 왕과 방백을 세웠다. "내게서 난 것이 아니며"(לֹא מִמֶּנִּי)와 "내가 모르는 바이다"(לֹא יָדָעְתִּי)(4절) 라는 북 왕국의 정권 변화에 대한 하나님의 입장을 두 차례 반복하여 표현하고 있다. 첫째, 이스라엘은 하나님과 상의 없이 왕을 세웠다. 둘째, 세워진 리더 자신이 하나님께 낯설다는 것이다. 즉, 이들은 리더로 세워질 만한 자질을 갖지 못했다. 이스라엘의 왕이신 하나님과 상의한 적도 없고, 하나님이 인준할 만한 인물이 안 되는 자를 왕으로 세웠으

니 여호와와의 관계에서 이스라엘의 어려움이 크다는 것을 충분히 상상할 수 있다.

우상에 대해 언급한(4b-6절) 히브리어 텍스트를 해석하는 일은 쉽지 않다. 이 텍스트는 불처럼 맹렬한 심판을 선포하고 있고 하나님의 격앙된 감정을 표현하기에 적절하다고 생각된다(Garrett). 하나님은 이스라엘이 당시 숭배하던 모든 우상, 특히 그들이 세운 금송아지에 대해 더욱 분노하신다. 그래서 선지자를 통해 백성에게 금송아지를 버리라고 권면하신다. 송아지 우상은 여로보암이 벧엘과 단에 세운 것이며(왕상 12:28-30), 사마리아 사람은 이 우상을 매우 귀하게 여겼다(10:5-6). 솔로몬의 죄로 하나님께 열 지파를 받아 북 왕국 이스라엘을 세운 여로보암이 이 송아지를 가리켜 이스라엘을 이집트에서 구원해낸 여호와라고 거짓말했다. 그 후 북 왕국 사람 대부분은 그렇게 믿었다. 금송아지는 다름 아닌 '짝퉁 버전' 여호와이기에 '진품' 여호와께서 다른 우상보다 금송아지에 대해 더욱 분노하신 것이다. 벧엘에 세워진 송아지 신전은 이스라엘이 아시리아의 손에 멸망하던 주전 722년까지 북 왕국 정부의 공식 후원을 받은 국가 신전이었다(Wolff).

송아지는 바알 종교에서도 매우 귀중하게 여겨지던 상(像)이었다 (Keel, Smith). 그러므로 종교 혼합주의에 빠진 이스라엘은 더욱 금송아지를 귀하게 여겼을 것이다. 본문은 하나님이 얼마나 분노하고 계시는가를 잘 보여주고 있다. "나의 분노가 활활 타오른다. 너희가 언제 깨끗해지겠느냐? 이스라엘에서 우상이 나오다니!"(새번역). 송아지 신상은 사람에 의해 만들어진 것이고, 신이 아니라는 가르침도 곁들이고 있다(6절). 우상에게 절하는 것은 이렇게 어리석은 일이다.

II. 하나님과 이스라엘(4:1-11:11)
  E. 다가오는 포로생활(8:1-9:9)
    1. 이스라엘의 멸망(8:1-14)

(3) 아시리아에 멸망(8:7-10)

> ⁷ 그들이 바람을 심고 광풍을 거둘 것이라
> 심은 것이 줄기가 없으며
> 이삭은 열매를 맺지 못할 것이요
> 혹시 맺을지라도 이방 사람이 삼키리라
> ⁸ 이스라엘은 이미 삼켜졌은즉
> 이제 여러 나라 가운데에 있는 것이
> 즐겨 쓰지 아니하는 그릇 같도다
> ⁹ 그들이 홀로 떨어진 들나귀처럼 앗수르로 갔고
> 에브라임이 값 주고 사랑하는 자들을 얻었도다
> ¹⁰ 그들이 여러 나라에게 값을 주었을지라도
> 이제 내가 그들을 모으리니
> 그들은 지도자의 임금이 지워 준 짐으로 말미암아
> 쇠하기 시작하리라

"그들이 바람을 심고 광풍을 거둘 것이라"(כִּי רוּחַ יִזְרָעוּ וְסוּפָתָה יִקְצֹרוּ)(7절)라는 말씀은 당시 이스라엘에서 사용되었던 격언이었을 것으로 추측한다. 이 격언은 아주 작은 문젯거리를 심어 엄청난 재난을 초래할 것이라는 뜻으로 해석된다. "긁어 부스럼을 만든다"는 말과 비슷하다고 생각하면 된다. 이 격언의 뜻이 이렇게 풀이된다면 바로 다음에 나오는 농사 이미지와 잘 어울리지 않는다. "곡식 줄기가 자라지 못하니, 알곡이 생길 리 없다"(새번역). 그러므로 이 격언의 의미를 한 농부의 어리석음으로 해석하기도 한다. "바람이 불 때 씨를 뿌리고, 광풍이 일 때 수확을 한다"(Garrett, Yee, cf. Carroll). 팔레스타인 농부는 손으로 씨앗

을 뿌려 곡식을 심었다. 그런데 바람이 부는 상황에서 씨앗을 뿌리면 씨앗이 날아가 버릴 것이다. 그렇게 되면 곡식으로 자라날 씨앗이 많이 부족할 것이고, 비록 자라난다 하더라도 광풍이 부는 상황에서 수확을 하면 곡식이 바람에 모두 날아가 버리기 때문에 작황이 좋을 수가 없다는 것이다. 적절한 해석으로 여겨진다. 이스라엘이 마치 바람이 심하게 부는 날 씨를 뿌리고 광풍 부는 날 추수하는 어리석은 농부와 비슷하다는 말이다.

"곡식 줄기가 잘 자라지 못하니, 알곡이 생길 리 없다. 여문다고 하여도, 남의 나라 사람들이 거두어 먹을 것이다"라는 말씀도 이스라엘의 어리석음과 헛수고를 비난하는 비유이다. 이 문장은 이미 5:6에서 접한 적 있는 가논법(假論法)(pseudosorites)이다(O'Connor, Andersen & Freedman). 바람이 불 때 심었으니 곡식이 제대로 자랄 리 없지만 설령 자란다 하더라도 이방인이 먹게 될 것이라는 예언인 것이다. 또한 보잘것없는 작황은 이스라엘이 의지하고 있는 다산 종교의 허무함을 암시한다. 그들은 풍요로움을 얻기 위해 바알을 숭배했지만, 정작 바알은 충분한 먹거리를 줄 수 없다. 그는 신이 아니라 인간이 빚어낸 우상이기 때문이다.

위기에 처한 이스라엘이 강대국을 찾아다니며 도움을 요청한다(8-10절). 이 말씀 또한 해석하기가 어려운 문장들로 구성되어 있으나 전반적인 의미를 파악하는 일은 그다지 어렵지 않다. 선지자는 이방인의 도움을 청하는 이스라엘 모습을 세 개의 은유를 사용해 매우 비참하게 묘사한다. 버림받은 그릇(8절), 외로이 떠도는 야생 나귀(9a절), 돈을 주고 창녀를 찾는 남자(9b-10절)이다.

첫째, 이스라엘은 내용물을 모두 먹고 버려둔 빈 그릇과 같다(NIV, NAS, NRS). 하나의 언어유희가 사용되고 있다. 앞절(7절)에서 설령 추수할 곡식이 있더라도 이방인이 '삼킬 것'(בלע)이라고 했는데, 이제 곡식이 아닌 그들이 이방인에게 '삼킴'(בלע)을 당하고 있다. 그러므로 이스라엘은 빈 그릇이 버림받듯이 그들이 따르고 갈망하던 열방에 의해 버림받게 된 것이다. 이스라엘은 열방에게 이용당하고 내팽개침을 받았다는 것이 선지자의 주장이다.

둘째, 외로이 떠도는 야생 나귀 비유는 이스라엘이 강대국인 아시리아로 가서 도움을 청했지만 별 도움을 받지 못하여(viz., 우호적 외교관계를 수립하는데 실패) 결국 스스로 돌보아야 하는 야생 나귀의 신세가 되었다는 뜻이다. 자신들의 문제를 해결하려고 여러 강대국에게 도움을 구했던 이스라엘이 한결같이 거부당하고 이제는 생명을 위협하는 광야를 홀로 떠돌아야 하는 들나귀의 신세가 되어 험악한 국제무대를 떠돌고 있다는 뜻이다. 이스라엘이 처음부터 도와주실 수 있는 유일한 그들의 왕 여호와 하나님을 찾았더라면 이런 일이 없었을 텐데 말이다. 이 비유는 주전 738년에 므나헴이 디글랏 블레셀에게 많은 돈을 바친 일, 혹은 732년에 이스라엘의 마지막 왕 호세아가 베가를 죽이고 왕이 된 직후 디글랏 블레셀에게 조공을 바친 일을 배경으로 하고 있는 것으로 해석되기도 한다(Carroll).

셋째, 이스라엘을 돈을 주고 창녀를 고용한 남자로 묘사하는 것은 책의 전반적인 사고-이스라엘이 창녀라는 것-와 잘 어울리지 않는다고 주장하는 사람도 있다. 그러나 호세아는 이미지 구상에 있어서 고정적인 틀에 매여 있지 않은 것이 특징이다. 여기서는 이스라엘이 창녀라는 이미지를 뒤집고 오히려 돈을 지불하고 창녀를 찾는 남자의 모습으로 묘사한다. 포인트는 다음과 같다. 이스라엘은 돈을 주고 창녀를 찾는 남자가 돈을 모두 낭비한 후에야 돈을 모두 쓰고도 진정한 사랑을 체험하지 못했다는 허탈감에 빠져 있는 사람과 같을 것이라는 경고다. 이스라엘 왕은 외국 왕을 달래고 환심을 사기 위해 백성에게 지나치게 많은 세금을 징수해(왕하 15:19-20) 강대국에게 상납했지만 결국 허탈감만 맛보았다(Garrett). 이스라엘은 아시리아의 손에 멸망하기 오래전부터 이미 자신의 부(副)를 열방에게 모두 내주었던 것이다. 결국 많은 돈을 주고 창녀를 고용한 남자가 나중에는 지불한 돈의 무게에 짓눌리는 것처럼, 이스라엘은 강대국에게 바친 조공으로 짓눌릴 것이다(Yee).

II. 하나님과 이스라엘(4:1–11:11)
  E. 다가오는 포로생활(8:1–9:9)
    1. 이스라엘의 멸망(8:1–14)

(4). 효력 없는 예배(8:11–14)

¹¹ 에브라임은 죄를 위하여 제단을 많이 만들더니
그 제단이 그에게 범죄하게 하는 것이 되었도다
¹² 내가 그를 위하여 내 율법을 만 가지로 기록하였으나
그들은 이상한 것으로 여기도다
¹³ 그들이 내게 고기를 제물로 드리고 먹을지라도
여호와는 그것을 기뻐하지 아니하고
이제 그들의 죄악을 기억하여
그 죄를 벌하리니
그들은 애굽으로 다시 가리라
¹⁴ 이스라엘은 자기를 지으신 이를 잊어버리고
왕궁들을 세웠으며
유다는 견고한 성읍을 많이 쌓았으나
내가 그 성읍들에 불을 보내어
그 성들을 삼키게 하리라

하나님은 다시 이스라엘의 종교적인 죄에 대해 언급하신다. 세 개의 아이러니(irony)를 사용해 종교생활이 초래하고 있는 어처구니 없는 결과에 대해 말씀하신다. (1) 하나님께 죄에 대한 용서를 구하기 위해 세

운 제단의 수가 늘어날수록 죄가 늘어만 간다, (2) 여호와의 율법이 마치 이방 종교의 가르침같이 되어버렸다, (3) 그들이 여호와께 드리는 제물이 의도했던 것과 정반대의 결과를 초래하고 있다. 결과적으로 하나님이 이스라엘에게 주신 예배가 의도된 효과를 전혀 발휘하지 못하고 있으며, 앞으로도 그렇게 될 것이므로 이스라엘에서 행해지는 예배로는 결코 이스라엘의 종교적 문제를 해결하지 못할 것이다. 그러므로 하나님의 심판을 받아 이스라엘이 타국으로 귀양을 가는 것은 피할 수 없는 현실이라는 것이 선지자의 논리다.

첫째, 죄 용서를 위해 세운 제단의 수가 늘어날수록 그들의 죄는 늘어만 간다(11절). 이스라엘 백성이 제단을 쌓는 이유는 그곳에서 자신의 죄를 용서받기 위해 제물을 드리기 위함이었다. 그러나 제단은 결국에는 고깃덩어리(제물)를 받고 '싸구려 은혜'를 도매로 파는 장소가 되었고, 경우에 따라서 성적(性的) 문란을 부추기는 곳이 되었다. 많은 제단을 세우면서 제사장은 은근히 백성이 더 많은 죄를 짓기를 바란다. 백성이 죄를 많이 지을수록 자신의 수입이 늘어나기 때문이다. 그러므로 하나님은 제단의 수가 늘어가는 것이 그들의 죄가 더해 간다는 것을 뜻한다고 비난하신다.

오늘날에는 이런 문제가 없는가? 이론적으로 말하면 목사와 교회가 늘어날수록 사회는 더 거룩하고 경건해져야 하는데, 실제로는 반대 현상이 일어나고 있다. 그리스도인이 많을수록 세상은 살기 좋고 안전한 곳이 되어야 하는데, 현실은 그렇지가 않다. 왜 이처럼 역설적 현상이 일어나는 것일까? 여러 가지 원인이 있겠지만, 지난 수십 년 동안 복음을 싸구려 은혜로 변질시켜 버린 교회에게 책임이 있다. 그리스도인이 삶과 상관없이 그저 입으로 예수를 구주로 시인하면 된다는 사고가 교회를 변질시켜 놓았다. 세상의 빛과 소금이 되려고 노력하는 사람이 모이는 곳이 교회가 되어야 하는데, 어느덧 교회는 여러 가지 목표를 달성하기 위해 하나님을 이용하려는 사람들의 집합소가 되어버렸다.

둘째, 여호와의 율법이 마치 이방 종교의 가르침같이 되어버렸다(12절). 여호와께서는 시내 산 언약을 통해 자기 백성이 살아야 할 삶의 모든 영역에 적용되어야 할 많은 법과 원리를 주셨다(12절). 하나님의 율법은 매우 다양하고 포괄적이다. 이스라엘이 마음만 먹으면 모든 영역에서 얼마든지 하나님의 율법에 따라 살 수 있음을 강조하기 위해 선지자는 하나님이 이스라엘에게 주신 율법의 수를 '만 가지'(רב)로 과장하여 말한다. 종교 예식, 절기, 모임, 각 개인의 의식주, 나라의 군사력, 정치, 가족관계 등등을 어떻게 펼쳐나가야 하는가를 자세하게 가르쳐주셨던 것이다. 그러나 문제는 제사장이 수많은 여호와의 선하고 아름다운 율법을 존중하지 않고 백성을 율법으로 가르치지 않았기에(4:6), 어떤 사람은 율법을 아예 외국 사람의 규례처럼 생각하게 되었다. 하나의 아이러니가 형성되고 있다. 이스라엘이 하나님을 예배하겠다고 제단을 '많이' 세울수록 그들은 '많은' 율법에서 멀어지고 있다(Yee). 예식 중심적인 삶이 말씀에 순종하는 삶을 대체한 것이다. 호세아 시대 사람은 하나님이 오래전에 시내 산에서 조상에게 주신 율법이 시대에 걸맞지 않다고 생각했을 것이다(Smith). 그래서 일부 율법을 바알 종교의 원리와 가치관으로 대체해 마치 이것들이 정통 여호와 종교의 가르침인 양 권유되었을 것이다. 이 부분은 오늘날에도 교회가 항상 조심해야 한다. 교회 안에서 행해지고 있는 것 중 어떤 것이 하나님이 기뻐하실 경건한 것이며, 어떤 것이 우리가 배척해야 할 '바알의 것'인가를 구분할 수 있어야 한다.

셋째, 그들이 여호와께 드리는 제물이 의도했던 것의 반대 결과를 초래했다(13절). 이 구절 역시 해석하기 어려우나 뜻은 쉽게 파악된다. 백성이 여호와를 달래기 위해 제물을 드렸지만, 오히려 분노케 하는 결과를 초래했다. 그들이 하나님께 제물을 드리면서 마음은 함께 드리지 않았기 때문이다. 그러므로 하나님께 드린 것은 예배의 한 형태인 제물이 아니라 평범한 고깃덩어리에 불과했다.

제물이란 원래 하나님이 인간의 죄를 기억하지 못하도록(viz., 용서하도록) 하는 것인데, 주의 백성이 드린 제물은 오히려 하나님이 그들의 죄를 더 기억나도록 했으며 어쩔 수 없이 벌을 내리시도록 했다. 여호와께서 이스라엘에 내리시는 벌은 어떤 것인가? 이스라엘을 옛적에 노예살이하던 이집트로 다시 보내시는 벌이다. 물론 실제 이집트를 의미하는 것은 아니다. 이집트는 이스라엘에게 혹독한 억압을 상징하는 나라다. 하나님이 다시 이스라엘을 다른 나라의 노예로 만드실 것이라고 말씀하신다. 또한 이집트에 대한 언급은 9절에 언급된 아시리아와 적절한 쌍을 이루고 있다. 이집트와 아시리아는 이스라엘이 도움을 요청하며 왕래하던 대표적인 국제 강국이었다. 이스라엘이 도움을 청했던 강대국은 오히려 그들을 노예로 부릴 것이다.

이스라엘의 지도자는 자신의 보호를 위해 궁궐을 지었다(14a절). 유다 백성도 자신을 보호하기 위해 성읍을 지었다(14b절). 그러나 하나님은 성읍과 궁궐을 모두 불태우실 것이고, 이스라엘과 유다가 같은 운명을 맞게 하실 것이다. 그들이 자신의 안위는 걱정하면서도 정작 창조주는 잊었기 때문이다. 하나님은 이스라엘은 결코 자신의 능력이나 군사력에 의존해서는 안 된다는 것을 출애굽 시대부터 강조하셨다. 신명기 17:16은 이스라엘이 왕을 세우면 왕은 결코 말이나 병거를 많이 가지고 있거나 의존해서는 안 된다고 한다. 이스라엘 왕은 그를 왕으로 세워 자기 백성을 통치하게 하신 이스라엘의 진정한 왕이신 여호와 하나님을 의지해야 하기 때문이다. 그러나 세월이 지나면서 이스라엘과 유다의 정치인은 외국 군대에 의해 계속 군사적인 위협을 받을 때마다 문제를 신앙적으로 풀기보다는 정치적으로 해결하려고 했다. 그러나 하나님은 그들의 노력이 무모하고 어리석다는 점을 강조하면서 직접 성읍과 궁궐에 불을 지르시겠다고 하신다. 실제로 이스라엘 역사를 살펴보면 요새는 별 도움이 되지 못했다. 잠시 침략해오는 외국군의 속도를 조금 늦출 수는 있어도 본국으로 되돌려보내지는 못했다.

2. 귀양생활(9:1-9)

본문이 타작마당과 새 포도주를 언급하고 있다는 점을 감안하면 선지자가 맨 처음 이 메시지를 추수하며 즐거워하는 이스라엘 사람에게 선포한 것으로 생각된다(Smith). "이스라엘아, 너희는 기뻐하지 말아라. 이방 백성들처럼 좋아 날뛰지 말아라"로 시작하는 1절 역시 추수 때 즐거워하던 사람이 흔히 사용하던 말의 의미를 뒤집은 것이다(욜 2:23-24). 선지자는 앞으로 혹독한 흉년이 올 것이기에 당장 눈에 보이는 수확으로 기뻐하지 말라고 경고한다.

호세아는 다가오는 흉년을 세 가지로 정리한다. 첫째, 흉년은 여호와께서 이스라엘에게 분노를 표하는 것이며 앞으로 다가올 더 큰 화에-군사적 패배와 포로생활-대한 경고이다(1-3절). 둘째, 선지자는 흉년이 오면 제사장과 백성이 기근 문제를 해결할 만한 제물을 하나님께 드리지 못할 정도로 궁핍해질 것이라고 경고한다(4-6절). 셋째, 백성은 이미 다가오는 위기에 대한 여러 선지자의 지속적인 경고를 무시했기에 기근이 임한다(7-9절). 이런 정황을 고려해 이 섹션은 다음과 같이 세 파트로 구분할 수 있다.

A. 땅의 소산을 누리지 못하게 됨(9:1-3)
B. 주님을 예배할 수 없게 됨(9:4-6)
C. 선지자를 핍박한 결과(9:7-9)

263

엑스포지멘터리 호세아

II. 하나님과 이스라엘(4:1–11:11)
    E. 다가오는 포로생활(8:1–9:9)
      2. 귀양생활(9:1–9)

(1) 땅의 소산을 누리지 못하게 됨(9:1–3)

> ¹ 이스라엘아
> 너는 이방 사람처럼 기뻐 뛰놀지 말라
> 네가 음행하여 네 하나님을 떠나고
> 각 타작 마당에서 음행의 값을 좋아하였느니라
> ² 타작 마당이나 술틀이 그들을 기르지 못할 것이며
> 새 포도주도 떨어질 것이요
> ³ 그들은 여호와의 땅에 거주하지 못하며
> 에브라임은 애굽으로 다시 가고
> 앗수르에서 더러운 것을 먹을 것이니라

하나님의 선민이라는 사실을 외면한 이스라엘은 다른 나라와 같아지려고 이교적인 것을 추구했다. 이방인이 부와 풍성한 추수를 추구하며 사용했던 방법에 따라 구했다. 세월이 지나면서 여호와의 백성이 바알 등 다산 종교의 방식을 따른 것이다. 이스라엘이 새로 도입한 예식에는 타작마당에서 창녀와 놀아나는 것도 포함되어 있었다(Smith). 그러나 이스라엘이 아무리 노력해도 결코 다른 나라와 같아질 수가 없다. 특별히 선별된 여호와의 백성이기 때문이다. 그래서 선지자는 마치 이방인인 양 기뻐하는 이스라엘 사람에게 기뻐하지 말라고 경고하고 있다(Sweeney).

이스라엘이 풍년을 바라고 몸을 팔았다. 흉년은 이스라엘과 여호와의 독특한 관계를 입증하는 증거다. 이스라엘은 원하든, 원하지 않든 여호와의 선택받은 백성이고, 하나님은 회개시키기 위해 고통을 가할 권리를 가지고 있기 때문이다. 하나님의 권리는 시내 산 언약이 뒷받

264

침한다. 이스라엘이 우상에게 몸을 팔았기에 추수가 흉작이고, 추수가 흉작이기에 이스라엘은 즐거워할 수 없었다. "창녀의 몸값을 받으며 좋아하고 있다"(1c절)는 사람들이 풍년이 들면 바알 종교 등 다산 종교가 요구하는 대로 해서 그렇다고 좋아하지만, 하나님의 눈에는 몸 파는 여자가 몸값을 받고 좋아하는 모습과 다를 바 없다는 뜻이다. 머지않아 하나님은 그들이 숭배한 바알이 풍요로움을 준 것이 아니라는 사실을 온 천하에 드러내기 위해 기근을 주실 것이다. 그러므로 흉년이 임하면 주의 백성은 근신해야 한다.

2절은 해석상 어려움이 많아 다양한 본문 수정이 제안되었다(Andersen & Freedman, Wolff). 그러나 본문을 수정하지 않고도 확실히 드러나는 의미는 머지않아 기근이 올 것이기에 이스라엘은 농사를 완전히 망칠 것이라는 경고다. 오늘은 그들이 숭배하는 바알의 '능력'(풍년)으로 웃지만, 내일은 바알의 '무능력'(기근)으로 울게 될 것이다.

이스라엘이 다시는 하나님의 땅에서 살 수 없는 시대가 임박했다(3절). 중심 주제가 2절에서는 기근이었는데 순식간에 3절에서 포로생활로 바뀌는 것에 대해 의아해하는 사람이 많다. 그러나 이미 언급한 대로 이렇게 순식간에 주제가 변하는 것은 호세아서의 특징이고, 호세아는 오경에 대해 상당한 지식을 가지고 있었다. 그러므로 기근에서 포로생활로 쉽게 주제를 바꿀 수 있었던 것은 신명기 28:38-41을 알고 있었기 때문일 것이다. 신명기 28장은 이스라엘이 하나님과 언약을 준수하지 않을 때 그들에게 임할 저주를 나열한다. 이 과정에서 이스라엘이 포로로 끌려가기 전 단계의 경고가 혹독한 기근이었다.

(2) 주님을 예배할 수 없게 됨(9:4-6)

> ⁴ 그들은 여호와께 포도주를 부어 드리지 못하며
>
> 여호와께서 기뻐하시는 바도 되지 못할 것이라
>
> 그들의 제물은 애곡하는 자의 떡과 같아서
>
> 그것을 먹는 자는 더러워지나니
>
> 그들의 떡은 자기의 먹기에만 소용될 뿐이라
>
> 여호와의 집에 드릴 것이 아님이니라
>
> ⁵ 너희는 명절 날과 여호와의 절기의 날에 무엇을 하겠느냐
>
> ⁶ 보라 그들이 멸망을 피하여 갈지라도
>
> 애굽은 그들을 모으고
>
> 놉은 그들을 장사하리니
>
> 그들의 은은 귀한 것이나 찔레가 덮을 것이요
>
> 그들의 장막 안에는 가시덩굴이 퍼지리라

선지자는 이스라엘에 기근이 임하면 하나님께 제물을 드릴 수가 없다고 한다(4절). 새번역은 4절을 "이방 땅에서는…"이라는 말로 시작하는데 마소라 사본에는 없는 말이다. 새번역 번역자가 이 섹션에 기록된 내용이 포로생활에 있을 일로 간주해 해석적인 문구를 더해놓은 것이다. 이스라엘이 왜 하나님께 제물을 드릴 수 없는가에 대해 어느 정도 해석적 문제가 있지만, 가난해서 못 드리거나, 그들이 만지는 것이 모두 부정해져서 하나님께 드리기에 적합하지 않다는 것을 의미한다. 그들이 먹는 음식은 "초상집에서 먹는 음식과 같다"(לְחֶם אוֹנִים)(4절, 새번역). 초상집은 죽음과 가까이 있기에 유족이 만지는 모든 것이 부정하다. 그러므로 초상집 음식은 사람이 먹을 수 있지만 하나님께 드리기

에는 정결하지 못하다(신 26:14; 렘 16:5-7). 본문은 계속 사람이 죽어가는 상황을 전제하고 있다. 게다가 이스라엘이 모을 수 있는 음식의 양역시 매우 미흡하다. 남아도 부정해서 드릴 수 없는데, 열심히 모아봤자 자신의 배도 채울 수 없다(4c절). 상황이 매우 좋지 않아 겨우 생명을 연명할 정도의 양을 모을 수 있을 뿐이다.

이스라엘은 매우 혹독한 기근을 경험할 것이기 때문에 절기가 와도 하나님께 드릴 제물이 없다(5절). 이스라엘이 바알을 좇았기에 여호와께 제물을 드리지 않은 것이 아니다. 그들은 바알과 놀아나면서도 죄를 해결하고 여호와의 축복을 받아내기 위해 하나님께 제물을 드렸다(2:11-13). 다만 여호와께서 그들의 제물을 받으실 수 없을 뿐이었다. 이스라엘의 상황이 얼마나 절박했는지 그나마 하나님께 드릴 제물이 없다. "재난이 닥쳐와서 백성들이 흩어지는 날"(כִּי־הִנֵּה הָלְכוּ מִשֹּׁד)(6절, 새번역)은 단순히 '그들이 재난에서 피한다'로 해석될 수 있다. 새번역은 이방인의 침입을 전제하지만, 본문은 "이스라엘이 어려운 기근을 피한다 해도"라는 의미를 지니고 있다(McComiskey). 즉, 이스라엘이 위기를 모면할 수 있는 길이 모두 막혀 있다. 하나님이 그들을 치려고 작정하고 하시는 일이기 때문이다.

이스라엘이 재난을 피해 이집트로 가도 별로 도움이 되지 않을 것이다. 그들은 기대하고 이집트로 내려가지만, 이집트는 오히려 그들의 무덤이 될 것이기 때문이다(6절). 이스라엘의 선조 중 아브라함이, 훗날 요셉 시대에 야곱 집안이 기근을 피해 이집트로 내려간 적이 있다. 그때는 이집트가 이스라엘을 살리는 역할을 했지만, 이번에는 그런 결과를 기대하기는 어렵다. 그뿐만 아니라 그들의 선조는 금은보화를 이집트에서 가지고 나온 것에 반해, 이스라엘은 오히려 금은보화를 가지고 이집트에 가지만, 결국 그들의 시체와 함께 묻히게 될 것이다(Garrett). 본문이 말하는 금은보화가 그들이 우상에게 바치거나 우상숭배에 사용한 것을 상징한다고 하지만(Wolff, Hubbard), 단순히 그들이 가장 중요시 여기는 소유물로 보는 것이 바람직하다(Carroll). 한때 이스라엘은 이집트를 아군이라고 생각하고 사절단을 보내며 도움을 청했다 (7:11). 그때만 해도 이집트가 그들의 무덤이 될 줄 상상이라도 했겠는가? 세상에는 하나님 외에 아무도 믿고 의지할 만한 자가 없다. 출애굽 시대의 일이 역전되고 있다.

> II. 하나님과 이스라엘(4:1–11:11)
> E. 다가오는 포로생활(8:1–9:9)
>   2. 귀양생활(9:1–9)

(3) 선지자를 핍박한 결과(9:7–9)

> ⁷ 형벌의 날이 이르렀고 보응의 날이 온 것을
>
> 이스라엘이 알지라
>
> 선지자가 어리석었고
>
> 신에 감동하는 자가 미쳤나니
>
> 이는 네 죄악이 많고 네 원한이 큼이니라
>
> ⁸ 에브라임은 나의 하나님과 함께한 파수꾼이며
>
> 선지자는 모든 길에 친 새 잡는 자의 그물과 같고
>
> 그의 하나님의 전에는 원한이 있도다
>
> ⁹ 그들은 기브아의 시대와 같이 심히 부패한지라
>
> 여호와께서 그 악을 기억하시고 그 죄를 벌하시리라

이 섹션 역시 정확하게 번역하고 해석하기가 매우 어렵다. 그러나 전반적인 의미를 포착하기는 그렇게 어렵지 않다. 아마도 이스라엘 사람은 선지자의 특이한 행동 때문에 종종 그들을 미친 사람으로 취급했던 것으로 여겨진다(삼상 10:11; 왕하 3:15). "예언자는 어리석은 자요, 영감을 받은 이 자는 미친 자다"(7절)라는 것이 당시 일반화된 표현이었다. 그러나 하나님은 선지자를 백성의 '파수꾼'(צפה)으로 세우셨다(8절). 선지자를 파수꾼으로 부르는 것은 매우 보편화된 개념이다(렘 6:17; 겔 3:17; 33:2, 6-7). 선지자의 가장 기본 의무는 다가오는 심판에 대한 경고음을 울려 많은 사람이 회개하고 하나님께 돌아오게 하는 것이다. 마치 망대 위에 올라가 먼발치에서 먼지를 일으키고 오는 적들을 본 파수꾼이 자기 백성에게 대비하도록 경고음을 발하는 것처럼 말이다.

파수꾼의 경고음을 들으면 사람들은 하던 일을 멈추고 모여서 대책을 세우고 적의 공격에 대비하는 것이 일반적이었다. 그러나 이스라엘은 하나님의 심판에 대해 경고음을 울려주는 선지자의 메시지가 못마땅해서 선지자가 가는 길목마다 덫을 놓았다(8절). 그들에게 선지자는 다가오는 심판에 대해 알려 주는 파수꾼이 아니라 삶을 성가시게 하는 들짐승이었던 것이다. 심지어 하나님의 집에서마저 선지자를 비방했다. 제사장과 신전에서 사역하는 [거짓] 선지자마저 참 선지자의 신뢰성과 메시지의 진실성에 문제를 제기한 것이다. 그러므로 이 말씀은 호세아가 백성을 비난하는 말이 아니며(Keil), 호세아의 말을 들은 청중이 그동안 선지자라고 하면서 잘못 인도한 거짓 선지자를 비방하는 말도 아니다(Odel). 호세아의 메시지를 듣고 난 사람들이 호세아를 비방하며 하는 말이다(Stuart, Hubbard, Wolff). 선지자인 호세아가 고멜 같은 창녀와 결혼한 사실도 이 같은 비방에 일조했을 것이다(Nelson).

이 세상에서 들리는 하나님의 마지막 음성이라고 할 수 있는 선지자를 이렇게 몰아세우고 왕따를 시켰으니 그들의 품행에 문제가 많았을 것이라는 상상이 간다. 이스라엘에게는 들을 귀가 없다. 아니, 아예 들으려 하지 않는다. 백성의 행동이 하나님께는 기브아 사건처럼 역겹고 가증스럽게만 느껴졌을 것이다. 기브아 사건은 사사기 19-21장에 기록되어 있으며, 에브라임 지역에 살던 레위 사람의 아내가 기브아에서 밤새 윤간을 당하여 죽자, 남편이 그녀의 시체를 토막 내서 온 이스라엘 지파에 보내 베냐민 족속과 전쟁을 치렀던 일을 말한다. 이 사건의

269

발단은 기브아 남자들이 레위 남자 즉, 동성(同姓)을 성폭행하고자 하여 그가 묵고 있는 집에 와서 그를 내놓으라는 시위를 하면서 시작되었다. 가장 흉측한 죄를 짓다가 심판받아 멸망한 소돔과 고모라에서나 있던 일이 이스라엘에서 일어나고 있었던 것이다! 그 후 이 사건은 이스라엘이 저지른 최악의 죄로 기억되었다.

호세아 선지자는 그 시대를 살았던 이스라엘이 사사 시대의 기브아 사람과 다를 바 없이 타락했다고 고발한다. 선지자의 이스라엘 사회에 대한 평가가 최악에 달하고 있는 것이다. 사사기 저자는 이스라엘이 이렇게까지 타락한 것은 '각자 자기 소견에 옳은 대로 행했기 때문'이라고 한다(삿 21:25). 호세아 시대 사람의 가장 기본 문제도 바로 여기에 있다. 하나님이 주신 율법에 관심이 없으며 자신들 생각에 좋은 대로 움직이고 있다. 하나님이 주신 절대적인 기준을 따르지 않고 각자 지식에 따라 판단하고 행동한 결과가 바로 이런 것이다. 다른 것은 다 인정해도 절대성만은 부인하는 포스트모던 사회를 살아가는 우리가 마음에 새겨야 할 교훈이다.

기브아는 또한 이스라엘의 초대 왕이었던 사울의 고향이기도 하다. 유다 지파를 중심으로 한 남 왕국 유다와는 달리 북 왕국 이스라엘은 사울을 지지하던 지파들로 구성되어 있기에 사울의 연관성은 매우 깊다. 이런 정황에서 선지자가 본문에서 사울의 고향 기브아를 언급함으로써 북 왕국 정치에 대한 자신의 불만을 드러내고 있다(Sweeney).

II. 하나님과 이스라엘(4:1-11:11)

F. 이스라엘의 과거, 현재, 미래(9:10-11:11)

호세아는 이스라엘의 죄에 대해 비난을 계속한다. 이 섹션에서는 주로 과일나무와 농경지 비유를 사용해 백성을 비난한다. 이스라엘은 나쁜 과일을 맺는 나무이며 곡식을 전혀 생산하지 못하는 농경지라는 것이다. 저자가 이스라엘의 형편을 생산하지 못하는 나무와 농경지로 비유하는 것은 그들이 저지르고 있는 죄와 연관성이 있다. 이스라엘이 저지르고 있는 가장 큰 죄는 우상숭배다. 그들이 바알을 숭배하는 이유는 풍요와 다산(多産) 때문이다. 바알이 그들에게 풍요를 더한다고 생각했다. 그러나 하나님이 이스라엘을 심판하시니 이스라엘의 삶이 과실을 맺지 못하는 나무와 같고 곡식이 자라지 못하는 땅처럼 되었다. 바알이 주는 것으로 믿었던 풍요가 순식간에 사라진 것이다. 이스라엘은 지금까지 바알에게 속은 것이다. 아니, 바알은 인간의 상상력에서 잉태된 우상에 불과하니 이스라엘이 스스로 자신을 속였다고 하는 것이 더 정확한 표현일 것이다. 이 섹션 역시 세부 구조를 파악하는 것은 어려우며 학자들이 제시하는 구조에서 통일성을 찾아보기도 어렵다. 이 책에서는 다음과 같이 세 파트로 구분해 주해해 나갈 것이다.

A. 하나님이 백성을 버리심(9:10-17)
  B. 이스라엘의 내부적 부패(10:1-15)
A′. 하나님이 백성을 사랑하심(11:1-11)

II. 하나님과 이스라엘(4:1-11:11)
  F. 이스라엘의 과거, 현재, 미래(9:10-11:11)

1. 하나님이 백성을 버리심(9:10-17)

하나님은 이 섹션에서 이스라엘의 현재 상황을 평가하고 심판의 불가피함을 선언하신다. 이스라엘이 바알브올과 길갈에서 저지르고 있는 바알 숭배에 대한 하나님의 실망과 분노의 표현이다. 그러므로 본문은 2:4-9에서 이미 언급한 내용을 반영하고 있다. 하나님은 2:4-9에서 이스라엘의 자녀들을 불쌍히 여기지 않고, 이스라엘이 바알로부터 받

았다고 주장하는 농작물의 풍요로움을 모두 제거해 버리겠다고 말씀
하셨다. 선지자가 9:1-9을 통해 심한 기근을 경고했다면, 본문은 기근
을 통해 누리고 있는 물질적인 풍요로움뿐만 아니라 아예 이스라엘의
다음 세대가 제거될 것을 경고하신다. 그러므로 본 텍스트에서는 잉태
하지 못하는 것과 어린이들의 죽음이 주요 주제가 되고 있다. 그나마
남은 자는 타국으로 끌려갈 것이다.

  본문은 다음과 같이 두 파트로 나눈다. (1) 바알 숭배자들이 포로가
됨(9:10-14), (2) 이교화된 이스라엘이 포로가 됨(9:15-17). 두 파트의 공
통점은 이스라엘의 시작(광야, 가나안 입성)에서부터 이야기가 진행된다
는 것과 하나님이 백성을 버리셨기에 그들이 타국으로 끌려갈 것이라
는 말씀으로 마무리된다는 점이다. 또한 두 섹션 모두 이스라엘의 종
교 행태를 문제 삼고 있다. 세부적으로 이 디스코스는 다음과 같이 분
석할 수 있다.

  A. 광야에서 발견한 이스라엘(9:10a)
    B. 이스라엘이 여호와를 배신함(9:10b)
      C. 에브라임이 잉태치 못함: 자녀를 낳아도 하나님이 죽이심
        (9:11-12)
        D. 두로에 비교: 아이들이 죽이는 자에게 감(9:13)
          E. 선지자의 기도(9:14)
        D′. 길갈에 비교: 백성들은 쫓겨나고 리더들은 고집을 부
          림(9:15)
      C′. 에브라임이 잉태치 못함: 자녀를 낳아도 하나님이 죽이심
        (9:16)
    B′. 이스라엘이 여호와를 불순종하여 버림받음(9:17a)
  A′. 열방에서 방황하는 이스라엘(9:17b)

(1) 바알 숭배자들이 포로가 됨(9:10-14)

[10] 옛적에 내가 이스라엘을 만나기를

광야에서 포도를 만남 같이 하였으며

너희 조상들을 보기를

무화과나무에서 처음 맺힌 첫 열매를 봄 같이 하였거늘

그들이 바알브올에 가서 부끄러운 우상에게 몸을 드림으로

저희가 사랑하는 우상 같이 가증하여졌도다

[11] 에브라임의 영광이 새 같이 날아 가리니

해산하는 것이나 아이 배는 것이나 임신하는 것이 없으리라

[12] 혹 그들이 자식을 기를지라도

내가 그 자식을 없이하여

한 사람도 남기지 아니할 것이라

내가 그들을 떠나는 때에는

그들에게 화가 미치리로다

[13] 내가 보건대 에브라임은 아름다운 곳에 심긴 두로와 같으나

그 자식들을 살인하는 자에게로 끌어내리로다

[14] 여호와여 그들에게 주소서

무엇을 주시려 하나이까

아이 배지 못하는 태와 젖 없는 유방을 주시옵소서

하나님이 이스라엘과 처음 만나셨을 때를 광야에서 만난 포도송이, 제철의 무화과 첫 열매를 보는 듯했다고 회상하신다(10절). 매우 흥분되고 신선한 만남이었다는 뜻이다. 광야에서는 포도를 기대할 수 없으므로 유목민(Bedouin)이 간혹 포도를 발견한다면 당연히 흥분할 것이

다. 또한 봄에 처음 익은 무화과는 팔레스타인 사람에게 매우 특별했다. 열매를 오랫동안 보관할 수 없었던 시대에 수확해 놓은 무화과 열매가 모두 소모되면 다음 해까지 기다려야 했다. 마지막 열매를 먹는 동안에는 과일의 맛에 익숙해져서 특별한 것을 못 느꼈을 것이다. 그러다가 몇 달 만에 먹어보는 봄철의 첫 무화과는 유별나게 맛있게 느껴졌다. 두 비유의 포인트는 이스라엘이 어렸을 때에는 하나님께 참으로 많은 기쁨과 흥분을 자아내는 나라였다는 뜻이다.

그러나 이스라엘은 바알브올에 이르러 '부끄러운 것'(בּשֶׁת)에 몸을 바쳤다(10절). '부끄러운/수치스러운 것'은 바알을 일컫는 말이다. 예를 들어 사울의 아들 '이스보셋'(אִישׁ בֹּשֶׁת)(viz., '수치스러운 놈')(삼하 2:8)의 원래 이름은 '에스바알'(אֶשׁבַּעַל)(viz., '바알의 사람')이었다(대상 8:33). 호세아가 '바알'을 '보셋'으로 바꾸는 관습을 시작했다고 하는 사람도 있지만(Wolff), 누가 시작했는가는 확실하지도, 중요하지도 않다. 확실한 것은 본문에서 '부끄러운 것'은 분명히 바알을 뜻하고 있다는 사실이다.

바알브올은 모압 평지에 있던 곳으로, 사해에서 북동쪽으로 약 20㎞ 떨어진 곳에 있다. 민수기 25:1-9에 의하면, 발람이 이스라엘을 저주하러 왔다가 실패하고 돌아간 후에 이스라엘은 바알브올에서 신전 창녀로 살아가던 모압 여인과 놀아남으로써 스스로 자신의 머리 위에 저주가 임하도록 했다. 이 일로 온 이스라엘 진영에 재앙이 임했으며 제사장 비느하스가 창을 들고 범죄하고 있던 이스라엘 남자와 모압 여인을 찌른 후에야 멈추었다. 이 사건이 본문에서 언급되는 것에는 두 가지 의미가 있다. 첫째, 이스라엘은 약속의 땅으로 들어오기 전 바알브올에서부터 이미 우상을 따르고 있었다. 둘째, 바알브올의 재앙을 멈추는 데 극적인 처방책이 필요했던 것처럼 이스라엘의 타락을 멈추기 위해서도 파격적인 대책이 필요하다는 것을 강조하기 위해서다. 시편 106:28-30은 바알브올 사건에 대해 다음과 같이 기록하고 있다.

그들은 또 바알브올과 짝하고, 죽은 자에게 바친 제사음식을 먹었습니다.
이러한 행실로, 그들은 하나님을 격노하게 하여서,
재앙이 그들에게 들이닥쳤습니다.
그 때에 비느하스가 일어나서 심판을 집행하니, 재앙이 그쳤습니다.
이 일은 대대로 길이길이 비느하스의 의로 인정되었습니다(새번역).

하나님은 에브라임이 잉태하지 못할 것이며, 설령 자식을 낳는다 해도 그 아이들을 죽이실 것이라고 하신다(11-12절). 또한 이 섹션은 에브라임의 영광이 떠날 것을 경고한다(11절). 에브라임의 '영광'은 무엇을 두고 하는 말인가? 그들이 누리던 부, 권세, 심지어는 아이들로 해석되기도 한다. 그러나 본문의 구조를 살펴보면 떠나가는 에브라임의 영광은 여호와이심이 확실하다. 다음 구조를 참조하라.

  A. 에브라임의 영광이 떠남(11a절)
    B. 임신이 되지 않음(11b절)
    B′. 아이들을 양육하더라도 하나님이 빼앗으심(12a절)
  A′. 하나님이 백성을 떠나심(12b절)

에브라임의 영광이신 하나님이 떠나시는 모습을 새가 날아가는 것으로 비유하고 있다. 아주 빨리, 순식간에 떠나실 것이며, 누구도 이 일을 막을 수는 없다는 것을 강조하기 위해서다. 하나님이 떠나시니 이스라엘이 잉태하지 못한다. 그동안 이스라엘은 바알이 건강하고 왕성한 자녀들을 준 것이라고 주장하고 믿었다. 그러나 하나님이 떠나시니 이스라엘이 잉태하지 못한다는 것은 하나님이 자녀를 주셨다는 사실을 강조하는 것이다(Hubbard). 선지자는 다시 가논법(pseudosorites)을 사용하고 있다. 설령 그들이 잉태하더라도 아이들은 살아남지 못할 것이다(Andersen & Freedman).

이어서 선지자는 이스라엘을 두로에 비교한다(13절). 여기까지는 정확하지만, 이 구절의 나머지 부분은 의미를 도출하기가 매우 어렵다. 그러므로 다양한 본문 수정이 제안된다(Mays, Wolff, Andersen & Freedman, Stuart). 또한 누가 이 말을 하고 있는지도 논쟁의 대상이 되고 있다(cc. Carroll). 새번역은 선지자가, 개역개정은 하나님이 말씀하시는 것으로 간주한다. 대부분 번역은 하나님이 말씀하시는 것으로 간주한다.

이 텍스트는 두로와 에브라임을 비교하고 있다. 호세아는 두로와 에브라임은 아주 좋은 지역에 자리를 잡게 된 나라들이라고 회고한다. 하나님이 이스라엘에게 부족함 없이 잘 살 수 있도록 은혜를 베푸셨다는 뜻이다. 그러나 에브라임은 두로처럼 바알에게 영혼을 판 나라였기에 심판을 받아야 한다. 바알을 섬기는 것의 가장 무시무시한 결과가 13절 후반부에 언급되어 있다. 그들이 바알을 숭배한 것은 사람이 살인자(הרג)에게 자기 자식들을 내준 것과 같다. 무슨 말인가?

두로와 페니키아는 어린아이를 신에게 제물로 바쳤던 것으로 유명한 곳이다(Garrett). 이스라엘도 이들의 풍습을 따랐다. 이스라엘도 자식을 우상에게 바치는 끔찍한 일을 저질렀다. 그렇다면 살인자는 이스라엘이 숭배하는 우상이다(Andersen & Freedman). 또한 살인자(הרג)는 아시리아를 의미하기도 한다(Smith, Carroll). 즉, 이스라엘이 우상에게 자녀를 내주어 죽게 한 것처럼 하나님이 이스라엘을 아시리아 사람에게 내주어 죽게 하시겠다는 것이다. 혹은 단순히 두로와 이스라엘은 전쟁을 통해 자식을 잃게 될 것이라는 뜻으로 풀이될 수도 있다(Wolff). 본문이 정확하지 않기에 이러한 해석도 가능하다. 물론 이 일은 주전 722년에 성취되었다. 아시리아의 살만에셀(Shalmaneser V)은 두로와 사마리아를 724년에 포위했다. 두로와 사마리아는 722년에 함락되었다.

이스라엘이 저지른 끔찍한 죄를 생각하면서 선지자는 하나님께 그들의 태를 막아 달라는 기도를 드린다(14절). 이스라엘이 다산(多産) 종교인 바알을 좇고 있기에 가장 적절한 심판은 기근과 불임이다. 기근과 불임이 올 때 바알이 아무런 힘이 없다는 것을 깨달을 것이기 때문이다. 그러므로 선지자는 하나님께 풍요로움을 거두어 가시라고 기도하고 있다. 선지자가 이 기도를 통해 하나님이 계획하신 강도 높은 심판이 아니라 다소 약화된 벌을 이스라엘에 내려 달라고 중재하는 것으로 이해하기도 한다(Mays). 그러나 내용을 잘 살펴보면 선지자의 기도는 절대 중재하는 기도는 아니며, 하나님이 계획하신 혹독한 심판이 당연하다고 동조하는 기도다. 호세아가 잠시 하나님의 관점이 아니라 인간의 관점에서 볼 때에도 이스라엘은 참으로 용서받을 수 없는 죄를 저지르고 있다는 것이다.

이 기도는 또한 야곱이 요셉의 자손에게 빌어주었던 축복을 반전시키고 있다(Krause, Harper). 야곱은 요셉 자손에게 "젖가슴에서 흐르는 복과, 태에서 잉태되는 복을 베푸실 것"이라고 축복했다(창 49:25). 그러나 이제 선지자는 그들에게 "아이 배지 못하는 태를 주시고, 젖이 나지 않는 가슴을 주십시오"라고 간구하여 선조가 빌어준 복이 중단될 것을 간구하고 있다. 호세아는 다시 한 번 창세기에 대한 지식을 슬며시 드러내고 있다.

(2) 이교화된 이스라엘이 포로가 됨(9:15-17)

¹⁵ 그들의 모든 악이 길갈에 있으므로
내가 거기에서 그들을 미워하였노라
그들의 행위가 악하므로
내 집에서 그들을 쫓아내고
다시는 사랑하지 아니하리라

> 그들의 지도자들은 다 반역한 자니라
> ¹⁶ 에브라임은 매를 맞아
> 그 뿌리가 말라 열매를 맺지 못하나니
> 비록 아이를 낳을지라도
> 내가 그 사랑하는 태의 열매를 죽이리라
> ¹⁷ 그들이 듣지 아니하므로
> 내 하나님이 그들을 버리시리니
> 그들이 여러 나라 가운데에 떠도는 자가 되리라

길갈의 역사적 중요성은 이미 4:15을 주해하면서 설명했다. 선지자는 12:11에서도 길갈을 언급할 것이다. 본문이 여호와께서 이미 "길갈에서 이스라엘을 미워하기 시작하셨다"(15절)라고 선언하는 것은 이스라엘이 범하고 있는 모든 죄가 종교적 중심지인 이곳에서 시작되고 있다는 뜻이다. 길갈은 이스라엘이 가나안에 입성하여 머물렀던 곳이며 정복전쟁의 전진기지였다. 길갈은 이스라엘의 가나안 생활의 시작이었던 것이다. 그러므로 길갈에서부터 죄를 지었다는 말씀은 이스라엘이 가나안에 입성한 순간부터 죄를 짓기 시작했으며, 이런 이스라엘을 하나님은 이때부터 미워하셨다는 말이다. 호세아가 길갈을 언급하는 것은 사울의 이야기와도 연관이 있는 듯하다(Arnold, Wolff, Stuart, Yee). 사울은 길갈에서 왕으로 세움을 받았고(삼상 11:15), 곧바로 길갈에서 하나님께 버림받았다. 본문에서 길갈이 언급되는 것은 여호와께서 그곳에서 사울을 버리신 것처럼 북 왕국의 지도자들을 버리시겠다는 뜻이다(Arnold, Stuart). 리더가 잘못했으니, 그들부터 버리는 것은 당연하다. 한 주석가는 종교적 성지로 길갈이 북 왕국의 여러 정권의 출범지였을 것이라고 한다(Dearman, cf. Arnold). 그러나 이를 뒷받침할 만한 자료들은 남아 있지 않다.

에브라임은 밑동이 찍힌 나무와 같으며, 하나님이 그들의 자녀를 죽이실 것이다(16절). 이 은유 역시 두 가지 뜻을 함축하고 있다. 에브라임은 기근을 맞아 사회가 "뿌리째 말라가고 있다." 바알에게 제물을 바치며 바라던 것과는 상반되는 어려움이 이스라엘을 찾아온 것이다. 원래 이스라엘은 하나님이 심으신 탐스러운 포도나무였지만, 우상을 숭배하여 스스로 병들고 메말라 죽어가는 나무처럼 되었다(Carroll). 동시에 "열매를 맺지 못할 것이다"라는 말씀을 다음 문장과 연결해 보면 자녀를 의미하는 것을 알 수 있다. 이스라엘은 농작물의 기근과 태의 기근을 함께 맞고 있는 것이다. 설령 자식을 낳는다 하여도, 그 아이가 살아남을 가능성은 희박하다. 이곳에서도 역시 가논법(pseudosorites)이 사용되고 있다.

여호와께 버림받은 이스라엘은 열방에서 방황하게 될 것이다(17절). 새번역은 이 구절을 10장에 붙이고 있다(Sweeney). 그러나 17절을 이렇게 취급하는 것은 매우 예외적이라 할 수 있으며 거의 모든 번역본이 17절을 9장에 연결한다. 즉, 17절은 앞 디스코스의 결론이지 새번역이 해석하는 것처럼 10장의 서론이 아니다. 이스라엘의 반역에 크게 실망하신 하나님이 이스라엘을 원래 모습(10절)으로 되돌려보내실 것이다. 처음 하나님이 이스라엘을 만났을 때, 이스라엘은 광야에 있는 포도나무와 같았다. 이제 이스라엘은 '열방 광야'에서 떠돌이 신세가 되어야 한다(신 26:5). 이것이 하나님을 버린 자의 종말이다. 하나님이 그들을 버리실 때가 온 것이다.

II. 하나님과 이스라엘(4:1-11:11)
  F. 이스라엘의 과거, 현재, 미래(9:10-11:11)

2. 이스라엘의 내부적 부패(10:1-15)

선지자는 이 섹션에서도 이스라엘에 대한 비난을 계속한다. 이미 선포된 메시지들과 여러 가지 공통점을 지니고 있다. 선지자는 9:10에서처

럼 10:1에서도 포도나무 비유를 사용한다. 씨앗을 뿌리는 비유(10:12-
13) 역시 8:7에서 이미 사용되었다. 기브아의 죄(10:9) 또한 이미 언급
되었으며(9:9), 전쟁을 통해 자식들을 죽게 하는 것(10:14)도 9:13에서
선포된 내용이다(Carroll). 왜 선지자는 이미 선포된 내용을 반복하여 선
언하는 것일까? 주의 백성이 귀담아듣고 회개해야 하는데 그렇지 않기
때문이다. 선지자는 같은 메시지를 반복함으로써 백성에게 다시 한번
회개하고 돌아올 것을 호소한다. 그러나 선지자의 간곡한 바람에도 이
스라엘은 돌아오지 않는다.

　바로 앞 섹션(9:10-17)이 심판에 초점을 맞춘 반면, 여기서는 비난에
초점을 맞출 뿐 심판은 크게 부각되지 않는다. 이 신탁의 역사적 배경
은 이전 것처럼 이스라엘-시리아 연합군과 유다의 전쟁(Syro-Ephraimite
War)이다(Smith). 물론 주전 735-732년에 있었던 이 전쟁은 잠시 후 이
스라엘을 파멸에 이르게 할 722년 전쟁의 서곡이었다. 이 섹션은 다음
과 같이 구분할 수 있다.

A. 타락을 가져온 열매(10:1-4)
B. 우상숭배로 인한 슬픔(10:5-8)
C. 기브아에 버금가는 타락과 몰락(10:9-15)

```
II. 하나님과 이스라엘(4:1-11:11)
　F. 이스라엘의 과거, 현재, 미래(9:10-11:11)
　　2. 이스라엘의 내부적 부패(10:1-15)
```

(1) 타락을 가져온 열매(10:1-4)

¹ 이스라엘은 열매 맺는 무성한 포도나무라
그 열매가 많을수록 제단을 많게 하며
그 땅이 번영할수록 주상을 아름답게 하도다

> ^{2} 그들이 두 마음을 품었으니 이제 벌을 받을 것이라
> 하나님이 그 제단을 쳐서 깨뜨리시며 그 주상을 허시리라
> ^{3} 그들이 이제 이르기를
> 우리가 여호와를 두려워하지 아니하므로
> 우리에게 왕이 없거니와
> 왕이 우리를 위하여 무엇을 하리요 하리로다
> ^{4} 그들이 헛된 말을 내며 거짓 맹세로 언약을 세우니
> 그 재판이 밭이랑에 돋는 독초 같으리로다

이스라엘이 좋은 열매는 맺지 않고 제 맘대로 크는 포도나무에 비교되고 있다. 이스라엘을 포도나무에 비교하는 것은 성경에서 흔한 일이다. 이 중 가장 유명한 포도나무 비유는 이사야 5:1-7에 기록되어 있다. 하나님이 가장 좋은 종자의 포도나무를 구해서 가장 좋은 땅에 심고 가장 좋은 농법으로 포도나무를 가꾼 농부로 등장한다. 농부는 자연히 좋은 열매를 바랐지만 오히려 들포도가 나왔다고 탄식한다. 이 텍스트에서는 이스라엘이 자신의 열매를 가지고 나쁜 짓이나 하는 형편없는 포도나무로 비유되고 있다. 그들은 열매를 다산 종교의 제단과 신전을 세우는 데 사용하고 있다는 비난을 받고 있다. 하나님이 내려주신 축복을 하나님이 싫어하시는 일에 사용하고 있는 것이다.

"이스라엘은 열매 맺는 무성한 포도나무라"(גֶּפֶן בּוֹקֵק יִשְׂרָאֵל)(개역개정; NIV, NAS, NRS). 이 해석은 칠십인역(LXX)이 "왕성하게 자라는 포도나무"(ἄμπελος εὐκληματοῦσα)로 번역한 것에 의존한 것으로 히브리어 동사(בקק)를 매우 예외적으로 해석한 것이다. 성경에서 이 동사(בקק)는 흔히 '황폐하다/파괴하다'로 해석이 되는 단어다(Macintosh, Carroll, cf. HALOT, 사 19:3; 24:1, 3; 나 2:3; 렘 19:7). 또한 선지자는 이스라엘에 대한 포도나무 비유를 이미 9:10, 13에서 열매 맺지 못하는 포도나무 비유로 모두 바꾸어 버렸다(Smith). 그러므로 TNK는 "이스라엘은 파괴된 포도

나무다"(Israel is a ravaged vine)라고 해석한다. 다음 문장인 '열매가 많을 수록'(פְּרִי יְשַׁוֶּה־לּוֹ)을 문자적으로 번역하면 "자신을 위해 열매를 맺는다" 이다. 그런데 농부가 포도나무에게서 기대하는 것은 사람들을 위한 좋은 열매지, 포도나무가 자신을 위해 열매를 맺는 것은 아니다. 그러므로 두 문구를 문자적으로 풀이하여 종합해보면 선지자가 구상하고 있는 이미지가 개역개정의 번역과 현저하게 달라진다. 이스라엘은 열매를 많이 맺는 무성한 포도나무가 아니라, 좋은 열매는 맺지 않으면서 대신 주변 환경을 파괴하는 포도나무라는 것이다. 또한 농부들은 알고 있듯이 무성하게 자라는 포도나무가 꼭 좋은 것만은 아니다. 그렇기에 가지치기가 필요한 것이 아닌가! 가지가 무성해져서 자리만 차지하고 주변의 다른 작물들이 자라지 못하도록 하는 포도나무는 마치 예수님이 비유로 말씀하신 무성한 무화과 나무와도 같은 운명을 맞이할 것이다(눅 13:7).

좋은 열매를 맺는 것도, 수확 양이 많은 것도 아닌데 이스라엘은 자신의 열매를 '돌기둥들/주상들(מַצֵּבוֹת)을 세우고 '제단들'(מִזְבְּחוֹת)을 쌓는데 사용한다(1절). 마치 오늘날 성령이 주신 은사를 점쟁이처럼 엉뚱한 일에 사용하는 사람들처럼 말이다. 그러므로 하나님은 그들이 쌓은 돌기둥(מַצֵּבוֹת)과 제단(מִזְבְּחוֹת)을 부수실 것이며(2절), 그들의 노력이 모두 허사가 되도록 하실 것이다. 이렇게 허무하게 무너질 것을 그들은 열심히 쌓아 왔다. 우리도 항상 자신을 성찰하며 질문해 보아야 한다. 우리는 과연 무엇을 쌓고 있는지에 대해 말이다.

그런데 이스라엘에 왕이 없다는 말(3절)은 무엇을 뜻하며, 3-4절의 의미는 무엇인가? 앞으로 아시리아 제국의 손에 이스라엘이 망하게 될 때 그들의 회고인가?(NIV, 새번역) 이 말씀은 이미 아시리아의 손에 망해 버린 후에 백성이 한 말을 반영하고 있는가?(Sweeney, Smith) 아니면 왕을 세우시는 자는 하나님이라는 사실을 고백하는 자들이 하나님을 버렸으니 왕도 버린다는 의미인가?(개역개정; NAS, NRS, JPS) 4절에 대한 해석도 다양하다. 새번역은 이스라엘이 악을 일삼으니 사회에 불의가 독초처럼 퍼지고 있다고 번역하고 있다(JPS). 개역개정은 그들이 악을 행하고 있기에 임할 심판이 밭에 독초가 돋아나듯 싹트고 있다고 번역하고 있다(NAS). 반면에 NIV와 NRS는 그들이 악을 행함으로 억울하게 당한 사람의 탄원/고소가 독초처럼 솟아나고 있다고 해석한다. 문제는 히브리어 단어(משׁפט)가 심판/고소/공의 등으로 다양하게 해석될 수 있다는 것에 있다.

호세아 선지자가 사역하던 시대적 상황을 반영할 때, 끊임없이 전개되는 왕권쟁탈전을 바라보며(20년 사이에 5명이 바뀜) 백성이 하는 말의 뜻은, "이미 우리가 여호와를 왕으로 모시는 것을 거부했으니, 인간 왕들이 무슨 소용이 있겠는가? 설령 능력 있는 왕이 있다 해도 이 어려운 경제적인 여건에서 과연 무엇을 할 수 있겠는가? 그러므로 왕에 대한 기대를 포기하자!"로 풀이된다. 하나님을 향한 신뢰를 저버린 백성은 살아남기 위해 나름대로 최선을 다하며 생존을 위해 거짓도 일삼게 된 것이다. 서로에게 신실하지 못하고 빈 약속과 거짓 맹세나 일삼으니 사회는 '세상에 믿을 놈 하나도 없는 곳'으로 타락했다. 그러므로 선지자는 이스라엘 사회에 불의가 독초처럼 번지고 있다고 비난하고 있는 것이다. 이스라엘은 더는 누구도 제재할 수 없는 독초 밭이 되어버렸다.

(2) 우상숭배로 인한 슬픔(10:5-8)

⁵ 사마리아 주민이
벧아웬의 송아지로 말미암아 두려워할 것이라

그 백성이 슬퍼하며

그것을 기뻐하던 제사장들도 슬퍼하리니

이는 그의 영광이 떠나감이며

⁶ 그 송아지는 앗수르로 옮겨다가

예물로 야렙 왕에게 드리리니

에브라임은 수치를 받을 것이요

이스라엘은 자기들의 계책을 부끄러워할 것이며

⁷ 사마리아 왕은 물 위에 있는 거품 같이 멸망할 것이며

⁸ 이스라엘의 죄 곧 아웬의 산당은 파괴되어

가시와 찔레가 그 제단 위에 날 것이니

그 때에 그들이 산더러 우리를 가리라 할 것이요

작은 산더러 우리 위에 무너지라 하리라

본문이 사용하고 있는 금송아지 비유는 앞에 제시된 포도나무 비유(1-4절)와 비슷한 구조를 지니고 있다. 둘 다 이스라엘의 죄에 대한 일반적인 선언으로 시작하고 우상숭배에 대한 비난으로 이어진다. 마지막으로 이스라엘에 임할 심판이 주제가 되고 있다. 그뿐만 아니라 3절은 왕이 필요 없다고 했지만, 7절은 악한 왕이 있다고 말한다. 두 비유모두 백성의 내적 변화를 기록한다. 냉소적이고 위선적인 자세가 3-4절에서 기록되었으며, 8절은 그들의 두려움과 좌절을 묘사한다. 또한 잡초와 가시덤불이 자라나는 산당의 자리(8절)는 4절의 독초 이미지를 연상시킨다.

이스라엘 사람이 벧아웬(벧엘)의 금송아지의 영화가 떠난 것 때문에 탄식한다(5절). 이 말씀은 정확히 무엇을 의미하는가? NIV는 이스라엘이 아시리아에게 패하여 북 왕국의 금송아지가 아시리아로 이송되어 가는 것으로 해석하고 있다(새번역, Mays). 그러나 여기서 말하는 '두려움'은 바알 종교에서 행해졌던 예식이라는 해석도 있다(Wolff, cf. Smith).

이스라엘은 이미 여호와와 바알을 동일하게 여기기 시작한 지 오래다. 이 상황에서 옛적에는 금송아지가 여호와를 상징했었는데, 이제는 바알도 상징한다. 바알 신화에는 바알이 매년 늦여름 혹은 초가을에 죽음의 신 '모트'(Mot)와 지하세계에서 생사를 걸고 싸우는 일이 있다. 이때 그의 안녕을 걱정하며 숭배하던 자들이 슬퍼하며 두려움에 떠는 예식을 의미한다는 것이다(Stuart, Garrett). 아마도 본문에서는 두 가지 의미가 모두 포함된 것으로 생각한다.

그렇다면 이스라엘은 두 차례 슬퍼하고 두려워한다. 첫째는 숭배하는 금송아지의 예식적 죽음 때문에 슬퍼하고, 둘째는 그나마 금송아지의 상(像)이 아시리아로 끌려갈 것이기에 슬퍼한다(6절). 조공으로 바칠 돈이 궁한 지도자가 금송아지상을 아시리아 왕에게 바칠 것이기 때문이다. 금송아지상을 아시리아 왕에게 바치는 이스라엘의 마음은 매우 안타깝고 아프다. 삶에서 가장 중요하고 소중한 것을 내놓았기 때문이다. 이처럼 온갖 희생을 감수하며 금송아지를 바쳤건만, 정작 돌아오는 것은 수치뿐이다.

이스라엘이 신(神)이라고 숭배한 송아지의 처지가 불쌍하다. 한 나라가 강대국에게 바치는 예물이 되었으니 말이다! 설령 금송아지가 참으로 신이었다고 믿었다 할지라도, 상황이 이렇게 되면 이 금송아지가 신이 아니라 조각품에 불과하다는 것을 알아차려야 할 텐데 이스라엘은 깨닫지 못한다. 그들은 아직도 금송아지가 여호와이고 바알이라고 생각한다. 우상숭배는 참으로 사람을 어리석게 만드는 법이다. 깨달음도 하나님이 은혜를 주셔야만 가능한 일이다.

이런 이유로 우상의 '영화'(כָּבוֹד)가 이스라엘을 떠나게 된 것을 슬퍼하는 자들이 있다. 이스라엘은 원래 하나님의 '영광'(כָּבוֹד)으로 가득해야 하는데 우상의 영화로 가득하다가 떠났으니 당연히 즐거워해야 할 텐데 현실은 정반대다. 특히 가장 슬퍼하는 자가 누군가가 가관이다. 바로 다름 아닌 제사장이다. 선지자는 제사장을 뜻하고 성경에서 사용되는 일반적인 단어인 코헨(כֹּהֵן)을 사용하지 않고 '이교의 제사장'을 뜻하는 코메르(כֹּמֶר)를 사용한다. 이스라엘의 여호와 종교 제사장이 도를 넘어 이교의 제사장처럼 되어 있음을 꼬집는 표현이다. 당시 여호와 종교도 철저하게 이교화되었음을 뜻하기도 한다. 이런 예배라면 당연히 하나님이 거부할 뿐만 아니라 적극적으로 나서서 폐하셔야 한다. 또한 이런 예배는 드리면 드릴수록 하나님 앞에 죄를 쌓는 일밖에 되지 않는다.

선지자는 사마리아 왕은 "물 위에 있는 거품 같이"(כְּקֶצֶף עַל־פְּנֵי־מָיִם) (개역개정, JPS) 멸망할 것을 경고한다(7절). 그러나 대부분 번역본이 '거품'(קֶצֶף)(Andersen & Freedman, Macintosh)을 '나무토막'으로 해석한다(새번역, NIV, NAS, NRS). 어느 쪽을 택하든 의미의 차이는 없다. 사마리아 왕은 나라가 망해가는 것을 바라보면서도 아무런 영향력을 발휘하지 못한다는 것이다. 물에 떠 있는 거품/나무토막은 그저 물의 흐름에 따라 실려갈 뿐 스스로 가고자 하는 방향을 정하고 움직일 수 없는 물건이다. 이렇게 이스라엘의 리더십은 물에 떠 있는 나무토막처럼 아무런 힘을 발휘할 수 없게 되었다. 이스라엘 사람이나 왕은 결코 역사의 흐름을 주관할 능력이 없었던 것이다. 오히려 이스라엘과 왕의 운명은 그들이 통제할 수 없는 '능력'에 의해 결정된다.

본문의 의미는 확실하다. 이스라엘은 자랑스럽게 여겼던 우상숭배를 통해 수치를 당할 것이며, 하나님은 우상을 섬기던 장소를 잡초나 돋아나는 황폐한 곳으로 만드실 것이다. 그럼에도 불구하고 백성은 여호와께 돌아오는 것이 아니라 자신이 만든 우상을 향해 "우리를 도와주십시오"라고 소리친다! 어리석은 자의 비참한 종말이다. 상황이 이러니 선지자는 이스라엘이 지식이 없어서, 깨달음이 없어서 망한다고 하는 것이다.

(3) 기브아에 버금가는 타락과 몰락(10:9-15)

⁹ 이스라엘아

네가 기브아 시대로부터 범죄하더니

지금까지 죄를 짓는구나

그러니 범죄한 자손들에 대한 전쟁이

어찌 기브아에서 일어나지 않겠느냐

¹⁰ 내가 원하는 때에 그들을 징계하리니

그들이 두 가지 죄에 걸릴 때에

만민이 모여서 그들을 치리라

¹¹ 에브라임은 마치 길들인 암소 같아서

곡식 밟기를 좋아하나

내가 그의 아름다운 목에 멍에를 메우고

에브라임 위에 사람을 태우리니

유다가 밭을 갈고 야곱이 흙덩이를 깨뜨리리라

¹² 너희가 자기를 위하여 공의를 심고 인애를 거두라

너희 묵은 땅을 기경하라

지금이 곧 여호와를 찾을 때니

마침내 여호와께서 오사

공의를 비처럼 너희에게 내리시리라

¹³ 너희는 악을 밭 갈아

죄를 거두고 거짓 열매를 먹었나니

이는 네가 네 길과 네 용사의 많음을 의뢰하였음이라

¹⁴ 그러므로 너희 백성 중에 요란함이 일어나며

네 산성들이 다 무너지되

살만이 전쟁의 날에 벧아벨을 무너뜨린 것 같이 될 것이라
그 때에 어머니와 자식이 함께 부서졌도다
¹⁵ 너희의 큰 악으로 말미암아
벧엘이 이같이 너희에게 행하리니
이스라엘 왕이 새벽에 정녕 망하리로다

하나님은 이 말씀을 통해 지금까지 선포된 비난에 대한 결론을 맺으신다. 이스라엘은 미래에 대해 아무것도 기대할 만한 입장이 못 되며, 오직 전쟁을 통한 군사적인 붕괴만이 기다릴 뿐이다. 그러므로 선지자는 다시 한번 이스라엘이 회개하고 적절한 회개의 씨앗을 뿌릴 것을 권면한다(12절). 그것만이 살 길이기 때문이다. 여호와께서는 이스라엘의 두 가지 죄 때문에 심판은 피할 수 없는 현실이라는 것을 강조하신다(10절). 내용을 살펴볼 때 첫 번째 죄는 무능력하지만 교만하고 야심에 넘치는 이스라엘의 정치적·군사적 체제이고, 두 번째 죄는 종교적인 배교를 의미하는 것으로 생각한다. 본 텍스트의 구조는 다음과 같이 형성되어 있다.

A. 이스라엘의 난폭한 과거와 군사력에 의존하는 어리석음과 패배 (9-10절)
　B. 젊은 암소와 같은 이스라엘: 의를 행하라는 권면(11-12절)
A'. 이스라엘의 난폭한 과거와 군사력에 의존하는 어리석음과 패배 (13-15절)

이스라엘은 난폭한 과거와 군사력에 의존하는 어리석음 때문에 패할 것이다(9-10절). 선지자는 다시 기브아를 언급한다. 기브아는 이미 5:8에서 전쟁을 알리는 나팔이 울리는 곳으로, 9:9에서는 사사기 19-20장을 연상시키며 극에 달한 죄와 내란을 의미하며 언급되었다. 본 텍

스트는 기브아에 대한 두 가지 사실을 동시에 연상시킨다. 기브아는 이스라엘의 극에 달한 윤리적 타락을 의미하는 도시이자 이스라엘의 군사적 위엄을 상징하는 곳으로 지적되고 있다.

기브아가 이스라엘의 군사적 위엄을 상징하게 된 것은 사울 시대의 일이다. 사울은 기브아 출신이었고 하나님보다 자신의 군사력을 더 신뢰했다. 또한 기브아는 사울의 요새화된 궁궐이 있던 곳이기도 하다. 알브라이트(W. F. Albright)의 발굴(1922-23, 33년에 있었음)과 랍(P. Lapp)의 1964년 발굴에 의하면 요새의 벽은 두께가 1.2m에 이르렀다. 사울이 이스라엘을 통치하던 시대에 기브아는 이스라엘의 행정적·군사적 수도 역할을 했다. 다윗 시대 이후로는 기브아가 중요한 군사적 기능을 하지 못한 것이 확실하다. 그러나 사울 시대의 기브아가 군사력에 의존해 야심적인 행정을 펼쳐 나가는 것을 의미하는 상징이 되었던 것이 본문의 배경으로 여겨진다(Garrett). 특히 북 왕국에 속한 열 지파가 다윗보다 사울 집안과 더 관계가 있다는 점을 감안하면 더욱 그렇다.

사마리아는 하나님이 아니라 폭력과 군사력에 의존하는 일에 기브아와 같은 '신(新) 기브아'가 되어 있었다. 학자들 사이에 9절 후반의 시제가 논쟁이 되고 있다. "전쟁이 그들에게 기브아에서 임한다"(עַל־בְּנֵי עַלְוָה לֹא־תַשִּׂיגֵם בַּגִּבְעָה מִלְחָמָה)라는 말씀은 두 가지 해석적인 문제를 안고 있다. 첫째, 부정사(לֹא)의 기능을 어떻게 이해하느냐다. 문자적으로 이 문장을 해석하면 "전쟁이 기브아에 임하지 않는다"라는 뜻이 되는데, 문맥을 고려할 때 선지자는 기브아가 전쟁을 통해 멸망할 것을 경고하고 있지, 전쟁이 그곳에 임하지 않을 것이라고 하지 않는다. 그래서 이 부정사를 문자적인 의미인 'no/not'이 아니라 '참으로/진짜로'(surely)라는 강조형으로 해석해야 한다는 제안이 있다(Wolff, Macintosh). 이 문장을 질문형으로 해석해야 한다는 주장도 있다. "전쟁이 기브아에 사는 악한 자들에게 임하지 않겠느냐?"(Smith) 어느 쪽을 택하든 이 문장의 부정사(לֹא)가 기브아에 꼭 전쟁이 임할 것을 강조하는 것으로 이해되어야 한다(Carroll).

이 문장이 안고 있는 두 번째 문제는 시제에 관한 것이다. 시제를 과거형 혹은 미래형으로 해석할 것인가다. 개역한글과 NIV는 과거로 해석하지만, 개역개정, NAS, NRS와 JPS 등은 한결같이 미래형으로 해석하고 있다. 즉, 전쟁이 기브아에 임할 것으로 예언하고 있는 것이다. 또한 이스라엘 사람이 군사적인 위엄을 상징하는 기브아는 결코 망하지 않을 것이라는 자만에 찬 확신으로 해석하기도 한다(Garrett). 그러나 종합해보면 미래에 기브아에 임할 심판을 경고하는 것으로 해석하는 것이 가장 논리적인 것으로 여겨진다(McComiskey). 선지자는 앞으로 이 일이 기브아에 일어날 것이라고 강조하는 것이다.

선지자는 이스라엘을 젊은 암소에 비유하면서 의를 행하라고 권면한다(11-12절). 은유가 다시 농사로 옮겨지고 있다. 10:1-4에서 이스라엘은 독이 있는 열매를 맺는 포도나무로 묘사하고 있다. 여기서는 이스라엘이 아주 튼튼하고 능력 있는 암소로 묘사된다. 다만 문제는 이 소가 밭은 갈지 않고 곡식만 밟기를 원한다. 씨앗을 심기 위해 밭을 일구는 등 농사에 있어서 어렵고 힘든 일은 싫어하고, 모든 것이 수확된 다음에 추수나 즐기려는 것, 즉 날로 먹으려는 것을 비난하는 은유다. "곡식을 밟으면서 타작하는 소의 입에 망을 씌우지 말라"(신 25:4)라는 명령은 이런 해석을 뒷받침한다. 곡식을 밟는 소는 일하면서 곡식을 마음껏 먹을 수 있었다. 하나님은 일하기는 싫어하면서 노동의 열매나 누리려고 하는 소와 같은 이스라엘에게 멍에를 씌워 밭을 일구게 하실 것이다. 강제라도 열심히 일하도록 하시겠다는 뜻이다. 하나님이 이스라엘에게 어떤 일을 시키시겠다는 것인가?

그동안 이스라엘은 나쁜 씨앗을 심어왔지만(10:4), 하나님은 이제부터 이스라엘이 정의(צְדָקָה)의 씨앗을 뿌리고 사랑의 열매(חֶסֶד־לְפִי)를 거두어 들이도록 하실 것이다. 이스라엘 땅에는 독초가 돋아났으나(10:4) 이제는 모든 것을 갈아엎고 새로이 시작할 시기가 왔다. 그러므로 이제는 지체하지 말고 열심히 노력해서(viz., 곡식만 타작하지 말고, 밭을 일구어) 황폐해진 땅에 정의를 심으라는 권면이다. 선지자는 이 순간이야말로 여호와를 '찾아야 하는 때/찾을 만한 때'(עֵת לִדְרוֹשׁ אֶת־יְהוָה)라고 선언한다. 이 말씀은 이스라엘을 향한 최후통첩이다. 만약에 이번에도 여호와를 찾지 않는다면 분명히 멸망할 것이기 때문이다.

선지자가 8장에서부터 시작된 섹션을 마무리하면서 회개를 호소하는 것은 당연한 일이다. 이들이 회개만 하면 하나님이 '오셔서 정의를 비처럼 내려 주실 것'(עַד־יָבוֹא וְיֹרֶה צֶדֶק לָכֶם)이기 때문이다. 독초와 같은 죄가 무성하게 피어 있는 이스라엘 사회를 버리지 않고 회복하실 것을 뜻하며 동시에 최종 경고이기도 하다. '내리다'로 번역된 동사(יָרָה)는 분해하기가 어렵다. 이곳에서는 피엘, 미완료형, 3인칭 남성 단수(Piel, imperf., 3ms)로 간주되지만, 피엘에서 이 동사는 항상 '가르치다'라는 의미를 지니고 있기 때문이다. 그러므로 정상적인 의미인 '가르치다'를 배제하고 '[비를] 내리다'로 번역하는 것은 최고의 선택이 아니다. '요레'(יוֹרֶה)가 이른 비이기는 하지만 모음이 하나 더해져야 한다. '모레'(מוֹרֶה) 역시 이른 비라는 뜻이지만 이 경우 본문 수정이 필요하다. '요레'(יֹרֶה)의 다른 의미는 '선생'(가르치는 자)이다. 그러므로 JPS는 이 문장을 "이스라엘이 새로운 각오로 정의를 심고 가꾸면 '의의 선생'(teacher of righteousness)을 맞이하게 될 것이다"로 해석한다. 칠십인역은 "너희 자신을 위하여 지식의 빛을 밝히라"(φωτίσατε ἑαυτοῖς φῶς γνώσεως)를 중간에 삽입하고 마지막 문장을 "의의 열매가 너희들에게 임할 때까지 [여호와를 찾으라]"(τοῦ ἐλθεῖν γενήματα δικαιοσύνης ὑμῖν)로 해석하여 선지자가 이스라엘에게 의의 열매를 맺을 때까지 노력해서 좋은 결과를 맺으라는 권면을 하는 것으로 간주한다.

본문이 어렵기는 하지만 마지막 문장을 하나님이 정의를 비처럼 내려주실 것을 약속하시는 것으로 해석하는 것이 가장 무난할 듯싶다. 이스라엘이 마음만 고쳐먹고 새로운 삶을 시도한다면, 하나님이 적극적으로 도와주실 것이라는 약속이다. 그러나 최종 결정은 이스라엘의 몫이다. 그 누구도 앞날에 대한 선택을 대신해 줄 수는 없다.

그러나 이스라엘은 난폭한 과거와 군사력에 의존하는 어리석음 때문에 멸망할 것이다(13-15절). 현실은 무섭기만 하다. 하나님의 간곡한 바람과 호소에도 이스라엘이 결코 회개할 기미를 보이지 않기 때문이다. 겸손히 여호와를 찾기에는 지나치게 군사력을 믿고 있다 (McComiskey, Macintosh). 그러므로 하나님은 그들이 자랑하는 군대(10:6)와 신전을 한꺼번에 멸하실 것을 선언하신다. 선지자는 앞으로 이스라엘이 당할 위기를 살만(שַׁלְמַן)에게 파괴된 벧아벨(בֵּית אַרְבֵאל)과 비교한다 (14절). 그런데 문제는 선지자가 언급하는 살만이나 벧아벨에 대해 알려진 바가 별로 없다는 점이다. 물론 살만이 아시리아의 살만에셀 5세 (שַׁלְמַנְאֶסֶר)(왕하 17:3; 18:9)를 줄인 것으로, 혹은 아시리아의 디글랏 블레셀(Tiglath-pileser III)의 기록에 언급된 모압 왕 살라마누(Salamanu of Moab, cf. 왕하 13:20; 암 2:1-3)라는 인물로 해석되기도 한다(Mays, Wolff). 그러나 확실치는 않다. 또한 일부는 벧아벨에 대하여 여러 가지 가능성을 제안하지만(Sweeney), 아직까지 호세아가 어떤 도시를 뜻하는지, 그곳에서 어떤 일이 있었는지 알려진 바가 없다. 한 가지 확실한 것은 벧아벨에서 살만이란 자가 끔찍한 만행을 저질렀으며, 이 일이 온 이스라엘에 잘 알려진 사건이라는 점이다. 벧아벨이 벧엘과 소리가 비슷해서 언급된 것이라고 추정하기도 하지만(Garrett), 원어에서의 소리 차이가 크기에 별 설득력은 없는 제안이라고 생각된다.

선지자는 15절에서 벧엘을 언급하여 이 섹션을 10:5-8과 연결시키고 있다. 그곳에서는 벧엘에 있는 금송아지가 화두였지만, 이곳에서는 벧엘을 '심히 무거운 죄가 있는 곳'(מִפְּנֵי רָעַת רָעַתְכֶם)으로 비난한다. 책 전체에서 벧엘은 배교, 부정, 거짓 믿음, 도덕적 타락, 하나님을 대적하는 감정 등이 가득한 곳으로 그려지고 있다. 그러므로 하나님이 이스라엘을 심판하시는 날, 그들의 군대는 허무하게 무너질 것이고, 종교적 중심지 역시 황폐해질 것이고, 왕도 살해될 것이다. 완전한 파괴가 이스라엘에게 임할 것이다. 이 메시지는 이 땅에서 죄를 지으면서도 하나님의 심판을 두려워하지 않는 자에게 경종을 울린다. 자신이 마치 이 세상에서 영원히 살 것처럼, 이 세상에서의 삶이 항상 평탄하고 잘될 것으로 생각한다. 선지자는 이런 자에게 정신 차리라고 경고한다. 사람은 죽어서 창조주에게 심판을 받지만, 경우에 따라서는 이 세상에 사는 동안에도 혹독한 심판을 받을 수 있기 때문이다. 그러므로 다가오는 심판을 깨닫고 오늘을 성실하게 살아가는 자는 복 있는 사람이다.

> II. 하나님과 이스라엘(4:1–11:11)
>   F. 이스라엘의 과거, 현재, 미래(9:10–11:11)

3. 하나님이 백성을 사랑하심(11:1–11)

본 텍스트는 4:1에서 시작된 책의 두 번째 섹션을 결론적으로 마무리한다. 하나님은 그동안 이스라엘을 피고인석에 세워놓고 재판하듯이 증거를 조목조목 제시하며 이스라엘의 죄를 입증하셨다. 이 죄인은 벌을 받아 죽어 마땅하다는 결론을 내리며 타국으로 끌려가는 것을 형량으로 선고하셨다. 아시리아가 전쟁을 통해 그들을 죽이고 생존자를 잡아갈 것이라는 구체적인 정보를 제공함으로써 심판이 혹독할 뿐만 아니라 머지않았음을 경고하셨다. 오직 이스라엘이 메시지를 듣고 회개하고 돌아오기를 바라면서 말이다.

안타깝게도 이스라엘은 돌아올 생각을 하지 않는다. 이스라엘은 이미 이성적인 사고를 할 수 있는 능력을 상실했고 하나님께 돌아올 의지도 없다. 그렇다면 문제가 생겼다. 하나님의 징계는 회복을 위한 것인데, 벌받는 자가 벌을 받고도 뉘우치지 않고 하나님께 돌아올 생각을 하지 않으면 어떻게 해야 하는가? 회복과 구원이라는 하나님의 징계 목적에 문제가 생기는 것이다.

하나님은 다시 번뇌하신다. 하나님은 자기 백성 이스라엘을 징계하는 일이 가뜩이나 어려운 일인데, 그럼에도 온갖 고통을 감수하면서 결정하셨다. 그런데 정작 하나님이 의도한 효과를 발휘하지 못한다면 문제가 되기 때문이다. 많은 번민과 고심 끝에 하나님은 그래도 이스라엘을 구원하기로 결정하신다. 창조주께서 결코 사랑할 수 없는 자, 사랑할 가치도 없는 자를 다시 사랑하기로 결정하신 것이다. 마치 호세아가 노예시장에 나온 고멜의 몸값을 지불하고 집으로 데려와 다시 사랑한 것처럼 말이다.

선지자는 미래에 있을 하나님의 이스라엘에 대한 구원 메시지를 역사에서 가장 중요한 의미를 지녔던 출애굽 사건과 죄 때문에 완전히 파괴되었던 소돔과 고모라 이야기를 배경으로 하여 선포한다. 출애굽 사건과 소돔과 고모라 이야기를 본 텍스트의 구원 이야기와 연관시키는 것은 소돔과 고모라의 주민처럼 죄의 노예가 되었기에 심판받아 멸망해야 마땅한 이스라엘 사람을 하나님이 마치 이집트에서 노예살이 하던 이스라엘을 구원한 것처럼 다시 구원하실 것을 강조하기 위해서다. 앞으로 하나님이 이스라엘에게 베푸실 구원은 출애굽 사건과 소돔과 고모라 사건을 합한 것보다 파격적이고 위대한 이야기라는 것이다.

이 섹션은 이스라엘을 일방적으로 조건 없이 용서하고 사랑하기로 한 하나님의 결정을 가장 잘 보여주는 구절이다. 그러나 하나님의 결정은 결코 쉽지 않은 결정이었다. 그러므로 이 섹션에서는 하나님의 감정을 더욱 주의 깊게 관찰해야 한다. 본문은 다음과 같이 구분할 수 있다.

A. 하나님의 사랑을 거부한 이스라엘(11:1-4)
  B. 이스라엘이 아시리아로 끌려감(11:5-7)
A'. 하나님의 사랑을 거부한 이스라엘에 대한 주님의 결단(11:8-9)
  B'. 이스라엘이 아시리아에서 돌아옴(11:10-11)

(1) 하나님의 사랑을 거부한 이스라엘(11:1-4)

¹ 이스라엘이 어렸을 때에 내가 사랑하여
내 아들을 애굽에서 불러냈거늘
² 선지자들이 그들을 부를수록
그들은 점점 멀리하고
바알들에게 제사하며
아로새긴 우상 앞에서 분향하였느니라
³ 그러나 내가 에브라임에게 걸음을 가르치고
내 팔로 안았음에도
내가 그들을 고치는 줄을
그들은 알지 못하였도다
⁴ 내가 사람의 줄
곧 사랑의 줄로 그들을 이끌었고
그들에게 대하여 그 목에서 멍에를 벗기는 자 같이 되었으며
그들 앞에 먹을 것을 두었노라

지금까지 호세아는 이스라엘을 간음한 아내로 묘사했다. 이 섹션에서는 은유를 바꾸어 이스라엘을 부모의 고마움을 전혀 알아주지 않는 패륜아로, 하나님을 패륜아 이스라엘에게 배신당한 부모로 묘사한다(Melnyk). 부부관계에서 부모-자식 관계로 비유는 바뀌었지만, 가족이라는 넓은 틀은 계속 유지하고 있다. 이스라엘이 아무리 죄를 범해도 끝까지 하나님의 가족임을 강조하기 위해서다(Dearman).

선지자는 부모인 하나님이 이집트에서 아들 이스라엘을 불러내신 사랑 이야기로 시작한다(1절). 하나님은 이스라엘이 '어린 시절'에 이집트

에서 부르셨다고 하는데, 이 말씀은 하나님이 출애굽 시대에 이스라엘을 '첫째 아들'(출 4:22)로 부르셨던 일을 연상시킨다. 에스겔은 이스라엘을 어린 여자아이로 묘사하는 것(겔 16:1-6)에 비해 호세아는 남자아이로 묘사하고 있다. 하나님이 이스라엘을 아들로 부르시는 것은 그가 이스라엘의 양육과 교육을 맡아 하셨다는 것을 내포하고 있다(Wolff). 이 말씀은 또한 마태복음 2:15에서 예수님의 어린 시절과 연관되어 사용되기도 했다.

"내가 부르면 부를수록, 이스라엘은 나에게서 멀리 떠나갔다"(2절, 새번역; cf. 개역; NIV; NRS)는 마소라 사본의 원의미인 "그들이 그들을 부를수록, 그들은 그들에게서부터 멀어졌다"(קָרְאוּ לָהֶם כֵּן הָלְכוּ מִפְּנֵיהֶם)(The more they called them, the more they went from them)를 번역해 놓은 칠십인역 해석(καθὼς μετεκάλεσα αὐτούς οὕτως ἀπῴχοντο ἐκ προσώπου μου, αὐτοὶ τοῖς)에 준한 것이다(Stuart, Carroll). 칠십인역 번역에 의하면 하나님이 선지자를 통해 이스라엘을 지속적으로 부르셨다는 것을 뜻한다(Keil, McComiskey, Macintosh). 그러나 이러한 해석은 선지자가 여기서 언급하고 있는 주제와 잘 어울리지 않는다(Andersen & Freedman, Hubbard). 저자는 지금 이스라엘의 출애굽 시절을 회고하고 있고, 선지자의 출현은 출애굽 사건이 있은 지 한참 후의 일이기 때문이다.

라틴어 성경(Vg)도 마소라 사본(MT)의 문자적 의미를 그대로 반영하고 있다. 그렇다면 마소라 사본이 구상하고자 하는 의미는 무엇인가? 하나님이 이스라엘을 이집트로부터 부르셔서 이스라엘이 이집트를 떠날 때, 이스라엘은 이집트를 떠나는 것에 많은 미련을 가지고 아쉬워했다는 뜻이다. "그들[이스라엘]이 그들[이집트]을 불렀다. 그들[이스라엘]은 이렇게 그들[이집트]을 [아쉬워하여] 부르며 그들[이집트]에게서 떠났다"(Garrett). 이스라엘은 이집트 시절부터 이미 우상을 섬기고 있었고, 떠나면서도 이집트 우상을 그리워했다는 의미다(민 11:4-6; 겔 23:1-20). 또한 이스라엘이 모세의 인도 아래 이집트를 떠나 광야로 들어서자마자 이집트 생활을 그리워했던 일도 이 말씀과 연관 있어 보인다(Sweeney).

벧엘에 있던 금송아지는 출애굽기 32장에 기록된 아론의 금송아지 사건을 연상시키고, 바알브올은 민수기 25장 이야기를 회고하고 있는 것을 감안할 때, 출애굽 때부터 이스라엘이 우상을 숭배했다고 주장하는 것은 그리 충격적인 이야기가 아니다. 이스라엘이 호세아 시대에 범하고 있는 죄는 결코 새로운 것이 아니라, 이집트에서 생활하던 오랜 세월 동안 행해져 온 죄의 연속에 불과하다는 점을 강조하고 있다. 에스겔 선지자도 이스라엘의 우상 중독에 대해 동일한 주장을 제기한다(겔 23장). 이집트 시절 이스라엘의 노예생활은 이집트의 노예뿐만 아니라 우상의 노예로도 산 것이다.

이스라엘이 출애굽 때부터 우상을 숭배했지만, 여호와께서는 개의치 않고 계속 사랑하셨다(3-4절). 4절의 이미지가 사람이 짐승을 길들이기 위해 훈련시키는 것이라 하지만(Stuart, Macintosh, cf. Dearman), 대부분은 3절에서 시작된 부모-자식 비유가 이 구절에서도 지속되고 있다고 생각한다(Yee, Schüngel-Straumann, Sweeney; cf. Smith, Kakkanattu). 이렇게 나뉘는 것은 4절에서 '멍에'의 뜻으로 사용되는 히브리어 단어(על)가 문맥과 잘 어울리지 않으니 '젖먹이 아이'를 뜻하는 단어(עול)로 수정해야 한다는 주장을 받아들이는 사람이 많기 때문이다. 이렇게 본문을 수정할 경우 정확한 번역은 "나는 젖먹이 아이를 볼에 올려놓고 키우는 사람들처럼 되었다"(כְּמְרִימֵי עוֹל עַל לְחֵיהֶם)(Sweeney)가 되며 하나님이 이스라엘을 참으로 애지중지 키우셨음을 강조한다. 문맥을 고려할 때 이러한 해석이 본문과 훨씬 더 잘 어울린다.

이스라엘이 출애굽 때부터 하나님께 신실하지 못했지만, 그럼에도 하나님은 이스라엘을 애지중지 키우셨다. 본문에 묘사된 하나님의 모습을 새번역은 아이를 양육하는 어머니의 모습으로 그리고 있다. "가슴을 헤쳐 젖을 물렸다"(4절). 이 구절의 마지막 문구를 문자적으로 번

역하면 "내가 [자세를] 숙여 그를 먹였다"(וָאַט אֵלָיו אוֹכִיל)이다. 선지자는
3-4절에서 이스라엘과 하나님의 관계를 젖먹이 아이와 돌보는 부모
로 묘사하는데, 부모가 몸을 숙여 아이를 먹이는 것은 마치 엄마가 가
슴을 헤치고 아이에게 젖을 물리는 것과 같다는 생각에서 이렇게 번역
한 것이다. 하나님을 자상한 어머니로 묘사하는 것은 가슴이 찡하도록
감격스럽다. 반면에 아직까지는 대부분 본문에 묘사된 부모의 모습을
아이를 양육하는 아버지로 이해한다. 예외적인 경우가 아니면 젖먹이
아이는 엄마가 키우고 양육하는 것이 당시 문화였다는 점을 고려할 때
본문이 어린아이를 돌보는 어머니로 하나님을 묘사하는 것은 충분히
가능한 해석이다. 하나님이 몸을 숙여 어린 이스라엘을 먹이셨다는 것
이 광야에서 만나와 메추라기로 그들을 먹이신 일로 이해되기도 한다
(Smith).

하나님은 이스라엘을 젖먹이 아이를 양육하듯이 품에 안고 키우셨
다. 걸음마를 가르치고 가슴에 안아서 키우셨다. 성경은 하나님의 보
호와 양육을 여러 가지로 묘사하지만, 여기에 제시되는 것은 하나님의
사랑과 보살핌을 절정에 올려놓고 있다. 하나님은 죽을 고비에서 여
러 차례 구원해서 치유해 주셨건만 이스라엘은 정작 생명의 은인에게
등을 돌렸다. 이 말씀은 출애굽기 15:22-26에 기록된 마라의 쓴 물에
대한 이야기를 연상케 한다. 하나님은 마라의 쓴 물(독이 있는 물)을 생
수로 바꾸어놓으신 다음 이렇게 말씀하셨다. "너희가, 주 너희 하나님
인 나의 말을 잘 듣고, 내가 보기에 옳은 일을 하며, 나의 명령에 순종
하고, 나의 규례를 모두 지키면, 내가 이집트 사람에게 내린 어떤 질병
도, 너희에게는 내리지 않을 것이다. 나는 주 곧 너희를 치료하는 하나
님이다"(출 15:26, 새번역). 이스라엘이 순종하는 한 하나님은 치유자가
되어주실 것을 약속하신다. 호세아는 이 일을 상기하며 이스라엘이 이
사실을 까마득히 잊어버렸음을 비난한다.

Ⅱ. 하나님과 이스라엘(4:1-11:11)
　6장. 이스라엘의 과거, 현재, 미래(9:10-11:11)
　　3. 하나님이 백성을 사랑하심(11:1-11)

(2) 이스라엘이 아시리아로 끌려감(11:5-7)

⁵ 그들은 애굽 땅으로 되돌아가지 못하겠거늘

내게 돌아 오기를 싫어하니

앗수르 사람이 그 임금이 될 것이라

⁶ 칼이 그들의 성읍들을 치며

빗장을 깨뜨려 없이하리니

이는 그들의 계책으로 말미암음이니라

⁷ 내 백성이 끝끝내 내게서 물러가나니

비록 그들을 불러 위에 계신 이에게로 돌아오라 할지라도

일어나는 자가 하나도 없도다

　이스라엘은 출애굽 이후로도 이 역사적 사건을 통해 베풀어주신 하나님 은혜에 대해 제대로 감사해 본 적이 없고 시내 산에서 주신 율법에 순종하며 살지도 못했다. 이제 은혜를 은혜로 생각하지 않는 배은망덕한 자들은 원상태로 돌아가야 한다. 하나님이 처음 그들을 만나셨을 때, 이스라엘은 이집트에서 노예살이를 하고 있었다. 이제 이스라엘은 하나님의 심판을 받아 옛날 이집트에서 했던 것처럼 다시 노예살이를 하게 될 것이다. 받은 은혜에 대해 감사할 줄도 모르고, 하나님 말씀에 순종하기를 거부하는 자에게 내려진 당연한 형벌이다.

　다만 옛 노예생활과 차이가 있다면 이번에는 이집트를 주인으로 섬기는 것이 아니라, 아시리아를 섬겨야 한다. 선지자에 의하면 이스라엘이 다시 종살이를 하게 된 이유는 간단하다. 그들이 끝까지 여호와께 돌아오기를 거부하기 때문이다(5절). 이 말씀에는 하나의 언어유희가 사용되고 있다. 그들이 여호와께 돌아오기(שוב)를 거부했으니, 이제

그들은 이집트(viz., 아시리아)로 돌아가는(שׁוּב) 신세가 되었다(Carroll). 하나님의 은혜를 입어 자유와 풍요를 누리는 자가 주님께 돌아오지 않는다면 결국 옛적 매우 어려웠던 시절로 돌아갈 수밖에 없다. 별 볼 일 없는 자가 평안과 풍요를 누리며 잘 사는 이유는 딱 한 가지, 하나님이 복을 주셨기 때문이다. 하나님이 이 복을 거두시면 다시 그들의 삶은 옛날처럼 될 수밖에 없다.

하나님이 회개하지 않는 이스라엘을 옛 노예생활로 되돌리신다는 것이 잔인하게 여겨질지 모른다. 그러나 자유인으로 행복하게 살라고 해방시켜 주셨는데, 스스로 우상의 노예가 되겠다고 자청하니 어떡하겠는가? 끝까지 회개하기를 거부하며, 구원하신 여호와를 섬기지 않고 우상의 노예가 되어 살겠다는 백성을 향한 심판주 하나님의 안타까워하는 모습이 독자의 마음을 울린다. 마치 노아 시대에 홍수가 진행되는 동안 괴로워하던 하나님의 모습이 그랬던 것처럼 말이다.

그렇다면 역(逆)출애굽은 어떤 방법으로 실현될 것인가? 선지자는 전쟁을 통해 성취될 것이라 한다(6-7절). 온 땅을 휩쓸어버리는 전쟁이 이스라엘 땅에 임할 것이다. 이스라엘은 전쟁에서 승리하려고 온갖 계획을 세워보지만 별 의미가 없고, 아시리아의 손에 의해 모래성이 무너지듯 무너질 것이다. 그런데 위기를 맞이한 이스라엘이 도와달라고 부르짖는 대상이 누구인가? 개역개정은 '위에 계신 이'(אֶל־עַל)(lit., '높은 신', 7절)로 번역하여 이스라엘이 여호와께 부르짖는 것으로 이해하지만, 새번역과 공동번역은 바알에게 부르짖는 것으로 해석해 놓았다. 만일 하나님으로 해석한다면, 하나님이 울부짖음을 들으시고도 돕지 않으실 것을 뜻한다. 반면에 바알로 해석한다면, 이스라엘이 바알에게 부르짖지만 바알은 결코 돕지 못할 것을 뜻한다. 혹은 이스라엘이 하나님께 부르짖지만, 하나님은 그들이 바알에게 부르짖는 것으로 간주해 울부짖음에 응답하지 않으실 것을 의미하는 것으로 해석할 수도 있다. 이스라엘이 지금까지 여호와와 바알을 동일시해 왔기에 이러한 해석도 가능하다. 어느 해석을 택하든 이스라엘은 아무도 도울 자가 없는 상황에서 죽어가야만 한다.

(3) 하나님의 사랑을 거부한 이스라엘에 대한 주님의 결단(11:8-9)

8 에브라임이여

내가 어찌 너를 놓겠느냐

이스라엘이여

내가 어찌 너를 버리겠느냐

내가 어찌 너를 아드마 같이 놓겠느냐

어찌 너를 스보임 같이 두겠느냐

내 마음이 내 속에서 돌이키어

나의 긍휼이 온전히 불붙듯 하도다

9 내가 나의 맹렬한 진노를 나타내지 아니하며

내가 다시는 에브라임을 멸하지 아니하리니

이는 내가 하나님이요 사람이 아님이라

네 가운데 있는 거룩한 이니

진노함으로 네게 임하지 아니하리라

　선지자는 하나님이 이스라엘을 심판하기로 결정하셨다는 것을 이미 수차례 선언했다. 앞 문장에서도 이스라엘을 뿌리째 뽑아버릴 큰 환난에 대해 경고했다. 그러나 갑자기 하나님은 이스라엘을 향한 사랑을 가장 극적이고 감정적으로 표현하며 이스라엘을 다시는 멸하지 않으실 것을 선언하신다! 이처럼 주제와 분위기가 급변하는 것은 호세아

301

의 독특한 스타일이다. 호세아서에서는 극적인 감정이 순식간에 교차하며, 경우에 따라 앞뒤가 맞지 않고 문법도 고르지 않은 문장이 사용되며 하나님의 거친 숨결과 극에 달한 감정 변화를 잘 묘사한다. "너를 버리려고 하여도, 나의 마음이 허락하지 않는구나!…아무리 화가나도, 화나는 대로 할 수 없구나"(8-9절, 새번역). 하나님이 잘못된 길을 가고 있는 자식에게 바른 길을 가도록 온갖 노력을 다해 보지만, 자식이 끝까지 옳은 길 가기를 거부하자 절망하며 괴로워하는 부모로 묘사되고 있다(Smith). 부모는 잘못된 길에서 돌이키기를 거부하는 자식을 징계해야 하는 책임이 있다. 부모는 자식을 징계하면서 절규한다. "내가 너에게 어떻게 이 벌을 내릴 수 있단 말이냐! 나는 못한다!" 죄 때문에 꼭 심판해야 하지만, 그들을 너무 사랑하기에 이러지도 저러지도 못하고 혼자 속앓이하는 하나님의 모습은 성경에 비춰진 그 어떤 모습보다도 우리의 마음을 울린다.

스보임(צבאים)과 아드마(אדמה)는 벨라(소알)와 함께 소돔과 고모라가 하나님의 심판에 의해 멸망할 때 함께 멸망한 도시다(창 14:2; 19장). 이들의 이야기는 신명기 29:23에도 기록되어 있다. 호세아는 구약에서 유명한 심판 이야기인 소돔과 고모라 이야기를 이곳에 언급해 이스라엘과 이 도시들의 대조되는 운명을 강조하고자 한다. 소돔과 고모라는 하나님의 심판을 받아 회복이 불가능하도록 영원히 파괴된 반면, 이스라엘은 그렇게 되지는 않고 회복의 씨앗을 남겨둔 파멸을 맞게 될 것이다(McComiskey, Hubbard, Garrett). 그렇다면 호세아는 왜 더 유명한 소돔과 고모라(사 1:9-10; 3:9; 13:19; 렘 23:14; 49:18; 50:40; 애 4:6; 겔 16:46-56; 암 4:11; 습 2:9)를 언급하지 않고 잘 알려지지 않은 두 도시를 언급하는 것일까? 호세아서는 경우에 따라 일부러 애매한 책이 되고자 한다. 호세아서가 어렵다는 것은 단순히 본문이 잘 보존되지 못해서이기도 하지만, 많은 경우 선지자가 의도적으로 본문의 뜻을 애매하게 남겨 두기 위해 이런 스타일을 취했기 때문이라 해도 과장된 주장은 아니다. 동시에 호세아는 선지자 중 유일하게 북 왕국 출신이라는 점도 고려해야 한다. 이곳에서도 유명한 소돔과 고모라의 멸망 이야기를 회상하면서 스보임과 아드마와 같은 잘 알려지지 않은 도시의 이름을 사용한다.

그럼에도 저자의 의도를 굳이 설명한다면, 아마도 이스라엘의 지위와 평행을 이루게 하기 위해서일 것이다. 이스라엘은 소돔과 고모라처럼 유명하고 대단한 사람이라고 생각하지만, 실제로는 스보임과 아드마같이 세상이 알아보지도 못하는 보잘것없는 족속이라는 것이다. 하나님은 이처럼 무명(nobody)을 특별히 사랑하셨는데, 이스라엘은 마치 유명(somebody)이나 된 것처럼 까불었고, 끝에 가서는 별 볼 일 없는 자신들을 사랑하신 분을 배신한 것이다. 또한 선지자가 이처럼 잘 알려지지 않았지만 심판을 받아 멸망한 도시를 언급하는 것은 아마도 이스라엘은 스보임과 아드마처럼 하나님의 관심도 받지 못하는 상태에서 멸망하지는 않을 것을 강조하기 위해서일 것이다. 하나님이 그토록 사랑하는 이스라엘은 어떤 경우에도 잘 알려지지 않은 스보임과 아드마처럼 인류 역사에서 잊히는 각주(footnote)가 되지는 않을 것이다. 왜냐하면 하나님이 전에 소돔과 고모라를 뒤집어 엎으신 것처럼, 이번에는 이스라엘을 뒤집어 엎는 것이 아니라, 오히려 하나님 자신의 백성을 향한 마음을 뒤집어 엎으실 것이기 때문이다(Smith).

"내가 다시는 에브라임을 멸망시키지 않겠다"는 무슨 뜻이며 9절 후반부는 무엇을 의미하는가? 하나님은 이미 여러 차례 심판을 선언했는데 본문에서 심판을 집행하지 않겠다는 것은 무슨 뜻인가? 개역개정, 새번역, NAS, NRS 등이 더하고 있는 '다시는'(again)은 히브리어 텍스트에는 없는 단어다. 본문의 의미를 좀더 정확하게 이해하는 데 도움이 되기는 하지만, 아직 아시리아가 휩쓸고 가지 않은 이 시점에 에브라임을 파괴하지 않으시겠다는 것은 정확히 무엇을 의미하는 것일까? 일부에서는 본문에 있는 부정사(לֹא)를 강조형으로 간주하여 "내가 꼭 에브라임을 심판하리라"로 해석하는데(Andersen & Freedman), 이러한 해석은 많은 지지를 받지 못한다. 가장 자연스러운 해석은 이스라엘은 아시리아로 끌려가는 심판을 받아야 하지만, 이번 심판을 끝으로 다시는 하나님이 에브라임을 심판하시는 일은 없을 것이라는 뜻이다. 즉, 이 말씀은 미래에 이스라엘이 회복된 이후에 관한 말씀인 것이다.

9절 후반부의 문자적 의미는 "나는 너희 중에 거하는 거룩한 하나님이지 사람이 아니다. 내가 도시에 들어가지 아니하리라"인데, 마지막 문장인 "내가 도시에 들어가지 아니하리라"는 무엇을 뜻하는가? "내가 도시에 들어가지 아니하리라"는 창세기 19장에서 하나님의 천사들이 소돔에 입성한 것을 배경으로 하고 있다(Garrett). 하나님이 이스라엘에게 심판은 행하셔도 과거에 소돔과 고모라를 멸망시켰던 정도의 강도 높은 심판은 하지 않겠다는 의지를 밝히고 계시는 것이다.

하나님은 이 일이 가능한 이유로 "나는 하나님이요, 사람이 아니기 때문"(כִּי אֵל אָנֹכִי וְלֹא־אִישׁ)(9절)이라고 하신다. 용서할 수 없는 자를 용서하시고, 버림받아 마땅한 자를 버리지 않고 품으시는 것은 하나님만 하실 수 있는 일이다. 마치 어머니는 온 세상이 사랑할 수 없는 자라며 버린 자식을 사랑할 수 있는 것처럼 말이다(Sweeney). 그렇다면 우리가 용서하기 힘든 자를 용서하고 사랑할 수 없는 자를 사랑하는 것은 곧 하나님을 닮아간다는 뜻이 아니겠는가! 우리는 이처럼 놀라우신 은혜의 하나님을 닮아가도록 꾸준히 노력해야 한다.

구약에서는 하나님이 백성 중에 거할 때는 대체로 심판을 동반하는 것이 일반적이다. 이와 대조적으로 본문은 하나님이 그들에게 자비를 베풀기 위해 그들 중에 계실 것이라고 하신다. 과연 하나님이 어떤 자비를 이스라엘에 베푸실까? 다음 섹션에서 밝히고 있다.

(4) 이스라엘이 아시리아에서 돌아옴(11:10–11)

¹⁰ 그들은 사자처럼 소리를 내시는 여호와를 따를 것이라
여호와께서 소리를 내시면 자손들이 서쪽에서부터 떨며 오되
¹¹ 그들은 애굽에서부터 새 같이,
앗수르에서부터 비둘기 같이 떨며 오리니
내가 그들을 그들의 집에 머물게 하리라
나 여호와의 말이니라

　새번역은 히브리어 성경이 12절을 12장으로 연결한다는 점에 근거해 이곳부터 새 디스코스가 시작되는 것으로 간주한다(McComiskey; Smith; Dearman). 11절까지 회복을 노래하다가 12절에서 갑자기 주제가 비난으로 바뀌고 있는 점을 감안할 때 12절을 다음 섹션과 연결하는 것이 합리적이다. 그러므로 여기에서도 12절을 다음 섹션에 포함하고자 한다(Yee, Carroll).

　선지자는 하나님을 부르짖는 사자로 묘사한다. 사자 은유는 대체로 심판을 의미한다(6:1; cf. 암 3:4, 8). 그러나 이곳에서는 사자의 외침이 구원을 이룬다. 사자가 외치자 새들이 도망가는 것이 아니라 소리가 나는 곳으로 날아온다. 선지자는 사자의 이미지를 사용해 민수기 24:8–9를 연상시키며, 하나님이 머지않아 새 출애굽을 재현시키실 것이라는 기대를 조성하고 있다. 하나님의 구원의 목소리가 시작되면 이집트(남쪽 끝)와 아시리아(북쪽 끝)에서 이스라엘 자손이 새 떼처럼 빨리 날아올 것이다. 또한 이스라엘은 7:11에서 이미 갈 길을 모르고 갈팡질팡하는 어리석은 비둘기로 묘사되었다. 그러나 이제는 어리석은 비둘기가 아니라 정확히 목적지를 알고 그곳으로 순식간에 날아가는 영

특한 비둘기로 묘사한다.

하나님의 소리를 듣고 집으로 돌아오는 이스라엘이 떨고 있다. 그들이 떠는 것은 두려워서가 아니라 그들이 체험한 놀라운 하나님 은혜로 떨고 있다(Smith). 그저 죄만 일삼던 이스라엘이 드디어 하나님이 어떤 분이신가를 깨닫고, 은혜를 체험하고 나니 구원을 이루신 여호와를 경외하게 된 것이다. 그러므로 이스라엘이 하나님 앞에서 떤다는 것은 큰 변화를 경험했다는 뜻이다. 이런 떨림은 거룩한 것이며 우리 모두가 지녀야 할 것이다.

III. 하나님과 백성

(11:12-14:9[12:1-14:10])

호세아서의 세 번째 섹션을 구성하고 있는 11:12-14:9은 처음 두 섹션을 시작하는 것(1:2; 4:1-3)과 비슷한 형태로 시작한다(Dearman). 마지막 텍스트 역시 하나님의 언약적 소송(covenant lawsuit)이라 할 수 있다(Smith). 선지자는 12-13장에서 과거를 회상하면서 이스라엘의 반역을 비난하는데, 핵심 내용은 이스라엘이 하나님과의 관계에서 마치 옛적에 야곱이 그랬던 것처럼 진실하지 않았다는 것이다(11:12-12:2). 상인이 백성을 속이고(12:7), 하나님이 필요를 다 채워주셨건만 그들은 하나님께 진실하지 못했다(13:6). 결국 하나님이 이스라엘을 법정에 세우고 재판하실 수밖에 없게 되었다(12:2). 책의 마무리를 장식하고 있는 14장에서는 이스라엘이 하나님께 돌아올 것을 마지막으로 한 번 더 호소한다. 이스라엘이 회개하면 아직도 소망은 있다는 것이다. 호세아서의 마지막 섹션은 다음과 같이 세 개의 주요 파트로 구분할 수 있다.

A. 하나님의 백성에 대한 비난(11:12-12:14[12:1-15])
B. 배은망덕한 이스라엘의 소망(13:1-16[13:1-14:1])
C. 하나님의 돌아오라는 호소(14:1-9[14:2-10])

307

A. 하나님의 백성에 대한 비난(11:12–12:14[12:1–15])

이 섹션은 여러 가지 해석적 문제를 안고 있다. 섹션을 구성하는 문장을 번역하는 것 자체가 난해한데다 유다에 대한 언급(11:12; 12:2)과 야곱에 대한 회고(12:3–4, 12)도 이야기의 흐름과 잘 어울리지 않기 때문이다(Coote, Landy). 그러나 선지자가 선포하려는 전반적인 메시지는 확실하다. 이스라엘이 온갖 거짓으로 하나님을 속이려 하고 있다는 것이다. 이 섹션은 다음과 같이 구분할 수 있다.

   A. 속이는 이스라엘(11:12–12:2)
      B. 야곱을 닮지 말라는 경고(12:3–6)
   A′. 속이는 상인들(12:7–10)
      B′. 야곱을 닮은 이스라엘(12:11–14)

1. 속이는 이스라엘(11:12–12:2)

11:12 에브라임은 거짓으로,
이스라엘 족속은 속임수로 나를 에워쌌고
유다는 하나님 곧 신실하시고
거룩하신 자에게 대하여 정함이 없도다
12:1 에브라임은 바람을 먹으며 동풍을 따라가서
종일토록 거짓과 포학을 더하여
앗수르와 계약을 맺고 기름을 애굽에 보내도다
2 여호와께서 유다와 논쟁하시고

야곱을 그 행실대로 벌하시며
그의 행위대로 그에게 보응하시리라

선지자는 이스라엘이 하나님께 거짓말하고 있다고 한다. 이스라엘이 하나님께 한 "거짓말"(שַׁחַד)(11:12)이 무엇을 의미하는가? 아마도 거짓 가치관과 배교적인 행동일 것이다. 개역개정이 "유다는 하나님 곧 신실하시고 거룩하신 자에게 대하여 정함이 없도다"(אֶל־עִם־קְדוֹשִׁים נֶאֱמָן וִיהוּדָה עֹד רָד עִם)로 번역하는 히브리어 문장의 의미가 많은 논쟁을 불러 일으키고 있다. 본문이 유다를 언급하는 것은 훗날 편집자가 삽입했기 때문이라고 하지만(Macintosh, cf. 5:5, 10, 12, 14; 6:4, 11; 8:14; 10:11), 근거 없는 주장이다. NRS와 TNK는 "그러나 유다는 하나님을 신뢰하고 거룩하신 이에게 신실하다"(but Judah stands firm with God/And is faithful to the Holy One)로 해석하지만(Wolff, McComiskey), 다른 번역본(NIV; NAS; 새번역; 개역)은 "유다 족속도 신실하고 거룩하신 하나님을 거역하고 있다"(새번역)라는 의미로 해석한다. 전혀 반대의 의미로 번역하고 있는 것이다. 칠십인역(LXX)도 이 문제에 큰 도움이 되지 않는다. "그러나 하나님은 그들을 안다. 그들은 하나님의 백성으로 불릴 것이다"(νῦν ἔγνω αὐτοὺς ὁ θεός, καὶ λαὸς ἅγιος κεκλήσεται θεου). 본문이 이스라엘과 유다의 죄를 비난하는 맥락에서 등장하는 것을 감안할 때 "유다 족속도 신실하고 거룩하신 하나님을 거역하고 있다"로 이해하는 것이 가장 설득력 있어 보인다(Keil, Stuart, Carroll). 하나님께 진실하지 못한 것은 이스라엘이나 유다나 별반 다를 바가 없다는 뜻이다.

"에브라임은 바람을 먹고 살며"(אֶפְרַיִם רֹעֶה רוּחַ)(12:1, 새번역)는 이스라엘을 마치 풀을 뜯는 소와 같이 묘사하고 있는 것으로 생각되지만, 실제로 강조하는 것은 이스라엘의 목자 역할이다. 에브라임은 마치 목자가 양들을 통제하고 지휘하듯 바람을 그렇게 하려 한다는 비난이다. 즉, 이스라엘은 인간이 할 수 없는 일을 하려 든다는 것이다(Andersen &

Freedman). 또한 그들은 "종일 동풍(열풍)을 따라서 달린다"(קָדִים כָּל־הַיּוֹם יִרְדֹּף)(12:1, 새번역). 동풍은 사막에서 불어오는 파괴적인 바람(sirocco)으로, "동풍을 따라서 달린다"는 말은 감당할 수 없는 매우 위험한 것을 다스리려고 무모한 짓을 하고 있다고 비난하는 것이다(Wolff, Mays). 그들은 지금 불장난을 하고 있다. 그렇다면 선지자는 이스라엘의 어떤 정책을 보았기에 이런 말을 하는 것일까?

선지자는 기회주의적인 외교정책을 보았다(1절). 이스라엘은 아시리아와 동맹을 맺고, 이집트에는 "기름을 [조공으로] 보냈다." 이스라엘이 이집트에게 조공으로 기름을 보낸 것은 당시 이집트에는 올리브유가 생산되지 않았기 때문이다. 시대적 상황을 잘 반영하고 있다. 아시리아와 이집트는 국제적인 강대국이지만 서로 숙적이기도 했다. 이 강대국들은 이스라엘의 안녕과 이익에는 관심이 없다. 자신의 잇속만 챙기는 나라이고, 둘 사이에 끼어있는 이스라엘은 착취의 대상일 뿐이다. 그러므로 이스라엘이 두 나라와 놀아나는 것은 불을 가지고 노는 것(호세아는 동풍을 좇는 일이라고 함)과 비슷하다. 이스라엘이 조금만 잘못해도 델 수밖에 없다. 훗날 이스라엘은 아시리아의 손에 망하게 된다. 일부 주석가는 이 말씀이 이스라엘의 마지막 왕 호세아의 외교정책을 비난하는 것으로 이해한다(Carroll).

하나님은 이스라엘이 이집트를 탈출하는 순간부터 앞으로 이집트 쪽은 바라보지도 말라고 경고하셨다. 이집트는 이스라엘이 노예생활하던 곳이다. 하나님이 구원하실 때까지 주의 백성이 고통과 신음으로 오랜 나날을 보냈던 장소였다. 이스라엘이 이집트에 살면서 겪은 고통이 너무나도 혹독했기에 성경은 이집트 생활을 '용광로 경험'에 비유하기도 한다. 그런데 이스라엘이 다시 이집트와 동맹을 맺으려 한다! 물론 약소국가로서 국제무대에서 생존하기 위한 발버둥이라고 생각할 수도 있다. 그렇지만 하나님 명령을 어기면서까지 이렇게 해서는 안된다. 이스라엘이 해결할 수 없는 문제를 안고 있다면 진정한 왕이신 하나님께 아뢰어야 할 텐데, 당면한 문제를 외교적으로 해결하려고만 한다. 이스라엘이 하나님을 거부하고 옛적에 떠나온 땅 이집트를 바라보고 있으니, 이집트에서 구원하셨던 하나님이 그들을 다시 과거처럼 노예살이하는 백성으로 만드실 것이다(11:5). 이스라엘은 마치 자신이 토해낸 것을 다시 먹는 짐승과도 같다.

III. 하나님과 백성(11:12-14:9 [12:1-14:10])
  A. 하나님의 백성에 대한 비난(11:12-12:14[12:1-15])

2. 야곱을 닮지 말라는 경고(12:3-6)

³ 야곱은 모태에서 그의 형의 발뒤꿈치를 잡았고
또 힘으로는 하나님과 겨루되
⁴ 천사와 겨루어 이기고
울며 그에게 간구하였으며
하나님은 벧엘에서 그를 만나셨고
거기에서 우리에게 말씀하셨나니
⁵ 여호와는 만군의 하나님이시라
여호와는 그를 기억하게 하는 이름이니라
⁶ 그런즉 너의 하나님께로 돌아와서
인애와 정의를 지키며
항상 너의 하나님을 바랄지니라

선지자는 6:7-9에서 이미 언급한 주제를 발전시키고 있다. 호세아는 야곱을 하나의 예로 들어 말씀을 전개하는데, 야곱이 긍정적 롤모델(role model) 혹은 부정적 롤모델로 사용되는지가 관건이다. 긍정적으로 보아 선지자가 청중에게 야곱을 따라 하라고 권면하는 것으로 이해하는가 하면(Holt, Stuart, Sweeney, Carroll), 선지자가 '이렇게 하면 안 된

311

다'라는 부정적 모델로 야곱 이야기를 하고 있는 것으로 이해하기도 한
다(Wolff, Fishbane, Hubbard). 선지자가 본문에서 이스라엘 죄를 비난하는
정황을 고려하면 야곱 이야기를 부정적으로 사용한 것으로 생각된다.
이스라엘은 선조의 좋은 점은 계승하지 않고 나쁜 점만 골라서 따라
한다는 것이다. 선지자의 시대를 살아가는 이스라엘 사람이 하나님을
의지하여 그분의 은혜로 사는 것이 아니라 조상 야곱처럼 자신의 방법
과 속임수 등을 동원해 살고 있다는 비난이다(Ackroyd). 여기서 소개되
는 야곱 이야기는 창세기에 기록된 역사적인 순서를 따른 것이 아니라
변화(transformation)가 필요했던 절박한 상황에 처했던 사람으로 묘사하
기 위해 주제적인 발전에 따라 전개되고 있다(Garrett).

"야곱은 모태에서 그의 형의 발뒤꿈치를 잡았고"(3a절)는 창세기
25:21-26에 기록된 야곱과 에서의 출생 이야기를 회상한다. 이 사건
에 대한 언급은 두 형제가 평생 빚었던 갈등을 상징하는 데 그 목적이
있다. '발뒤꿈치를 잡다'(עקב)는 야곱(יעקב)의 이름과 같은 어원을 사용
하고 있고 이 단어는 남을 무너뜨리고 그 자리를 차지하기 위해 발뒤
꿈치를 잡는 행위를 묘사하는 단어다. 단어의 해석은 야곱에 대한 에
서의 통곡에 잘 드러나 있다(창 27:36; cf. 렘 9:3; 호 6:8). 야곱은 자신의
이익을 위해서 형까지도 밀어내는 비열한 사람이었다는 것이다. 야곱
의 자세-자신의 이익을 위해 물불을 가리지 않는 마음가짐-는 그와
하나님과의 관계에까지 영향을 미쳤다. 그가 하나님과도 대결을 마다
하지 않았기 때문이다.

"또 힘으로는 하나님과 겨루되"(3b절)는 브니엘에서 일어났던 하나님
과 야곱의 씨름을 연상케 한다(창 32장). 야곱은 형과의 관계뿐만 아니
라 하나님과의 관계에서도 싸워서 이겨야 한다는 생각에 사로잡혀 있
었다는 것이 호세아의 주장이다. 물론 본문은 야곱이 얍복 강에서 실
제로 천사(하나님)를 상대로 승리했다는 뜻이 아니라, 야곱이 어렵게 하
나님의 축복을 받아내는 데 성공했다는 점을 말한 것뿐이다(Smith; cf.

Wolff). 호세아 시대를 살아가는 이스라엘 사람도 조상 야곱처럼 하나님을 꼭 이겨야만(viz., 축복을 얻어내야만) 한다는 강박관념에 사로잡혀 있다는 것이 선지자의 비난이다(Mays). 이스라엘은 하나님과 싸워 축복을 얻어내려는 것이 아니라 하나님께 간구하고 호소해서 복을 받을 수 있도록 노력해야 한다. 야곱이 그 사건으로 새로운 사람이 되었던 것처럼, 이스라엘에게는 아직도 새로운 백성으로 태어날 수 있는 기회가 있다(Smith).

'그가 커서는'(בְּאוֹנוֹ)은 언어적인 유희를 형성하고 있다(Coote). '성장해서'(אוֹן)는 '죄'(אָוֶן)와 동일한 자음을 사용한다. 그러나 이 단어는 호세아가 이미 벧엘을 벧아웬으로 부르면서 여러 차례 사용했다. 벧엘은 또한 야곱의 일생과 떼어놓을 수 없는 중요한 장소였다. 그러므로 이곳에서 제시되는 비난은 이러하다. "야곱은 벧엘 근처에서 하나님과 씨름했고, 이스라엘은 벧아웬에서 하나님께 반역했다"(Garrett).

"울며 그에게 간구하였으며"(בָּכָה וַיִּתְחַנֶּן-לוֹ)(4a절)는 정확히 무엇을 뜻하는가? 언뜻 보기에는 야곱이 얍복 강에서 하나님과 했던 씨름을 회상하는 것으로 보이지만, 야곱은 그곳에서 하나님께 울며 매달린 적이 없다. 그러므로 이 말씀은 야곱이 라반에게서 도망해온 뒤 가나안 땅에 들어서면서 있었던 에서와의 만남을 회상하는 것으로 해석한다(Kaiser; cf. 창 33:3-4). 히브리어 텍스트의 구조가 이러한 해석을 뒷받침한다는 것이다. 어느 정도 설득력은 있어 보이지만, 이 사건을 얍복 강 사건의 일부로 보는 것이 더 자연스럽다.

A. 그는 모태에서 형의 발꿈치를 잡았다(עָקַב)(12:3c)
　B. 다 큰 다음에는 하나님과 대결했다(12:4a)
　B'. 그는 천사와 싸워서 이겼다(יִשַׂר אֵל)(12:4b)
A'. 그는 울며 그의 자비를 구했다(12:4c)

"하나님은 벧엘에서 그를 만나셨고 거기에서 우리에게 말씀하셨나니"(4b절)는 야곱이 하란으로 도망하면서 벧엘에서 경험한 일과 훗날 하란에서 가나안으로 돌아온 후 세겜에서 도망해서 벧엘을 찾았을 때의 정황을 배경으로 하고 있다(창 28:10-22; 35:6-15). 이 문장의 기본 의도는 하나님이 벧엘에서 야곱을 만나주시는 은혜를 베푸셨다는 것을 강조하는데 있으며(Kidner), 선지자는 그동안 벧엘을 비하하며 사용해 온 '벧아웬' 대신 이곳에서는 '벧엘'을 사용한다. 비록 같은 장소이지만, 하나님이 야곱을 만나주신 곳은 벧아웬이 아니라 벧엘이었다는 뜻이다. 선지자는 이스라엘이 벧아웬에서 만난 자는 신전과 산당의 신이지 결코 벧엘에서 야곱을 만나주신 여호와가 아니라는 것을 강조함으로써 이스라엘의 잘못된 종교를 간접적으로 비난하고 있다(Garrett). 여로보암이 벧엘에 금송아지를 세우고 "이 송아지가 너희를 이집트에서 구원해 내신 여호와다"라고 한 이후 이스라엘은 그곳에서 예배하는 신이 여호와라고 믿고 있지만, 실제로 그 신은 야곱이 하란으로 도주하면서 벧엘에서 만났던 하나님이 아니라는 의미다.

"여호와는 만군의 하나님이시라"(5절)라는 말씀은 야곱이 울며불며 찾아서 만났던 분이 바로 이 하나님이셨음을 강조한다. 창세기 안에서 '만군의 하나님'이란 표현은 사용하지 않는다. 반면에 호세아보다 10여 년 앞서 사역했고 그에게 영향을 미쳤던 아모스가 이 성호를 자주 사용했다(암 3:13; 4:13; 5:14-16, 27; 6:8, 14; 9:5). 아모스는 이 성호를 사용해 이스라엘을 포함한 온 세상을 심판하시는 하나님, 동시에 이스라엘이 살기 위해서는 회개하라고 외치는 하나님을 선포한다. 하나님의 존귀함과 능력을 유감없이 표현하는 성호인 것이다. 또한 이 성호가 본문에서 거론되는 것은 이스라엘이 부패한 종교에서 부르고 섬겼던 '신'(אל)(일종의 no name brand/generic name)과는 대조를 형성하기 위함이다. 그들은 여호와의 능력과 존귀함을 모르기에 고작 [여러 신 중] '하나의 신' 취급을 하고 있는 것이다.

호세아는 이스라엘이 아직 하나님 은혜로 변화되지 못한 야곱과 같이 살고 있다고 비난한다. 옛 야곱과 같이 이스라엘은 성공하기 위해 안간힘을 쓰고 하나님보다 재물을 통해 만족과 성취감을 얻고자 한다. 그러므로 호세아는 이스라엘에게 세 가지를 호소한다. 회개, 정의, 믿음(6절)이다. "너희는 하나님께 돌아오너라." '돌아오다'(שׁוּב)는 가던 발걸음을 완전히 180도 돌리라는 의미다. 호세아는 이 단어를 사용해 이스라엘이 바알을 향해 가는 발걸음을 멈추고 하나님께 돌아와 자비와 은혜를 구하라고 호소하는 것이다. 백성에게 돌아오라고 외치는 것은 늦었지만 아직도 소망이 조금은 남아 있음을 암시한다.

"인애와 정의를 지키며"(6절)라는 말씀은 하나님이 원하시는 모든 것을 행하라는 말의 요약형이다. 호세아가 사역하던 시대의 이스라엘에는 공의와 정의의 개념이 없어지고 빈익빈 부익부(貧益貧 富益富) 현상이 사회를 지배한 지 이미 오래되었고, 상류층이 서민을 착취하는 일도 허다했다. 하나님은 이스라엘은 서로 형제로서 이렇게 살면 안 된다는 것을 율법을 통해 지속적으로 강조하셨다. 그러나 율법은 주의 백성 공동체에 어떠한 영향도 미치지 못했다. 구성원이 율법대로 사는 삶을 거부했기 때문이다.

선지자는 "항상 너의 하나님을 바랄지니라"(6절)라는 권면을 통해 이스라엘에게 부귀영화를 통해서가 아니라 하나님 안에서만 만족하고 안정을 찾겠다는 마음자세로 살아갈 것을 요구하고 있다. '바라다'(קוה)는 모든 것을 운명에 맡기고 체념하다시피 하여 수동적으로 무엇을 기다리는 것을 뜻하지 않는다. 이 개념은 매우 적극적이고 활동적인 행위를 전제한다. 아마도 '갈망하다'가 더 적절한 표현일 것이다. 그러므로 하나님을 끊임없이 바라라는 것은 매우 강력한 요구다. 사람이 처한 상황이 어려울 때나 순탄할 때나 자세가 태만하거나 흐트러지지 않고 하나님을 꾸준히 신뢰하라는 권면이다.

3. 속이는 상인들(12:7-10)

⁷ 그는 상인이라

손에 거짓 저울을 가지고 속이기를 좋아하는도다

⁸ 에브라임이 말하기를

나는 실로 부자라

내가 재물을 얻었는데

내가 수고한 모든 것 중에서 죄라 할 만한

불의를 내게서 찾아 낼 자 없으리라 하거니와

⁹ 네가 애굽 땅에 있을 때부터

나는 네 하나님 여호와니라

내가 너로 다시 장막에 거주하게 하기를

명절날에 하던 것 같게 하리라

¹⁰ 내가 여러 선지자에게 말하였고

이상을 많이 보였으며

선지자들을 통하여 비유를 베풀었노라

'거짓 저울'(מֹאזְנֵי מִרְמָה)(7절)은 하나님이 가증스럽게 여기시는 남을 속이는 상술의 상징이다(잠 11:1; 20:23, 암 8:5; 미 6:11). 자신의 이익을 위해 남을 속이는 지름길을 택한 이스라엘의 삶의 방식을 비난하는 표현이다. 이 행동은 그들이 조상 야곱의 나쁜 본질을 그대로 물려받았음을 암시한다. 이스라엘이 가나안에 입성할 때 하나님은 그들이 가나안을 '여호와화' 하기를 기대하셨다. 그러나 하나님의 기대와는 달리 이스라엘이 오히려 '가나안화' 되었다. 저자의 이러한 관점은 언어유희에서 나타난다. 이스라엘은 거짓 저울을 사용하는 상인이 되어 있다. 그런데 '상인'(כְּנַעַן)이란 단어와 '가나안'(כְּנַעַן)이란 단어는 소리와 표기법이 같다. 그러므로 호세아는 이 언어유희를 통해 "이스라엘이 하나님의 진멸의 대상이 되었던 가나안 사람들과 구분이 안 될 정도로 타락했다"라고 말하고 있는 것이다. 그러면서도 이스라엘은 "아, 내가 정말 부자가 되었구나. 이제는 한 밑천 톡톡히 잡았다. 모두 내가 피땀을 흘려서 모은 재산이니, 누가 나더러 부정으로 재산을 모았다고 말하겠는가?"(새번역)라고 말하고 있다. 그들은 세상의 법에 의해서는 죄가 없을 것이다. 그러나 하나님의 법에 의하면 분명 죄가 있다. 선하고 정의로운 방법으로 재산을 모으지 않았기 때문이다.

하나님이 다시 한번 역(逆)출애굽을 실현시키실 것을 선언하신다(9절). 그렇게 되면 이스라엘은 이제는 한 국가로서 존재할 수가 없다. 그러나 다행히 광야생활로의 회귀를 말하고 있지 노예생활은 언급하지 않는다. "내가 너로 다시 장막에 거주하게 하리라"(9절)는 이스라엘이 선조처럼 집 없이 이곳저곳 떠돌아다니는 신세가 될 것을 선언한다. 마치 이스라엘의 디아스포라(diaspora) 시대를 예고하는 듯하다. 이스라엘이 광야생활로 돌아가지만 노예생활은 모면할 뿐만 아니라, 하나님이 광야생활을 "명절날에 하던 것 같게"(כימי מועד) 하도록 하신다 (9절). 무슨 뜻인가? 이 히브리어 명사(מועד)는 절기를 뜻하지만, 만남(meeting)을 뜻하기도 한다(HALOT). 그래서 본문이 하나님이 광야에서 이스라엘을 처음 만났던 때를 회상하는 것이라고 한다(Wolff). 반면 하나님 은혜를 기념하는 절기 혹은 구체적으로 장막절을 의미하는 것으로 해석하기도 한다(Carroll). 절기로 해석하고 호세아서가 광야를 매우 긍정적인 곳으로 묘사하는 점을 감안하면(2:14; 9:10), 이 말씀은 이스라엘이 비록 광야생활로 돌아가지만, 모든 것이 옛날처럼 나쁘지는 않을 것이라는 위로이다(Mays, Stuart). 어려운 일이 분명 있겠지만 좋은 일도 경험할 것이라는 뜻이다. 하나님이 그들을 버리지 않고 옛 절기 때 함께한 것처럼 광야생활에도 함께하실 것이기 때문이다(McComiskey, Macintosh).

하나님은 선지자의 사역을 통하여 그동안 끊임없이 이스라엘을 돌이키고자 하셨다(10절). 경우에 따라 선지자에게 이상과 비유를 주시고 말씀하기도 하셨다. 선지서에서 이상(חזון)이라는 단어를 접하는 것은 흔한 일이다. 그러나 호세아서에서 이 단어가 쓰이기는 이곳이 유일하다(Dearman). 이 단어를 굳이 신비로운 환상으로 해석할 필요는 없다. 선지자는 이 단어를 매우 넓은 의미에서 사용하고 자신의 책 전체를 이상이라고 부르는 경우도 있다(사 1:1; 옵 1; 나 1:1).

안타깝게도 마음이 강퍅한 자에게는 선지자의 어떤 비유나 가르침도 영향력을 발휘하지 못했다. 오히려 하나님 말씀은 악을 행하기로 작정한 자에게 심기를 불편하게 할 뿐이었다. 이스라엘이 선지자를 통해 선포된 하나님 말씀을 귀담아듣기에는 하나님으로부터 너무 멀리 가버렸던 것이다. 그러므로 그들에게는 더는 '들을 귀'가 없었다. 이 상황에서 하나님이 사용하실 수 있는 유일한 선택은 그들을 심판하시는 일 뿐이다.

III. 하나님과 백성(11:12-14:9 [12:1-14:10])
  A. 하나님의 백성에 대한 비난(11:12-12:14[12:1-15])

4. 야곱을 닮은 이스라엘(12:11-14)

[11] 길르앗은 불의한 것이냐
과연 그러하다 그들은 거짓되도다
길갈에서는 무리가 수송아지로 제사를 드리며
그 제단은 밭이랑에 쌓인 돌무더기 같도다
[12] 야곱이 아람의 들로 도망하였으며
이스라엘이 아내를 얻기 위하여 사람을 섬기며
아내를 얻기 위하여 양을 쳤고
[13] 여호와께서는 한 선지자로

이스라엘을 애굽에서 인도하여 내셨고

이스라엘이 한 선지자로 보호 받았거늘

¹⁴ 에브라임이 격노하게 함이 극심하였으니

그의 주께서 그의 피로

그의 위에 머물러 있게 하시며

그의 수치를 그에게 돌리시리라

이 섹션은 번역뿐만 아니라 해석이 매우 난해한 문장으로 시작한다 (Sweeney). 11절을 문자적으로 해석한다면 다음과 같다.

만약 길르앗이 거짓이라면,

참으로 그들은 아무것도 아니다.

그들이 길갈에서 황소를 제물로 바치며,

그들의 제단들이 들판의 돌더미들처럼 많다.

호세아는 6:8에서 길르앗을 언급한 적이 있다. 그곳에서 "발자국마다 핏자국이 뚜렷하다"(עֲקֻבָּה מִדָּם)라는 표현을 통해 야곱을 간접적으로 암시한 적이 있다. 또한 '거짓'(אָוֶן) 역시 벧엘의 속명(俗名)이 되어버린 벧아웬과 직접 연관되어 있는 단어다. 즉, 여기에서 길르앗과 벧엘이 다시 언급되는 것은 야곱을 회상하게 하여 지금까지 선지자가 주장했던 "이스라엘은 변화되지 않은 야곱처럼 살고 있다"라는 주제를 상기시키기 위함이다. 길르앗은 라반이 도주하는 야곱을 죽이고자 추격해 따라잡은 곳이고, 벧엘은 야곱이 에서에게서 도망가기 위해 하란에 있는 외갓집으로 가는 길에 하룻밤 머문 곳이다. 두 상황 모두 야곱이 절박했던 때에 위기를 모면하거나 자기 이익을 챙기고자 수단과 방법을 가리지 않는 자세를 취했다가 당했던 일이다. 유일하게 살 수 있었던 것은 하나님이 자비와 은혜를 베풀어서 위기를 모면하게 하셨기 때문이었다. 선지자에 의하면 이스라엘은 야곱처럼 수단과 방법을 가리지 않고 이익을 추구하고 있다. 그러나 여호와 하나님을 배제하고 수단과 방법을 가리지 않고 아무리 노력해도, 아무것도 이루거나 남기지 못할 것이다. 하나님이 함께하지 않는 한 그들은 아무것도 아니기 때문이다.

선지자는 이미 두 차례나 길갈에 대해 언급했다. 호세아는 길갈을 사람들을 타락의 길로 인도하는 신전이 있는 벧엘에 비교했다(4:15). 길갈을 이스라엘의 모든 죄의 표본으로 거론했다(9:6). 길갈에서는 소를 제물로 바치는 일이 아무런 효력을 발휘하지 못한다. 제단이 부정하기 때문이다. 이스라엘이 쌓은 제단이 모두 별 의미 없이 쌓여 있는 돌더미로밖에 여겨지지 않는다. 이스라엘은 지금 여호와께 예배를 드린다고 야단이지만, 실제로는 시간과 물자를 낭비하고 있을 뿐이다.

"야곱이 아람의 들로 도망하였으며 이스라엘이 아내를 얻기 위하여 사람을 섬기며 아내를 얻기 위하여 양을 쳤고"(12절)는 창세기 27:43-29:30에 기록된 야곱의 이야기를 요약하고 있다. 그러나 호세아는 야곱의 이야기를 전혀 예측하지 못한 방향으로 이어간다. 야곱의 경험을 출애굽과 선지자의 사역에 비유하고 있는 것이다(13절). 야곱의 경험과 출애굽 사건은 몇 가지 공통점을 지니고 있기 때문이다.

첫째, 하란과 이집트는 둘 다 타국에 있는 피난처이다. 야곱은 형을 피해 하란으로 피신했고, 훗날 기근을 피해 가족을 이끌고 이집트로 피난했다. 둘째, 야곱은 아내의 몸값을 치르기 위해 라반의 집에서 노예같이 일했다. 그것도 속아서 말이다. 원래 외삼촌과 합의했던 7년이 라반의 속임수로 14년으로 늘어났던 것이다. 마찬가지로 이스라엘이 처음 이집트를 찾았을 때에는 이집트가 피난처였지만, 훗날 요셉을 모르는 바로가 군림하면서 이스라엘은 이집트의 노예로 전락했다.

셋째, 라반은 야곱을 평생 부려먹기 위해 어떻게 해서든 그가 재산 모으는 것을 원하지 않았다. 그러나 여호와께서는 야곱에게 상상을 초월할 정도의 부를 주셨기에, 마침내 라반이 야곱이 떠나기를 바라는 상황이 발생했다(31:1–14). 이렇게 하여 여호와께서 야곱을 라반의 손에서 벗어나게 하셨다. 훗날 하나님은 이스라엘도 이집트가 붙잡고 있기에는 너무도 뜨거운 감자로 만드셨다. 결국 이집트 사람은 많은 보화를 주며 이스라엘 사람에게 급히 떠나라고 독촉하게 되었다. 넷째, 두 사건 모두 이스라엘이 많은 재산을 가지고 약속의 땅을 향해 떠나는 공통점을 지녔다. 일부 주석가는 야곱이 하란에서 양을 친 일을 모세가 목자가 되어 이스라엘을 친 일과 같다고 생각하기도 한다(Andersen & Freedman).

주께서 세우신 예언자(13절)는 당연히 모세를 두고 하는 말이다. 하나님이 예언자 모세를 통해 이스라엘을 지켜주셨다. 그런데 호세아는 왜 모세의 이름을 직접 거론하지 않고 단순히 '한 선지자'(נָבִיא)라고 하는 것일까? 아마도 12:10과 연관시키기 위해서일 것이다. 12:10의 주제를 다시 언급하여 출애굽 사건과 연결시키는 것은 호세아가 자신을 모세의 전통을 이어받은 선지자로 묘사하기 위함이다(Garrett). 호세아를 거부하는 것은 곧 모세를 거부하는 것과 마찬가지인 것이다.

"에브라임이 격노하게 함이 극심하였으니"(14절)는 그들이 우상에게 절하고 예물을 바침으로써 하나님의 감정을 자극한 것을 뜻한다. 이러한 이스라엘의 행위가 얼마나 심각한 것인지 바로 다음 구절에서 설명된다. "그의 주께서 그의 피로 그의 위에 머물러 있게 하시며"라는 말씀은 그들이 죽을 죄를 지었다는 것을 의미한다. 이스라엘은 하나님이 선조에게 베풀어주신 출애굽의 은혜를 무색하게 하는 배은망덕을 저질렀고, 그 결과 죽음이 그들 위에 드리우게 되었다.

III. 하나님과 백성(11:12-14:9 [12:1-14:10])

B. 배은망덕한 이스라엘의 소망(13:1-16[13:1-14:1])

이 장(章)은 온통 심판에 관한 내용으로 가득 차 있다. 책을 마무리하는 바로 다음 장(14장)을 가득 채우고 있는 회복과 극명한 대조를 이루기 위해서다. 선지자는 책을 마무리하면서 13-14장에서 심판과 회복이 가져올 대조적인 결과를 강조해 여호와께 순종하겠다는 청중의 선택을 이끌어내고자 한다. 선지자가 하나님 말씀을 대언할 수는 있어도 이스라엘을 대신해 선택할 수는 없기 때문이다. 그래서 호세아는 책을 마무리하면서 다음과 같은 말씀으로 권면한다. "지혜로운 사람은 여기에 쓴 것을 깨달아라. 총명한 사람은 이것을 마음에 새겨라"(14:9, 새번역). 선지자는 이스라엘의 올바른 선택을 위해 극명한 대조를 이루는 주제로 책의 마지막을 채우고 있다. 그러므로 우리는 13-14장이 지니고 있는 주제적 대조(심판-회복)를 통해 죄인이 회개하고 하나님께 돌아오기를 바라는 선지자의 간절한 염원을 읽을 수 있어야 한다.

온통 심판으로 가득한 이 장을 통해 선지자는 이스라엘이 우상을 숭배했을 뿐만 아니라 하나님 은혜를 악으로 갚는 배은망덕의 죄도 저질렀음을 강조한다. 하나님은 몰상식한 백성을 심판하실 것이고 하나님이 심판하시면 아무도 그들을 하나님의 손에서 구원할 수 없다. 이스라엘이 정부(우상)와 놀아난 것은 환난의 때에 우상으로부터 덕을 보기 위한 일도 포함되어 있는데, 정작 도움이 필요할 때에 우상은 전혀 도움이 되지 않는다. 마지막 섹션은 하나님이 혹독한 전쟁을 통해 이스라엘을 심판하실 것을 선언한다. 이 섹션은 다음과 같이 네 파트로 구분할 수 있다.

A. 우상숭배에 대한 심판(13:1-3)
B. 배은망덕에 대한 심판(13:4-8)

322

C. 아무도 막을 수 없는 심판(13:9-11)
D. 모두 다 죽는 심판(13:12-16)

III. 하나님과 백성(11:12-14:9 [12:1-14:10])
　B. 배은망덕한 이스라엘의 소망(13:1-16[13:1-14:1])

1. 우상숭배에 대한 심판(13:1-3)

> ¹ 에브라임이 말을 하면 사람들이 떨었도다
> 그가 이스라엘 중에서 자기를 높이더니
> 바알로 말미암아 범죄하므로 망하였거늘
> ² 이제도 그들은 더욱 범죄하여
> 그 은으로 자기를 위하여 우상을 부어 만들되
> 자기의 정교함을 따라 우상을 만들었으며
> 그것은 다 은장색이 만든 것이거늘
> 그들은 그것에 대하여 말하기를
> 제사를 드리는 자는 송아지와 입을 맞출 것이라 하도다
> ³ 이러므로 그들은 아침 구름 같으며
> 쉬 사라지는 이슬 같으며
> 타작 마당에서 광풍에 날리는 쭉정이 같으며
> 굴뚝에서 나가는 연기 같으리라

　에브라임은 사람들을 떨게 하는 권세를 지녔기에 이스라엘(북 왕국과 남 왕국을 칭함) 중에서 스스로를 높이는 영광도 추구했다(1절). 솔로몬의 죄로 이스라엘이 두 나라로 나뉜 이후 군사적으로 항상 북 왕국이 남 왕국보다 강했다. 그러므로 이스라엘이 사람들을 떨게 하는 권세를 지녔다고 할 수 있다(Carroll). 이러한 에브라임의 영광과 권세는 풍요로움을 노래하고 있는 12:8을 연상시킨다. 그러나 12:8이 자아도취에 빠져

있던 에브라임의 모습을 묘사하고 있다면 13:1은 그들의 성취에 대한 선지자의 냉소적인 평가다(Macintosh). 선지자에 의하면 에브라임은 참으로 '자랑할 만한' 위치에 이르렀다고 자부하지만, 선지자는 에브라임을 '이미 죽은 것'으로 단언한다. 이스라엘은 영원히 역사 속에서 사라지게 될 것이다.

주석가들은 이 말씀이 광야시절에 바알브올에서 있었던 반역을 배경으로 하고 있다고 생각한다(Rudolph, Andersen & Freedman, Yee, cf. 민 25장, 호 9:10b). 이때 많은 이스라엘 사람이 죽었다. 한 학자는 시내 산 밑에서 있었던 금송아지 사건이 본문의 배경이라고 한다(Sweeney; cf. 출 32-34장). 그러나 만일 호세아가 금송아지 사건을 염두에 두고 있다면, 본문에서 왜 금송아지가 아닌 바알을 지목하고 있는지 충분히 설명하지 못한다. 그러므로 설득력 있는 해석은 아니다. 다른 주석가는 이스라엘-시리아가 연합하여 유다를 쳤던 전쟁(Syro-Ephraimite War)이 한참 진행되던 주전 733년을 배경으로 하고 있다고 풀이하기도 한다(Mays, Wolff). 그때도 이스라엘은 아시리아의 손에 의해 많은 사람이 죽었고, 영토는 빼앗겼으며 군대는 회복이 불가능하게 파괴되었다. 솔로몬의 죄로 나라가 둘로 나누어졌을 때 북 왕국의 왕 여로보암이 벧엘과 단에 금송아지를 세운 일과 아합과 이세벨로 유명해진 오므리 왕조의 제도적이고 체계적인 바알 종교 지지가 본문의 배경이 되고 있다는 해석도 있다(Macintosh). 그러나 본문은 어떤 특정한 때를 지적하는 것이 아니라, 북 왕국 이스라엘이 잉태되던 순간부터 이때까지 지속적으로 바알을 숭배해 왔던 상황을 배경으로 하고 있는 듯하다. 이 해석이 제일 설득력 있어 보인다. 이스라엘이 바알을 숭배한 일은 어제오늘의 일이 아니기 때문이다. 물론 이스라엘의 최종적인 '죽음', 곧 그들의 숨통을 끊어놓은 일은 주전 722년에 있었던 아시리아의 침략이었다.

호세아는 에브라임이 이렇게 된 것에 대한 이유로 바알을 숭배한 일을 들고 있다(1절). 선지자가 그동안 갖가지 사회적 부패도 심판의 한

원인으로 제시했는데, 여기서는 배교(背敎)만을 언급하는 것이 다소 이상하게 여겨질 수도 있다. 그러나 선지자는 한결같이 사회의 부조리와 부패는 종교적인 타락에서 시작된다고 주장한다. 당연하다. 어느 사회든 중요시 여기는 가치는 모두 종교에서 비롯되었기에 종교가 썩으면 사회가 부패하는 것은 당연한 일이다. 그러므로 부패한 사회를 개혁하려면 먼저 종교가 개혁되어야 한다. 이러한 맥락에서 호세아는 이스라엘 사회의 모든 부조리, 악, 도덕적 타락 등은 이스라엘이 하나님의 율법(Torah)을 떠나 바알을 숭배한 것에서 시작되었다고 하는 것이다.

만일 이스라엘이 우상을 숭배해 이 지경에 이르렀다면, 그들은 신속하게 우상을 버려야 한다. 그러나 오히려 더 많은 우상을 세운다!(2절) 우상숭배는 마약중독과 같다. 한번 시작하면 끊기가 어렵고, 숭배자의 상황을 더는 우상을 숭배해서는 안 되는 쪽으로 몰고 간다 해도 오히려 더 원하게 된다. 이스라엘도 우상 때문에 망하게 되었으면 정신을 차리고 하나님께 돌아와야 하는데, 세공업자에게 온갖 우상을 더 만들도록 한다. 마치 자신이 곤경에 처한 것이 우상이 부족해서 그렇게 된 것처럼 말이다. 아마도 우상을 숭배하는 이스라엘은 우상마다 특정한 영역별로 일정한 수준의 능력을 지닌 것으로 여겼던 것 같다. 그래서 어려움을 당하게 된 것이 우상의 능력이 부족해서라고 생각했고, 우상을 더 많이 만들어 자신이 처한 열세를 만회하려고 든다. 우상은 처음부터 멀리하는 것이 가장 이상적이다. 사람들은 우상이 생명을 가져다주는 것으로 생각하지만, 실제로 우상은 죽음을 선사할 것이기 때문이다.

우상숭배를 비난하고 있는 2절의 의미는 쉽게 파악이 되지만 정확한 번역은 어렵다. 특별히 이슈가 되는 것은 마지막 구절(אָדָם עֲגָלִים יִשָּׁקוּן) הֵם אֹמְרִים זֹבְחֵי)을 어떻게 해석하고 이해하느냐다. 개역개정은 "그들은 그것에 대하여 말하기를 제사를 드리는 자는 송아지와 입을 맞출 것이라 하도다"라고 번역하는데, NAS도 비슷하게 번역하고 있다("They say of them, 'Let the men who sacrifice kiss the calves!'", cf. Macintosh). 새번역은 다소 다르게 번역한다. "그들은, 이 신상 앞에 제물을 바치라고 하면서, 송아지 신상들에게 입을 맞춘다." 공동번역은 이 문장들을 모두 명령형으로 번역하고 있다: "여기 제물을 바쳐라. 모두 이 송아지에게 입을 맞추어라." NRS도 비슷하게 번역한다. "그들이 말하기를 '이것들에게 제물을 바치라.' 사람들이 송아지들에게 입맞춤을 한다!("Sacrifice to these," they say. People are kissing calves!). 반면에 TNK 현저히 다른 번역을 내놓았다. "그러나 그들은 이것들에게 번제를 드리게 하기 위하여 사람들을 세웠다. 그들은 소들에 입맞추는 데 익숙해져 있다"(Yet for these they appoint men to sacrifice; They are wont to kiss calves!). NIV는 "이 사람들에 대하여 말하기를 '그들은 인간 번제를 바치고 송아지 우상에 입을 맞춘다'"(It is said of these people, 'They offer human sacrifice and kiss the calf-idols')로 번역한다. 칠십인역(LXX)도 조금은 다르지만 이스라엘이 인간 번제를 바친 것으로 이해한다. "그들이 말하기를 '송아지 번제들은 효력을 잃었으니 사람을 바치라'"(αὐτοὶ λέγουσιν θύσατε ἀνθρώπους, μόσχοι γὰρ ἐκλελοίπασιν). 이처럼 번역본에 따라 이스라엘의 번제가 인간 번제와 짐승 번제 두 가지 해석으로 나뉘어져 있다(Wolff, Yee).

그렇다면 호세아가 이스라엘이 인간 번제를 바치고 있음을 비난하는 것인가? 먼저, 문장의 문법이 매우 애매하다는 것을 인정해야 한다. 그리고 만약 선지자 시대에 이스라엘이 인간 번제를 바치고 있었다면, 호세아가 이 심각한 죄를 이렇게 슬쩍 암시만 하고 지나갈까? 아마도 책 곳곳에서 자세하고 혹독하게 비난했을 것으로 생각된다. 그러므로 이 말씀은 벧엘, 길갈 등과 같은 곳에서 흔히 행해졌던 우상숭배를 비난하는 것으로 여기는 것이 합리적일 것이다.

우상숭배의 결과는 명백하다. 이스라엘은 사라지게 될 것이다(3절). 선지자는 네 가지 비유를 통해 이스라엘의 멸망을 예언한다. 첫째, 이스라엘은 바람이 불면 순식간에 사라지는 아침 구름처럼 사라질 것이다. 둘째, 이른 새벽에는 온 세상을 덮고 있다가 해가 뜨면 순식간에 사라지는 이슬처럼 사라질 것이다. 셋째, 농부가 타작한 곡식들 사이에 끼어 있다가 불순물을 제거하기 위하여 곡식을 공중에 던지면 바람에 날려가는 쭉정이처럼 이스라엘도 사라져 갈 것이다. 넷째, 굴뚝에서 나던 연기가 바람에 휘날려 순식간에 사라지는 것처럼 이스라엘도 사라질 것이다. 선지자는 총체성을 강조하려고 숫자 4를 사용하고 있다. 이스라엘은 분명히 사라질 것이라는 뜻이다. 모두 다 이스라엘의 종말이 순식간에 들이닥칠 것을 경고한다. 마치 자신은 이 세상에서 영원히 살 것처럼 생각하고 행동하는 사람에게 경종을 울리는 대목이다. 하나님이 결정하시면 우리의 종말은 언제든지 순식간에 임할 수 있다.

이 비유 중 "그들은 아침 구름(안개) 같으며 쉬 사라지는 이슬 같으며"(כְּעָנָן־בֹּקֶר וְכַטַּל מַשְׁכִּים הֹלֵךְ)(3절)는 여호와께서 이스라엘의 하나님을 향한 언약적 충성(חֶסֶד)은 도대체 믿을 수 없다고 책망하시며 사용했던 표현이다(6:4). 하나님은 이스라엘에게 모든 것이 그들의 '믿음대로 될 것'이라는 경고를 하고 계신다. 그들의 하나님에 대한 충성이 해가 뜨면 사라져 버릴 안개와 같으니 그들도 안개와 같이 사라지게 될 것이다. 이스라엘은 자신들이 심은 대로 거두게 될 것이다.

III. 하나님과 백성(11:12-14:9 [12:1-14:10])
  B. 배은망덕한 이스라엘의 소망(13:1-16[13:1-14:1])

2. 배은망덕에 대한 심판(13:4-8)

⁴ 그러나 애굽 땅에 있을 때부터
나는 네 하나님 여호와라
나 밖에 네가 다른 신을 알지 말 것이라
나 외에는 구원자가 없느니라

⁵ 내가 광야 마른 땅에서 너를 알았거늘

⁶ 그들이 먹여 준 대로 배가 불렀고

배가 부르니 그들의 마음이 교만하여

이로 말미암아 나를 잊었느니라

⁷ 그러므로 내가 그들에게 사자 같고

길 가에서 기다리는 표범 같으니라

⁸ 내가 새끼 잃은 곰 같이

그들을 만나 그의 염통 꺼풀을 찢고

거기서 암사자 같이 그들을 삼키리라

들짐승이 그들을 찢으리라

하나님은 이 말씀에서 다시 한번 배은망덕한 이스라엘을 비난하신다. 이스라엘은 출애굽 이후 하나님의 은혜를 수없이 체험했건만, 끝까지 하나님을 거역하였다. 그러므로 하나님은 이스라엘에게 다시는 구세주가 되지 않으실 것을 선언하신다. 오히려 그들을 물어뜯어 갈기갈기 찢어놓는 짐승이 되실 것이다. 때로는 사자, 때로는 표범, 심지어는 새끼를 잃은 암곰처럼 이스라엘을 갈기갈기 찢어 암사자가 먹이를 삼키듯 그들을 삼키실 것이다. 무서운 심판 메시지가 계속되고 있다. 이 섹션은 다음과 같이 교차대구법 구조를 형성하고 있다.[17]

  A. 여호와가 이스라엘의 유일한 구세주였음(13:4-5)

    B. 배은망덕한 이스라엘이 하나님을 잊음(13:6)

---

17 한 주석가는 9절까지를 같은 섹션에 포함하여 다음과 같은 구조를 제안한다(Garrett).

  A. 여호와는 출애굽 때 이스라엘의 유일한 구세주였다(4-5절)

    B. 여호와께서 광야에서 이스라엘을 구원하셨다(5-6a절)

      C. 이스라엘이 배교(背敎)하며 만족해 한다(6절)

    B'. 여호와께서 이스라엘을 파괴할 야생 동물이 될 것이다(7-8절)

  A'. 여호와는 이스라엘을 파괴할 것이다(9절)

A′. 여호와가 이스라엘의 파괴자가 될 것(13:7-8)

선지자는 여호와 하나님이 출애굽 때 이스라엘의 유일한 구세주였다는 말로 섹션을 시작한다(4절). 이 말씀은 출애굽 사건을 직접 언급하고 있으며, 십계명 중에서는 제1계명을 연상시킨다. 그러나 첫 번째 계명은 "너는 나 외에는 다른 신들을 네게 두지 말라(לֹא־יִהְיֶה)"(출 20:3)인 것에 비해 여기서는 "너희는 나 외에 다른 신을 알지 말지니라 (וְאֱלֹהִים זוּלָתִי לֹא תֵדָע)"라는 변화를 주고 있다. 이 변화는 의도적이다. 호세아서에서 하나님을 안다는 것은 매우 중요한 주제다. 이스라엘이 범하고 있는 모든 죄의 근본 문제는 여호와를 알지 못하는 데 있다는 것이 선지자의 주장이다. 그러므로 선지자는 다시 한번 여호와의 아내 이스라엘에게 '남편을 알라'고 권면하는 것이다. 오직 여호와께만 이스라엘의 구원이 있기 때문이다. 여호와를 아는 것은 이스라엘이 살 수 있는 유일한 길이다. 호세아서에서 '알다'(ידע) 동사가 마지막으로 사용되고 있다.

여호와께서는 이스라엘을 이집트에서 구원하셨을 뿐만 아니라, 광야생활 중에도 도우셨다(5-6절). 하나님이 이스라엘과 함께하시니 메마른 광야가 푸른 풀밭과 다름없었다. 이스라엘에게 전혀 부족함이 없었던 것이다. 때에 따라 마실 물을 주시고, 메추라기와 만나로 먹이시던 하나님의 모습을 연상시키고 있다. 그러나 문제는 하나님이 이스라엘을 이렇게 잘 먹이고 보호하셨음에도 그들은 정작 하나님께 감사드리는 것이 아니라 오히려 반역하고 하나님을 잊었다는 것이다. 이스라엘이 힘들고 어려울 때 드린 기도를 들으시고 그들을 먹이고 입히시니 배가 부른 이스라엘은 하나님을 잊은 것이다! 배은망덕도 어느 정도여야 하는데, 이스라엘의 경우 지나쳤다. 또한 우리는 이러한 일이 오늘날에도 반복되는 것을 주변에서 목격한다. 어려울 때 하나님께 간곡히 매달리던 자가 하나님의 축복으로 형편이 풀리면 하나님께 감사하며 더 열심히 섬기는 것이 아니라 오히려 하나님을 배신하는 경우를 보곤

한다. 하나님이 도우셔서가 아니라 자신이 열심히 해서 상황이 좋아진 것으로 생각하기 때문이다. 사람이 형편이 나아졌다 해서 이런 생각을 갖게 되면 이것은 단순히 배은망덕이 아니라, 교만과 배신의 극치다. 하나님이 즉시 심판하지 않고 기다리시는 것도 회개할 기회를 주시기 위한 은혜다. 하나님의 은혜는 끝이 없다.

이스라엘은 하나님의 은혜를 매우 오랫동안, 지속적으로 배반하고 하나님을 잊었기에 여호와께서 그들을 파괴하실 것이다(7-9절). 감사할 줄 모르고, 은혜를 악으로 갚는 자에게 남은 유일한 대안은 하나님이 직접 나서서 징계하시는 일이다. 하나님은 광야에서 들짐승들로부터 이스라엘을 보호하셨다. 그러나 이제 하나님이 들짐승처럼 달려들어 물고 찢으실 것이다. 그것도 사자, 표범, 새끼 잃은 암곰처럼, 또한 구체적으로 밝혀지지 않은 들짐승처럼 그들에게 달려들 것이라고 선언하신다(암 3:4, 8; 5:19).[18] 이 짐승들은 방목하는 양떼를 공격하는 것이다(Carroll). 그러므로 호세아의 청중은 쉽게 이 짐승의 공격성을 상상할 수 있을 것이다. 선지서에서 4는 포괄성을 상징하는 숫자다. 호세아는 본문에서 4가지 짐승을 언급하여 하나님의 심판의 총체성과 포괄성을 강조한다.

하나님을 맹수로 표현하는 일은 성경에 흔히 있는 일이다. 주로 심판을 선언할 때 이런 이미지가 사용된다. 호세아가 여기서 언급하고 있는 짐승들은 이스라엘의 역사와 연관되어 있는 것이다. 유다 지파의 상징은 사자였기에(창 49:9) 다윗 왕조도 사자를 상징으로 사용하였다. 선지자는 하나님이 표범처럼 되어 [이스라엘이 지나가는] 길목을 지키실 것이라고 한다(7절). "내가[하나님이] 지킬 것이다"(אשור)라는 히브리어 단어와 훗날 이스라엘을 파괴할 아시리아(אשור)와 소리가 같다. 선지자는 앞으로 이스라엘에게 임할 재앙이 아시리아를 통해 올

---

18 호세아는 7절에서 수사자(שחל)를, 8절에서는 암사자(לביא)를 언급하지만, 이 둘은 성(性)만 다르기 때문에 하나로 취급하는 것이 바람직하다.

것을 암시하기 위해 하나의 언어유희를 구상하고 있는 것이다(Sweeney, Dearman). 선지자 엘리사가 숲에서 곰을 불러내 자기를 대머리라고 놀리던 자들을 찢게 한 이후부터(왕하 2:23-25), 이스라엘에서 곰은 하나님의 심판을 상징하기도 했다(Sweeney).

특히 '새끼 빼앗긴 암곰'(8절, 새번역)은 어미의 필사적인 모습을 잘 묘사하고 있으며, 동시에 배신당한 하나님의 심정을 말하고 있는 듯하다. 온갖 사랑과 정성으로 보살핀 백성이 배신하자 하나님은 새끼를 잃은 암곰과 같이 이성을 잃으셨다. 닥치는 대로 찢고 파괴하신다. 하나님이 이렇게 하신다면 누가 막을 수 있겠는가? 바알? 아무도 하나님을 막고 이스라엘을 보호할 자가 없다. 누구든 나선다면 그는 마치 새끼를 잃어버린 암곰 앞에서 깐죽거리는 꼴이 될 것이다. 이스라엘은 정신을 차려야 살 수 있다.

한 가지 흥미로운 사실은 여기에 언급되는 네 짐승들-사자, 표범, 곰, 들짐승-이 다니엘이 본 환상(7:1-8)에서 등장하는 짐승과 같다는 점이다. 다니엘은 이 짐승들을 통해 세상의 나라와 권세를 묘사한다. 호세아의 리스트와 비교했을 때 다니엘의 리스트는 곰과 표범의 자리를 바꾸었다는 것뿐이다. 호세아가 후배 선지자에게 이 전통을 제공했는지는 확실하지 않지만, 묵시 문학을 포함한 선지서에서 숫자 4는 포괄성을 뜻한다(cf. 계 6:1-8의 네 명의 기사). 호세아는 이스라엘을 총체적으로 파괴할 혹독한 심판이 오고 있음을 경고하고 있는 것이다. 더 두려운 것은 이 환란이 다름 아닌 하나님 여호와께로부터 온다는 사실이다. 하나님은 이스라엘을 돕는 분이셨으나 이제는 대적하는 분이 되셨다.

3. 아무도 막을 수 없는 심판(13:9-11)

⁹ 이스라엘아

네가 패망하였나니

이는 너를 도와 주는 나를 대적함이니라

¹⁰ 전에 네가 이르기를

내게 왕과 지도자들을 주소서 하였느니라

네 모든 성읍에서 너를 구원할 자

곧 네 왕이 이제 어디 있으며

네 재판장들이 어디 있느냐

¹¹ 내가 분노하므로 네게 왕을 주고

진노하므로 폐하였노라

하나님이 이스라엘을 찢는 짐승처럼 되신 것은 그들이 하나님을 대적했기 때문이다(9절). 하나님은 자신이 한때 이스라엘을 '돕는 자'(עֵזֶר)였다고 하신다. 이스라엘이 당면한 온갖 재앙과 위기에서 도움을 주시는 분은 오직 하나님이셨다. 그런데 이스라엘이 하나님을 대적했으니 소망이 없지 않은가? 가뜩이나 원수로 가득한 세상에서 유일하게 도와주시는 분을 대적하는 것은 어리석은 일이며 이치에 맞지 않는 배은망덕이다. 은혜를 배신으로 갚고 있으니 이 백성의 미래가 뻔하지 않은가!

혹시 이스라엘이 하나님을 버리고 선택한 인간 왕이 그들을 도울 수 있을까? 가능성이 전혀 없다. 하나님은 이스라엘의 흔들리는 리더십을 비꼬며 질문하신다. "너희의 왕이 어디 있느냐?"(10-11절). 이스라엘이 의존했던 자들이 하나님의 손에서 이스라엘을 구할 수 있으면 구해보라는 뜻이다. 그러나 그 누구도 나설 자가 없다. 이스라엘의 왕뿐만 아니라 그들이 그렇게 좋아했던 아시리아나 이집트 왕도 여호와 앞에서 무능하기는 마찬가지다. 호세아 시대의 이스라엘은 많은 왕의 '오고 감'을 경험한다. 독살이 행해져서 하룻밤 사이에 정권이 바뀌기 일쑤였다. 새로 즉위한 왕의 입지가 확실하지 않고 정세가 불안했기에 왕이 나라를 통치하는 일에 신경 쓸 겨를이 없었다. 자신의 생존이 최우선이었기 때문이다. 이러한 정서에서 하나님의 질문은 이스라엘이 당면하고 있는 현실적인 문제에 대한 매우 적절한 비판이다. 이스라엘은 지금 그들을 궁지에서 구해주고 보호해 줄 리더가 없다. 이러한 혼란이 이스라엘에 임하게 된 것은 여호와께서 그렇게 하셨다는 것이다 (11절). 여러 번역본이 11절의 시제를 미래 혹은 과거로 해석해 예언 혹은 지난 일을 되돌아보는 것으로 해석하는 차이를 보이고 있다. 그러나 본문의 의미를 이해하는 데 시제가 큰 영향을 미치지는 않는다.

III. 하나님과 백성(11:12-14:9 [12:1-14:10])
  B. 배은망덕한 이스라엘의 소망(13:1-16[13:1-14:1])

4. 모두 다 죽는 심판(13:12-16)

12 에브라임의 불의가 봉함되었고
그 죄가 저장되었나니
13 해산하는 여인의 어려움이 그에게 임하리라
그는 지혜 없는 자식이로다
해산할 때가 되어도 그가 나오지 못하느니라
14 내가 그들을 스올의 권세에서 속량하며
사망에서 구속하리니
사망아 네 재앙이 어디 있느냐
스올아 네 멸망이 어디 있느냐
뉘우침이 내 눈 앞에서 숨으리라

¹⁵ 그가 비록 형제 중에서 결실하나 동풍이 오리니
곧 광야에서 일어나는 여호와의 바람이라
그의 근원이 마르며 그의 샘이 마르고
그 쌓아 둔 바 모든 보배의 그릇이 약탈되리로다
¹⁶ 사마리아가 그들의 하나님을 배반하였으므로
형벌을 당하여 칼에 엎드러질 것이요
그 어린 아이는 부서뜨려지며
아이 밴 여인은 배가 갈라지리라

에브라임이 죗값으로 출산의 고통을 앓고 있다(12-13절). 하나님이 이 은유를 통해 이스라엘이 좋아하던 다산(多産) 종교를 통해 얻고 있는 결과를 생각하도록 하신다. 12절의 해석이 혼선을 빚고 있다. 이 말씀을 이스라엘이 숭배하던 우상(Andersen & Freedman) 혹은 자신의 죄를 마치 보석 숨기듯이 귀한 곳에 숨겨두고 있다고 해석되기도 하지만 (Hubbard), 대체로 이스라엘이 자신의 죄를 여호와로부터 숨기려 한다는 것으로 이해한다(Stuart). 그러나 하나님이 죄를 모를 리 없으며 환난 날에 숨기고자 하는 죄를 들추어내어 그 죄에 따라 혹독한 심판을 내리실 것이다(Mays, Wolff).

스가랴 5:5-11은 하나님이 심판 날을 위해 백성의 죄를 모아두시는 일을 묘사한다. 드디어 심판의 날 온갖 죄가 담긴 통을 열어 모두에게 진노를 퍼부으신다. 호세아 시대에 이미 이러한 심판이 부분적으로나마 임하고 있다. 이스라엘은 풍요로움을 위해 바알에게 몸을 팔았다. 기대했던 대로 '임신한 아이'(풍요로움)의 출산을 놓고 고통에 들어갔다 (13절). 이것이 하나님이 이스라엘에게 생명을 약속하시는 것이라고 하지만(Wolff), 정황이 이러한 해석을 지지하지 않는다. 성공적인 출산이 이루어지지 않기 때문이다. 출산의 고통이 시작되었지만, 아이는 태를 열고 나오려는 생각도 하지 않고 있다. 즉, 아이와 어미가 죽을 위험에 처해 있는 것이다. 이스라엘은 풍성함을 추구하고 다산 종교에 빠졌지만, 결국에는 자식은커녕 자신마저도 위험에 빠뜨린 것이다(Garrett). 이비유에서는 어미와 자식이 모두 우상을 숭배하는 이스라엘이다(Landy, Mays). 이스라엘은 우상을 통해 얻고자 한 것을 하나도 얻지 못하고 죽어가고 있다. 인간의 상상력이 만들어낸 우상은 어떠한 힘도, 능력도 발휘할 수 없기 때문이다. 그러므로 우상을 숭배하는 것은 생명이 없는 돌덩어리(금덩어리)에 속하는 것이다.

"죽음아 너의 파괴력이 어디 있느냐?"(14절) 이 구절이 정확히 어떻게 해석되어야 하고 무슨 뜻을 지니고 있는가 역시 논쟁의 대상이다. 처음 두 문구(מִיַּד שְׁאוֹל אֶפְדֵּם מִמָּוֶת אֶגְאָלֵם)를 질문으로 해석할 것인가, 아니면 평서문으로 선택할 것인가에 따라 뜻이 현저하게 달라진다. 만약 평서문으로 이해하여 "내가 그들을 스올의 권세에서 속량하며 내가 그들을 사망에서 구속하겠다"(새번역; 개역; LXX, NIV, TNK)라고 해석하면 이 말씀은 하나님이 에브라임에게 구원을 베푸실 것을 의미한다(McComiskey, Andersen & Freedman). 그러나 만약 질문형으로 이해하여 "나더러 그들의 몸값을 갚아 주고 그들을 스올의 세력에서 빼내란 말이냐? 나더러 그들의 몸값을 치르고 그들을 죽음에서 살려내란 말이냐?"(새번역 각주; NAS, NRS)로 해석하면 이 말씀은 하나님이 결코 에브라임을 구원하시지 않으실 것을 의미한다(Mays, Stuart). 정확히 어느 쪽이 더 설득력 있는 해석인가?

이 구절의 후반부를 형성하고 있는 "사망아 네 재앙이 어디 있느냐? 스올아 네 멸망이 어디 있느냐?"라는 말씀이 해석에 영향을 미치겠지만 역시 결정하기가 쉽지 않다. 만약 전반부를 질문형으로 이해하고 이 말씀을 연결하면, 하나님이 죽음에게 빨리 와서 에브라임을 죽이라고 촉구하시는 뜻이 된다. 그러나 전반부를 평서문으로 해석한다면 이 말씀은 죽음이 결코 하나님의 손에서 이스라엘을 빼앗아갈 수 없다는 비웃음이 되는 것이다. 정확히 어떤 이해가 바람직한 것일까? 전반부를 질문형으로 간주해 하나님이 죽음에게 빨리 와서 에브라임을 죽이라고 촉구하시는 것으로 해석하는 것이 바람직하다. 이 말씀이 앞으로 다가올 혹독한 심판을 선언하는 신탁(12-16절)의 한 부분이라는 것역시 이러한 해석을 뒷받침하고 있다. 반면에 그동안 호세아는 구원과회복을 순식간에 오갔다는 점을 감안할 때, 절망의 화단(12-16절) 한중간(14절)에 활짝 피어 있는 소망의 꽃인 이 구절이 구원을 뜻한다 해도 크게 문제는 없다. 또한 바울은 고린도전서 15:55에서 이 말씀을 그리스도의 부활이 죽음의 권세를 꺾었다는 점을 부각시키면서 인용하고 있다. 바울 역시 본문을 구원적인 메시지로 읽고 있는 것이다. 그러므로 문맥을 고려하여 부정적인 해석을 따르고 있지만(viz., 질문형), 긍정적인 해석도 충분히 가능하다(Dearman).

호세아는 그동안 책에서 이스라엘에게 임할 심판을 여러 차례 선언해 왔는데, 여기서 다시 요약하여 선언한다. 앞으로 사막에서 동풍(아시리아)이 불어올 것이다(15절). 이 바람의 파괴력이 얼마나 대단한지 샘과 우물도 마른다. 이 이미지를 이스라엘이 농사를 할 수 없게 될 것을경고하는 것으로 해석하기도 하고(Stuart), 아시리아의 침략으로 해석하기도 한다(Mays).

사람들은 칼에 찔려 쓰러지고, 어린아이들은 박살날 것이고, 임신한여인들의 배가 갈릴 것이다(16절). 혹독한 전쟁과 연관된 이미지이다.호세아는 전쟁 과정을 언급하는 데 관심이 없다. 오직 참담한 결과를말할 뿐이다. 이스라엘은 결코 침략군의 적수가 될 수 없기에 순식간에 이런 일이 그들 앞에 펼쳐질 것을 시사한다. 이스라엘은 분명 전쟁을 통해 종말을 맞이할 것이다. 물론 이 전쟁은 722년에 있었던 아시리아의 침략과 도륙을 말한다.

III. 하나님과 백성(11:12-14:9 [12:1-14:10])

C. 하나님의 돌아오라는 호소(14:1-9[2-10])

심판에 대한 경고와 죄에 대한 비난은 바로 앞 장(章)에서 막을 내렸다. 이제부터 호세아는 이스라엘에게 회개하고 여호와께 돌아오라는 최종 권면을 한다. 하나님은 이제라도 이스라엘이 회개하고 돌아온다면 그들을 맞이하고 무한한 은혜와 복을 베푸실 의향이 있음을 확인해 주신다.

이 말씀의 역사적 배경으로 이스라엘이 막을 내린 주전 722년 사건 몇 년 전(Mays) 혹은 몇 년 후를 지목한다(Wolff). 아시리아의 손에 이스라엘이 망하게 된 사건으로 이스라엘은 호세아의 모든 경고가 현실로 드러났음을 의식하게 될 것이다. 이 과정에서 그들이 숭배했던 우상은 전혀 도움이 되지 못함을 깨달았을 것이다. 그러나 너무 늦었다. 이 섹션은 다음과 같은 구조를 지니고 있다.

A. 선지자의 권면(14:1-3)
  B. 여호와의 약속(14:4-8)
A′. 선지자의 마지막 권면(14:9)

1. 선지자의 권면(14:1-3)

[1] 이스라엘아

네 하나님 여호와께로 돌아오라

네가 불의함으로 말미암아 엎드러졌느니라

[2] 너는 말씀을 가지고 여호와께로 돌아와서

337

아뢰기를 모든 불의를 제거하시고
선한 바를 받으소서
우리가 수송아지를 대신하여
입술의 열매를 주께 드리리이다
³ 우리가 앗수르의 구원을 의지하지 아니하며
말을 타지 아니하며
다시는 우리의 손으로 만든 것을 향하여
너희는 우리의 신이라 하지 아니하오리니
이는 고아가 주로 말미암아
긍휼을 얻음이니이다 할지니라

선지자는 비록 이스라엘이 죄를 지어 철저하게 망가졌지만, 이제라도 회개하고 돌아오라고 거듭 촉구한다. 물론 이스라엘은 그동안 지은 죄로 인해 타국으로 끌려가야 한다. 그러나 그것이 이야기의 끝이 아니다. 이스라엘이 그곳에서라도 회개하고 하나님을 찾으면 아직도 용서가 가능하며, 다시 이 땅으로 돌아올 수도 있다. 그러므로 선지자는 나라의 운명이 다한 이 순간에도 회개하라고 호소하고 있다. 심지어는 무엇을 구하며 어떻게 기도해야 하는가까지 가르쳐 주며 돌아오라고 권면한다. 호세아는 이스라엘이 회개하고 돌아오기만을 간절하게 바라고 있다. 선지자는 구체적으로 세 가지를 제안한다. (1) 용서를 위한 기도를 드리라, (2) 잘못된 신앙생활을 포기할 것을 선언하라, (3) 하나님의 자비하신 성품에 호소하라.

첫째, 용서를 위한 기도를 드리라(2절). 이스라엘이 하나님께 돌아와서 먼저 용서를 위한 기도를 드리라는 권면이다. 기도를 드린 이스라엘은 진정한 회개의 열매도 하나님께 드려야 한다. 진정한 회개의 열매는 제물이 아니라 그들의 입술을 통한 찬양이다. 만유의 주시고 온 세상을 창조하신 분께 드릴 수 있는 가장 순수하고 아름다운 선물은 바로 그분의 자비로움을 찬양하는 것이 아니겠는가! 하나님께 찬양을 드리는 것은 용서받은 모든 죄인의 당연한 의무이자 특권이다.

둘째, 잘못된 신앙생활을 포기할 것을 선언하라(3a절). 지금까지 이스라엘은 강대국, 자신의 군사력, 우상을 의지하며 살아왔다. 이제 하나님께 이 모든 것을 다 버리겠다고 고백하라는 것이다. 선지자는 이스라엘이 단순히 보이는 우상을 숭배해 왔을 뿐 아니라, 보이지 않는 우상도 숭배해 왔음을 지적한다. 여호와를 의존해야 하는데 하나님이 아닌 그 무엇이라도 의존하면, 바로 그것이 우상숭배라는 지적이다. 이스라엘의 경우에는 강대국과 군사력이 우상이었다. 보이지 않는 우상을 숭배하는 것은 오늘날에도 반복되는 현상이다. 우리의 삶에서 하나님이 차지해야 할 자리를 다른 것이 차지한다면 바로 그것이 우상인 것이다.

셋째, 하나님의 자비하신 성품에 호소하라(3b절). 지금까지 참으로 많은 죄를 지어온 이스라엘은 하나님 앞에 나서서 용서를 빌 자격마저도 없다. 그러므로 자신이 아니라 하나님의 긍휼하심에 초점을 맞추어야 한다. 그들이 하나님께 용서를 빌 수 있는 유일한 이유는 하나님이 '고아를 가엽게 여기시는 분'이시기 때문이다. 이스라엘은 먼저 자신이 세상에 의지할 곳 없는 고아와 같은 처지임을 시인하고, 세상의 버림받은 자를 보살피시는 하나님의 자비에 소망을 둘 수밖에 없다는 것이다.

III. 하나님과 백성(11:12-14:9 [12:1-14:10])
　　C. 하나님의 돌아오라는 호소(14:1-9[2-10])

2. 여호와의 약속(14:4-8)

<blockquote>

[4] 내가 그들의 반역을 고치고

기쁘게 그들을 사랑하리니

나의 진노가 그에게서 떠났음이니라

[5] 내가 이스라엘에게 이슬과 같으리니

</blockquote>

그가 백합화 같이 피겠고

레바논 백향목 같이 뿌리가 박힐 것이라

⁶ 그의 가지는 퍼지며

그의 아름다움은 감람나무와 같고

그의 향기는 레바논 백향목 같으리니

⁷ 그 그늘 아래에 거주하는 자가 돌아올지라

그들은 곡식 같이 풍성할 것이며

포도나무 같이 꽃이 필 것이며

그 향기는 레바논의 포도주 같이 되리라

⁸ 에브라임의 말이

내가 다시 우상과 무슨 상관이 있으리요 할지라

내가 그를 돌아보아 대답하기를

나는 푸른 잣나무 같으니

네가 나로 말미암아 열매를 얻으리라 하리라

그동안 선지자는 이스라엘이 하나님 앞에 범죄하고 있음을 수차례 선언했다. 그들의 죄는 우상숭배에서 시작되었으며 전반적인 사회의 악으로 이어졌다. 이스라엘은 이제 공의나 정의가 존중되지 않는 사회로 전락한 것이다. 이 모든 문제를 어떻게 해결해야 하는가? 징계가 이 문제를 해결할 수 있을까? 징계는 한계가 있다. 이미 하나님은 이스라엘 역사 속에서 여러 차례 징계를 시도하셨다. 그러나 징계는 이스라엘의 죄 문제에 효과가 없었다. 그러므로 하나님이 새로운 제안을 하신다. 하나님이 이스라엘의 근본 문제를 '치료해 주시겠다'(רפא)는 것이다(4절). 선지자는 죄를 인간이 앓고 있는 일종의 병으로 취급하고 있다(사 1:5-6). 병자는 징계가 필요한 것이 아니라 처방이 필요하다. 징계는 질병을 해결할 수 없기 때문이다. 하나님이 이스라엘을 병자로 취급하여 치유하시겠다는 의지를 밝히신다. 이러한 호세아의 통찰력은 예레미야, 이사야 등에게 많은 영향을 미쳤다. 선지자는 죄를 질병으로 보게 되었고, 징계보다는 하나님의 처방이 치료할 수 있다는 점을 강조하게 되었다.

하나님은 이스라엘의 반역하는 병을 고치고 그들을 '기꺼이 사랑하실'(אֹהֲבֵם נְדָבָה) 것이다(4절). 이 말씀은 하나님이 이스라엘을 광야로 데려가 거기서 위로하고 다시 아내로 맞아 들이시겠다고 선언하셨던 2:14-23의 말씀을 회상하게 한다. 하나님이 '기꺼이/자유로이'(נְדָבָה) 사랑하신다는 것은 두 가지 의미를 내포하고 있다. 첫째, 하나님 사랑은 이스라엘에게 일방적으로 주어지는 은혜다. 어떤 전제조건이나 요구사항이 동반하지 않는다. 둘째, 하나님의 이스라엘을 향한 사랑이 더는 그들의 죄에 의해 제한되지 않을 것이다. 하나님이 앞으로는 주의 백성을 무조건적, 무제한으로 사랑하실 것이다.

그렇다면 하나님이 이스라엘을 어떤 모습으로 회복하실 것인가? 선지자는 하나님의 이스라엘 회복을 논하면서 세 개의 자연세계에 연관된 비유 시리즈를 사용한다(5-7절). 첫 번째 시리즈는 이슬, 백합화, 레바논의 백향목 등으로 구성되어 있다(5절). 이슬은 비와 달리 매우 부드럽지만 양이 많지 않은 물이다. 그러나 이스라엘의 농작물은 이슬이 오지 않으면 말라죽기 십상이었다(학 1:10). 가나안 지역에서는 4월부터 10월까지는 거의 비가 내리지 않는다. 이런 곳에서는 이슬이 농사에 얼마나 중요한지 충분히 상상할 수 있다. 고대 사람은 이슬의 출처가 신비스럽고 오직 신의 마음에 숨겨져 있는 것이라고 생각했다(욥 38:28). 그러므로 여기서 하나님의 사랑이 신비스럽고 부드러운, 농사에 꼭 필요한 이슬로 묘사되고 있다. 이삭은 야곱에게 복을 빌어주면서 하나님이 이슬을 주셔서 많은 곡식과 술을 누리게 될 것을 선언했다(창 27:28).

백합화(שׁוֹשַׁנָּה)는 이스라엘의 회복이 매우 풍요롭고 건강할 것을 의미한다. 성경의 백합화는 우리가 생각하는 것과 많이 다르다. 이스라엘의 '백합화'는 오늘날 우리가 아네모네로 아는 꽃과 비슷하며 화려하고 탐스러운 들꽃의 일종이다. 대부분 번역본은 '레바논 백향목'을 목록에 포함하고 있는데, 실제로 마소라 사본에는 '백향목'이라는 단어는 없고 '레바논'이 있을 뿐이다. 그러나 호세아가 생략을 자주 사용하고 있다는 점을 감안할 때, 레바논을 언급하는 이유가 레바논을 유명하게 만든 백향목 때문일 것이라는 것을 쉽게 파악할 수 있다(Wolff, Macintosh, NAS; NRS). 백향목은 뿌리가 깊은 나무다. 그러므로 선지자는 이 비유를 통해 이스라엘이 백향목처럼 깊이 뿌리 내릴 것이라고 노래한다. 즉, 이스라엘이 앞으로 뽑히거나 흔들릴 일이 없을 것이라는 의미다. 하나님이 뿌리 깊게 심으실 것이기 때문이다.

선지자가 사용하는 두 번째 시리즈는 새로운 자람, 올리브나무, 레바논 백향목의 향기 등이다(6절). '새로운 자람'은 봄철에 나무에서 새로운 가지가 왕성하게 뻗어 나오듯 이스라엘이 매우 번성하게 될 것을 예고한다. 올리브나무와 올리브기름은 부와 건강을 상징했다. 올리브기름은 음식, 연료, 약, 화장품 등으로 다양하게 사용되었지만 상대적으로 비싼 편에 속했다. 그러므로 고대 사회에서 올리브나무는 부를 의미했다. 이스라엘이 부를 누리게 될 것을 뜻한다. 또한 선지자는 레바논 백향목의 향기를 노래한다. 향기는 감각을 자극한다. 선지자는 이스라엘을 살이 썩어가는 사람으로 묘사한 적이 있다(5:11-13). 이제는 이스라엘에게서 아주 향긋하고 매력적인 냄새가 나온다. 이젠 죽음의 냄새가 아닌 생명의 냄새가 나오게 될 것이다.

세 번째 시리즈는 그늘, 곡식, 레바논의 포도주 등으로 구성되어 있다(7절). 본문이 언급하고 있는 그늘이 이스라엘의 것인가, 아니면 하나님의 것인가에 대해 다소 논란이 있다(Smith). 일부에서는 호세아가 열방이 이스라엘의 그늘로 올 것을 말하고 있다고 풀이한다(Garrett, Carroll). 이 해석에 의하면 에브라임은 더는 자신만을 생각하는 이기적인 나라가 아니라 열방의 복이 될 것이다. 드디어 아브라함에게 주신 축복이 자손들을 통해 성취되는 순간이다(창 12:1-3). 매우 매력적인 해석이지만, 문맥과 마소라 사본의 지지는 받지 못하는 듯하다. 새번역을 포함한 대부분 번역본은 "그들이 다시 내 그늘 밑에 살면서"로 번역하여 이 말씀을 이스라엘이 다시 하나님의 그늘 밑으로 오는 것으로 해석한다(Mays, Wolff, cf. NIV; NAS; NRS; TNK). 바로 다음 절(8절)에서 하나님이 자신을 나무로 비유하시는 것을 고려할 때 이 해석이 더 설득력을 지니고 있다. 곡식과 레바논의 포도주는 함께 이스라엘이 즐길 풍요로움뿐만 아니라 바알 종교의 무의미함을 암시한다(Sweeney). 그들의 농사는 충분해서 더는 다산의 신이라는 바알을 거들떠볼 필요가 없다. 그들은 여호와께서 풍요로움을 주시는 분이라는 사실을 깨달을 것이고, 하나님이 주시는 풍요로움 안에서 만족할 것이기 때문이다.

한 가지 특이한 점은 호세아는 지금까지 한 번도 레바논에 대해 언급한 적이 없다는 사실이다. 그런데 책의 마지막 장인 14장에 와서는 세 차례나 레바논을 언급하고 있다. 또한 레바논이 백향목으로 유명한 것은 사실이었지만, 포도주로 유명하지는 않았다. 그렇다면 본문을 어떻게 이해해야 하는가? 레바논은 시리아 지역에 펼쳐져 있는 산맥을 뜻하기도 하지만, 성경 안에서는 대체로 이스라엘의 북쪽 접경 지역을 뜻한다. 두로의 히람이 이 지역의 특산품인 아름드리 나무들을 솔로몬에게 공급해 주기도 했다(왕상 5:1-12). 그러나 이 지역은 이스라엘에 또 한 가지를 수출했다. 바로 바알 종교였다.

두로의 왕이자 제사장 역할을 했던 에드바알의 딸 이세벨이 아합에게 시집오면서 바알 제사장을 이스라엘로 데리고 들어와 신전을 세웠다(왕상 16:31-33). 또한 이세벨은 남편의 힘을 빌려 바알 종교를 이스라엘의 국가종교로 지정했다. 이날 이후로 이스라엘의 선지자는 두로와 시돈을 맹렬하게 비난하기 시작했다. 이러한 역사적 배경을 바탕으로 이스라엘 사람은 바알을 레바논과 연관시켰을 것이다. 여호와가 남쪽에 있는 시내 산에서 내려오셨다면, 바알은 북쪽 산에서 온 신으로 여겼다. 그러므로 이 구절에서 선지자가 지속적으로 레바논을 풍요로움과 연결시켜 예언하는 것은 이스라엘이 레바논(바알)에서 오는 것으로 알고 있던 모든 풍요로움이 여호와에게서 온다는 것을 깨닫게 될 것을 강조하기 위해서다. 그날이 되면 레바논의 바알이 아니라 여호와가 이스라엘에게 풍요로움을 주실 것이고, 심지어는 바알의 영토로 여겨진 레바논에도 풍요가 임할 것이다. 바알이 능력을 발휘해서가 아니라, 이스라엘의 하나님이신 여호와가 그 땅을 치료하셨기 때문이다. 바알은 자신의 영토에서도 힘을 쓸 수 없는 우상에 불과한 것에 비해 여호와 하나님은 [바알의 영토] 레바논까지 풍요를 주실 수 있다는 점이 대조를 이루는 비유다.

여호와 하나님 안에서 완전한 만족과 풍요를 경험한 이스라엘이 하나님 앞에 무릎을 꿇고 고백한다. "나는 이제 우상들과 아무런 상관이 없습니다"(8절). 이스라엘이 하나님의 능력을 인정하게 되었을 뿐만 아니라 감동이 와서 스스로 우상을 버리고 하나님만을 따르겠다고 선언하는 모습이다. 하나님은 이렇게 고백하는 백성을 안아주시며 "내가 너를 지켜주마. 나는 무성한 잣나무와 같이 네가 나로 말미암아 풍요로움을 즐길 것이다"라고 말씀하신다. 이 말씀을 통해 하나님은 자신을 풍요의 신으로 알려진 바알과 대조하신다(Smith). 하나님은 바알이 아니라 자신이 세상에 풍요로움을 주신다는 사실을 선언하신다: "나는 무성한 나무와 같으며 너의 모든 풍요로움은 내게서 온 것이다." 선지자는 "내가 너를 지켜주마"라는 말씀을 통해 하나의 언어유희를 구상하며 이스라엘에게 참으로 그들을 지키는 자가 누구인가를 상기시킨다. 이미 앞에서 언급한 것처럼 '내가 지킬 것이다'(אשור)와 '아시리아'(אשור)는 소리가 같다. 선지자는 이 언어유희를 통해 이스라엘을 보호하고 지키는 이는 아시리아가 아니라 하나님이라는 것을 강조한다(McComiskey). 이 구절은 호세아서의 전체 요약이자 요지라고 할 수 있다. 선지자는 이스라엘이 회개하고 돌아오면 여호와 안에서 진정한 평화와 풍요로움을 누리게 될 것을 선언하고 있다.

III. 하나님과 백성(11:12-14:9 [12:1-14:10])
    C. 하나님의 돌아오라는 호소(14:1-9[2-10])

3. 선지자의 마지막 권면(14:9)

⁹ 누가 지혜가 있어 이런 일을 깨달으며
누가 총명이 있어 이런 일을 알겠느냐
여호와의 도는 정직하니
의인은 그 길로 다니거니와
그러나 죄인은 그 길에 걸려 넘어지리라

본문을 질문형으로 해석할 것인가? 아니면 평서문으로 해석할 것인가? 이 이슈에 대해 의견이 나누어져 있다. 개역개정, NIV 등은 질문형으로 해석하고, 새번역, NAS, NRS, TNK 등은 평서문으로 해석하고 있다. 질문형으로 이해할 때 이 문장은 "이스라엘에서 이 말씀을 이해할 자가 어디 있겠느냐?"라는 일종의 비웃음으로 여겨질 수 있다. 반면에 평서문으로 해석하면, 이 문장은 "지혜 있는 자는 이 모든 말씀을 듣고 깨달을 것이다"라는 도전이 된다. 14장 전체 분위기를 감안할 때 이 문장을 평서문으로 간주해서 선지자의 최종 권면으로 이해하는 것이 바람직하다.

호세아는 지금까지 이해하기 어려운 이미지와 문체를 구사하면서 말씀을 선포해 왔다. 이제 마지막으로 독자에게 그의 글을 읽고 깨달음을 얻으라고 호소한다. 그는 최선을 다해서 말씀을 선포했다. 선지자는 자신의 가정 이야기를 통해 자기 백성을 향한 애틋한 마음을 유감없이 전달했다. 그러나 선지자의 말씀을 받아들여 하나님께 돌아오는 것은 이스라엘의 몫이다. 호세아가 권면할 수 있지만 대신해 결정할 수는 없다. 그러므로 마지막으로 그들의 이성과 합리성에 호소한다. "나는 당신들에게 할 말을 다했으니, 이제 당신들이 지혜로운 선택을 하여 하나님과 살게 되기를 바랍니다."

이미 서론에서 언급한 것처럼 호세아서는 우리에게 매우 어려운 책이다. 선지자의 언어, 문화와는 현저히 다른 시대를 살아가는 우리에게 호세아서가 전제하거나 배경으로 삼고 있는 것의 상당 부분이 생소하기 때문이다. 그러나 그가 사역했던 주전 8세기 북 왕국 사람에게는 결코 어려운 책이 아니었을 것이다. 그럼에도 선지자는 지속적으로 불신에 대해 경고한다. 호세아는 사람이 몰라서 불순종하는 경우도 있지만, 마음이 완악해서 알면서도 회개하지 않는다는 것을 누구보다 잘 알고 있었기 때문이다.

선지자는 책 안에서 지식의 중요성을 여러 차례 강조했다. 죄를 범한 백성이 하나님을 바로 알게 되면 돌아올 것이라는 기대가 있었기 때문이다. 선지자가 백성이 갖게 되기를 바라는 참 지식은 매우 중요하다. 사람들로 하여금 우상의 속박에서 자유할 수 있게 하고 생명을 선택할 수 있게 하기 때문이다. 그러나 아무리 좋은 지식을 접하더라도 각자 마음에 받아들이는 것은 각 개인의 결정에 달려 있다. 진실로 선지자의 메시지를 이해하고 받아들이는 것은 의지적 순종이 함께할 때에만 가능하다.

엑스포지멘터리

요엘

Joel

EXPOSItory comMENTARY

요엘

여호와의 말씀에
너희는 이제라도 금식하고 울며 애통하고
마음을 다하여 내게로 돌아오라 하셨나니
너희는 옷을 찢지 말고 마음을 찢고
너희 하나님 여호와께로 돌아올지어다
그는 은혜로우시며 자비로우시며
노하기를 더디하시며 인애가 크시사
뜻을 돌이켜 재앙을 내리지 아니하시나니
(2:12-13)

그 후에 내가 내 영을 만민에게 부어 주리니
너희 자녀들이 장래 일을 말할 것이며
너희 늙은이는 꿈을 꾸며
너희 젊은이는 이상을 볼 것이며
그 때에 내가 또 내 영을
남종과 여종에게 부어 줄 것이며
(2:28-29)

요엘서는 사도 베드로가 자신의 시대에 강하게 역사하신 성령의 사역을 설명하며 인용한 요엘 2:28-29 말씀 때문에 그리스도인 사이에 유명해진 책이다(행 2장). 사도 바울은 "누구든지 여호와의 이름을 부르는 자는 구원을 얻으리니"(욜 2:32)라는 말씀을 복음의 핵심으로 삼았다(롬 10:13). 교회는 사순절이 시작되는 재의 수요일(Ash Wednesday)이면 성도에게 요엘 2:12-19를 묵상하도록 했다. 그러나 대부분의 사람은 요엘서가 '여호와의 날'을 중심 주제로 삼아 전개된다는 것 외에는 별로 아는 바가 없다. 요엘서는 우리가 교회에서 설교나 성경공부를 통해 자주 접하는 책이 아니기 때문이다.

최근 들어 소선지서 12권의 논리적 구조를 연구하고 논하는 학자들 사이에서나마 요엘서의 중요성이 새롭게 부각되고 있지만, 아직도 여러 가지 해석적 난제로 요엘서를 편안하게 접근하여 묵상하는 것을 다소 부담스러워한다(Sweeney, Nogalski). 심지어 한 학자는 요엘서를 '구약 석의의 문제아'(problem child of the Old Testament exegesis)라고 부르기도 한다(Merx). 요엘서가 어떤 문제를 안고 있기에 이런 타이틀을 갖게 된 것일까? 최소한 세 가지 이유에서이다. 첫째, 요엘서의 시대적 배경이 아직도 논쟁이 되고 있다(Lattimore, Myers, Thompson, Treves). 무엇보다 요엘이 활동했던 시대적인 정황에 대해 명확한 역사적 힌트를 주지 않기 때문이고, 성경의 다른 부분도 이 선지자에 대해 어떤 정보도 제공하지 않는다.

둘째, 요엘서가 유다의 역사 속에 이미 성취되었던 일을 주제로 하고 있는가, 아니면 아직도 성취되지 않은 미래의 일을 예고하고 있는가? 일부에서는 책의 모든 내용을 유다의 역사를 배경으로 읽어야 한다고 하지만, 요엘서 전체를 종말론적으로 읽어야 한다고 주장을 펼치기도 한다. 물론 중도에 서서 요엘서의 일부는 이스라엘 역사를 배경으로, 나머지는 아직도 성취를 기다리고 있는 종말론적으로 해석해야 한다는 주석가도 허다하다. 이처럼 다양한 입장이 제시되는 것은 요엘서 자체가 명확한 입장을 제공하지 않기 때문이다.

셋째, 요엘서의 통일성 문제를 제기하는 사람도 많다. 어떤 학자는 1장을 기록한 사람이 결코 3장을 저작할 수 없다고 주장한다. 반면에 다른 주석가는 요엘서는 비록 짧지만 하나님의 심판, 종말론적 사건, 주의 백성의 미래에 대한 내용을 논리정연하게 다루고 있는 통일성 있는 책으로 간주한다.

이러한 혼란에도 불구하고 요엘서는 책의 규모에 비해 여러 면에서 매우 중요한 선지서로 인정을 받는다. 책의 메시지가 때와 장소를 초월하여 언제, 어디서든지 주의 백성에게 시사하는 바가 많기 때문이다. 특히 옷을 찢지 말고 마음을 찢고 하나님께 돌아오라는 말씀은 매너리즘에 젖어 있는 주의 백성에게 참으로 신선한 도전이다.

1. 선지자

'요엘'(יוֹאֵל)이란 이름은 대체로 '여호와가 하나님이시다'로 풀이되지만, 마지막 두 글자가 동사 '맹세하다'(אלה)에서 비롯된 것으로 이 이름이 '여호와께서 맹세하시다'라는 뜻을 지닌 것이라고 주장하기도 한다(Sweeney). '요엘'은 구약 시대에 두루 사용된 인기 있는 남자 이름이었다(McKenzie). 그러나 만일 그의 이름이 대부분의 학자가 풀이하는 것처럼 '여호와가 하나님이시다'라는 뜻을 지녔다면, 여호와의 주권이 위협받을 때 가장 의미 있게 불려졌을 것이다. 그래서 한 주석가는 요엘이 사역하던 시대에 바알이 여호와의 위치를 위협하고 있었다는 추측을 하기도 했다(Crenshaw). 요엘서는 선지자의 아버지가 브두엘(פְּתוּאֵל)이었다는 사실 외에는 어떤 정보도 제공하지 않는다. 선지자에 관한 정보가 거의 주어지지 않는다는 것은 아마도 청중에게는 상당히 잘 알려져 있어서 추가 설명이 필요 없기 때문이었을 것이다.

비록 요엘 선지자에 대해 많은 것을 알지는 못하지만, 그의 활동이 예루살렘을 중심으로 펼쳐졌다는 것은 책의 곳곳에서 암시되는 듯하다(1:9, 13, 16; 2:1, 15, 32; 3:1, 16, 17). 그는 성전에 대해 익히 알고 있었고, 성전 예배에 대해 깊은 관심을 표한다. 그래서 그를 '성전/예식 선지자'(temple/cultic prophet)라고 부르기도 한다(Kapelrud, Ahlström). 그러나 만일 '성전 선지자'라는 표현이 성전에서 사례를 받으며 사역했다는 것을 전제한다면, 구약성경과 역사적 증거들이 이 주장을 배척하는 듯하다(Dillard). 그러므로 '성전 선지자'라는 표현은 다른 선지자보다 예루살렘 성전에서 진행되는 예식에 대해 잘 알면서 성전에서 벌어지는 일에 대한 각별한 관심을 가졌던 예언자를 뜻하는 것으로 제한되어야 한다.

요엘의 관심이 성전과 예배에 집중되어 있어서인지 다른 선지서에서 흔히 발견되는 중요한 주제 하나가 아예 빠져 있다. 바로 자신이 몸담고 있던 사회에 대한 비판이다. 요엘서에는 어떤 사회적 윤리에 대한 문제 제기도 발견되지 않는다. 그뿐만 아니라 다른 선지자와 달리 사회 정의에 대한 열정도 보이지 않는다(Birch). 요엘은 무엇보다도 임박한 '여호와의 날'에 모든 관심과 에너지를 쏟고 있다. 아마도 여호와의 날이 매우 임박했다고 생각했기에 사회적 부패에 대해 문제를 제기해야 할 필요성을 느끼지 못했던 것 같다. 잠시 후 여호와의 날이 임하면 이 문제들은 자연스럽게 정리될 것으로 생각했기 때문이다.

2. 역사적 정황

요엘서에 언급되어 있는 가장 중요한 역사적 사건은 메뚜기 떼의 습격이다. 그는 유다 사람에게 메뚜기 떼의 피해를 최소화하기 위해서는 여호와께 돌아가야 한다고 말한다(1:4). 메뚜기 떼는 유다와 예루살렘에 엄청난 피해를 끼친 재앙이었으며, 이 자연재해의 여파는 몇 년 동안 지속된 것으로 생각된다(2:25). 드디어 메뚜기 떼로 인한 위기가 어느 정도 해소되었을 때, 선지자는 여호와의 구원을 찬양하는 노래를 불렀다(2:18-27). 이것이 요엘서가 기록하고 있는 메뚜기 떼 사건이다.

문제는 이 사건이 언제 있었던 일인가를 밝히는 것이다. 학자들이 제시하는 시대가 매우 광범위하다. 초기 왕정 시대(early monarchy)에서부터 늦은 포로 후기 시대(late postexilic)까지 요엘서의 메뚜기 떼 습격 사건의 역사적 배경으로 제시된다. 그러므로 요엘서의 역사적 배경에 대한 논의는 성경의 그 어느 책보다도 범위가 넓다(Garrett). 주전 701년에 있었던 아시리아의 침략 혹은 598년과 588년에 있었던 바빌론의 유다 침략 사건이 책의 배경이 되고 있다고 주장하는가 하면(Stuart), 주전 6세기 말에서 4세기 초까지를 주장하기도 한다(Birch, Achtemeier). 그만큼 요엘서의 시대적 배경을 논하는 것은 난해하다는 뜻이다. 학자들의 주장을 요약하자면 다음과 같다(Prinsloo, Allen).

9세기, 요아스 시대	K. A. Credner, G. C. Aalders, E. J. Young, M. Bič
7세기 말	A. S. Kapelrud, C. A. Keller, K. Koch, D. A. Garrett, R. D. Patterson
6세기 초	W. Rudolph
6세기 말-5세기 중반	W. F. Albright, J. M. Myers, B. Reicke, G. A. Ahlström, L. Allen, R. B. Dillard, W. A. VanGemeren, D. W. Baker
5세기 말-4세기 중반	A. Weiser, H. W. Wolff, J. A. Bewer, F. R. Stephenson, M. A. Sweeney, E. Achtemeier, J. L. Crenshaw
3세기 초	M. Treves
2세기	B. Duhm

요엘서가 히브리 정경에서 호세아서와 아모스서 사이에 있다는 것이 이 책의 시대적인 배경을 암시하는 증거로 제시된다. 호세아서와 아모스서 둘 다 주전 8세기 중반을 역사적 배경으로 하고 있으니, 요엘서도 주전 8세기 작품일 것이라는 주장이다(Wolff). 그러나 칠십인역(LXX)은 요엘서를 미가서 뒤에 두고 있다. 또한 12소선지서가 시대적인 순서로

나열되었다는 주장을 뒷받침할 만한 증거가 없다. 그러므로 이 주장은 설득력이 없어 보인다.

　요엘서가 호세아서와 아모스서 사이에 존재하는 이유는 뒤에 언급될 12소선지서(the book of twelve) 안에서의 중요한 역할 때문이다. 또한 3:16의 "여호와께서 시온에서 부르짖고 예루살렘에서 목소리를 내시리니 하늘과 땅이 진동되리로다 그러나 여호와께서 그의 백성의 피난처, 이스라엘 자손의 산성이 되시리로다"와 3:18의 "그 날에 산들이 단 포도주를 떨어뜨릴 것이며 작은 산들이 젖을 흘릴 것이며 유다 모든 시내가 물을 흘릴 것이며 여호와의 성전에서 샘이 흘러 나와서 싯딤 골짜기에 대리라"라는 말씀이 요엘서를 뒤따르는 아모스 1:2의 "여호와께서 시온에서부터 부르짖으시며 예루살렘에서부터 소리를 내시리니 목자의 초장이 마르고 갈멜 산 꼭대기가 마르리로다"와 아모스 9:13의 "여호와의 말씀이니라 보라 날이 이를지라 그 때에 파종하는 자가 곡식 추수하는 자의 뒤를 이으며 포도를 밟는 자가 씨 뿌리는 자의 뒤를 이으며 산들은 단 포도주를 흘리며 작은 산들은 녹으리라"와 흡사하고, 두 책 모두 두로, 블레셋, 에돔을 언급하기 때문일 것이다(Allen, Barton).

　비록 요엘이 자신의 사역 시대에 관한 역사적 정황을 직접 제공하지는 않지만, 책에서 발견되는 다음 사항을 생각해보자. 첫째, 선지자들이 책을 시작하며 그들이 사역했던 시대를 독자가 가늠할 만한 정보-예를 들면 통치하던 왕의 이름-등을 제공하는 것이 일상화되어 있는데(사 1:1; 호 1:1; 암 1:1), 요엘서의 표제에는 어떤 왕의 이름도 언급되어 있지 않다. 아마도 요엘이 사역하던 시대에는 유다에 왕이 없었기 때문으로 추측한다. 요엘의 사역 시대는 제사장과 장로가 왕을 대신해 나라를 통치하고 있었다고 보는 것이다(Barton). 물론 표제에서 왕(들)의 이름이 빠져 있는 이유가 훗날 성경을 필사했던 사람의 실수로 인한 것임을 완전히 배제할 수는 없다. 그러나 만일 이런 실수 때문이 아니라 요엘의 사역 시대에 왕이 없어서 표제에 그 어떤 왕의 이름도 언급

되지 않는다고 생각한다면, 유다에 왕이 없었고, 왕을 대신해서 제사
장과 장로가 나라를 다스리던 때는 바빌론 포로 후기 시대다.

둘째, 이미 언급한 것처럼 선지자가 성전과 예식에 대해 익히 알고
있음을 감안하면, 그가 사역하던 시대에 예루살렘에 성전이 있었음이
확실하다. 그렇다면 성전이 파괴되어 폐허로 남아 있었던 주전 586-
515년은 요엘서의 역사적 정황에서 배제할 수 있다. 선지자는 또한 예
루살렘 성벽의 존재를 언급한다. 그렇다면 예루살렘 성전과 성벽은 바
빌론 군에 의해 주전 586년에 불태워지고 폐허가 되었다가 성전은 520
년대에, 성벽은 느헤미야에 의해 440년대에 재건되었으므로 586-440
년대는 요엘서의 역사적 배경 논의에서 배제될 수 있다. 만일 요엘의
사역 시대가 586년 이전이라면 사울이 보좌에 오른 1050년 이후로 이
스라엘과 유다에는 계속 왕이 있었으므로, 1100년대로 거슬러 올라가
야 한다. 요엘이 1100년대에 사역했을 가능성은 별로 없어 보인다. 일
반적으로 아모스가 글을 남긴 선지자(writing prophets) 중 처음이었다고
하는데, 그의 사역이 760년대에 시작되었던 점을 감안하면 요엘은 아
마도 포로기 이후에 사역했을 것이다.

셋째, 요엘서는 구약성경의 다른 선지서와 공통 용어를 사용하고 있
다. 다음 도표를 참조하라. 도표에 나열된 것 외에도 요엘과 다른 선지
서가 공통적으로 사용하고 있는 용어가 많다(Myers, Barton).

요엘서	다른 선지서
1:15	사 13:6; 겔 30:2-3; 옵 15; 습 1:7
2:2	습 1:14-15
2:3	사 51:3; 겔 36:35
2:6	나 2:10
2:11	말 3:2, 23
2:13	욘 4:2; cf. 출 34:6
2:14	욘 3:9

2:20	사 45:5, 6, 14, 18, 21, 22; 46:9; 렘 1:14ff.
2:28	겔 39:29
2:31	말 4:5
2:32	옵 17
3:1	렘 33:15; 50:4, 20
3:2	사 66:18; 슥 14:2
3:5	옵 17
3:8	사 1:2; 22:25; 25:8; 렘 13:15; 옵 18
3:10	사 2:4
3:16	암 1:2; 사 13:13
3:17	겔 36:11
3:18	암 9:13

물론 이러한 표현들이 선후배 선지자 사이에 전통적으로 사용되어 왔던 것이라고 할 수도 있지만, 누가 먼저 사용했느냐의 우위를 가리자면 요엘이 다른 선지서를 인용했을 확률이 훨씬 더 높다(Lattimore, Myers, Gray). 그렇다면 이 부분 역시 요엘서가 포로 후기 시대에 완성된 책이라는 것을 암시한다.

넷째, 요엘 선지자는 유다와 예루살렘을 중점적으로 논한다. 물론 이스라엘이란 이름이 종종 사용되기도 하지만(2:27; 3:2, 16), 요엘서 안에서 이스라엘은 이제 북 왕국을 의미하는 용어가 아니라 단순히 하나님 백성을 뜻한다. 그러므로 요엘서가 기록되었을 때는 북 왕국 이스라엘이 존재하지 않던 시대였다고 잠정적으로 결론지을 수 있다(Sweeney, Birch). 이스라엘이라는 용어가 유다를 뜻하는 단어로 활성화된 것은 포로 후기 시대 일이다(Dillard).

위와 같은 정황을 감안할 때, 요엘서는 포로기 이후 유다를 역사적 배경으로 하고 있는 것이 거의 확실하다. 물론 모든 사람이 이러한 추론에 동의하지는 않을 것이다. 델리츠(Delitzsch)는 "둠(Duhm), 메르스

(Merx), 스타데(Stade) 등이 요엘서의 저작 연대를 포로기 이후 시대로 끌어내린 것은 근대 비평학이 산출한 가장 썩은 과일 중 하나"라고 혹평했다. 그러나 책 안에 제시된 여러 자료를 분석해볼 때 요엘서는 주전 5세기 중반, 느헤미야가 성벽을 재건하고 난 이후에 기록된 책이 아닐까 싶다(VanGemeren). 본 주석은 요엘서가 주전 5세기 말 혹은 4세기 초반부에 저작된 것으로 간주할 것이다. 물론 요엘서의 역사적 배경과 저작 연대는 어떤 학설도 설득력을 얻지 못하고 있는 것이 오늘날의 실정이다(Thompson, Prinsloo).

3. 다른 책과의 관계

최근 들어 소선지서 12권의 통일성에 대한 관심이 높아지고 있다. 지난 2000여 년 동안 소선지서는 특별한 편집적 의미나 통일성을 염두에 두고 구성된 것이 아니라 임의로 순서가 결정되고 그 순서에 따라 나열된 것으로 생각되었다. 그러나 정경에 속한 각 책의 통일성뿐만 아니라 각 책 사이의 관계와 연결성이 관심을 받게 되면서부터 책의 순서까지도 학계의 연구 대상이 되었다. 예를 들면, 작은(micro) 규모에서는 시편의 한 섹션을 구성하고 있는 몇 편의 시들의 연결성과 통일성을 연구하는 논문이 쏟아져 나오고 있다. 큰(macro) 규모에서는 소선지서 12권 사이의 유기적 관계가 연구되고 있다(Ben Zvi, Nogalski, Sweeney).

소선지서 12권의 연결성과 통일성의 가능성에 대해서는 이미 히브리어 정경이 우리에게 전수될 때부터 암시되었다. 왜냐하면 히브리어 성경은 원래 12소선지서를 한 권으로(the book of twelve) 취급했기 때문이다. 정경이 소선지서 12권을 한 권으로 취급하는 순간부터 이 책들의 상호 관계를 암시 혹은 전제했던 것이다. 그러므로 최근 10여 년 동안 많은 관심을 받고 있는 이 주제는 지난 2000여 년 동안 학계가 이미 수용하고 있었던 것이 새로이 조명되고 있는 것에 불과하다.

소선지서 12권의 순서에 따른 구조를 연구하는 데 있어서 걸림돌이 될 수 있는 요소가 하나 있다. 바로 마소라 사본이 제시하는 소선지서의 순서와 칠십인역이 제시하는 순서가 다르다는 점이다. 칠십인역은 호세아–아모스–미가–요엘–오바댜–요나 등등으로 나열하고 있는 반면, 마소라 사본은 호세아–요엘–아모스–오바댜–요나–미가 등등의 순서로 구성되어 있다. 요엘과 미가의 순서가 서로 다른 것이다. 그러나 마소라 사본과 칠십인역이 각 책의 순서를 다르게 하고 있는 것을 걸림돌로 보지 않고, 오히려 각 책의 편집자(들)의 신학과 관점을 반영하고 있는 것으로 생각한다. 다음 도표를 참조하라.

마소라 사본	칠십인역
호세아	호세아
요엘	아모스
아모스	미가
오바댜	요엘
요나	오바댜
미가	요나
나훔	나훔
하박국	하박국
스바냐	스바냐
학개	학개
스가랴	스가랴
말라기	말라기

많은 학자가 칠십인역의 순서(호세아–아모스–미가–요엘–오바댜–요나 등등)가 대체로 저작 연대의 시대적인 순서를 반영하고 있다는 잠정적인 결론에 도달했다. 그들에 의하면 주전 8세기에 활동했던 선지자인 호세아·아모스·미가가 먼저 등장하고, 그다음 요엘·오바댜·요나와 나머

357

지 소선지서가 순서대로 나열되어 있다는 것이다. 그러나 이러한 주장에는 문제가 있다. 먼저, 호세아서와 아모스서의 위치가 바뀌었다. 아모스는 자신의 사역 시대를 여로보암과 웃시야(암 1:1) 왕 때로 기록하고 있는 것에 반해 호세아는 여로보암, 웃시야, 요담, 아하스, 히스기야(호 1:1)의 시대로 밝히고 있기 때문이다. 또한 요엘과 오바댜의 경우 여호사밧(욜 3:2, 12; 대하 20:20-26)과 엘리야의 사역과 관계가 있었던 오바댜(왕상 18:1-19)라는 9세기의 인물과 연관되어 있을 가능성도 배제할 수 없다(Sweeney).

그러므로 위와 같은 문제를 의식한 학자들은 대체로 소선지서의 순서가 저작된 시대적 순서에 의해 결정되었다는 주장에 북 왕국, 남 왕국, 예루살렘에 대한 관심 요소를 더한다. 이 주장에 의하면 칠십인역의 처음 3권(호세아, 아모스, 미가)은 북 왕국의 운명에 관한 말씀을 선포하고 있다. 그다음 책인 요엘, 오바댜, 요나, 나훔, 하박국은 열방이 남 왕국과 예루살렘에 취할 액션(침략과 파괴)에 관한 말씀이며, 스바냐, 학개, 스가랴와 말라기는 대체로 예루살렘의 회복에 관한 말씀이라는 것이다.

이러한 구조-처음 3권은 북 왕국에 관한 말씀, 요엘 등 4권은 열방이 남 왕국과 예루살렘에 취할 액션에 관한 말씀, 나머지 5권은 예루살렘의 회복에 관한 말씀으로 구성된 점-에서 요엘은 예루살렘이 받을 위협과 최종 회복을 패러다임적으로(paradigmatically) 선포하고 있다(Nogalski). 시대와 정황에 상관없이 언제든지 적용될 수 있는, 즉 예루살렘의 종말이 아시리아, 바빌론, 혹은 페르시아에 의해 온다 해도 전혀 무리 없이 적용될 수 있는 말씀이 요엘서인 것이다. 한 걸음 더 나아가 요엘서는 앞으로 있을 인류의 최종 종말에도 적용될 수 있을 것이다. 이런 패러다임적 성향을 감안하여 요엘서는 다분히 익명성을 지니고 오늘까지 전수되었다(Sweeney).

마소라 사본에서 발견되는 소선지서도 결코 시대적인 순서에 의해 나열된 것은 아니다. 칠십인역의 순서는 북 왕국-열방-유다와 예루살렘 등의 주제적 변화에 따라 결정된 것과는 달리, 마소라 사본의 소선지서 순서는 근본적으로 예루살렘과 유다에 대해 지속적이고 끊임없는 관심을 표하고 있다(Nogalski). 호세아서는 북 왕국 이스라엘의 경험을 통해 남 왕국 유다를 권고하고 있으며, 그 뒤를 잇는 요엘서는 역시 익명성을 다분히 유지하면서 언제 어느 나라를 통해서도 임할 수 있는 여호와의 날에 의한 예루살렘의 심판과 회복을 예고하고 있다. 하나님이 징계의 도구로 사용하실 나라의 정체는 밝히지 않지만, 예루살렘과 유다가 징계의 대상이 될 것임은 명백하게 드러내고 있는 것이다.

요엘서를 뒤따르는 아모스서는 북 왕국의 몰락을 통해 다윗의 장막을 다시 세우는 기회로 삼고 있다(암 9:11-15). 오바댜는 예루살렘에 가혹한 행위를 저지른 에돔을 비난하고 있고, 요나는 훗날 예루살렘과 유다에 위협을 가할 아시리아에 임한 하나님의 자비를 증언하고 있다. 미가서는 북 왕국의 몰락을 예루살렘의 몰락과 회복의 모델로 제시하고 있고, 나훔서는 교만한 태도로 예루살렘을 핍박한 아시리아의 종말을 고하고 있다. 하박국은 유다의 몰락을 주도한 바빌론의 멸망을 선언한다. 스바냐서는 예루살렘의 정결을 요구하고, 학개서는 성전 재건을 권고한다. 스가랴서는 예루살렘 회복 과정을 제시하고, 말라기서는 예루살렘의 최종 정화를 예고한다.

이러한 마소라 사본의 12소선지서 구조 속에서 요엘서는 아모스서, 오바댜서, 요나서, 미가서, 나훔서와 스바냐서를 인용함으로써 요엘서를 뒤따르는 책과의 관계성을 형성하고 있다(Bergler). 한 주석가는 요엘서가 20곳에서 다른 선지서에서 사용되는 문구를 33차례나 인용하고 있는 것으로 결론짓는다(Barton). 또한 마소라 사본에서는 예루살렘에 임할 심판과 도성의 회복이 소선지서 12권을 하나로 묶고 있는 중심 주제이고, 요엘서는 어떻게 이런 일이 진행될 것인가에 대한 프로그램을 제시한다(Sweeney).

4. 통일성

요엘서의 통일성에 대해 처음으로 문제가 제기된 것은 1872년이었다. 프랑스 학자 베르네(Vernes)는 요엘서가 1:1-2:27과 2:28-3:21로 구분되어야 한다고 주장했다. 그 이후 일부 학자 사이에 논쟁이 진행되다가 둠(Duhm)이 1911년에 요엘서의 통일성을 부인하며 요엘서는 최소한 두 사람에 의해 저작되었다는 주장을 내놓았다. 그에 의하면 1:1-2:27의 대부분은 포로기 이전(pre-exilic) 시대에 살았던 한 선지자가 자신이 살던 지역에 임한 메뚜기 떼의 피해를 목격하고 하나님의 메시지를 선포한 것을 모아놓은 것이다.

둠은 요엘서가 이러한 형태로 전수되어 오다가 마카비 시대(주전 2세기)에 살았던 한 종말론적 메시지의 주창자(apocalypticist)가 자신의 책에 요엘서를 삽입하여 탄생시킨 것이 오늘날 요엘서로 알게 된 책이라고 했다. 주전 2세기에 살았던 종말론자에게 여러 선지서 중 유독 요엘서가 매력적으로 보였던 것은 요엘서가 여호와의 날에 대해 포괄적으로 묘사하고 있기 때문이었다. 둠은 2:28-3:21, 1:15, 2:1-2, 2:10-11을 종말론자가 저술한 것이라고 주장했다. 그의 학설은 일부 수정을 거친 후 상당수 학자의 지지를 받기 시작했다.

둠의 학설은 그 후 많은 동의를 받았고(Bewer, Robinson, Eissfeldt, Plöger), 오늘날도 일부 지지를 받고 있다(Blenkinsopp). 특히 프뢰게르(Plöger)는 두 섹션이 포로기 이후 시대의 유대교를 양분화시켰던 신정통치파(theocratic party)와 종말론파(eschatological party)와 연관된 것이라는 학설을 내놓기도 했다.

그러나 19세기 후반부에 책의 통일성에 대한 논쟁이 시작될 때부터 요엘서의 통일성을 강력하게 주장하는 사람이 끊이지 않았고(Dennefeld, Jepsen, Kapelrud, Weiser, Keller), 최근에 이르러서는 대부분 요엘서의 통일성을 인정한다(Ahlström, Allen, Chary, Myers, Rudolph, Stuart, Thompson,

Weiser, Wolff, Barton, Smith). 물론 학자들 대부분이 요엘서를 처음부터 끝까지 한 사람이 저작한 것이라고 주장하지는 않는다. 요엘서에는 많지 않지만 어느 정도의 편집을 거친 흔적이 있다는 것이 결론이다. 그러나 이러한 작업이 오래전에 있었던 일이고, 둠이 마카비 시대에서 비롯된 텍스트라고 주장한 것마저도 주전 5-4세기에 유래한 것이라고 한다(Wolff). 특히 요엘서를 애가로 취급하는 양식 비평가는 책의 전반적인 통일성을 강력히 주장하며 둠이 1-2장에서 종말론자가 삽입한 것으로 분류했던 텍스트마저도 앞뒤 문맥과 잘 어울리기에 따로 취급할 필요가 없다고 한다(Dillard, cf. Barton).

5. 신학과 메시지

요엘서는 다른 선지서에 비해 상대적으로 매우 짧은 책이지만, 깊은 신학적 통찰력을 지녔다. 요엘은 여느 구약 선지자처럼 당대에 유다가 당면했던 국가적 위기에서 얻은 교훈을 바탕으로 주의 백성에게 미래에 있을 일을 경고한다. 선지자가 선포한 메시지 중 가장 잘 알려진 것이 '여호와의 날'이라는 개념이다. 또한 이 주제는 책의 모든 신학적 통찰력을 하나로 묶을 수 있다(Baker, cf. Nogalski). 다음 사항을 생각해 보자.

전통적으로 '여호와의 날'(יוֹם יְהוָה)에 대한 이스라엘의 이해를 성전 (holy war) 개념과 연관시킨다(vonRad). 이날은 여호와께서 친히 오셔서 이스라엘을 위해 싸우시는 날로 이해되어 왔다(2:20, 3:9-11, 16). 그러므로 여호와의 날은 이스라엘의 원수에게는 두려움의 날이며, 주의 백성에게는 위로의 날이며 보상의 날로 이해되었던 것이다. 그러나 아모스 선지자는 이러한 이해를 완전히 뒤흔들어 놓았다. 아모스는 하나님 말씀대로 살지 못하는 주의 백성에게 여호와의 날은 구원이 아니요 죽음의 날이며, 빛이 아니라 어두움의 날이라고 한다(암 5:18). 그러므로 하나님 말씀에 순종하며 살지 않은 주의 백성이 여호와의 날을 기대하는 것은 스스로 죽음을 갈망하는 것과 같다.

요엘서를 주도하는 신학적 주제가 여호와의 날이다. 책에 기록된 주요 사건이 모두 이 주제와 연관되어 있다. 이야기를 시작하는 메뚜기 떼는 '여호와의 군대'이며, 이들의 등장은 엄청난 파괴와 살육을 예고한다(1:6, 15). 예루살렘을 향해 진군해 오는 군대(2:1-11)는 '어둡고 음침한 날' 곧 여호와의 날에 침략해 온다(2:1-2). 이 군대는 모든 면에서 세상의 종말을 예고하는 성향을 지니고 있다. 최고의 두려움과 공포를 조장하고 있는 것이다(3:15).

그렇다고 해서 여호와의 날이 꼭 어둠과 죽음만을 동반한 날은 아니다. 그날은 주의 백성에게는 구원의 날이기도 하다. 그날이 밝아오면 여호와께서 메뚜기 떼의 피해로 황폐한 땅을 치유하시고, 주의 백성에게는 영을 부어주실 것이다(3:18-21). 즉, 이날은 여호와께서 큰일, 놀라운 일을 하시는 날이다(2:21, 26). 그러므로 여호와의 날은 한 사건이 일어나는 날이자 동시에 여러 가지 사건이 일어나는 날이라는 모순을 지닌다(Garrett). 메뚜기 떼의 습격은 여호와의 날을 예고하는 사건이 아니라 여호와의 날 자체이며, 북쪽 군대의 침략 역시 여호와의 날에 있을 일이다. 또한 하나님이 영을 부어주시는 일과 열방을 심판하시는 일도 여호와의 날에 있을 것이다. 요엘에게 있어서 여호와의 날은 큰 환난이 있는 특정한 날을 뜻하는 것이 아니라, 책에 기록된 모든 사건이 여호와의 날의 실현으로 간주될 수 있는 것이다. 여호와의 날은 여러 차례 부분적이면서 반복적으로 성취될 수 있는 것이다.

6. 개요

요엘서를 장과 절로 나누는 일에 있어서 특별한 문제가 있다. 원래 성경은 장과 절의 구분을 지니고 있지 않았다. 성경을 장과 절로 구분한 것은 캔터베리의 대주교(Archbishop of Canterbury)를 지낸 랭톤(Stephen

Langton)이라는 사람의 업적이다. 그는 라틴어 성경을 장과 절로 나누었고, 그 이후 영문판을 포함한 모든 번역본과 히브리어 성경도 대체로 랭톤의 선례를 따랐다. 성경의 장과 절을 구분한 것은 주후 1205년에 있었던 일이었으며, 랭톤은 요엘서를 오늘날 우리가 익숙해져 있는 것처럼 1:1-20, 2:1-32, 3:1-21 등 세 장으로 나누었다. 랭톤의 구분은 14세기에는 칠십인역에, 16세기에 들어서는 1516-1517년을 거쳐 처음으로 인쇄된 히브리어 성경인 랍비 성경(Rabbinic Bible)에까지 적용되었다.

그러나 1524-1525년에 출판된 랍비 성경 개정판은 요엘서를 랭톤이 나눈 세 장이 아니라 네 장으로 나누었다. 랍비 성경 개정판은 2:28-32를 새로운 장으로 취급하자는 것이었다. 가장 큰 이유는 많은 주석가가 요엘서는 2:28(3:1)을 기점으로 두 섹션으로 나뉜다는 주장을 내놓았기 때문이었다. 오늘날에도 요엘서를 세 장이 아닌 네 장으로 구분하는 것이 더 만족스럽다고 주장한다(Barton). 이 책에서는 편의상 우리말 성경과 영어 성경이 따르고 있는 첫 번째 장·절 구분에 따라 본문을 논하고자 한다. 요엘서를 네 장이 아니라 세 장으로 구분하여 주해해 나갈 것이다. 다음 사항을 참조하라.

Vulgate, 칠십인역, 1st Rabbinic Bible	2nd Rabbinic Bible
1:1-20	1:1-20
2:1-32	2:1-27 3:1-5
3:1-21	4:1-21

위 섹션에서 언급한 것처럼 전통적으로 요엘서의 구조는 심판을 경고하는 1:1-2:17과 하나님의 구원을 노래하는 2:18-3:21의 두 파트로 이해되어 왔다(Dillard, Sweeney, Allen). 그래서 요엘서를 세 장이 아닌 네 장으로 구분해야 한다는 주장이 제기되기도 했던 것이다. 그러나

최근 들어 문예 비평이 활성화되면서 여러 가지 다양한 구조가 제시되고 있다(Crenshaw, Dorsey, Garrett). 이 중 가장 눈길을 끄는 구조는 도르세(Dorsey)가 제안하는 평행적 구조다.

  a. 파괴적인 메뚜기 떼의 침범(1:2-14)
    b. 메뚜기 재앙에서 비롯된 모든 피조물의 고통(1:15-20)
      c. 여호와께서 친히 메뚜기 군대를 유다에 불러들이심(2:1-11)
        d. 중심: 회개 권면(2:12-17)
  a'. 메뚜기 떼의 침략으로 빚어진 파괴가 회복될 것을 약속(2:18-27)
    b'. 유다는 하나님의 영적 축복을 경험할 것(2:28-32)
      c'. 여호와께서 열방을 모두 파괴하고 유다를 회복시키실 것
        (3:1-21)

위 구조의 매력은 요엘서를 재앙-회개-회복/구원의 구조로 구분함으로써 회개가 유다가 당면하고 있는 운명을 반전시키는 데 획기적인 역할을 강조하는데 있다(Garrett). 즉, 요엘서는 백성의 회개를 권고하는 책이라는 것이다. 그러나 도르세가 제시하는 b-c와 b'-c'의 평행적인 구조가 정말 타당한 것인가? 이 섹션의 내용을 살펴보면 그다지 설득력 있어 보이지 않는다. 또한 이 구조는 2장에 전개되고 있는 여호와의 날에 대한 경고를 요엘 시대에 있었던 역사적인 사건 정도로 취급한다. 그러나 주해에서 보겠지만 이 섹션에는 종말적 요소가 다분하다. 즉, 요엘이 경험한 역사적 사건이 아니라, 미래를 예고하고 있는 섹션인 것이다.

한 주석가는 1:2-2:27의 구조를 다음과 같이 교차대구법적으로 제시한다(Garrett). 그가 제시하는 구조의 취약점 역시 북방에서 오는 군대에 대해 지나치게 요엘 시대에 유다를 침략해왔던 실제 군대로 해석한다는 점이다. 그뿐만 아니라 이 구조에 의하면 요엘서 저자는 북방에

서 오는 군대의 침략에 대해 12절(2:1-11)을 통해 장엄하게 설명한 것
과는 대조적으로 그 군대의 파괴에 대해서는 지나치게 간략하게 묘사
한다(2:20). 2:20을 북방에서 온 군대에 대한 파괴로 보기에는 무언가
석연치 않다는 것이다. 실제로 이 군대의 파괴에 대해서는 2:28-3:21
이 자세하게 언급하고 있다.

  A. 심판: 메뚜기 재앙(1:2-20)
    B. 심판: 북방에서 오는 군대(2:1-11)
      C. 변화: 회개와 반응(2:12-19)
    B′. 용서: 북방에서 온 군대 파괴(2:20)
  A′. 용서: 메뚜기의 습격을 당한 땅이 회복됨(2:21-27)

  평행적인 구조를 제시하는 도르세(Dorsey)의 제안과 교차대구법적인
구조를 제시하는 개랫(Garrett)의 제안이 서로 현저한 차이점을 지니고
있는 듯하지만, 두 사람 모두 메뚜기 떼 재앙의 파괴(1:2-20)와 메뚜기
들의 습격을 받은 땅의 회복에 대한 섹션(2:21-27)이 평행을 이루고 있
음을 시사한다. 개랫은 두 섹션에서 다음과 같은 공통적/대조적 요소
를 찾아냈다.

1:2-20	2:21-27
장로는 이 재앙에 대하여 기억하고, 슬퍼하며 자손대로 전해야 함(2-3)	백성은 충분한 식량을 갖게 될 것이며, 다시는 수치를 당하지 않을 것(26-27)
4가지의 메뚜기 떼가 모두 먹어치움(4)	백성이 4가지 메뚜기 떼의 피해에 대해 보상받음(25)
포도주가 사라지고 기름이 떨어짐(5, 10)	포도주와 기름이 다시 풍족해짐(24b)
곡식이 파괴됨(10-11, 17)	곡식이 잘 자라 타작마당이 가득 참(24a)
땅이 마름(12, 17)	비가 옴(23)
나뭇잎들이 모두 먹힘(12, 19b)	나무들이 열매를 맺음(22b)

짐승들이 죽음(18, 20)	짐승들이 풀을 뜯음(22a)
땅이 '타 들어감'(19-20)	땅이 '두려워하지 않음'(21)

본 주석에서는 요엘서를 세 섹션으로 구분하고자 한다. (1) 당면한 재앙: 메뚜기 떼(1:1-20), (2) 임박한 재앙: 여호와의 날(2:1-17), (3) 하나님의 응답(2:18-3:21). 이 세 섹션은 시제적으로 과거/현재-가까운 미래-먼 미래 등의 차이를 보인다. 또한 당면한 재앙(1:1-20)은 이미 이스라엘이 자연재해로 경험한 메뚜기 떼의 습격이다. 두 번째 섹션인 2:1-17에서는 그들이 경험한 자연재해인 메뚜기 떼와 앞으로 치러올 적들이 한데 섞여 잘 구분되지 않는다. 그러다가 세 번째 섹션(2:18-3:21)에서는 전적으로 미래/종말에 있을 일들을 언급한다. 요엘은 유다에 임한 자연재해를 논하는 일에서(1:1-20), 주의 날에 대한 영감을 얻었고(2:1-17), 급기야 종말에 대한 환상을 받게 되었다(2:18-3:21). 선지자는 분명 세 섹션을 통해 현재(자연재해)에서 미래(종말)를 한 폭의 그림으로 보게 된 것이다. 이러한 부분을 감안해 다음과 같은 구조를 바탕으로 요엘서를 주해해 나가고자 한다.

I. 당면한 재앙: 메뚜기 떼(1:1-20)
    A. 표제(1:1)
    B. 재앙의 범위와 영향(1:2-14)
    C. 탄식과 기도(1:15-20)
II. 임박한 재앙: 여호와의 날(2:1-17)
    A. 다가오는 재앙(2:1-11)
    B. 재앙에 대한 대비(2:12-17)
III. 하나님의 응답(2:18-3:21)
    A. 당면한 메뚜기 떼 재앙에 대해(2:18-27)
    B. 임박한 여호와의 날에 대해(2:28-3:21)

I. 당면한 재앙: 메뚜기 떼

(1:1-20)

태초에 하나님의 모양과 형상을 따라 창조된 만물의 영장인 인간은 자연을 보살피고 가꾸는 청지기로 임명을 받았다. 그러나 인간은 자연을 가꾸기는커녕 오히려 죄를 통해 자연에게 창조주의 심판과 파괴를 안겨주었다. 청지기인 인간에 의한 자연파괴는 오늘날에도 계속되고 있으며, 수많은 천재지변을 통해 드러나고 있다. 급속히 진행된 도시화와 인구 폭발은 현대인에게 지구 온난화, 무책임한 생태계 파괴, 걷잡을 수 없이 오염된 자연 등의 풀어야 할 과제를 안겨주었다. 이러한 현상은 병든 자연의 신음 소리이기도 하다. 불행하게도 인간은 자연이 고통을 호소하는 소리에 만성이 되어 별로 관심을 갖지 않는다. 요엘서 1장은 마치 우리의 무뎌진 청각을 일깨우기나 하듯이 자연의 신음 소리, 즉 천재지변에 귀를 기울일 것을 요구한다. 때로는 하나님이 자연재해를 통해 우리에게 자신의 뜻을 밝히고자 하시기 때문이다.

선지자는 청중에게 메뚜기 떼 재앙은 오랜 세월 동안 이스라엘의 선지자가 예고했던 여호와의 날의 실현임을 선포한다. 메뚜기 떼는 다가오는 여호와의 날의 징조(forerunner)에 지나는 것이 아니라 하나의 역사적 실현인 것이다(Birch). 중요한 것은 심판과 재앙의 날로 이해되고 있

367

는 여호와의 날이 이스라엘 백성이 기대했던 것처럼 이방인에게 먼저 온 것이 아니라 오히려 주의 백성에게 먼저 임했다는 점이다. 요엘은 주의 백성이라고 해서 여호와의 심판에서 제외되는 것이 아님을 강조하고자 한다(Garrett). 여호와의 날이 동반하는 혹독한 재앙을 피하려면 주의 백성도 끊임없이 회개하고 날로 새로워져야 한다.

요엘은 출애굽 때 이집트에 임했던 메뚜기 떼 재앙을 회상하며 이스라엘이 최근에 경험한 메뚜기 떼의 피해를 회고하고 있다(Sweeney). 이 섹션은 다음과 같이 세 파트로 구분할 수 있다.

A. 표제(1:1)
B. 재앙의 범위와 영향(1:2-14)
C. 탄식과 기도(1:15-20)

I. 당면한 재앙: 메뚜기 떼(1:1-20)

A. 표제(1:1)

¹ 브두엘의 아들 요엘에게 임한 여호와의 말씀이라

요엘서를 시작하는 '여호와의 말씀이라'(דְּבַר־יְהוָה)는 구약에서 200차례 이상 사용되는 문장이다. 선지자들은 이 문장을 통해 선포하는 말씀의 출처를 밝힘으로써 메시지에 정당성을 부여한다. 선지자는 결코 자신의 생각을 메시지로 만들어서 전하는 자가 아니며, 오직 하나님이 주신 말씀을 신실하게 전했던 그분의 대변인이었을 뿐이었다는 것이 구약의 가르침이다. 이러한 관점에서 에스겔 선지자가 환상 속에서 하나님으로부터 이스라엘에게 전할 말씀이 적혀 있는 두루마리를 받았을 때 그 두루마리에 이미 앞뒤로 빽빽하게 메시지로 가득 차 있었다는 것은 매우 큰 상징적인 의미를 지닌다(겔 2:10). 에스겔이 사역을 시작할 때 하나님은 이미 선포해야 할 말씀을 모두 정해 놓으셨던 것이다. 그러므로 선지자는 하나님의 대변인이 되어 주님이 이미 정해 놓으신 말씀을 선포하기만 했다.

'브두엘의 아들'로 소개되고 있는 선지자의 이름 요엘(יוֹאֵל)은 '여호와께서 맹세하시다'라는 뜻을 지닌 것이라는 주장이 있지만(Sweeney), '여호와가 하나님이시다'라는 해석이 더 지배적이다(Dillard, Birch, Garrett, Baker). 그러나 우리는 더는 그에 대해 아는 바가 없다. 요엘이 자신에 대해 어떤 정보도 추가로 제공하지 않기 때문이다. 게다가 선지자의 아버지 이름인 브두엘(פְּתוּאֵל)을 문자적으로 풀이하면 '하나님께 속한 소년'이란 뜻이다(Baker). 자녀는 하나님이 주신다는 믿음을 반영하고 있는 이름이다. 브두엘은 성경에 다시는 등장하지 않는 드문 이름이며 칠십인역은 라반과 리브가의 아버지였던 브두엘(בְּתוּאֵל)과 동일하게 Βαθουηλ로 표기하고 있다(창 22:22-23). 이름을 시작하는 자음 P(פ)를 B(ב)로 바꿔 버린 것이다.

요엘은 다른 선지자처럼 사역했던 시대나 그 시대를 통치했던 왕의 이름도 밝히지 않는다. 그러므로 구체적으로 어느 시대에 사역했는가에 대한 견해가 주전 9세기부터 3세기까지 광범위하고 다양한 시대가 제시되고 있다. 한 가지 확실한 것은 선지자에 대한 자세한 언급이 없다는 것은 청중에게 잘 알려진 선지자였다는 것을 시사하는 듯하다(Achtemeier). 요엘은 당대에 설명이 필요하지 않을 정도로 모두가 아는 인물이었던 것이다.

요엘의 메시지의 특징은 백성에게 회개하라고 외치면서도 구체적으로 무엇을 회개해야 하는지 밝히지 않고 있다는 점이다. 그러나 그의 이름의 의미 '여호와가 하나님이시다'와 2:27의 "그런즉 내가 이스라엘 가운데 있어 너희 하나님 여호와가 되고 다른 이가 없는 줄을 너희가 알 것이라"(3:17)라는 선언을 감안하면, 유다는 지금 종교 혼합주의를

369

행해 하나님 외에 다른 신을 함께 섬김으로써 오직 여호와만이 하나님 이라는 것을 인정하지 않고 있는 것으로 보인다(Achtemeier).

오늘날 성도도 항상 이 점에 대해 위기 의식을 느끼며 살아가야 한 다. 물론 교회 안에서 노골적으로 예수님과 우상을 섬기는 자는 많지 않을 것이다. 그러나 교활한 사탄이 성도가 깨닫지 못하는 사이에 마 음속에 보이지 않는 우상을 세우기도 한다. 우리가 지향하는 가치관과 우선권에서 무엇이든지 하나님이 차지하셔야 할 자리를 대신하거나 하나님과 경쟁하는 것이 바로 우상이다. 사람에 따라 보이지 않는 우 상은 자식이 될 수도 있고 개인의 야심이 될 수도 있다.

> Ⅰ. 당면한 재앙: 메뚜기 떼(1:1-20)

B. 재앙의 범위와 영향(1:2-14)

요엘이 사역하던 시대에 엄청난 규모의 메뚜기 떼가 유다를 강타했다. 메뚜기 떼는 가나안의 문제만은 아니며, 당시 근동 지역 곳곳에서 종 종 일어나는 현상이었다(Hurowitz). 요엘 시대에 유다를 강타한 메뚜기 떼의 피해는 상상을 초월할 정도로 컸다. 요엘이 목격한 이 메뚜기 떼 가 선지자에게 여호와의 날에 대해 예언하도록 영감을 주었다고 한다. 그러나 이러한 주장은 예언에 대한 성경적 가르침에 상반된다. 선지 자들은 자신의 경험을 토대로 하나님 말씀을 해석하지 않았다. 그들은 오직 이미 선포된 하나님 말씀에 따라 주변에서 일어나는 사건을 해석 할 따름이었다. 그러므로 선지자들이 했던 일은 하나님 말씀을 바탕 으로 하나님이 언제, 어디서 일하고 계시는가를 알리는 것이었다. 요 엘의 경우에도 메뚜기 떼의 습격이 여호와의 날이 어떤 식으로 하나님 백성에게 임할 것인가에 관하여 선지자의 이해를 어느 정도 돕기는 했 지만, '영감'을 주지는 않았다. 요엘에게 여호와의 날에 대한 영감을 주신 분은 하나님이다. 이러한 사실이 우리에게 가르쳐주는 진리는 우리의 경험과 시대가 성경을 해석하는 것이 아니라, 하나님 말씀이 우리의 삶과 시대를 해석하고 설명하도록 해야 한다는 원리다.

선지자는 유다 사회를 구성하고 있는 모든 계층에게 최근에 임한 메뚜기 떼에 의한 재난에 대해 슬퍼하며 사태의 심각성을 의식하라고 권면한다. 이스라엘 사회에서 가장 많은 삶을 경험한 노인(2-4절), 소비자(5-7절), 생산자(11-12절), 종교적 경험이 가장 많은 제사장(13-14절) 순서로 말씀을 선포하고 있다. 그리고 중심/가운데(8-10절)에 모든 백성을 둠으로써, 이 메뚜기 떼 재앙이 이스라엘 사회의 모든 계층과 분야에 영향을 미쳤음을 강조한다. 이 섹션은 다음과 같은 구조를 지녔다.[1]

   A. [가장 많이 삶을 경험한] 노인들아! (1:2-4)
     B. 소비자들아! (1:5-7)
       C. 모든 백성아! (1:8-10)
     B′. 생산자들아! (1:11-12)
   A′. [가장 많이 종교를 경험한] 제사장들아! (1:13-14)

---

1 한 주석가는 지시(prescription)와 설명/묘사(description)를 기준으로 1:5-14에서 다음과 같은 구조를 제시한다(Baker).
   A. 지시(prescription)(1:5)
     B. 설명/묘사(description)(1:6-7)
       C. 지시(prescription)(1:8)
         D. 설명/묘사(description)(1:9-10)
       C′. 지시(prescription)(1:11)
     B′. 설명/묘사(description)(1:12)
   A′. 지시(prescription)(1:13-14)

> I. 당면한 재앙: 메뚜기 떼(1:1-20)
> B. 재앙의 범위와 영향(1:2-14)

1. 노인들아!(1:2-4)

² 늙은 자들아

너희는 이것을 들을지어다

땅의 모든 주민들아

너희는 귀를 기울일지어다

너희의 날에나 너희 조상들의 날에 이런 일이 있었느냐

³ 너희는 이 일을 너희 자녀에게 말하고

너희 자녀는 자기 자녀에게 말하고

그 자녀는 후세에 말할 것이니라

⁴ 팥중이가 남긴 것을 메뚜기가 먹고

메뚜기가 남긴 것을 느치가 먹고

느치가 남긴 것을 황충이 먹었도다

요엘은 나이든 노인을 상대로 메시지를 시작한다(2절). 노인을 뜻하는 히브리어 단어(זְקֵנִים)가 '장로'를 뜻하기 때문에(HALOT), NIV, NRS, TNK는 선지자가 '장로'(elders)에게 말씀을 선포하는 것으로 번역하고 있지만, 요엘은 유다 사회의 지도자가 아니라 가장 나이가 많은 노인에게 말씀을 전하는 것이 확실하다(Crenshaw, Barton). 그의 말씀이 전제하는 것이 청중의 풍부한 삶의 경험이기 때문이다. 이러한 사실이 선지자가 '종교적 경험이 가장 많은' 제사장을 상대로 선포한 메시지(13-14절, A')로 이 디스코스를 마무리하여 이 말씀(A)과 쌍을 이루도록 한 것에서도 역력하게 드러난다. 요엘은 노인에게 일생 경험해본 일 중에 혹은 조상들로부터 전해 들은 이야기 중에 최근 이스라엘이 경험한 재앙과 견줄 만한 일을 생각해낼 수 있느냐고 묻는다.

선지자는 가장 오래 산 사람마저 전혀 경험해보지 못하고, 들어보지도 못한 대단한 사건이 터졌다고 외치고 있다. 먼저 사람의 관심을 모으기 위해 구약에서 흔히 사용되는 '들을지어다(שִׁמְעוּ)//귀를 기울일지어다(הַאֲזִינוּ)'(2절)의 명령문 쌍을 통해 청중의 집중을 요구한다. 그다음 "선조 때부터 오늘까지 이런 일이 있었느냐?"라는 수사학적인 질문을 통해 청중의 심리를 고조시킨다(2절). 그뿐만 아니라 요엘은 모세가 이집트를 떠나던 이스라엘 백성에게 하나님이 베푸신 기적과 은혜를 "자손대대로 가르치고 기념하라"고 명했던 것처럼(출 10:2), 청중에게 "너희는 이 일을 너희 자녀에게 말하고 너희 자녀는 후세에 말할 것이니라"라고 당부하고 있다(3절). 주의 백성이 당대에 경험하고 있는 일이 결코 잊혀서는 안 된다는 것이다.

여기서 '고하다'(סָפַר)는 종교 모임 중에 '낭송하다'라는 의미로 해석될 수 있다(시 40:6; 44:2; 73:28; 78:3-4; 79:13; 렘 23:28, 32). 이 사건을 두고 두고 기념하고 자손 대대로 전하라는 것이다. 대대로 자녀에게 전한다는 것은 이미 언급한 것처럼 출애굽 전승을 연상케 한다(출 12:26-27; 13:8, 14; 신 4:9; 6:6-7, 20-23). 그만큼 요엘 시대에 이스라엘이 경험하고 있는 메뚜기 떼는 충격적이고 두려운 일이었던 것이다. 또한 메뚜기 떼는 하나님이 모세를 통해 이집트에 내리신 열 재앙 중 여덟 번째 재앙이라는 사실도 이 말씀을 출애굽 사건과 연결시키고 있다(출 10:1-6).

선지자를 이처럼 흥분시키고 놀라게 한 일이 도대체 무엇이었는가? 바로 메뚜기 떼였다. 이 메뚜기 떼는 자연에서 종종 목격하는 실제 메뚜기인가, 아니면 침략해오는 외국군대를 비유적으로 말한 것일까? 옛적에는 메뚜기 떼를 외국 군대로 해석했지만, 선지자는 실제 메뚜기 떼에 대해 말하고 있다(Wolff). 구약에는 메뚜기를 뜻하는 단어가 10개나 된다(Finley, Garrett). 그중 네 개를 사용하여 이스라엘에 임했던 완전한 파괴를 회고하고 있다. 숫자 '4'는 선지자가 여호와의 날과 관련지어 종말을 경고하는 데 매우 적절한 숫자다. 묵시문학에서 4는 종말적인 중요성을 가지기 때문이다. 느부갓네살과 다니엘은 꿈속에서 미래에 탄생할 4제국을 보았다(단 2, 7장). 스가랴와 요한은 4명의 말타는 자들을 보았다(슥 1:8; 계 6:1-8). 때로 묵시문학의 아버지로 불리는 에스겔도 4를 중심으로 하나님의 임재를 설명했다: 4얼굴과 4날개를 가진 4그룹 등등(겔 1장). 물론 4를 메뚜기 떼와 직접 연관시켜 의미를 부여하는 것은 바람직하지 않지만, 숫자 4는 종말을 논하는 데 적절히 사용되는 숫자임은 확실하다.

또한 선지서와 묵시 문헌에서 숫자 4는 포괄성과 총체성을 뜻한다. 메뚜기 떼의 피해가 유다의 한 지역에 국한된 것이 아니라 나라의 모든 영토에 피해를 입힌 것이다. 메뚜기 떼의 왕성한 식욕이 온 이스라엘의 들판과 과수원에서 푸르름을 완전히 제거해 버렸다. 요엘은 메뚜기 떼를 이렇게 묘사함으로써 이 재앙이 단순한 자연재해가 아님을 시사하는 것이다(신 4:32-34). 율법은 메뚜기 떼의 습격이 언약적 저주일지도 모른다는 점을 상기시킨다(신 28:38). 요엘은 메뚜기 떼가 유다를 습격한 것은 우연이 아니며, 자연을 다스리시는 여호와께서 메뚜기 떼를 보내셨다고 한다(Achtemeier). 그래서 요엘은 백성에게 회개하라고 외치는 것이다.

본문이 메뚜기를 칭하는데 사용하는 네 명칭(גָזָם, אַרְבֶּה, יֶלֶק, חָסִיל)이 네 종류의 메뚜기를 뜻하는지, 아니면 메뚜기가 성장하는 네 단계/과정을 의미하는지는 아직도 논란이 많다(Baker). 이러한 현상은 여러 영어 번역본에도 그대로 반영되어 있다. 최근 들어 대체로 네 개로 나뉘는 메뚜기의 성장 과정을 의미하는 것으로 이해한다(Sellers, Sweeney, cf. Simkins, Credner, Dillard). 그러나 네 명칭이 각기 다른 종류의 메뚜기, 다른 색깔을 띤 메뚜기, 각 지방의 방언/사투리, 혹은 수사학적인 효과를 위해 한꺼번에 사용되고 있는 비슷한 말들일 가능성을 배제할 수 없다(Patterson, Wolff, Allen). 네 단어를 어떻게 이해하든 간에 선지자는 이곳에서 네 단어를 한꺼번에 사용하여 메뚜기 떼가 얼마나 큰 충격과 피해를 가져왔는가를 상기시킨다(Achtemeier, Patterson). 12소선지서의 흐름을 감안할 때, 요엘의 메뚜기 떼 재앙은 요엘서 다음으로 등장하는 아모스서에서 메뚜기 떼가 온 이스라엘의 영토를 휩쓰는 일을(암 7:1-3) 예상케 한다(Sweeney).

도대체 메뚜기 떼가 어떤 것이기에 이런 일이 가능한 것일까? 몇 가지 예를 생각해보자(Baron, Andinach). 1899년에 홍해에서 목격된 메뚜기 떼의 크기는 5,000㎢에 달했으며 1㎢당 메뚜기의 숫자는 4,700만 마리에 달했다. 1957년에 소말리아(Somalia)에서 목격된 메뚜기 떼의 크기는 160억 마리로 추정되었으며, 이 메뚜기들의 무게만도 5만 톤이었던 것으로 기록되었다. 1881년에 키프로스(Cyprus)에서 메뚜기 떼의 피해를 방지하는 사업의 일원으로 메뚜기들이 부화하기 전에 알을 찾아 파괴하는 프로젝트를 진행했는데, 그때 파괴된 메뚜기 알만 1,300톤에 달한 것으로 보고되었다.

메뚜기는 보통 수명이 127일에 달하며 하루에 평균 자기 몸무게만큼, 경우에 따라서는 몸무게의 세 배까지 먹어 치운다고 한다(Baron). 메뚜기 떼의 습격은 풀과 나무에게만 피해를 입히는 것이 아니라 사람에게도 영향을 미친다. 메뚜기 떼 때문에 먹을 것이 귀해지면 사람들은 약해지고, 메뚜기 떼가 썩는 곳에서 비롯되는 병은 전염성이 높아 매우 쉽게 확산된다. 발진티푸스(typhus)가 썩는 메뚜기 떼에서 발생하는 대표적인 전염병이다.

그렇다면 성경에 등장하는, 오늘날도 가끔 세상을 곤경에 빠뜨리는 메뚜기 떼는 평소에 우리가 접하는 메뚜기와는 전혀 다른 것인가? 이 질문은 1921년에서야 답을 찾았다. 우바로프(Uvarov)는 평소에는 독립적으로 돌아다니며 연약하게까지 보이는 사막 메뚜기들(dessert grasshoppers)의 체질과 날개 색깔 등 신체가 온도와 습도에 따라 변하게 될 뿐만 아니라 아주 무서운 속도로 번식하고 먹어대는 거대한 집단들로 변한다는 것도 발견했다(Baron).

2. 소비자들아!(1:5-7)

⁵ 취하는 자들아

너희는 깨어 울지어다

포도주를 마시는 자들아

너희는 울지어다

이는 단 포도주가 너희 입에서 끊어졌음이니

⁶ 다른 한 민족이 내 땅에 올라왔음이로다

그들은 강하고 수가 많으며

그 이빨은 사자의 이빨 같고

그 어금니는 암사자의 어금니 같도다

⁷ 그들이 내 포도나무를 멸하며

내 무화과나무를 긁어 말갛게 벗겨서 버리니

그 모든 가지가 하얗게 되었도다

유다 사회에서 가장 삶의 경험이 풍부한 노인층을 상대로 말씀을 선언한 선지자가 이번에는 술을 즐기는 소비자에게 메뚜기 떼로 인해 앞으로 수년간 술의 공급이 끊기게 된 것을 슬퍼하라고 한다. 요엘이 구체적으로 한 '민족/나라'(גוי)(6절)가 이스라엘을 습격했다고 하지만 대부분은 이 나라가 메뚜기 떼를 두고 하는 말이라고 풀이한다(Wolff, Patterson, Achtemeier, Baker). 그러나 2:20의 '북편 군대'(הַצְּפוֹנִי)에 근거하여 이곳의 민족/나라가 이스라엘의 원수 국가를 두고 하는 말이라고 해석하는 사람도 종종 있다. 요엘서가 현재와 미래, 실물과 이상을 명확하게 구분하지 않고 메시지를 전개하는 특징을 지니고 있지만, 본문이 언급하는 민족/나라는 문맥과 정황상 메뚜기 떼에 대한 은유로 해석하는 것이 바람직하다.

메뚜기 떼가 가나안 땅을 휩쓸었으니 곡식과 풀뿐만 아니라 과일나무 잎까지 깡그리 사라져 버렸다. 그러므로 그해 농사뿐만 아니라 과일 수확에 대한 기대도 버려야 했다. 추수 때가 되면 새로운 곡식과 과일을 기대하던 소비자에게 이보다 더 나쁜 소식은 없을 것이다. 메뚜기 떼는 술 취한 자에게 '술 깨는' 이야기였던 것이다.

'술 취한 자들'(שִׁכּוֹרִים)(5절)에 대한 언급은 평소에 사회가 어떻게 돌아가고, 신앙에 관심이 없던 사람도 이제는 걱정해야 할 때가 왔다는 것으로 해석된다. 이런 사람에게 메뚜기 떼의 피해는 그들의 무관심에 대한 하나님의 심판이라 할 수 있다(Achtemeier). 또한 '포도주를 마시는 자들'(wine drinkers)(שֹׁתֵי יָיִן)(5절)은 오늘날로 말하면 식사 때면 와인을 한 잔씩 곁들이는 와인 애호가를 두고 하는 말이다. 와인이 매우 흔하고 일상의 일부였던 고대 시대에 이 호칭은 부정적인 뉘앙스를 지녔다고 할 수 없다(Wolff, Crenshaw, Baker). 선지자는 취하기 위해 술을 마시는 사람, 술을 즐기는 사람 모두 이제는 포도로 빚은 술을 구할 수 없으니(혹은 구하더라도 싼값에 구할 수 없으니) 슬퍼할 수밖에 없는 시대가 왔다고 한다. 풍요로운 포도주가 하나님의 축복의 상징인 것에 반해(시 104:15; 아 5:1; 요 3:18; 암 9:13), 메뚜기 떼로 앞으로 몇 년 동안 술 공급이 줄어드는 것은 하나님의 심판으로 이해해야 한다.

요엘은 메뚜기 떼가 유다 땅을 강타하는 광경을 마치 엄청난 식욕과 날카로운 이빨을 가진 사자가 먹이를 덮치는 모습으로 묘사한다(6절). '사자의 이빨'(שִׁנֵּי אַרְיֵה)은 메뚜기가 이빨을 가지고 있음을 뜻하는 것이 아니라, 들짐승 중에서도 유독 사자가 먹이에 대한 욕구가 강한 점을 들어 메뚜기의 파괴력을 강조하고 있을 뿐이다. 메뚜기 떼는 먹이에 대한 집념이 강한 사자처럼 다른 짐승에게 먹을 것을 전혀 남기지 않고 유다의 들판을 깨끗하게 먹어 치웠던 것이다. 사도 요한도 메뚜기 떼가 '사자의 이빨'을 가졌다고 묘사한다(계 9:8). 아마도 요엘의 말씀에서 영감을 얻은 것으로 생각된다.

메뚜기 떼는 포도원뿐만 아니라 무화과나무도 망쳐 놓았다(7절). 흥미로운 것은 7절은 10개의 히브리어 단어로 구성되어 있는데, 이 중 반(半)인 5개가 동사다. 히브리어 문장에서 동사가 많이 사용되는 것은 그 동사가 묘사하는 일이 순식간에 일어난 일임을 강조하는 기법이다. 선지자는 이처럼 많은 동사를 한꺼번에 사용하여 메뚜기 떼에 의한 파괴가 얼마나 심각하고 숨 고를 틈도 없이 순식간에 일어났는지 회복불능의 수준에 달했음을 강조한다(Baker). 과실나무의 껍질까지 다 갉아 먹어 나무가 허옇게 말랐으니 앞으로 몇 년 동안은 좋은 수확을 기대할 수 없다. 껍질이 벗겨진 나무들도 병충해에 노출되었기 때문이다. 당시 무화과와 포도는 흔히 한 과수원에서 함께 재배되던 과일이었고, 이스라엘 경제의 중요한 부분을 차지했다. 또한 포도와 무화과 과수원을 소유하는 것은 부를 상징하기도 했다(왕하 18:31; 사 36:16; 렘 5:17; 미 4:4; 슥 3:10). 이스라엘의 경제를 떠받들고 있는 포도와 무화과 작황을 앞으로 몇 년 동안 기대할 수 없게 되었으니 백성의 삶은 궁핍해질 수밖에 없다. 포도와 무화과는 다시 1:12, 2:22에서 쌍으로 등장한다.

모든 것이 절망적으로 보이지만, 희미하나마 한줄기 소망이 보인다. 새번역은 7절에 사용된 인칭 대명사를 '우리'로 번역하여 온 공동체가 탄식하고 있는 상황으로 묘사하지만, 마소라 사본(MT)은 일인칭 단수 '나'를 사용하고 있다. 유다 공동체가 아닌 땅을 선물로 주신 땅 주인 하나님이 탄식하시는 것을 말한다. 만일 하나님이 자기 백성이 당한 어려움을 생각하고 슬퍼하신다면, 머지않아 그 땅이 회복될 것을 기대할 수 있다(2:18). 하나님이 백성의 슬픔을 자신의 슬픔으로 생각하신다는 점이 참으로 은혜롭고 위로가 된다.

3. 백성들아!(1:8-10)

> ⁸ 너희는 처녀가 어렸을 때에 약혼한 남자로 말미암아
>
> 굵은 베로 동이고 애곡함 같이 할지어다
>
> ⁹ 소제와 전제가 여호와의 성전에서 끊어졌고
>
> 여호와께 수종드는 제사장은 슬퍼하도다
>
> ¹⁰ 밭이 황무하고 토지가 마르니
>
> 곡식이 떨어지며
>
> 새 포도주가 말랐고
>
> 기름이 다하였도다

지금까지 노인과 소비자에게 메뚜기 떼의 피해에 대해 슬퍼하라고 권고했던 선지자가 이번에는 온 백성에게 슬퍼하라고 선언한다. 유다는 포도주와 기름이 떨어지는 것을 슬퍼해야 한다. 그러나 슬퍼해야 할 더 큰 이유가 있다. 성경에서 포도주와 올리브유를 포함한 농산물은 하나님의 축복의 상징이다(민 18:21; 신 7:13; 11:14; 28:51; 호 2:12; 암 4:9; 미 4:4; 시 105:33; 사 36:16; 렘 5:17). 심지어 포도나무와 무화과나무는 하나님과 이스라엘의 관계를 상징하기도 한다(시 80:8-15; 사 5:2-5; 렘 2:21; 미 4:3-4; 슥 3:10; cf. 마 21:18-21, 28-46). 반면에 재해로 농산물이 생산되지 않는 것은 종종 언약적 저주로 묘사된다(호 2:8-13). 그러므로 요엘 시대에 이런 재앙이 임한 것이 하나님이 내리신 벌일 수 있기에 유다는 근신하고 성찰해야 한다. 그렇다면 온 이스라엘은 얼마만큼 슬퍼해야 하는가? 요엘은 마치 '젊은 날에 남편을 잃은 처녀처럼'(כִּבְתוּלָה חֲגֻרַת-שַׂק עַל-בַּעַל נְעוּרֶיהָ)(lit., '[죽은] 젊은 날의 남편을 위해 베옷을 입은 처녀처럼') 하라고 한다(8절). 이 말씀에서 '처녀'는 예루살렘을 의인화한 것으로 해석되기도 한다(Achtemeier). 이렇게 해석할 경우 절망하는

처녀는 메뚜기 떼의 습격을 받은 유다의 수도인 예루살렘이 좌절하는 모습이다.

'남편'(בַּעַל)이 경우에 따라서는 바알 혹은 담무스 신을 암시하는 것으로 해석되고, 처녀는 가나안 여신 아나트(Anat)로 해석되기도 하지만(Kapelrud, cf. Crenshaw), 본문에서는 '젊은 날'과 어울려 단순히 '결혼을 약속한 남자'를 뜻한다(Wolff, Barton). 이스라엘 풍습에 의하면 남편 될 사람이 아내 될 사람의 몸값을 치르면 결혼날까지 두 사람은 '아내-남편'으로 불렸다(창 29:21; 신 22:23-24). 선지자는 결혼을 앞둔 처녀가 남편 될 사람을 잃었을 때처럼 슬프게 곡을 하라고 한다(렘 2:2). 처녀가 약혼한 남자를 잃는 것은 당시 사람이 상상할 수 있는 최고로 고통스러운 경험 중 하나였다.

'베옷'(שַׂק)(8절)은 염소의 털로 짠 것으로 대체로 까만 색을 지녔다. 슬픈 일을 당했을 때(창 37:34; 삼하 3:31; 21:10; 사 3:24; 15:3; 렘 48:37; 애 2:10), 혹은 죄를 회개하며 근신할 때 착용했다(왕상 21:27; 느 9:1-2; 욘 3:5-6). 이스라엘 사람은 결혼식 때 여러 가지 색으로 구성된 색동옷을 입고 즐거워했다(시 45:14-16; 아 4:11). 그러므로 본문이 묘사하고 있는 상황은 마치 새색시가 부푼 가슴을 안고 시집가는 날 입을 색동옷을 꺼내놓고 그날을 기다리다가, 갑자기 날아온 남편 될 사람의 죽음 소식에 망연자실해 색동옷과 대조적인 까만 베옷으로 갈아입고 통곡하는 모습이다. 전혀 예측하지 못했던 일이 벌어졌을 때의 황당함과 당혹스러움이 유다를 덮친 것이다.

메뚜기 떼의 피해가 결코 백성에게만 영향을 미치는 것은 아니었다. 백성의 수입이 줄어들었으니 성전에 바치는 제물의 양도 당연히 영향을 받았을 것이다. 매일 제사에 사용될 제물의 양이 영향을 받고, 백성의 헌금으로 살아가던 제사장의 생활이 궁핍해질 수밖에 없다. 그러므로 제사장도 사랑하는 자를 잃은 자처럼 슬퍼한다(9절; cf. 창 37:35; 50:10). '소제(מִנְחָה)와 전제(נֶסֶךְ)'(9절)는 아침과 저녁에 양(출 29:38-40; 민

28:3-8)과 함께 드려졌던 액체(포도주/기름)에 젖은 곡식을 뜻하는 듯하다(Dillard). 그러므로 메뚜기 떼의 피해는 주의 백성이 시내 산 언약에 따라 드려야 하는 제사도 제대로 드리지 못해 결국 이스라엘이 언약을 위반하는 결과를 초래하고 있다(Achtemeier).

땅의 황폐(10절)가 메뚜기 떼에 의한 것이 아니라, 가뭄에 의한 것이라고 해석하기도 한다(Crenshaw, Barton). 그러나 선지자가 지금까지 메뚜기 떼에 대해 말씀을 선포해온 것으로 보아 설득력 있어 보이지 않는다. 땅의 황폐는 가뭄이 아니라 메뚜기 떼에 의해 빚어진 것이다. 선지자가 다음 섹션에서는 엎친 데 덮친 격으로 기근도 유다를 엄습했다고 하지만, 이 섹션에서는 메뚜기 떼의 피해에 모든 관심을 집중하고 있다.

곡식(דָּגָן), 술(תִּירוֹשׁ), 기름(יִצְהָר)(10절)은 구약에 자주 함께 등장하는 것이다(민 18:12; 신 7:13; 11:14; 12:17; 14:23; 18:4; 28:51; 대하 31:5; 32:28; 느 5:11). 세 가지는 이스라엘 농업의 세 가지 산물을 대표한다. 목초(grass), 관목(shrub), 나무(tree)다. 이곳에서 메뚜기 떼의 피해가 모든 농작물에 포괄적으로 임했음을 강조하기 위해 함께 사용되고 있다. 메뚜기 떼는 단순히 목초만 먹어댄 것이 아니라 관목과 나무의 푸르름도 먹어 치웠던 것이다(Dillard). 그러므로 주의 백성은 전에 경험해보지 못한 생계의 위협을 받고 있다.

유다는 이제는 하나님과 교제하고 있다고 주장할 수 없다. 하나님이 교제의 수단(제물)을 거두어가셨기 때문이다. 구약의 관점에서 생각할 때 땅은 하나님의 선물이다. 특히 이스라엘 땅은 여호와께서 자기 백성에게 주신 가장 대표적인 선물이다. 그러나 지금 땅에 재앙이 임했으니 그곳에 사는 모든 사람이 깊은 생각을 하고 당면한 현실을 묵상해야 할 때가 왔다. 국가적인 재난은 모든 백성에게 삶을 되돌아보게 하는 계기가 되어야 한다. 한국은 지난 몇 년 사이에 크고 작은 사고와 재난을 참 많이 경험했다. 우리 역시 이러한 일을 당할 때마다 많은 생각과 묵상을 해야 한다.

4. 생산자들아!(1:11-12)

¹¹ 농부들아

너희는 부끄러워할지어다

포도원을 가꾸는 자들아

곡할지어다

이는 밀과 보리 때문이라

밭의 소산이 다 없어졌음이로다

¹² 포도나무가 시들었고

무화과나무가 말랐으며

석류나무와 대추나무와 사과나무와 밭의 모든 나무가

다 시들었으니

이러므로 사람의 즐거움이 말랐도다

이스라엘의 모든 백성에게 약혼한 남자를 잃은 처녀처럼 슬퍼하라고 권했던 선지자는 다시 사회의 한 부류를 향해서 메뚜기 떼가 초래한 피해에 대해 말씀을 선포한다. 요엘은 5-7절에서 소비자들을 말씀의 대상으로 삼았지만, 이 섹션에서는 생산자들을 대상으로 삼고 있다. 내용은 그동안 선포된 메뚜기 떼의 피해를 요약한 것이다. 이스라엘의 밭과 과수원이 모두 파괴되었으므로 이것을 생계 수단으로 삼아왔던 농부들이 슬퍼해야 하는 상황이 발생한 것이다. 메뚜기 떼가 소비자들에게도 피해를 입혔겠지만 어찌 생산자들에게 피해를 입힌 것과 같겠는가!

본문이 언급하고 있는 보리와 밀은 가나안 지역에서 생산되는 것 중 가장 중요한 곡물이다. 포도나무와 무화과나무는 부의 상징이었으며, 석류나무와 종려나무(대추야자)는 풍요의 상징이었다. 우리말 성경이

'사과나무'로 번역하고 있는 히브리어 단어(תפוח)의 정확한 의미는 살구나무(apricot)다(HALOT, Baker). 이 모든 작물이 메뚜기 떼의 습격을 받았으니 수확은 고사하고 이듬해에 파종할 씨앗도 거두기 어려운 형편이 되었다. 그러므로 농부들이 슬퍼하는 것은 당연한 일이다. 생산자들이 이처럼 생산할 것이 없으니 이스라엘 경제가 송두리째 흔들리는 것은 뻔한 일이다.

그런데 메뚜기 떼의 피해 때문에 왜 농부들이 부끄러워해야(הבישו)(11절) 하는가? 메뚜기 떼는 농부들이 어떻게 할 수 없는 자연재해가 아닌가? 농부들의 노력이 부족해 이런 결과를 초래했으니 그들이 부끄러워해야 한다고 해석하기도 하지만(Frankfort), 아마도 고대 시대에는 부모에게 자식이 없는 것처럼 농부들에게 수확할 것이 없는 것도 수치로 여겨졌던 것 같다(Garrett, cf. 시 127:3-5). 인간은 자연의 이치에 따라 노동의 열매를 생산하고 즐기며 살아가야 하는 것이다.

┌─────────────────────────────────────┐
│ I. 당면한 재앙: 메뚜기 떼(1:1-20)   │
│   B. 재앙의 범위와 영향(1:2-14)   │
└─────────────────────────────────────┘

5. 제사장들아! (1:13-14)

¹³ 제사장들아 너희는 굵은 베로 동이고 슬피 울지어다
제단에 수종드는 자들아 너희는 울지어다
내 하나님께 수종드는 자들아
너희는 와서 굵은 베 옷을 입고 밤이 새도록 누울지어다
이는 소제와 전제를 너희 하나님의 성전에 드리지 못함이로다
¹⁴ 너희는 금식일을 정하고 성회를 소집하여
장로들과 이 땅의 모든 주민들을
너희 하나님 여호와의 성전으로 모으고
여호와께 부르짖을지어다

383

　학자들 사이에 13-14절이 앞부분과 연결된 것인지, 아니면 독립적인 메시지인지에 대해 상당한 논란이 있다(Rudolph). 호격형(vocatives), 명령형(imperatives), 반복되는 단어, 2절과 14절이 일종의 수미쌍관법(inclusio)을 형성하고 있는 점이 13-14절을 2절에서 시작한 메시지의 일부로 보는 것을 뒷받침한다. 내용에 있어서도 앞부분과 다음 권면(15-20절)을 연결하는 적절한 다리 역할을 하는 듯하다.

　요엘은 삶의 경험이 가장 많은 노인에게 "이런 일을 경험한 적이 있느냐?"라는 질문으로 신탁을 시작한다(2절). 이제 이스라엘 사회에서 종교를 가장 많이 경험한 제사장에게 말씀을 선포한다. 즉, 메뚜기 떼의 문제는 단순히 경제 문제나 사회 문제가 아니라 종교 문제이기도 하다는 것을 시사하고 있는 것이다. 선지자는 상황의 심각성을 강조하기 위해 여러 개의 명령문으로 이 섹션을 시작한다.

　요엘은 제사장에게 가장 슬픈 일을 당한 사람의 모습으로 하나님 앞에서 통곡하라고 세 차례나 권유한다(13절). 제사장이 슬퍼할 이유는 매일 아침 저녁으로 하나님께 드려야 할 제물이 모두 동났기 때문이다(13절). 성전에서 정기적으로 드리는 제사마저 어려움을 겪고 있으니 메뚜기 떼의 피해가 얼마나 컸는지 상상이 간다. 이 말씀의 포인트가 중요하다. 선지자는 비록 이스라엘이 엄청난 위기를 맞이했지만, 위기 때문에 하나님께 나아오라고 하지 않고 성전의 어려운 형편 때문에 하나님께 눈물지으라고 한다(Prinsloo). 물론 이스라엘의 어려운 형편이 성전의 형편을 어렵게 했다. 그러나 선지자는 분명 초점을 이스라엘이 아니라 하나님과 그분의 일에 맞추라고 권면한다. 예배를 드리고 싶어도 드릴 수 없는 아픔을 예배를 받으시는 여호와께 토로하라는 것이다. 또한 제물이 동났다는 것은 제물을 하나님께 드리는 것을 천직으로 여겨왔던 제사장의 할 일이 없어진 것을 뜻한다. 제사를 드리고 싶어도 제물이 없어 드리지 못하는 제사장의 안타까움을 상상할 수 있는가?

　제사장은 백성의 종교적 지도자로서 이 어려운 역경에서 개인적인 탄식과 회개에만 머물러서는 안 된다. 선지자는 제사장에게 이스라엘의 모든 백성을 성회(עֲצָרָה)로 모아 주께 부르짖으라고 권하고 있다(14절). 성회로 해석되는 히브리어 단어는 원래 '일로부터 자유한 날'을 의미했는데 세월이 지나면서 공식적인 종교 모임을 의미하게 되었다(TDOT, NIDOTTE). 지도자의 진가는 상황이 어려울 때 가장 강력하게 드러나는 법이다. 만일 지도자가 다른 사람처럼 그저 슬퍼만 한다면 하나님께 받은 소명을 다하지 못하는 것이다. 어려운 때일수록 어찌할 바를 몰라 방황하는 백성에게 이정표 역할을 하는 것이 지도자의 몫이다.

우리는 이곳에서 히브리 사람의 영적 생활의 네 가지 면모를 보고 있다. (1) 금식을 통해 슬픔과 탄식을 표현하는 것, (2) 성회로 모여 함께 애곡하는 것, (3) 여호와의 전에 모여 탄식하는 것, (4) 여호와께 부르짖는 것이다. 우리는 요엘서를 통해 그가 이스라엘의 다른 선지자와 조금은 다르다는 사실을 인식하게 된다. 대체로 선지자는 조직화된 종교와 예식을 반대하고, 이미 임한 혹은 앞으로 임할 국가적 재앙을 되돌리기에는 너무 늦었다는 메시지를 선포한다. 반면에 요엘은 체계화된 종교를 거부하지 않을 뿐만 아니라 온 백성이 제사장을 중심으로 조직적인 예배를 드리기를 권장하고 있다. 그들이 당면하고 있는 재앙을 되돌릴 기회는 아직도 있고, 오직 진정한 예배가 이러한 반전을 안겨줄 수 있다고 강조한다. 요엘의 메시지는 때로는 하나님이 인간이 이해할 수 없는 이유로 백성을 심판하실 수도 있지만, 또한 항상 백성에게 은혜를 베풀기 원하시는 분이시기에 백성의 호소에 의해 마음이 움직여지는 분이시라고 주장하는 성전 예식 신학(theology of the temple cultus)에 근거한 것으로 여겨지기도 한다(Barton).

C. 탄식과 기도(1:15-20)

지금까지 선지자는 사회를 구성하고 있는 각계 각층의 사람에게 메뚜기 떼의 피해에 대해 슬퍼하라고 권면했다. 이제 말씀의 각도를 조금 바꾸어서 메뚜기 떼의 피해는 단순히 자연재해가 아니며 신학적으로 매우 커다란 의미를 지닌 여호와의 날에 대한 경고라는 것을 강조한다. 메뚜기 떼는 전능자(שַׁדַּי)에게서 온 파괴(שֹׁד)이기 때문이다(15절). 이 문구의 언어유희를 생각해보라. '파괴자[하나님]에게서 온 파괴'(מִשַּׁדַּי שֹׁד). 주의 백성이 당하고 있는 재앙은 곧 여호와께 비롯되었다는 것이다(Sweeney). 선지자는 이 섹션에서 다가오는 여호와의 날을 생각하며 어떻게 대처해야 하는지를 가르쳐 주고 있고, 두 섹션으로 구분할 수 있다.

    A. 자연재해와 여호와의 날(1:15-18)
    B. 자연재해에 대한 대처(1:19-20)

1. 자연재해와 여호와의 날(1:15-18)

¹⁵ 슬프다 그 날이여

여호와의 날이 가까웠나니

곧 멸망 같이 전능자에게로부터 이르리로다

¹⁶ 먹을 것이 우리 눈 앞에 끊어지지 아니하였느냐

기쁨과 즐거움이 우리 하나님의 성전에서 끊어지지 아니하였느냐

¹⁷ 씨가 흙덩이 아래에서 썩어졌고

창고가 비었고 곳간이 무너졌으니

이는 곡식이 시들었음이로다

¹⁸ 가축이 울부짖고

소 떼가 소란하니

이는 꼴이 없음이라

양 떼도 피곤하도다

이스라엘은 메뚜기 떼가 가져온 경제적인 충격에서 헤어나지 못하고 있다. 그러나 선지자는 만일 이들이 단순히 경제적인 피해만 생각하고 이 사건을 정리한다면 하나님 뜻을 제대로 헤아리지 못하는 처사임을 지적한다. 메뚜기 떼의 날개에 실려온 여호와의 경고를 함께 깨달아야 한다는 것이다(15절). 즉, 이스라엘은 메뚜기 떼의 피해를 보면서 앞으로 임할 여호와의 날이 어떤 모습을 취할 것인지를 생각해보아야 한다. '여호와의 날'(יוֹם יְהוָה)은 구약의 여러 주제 중 가장 많이 체계적으로 연구된 개념에 속하고(Prinsloo, von Rad), 요엘서에서는 5차례 사용된다(1:15; 2:1, 11, 31; 3:14). 이 표현의 근원에 대해서는 크게 둘로 나뉘어 있다. 첫째, 여호와께서 직접 나서서 이스라엘의 원수를 대적하여 싸우시는 성전(聖殿)에서 시작된 개념이라는 주장이다(von Rad). 둘째, 종교 예식 중 여호와를 기념하는 축제에서 비롯되었다는 주장이다(Mowinckel). 선지자들이 두 가지 모두 메시지에 도입해 여호와께서 인류 역사에 개입하시는 날로 발전시켰다(Carroll). 요엘은 크게 세 가지로 메뚜기 떼가 여호와의 날을 묘사하고 있다고 선언한다.

첫째, 여호와의 날이 임하면 성전에도 기쁨과 즐거움이 없다(16절). 백성이 성전에 제물로 들여놓는 곡식이 끊어지니 성전에도 풍요로움에서 오는 즐거움이 끊기는 것은 당연한 일이다. 여호와의 날의 참담함을 극적으로 묘사하고 있다. "그날이 되면 여호와의 전에서도 기쁨을 찾을 수 없을 것이다." 백성도 먹을 것이 없으니(17절) 어떻게 성전에 곡식을 제물로 들여놓을 수 있겠는가! 그러므로 메뚜기 떼와 함께 온 여호와의 날로 인해 제사장의 기쁨과 즐거움도 사라졌다.

둘째, 여호와의 날이 임하면 사람의 궁핍함이 극에 달한다(17절). '씨가 흙덩이 아래서 썩어졌고'(עָבְשׁוּ פְרֻדוֹת תַּחַת מֶגְרְפֹתֵיהֶם)는 요엘서에서 해석하기 가장 어려운 문구다. 이 문구를 구성하고 있는 네 단어 중 세 개가 성경에서 딱 한 번씩 사용되는 것들(hapax legomena)이다. 그러므로 이 단어의 정확한 의미를 추정하는 것은 매우 어렵다(Baker, Wolff). 개역개정, 새번역, 공동번역 등이 이 문장을 번역해 놓은 것을 보면 이스라엘의 어려움이 메뚜기 떼에 의한 직접적인 피해라고 하기가 쉽지 않다. 무언가 다른 이유에서 곡식이 제대로 자라지 못하고 있다는 느낌을 주기 때문이다. 그래서 한 학자는 다음과 같은 해석을 제안한다. "곡식은 줄어들었고, 물고랑들은 좌절했으며, 창고들은 비어있고, 옥수수가 말랐기에 헛간들은 허물어졌다"(Shrunk are the grains, disheartened are their irrigation spades, empty are the store-houses, collapsed lie the barns, for the corn has dried up)(Kapelrud). 엎친 데 덮친 격으로 메뚜기 떼 피해로 고통받고 있는 유다에 여호와의 날이 임하면 기근이 급습할 것이다. 극심한 가뭄 때문에 농사가 전혀 되지 않아 곡식을 쌓기 위해 세워 놓은 창고들이 텅텅 비어 있을 뿐만 아니라 더는 사용되지 않아서 폐허가 된다는 것이다. 곡식창고가 비었다는 것은 독자로 하여금 백성의 고통이 얼마나 클 것인가를 쉽게 상상하게 한다. 여호와의 날은 혹독한 고통의 날이 될 것이다.

셋째, 여호와의 날이 임하면 가축도 당혹해 한다(18절). 이미 여호와의 날은 사람들에게 혹독한 가뭄이 가져오는 궁핍을 겪게 될 것을 선언했다(17절). 선지자는 이 가뭄 이미지를 다시 사용해 짐승에게 임할 궁핍함을 묘사하고 있다. 짐승들이 먹을 풀이 없어서 울부짖으며 괴로워한다. 허기를 이기지 못하는 모습이다. 여호와의 날은 사람뿐만 아니라 가축까지 고통스러워하는 날이다.

이와 같이 여호와의 날은 세상의 모든 자연만물과 사람에게 혹독한 고통을 가져오는 날이다. 이스라엘이 체험한 메뚜기 떼도 사람들과 짐승들에게 무시무시한 시련을 가져온 사건이었다. 선지자는 이와 같이 여호와의 날과 메뚜기 떼 사건의 공통점을 효율적으로 사용하고 있다. 그는 바로 얼마 전에 이스라엘이 체험했던 사건을 예로 삼아 미래에 이 세상에 임할 여호와의 날이 어떤 것인가를 경고한다. 그는 자연재해를 매우 효율적인 산 교육의 기회로 사용하고 있는 것이다. 선지자의 순발력과 창의력이 돋보인다. 또한 믿는 자들에게는 결코 우연이라는 것은 없다. 모든 일이 하나님의 섭리에 따라 일어난다. 따라서 자연재해도 때로는 신학적·신앙적 의미를 지닐 수 있다. 이러한 사실은 매년 여러 모양의 자연재해에 시달리는 우리에게도 경종을 울린다. 물론 모든 자연재해를 하나님의 경고로 해석할 수는 없지만, 경우에 따라서는 경고의 메시지가 실린 재앙일 수도 있다는 점을 감안해야 한다.

> I. 당면한 재앙: 메뚜기 떼(1:1-20)
>   C. 탄식과 기도(1:15-20)

2. 자연재해에 대한 대처(1:19-20)

¹⁹ 여호와여

내가 주께 부르짖으오니

불이 목장의 풀을 살랐고

불꽃이 들의 모든 나무를 살랐음이니이다

²⁰ 들짐승도 주를 향하여 헐떡거리오니

시내가 다 말랐고

들의 풀이 불에 탔음이니이다

389

그렇다면 자연재해가 임할 때—특히 하나님이 우리에게 무언가를 말씀하시기 위해 보내신 자연재해를 경험할 때—우리는 어떤 자세를 취해야 하고 어떻게 문제를 해결해나가야 하는가? 선지자는 하나님께 부르짖어야 한다고 외치고 있다. 모든 생명력을 말려버리는 혹독한 가뭄을 당한 사람, 짐승, 나무들이 세상의 날씨를 주관하시는 창조주 하나님께 부르짖는 것은 당연하다. 특히, 만일 우리를 괴롭게 하는 재앙이 바로 세상을 다스리시는 여호와께로부터 온 것이라면, 문제의 해결책은 더욱 그분께 매달리는 것뿐이다. 이와 같이 여호와의 날을 생각하면서 그날에 임할 고통을 상상할 수 있는 우리는 그분께 외쳐야 하며 그분의 자비를 구해야 한다.

성경은 자연이 인간의 죄 때문에 많이 파괴되고 고난을 받고 있다고 한다. 아담과 하와가 죄를 지었을 때 잡초가 생겨났고, 가인이 아벨을 죽였을 때 땅은 생산력을 잃었다. 노아 시대에 온 인류가 죄를 지음으로 세상은 물 심판을 받았다. 그래서 사도 바울은 파괴된 자연이 신음 속에서 예수님의 재림을 갈망한다고 한다(롬 8:22). 자연은 주님이 다시 오시는 날 회복될 것을 알기에 예수님의 재림을 간절하게 바라고 있는 것이다. 자연만물은 누구에게 기도하고 누구만을 바라보아야 하는가를 잘 알고 있다. 이런 맥락에서 인간이 하나님을 바라보지 않는다면, 자연(짐승)만도 못하다(Achtemeier).

하나님은 온 세상의 창조주이자 다스리는 분이다. 그러므로 요엘은 자연재해가 임할 때 하나님의 백성은 심각한 질문을 해보아야 한다고 선포하고 있다. 물론 항상 그런 것은 아니지만, 혹시 하나님이 무언가 우리에게 하실 말씀이 있으신가 하고 말이다. 또한 우리가 하나님 자녀이기에 하나님이 세상에 내리시는 재앙과 심판에서 제외된다는 생각은 버려야 한다. 오히려 우리가 하나님의 백성이기에 심판이 먼저 우리를 찾을 것이다. 징계는 하나님 사랑의 표현이 될 수 있기 때문이다.

II. 임박한 재앙: 여호와의 날

(2:1-17)

상당수의 학자는 2:1-11은 1장에서 선포된 메뚜기 떼의 피해에 대한 신탁을 재정비해 놓은 것으로 생각한다. 즉, 1장과 2장은 똑같은 사건을 노래하고 있다는 것이다(Barton). 또한 1장은 메뚜기 떼, 2장은 하나님이 이스라엘을 징계하기 위해 들어 쓰시는 이방 군대로 해석하는 사람도 있다(Wolff, Dillard). 한 주석가는 1장은 최근에 있었던 메뚜기 떼의 습격에 대해, 2장은 미래에 있을 메뚜기 떼의 습격에 대해 노래하는 것이라 한다(Crenshaw). 그러나 대부분은 1장과 2장에 언급된 메뚜기 떼를 구분한다. 1장은 최근에 있었던 실제적인 메뚜기 떼 피해를, 2장은 여호와의 날에 있을 주의 군대를 메뚜기 떼에 관한 언어로 표현하고 있다고 생각한다(Garrett). 이미 서론에서 언급한 것처럼 1장은 자연재해로 임한 메뚜기 떼로, 2장은 자연재해로 임한 메뚜기 떼와 앞으로 메뚜기 떼처럼 이스라엘을 습격할 여호와의 날에 대한 메시지를 의도적으로 섞어놓은 것으로, 3장은 순전히 미래에 임할 여호와의 날에 대한 것으로 이해하는 것이 바람직하다.

선지자는 지금까지 이스라엘이 경험해보지 못했던 자연재해인 메뚜기 떼와 그 피해에 대해 메시지를 전했다. 그는 메뚜기 떼의 피해가 단순히 자연 현상이 아니라는 점을 천명하며 백성의 시선을 여호와께 돌리도록 권장했다. 요엘은 자연재해를 통해 여호와의 날에 임할 하나님의 심판을 경고한 것이다. 이제부터 선지자는 구체적으로 머지않아 이스라엘의 앞에 현실로 드러날 여호와의 날을 선언한다. 자연재해에 대한 이야기를 앞으로 그들에게 임할 '하나님의 재앙'에 대한 이야기로 변화시키고 있는 것이다. 이 섹션은 크게 두 파트로 나뉜다. 첫 파트이자 여호와의 날과 그날에 임할 여호와의 군대에 대한 경고인 2:1-11은 다른 선지서와 일치하거나 연관이 있다. 그중 이사야 13:1-13에 의하여 가장 많은 영향을 받았다는 것이 일반적인 결론이다(Wolff, Dillard).

A. 다가오는 재앙(2:1-11)
B. 재앙에 대한 대비(2:12-17)

Ⅱ. 임박한 재앙: 여호와의 날(2:1-17)

A. 다가오는 재앙(2:1-11)

구약성경에 의하면 여호와의 날은 양면성을 지닌 날이다. 이날은 주를 사랑하고, 주의 뜻대로 살려고 노력했던 백성에게는 위로와 소망의 날이다. 반면에 주를 대적하거나 미워하고 주의 백성을 핍박한 자들에게는 심판과 공포의 날이다. 그런데 상당수의 이스라엘 사람은 여호와의 날이 단지 위로와 보상의 날이라고 믿었다. 이미 아모스 선지자 때에도 이러한 생각이 주의 백성 중에 뿌리를 내리고 있었다. 이스라엘 선지자들은 백성의 이러한 기대가 잘못되었음을 끊임없이 지적해 왔다. 여호와의 날은 여호와의 뜻대로 살지 못한 주의 백성에게도 공포의 날이요, 어두운 날이라는 것이었다. 요엘도 이러한 선지자들의 전통 속에서 다시 한번 여호와의 날에 대해 경종을 울리고 있다. 이 섹션은 두

부분으로 구분한다.[2]

A. 재앙에 대한 경보(2:1-2)

B. 메뚜기 떼 같은 여호와의 군대(2:3-11)

II. 임박한 재앙: 여호와의 날(2:1-17)
    A. 다가오는 재앙(2:1-11)

1. 재앙에 대한 경보(2:1-2)

[1] 시온에서 나팔을 불며

나의 거룩한 산에서 경고의 소리를 질러

이 땅 주민들로 다 떨게 할지니

이는 여호와의 날이 이르게 됨이니라

이제 임박하였으니

[2] 곧 어둡고 캄캄한 날이요

짙은 구름이 덮인 날이라

새벽 빛이 산 꼭대기에 덮인 것과 같으니

이는 많고 강한 백성이 이르렀음이라

이와 같은 것이 옛날에도 없었고

이후에도 대대에 없으리로다

---

2 더 자세하게 구조를 분석하면 메뚜기 떼의 움직임을 묘사하는 듯한 2:1-11의 구조는 다음과 같다(Dillard, cf. Keller).
    A. 여호와의 날이 가까웠다(1-2a절)
        B. 군대의 도착(2b절)
            C. 군대의 파괴: 혼돈(3절)
                D. 군인들의 위력(4-6절)
                D′. 군인들의 위력(7-9절)
            C′. 파괴의 절정: 혼돈(10절)
        B′. 여호와의 군대(11a절)
    A′. 여호와의 날이다(11b절)

선지자는 시온에서 나팔을 불라는 명령으로 이 섹션을 시작하는데 (1절), 이스라엘에서 나팔을 부는 것은 임박한 적의 공격을 알리는 수단이었다(렘 4:5; 6:1; 겔 33:2-4; 호 5:8). 오늘날로 비유하면 공습경보라고 할 수 있다(Allen). 선지자의 소명을 나팔을 불어 위험을 알리는 파수꾼 역할에 비유하는 것은 구약에 흔히 있는 일이다(사 21:11-12; 52:8; 56:10; 렘 6:17; 겔 3:17; 호 9:8; 미 7:4). 에스겔도 성벽 위에서 적의 동태를 보고 위험을 알리는 파수꾼으로 소명을 받았다(겔 33:1-7). 만일 파수꾼이 제대로 알리지 않아 사람들이 죽는다면 파수꾼은 죽은 사람의 목숨에 대해 결코 책임을 면할 수 없었다. 선지자 요엘도 경고음을 발하고 있다. 그의 경고를 귀담아듣고 적절히 대응하는 자는 살 것이지만, 경고를 묵살하는 자는 죽음을 피할 수 없다.

일부 주석가는 1장에서 시작된 메뚜기 떼에 대한 이야기가 2장에서도 이어지고 있다고 생각해 '많고 강한 백성'(עַם רַב וְעָצוּם)(2절)을 메뚜기 떼로 간주하지만, 가능성이 없는 해석이다(Bewer, cf. Achtemeier). 이스라엘의 선지자들은 여호와의 거룩한 전쟁(holy war)에서 중요한 역할을 감당했다(왕상 20; 22; 왕하 1; 3:14-19; 6:8-7:2; 13:14-20; 대하 11:1-4; 20:14-17). 요엘은 이곳에서 다시 한번 거룩한 전쟁에 대해 알리고 있다. 그러나 이번 전쟁에는 예전의 것과 다른 문제가 있다. 예전의 거룩한 전쟁에는 여호와의 군대가 이스라엘의 적을 상대로 싸워주었는데, 이번에는 여호와의 군대가 이스라엘을 향해 진군해오고 있다는 점이다! 요엘은 이스라엘의 소망을 절망으로 바꾸고 있는 것이다 (Dillard).

선지자는 다가오는 여호와의 날의 공포를 네 가지로 표현한다. 어둠(חֹשֶׁךְ), 캄캄함(אֲפֵלָה), 구름(עָנָן), 먹구름(עֲרָפֶל)이다(2절). 본문에 등장하고 있는 구름과 어둠을 시편 97:2에 비교해 요엘서가 신년 축하 예배를 반영하고 있다고 주장하기도 한다(Kapelrud). 그러나 구름과 어둠은 여호와의 날을 묘사하는 데 보편적으로 사용된다(사 5:30; 렘

13:16; 암 5:18-20; 8:9; 습 1:15). 구름과 어둠이 여호와의 날과 연결되어 있는 것은 두려움과 힘을 상징하기 때문이다(Sweeney, cf. 왕상 8:1-13; 사 6장).

한 학자는 2절과 31절이 주전 402, 357, 336년 이스라엘 지역에 있었던 일식과 월식을 묘사하고 있는 것이라 주장하며 이때를 책의 저작 연대로 결론짓는다(Stephenson). 구약 저자의 여호와의 날에 대한 이해가 종종 경험했던 일식과 월식에서 전혀 영향을 받지 않았다는 것을 증명할 수는 없다. 그러나 구약의 전체 정서, 특히 묵시문학의 성향에 의하면 여호와의 현현은 범우주적인 위기와 변화를 동반한다. 우주의 변화와 위기를 이해함에 있어서 일식과 월식은 어느 정도 영감을 주었을 것이다. 즉, 여호와의 날에 조성될 공포감이 일식과 월식에서 비롯된 것이 아니라, 성경 저자가 여호와의 날을 묘사하는 과정에서 자연적인 변화를 설명하기 위해 일식과 월식을 예로 들고 있는 것으로 보는 것이 더 바람직한 것이다.

성경에서 어둠을 묘사하는 네 단어가 여기에 있는 순서대로 등장하는 곳은 스바냐 1:15 뿐이다. 그래서 요엘이 스바냐를 인용하고 있는 것으로 생각한다. 여러 면에서 2절의 내용은 시내 산에서 있었던 여호와의 임재를 연상케 한다. 즉, 선지자가 2절에서 묘사하고 있는 어둠과 구름은 구약의 다른 곳에서처럼 하나님의 현현과 연관되어 있으며(출 20:18, 21; 신 4:11; 5:22-23; 왕상 8:12; 대하 6:1; 시 97:2), 심판과 고통을 상징하기도 한다(출 10:22; 사 60:2; 렘 13:16; 23:12; 겔 34:12; 암 5:18-20). 여호와의 날은 두 가지, 즉 영광스러운 여호와의 현현과 심판과 고통이 함께 임하는 날이다.

오늘날에도 성경은 우리에게 임박한 여호와의 날에 대해 경고하고 있다. 이러한 경고를 귀담아듣고 적절한 삶을 살고 있는가? 아니면 경고에 만성이 되어 전혀 두려워하거나 근신하는 마음이 없는가? 요엘은 그 당시 하나님을 믿지 않는 자들이 아니라, 자신은 여호와의 백성이며, 이 땅에서 그분을 그 누구보다도 사랑한다고 자부하던 자들에게 이 경고를 선포하고 있음을 기억해야 한다.

2. 메뚜기 떼 같은 여호와의 군대(2:3-11)

³ 불이 그들의 앞을 사르며

불꽃이 그들의 뒤를 태우니

그들의 예전의 땅은 에덴 동산 같았으나

그들의 나중의 땅은 황폐한 들 같으니

그것을 피한 자가 없도다

⁴ 그의 모양은 말 같고

그 달리는 것은 기병 같으며

⁵ 그들이 산 꼭대기에서 뛰는 소리는

병거 소리와도 같고

불꽃이 검불을 사르는 소리와도 같으며

강한 군사가 줄을 벌이고 싸우는 것 같으니

⁶ 그 앞에서 백성들이 질리고,

무리의 낯빛이 하얘졌도다

⁷ 그들이 용사 같이 달리며

무사 같이 성을 기어 오르며

각기 자기의 길로 나아가되

그 줄을 이탈하지 아니하며

⁸ 피차에 부딪치지 아니하고

각기 자기의 길로 나아가며

무기를 돌파하고 나아가나 상하지 아니하며

> ⁹ 성중에 뛰어 들어가며
> 성 위에 달리며 집에 기어 오르며
> 도둑 같이 창으로 들어가니
> ¹⁰ 그 앞에서 땅이 진동하며
> 하늘이 떨며 해와 달이 캄캄하며
> 별들이 빛을 거두도다
> ¹¹ 여호와께서 그의 군대 앞에서 소리를 지르시고
> 그의 진영은 심히 크고
> 그의 명령을 행하는 자는 강하니
> 여호와의 날이 크고 심히 두렵도다
> 당할 자가 누구이랴

이 섹션에 묘사된 군대의 모습을 보면 1장에 회고된 메뚜기 떼와 비슷한 점이 많다. 아무도 이 무리를 대적할 수 없으며, 무리가 지나간 자리에는 폐허밖에 남지 않는다는 점이 더욱 그렇다. 이런 이유에서 지난 수십 년 동안 2장이 이미 1장에 제시된 메뚜기 떼의 습격을 다시 묘사하고 있는 것인지(Baker), 혹은 2장이 이스라엘을 정복하고자 하는 원수 국가(들)를 은유하고 있는 것인지, 아니면 주제를 바꿔 여호와의 날에 세상을 심판하기 위해 등장하는 하나님의 군대를 설명하고 있는지에 대해 논쟁해 왔다(Wolff, Stuart, Achtemeier). 대체로 처음 두 가지의 가능성을 유력하게 생각한다. 두 번째 해석의 경우—2장의 메뚜기 떼가 이스라엘의 원수 국가(들)를 상징한다는 견해—제시된 국가는 아시리아, 바빌론, 페르시아 등이다(Patterson, Wolff, Garrett). 이런 입장을 고수하는 학자 중 1장의 메뚜기 떼도 이스라엘의 원수 국가에 대한 은유로 이해하는 사람도 있다(Stuart).

1장은 이스라엘을 습격한 메뚜기 떼에 대한 실제적 회고이며, 2장은 이 재앙에서 하나님의 심판 날에 임할 재앙에 대해 영감을 얻은 선지

자가 여호와의 날에 임할 하나님의 군대를 마치 메뚜기 떼로 묘사하고 있다. 비록 선지자가 1장과 같은 표현과 기술법으로 2장을 진행하고 있지만(viz., 3-11절 내용은 메뚜기 떼의 진군을 설명하는 듯하다), 2장에서 암시되는 것은 실제로 메뚜기 떼가 아니라 메뚜기 떼처럼 이스라엘을 칠 하나님의 군대라는 것이다. 이 군대가 실제로 존재했던 이방 민족인지, 아니면 신적(神的) 군사인지는 중요하지 않다. 선지자가 동일한 현상을 연이어 두 번 묘사하는 것으로 보는 것보다는 목격한 자연 재앙을 바탕으로 미래에 있을 초자연적인 일을 예고하고 있다고 보는 것이 더 논리적이기 때문이다. 또한 1-13절에서는 메뚜기 떼의 움직임을 묘사하는 듯하지만, 2장의 나머지 부분에서는 메뚜기를 직접적으로 칭하는 단어는 하나도 사용되지 않고 있다는 점도 염두에 두어야 한다.

하나님이 세상을 심판하기 위해 보내신 군대의 파괴력은 상상을 초월한다(3절). 선지자는 이미 메뚜기의 피해를 화마가 휩쓸고 간 땅 이미지로 설명했다(1:19). 이제 이 군대의 시작과 끝을 불로 묘사한다. 걷잡을 수 없는 불길이 지나가며 남긴 파괴를 연상케 하는 이미지다. 메뚜기 떼를 옆에서 지켜본 사람의 증언에 의하면 메뚜기 떼의 소리가 산불의 소리와 유사하다고 한다. 아마도 저자는 이 점을 살려서 메뚜기 떼의 파괴력을 더욱 실감나게 묘사하는 듯하다(Birch).

불이 가끔은 추하고 더러운 것을 태운다는 의미에서 긍정적인 이미지를 지니지만, 선지자가 본문에서 불길의 파괴력만을 강조한다. 주의 백성이 살고 있는 땅은 결코 완벽한 땅이 못 되었다. 인간의 죄로 땅이 오염되었다. 그럼에도 불구하고 하나님의 군대가 휩쓸고 간 땅과 비교하면 예전 땅은 마치 에덴동산과도 같았다. 저자는 여호와의 군대가 휩쓸고 지나간 땅의 황폐함을 드러내기 위해 이러한 대조를 사용한다. 그만큼 무시무시한 초토화가 이 땅에 임하게 될 것이다. 그뿐만 아니라 그 누구도 이런 파괴를 피할 수 없다. 모든 사람이 하나님의 군대의 영향력 아래 있기 때문이다. 결국 이런 혹독한 공포와 파괴에서 구원하실 수 있는 분은 오직 이 군대를 백성에게 보내신 여호와뿐인 것이다. 선지자는 실제로 여호와의 이름을 부름으로써 죽음을 모면할 수 있는 사람들이 있다고 말한다(2:32).

여호와의 군대는 또한 누구도 그 길을 가로막을 수 없는 질주하는 마병과도 같다(4-5절). 말과 마병은 흔히 하나님의 현현과 연관되어 있는 모티브다(합 3:8; 시 68:17). 고대 사회의 전쟁에서는 속도와 강인함 때문에 마병이 가장 큰 공포감을 조성하는 군대였다. 이스라엘은 지형적인 특성과 경제적인 이유 때문에 괄목할 만한 수준의 마병을 소유한 적이 거의 없었다(Dillard). 물론 솔로몬은 예외였다(왕상 10:26-28). 요엘은 말일에 하나님이 세상을 심판하기 위해 보내실 군대를 이러한 마병으로 묘사한다. 빠른 속도로 진군하며 포괄적이고 신속한 파괴를 가져올 것을 시사하는 것이다. 이곳에서 사용되는 이미지는 준비되지 않은 상태에서 적군의 기습에 놀라는 자들의 모습이다(Garrett). 여호와의 날에 임할 하나님의 군대는 사람들이 환영할 만한 것이 아니라 그들을 놀라게 하며 두렵게 할 것이다.

온 천하를 태우는 큰 불 같고, 엄청난 살육과 파괴력을 동반하는 마병 같은 여호와 군대의 진군 앞에 세상은 대항할 엄두조차 내지 못한다(6절). 대책을 강구해 보지만 누가 이런 군대를 막을 수 있겠는가! 결국 그들은 얼굴이 허옇게(파아루르) 질린 채 주어진 운명(죽음)이 진행되기를 기다릴 뿐이다. 허옇다고 번역되고 있는 단어의 의미가 확실하지 않아 오히려 '붉어진다'로 해석한다(Wolff, Sweeney). 칠십인역과 탈굼(Targum)은 이 문구를 "모든 얼굴이 솥처럼 까맣게 덮여 있다"고 번역하고 있다(KJV). 그러나 놀라면 얼굴이 붉어지거나 까맣게 되는 것보다는 허옇게 질리는 것이 더 설득력이 있어 보인다(NIV, NRS, JPS). 평소에는 그렇게 용감무쌍하고 세상을 두렵게 하던 강대국도 하나님의 군대 앞에서는 허옇게 질려 이처럼 처량해진다.

선지자는 이어 여호와 군대의 무한 질주를 노래한다(7-10절). 여호

399

와의 군대는 세상 사람이 상상할 수 있는 최고 수준의 군기와 전투력을 자랑하는 무리다. 군인이 전투를 하다 보면 경우에 따라서는 우왕좌왕할 수도 있다. 그런데 이 군대는 서로의 진로를 방해하는 일조차 없다(7–8절). 최고의 엘리트 군인다운 전투력과 투지를 지니고 있는 것이다. 게다가 이 군대의 작전 능력은 매우 신속하다. 마치 도둑이 집을 터는 것처럼 한다. "드디어 성 안으로 들어간다. 성벽을 뛰어넘고, 건물을 기어오르고, 도둑처럼 창문을 넘어 집 안으로 쳐들어간다"(9절, 새번역). 도둑처럼 창문을 넘어 집으로 들어간다는 것은 모독을 뜻한다. 도둑이 집주인의 재산권이나 인권을 무시하고 물건을 훔치듯이 이 군대도 희생자의 인권이나 재산권을 완전히 무시할 것이다(Garrett). 본문이 실제적인 인간 군대를 묘사하고 있다고 주장하는 주석가는 예루살렘에 성벽이 존재한다는 것을 포로기 이전의 저작연대의 증거로 제시한다. 그러나 주전 586년에 바빌론 군에 의해 무너진 예루살렘 성벽이 느헤미야의 노력으로 444년에 재건되었기에 성벽이 있고 없고는 저작연대를 논하는 데 결정적 이슈는 아니다.

예레미야 선지자도 여호와의 군대를 이렇게 묘사한 적이 있다. "그들은 활과 창으로 무장하였다. 난폭하고 잔인하다. 그들은 바다처럼 요란한 소리를 내며, 군마를 타고 달려온다. 딸 시온아, 그들은 전열을 갖춘 전사와 같이 너를 치러 온다"(렘 6:23, 새번역). 본문이 언급하고 있는 군대를 메뚜기 떼로 이해하는 주석가들은 이 말씀이 출애굽기 10:5–6을 상기시키는 것이라고 한다(Stuart). 선지자가 율법을 근거로 메뚜기 떼의 재앙을 이스라엘이 하나님과 언약을 잘 이행하지 못해서 초래된 언약적 저주/심판으로 간주한다는 것이다.

여호와의 군대 앞에서 땅이 진동하고 하늘이 떨며 해와 달과 별이 빛을 잃는다(10절). 해, 달, 별은 사람들이 알고 있던 빛의 출처이다. 이 날, 세상은 빛을 잃을 것이다. 이러한 표현은 범우주적인 하나님의 심판을 묘사하는 데 자주 사용된다. 요엘은 이스라엘 사람들 사이에 이미 보편화된 여호와의 날에 대한 언어를 인용하고 있는 것이다(Barton). 물론 이런 묘사가 불길에 휩싸인 세상에서 밤낮 피어오르는 연기가 천계의 빛을 가리는 것을 뜻하는 것이거나, 해와 달과 별들의 빛이 구름 같은 메뚜기 떼에 가려진 것을 묘사하는 것으로 해석하는 것을 배제할 수는 없다. 그러나 메뚜기의 경우 낮에는 활발하게 활동하지만, 밤에는 거의 활동하지 않는 것으로 알려져 있다. 그러므로 달과 별의 빛을 막는 것이 메뚜기 떼일 가능성은 별로 크지 않다. 해와 달과 별이 빛을 잃는다는 것은 세상의 종말이 왔음을 나타내는 표현이다(Wolff).

주의 백성은 이처럼 두려운 날이 임하는 것을 막을 수 없는가? 선지자들은 주의 백성이 환난 날에 도움을 청할 수 있는 유일한 분은 여호와라고 외쳤다. 요엘은 여호와께 도움을 청하는 것이 별 도움이 되지 않을 수도 있다는 점을 암시한다. 왜냐하면 여호와 자신이 이 무시무시한 군대를 진두지휘하고 있기 때문이다(11절). 여호와의 군대의 수는 헤아릴 수 없이 많으며, 주님이 직접 이 군대를 지휘하시니 여호와의 날은 진정으로 놀라운 날이며 가장 무섭고 두려운 날이라는 것이 선지자의 고백이다. "여호와의 날이 크고(גָּדוֹל) 심히 두렵도다(יָרֵא)"(11절). 성경에서 이 두 단어는 여호와를 묘사하는 데 자주 사용된다(신 7:21; 10:17, 21; 대상 16:25; 느 1:5; 4:14; 9:32; 시 47:2; 96:4; 99:3; 단 9:4). 그러므로 이 섹션을 "당할 자가 누구이랴?"(מִי יְכִילֶנּוּ)라는 수사학적인 질문으로 마치고 있다.

B. 재앙에 대한 대비(2:12-17)

요엘은 위 섹션에서 하나님의 날을 매우 두렵고 공포를 자아내는 날로 묘사했다. 여호와의 날이 임하면 사람과 짐승뿐만 아니라 온 천체가 두려워하고 절망한다. 천지가 창조된 이후 가장 두려운 날이 바로 여호와의 날이기 때문이다. 선지자는 이처럼 혹독하고 두려운 날이 꼭 올 것이라고 경고한다. 그렇다면 주의 백성은 어떻게 이날을 맞이할 준비를 해야 하는가? 요엘은 주저하지 않고 비슷한 일을 두 차례 제안한다. 죄를 회개하고 주께 돌아오는 것밖에는 인간이 할 수 있는 일이 아무것도 없다는 것이다. 이 섹션은 다음과 같이 비슷한 내용이 두 차례 반복되는 것으로 구성되어 있다

A. 여호와께 돌아오라!(2:12-14)
B. 여호와 앞에서 참회하라!(2:15-17)

II. 임박한 재앙: 여호와의 날(2:1-17)
  B. 재앙에 대한 대비(2:12-17)

1. 여호와께 돌아오라!(2:12-14)

> [12] 여호와의 말씀에
> 너희는 이제라도 금식하고
> 울며 애통하고 마음을 다하여
> 내게로 돌아오라 하셨나니
> [13] 너희는 옷을 찢지 말고
> 마음을 찢고
> 너희 하나님 여호와께로 돌아올지어다
> 그는 은혜로우시며 자비로우시며
> 노하기를 더디하시며 인애가 크시사
> 뜻을 돌이켜 재앙을 내리지 아니하시나니
> [14] 주께서 혹시
> 마음과 뜻을 돌이키시고

그 뒤에 복을 내리사
너희 하나님 여호와께
소제와 전제를 드리게 하지 아니하실는지
누가 알겠느냐

지금이라도 주께 돌아오라는 12절의 말씀은 위대한 작곡가 멘델스존(Felix Mendelssohn)에 의해 더욱 유명해졌다. 그는 자신의 오라토리오 「엘리야」에서 이 말씀을 직접 인용하고 있다. 오랜 가뭄이 지난 다음 한 선지자가 외친다. "백성들아! 너희의 마음을 찢으라! 너희의 옷이 아니라 마음을 찢으라! 너희의 죄 때문에 선지자 엘리야가 하나님 말씀으로 하늘 문을 닫았다!" 멘델스존은 선지자의 외침을 통해 바로 다음에 등장하는 유명한 아리아를 소개한다. "주께서 말씀하시기를, '만일 너희가 온 마음으로 나를 찾는다면, 나를 꼭 찾게 될 것이다.'" 오라토리오의 나머지 부분은 엘리야가 갈멜 산 위에서 어떻게 바알 선지자에게 승리하고 가뭄이 해소되었는가를 노래한다. 멘델스존이 「엘리야」에서 전개해 나가는 메시지의 순서, 먼저 마음을 새롭게 한 다음 하나님 은혜를 신뢰하는 것, 그 신뢰가 결코 잘못되지 않았음을 확인하게 되는 것은 요엘이 선포하는 메시지와 같은 선상에 있다(Birch).

요엘은 바로 앞 섹션을 절대적인 절망감으로 마감했다. "여호와의 날을 당할 자가 누구랴?" 인간적인 방법과 수단으로는 불가능한 일이라는 것이다. 선지자는 이제 여호와의 날에 임할 재앙을 피할 방법을 미리 알려 준다. 그날의 주인이신 여호와께 돌아와 그분의 은혜를 구하는 것만이 재앙을 피할 수 있는 유일한 길이다. 혹독한 심판이 선포된 이후라도 만일 주의 백성이 진정으로 회개하고 하나님께 돌아오기만 한다면, 심판을 피할 수 있다는 것이다(Baker). 이러한 사실은 선지자가 제안하는 것이 아니라 여호와께서 보장하는 길이다. "여호와께서 말씀하신다"(נְאֻם־יְהוָה)(12절). 하나님이 자신의 모든 것을 걸고 용서하시겠다고 선언하시는 것이다. 그래서 이 섹션은 하나님의 성품 곧 여호와는 어떤 분이신가를 노래하는 시적인 표현들로 가득하다. 선지자는 자비로우신 하나님의 성품에 근거해 자신 있게 백성에게 재앙을 피할 방법을 선포하고 있다.

이미 재앙을 선포하신 하나님이 지금이라도 주의 백성이 회개하고 돌아와 이 재앙을 피할 것을 정말 원하실까? 선지자는 지금이라도 백성이 회개하고 돌아오는 것이 하나님의 간절한 염원이라고 한다 (Baker). 하나님은 백성이 회개해 이미 선포된 심판이 진행되지 않기를 얼마나 간절히 원하시는지, 주님은 백성이 스스로 회개하고 돌아올 때까지 기다리지 않고 먼저 나서서 돌아오라고 외치신다(12절).

여호와께 '돌아온다'(שׁוּב)는 것이 무엇을 뜻하는가? 가는 방향을 조정한다는 뜻이다. 가던 길을 멈추고 뒤에 서 계시는 하나님께 '온 마음'(בְּכָל־לְבָב)을 주어야 한다(12절). 그동안 어떠한 이유에서라도 하나님께 드려야 할 마음과 정성을 다른 곳에 쏟았다면, 이제부터는 온 마음으로 그분을 찾고 바라야 한다. '돌아오다'(שׁוּב)라는 동사 역시 '하던 일/가던 길'을 멈추고 왔던 곳으로 돌이킨다는 뜻을 내포하고 있다 (HALOT). 즉, 이 동사의 강조점은 '나[여호와]에게' 돌아오는 것에 있는 것이다(Ahlström). '적당한 회개'는 결코 하나님을 만족시키지 못한다 (Calvin). 이게 우리가 이해하는 회개의 개념이다. 사람이 하나님께 '돌아오면/회개하면' 지난날의 잘못과 죄에 대한 애통함과 후회가 동반되어야 한다. 그러므로 선지자는 백성에게 '금식하고 통곡하며 슬퍼하면서' 하나님께 돌아오라고 권면한다. 우리는 본문을 통해 금식, 통곡, 슬픔 등 이스라엘 종교의 다양한 근신 방법을 확인하고 있다(Birch).

그러나 선지자가 요구하고 있는 것은 금식 등 종교적 의식과 절차를 밟으라는 것이 아니다. 진정한 회개는 이러한 것을 자연적으로 동반한다. 이런 종교적 예식을 행하는 것보다 먼저 해야 하는 것이 마음자세를 고치는 것이다. 만일 우리의 마음이 엉뚱한 곳을 향하고 있었다면,

회개한 후부터는 오직 하나님만을 바라보아야 한다.

성경이 요구하는 것과 인간이 하나님 앞에서 취하는 행동의 차이점을 생각해보아야 한다. 성경은 항상 마음에서 우러나는, 그 무엇으로도 대체할 수 없는 진실성을 요구하는데, 이 성경적 요구를 충족시키지 못하는 인간은 종종 종교행위를 통해 대신하려 한다. 우리는 종종 기도, 금식, 예배 등 하나님이 요구하는 다양한 신앙적 행위가 추구하는 본질적 의미를 잃어버리고 그 의식 자체를 행하는 것에서 의미를 찾으려고 한다. 이러한 경우 예배, 금식, 헌금, 심지어는 기도도 하나님의 인격을 무시하는 행위가 될 수 있다. 인간의 본질적이고 내적인 개혁과 변화가 외적인 의(義)를 앞서야 한다.

많은 학자가 요엘서가 정의와 공의를 논하지 않는다고 불만을 토로한다. 물론 그들이 말하는 대로 요엘서는 윤리나 사회정의를 직접 외치지 않는다. 그러나 본문에서 선지자가 외치는 '마음을 찢는 회개'의 강렬함을 생각해보라. 또한 '돌아오라!'라는 권면은 어떠한가? 일부 학자들은 요엘의 이러한 언어는 이스라엘이 잘못하고 있는 모든 일에 대한 회개를 권고하는 것이라고 생각한다(Soggin). 어떻게 생각하면 요엘은 그 누구보다 강도 높은 사회정의와 윤리의 실현을 요구하고 있는 것이다. 진정으로 회개하는 자는 도덕적·윤리적으로 살 수밖에 없다 (Garrett).

요엘은 회개의 의미를 다른 은유를 통해 재차 강조한다. 그날이 되면 "너희의 옷을 찢지 말고, 마음을 찢어라"(13절). 구약에서 베옷 등을 찢는 것은 슬픔과 황당함을 나타내는 종교 행위로 자리잡았다. 이러한 정황을 배경으로 이 말씀이 형식적으로 변해 의미를 잃어버린 이스라엘의 예식을 비난하는 것으로 해석하기도 한다(Wolff). 그러나 요엘서 전체가 성전과 예식에 대해 부정적인 뉘앙스를 지니고 있지 않은 점을 고려할 때, 이 말씀은 단순히 마음으로부터 우러나는 회개를 요구하는 것으로 이해하는 것이 바람직해 보인다(cf. Sweeney).

성경에 옷이 아닌 마음(לֵבָב)을 찢으라는 말씀은 이곳뿐이다. 내적인 변화가 요구되는 곳에 어떠한 외적인 예식이나 심지어는 슬픔이나 근신도 만족스럽지 못하다는 것이다. 구약에서 마음은 의지와 지식/지능이 머무는 곳으로 이해된다(Dillard). 그러므로 선지자가 유다에게 마음을 찢으라는 것은 곧 유다는 확고한 결정력을 발휘해 오직 하나님만을 따르겠다는 의지를 가지고 하나님께 나아와야 한다는 뜻이다(Achtemeier). 이런 차원에서 옷이 아닌 마음을 찢는다는 것은 육체적인 할례보다 마음의 할례를 요구하는 것과 비슷하다(신 10:16; 30:6; 렘 9:25). 선지자들은 끊임없이 예식적이고 외형적인 종교행위를 초월한 여호와 종교의 본질적인 것이 무엇인가를 가르치고 주의 백성이 그것을 추구하며 살 것을 요구했다. 그들은 하나님이 이스라엘에게 율법을 주실 때 어떤 목적과 의도로 주셨는가를 전했던 것이다.

그렇다면 선지자가 백성에게 왜 마음을 찢고 여호와께 돌아오라고 권고하는가? 요엘은 '…때문에'(כִּי)라는 말로 5가지 이유를 설명한다. 여호와는 "은혜롭고 자비로우시며, 오래 참으시며, 한결같은 사랑을 늘 베푸시고, 불쌍히 여기는 마음이 많으셔서, 뜻을 돌이켜 재앙을 거두기도 하시기 때문이다"(13절). 회개는 하나님의 성품을 근거로 하는 것이지 회개하는 자의 성향이나 선호하는 바에 바탕을 두는 것이 아니다(Baker). 선지자는 여호와 하나님은 '은혜'(חַנּוּן), '자비'(רַחוּם), '오래 참음'(אֶרֶךְ אַפַּיִם), '큰 인애/사랑'(רַב־חֶסֶד)을 지니신 분일 뿐만 아니라 심지어는 내려진 재앙까지도 돌이키시는(נִחָם עַל־הָרָעָה) 분이라고 노래한다(13절). 선지자는 과거에 있었던 여호와의 특정한 구원 사역(salvation history)에 근거하여 그분의 은혜로운 성품을 나열하는 것이 아니다. 요엘은 시공간를 초월한 하나님의 영원하신 성품을 부각하고자 한다(Barton). 이 영원불변하는 하나님의 성품에 우리의 소망이 있다.

성경에서 하나님 은혜를 노래하며 이러한 표현을 사용하는 곳이 상당히 많은 것으로 보아(출 34:6-7; 민 14:18; 느 9:17; 시 86:15; 103:8;

145:8; 나 1:3) 요엘을 포함한 성경의 저자들은 이미 이스라엘에서 확고히 자리잡은 여호와의 성품에 대한 신앙고백에서 이런 표현을 인용하고 있는 듯하다(Birch). 그러나 여호와께 은혜(חנון)라는 단어를 직접 적용하는 곳은 이곳과 요나 4:2 뿐이다. 여기에 나열된 하나님의 성품이 요나의 목록과 가장 흡사하다는 점과 요나 3:9-10이 요엘 2:14에서 인용된 점을 고려할 때, 요엘이 요나서를 인용하는 것으로 보는 것도 가능하다(Dillard). 자비(רחום)의 어근이 모태/자궁(רחם)과 같다는 점에 기인해 자비의 개념을 어머니가 자식을 돌보는 본능적인 사랑으로 연결해 이해하는 것이 일반적이다(HALOT). 자비(רחום)는 모성적인 특성을 지닌 하나님의 속성인 것이다.

하나님이 오래 참으신다는(ארך אפים) 것을 문자 그대로 풀이하면 '화를 더디 내신다'는 뜻이다. 하나님은 사람이 죄를 지으면 곧장 심판하시는 분이 아니다. 하나님은 오래 참으시면서 죄인이 회개하고 돌아오기를 기다려주신다는 것이 이 말씀의 가장 기본 의미다(Achtemeier). 그뿐만 아니라 하나님은 '인애/자비'(חסד)가 많은 분이다. 인애/자비는 크게 두 가지 의미를 지니고 있다. 신실함/꾸준함과 내게 요구되는 것 이상으로 남을 배려하는 것이다. 이스라엘은 하나님과 언약을 잘 지키지 않았다. 그러나 하나님은 그들의 언약 불이행에 상관없이 맺은 언약에 신실하셨다.

하나님이 '돌이키시다'(נחם)(13, 14절)라는 개념이 종종 오해를 불러일으키곤 한다. 이 개념을 인간이 죄를 짓거나 잘못했다가 실수를 의식하고 돌아오는 것처럼 마치 하나님이 잘못된 계획을 수정하거나 반려하신다는 뜻으로 이해하는 것이다. 그러나 이런 이해는 성경적이지 않다. 이 동사(נחם)가 하나님을 주어로 취할 때는 의인법(擬人法)적인 현상이라는 것을 염두에 두어야 한다. 또한 하나님의 돌이키심(נחם)은 선지자가 선포한 말씀에 순응하는 인간의 회개(שוב)를 전제로 한다(Wolff).

죄인이 회개하면 하나님의 은혜와 용서가 자동적으로 임하는 것일까? 요엘은 절대 그렇지 않다고 한다. 선지자는 백성에게 회개하라고 권면한 다음 회개가 가져올 결과에 대해 이렇게 말한다. "누가 아느냐?"(מִי יוֹדֵעַ)(14절; cf. 욘 3:9). 이 질문은 하나님의 주권과 자유를 역설한다(Page). 인간의 회개는 결코 하나님을 조작하거나 지배하지 못한다. 그러므로 어떠한 예식이나 신실한 회개도 자동적으로 결과를 보장하지 못한다(Keller, Dillard). 죄인은 마음에서 우러나는 회개를 하고 근신하며 하나님의 절대 주권을 바라볼 뿐이다. 회개하는 죄인을 용서하는 문제는 하나님의 주권에 달렸다. 즉, 사람은 결코 하나님의 결정을 조작할 수 없다(Birch).

요엘은 회개하는 죄인에게 하나님의 용서가 보장된 것은 아니라는 불안감을 조성한 만큼이나 매우 긍정적인 가능성을 제시한다. "오히려 복까지 베푸실지 아느냐?" 하나님의 절대 주권은 불안한 요소만큼이나 긍정적인 요소도 지니고 있다는 것이다. 그분은 간혹 전혀 기대하지 못한 축복을 내리시는 분이다. 하나님은 언제든지 은혜를 베풀고 싶은 자에게 은혜를 베풀 수 있는 자유를 지니신 분이다(출 33:19; 롬 9:15). 우리는 특정한 기도나 주문의 방법을 통해 하나님의 은혜를 강요할 수 없다(Garrett). 그러므로 요엘은 지금 어떤 교리적인 시스템을 통해 표현되는 믿음을 요구하는 것이 아니라 매우 인격적이고 인간적인 하나님에 대한 믿음을 요구하고 있다(Allen).

선지자는 자신이 염두에 두고 있는 '복'(בְּרָכָה)은 다름 아닌 '주 하나님께 곡식제물과 부어 드리는 제물을 바칠 수 있게 되는 것'이라고 밝히고 있다(14절). 즉, 개인적으로 궁핍한 형편이 나아지는 것보다 공동체가 하나님께 드리는 제물이 우선이라는 점을 암시하는 것으로 이해할 수도 있고, 아니면 형편이 나아진 백성이 헌금을 드려서 하나님께 드리는 제사가 다시 성행할 수 있게 될 것을 뜻하는 것으로 해석할 수 있다. 그러나 이 섹션이 머지않아 다가올 여호와의 날에 백성이 행할 일을 전하고 있다면 전자(공동체가 하나님께 드리는 제물이 우선이라는 점을 암시하는 것)가 더 적절한 해석으로 여겨진다.

요엘서가 지니고 있는 수수께끼 중 하나는 선지자가 회개를 강력히 요구하고 있지만, 정작 주의 백성이 어떤 죄를 지었는지는 침묵하고 있다는 점이다. 요엘서가 지적하고 있는 유일한 죄는 술취함이다. 그 외에는 어떤 것도 구체적으로 언급하지 않는다. 그러나 회개에 대한 요구는 여느 선지서처럼 강하다. 책이 죄에 대해 구체적으로 언급하고 있지 않기에 이 책을 특정한 종교적 절기나 국가적 위기 때 읽힌 예식서(liturgical text)로 간주하기도 한다. 한편으로는 이 책이 구체적인 죄를 나열하지 않기에 적용 범위가 그만큼 넓어진다는 것도 염두에 두어야 한다. 여호와의 날이 임하면 모든 사람은 어떤 죄를 지었든지 간에 회개해야 한다. 그것이 여호와의 진노를 피하는 유일한 길이다.

> II. 임박한 재앙: 여호와의 날(2:1-17)
>   B. 재앙에 대한 대비(2:12-17)

2. 여호와 앞에서 참회하라!(2:15-17)

15 너희는 시온에서 나팔을 불어

거룩한 금식일을 정하고

성회를 소집하라

16 백성을 모아 그 모임을 거룩하게 하고

장로들을 모으며

어린이와 젖 먹는 자를 모으며

신랑을 그 방에서 나오게 하며

신부도 그 신방에서 나오게 하고

17 여호와를 섬기는 제사장들은

낭실과 제단 사이에서 울며 이르기를

여호와여

주의 백성을 불쌍히 여기소서
주의 기업을 욕되게 하여
나라들로 그들을 관할하지 못하게 하옵소서
어찌하여 이방인으로 그들의 하나님이 어디 있느냐
말하게 하겠나이까 할지어다

이때까지 선지자는 각 개인에게 마음을 찢으며 하나님을 바라보라고 권고했다. 요엘은 갑자기 아무런 경고도 없이 온 공동체에게 동일한 메시지를 선포한다. 개인 회개를 촉구하던 메시지가 예배 소집에 대한 구체적인 지시로 이어지고 있는 것이다. 이런 순서는 당연한 것이다. 개인적인 믿음과 공동체의 예배는 양자택일(either/or choice)이 아니다(Birch). 주의 백성에게 각 개인의 마음에서 우러나오는 믿음과 공동체가 합심하여 드리는 기도가 모두 필요하다. 또한 공동체에 속한 각 사람이 자기 마음을 찢고 난 후 함께 모여 공동체에 속한 모든 사람을 위해 기도하고 축복하는 것은 당연하고 영광스러운 일이다. 역사상 그 어느 시대보다 오늘날 우리에게는 공동체적인 축제가 필요하다고 생각된다.

여호와의 날에 대하여 경고했던 선지자가 본 텍스트에서는 다시 현실로 돌아와 이 끔찍하고 두려운 날을 피할 방법을 제시한다. 현실을 살아가는 주의 백성이 미래에 대한 하나님의 계획을 알게 되면 적절한 대응책을 현실에서 찾고 행동으로 옮겨야 하는 것이다. 한때 위험을 알리던 나팔이 이제는 사람들을 예배로 끌어들이는 도구로 사용되고 있다(15절). "시온 산 위에서 나팔을 불어라!" 나팔소리를 들은 백성은 하던 일을 멈추고 주의 전으로 몰려온다.

몰려온 백성은 생존을 위해 적군과 전투를 준비하는 것이 아니라 금식하고, 기도하며, 회개해야 한다. 하나님 앞에 낮아져야만 살 수 있는 것이다. 그러므로 사람들을 예배로 부르는 나팔소리는 소망을 담은 매우 긍정적인 울림이다(Prinsloo). '[나팔을] 불어라!'(תְקְעוּ)는 15-16a절에 등장하는 7개의 명령문의 시작이다. "불어라(תְקְעוּ)…선포하라(קַדְשׁוּ)…열어라(קִרְאוּ)…모으라(אִסְפוּ)…구별하라(קַדְשׁוּ)…불러모으라(קִבְצוּ)…불러모으라(אִסְפוּ)."[3] 저자는 이처럼 짧은 구절에서 7개의 명령어를 사용함으로써 사태의 심각성을 긴급하게 알리며 백성의 신속한 대응을 요구하고 있다. 이는 속히 여호와 하나님께 참회의 예배를 드리라는 다급한 명령이다. 신학적 논쟁이나 삶의 이슈에 대해 왈가왈부할 여유가 없다. 다가오는 두려운 날을 피하려면 오늘 이 순간 속히 대처해야 한다. 상황이 절박한 만큼 하나님 은혜에 대한 기대도 크다.

다가오는 재앙을 피하기 위해서는 온 공동체가 하나가 되어 하나님 앞에 나아와야 한다. 저자는 이런 사실을 포괄법을 사용해 강조한다. 이 공동체에 가장 오래 속했던 노인들(זְקֵנִים)뿐만 아니라 가장 최근 멤버라 할 수 있는 아이들(עוֹלָלִים)도 예배에 나아와야 한다(16절). 심지어는 젖먹이들(יֹנְקֵי שָׁדָיִם)도 와야 하고 금방 결혼해 신방을 차린 신랑(חָתָן), 신부(כַּלָּה)도 예외가 될 수 없다. 그들도 신방(חֻפָּה)을 떠나 예배에 나아와야 한다(삼하 16:22; 시 19:5). 재앙을 모면하려면 모든 사람이 합심하여 근신하며 하나님 은혜를 간곡히 바라야 한다. 이처럼 국가적 재앙은 온 백성이 힘을 합해 해결해야 하는 민족적 사업이다. 어떤 경우라도 예외가 있을 수 없다. 하나님 앞에 한 사람이 곧 온 공동체이고, 온 공동체가 곧 한 사람인 것이다.

남녀노소 가리지 않고 온 공동체가 모였을 때 제사장은 '성전 현관(הָאוּלָם)과 번제단(הַמִּזְבֵּחַ)' 사이에 서서 예배를 인도해야 한다(17절). 하나님이 거하시던 성전 건물과 제물이 불태워졌던 번제단 사이에 있는 이곳은 이스라엘 백성을 중재하는 곳이다(Dillard). 이곳에서 스가랴 선지

---

3 이 명령문을 완료형으로 취급하기도 한다(Bewer). 이렇게 해석할 경우 본문이 말하고 있는 회개는 미래의 일이 아니라 과거에 유다가 하나님 앞에서 이미 했던 일이다. 그러나 이 말씀은 미래에 있을 일에 대한 것이지 과거에 이미 있었던 일이 아니다(Achtemeier, cf. NIV).

자는 순교했다(대하 24:21; 마 23:35). 에스겔 선지자는 이곳에서 이스라엘의 지도자가 하나님께 등을 돌리고 태양신을 숭배하는 모습을 보았다(겔 8:16). 어떤 면에서는 인간은 결코 하나님 앞에서 떳떳할 수 없고, 오직 상한 심령과 안타까움만이 예배의 분위기를 주도해야 한다. 하나님 앞에 당당하지 못한 공동체의 예배를 인도하는 자는 오직 주님의 은혜를 바랄 뿐이다. 하나님 앞에 내세울 의가 없기 때문이다. 하나님께 따지고 싶은 충동도 없다. 오직 하나님의 명예가 어려운 형편으로 인해 땅에 떨어지지 않게 되기를 바랄 뿐이다.

요엘서에서 제사장이 기도하는 것은 이번이 두 번째다. 첫 번째는 1:5-20에서다. 제사장은 세 가지를 바탕으로 기도를 드린다(17절). 첫째, 하나님의 자비에 호소한다. 하나님은 사람이 얼마나 연약한 존재인가를 아신다. 그러므로 제사장은 하나님이 백성을 불쌍히 여겨주실 것을 호소한다. 둘째, 하나님과 이스라엘 사이에 맺어진 언약을 근거로 도움을 청한다. 하나님이 소유한 백성이니 제발 이방인에게 자신을 내어주지 말라는 간구다. 셋째, 이스라엘의 생존은 곧 하나님의 명예와 연결되어 있다는 사실을 상기시키며 기도한다. 곤경에 처한 주의 백성이 하나님을 가장 쉽게 설득할 수 있는 것은 다름 아닌 땅에 떨어진 하나님의 명예를 거론하는 일이다. 유다가 망하면 유다 사람뿐만 아니라 여호와 하나님의 이름도 조롱거리가 될 수밖에 없다는 논리다(Birch). 어떻게 생각하면 하나님을 매우 염려해 주는 척하면서 실속을 챙기는 지혜(?)다. 칼빈(Calvin)은 이들의 기도가 자비를 호소하는 것으로 간주한다.

칠십인역은 "열방의 비웃음거리가 되다"(לִמְשָׁל־בָּם גּוֹיִם)를 "열방이 그들을 통치한다"(τοῦ κατάρξαι αὐτῶν ἔθνη)로 번역해 놓았다. 우리말 번역본 중에도 새번역이 이 해석을 반영하고 있다. "이방인들에게 통치를 받는 수모를 당하지 않게 하여 주십시오"(Garrett). 그러나 본문의 이슈는 이방인의 통치가 아니다. 그뿐만 아니라 열방이 "너희들의 하나님

은 어디 있느냐?"라며 비아냥거리는 것도 이 문구가 비웃음거리가 되
는 것을 뜻하고 있음을 암시한다. 그러므로 대부분 번역본과 함께 "열
방의 비웃음거리가 되다"로 이해하는 것이 바람직하다(공동번역; NIV,
NAS, NRS, JPS).

　절박한 상황에서 아무것도 할 수 없는 자의 이 같은 기도가 매우 무
기력하게 느껴질지 모른다. 그러나 주님의 은혜만을 바라고 드리는 연
약한 기도가 가장 힘있는 능력의 기도다. 이미 선지자가 선언한 것처
럼 하나님은 "은혜롭고 자비로우시며, 오래 참으시며, 한결같은 사랑
을 늘 베푸시고, 불쌍히 여기는 마음이 많으셔서, 뜻을 돌이켜 재앙을
거두기도 하시는 분"(13절)이시기에 사람이 자신의 능력을 의존하지 않
고 오직 하나님의 자비를 갈망하는 기도는 가장 큰 가능성을 지니고
있다. 그렇기에 절박한 상황에 처한 무능한 사람만이 가장 능력 있는
기도를 할 수 있는 것이 아닐까?

III. 하나님의 응답

(2:18-3:21[4:21])

지금까지 선지자는 유다가 당면하고 있는 재앙의 현실적인 문제와 여호와의 날에 임할 더 큰 재앙에 대해 경고했다. 요엘은 어려운 현실과 다가오는 미래의 불안감을 이겨나가는 방법도 알려 주었다. 온 공동체가 합심해 진심으로 여호와께 매달리며 그분의 은혜를 구하면 살 수 있다는 것이다. 이 섹션에서는 하나님의 응답이 전개된다. 하나님이 기도를 들으시고 응답하시는 것인가? 아니면 선지자가 백성이 진솔하게 기도하면 하나님이 이렇게 응답하실 것이라고 가정하며 메시지를 준 것인가? 하나님이 상한 심령으로 모여 예배를 드리는 이스라엘의 회중에 임하셔서 주신 말씀으로 보는 것이 바람직하다. 그러나 이미 언급했듯이 요엘서의 특징은 시공간을 초월해서 광범위하게 적용될 수 있다는 점이다. 즉, 이 섹션은 언제든지 간곡히 주를 찾는 백성에게 선포될 수 있는 하나님의 응답이자 축복이다. 하나님의 응답은 크게 두 부분으로 나눈다.

A. 당면한 메뚜기 떼 재앙에 대해(2:18-27)

B. 임박한 여호와의 날에 대해(2:28-3:21[3:1-4:21])

III. 하나님의 응답(2:18-3:21[4:21])

A. 당면한 메뚜기 떼 재앙에 대해(2:18-27)

백성이 흘리는 회개의 눈물을 보신 하나님이 그들이 드리는 예배 중에 임하셔서 이스라엘이 당면한 첫 번째 문제인 메뚜기 떼 재앙에 대해 응답하신다. 한마디로 요약하면 메뚜기 떼는 이제 유다에게 문제가 되지 않을 것이라고 하신다. 이 섹션은 다음과 같이 세 파트로 구분될 수 있다. 하나님이 메뚜기 떼로 인해 파괴된 땅을 회복시켜서 어려운 형편이 반전될 것임을 선언하신다.

   A. 위협을 제거해 주겠다(2:18-20)
      B. 땅을 치유해 주겠다(2:21-24)
   A′. 다시 번영케 하겠다(2:25-27)

III. 하나님의 응답(2:18-3:21[4:21])
   A. 당면한 메뚜기 떼 재앙에 대하여(2:18-27)

1. 위협을 제거해 주겠다(2:18-20)

¹⁸ 그 때에 여호와께서 자기의 땅을 극진히 사랑하시어
그의 백성을 불쌍히 여기실 것이라
¹⁹ 여호와께서 그들에게 응답하여 이르시기를
내가 너희에게 곡식과 새 포도주와 기름을 주리니
너희가 이로 말미암아 흡족하리라
내가 다시는 너희가 나라들 가운데에서
욕을 당하지 않게 할 것이며
²⁰ 내가 북쪽 군대를 너희에게서 멀리 떠나게 하여
메마르고 적막한 땅으로 쫓아내리니

416

> 그 앞의 부대는 동해로,
>
> 그 뒤의 부대는 서해로 들어갈 것이라
>
> 상한 냄새가 일어나고 악취가 오르리니
>
> 이는 큰 일을 행하였음이라 하시리라

제사장의 인도 아래 간절한 기도를 드린 주의 백성에게 하나님 말씀이 선포된다. 이 신탁의 모든 것이 여호와께서 자기 백성을 불쌍히 여기셨다는 사실에서 시작된다(18절). 이 18절을 책의 중심점(pivot)이라고 한다(Ahlström, Keller, Wolff). 이때까지 이스라엘이 당면하고 있던 위기와 위기에 대한 백성의 올바른 대처가 요구되었는데, 이 구절을 시작으로 하나님의 응답과 계획이 위기를 맞은 백성에게 선포되고 있기 때문이다. 노아 홍수 이야기에서 모든 것을 반전시키는 "하나님이 노아를 기억하셨다"(창 8:1)라는 말씀이 중심점인 것처럼 요엘서에서는 2:18이 그 역할을 한다. 또 한 가지 재미있는 사실은 요엘서에서 사용된 히브리어 단어 숫자를 세어보면 2:18이 한 중심에 있다(Wendland, cf. Baker). 저자는 하나님이 백성을 불쌍히 여기셨다는 말을 책의 한중간에 두고 있다. 이 구절이 그만큼 중요하다는 의미다.

그런데 여호와께서 언제 백성을 불쌍히 여기시는가? 백성이 선지자가 지시한 대로 예배를 드린 후인가? 선지자가 메시지를 선포했을 때인가? 아니면 선지자의 환상 속에서 일어난 일, 즉 앞으로 여호와께서 그렇게 하실 것인가? 문제는 "그가 불쌍히 여기셨다"(וַיְקַנֵּא)를 어떻게 해석하느냐에 있다. 번역본도 이 이슈에 대해 나누어져 있다. 개역한글과 개역개정은 "불쌍이 여기실 것이라"(cf. 공동번역; NAS; NIV)로, 새번역은 "불쌍히 여기셨다"(cf. NRS, TNK)로 번역하고 있다. 만일 '여기셨다'로 해석하면 이스라엘이 과거에 경험했던 하나님 은혜를 회상하는 것으로 해석된다(Patterson). 그러나 요엘이 앞으로 있을 일을 환상 속에서 보는 것으로 이해하는 것, 즉 미래형으로 번역하는 것이 본문의 정황을 고려할 때 가장 적합해 보인다(NAS, NIV, cf. Barton).

메시지의 핵심은 메뚜기 떼에 의해 초래된 피해에서 이들을 속히 회복시켜 주실 것(19절)과 온 땅을 휩쓸고 있는 메뚜기 떼를 광야와 바다로 몰아 넣어 속히 제거해 주시겠다는 약속이다(20절). 이 약속은 출애굽 때 이집트에 내렸던 메뚜기 떼 재앙(8번째 재앙)을 해결할 때 메뚜기 떼를 홍해 바다에 처넣으셨던 일을 연상케 한다(출 10:19). 하나님이 바다를 통해 주의 백성을 위협하는 원수를 제거하고 구원을 이루신 것 역시 출애굽 때 이스라엘을 뒤쫓던 이집트 군대를 홍해에서 수장시키신 것을 연상케 한다.

많은 학자가 15-18절 사이의 동사 변화에 대해 문제를 제기한다. 지금까지 저자는 참회 예배에 대해 지시(instruction)를 해왔는데 아무런 예고도 없이 문체가 갑자기 19절에 가서 설화(narration)로 바뀌고 있다는 것이다. 이 문제를 해결하기 위해 다양한 제안이 있었다. 오래전에 본문의 문법적 어려움을 의식했던 데오도시온(Theodotion)의 헬라어 번역은 וַיְקַנֵּא와 וַיַּחְמֹל를 번역하면서 칠십인역의 ἐζήλωσεν와 ἐφείσατο(indicative, aorist) 대신 ζηλώσει와 φείσεται(jussive)로 대신하여 18절을 17절에서 시작된 기도문의 일부로 간주했다. "여호와여 당신의 땅이 당한 일로 인해 중심이 뜨거워지시고/마음 아파하시고, 당신의 백성을 불쌍히 여기소서"(Let the LORD will be zealous for His land and let him have pity on His people"; cf. Wolff).

한 주석가는 15-17절에 등장하는 모든 명령문을 완료형으로 바꾸어 설화가 15절에서부터 시작하는 것으로 해석해야 한다고 주장한다(Bewer). 일부 학자들은 18절에 등장하는 바브(ו) 연계형 동사들을 모두 명령형(jussive)으로 바꾸어 "주가 마음 아파하시고, 그가 백성들을 불쌍히 여기시기를!"(May the Lord be jealous…and may he have mercy)로 해석한다(Merx, cf. Baker). 이 경우에도 데오도시온의 경우처럼 18절을 17절에서 시작된 기도문의 연장으로 이해한다. 그러나 시편 12:5, 60:6; 85:8 등에서도 아무런 예고 없이 탄식에서 곧바로 구원 신탁으로 넘어가는 것으로 보아 이러한 현상은 히브리 시의 특성이라고 간주하는 것이 바람직하다(시 20편). 즉, 마소라 사본을 있는 그대로 수용하는 것이 최선인 것이다(Dillard).

선지자는 하나님이 주의 백성에게 자비를 베푸시게 된 이유를 명백히 밝힌다. '그의 땅'(אַרְצוֹ)에 대한 염려와 그의 백성을 향한 '긍휼'(חָמַל) 때문이다(18절). 요엘이 이미 노래했던 하나님의 자비와 긍휼(13절)이 빛을 발하고 있다. 저자가 앞부분에서 하나님의 은혜로운 개입 여부는 불확실하다고 했지만(14절), 이러한 불확실성이 완전히 사라지는 순간이다. 또한 하나님이 백성을 구하게 된 동기는 전적으로 그분의 자비로운 성품에서 비롯된 것이지 결코 백성의 공로나 의에서 나온 일이 아니다(Achtemeier). 그렇다면 인간의 기도와 탄식은 하나님께 아무런 의미가 없단 말인가? 아니다. 선지자는 하나님이 이처럼 긍휼을 베풀기로 작정하고 역사할 것을 약속하시게 된 배경에는 주의 백성의 기도가 크게 작용했다고 한다. "여호와께서 그들에게 응답하여 이르시기를…"(19절). 주의 백성의 탄식 어린 예배와 간구가 없었다면, 놀라운 하나님의 은총을 기대할 수 없었을 것이다. 기도는 이처럼 하나님의 구원 사역의 출발점이 되기도 한다.

하나님이 구체적으로 무엇을 약속하시는가? 주의 백성이 메뚜기 떼 재앙으로 당면하고 있는 경제적인 고통에서 해방시켜주겠다고 하신다(19절). "내가 너희에게 곡식과 새 포도주와 기름을 주리니 너희가 이로 말미암아 흡족하리라." 선지자는 이미 1:10에서 곡식, 포도주, 기름을 언급하며 메뚜기 떼의 피해가 목초, 관목, 나무 등 모든 식물에 총체적으로 임했음을 탄식했다. 하나님은 세 가지가 풍성하게 될 때를 줄 것을 약속하심으로 주의 백성의 삶이 원상복귀될 것을 선언하신다.

이스라엘이 하나님의 축복을 받아 다시 풍요롭게 되면, 그들은 결코 열방의 비웃음거리가 되지 않을 것이다(19b절). 열방의 비웃음거리가 되지 않을 것이라는 약속은 2:17에 기록된 주의 백성의 기도에 대한 응답이다. 그런데 2:17은 하나님의 명예가 땅에 떨어지는 것을 염려하여 드려진 기도였다. "세계 만민이 '그들의 하나님이 어디에 있느냐?' 하면서 조롱하지 못하게 하여 주십시오." 그러므로 저자는 본문에서 2:17을 상기시켜 하나님이 백성에게 구원을 베푸시게 된 또 하나의 이유는 자신의 명예가 땅에 떨어지는 것을 막기 위한 것임을 암시한다.

하나님이 주의 백성의 땅에서 내치실 것을 약속하는 '북쪽 사람'(צְפוֹנִי)(northern one/northerner)(20절)은 누구/무엇을 뜻하는가? 20절 전체와 본문의 문맥을 감안하면 메뚜기 떼를 두고 하는 말이다(Allen, Woff, Watts, cf. 새번역의 '북쪽에서 온 메뚜기 군대'). 그러나 이스라엘을 침범한 이방 나라를 두고 하는 말이라는 주장도 만만치 않다(Sweeney, Patterson, cf. Garrett). 무엇보다도 이스라엘 땅을 침략하는 메뚜기 떼는 남쪽 혹은 남동쪽에서 날아오기 때문이다(Garrett). 물론 메뚜기 떼가 가나안의 북쪽에서 날아온 경우도 종종 있지만 지극히 예외적이었다(Finley, Allen).

바빌론의 왕은 자신이 북극의 집회에 거할 것을 자랑하기도 했다(사 14:12-13). 성경은 이스라엘의 원수가 북방에서 침략해오는 것을 자주 언급하며 주로 아시리아, 바빌론, 페르시아 등이 북방에서 침략해오는 원수들이라고 언급한다(사 41:25; 렘 1:13-15; 4:6; 6:22; 10:22; 13:20; 15:12; 25:9, 26; 46:10, 20, 24; 50:3, 9, 41; 겔 26:7; 38:6, 15; 39:2; 단 11장; 슥 2:6; 6:6-8). 요나단 탈굼(Targum Jonathan)도 본문을 "내가 북쪽에서 오는 사람들을 너희들로부터 멀리 제거하리라"로 번역하고 있다(Cathcart and Gordon).

북쪽에서 침략해오는 이스라엘의 원수가 포로 시절 이전에는 실제로 존재했던 나라를 뜻했지만, 시간이 지날수록 점차 역사를 초월한, 묵시적인 성향을 띠게 되었다(Childs, Bewer, cf. Allen). 이러한 성향에 근거해 본문의 북쪽에서 오는 원수를 질서를 위협하는 무질서(chaos)(Dillard) 혹은 에스겔 선지자가 언급하는 곡과 마곡처럼 종말에 하나님을 대적할 세력으로 해석하기도 한다(Achtemeier). 출발은 분명 유다가 경험한 메뚜기 떼였지만, 선지자가 본문에서 인류의 종말 때 있을 일을 예고하고 있다는 것이다.

이미 언급한 것처럼 요엘은 실제와 이상을 잘 구분하지 않는다. 그러나 이 섹션에서는 하나님이 이스라엘이 당면해 있는 문제에 대한 해결책을 제시하고 계심을 감안할 때, 본문이 말하고 있는 북쪽에서 침략해 오는 원수는 이스라엘을 습격한 실제 메뚜기 떼로 해석하는 것이 더 설득력이 있다. 동시에 이 표현이 말일에 하나님이 이스라엘을 징계하기 위해 들어쓰시는 악한 나라(주의 군대)를 암시한다는 해석도 배제할 수는 없다.

메뚜기 떼가 죽으면 엄청난 냄새와 질병이 도는 것으로 알려져 있다. 어거스틴은 마시니사(Masinissa)라는 곳에서 메뚜기 떼의 부패로 80만 명 이상이 죽었으며, 우티쿠(Utique)에서는 3만 명의 군인 중 2만 명이 죽었던 일을 회고하고 있다(『하나님의 도성』3.31). 기록에 의하면 홍해 바다에 빠져 죽은 메뚜기 떼의 두께가 1m가 넘을 때가 종종 목격되었다고 한다(Baron).

Ⅲ. 하나님의 응답(2:18-3:21[4:21])
　A. 당면한 메뚜기 떼 재앙에 대해(2:18-27)

2. 땅을 치유해 주겠다(2:21-24)

²¹ 땅이여 두려워하지 말고
기뻐하며 즐거워할지어다
여호와께서 큰 일을 행하셨음이로다
²² 들짐승들아 두려워하지 말지어다
들의 풀이 싹이 나며 나무가 열매를 맺으며
무화과나무와 포도나무가 다 힘을 내는도다

421

²³ 시온의 자녀들아
너희는 너희 하나님 여호와로 말미암아
기뻐하며 즐거워할지어다
그가 너희를 위하여 비를 내리시되
이른 비를 너희에게 적당하게 주시리니
이른 비와 늦은 비가 예전과 같을 것이라
²⁴ 마당에는 밀이 가득하고
독에는 새 포도주와 기름이 넘치리로다

이 섹션의 장르는 다양하게 해석된다. 예식 찬송(cultic hymn)이라 하기도 하고(Allen), 백성의 호소에 답하는 확신 신탁(assurance oracle)이라 하기도 하고(Wolff), 찬양하라는 권면(an exhortation to praise)(Jones, Prinsloo)으로 간주하기도 한다. 탄식으로 가득 찬 백성이 드린 예배 이후에 임하는 하나님 말씀이라는 점과 내용을 감안할 때, 백성의 눈물 어린 호소에 화답하는 여호와의 확신 신탁이 거의 확실하다. 저자는 긍정적인 문구를 두 차례씩 반복하며 분위기를 반전시키고 있다. (1) "여호와께서/그가 큰일을 행하셨음이라"(20b, 21b절), (2) "두려워 말라"(21a, 22a절), (3) "즐거워하며 기뻐하라"(21a, 23a절).

메뚜기 떼의 습격은 땅, 식물, 사람 모두에게 영향을 미쳤다. 이제 하나님은 이스라엘을 습격한 메뚜기 떼를 제거할 뿐만 아니라 땅을 회복해 짐승과 사람에게 생명을 축복하실 것이다. 그러므로 "두려워 말고 기뻐하라"(גִילִי ... אַל־תִּירְאִי)라고 외친다(21절). 선지자는 명령문을 사용해 백성에게 슬퍼하라고 권면한 적이 있다(1:5, 11, 13). 이제 명령문을 사용해 즐거워하라고 외친다. 요엘은 먼저 땅에게(21절), 그다음 들짐승에게(22절), 마지막으로 시온의 자녀에게(23절) 두려워 말고 기뻐하라고 위로한다. 무생물→생물→인간 혹은 변두리→중심으로 이동하는 구조를 지니고 있다(Ahlström). 저자의 문장 구성법이 빛나는 순간이다.

땅은 왜 기뻐할 수 있는가? 여호와께서 큰일을 행하셨기 때문이다
(21절). 이 '큰일'(הִגְדִיל)이 어떤 것인지는 밝히고 있지 않지만 지금까지
땅이 당면했던 문제가 메뚜기 떼였던 점을 감안할 때, 하나님이 행하
신 큰일은 다름 아닌 메뚜기 떼를 제거하신 일이다. 메뚜기 떼는 땅에
있는 모든 식물을 먹어치움으로써 땅을 황폐하게 했다. 땅은 이제 메
뚜기 떼를 통해 황폐하게 되는 수모와 피해를 걱정하지 않아도 된다.

짐승이 기뻐할 이유는 그들의 먹이가 되는 식물이 다시 풍성하게 자
랄 것이기 때문이다(22절). 황량했던 들은 다시 풀로 푸르게 될 것이고,
나무는 열매를 맺을 것이며 무화과와 포도나무도 예전처럼 풍성한 열
매를 생산할 것이다. 물론 이러한 이미지는 황폐했던 땅이 다시 기뻐
한다는 21절의 내용과 직접 연관되어 있다. 땅이 회복되어 기뻐하니
그 기쁨의 열매가 짐승에게도 확장되는 것이다.

땅이 다시 푸르른 모습을 되찾고 농작물이 풍성하게 생산되면 당연
히 주의 백성도 기뻐하게 될 것이다(23절). 먹을 것이 많아질 것이기 때
문이다. 들판의 과일나무와 풀이 예전처럼 자라게 되었기 때문이기도
하지만, 구체적으로 하나님이 이른 비(מוֹרֶה)와 늦은 비(מַלְקוֹשׁ)를 주실 것
이기 때문이다(23절). 이 구절에서 비에 대한 언급을 세 차례 하는 것
으로 보아 이 히브리어 단어(מוֹרֶה)를 이른 비로 해석하는 것이 바람직
해 보이지만 모두가 동의하는 것은 아니다. 이 단어는 '선생'이란 의미
로 해석될 수도 있다. 그래서 대부분의 번역본과 학자들은 이 히브리
어 문구(הַמוֹרֶה לִצְדָקָה)를 '적당한 양의 비'(개역; JPS)로 해석하지만 일부
는 '의로운 선생'이라는 메시아적인 사람으로 이해하여(Allen) 본문이 쿰
란 공동체의 의로운 선생에 대한 근거를 제공해 주었다고 하기도 한다
(Dillard, Jeremias, Rabinowitz, Weingreen). 본문이 이 점에 대해 의도적으로
애매모호한 뜻을 제시하고 있다고 할 수 있지만, 문맥을 감안할 때 이
른 비에 대한 언급으로 해석하는 것이 바람직하다.

이른 비는 10-11월에 오는 비로 땅을 부드럽게 하여 씨를 뿌릴 수

있게 하고 씨앗에서 싹이 트게 하는 비다. 늦은 비는 3-4월에 내려 추수를 앞둔 곡식을 살찌게 한다. 그러므로 두 가지 비의 적절한 시기와 양은 농사에 결정적인 역할을 한다. 성경은 비와 이슬이 내리지 않는 것을 하나님이 이스라엘이 언약을 위반한 것에 대한 징계를 내리시는 것으로 이해한다(레 26:18-20; 신 28:23-24). 반면에 비가 제때 내리는 것은 하나님의 축복일 뿐만 아니라 하나님과 이스라엘의 우호적 관계의 증표로 여겨지기도 한다(레 26:3-4; 신 11:13-14).

하나님이 비를 제때 적절하게 주실 것이기에 풍성한 수확이 있을 것이다(24절). 타작마당은 곡식으로 가득 찰 것이고, 기름과 술을 짜는 틀은 기름과 포도주로 가득할 것이다. 기름은 올리브유를 의미한다. 즉, 관목과 나무들이 제 기능을 할 때를 노래하고 있는 것이다. 초목이 회복될 것은 이미 21절에서 암시되었다. 요엘은 현재 주의 백성이 당면하고 있는 궁핍함과 매우 대조적인 시대가 곧 임할 것을 예언하고 있다. 물론 하나님의 개입에 의해 일어날 일이다. 또한 하나님의 개입은 주의 백성의 탄식 어린 기도의 결과이기도 하다.

> III. 하나님의 응답(2:18-3:21[4:21])
>   A. 당면한 메뚜기 떼 재앙에 대해(2:18-27)

3. 다시 번영케 하겠다(2:25-27)

25 내가 전에 너희에게 보낸 큰 군대
곧 메뚜기와 느치와 황충과 팥중이가 먹은 햇수대로
너희에게 갚아 주리니
26 너희는 먹되 풍족히 먹고
너희에게 놀라운 일을 행하신
너희 하나님 여호와의 이름을 찬송할 것이라
내 백성이 영원히 수치를 당하지 아니하리로다

²⁷ 그런즉 내가 이스라엘 가운데에 있어
너희 하나님 여호와가 되고
다른 이가 없는 줄을 너희가 알 것이라
내 백성이 영원히 수치를 당하지 아니하리로다

하나님이 위에서 말씀하신 것처럼 모든 것을 회복시켜 주시는 것은 주의 백성이 당한 피해를 보상해 주시기(סלם) 위함이다(25절). 메뚜기 떼가 하나님이 보내신 군대라는 점을 감안할 때, 이 말씀은 하나님이 초래하신 피해에 대한 배상이라고 생각할 수도 있다. 그래서 '햇수대로'(השנים)를 '갑절로'(השנים) 고치는 것을 제안하지만 마소라 사본을 그대로 유지하는 것이 좋다. 어떤 이는 본문이 메뚜기 떼의 습격이 몇 년 동안 진행된 것을 의미하는 것으로 해석하기도 하고(Birch), 지금까지의 내용으로 보아 메뚜기 떼의 피해가 몇 년 동안 지속되었다. 암시된 바는 전혀 없다 하여 이 문구가 훗날 삽입된 것이라 결론짓는 이도 있다 (Barton). 그러나 메뚜기 떼의 피해는 습격이 있던 해뿐만 아니라 그 이후에도 후유증이 몇 년 동안 지속되는 것으로 알려져 있다. 하나님이 이러한 피해를 모두 보상해 주시겠다는 것이다. 이 선언에는 하나님이 무언가를 잘못해서 일이 이렇게 되었기에 적절한 배상을 해준다는 것을 전제하지 않는다. 단순히 그들이 당한 고통에 버금가는 축복을 내려주신다는 뜻이다.

하나님이 이스라엘의 궁핍함을 해결해 주시는 가장 큰 목적은 어디에 있는가? 그들의 굶주린 배를 채움으로써 평안히 살게 하기 위함인가? 물론 이러한 차원을 무시할 수는 없지만 요엘은 하나님이 은혜를 베푸는 궁극적인 목적이 다른 곳에 있음을 시사한다. 크게 두 가지 목적이 있다. 첫째는 주의 백성이 하나님 은혜를 체험한 후 그분을 찬양하게 하기 위함이다(26절). 하나님이 내려주신 풍요로움을 즐기게 된 백성이 주께서 그들을 버리지 않으셨으며, 하나님이 어려운 형편을 살피셨음을 찬양하게 하기 위함인 것이다. 하나님 은혜를 체험한 사람이 자신의 기쁨을 그분에 대한 찬양으로 승화시키는 것은 당연한 일이다. 오늘날에도 하나님의 교회는 많은 위기를 체험하며, 그때마다 예측하지 못했던 하나님의 구원과 은혜의 손길을 통해 위기를 넘긴다. 문제는 사람들이 위기를 넘길 때 그 위기를 극복하게 해주신 하나님께 초점을 맞추어 진심으로 찬양하는 것이 아니라, 위기에서 벗어나게 된 것에 대한 인간적인 즐거움과 새로이 얻게 된 기회에 초점을 맞춘다는 것이다(Birch). 우리가 체험한 하나님의 은혜는 모두 찬양으로 그분께 되돌아가야 한다.

둘째, 땅에 떨어진 그들의 명예를 회복시켜 주시기 위함이다. 이 점을 강조하기 위해 "나의 백성이 다시는 수치를 당하지 않을 것이다"(לְעוֹלָם לֹא־יֵבֹשׁוּ עַמִּי)를 두 차례나 강조한다(26, 27절). 일부 학자들은 사본을 복사하던 필사가의 실수로 이 문구가 여기서 두 차례 등장하게 되었다고 하지만(Wolff), 같은 문구를 반복적으로 사용하는 것은 요엘의 글 쓰는 스타일에 의한 것이 확실하다(Thompson). 개역개정은 "내 백성이 영원히 수치를 당하지 아니하리로다"로 해석하여 이스라엘이 영원히 수치를 당하게 될 것을 막으시겠다는 뜻으로 이해하지만 '다시는'으로 해석하는 것이 더 적절한 번역이다(새번역; 공동번역; NIV, NAS, NRS, TNK).

그렇다면 무엇이 앞으로 일이 이렇게 될 것을 보장한단 말인가? 바로 이스라엘과 함께할 하나님의 임재이다. "내가 이스라엘 가운데 있어 너희 하나님 여호와가 되고 다른 이가 없는 줄을 너희가 알 것이라"(27절). 주의 백성이 누릴 수 있는 가장 큰 축복은 바로 하나님이 그들 중에 거하시는 것이다. 하나님이 함께하시는 날, 주의 백성은 오직 여호와만이 참 하나님이라는 것을 스스로 깨닫게 된다. 이 말씀은 종종 우상을 섬기는 자를 비난하는 정황에서 사용되지만, 요엘서에는 이스라엘이 우상숭배를 행하고 있다는 힌트가 없다. 또한 그들과 함께하시는 하나님이 지금까지 약속한 모든 것이 실현될 것을 보장하는 보증수표가 되신다.

B. 임박한 여호와의 날에 대해(2:28-3:21[3:1-4:21])

이 섹션을 앞 섹션(1:1-2:27)과 비교할 때 내용과 주제가 완전히 다르다 하여 이 섹션은 앞 섹션을 저작하지 않은 다른 사람에 의해 훗날 첨부된 것이라 주장하는 사람이 있다(Barton). 그러나 요엘이 이 섹션에 기록된 주제와 내용을 기록할 수 없다고 단정하는 것은 선지자의 창의성과 융통성을 부인하는 것에 불과하다. 또한 만일 요엘서가 단순히 슬픔을 토로하는 이야기로 끝나버린다면 선지서로서 제 기능을 발휘하지 못하게 된다. 여러 선지서와 탄식시가 보여주는 것처럼 백성의 절박한 기도 뒤에 하나님의 위로와 구원의 말씀이 임하는 것은 자연스러운 현상이다(Achtemeier). 이 섹션의 내용이 너무 놀랍고 파격적이어서 중세기 유태인 주석가 킴키(Kimchi)는 이 섹션을 메시아 시대에 관한 예언으로 간주했다(Merx).

슬퍼하는 백성의 탄식 어린 예배를 받으시고 하나님은 바로 앞 텍스트에서(2:18-27) 그들이 당면하고 있는 메뚜기 떼 재앙에 대해 적절한 조치를 취하여 고통에서 해방시킬 것을 약속하셨다. 당장 백성의 발등에 떨어진 불을 꺼주신 것이다. 하나님의 백성에 대한 배려는 여기에서 끝나지 않는다. 이 섹션에서는 다가오는 여호와의 날에 대해서도 백성을 위한 대책을 약속하신다. 여호와의 날에 대한 하나님의 대책은 크게 세 부분으로 나누어져 있다. 2:28-32는 주의 백성에 대해, 3:1-17은 이방인에 대해, 3:18-21은 종말적인 비전에 연관해 이스라엘과 열방의 엇갈린 운명을 논한다. 여호와의 날은 주의 백성에게는 위로의 날이지만 열방에게는 매우 고통스러운 날이 될 것이다. 여기서부터 히브리어 성경과 번역본의 장·절 구분이 다르다. 한국어 성경에서는 공동번역이 히브리어 성경의 장·절 구분을 따른다. 다음 구조를 참조하라.

427

A. 주의 백성에 임할 구원(2:28-32[3:1-5])

   B. 열방 심판(3:1-17[4:1-17])

A. 주의 백성에 임할 축복(3:18-21[4:18-21])

III. 하나님의 응답(2:18-3:21[4:21])
  B. 임박한 여호와의 날에 대해(2:28-3:21[3:1-4:21])

1. 주의 백성에 임할 구원(2:28-32[3:1-5])

이미 언급한 것처럼 이스라엘에게 엄청난 피해를 입힌 메뚜기 떼는 현실적인 문제의 차원을 넘어서 미래에 대한 경고이기도 했다. 메뚜기 떼의 습격이 두렵고 떨리는 일이었다면, 그들이 당면하게 될 여호와의 날은 훨씬 더 두렵고 떨리는 날이라는 것이다. 그러므로 이스라엘은 당장의 문제뿐만 아니라 다가오고 있는 여호와의 날을 준비해야 한다. 다행히 하나님이 여호와의 날이 주의 백성에게는 매우 큰 은혜를 체험하게 되는 날이므로 두려워하지 말고 오히려 그날을 갈망하고 기대할 것을 당부하신다.

이 텍스트는 두 부분으로 구분할 수 있다. 첫 부분은(28-29절) 사도행전에서 베드로가 인용해 그리스도인 사이에 유명해진 텍스트다. 오늘날도 많은 교회가 교회달력에 맞추어 오순절이면 이 말씀을 묵상한다. 두 번째 부분(30-32절) 역시 신약 저자의 여호와의 날에 대한 이해에 많은 영향을 끼친 텍스트이며, 누구든지 주의 이름을 부르면 구원을 얻을 것이라는 메시지에 큰 획을 그은 텍스트이기도 하다.

A. 모든 사람이 예언함(2:28-29[3:1-2])
B. 남은 자가 구원을 받음(2:30-32[3:3-5]).

(1) 모든 사람이 예언함(2:28-29[3:1-2])

²⁸ 그 후에 내가

내 영을 만민에게 부어 주리니

너희 자녀들이 장래 일을 말할 것이며

너희 늙은이는 꿈을 꾸며

너희 젊은이는 이상을 볼 것이며

²⁹ 그 때에 내가 또

내 영을 남종과 여종에게 부어 줄 것이며

일부 학자들은 이 섹션이 묘사하고 있는 일이 2:18-27에 약속된 축복과 동시에 성취될 것으로 해석한다. 즉, 앞에서 선포된 축복의 약속이 오순절까지 성취되지 않았다는 것이다(VanGemeren). 그러나 선지자는 이미 2장에서 선포한 메시지와 지금부터 선포할 메시지의 주제와 시제가 다르다는 점을 강조하기 위해 '그 후에/그런 다음에'(אַחֲרֵי־כֵן)라는 말로 이 섹션을 시작한다(삼하 2:1; 8:1; 10:1; 13:1; 21:18). 즉, 지금부터 선포되는 말씀은 메뚜기 떼 피해에 대한 보상 이야기가 아니므로 따로 취급하라는 것이다. 이 말씀은 기한이 정해져 있지 않은 먼 훗날에 있을 일이다(Achtemeier, Patterson). 메뚜기 떼가 초래한 피해에 대한 보상은 그 당시 어려움을 겪고 있던 사람들의 시대에 이루어져야 의미가 있지 수백 년이 지난 다음에 실현된다면 별 의미가 없지 않은가? 사도행전 역시 본문을 인용하면서 칠십인역의 '이 일[이 있은] 후에'(μετὰ ταῦτα)를 그대로 받아들이지 않고, '말일에/종말에'(ἐν ταῖς ἐσχάταις ἡμέραις)라는 말로 대체한다. 사도행전 저자도 이 말씀을 종말론적으로 이해했던 것이다.

그날이 되면 하나님이 자기 영을 부어주실 것을 약속하신다(28절). 성경에서 하나님의 영은 물과 연관되어 있기에 종종 부어 주는 이미지로 표현이 된다(사 44:3; 겔 39:29; 슥 12:10; cf. 행 2:17-18; 롬 5:5). 또한 요엘서에서는 '부어준다'는 것이 추가적인 의미를 지니고 있다. 저자는 이미 가뭄에 대한 이미지를 몇 차례 사용한 적이 있다. 여호와의 날이 임하면 육체적 기근뿐만 아니라 영적인 가뭄에서도 완전한 해갈을 맛볼 것이다. 이러한 시각은 신약에서 말하는 세례를 이해하는 데 매우 중요한 요소다(Manns). 물로 주는 세례는 기근으로 메말라 생기를 잃어버린 땅처럼 되어버린 사람에게 생명의 근원인 물을 흠뻑 적셔준다는 상징성도 포함되는 것이다.

구약에서 하나님의 영은 능력 혹은 은사를 의미한다(Achtemeier). 그래서 구약에서 하나님의 영을 받은 사람은 소명을 감당할 수 있는 능력이나 은사를 받게 된다(출 31:2-5; 삿 6:34; 미 3:8; 학 1:14). 신약에서도 사도에게 하나님의 영이 임하니 땅끝까지 그리스도를 증거하는 능력을 받는다(행 1:8; 2:4). 이와 같은 맥락에서 본문에서도 하나님이 부어주신 영을 받은 자는 예언을 하고, 환상을 보고, 꿈을 꾼다(28절). 그들에게 은혜가 임한 것이다. 그러나 어떤 은혜가 임했는가를 생각해볼 필요가 있다. 예언, 환상, 꿈은 모두 하나님의 계시와 연관 있는 개념이다(Baker). 이 단어들이 의미하는 바는 다소 중복되는 부분이 있지만, 모두 하나님을 아는 지식과 연관 있는 것이다.

요엘이 이 말씀을 선포하며 마음에 두고 있는 가장 기본 의미는 하나님이 영을 부어주시는 이날, 영을 받은 주의 백성 사이에 하나님을 아는 지식이 완전해진다는 뜻이다. 예레미야는 하나님이 자기 백성과 새 언약을 맺으시는 날, 율법이 다시는 돌에 새겨지지 않고 마음에 새겨질 것이기에 하나님을 아는 지식이 완벽해질 것이라고 한다(렘 31:31-34). 요엘도 이 말씀을 통해 하나님을 아는 지식이 완벽해지는 날을 노래하고 있다.

그렇다면 요엘의 예언대로 오순절에 마가의 다락방에 성령이 임하셨을 때 성령이 주신 은사가 중요한 것이 아니라, 주의 백성이 하나님을 아는 지식이 전보다 더없이 완전해졌다는 점이 하이라이트라 할 것이다. 예수님도 자신이 가셔야 보혜사 성령이 오실 것이고, 보혜사 성령이 오셔서 주님에 대한 지식을 더 완벽하게 해주시고 주님에 대해 증거하실 것이라고 했다. 물론 하나님은 처음부터 우리에게 완벽한 지식을 주셨다. 그러나 인간이 제대로 깨닫지 못하다가 성령의 도움을 받아 드디어 하나님이 의도한 바를 깨닫게 된다는 뜻이다. 그렇다면 오순절에 하나님에 대한 우리의 지식이 완전해진다는 것은 하나님이 새로운 계시를 주신다는 뜻이 아니라, 성령의 인치심으로 변화를 받아 이미 받은 계시를 이해하게 된다는 뜻이다. 그렇다면 하나님이 하시는 일은 새로운 계시를 주신다는 것이 아니라, 이미 계시를 받은 사람 중에 일어나는 변화가 하나님이 하시는 새로운 일일 것이다(Baker). 오순절의 가장 중요한 의미는 하나님을 아는 지식이 더 완전해지게 된 것에 있지 방언 등 일부 은사가 활성화된 것에 있지 않다.

아울러 구약에서 예언은 하나님의 영이 가장 기본적인 능력으로 형상화되는 것을 의미한다. 하나님의 영을 받는다는 것은 곧 예언하는 것과 연결되어 있기 때문이다(민 11:25-29; 삼상 10:6-10; 18:10; 19:20-23; 왕상 22:22-23; 왕하 2:15; 느 9:30; 겔 13:3; 슥 7:12; 13:2). 요엘은 민수기 11:24-12:8이 언급하고 있는 성령의 은사를 염두에 두고 있는 듯하다(Dillard). 특히 민수기 12:6은 '환상하다'(ראה)와 '꿈을 꾸다'(חלם)를 계시의 도구로 언급하고 있는데, 28절도 두 가지를 예언의 도구로 언급한다. 또한 민수기에서 모세가 희망했던 것-민족을 대표한 70장로뿐만 아니라 주의 백성 모두가 예언하게 되는 것-이 요엘이 마지막 날에 대해 본 환상에서 성취되고 있다. 하나님이 오래전에 모세가 드렸던 기도에 응답하실 것을 이 본문에서 약속하시는 것이다.

하나님의 영이 역사하시는 범위가 인상적이다. '여종'(הַשְּׁפָחוֹת)도 하

431

나님의 영을 받게 될 것이라고 했는데, 히브리어에는 여자 종을 뜻하는 단어가 둘이 있다. '시프카'(שִׁפְחָה)와 '아마'(אָמָה)다. 그중 시프카(שִׁפְחָה)는 아마(אָמָה)보다 주인과의 관계에 있어서 더 멀리 있는 여종을 뜻한다(Dillard, cf. 룻 2:18; 3:9). 요엘은 본문에서 이 단어를 사용하여 그날에 성령의 부으심이 이스라엘의 일부 사람에게만 제한되는 것이 아니라 매우 광범위하게 있을 것임을 시사한다(Patterson). 이처럼 성령이 세상을 뒤덮는 날, 세상의 모든 사회적 차별이 없어진다. 바울은 갈라디아 3:28에서 이 시대가 예수 그리스도의 사역을 통해 이미 시작되었다고 한다.

하나님은 여종뿐만 아니라 노인에게도 영을 부어주신다. 이스라엘 사회에서는 나이가 많은 남자 자유인이 가장 높은 위치에 있었다. 이스라엘 사회의 가장 낮은 자로부터 가장 높은 자에 이르기까지 모두 하나님의 영을 경험할 날이 오고 있다는 뜻이다. 그뿐만 아니라 요엘은 노인과 젊은이, 남자와 여자, 종과 자유인의 차별이 없어지는 날을 노래한다. 성령은 끊임없이 우리가 세우는 모든 벽을 허무시며 분열과 차이에도 불구하고 하나로 묶으신다(Birch).

종교개혁 이후 우리는 '만인 제사장설'(priesthood of all believers)을 믿고 선언한다. 요엘은 여기서 '만인 선지자설'(prophethood of all believers)을 제시하고 있다(Dillard). 선지자는 또한 하나님의 영이 더는 일부에 의해 독점되지 않고 모든 사람에게 물처럼 부어질 날을 노래한다. 요엘은 모든 사람이 평등하게 될 사회를 꿈꾸고 있다(Birch). 물론 이 모든 것은 하나님의 영이 사역하실 때 일어나는 자연스러운 결과다. 이 텍스트는 오순절 교파 기독교인이 가장 중요하게 여기는 성경 구절에 속한다.

III. 하나님의 응답(2:18-3:21[4:21])
  B. 임박한 여호와의 날에 대해(2:28-3:21[3:1-4:21])
    1. 주의 백성에 임할 구원(2:28-32[3:1-5])

(2) 남은 자가 구원을 받음(2:30-32[3:3-5])

³⁰ 내가 이적을 하늘과 땅에 베풀리니
곧 피와 불과 연기 기둥이라
³¹ 여호와의 크고 두려운 날이 이르기 전에
해가 어두워지고 달이 핏빛 같이 변하려니와
³² 누구든지 여호와의 이름을 부르는 자는 구원을 얻으리니 이는 나 여호와의 말대로 시온 산과 예루살렘에서 피할 자가 있을 것임이요 남은 자 중에 나 여호와의 부름을 받을 자가 있을 것임이니라

요엘은 묵시적 전통에 따라 장차 임할 여호와의 날이 사람에게만 영향을 미치는 것이 아니라 온 우주와 세상에 영향을 미칠 것을 선언한다(사 13:10, 13; 겔 32:3-8; 막 13:7-8, 24-25; 눅 21:25). 여호와의 날은 피와 불과 연기 기둥 등의 이적을 동반한다(30절). 피, 불, 연기가 하나님의 심판으로 불바다가 된 도시의 모습이라고 하기도 하지만(Achtemeier), 선지자가 구체적으로 이것을 이적이라고 하는 것을 보면 불타는 도시는 아닌 것 같다. '이적'(מופת)은 하나님의 놀라운 개입을 지목하거나 예고하는 물건이나 사건을 뜻한다(Barton). 또한 성경에서 피와 불과 연기 기둥은 천재지변을 암시한다. "해는 어둠으로 변하고 달은 피로 변한다." 평소에 빛을 발하던 것이 그날에는 기능을 상실할 것을 예고하는 것이다.

해와 달은 고대 근동의 여러 나라가 신으로 숭배했던 것 중 으뜸가는 것이다. 아시리아, 바빌론, 이집트뿐만 아니라 가나안 민족도 해와 달을 신들로 숭배했다. 그러므로 여호와의 날이 임하면 해와 달이 빛을 잃는다는 것은 이스라엘의 주변 국가가 신으로 숭배했던 것들이 신이 아닐 뿐만 아니라 스스로 존재하는 것도 아니며, 모두 하나님이 창조하고 지배하는 피조물이라는 사실이 온 천하에 드러날 것을 암시한다. 요엘은 주변 민족이 신으로 숭배하는 것이 여호와께서 창조하신 피조물에 불과하다며 논쟁적인(polemic) 선언을 하고 있는 것이다(Baker).

성경에서 피와 불은 심판을 상징한다는 점을 감안하면(사 9:5; 겔 21:32; cf. 계 8:7), 요엘이 예언하고 있는 여호와의 날은 심판에 초점이 맞추어진 날이라는 것을 암시한다. 여호와의 은혜를 입어 구원을 얻을 남은 자도 여호와의 날에는 심판과 두려움을 이겨내야 하는 것이다. 그러나 남은 자가 믿음으로 이 두려운 날을 견디어 내면 새로이 시작되는 여호와 백성의 바탕이 될 것이다(Dillard).

선지자는 이미 2:11에서 "누가 이날[여호와의 날]을 견딜 수 있을 것인가?"라고 질문했다. 이제 그 질문에 답한다. 바로 남은 자만이 그날을 견딜 수 있다. 남은 자가 있다는 것은 많은 사람이 죽는다는 것을 전제한다(Baker). 안타깝게도 대부분 사람이 죽고 생존자는 소수에 불과할 것이다. 그래도 남은 자가 있다는 것은 비록 여호와의 날이 매우 두렵고 떨리는 날이지만 인류의 마지막 날은 아님을 시사한다. 하나님의 공정한 심판이 이루어진 다음, 새로운 인류가 시작될 것이다. 즉, 끝은 새로운 시작을 의미한다.

그렇다면 '남은 자'는 어떤 자들인가? 첫째, 자신의 죄를 회개하고 여호와의 이름을 부르는 자들이다(32a절). 이 말씀은 신약의 구원관에서 매우 중요한 위치를 차지한다. 베드로는 주의 이름을 부른다는 것은 곧 예수 그리스도의 이름을 부르는 것이라 한다(행 4:12; cf. 행 4:9-12; 9:14, 21; 22:16; 고전 1:2; 딤후 2:22). 바울은 또한 유태인이나 이방인이나 상관없이 주의 이름을 부르는 자마다 구원에 이른다고 한다(롬 10:13). 둘째, 시온 산 곧 예루살렘 안으로 피하는 자들이다(32b절). 시온 산은 하나님의 전이 있는 곳이다. 남은 자는 심판을 피해 피난처가 되는 하나님의 품에 안기는 자들이라는 뜻이다. 구원은 오직 주께만 있다. 셋째, 여호와께서 부르신 자들이다(32c절). 아무나 남은 자가 되는 것이 아니라, 오직 주께서 부르신 자만 남은 자가 될 수 있다. 예수님이 "아버지께서 보내신 자만이 나를 안다"라고 말씀하신 것과 같은 의미다. 그렇다면 남은 자는 자신의 의로움 때문이라기보다는 하나님 은혜를 입어 구원을 누리게 된 자들이다. 이 사실을 깨달으면 하나님 앞에 교만할 자가 없다.

> III. 하나님의 응답(2:18-3:21[4:21])
>   B. 임박한 여호와의 날에 대해(2:28-3:21[3:1-4:21])

2. 열방 심판(3:1-17[4:1-17])

선지자는 책의 마지막 부분을 구성하고 있는 이 섹션에서 매우 뚜렷한 이미지를 사용해 하나님이 열방을 어떻게 대하실 것인가를 선언한다. 첫째, 하나님은 열방을 법정에 세우시고 이스라엘에게 행한 악에 대해 책임을 물으신다. 둘째, 열방이 하나님의 판결에 불만을 품고 전쟁을 일으키지만, 하나님의 군대에 의해 모두 도륙된다. 하나님께 반역하는 세력은 이렇게 비참한 종말을 맞이하며, 주의 백성은 하나님의 보호 속에 평안을 누릴 것이라는 비전(3:18-21)으로 책이 마무리된다. 이 섹션은 다음과 같이 두 파트로 구분할 수 있다.

  A. 노예를 부리는 자가 노예가 됨(3:1-8[4:1-8])
  B. 악의 세력에 대한 성전(聖戰)(3:9-17[4:9-17])

(1) 노예를 부리는 자가 노예가 됨(3:1-8[4:1-8])

¹ 보라 그 날 곧 내가 유다와 예루살렘 가운데에서
사로잡힌 자를 돌아오게 할 그 때에
² 내가 만국을 모아 데리고 여호사밧 골짜기에 내려가서
내 백성 곧 내 기업인 이스라엘을 위하여
거기에서 그들을 심문하리니
이는 그들이 이스라엘을 나라들 가운데에 흩어 버리고
나의 땅을 나누었음이며
³ 또 제비 뽑아 내 백성을 끌어 가서
소년을 기생과 바꾸며 소녀를 술과 바꾸어 마셨음이니라
⁴ 두로와 시돈과 블레셋 사방아
너희가 나와 무슨 상관이 있느냐
너희가 내게 보복하겠느냐
만일 내게 보복하면 너희가 보복하는 것을
내가 신속히 너희 머리에 돌리리니
⁵ 곧 너희가 내 은과 금을 빼앗고
나의 진기한 보물을 너희 신전으로 가져갔으며
⁶ 또 유다 자손과 예루살렘 자손들을 헬라 족속에게 팔아서
그들의 영토에서 멀리 떠나게 하였음이니라
⁷ 보라 내가 그들을 너희가 팔아 이르게 한 곳에서
일으켜 나오게 하고 너희가 행한 것을 너희 머리에 돌려서
⁸ 너희 자녀를 유다 자손의 손에 팔리니
그들은 다시 먼 나라 스바 사람에게 팔리라
여호와께서 말씀하셨느니라

선지자는 2:28에서 여호와의 날이 주의 백성에게는 예언의 날, 하나님의 위로가 함께하는 날이 될 것을 선언했다. 같은 날에 그들을 괴롭히고 짓밟았던 민족은 혹독한 대가를 치러야 한다. 괴롭힘을 당한 자와 괴롭게 한 자가 자리를 교환하는 날이 온 것이다(Garrett). 이런 차별화를 강조하기 위해 '그 날'(בַּיָּמִים הָהֵמָּה; viz., 여호와께서 주의 백성을 위로하는 여호와의 날)이라는 말로 메시지를 시작한다. 그렇다면 무엇이 유다와 열방이 당면할 운명에 이처럼 커다란 차이를 가져왔단 말인가? 요엘은 주의 백성도 열방이 경험할 여호와의 날처럼 무서운 날을 맞이해야 했지만, 2:12-13이 기록하고 있는 것처럼 그들이 주 앞에 무릎을 꿇었기에 화를 모면할 수 있었다고 주장하는 듯하다(Allen, Dillard). 재판을 배경으로 하고 있는 이 섹션은 다음과 같이 구분하기도 한다.

  A. 피고 부름(3:1-2a)
    B. 고소장 낭독(3:2b-3)
    B'. 고소 내용 확인(3:4a-b)
  A'. 판결 선언(3:4c-8)

하나님은 이날 유다와 예루살렘의 무언가를 회복시키실 것을 선언하신다. 그러나 정확히 무엇을 뜻하는지는 논란이 많다(Holladay, Bracke, Baker). 대부분 번역본이 문제가 되고 있는 문구(אָשׁוּב אֶת-שְׁבוּת)를 "[유다와 예루살렘을] 회복시켜서 번영하게 하겠다"라는 뜻으로 해석한다(새번역; 공동; NIV, NAS, NRS). 그러나 일부 번역본과 주석가는 개역개정처럼 "사로잡힌 자를 돌아오게 할 것이다"로 해석한다(Garrett, 개역; TNK). 논쟁의 핵심은 본문에서 사용되고 있는 히브리어 단어(שְׁבוּת)가 어떤 동사에서 유래되었느냐에 있다. 만일 이 단어가 '포로를 취하다'(שָׁבָה)에서 파생된 것이라면 '사로잡힌 자를 돌아오게 할 것이다'가 맞지만, '돌아오다/되돌리다'(שׁוּב)에서 비롯된 것이면 '회복시켜서 번영하게 하겠다'

는 해석이 더 정확하다.

성경의 다른 곳에서 이 단어가 사용되는 예를 살펴보면 종종 포로를 염두에 두고 있지만(렘 29:14; 겔 29:14; 습 3:20), 번영과 회복의 의미로 사용되기도 한다(욥 42:10; 습 3:20). 요엘서가 성전이 아직 예루살렘에 존재하며 제대로 기능하고 있다는 점을 전제하고 있기에 이 말씀은 결코 바빌론 포로생활을 염두에 두고 있지 않다. 그러나 선지자는 2절 후반부에서는 '그날' 유다 사람이 열방에 흩어져 있을 것과 3-8절에서는 흩어져 있는 동안 노예생활을 하고 있을 것을 예고한다. 여호와의 날이 임할 때 유다 사람이 열방에서 노예가 되어 억압받고 있는 모습으로 그리고 있다. 그래서 1-2절 말씀을 바빌론 포로생활과 연결한다(Baker). 반면에 1-2절을 온전히 종말에 관한 말씀으로 이해하는 사람도 많다(Prinsloo).

하나님은 이스라엘을 괴롭히는 나라들 모두 여호사밧 골짜기(יְהוֹשָׁפָט עֵמֶק)로 데리고 내려가실 것이다(2절). 이 말씀은 하나님이 아브라함에게 주신 약속의 성취이기도 하다. 하나님은 아브라함에게 "누구든지 너와 네 자손을 축복하면, 내가 그를 축복하겠고, 누구든지 너와 네 자손을 저주하면, 내가 그를 저주하리라"라고 하셨다(창 12:3). 그러므로 하나님이 이스라엘을 괴롭힌 자를 심판하시는 것은 아브라함에게 주신 약속을 이행하는 것일 뿐이다(Achtemeier).

여호사밧 골짜기의 위치에 대해서는 추측이 무성할 뿐이다. 일부 주석가는 여호사밧과 연관된 유일한 골짜기이며 그가 큰 승리를 누렸던 브라가 골짜기(대하 20:26)라고 주장하지만, 이곳은 드고아 근처에 있는 곳으로 예루살렘에서 상당히 떨어져 있고 이미 고유의 이름을 지니고 있다는 이유로 설득력을 얻지 못했다(Dillard). 다른 학자들은 이 골짜기가 갈멜 산에서 므깃도에 이르는 이스르엘 골짜기이며 아마겟돈 전쟁(계 16:16)이 펼쳐질 곳이라고 주장한다(Garrett). 그러나 이 지역 역시 예루살렘에서 너무 멀리 있기에 크게 설득력을 얻지 못했다.

여호사밧 골짜기가 14절에서 다시 '판결의 골짜기'(עֵמֶק הֶחָרוּץ)로 등장
하는 것도 이 골짜기의 위치를 파악하는 데 별 도움을 주지 못한다. 왜
냐하면 '판결'(חָרוּץ)이라는 단어는 '치즈'(cheese)를 뜻하기도 하기 때문
이다(삼상 17:18). 하나님이 열방을 심판하기 위해 끌고 내려가시는 골
짜기를 지명하면서 여호사밧(יְהוֹשָׁפָט)이라는 왕의 이름을 사용하는 것
은 일종의 언어유희(paronomasia)를 구상하기 위함인 것으로 생각된다.
여호사밧(יְהוֹשָׁפָט)은 '여호와께서 심판하시다'라는 뜻을 지녔다. 여호와
께서 이들을 심판하시기 위해 '여호와께서 심판하시다' 골짜기로 끌
고 가시는 것이다. 그래서 탈굼(Targum)은 이 문구를 '법적인 판결을 하
는 골짜기', 데오도시안(Theodotian)은 '심판하는 지역'이라는 말로 풀
어 번역한다(Wolff, Achtemeier). 여호사밧 골짜기는 실제 장소가 아니라
하나님의 최종 심판이 이루어지는 상징적인 곳으로 간주하는 것이다
(Patterson).

하나님은 그곳에서 열방을 피고로 세우고 재판을 진행하실 것이다(2
절). 하나님이 열방을 기소하는 것은 세 가지 이유 때문이다. 첫째, 열
방은 하나님 백성인 이스라엘을 온 세상 여러 민족 속에 흩어 놓았다
(2b절). 주전 722년, 605년, 597년, 586년에 이스라엘과 유다 사람이
타국으로 끌려간 일을 염두에 둔 책망이다(Achtemeier). 비록 하나님이
죄지은 이스라엘을 열방으로 내치셨지만, 주님의 진노의 막대기가 되
어 이들을 타국으로 끌고 간 열방도 책임을 면할 수 없는 것이다.

둘째, 열방은 하나님의 땅을 나누어 가졌기에 벌을 받아야 한다(2c
절). 열방은 이스라엘을 쳐서 백성을 노예로 잡아가고 땅을 차지했다.
그러나 그들이 차지한 이스라엘 땅은 다름 아닌 여호와의 땅이다. 이
스라엘은 한 번도 자신의 땅을 소유한 적이 없으며, 하나님이 땅의 영
원한 소유주셨다(레 25:23; 신 30:15-20; 겔 33:23-29). 그러므로 아시리아
와 바빌론이 이스라엘을 정복하여 차지했을 때, 주변 국가가 이스라엘
을 침략해 땅을 빼앗았을 때, 사실 하나님의 땅을 짓밟는 일이었다. 이

땅의 주인이신 하나님의 허락도 받지 않고 말이다. 그러므로 심판을
받아야 한다.

셋째, 열방은 유다와 예루살렘 주민을 노예로 팔았기에 벌을 받아야
한다(3절). 그들은 사람의 생명을 전혀 귀하게 여기지 않았다(암 2:6).
제비를 뽑아(יַדּוּ גוֹרָל) 주의 백성을 나누어 가졌다(3절). 단순히 제비를
뽑아 사람의 운명을 결정한다는 것은 피해자에 대한 경멸을 상징한다
(Barton, cf. 욥 1:11). 이스라엘 소년을 창녀에게 대가로 지불했고 소녀를
술값으로 지불했다(3절). 아이들은 자신을 보호할 수 없기에 법의 특별
한 보호를 받아야 하며 하나님도 이들을 특별히 여기신다. 그런데 열
방은 이들의 인권을 사정없이 짓밟았다. 이는 인간의 존엄성을 인정하
지 않는 비인간적인 행위를 비난하는 표현이다. 더욱이 이스라엘이 누
구인가? 하나님 백성이 아닌가? 그런데 주인이신 하나님을 무시하고
주의 백성을 이렇게 대했으니, 주인이신 하나님이 가만히 내버려두시
겠는가? 하나님이 아브라함에게 약속하신 것(창 12:3)을 생각해서라도
벌하셔야 한다(Achtemeier).

3:4-8이 내러티브인가, 아니면 시가체인가에 대해 다소 논란이 있
다. 대부분 학자와 번역본(새번역; NRS, NAS)과 BHS는 시가체로 인식하
지만 NIV, TNK, BHK 등은 내러티브로 인식하고 있다. 내용을 살펴
볼 때 이 섹션에서는 다행히 장르가 해석에 결정적인 영향을 행사하지
않는다. 일부 학자들은 4-8절 말씀이 훗날 요엘이 아닌 다른 사람에
의해 삽입된 것이라고 한다(Wolff). 그러나 이 말씀은 문맥에 잘 어울리
며, 3:1-3의 내용을 확대시키고 발전시킨다는 것을 감안하면 요엘이
원래 선포했던 메시지의 일부였음이 확실하다(Patterson, cf. Achtemeier).

이 섹션은 이스라엘의 인접국가이고 다윗—솔로몬 시대에 형제 나라
와 같았던 두로와 시돈, 남서쪽에서 살에 박힌 가시처럼 유다를 괴롭
혔던 블레셋을 지목하여 비난하는 내용이다. 그들이 주의 백성인 유다
를 쉽게 생각하여 나라를 약탈하고 백성을 잡아다가 그리스 등에 노예

로 팔았기 때문이다. 주의 백성인 유다를 괴롭히는 것은 하나님에 대한 보복으로 간주된다. "너희가 내게 보복하겠느냐?"(4절)는 하나님이 어떤 사건을 염두에 두고 이런 말씀을 하시는지 우리는 알 수 없지만, 이 말씀은 연합군에 대한 하나님의 비아냥이다(Crenshaw, Barton). 능력이 안 되는 자가 까분다는 것이다. 많은 학자는 이 섹션이 열방 심판을 선언하기 시작한 3:1-3과 열방에 대한 심판 선언을 계속하고 있는 3:9 이후의 맥을 끊고 있다고 생각한다(Barton).

어떤 학자들은 여기서 그리스가 등장하는 것을 요엘서가 주전 7세기에 쓰여진 책이라는 것을 입증하는 증거로 제시하기도 한다(Crenshaw). 왜냐하면 그리스는 주전 8-6세기에 선박, 농장, 과수원, 공장 등에서 노예 인력을 매우 광범위하게 사용한 것으로 알려졌기 때문이다(Rostovtzeff, Bury). 하나님은 끌려간 이스라엘 백성을 돌아오게 하실 뿐만 아니라 오히려 그들을 노예로 판 자의 자녀를 먼 나라에 노예로 팔 것을 선언하신다. 가나안 지역에서 팔린 노예는 당시 캐라반(Caravan) 루트를 통해 인도양에서 아프리카 동부지역까지 끌려갔다(Hubbard). 이제 주의 백성을 괴롭혔던 열방이 세상 곳곳으로 끌려갈 것이다. 심은 대로 갚아주시겠다는 것이다. 어느 순간에 주의 백성의 분노가 하나님의 분노가 되어 있고, 열방이 이스라엘을 상대로 저지른 범죄가 하나님을 상대로 한 죄가 되어 있다. 하나님은 유다를 '내 백성', '내 유산', 그들의 땅을 '내 땅'이라고 하신다.

두로(4절)는 주전 700년대 이후로 다섯 번이나 외부의 침략을 받았다. 아시리아의 산헤립(705-701 BC), 에살하돈(679-671 BC), 바빌론의 느부갓네살(585-573 BC), 페르시아의 아르타케르케스 3세(Artaxerxes III, 343 BC), 그리스의 알렉산더 대왕(332 BC) 등이 두로를 점령했다. 그러나 나라를 완전히 점령한 사람은 알렉산더 대왕뿐이었다. 가장 큰 이유는 도시국가의 독특한 형태 때문이었다. 두로는 도시의 반이 뭍에 있었으며 반은 약 800m 떨어진 섬에 있었다. 해군을 동원하지 않는 한

도시의 완전 정복은 어려웠으며, 바다에서는 두로의 배와 견줄 배가
없었다.

알렉산더 대왕은 뭍에 있는 두로를 쉽게 점령했다. 그러나 섬으로
옮겨가 잘 살고 있는 두로 사람은 그의 자존심을 자극했다. 그래서 알
렉산더는 뭍에 있는 도시를 완전히 파괴한 다음 거기서 나온 흙, 돌,
건축 자재의 파편들로 섬까지 둑길(causeway)을 만들었다. 그리고 그 길
을 이용해 육지에서 싸우듯 하여 주전 332년에 섬 도시를 정복했다.
고대 사학자 아리안(Arrian)에 의하면 알렉산더 대왕은 332년에 두로를
점령하고 3만 명을 노예로 팔았고 2,000명을 십자가에 못 박아 죽였다
고 한다. 또한 블레셋도 점령하여 비슷하게 처리했던 것으로 알려졌다.

열방은 성전을 약탈하여 자신의 신전으로 가져갔다(5절). 하나님께
바쳐진 성물이 우상의 뜰에 방치된 것이다. 그러나 열방이 저지른 가
장 큰 범죄는 주의 백성인 유다와 예루살렘 시민을 그리스 사람에게
팔아 넘긴 일이다(6절). 주의 백성은 노예로 팔려갔기 때문에 그곳에서
일생을 마쳤으며 다시는 이스라엘로 돌아올 수 없었다. 이제 하나님
이 끌려간 자들과 후손들을 불러들이실 날이 왔다(7절). 이스라엘을 한
때 노예로 팔았던 사람(이방인 압박자)을 오히려 노예로 팔 것이다(8절).
열방은 자신이 이스라엘을 취급한 대로 취급받고 있다. 열방이 저지른
죄에 대한 적절한 응보라고 할 수 있다.

III. 하나님의 응답(2:18-3:21[4:21])
  B. 임박한 여호와의 날에 대해(2:28-3:21[3:1-4:21])
    2. 열방 심판(3:1-17[4:1-17])

(2) 악의 세력에 대한 성전(聖戰)(3:9-17[4:9-17])

시돈, 두로, 블레셋 등 이스라엘의 전통적인 원수 국가를 상대로 시작
된 재판이 범우주적인 규모로 발전하고 있다. 이처럼 역사의 실체에

서 순식간에 종말론적으로 변화하는 것이 요엘서의 특징이다. 분위기는 매우 고조되어 있으며 스타카토(staccato)식으로 순식간에 진행된다. 9–14절에서는 15개의 명령어를 사용하여 이처럼 급진하는 분위기를 조성하고 있다(Jones).

바로 앞 섹션(3:1–8)에서 하나님은 열방을 재판정에 세우시고 이스라엘과 주님께 저지른 죄를 기소하셨다. 또한 그들의 죄에 상응하는 판결도 내리셨다. 그들이 이스라엘을 상대로 저지른 만행을 이스라엘로 하여금 그들에게 되갚게 하셨다. 이러한 흐름에서 본문이 열방과 주의 군대 사이에 있을 전쟁에 대해 경고하는 것은, 열방이 하나님의 판결에 동의하지 않아 반란을 일으킨 것을 전제한다(Achtemeier). 하나님은 이들의 반란을 세상에서 악을 뿌리뽑는 기회로 삼으신다. 인류에 대한 최종 심판이 진행되고 있는 이 섹션은 다음과 같이 두 파트로 나눈다.

A. 전쟁 부름(3:9–11[4:9–11])
B. 여호사밧 계곡에서의 일(3:12–17[4:12–17])

Ⅲ. 하나님의 응답(2:18–3:21[4:21])
　B. 임박한 여호와의 날에 대해(2:28–3:21[3:1–4:21])
　　2. 열방 심판(3:1–17[4:1–17])
　　　(2) 악의 세력에 대한 성전(聖戰)(3:9–17[4:9–17])

a. 전쟁 부름(3:9–11[4:9–11])

9 너희는 모든 민족에게 이렇게 널리 선포할지어다
너희는 전쟁을 준비하고
용사를 격려하고 병사로
다 가까이 나아와서 올라오게 할지어다
10 너희는 보습을 쳐서 칼을 만들지어다

낫을 쳐서 창을 만들지어다
약한 자도 이르기를 나는 강하다 할지어다
¹¹ 사면의 민족들아 너희는 속히 와서 모일지어다
여호와여 주의 용사들로 그리로 내려오게 하옵소서

하나님은 메뚜기 떼를 통해 환난을 당했던 주의 백성에게 "금식을 선포하라/준비하라!"(קַדְּשׁוּ־צוֹם)라고 지시하신 적이 있다(1:14; 2:15-16). 이제는 열방에게 "전쟁을 선포하라/준비하라!"(קַדְּשׁוּ מִלְחָמָה)라고 명령하신다. 이 전쟁은 성전(聖戰) 성향을 지닌 싸움이다(렘 6:4; 22:7; 51:27-28). 그동안 시온은 여러 차례 침략당한 적이 있다. 그러나 이번이 마지막이다.

선지자들은 종종 열방의 파괴적인 무기를 생산성 있는 농기구로 변화시킬 시대를 노래했다(사 2:4; 미 4:3). 요엘은 선지자들이 구상하고 있는 이미지를 반전시킨 것일까? "보습을 쳐서 칼을 만들고, 낫을 쳐서 창을 만들어라"(10절). 아니면 이사야와 미가가 요엘의 메시지를 반전시킨 것일까? 요엘서의 내용과 시대적 정황을 감안할 때, 이사야와 미가의 메시지를 요엘이 반전시킨 것이 거의 확실하다(Baker, Achtemeier).

열방은 무기로 무장하고 여호사밧 골짜기로 진군한다. 그들은 전쟁을 하기 위해 진군하지만 실제로는 무장한 채 여호와의 법정에 서게 된다. 그들이 무기를 들고 재판관이신 하나님 앞에 선다는 것은 무엇을 의미하는가? 이 무기는 피비린내 나는 역사를 입증하는 절대적인 증거로 사용될 것임을 뜻한다(Craigie).

선지자는 마지막 부분에서 자신의 기도를 더한다. "주님, 주님의 군대를 보내셔서, 그들을 치십시오!"(11b절) 주의 군대가 하늘에서 내려오는 천군천사라는 것이 구체적으로 언급되지는 않지만 이들을 두고 하는 말임이 확실하다(Miller, cf. 왕상 22:19-21; 대하 20:15-17; 암 3:7-9). 즉, 전쟁 부름은 열방에게만 선포되는 것이 아니라 천군천사에게도 준

비하라는 외침인 것이다(Birch). 여호와의 군대가 심판의 계곡에 내려온
다는 것은 열방이 패배할 것을 예고하는 것이기도 하다(Keller).

III. 하나님의 응답(2:18–3:21[4:21])
  B. 임박한 여호와의 날에 대해(2:28–3:21[3:1–4:21])
    2. 열방 심판(3:1–17[4:1–17])
      (2) 악의 세력에 대한 성전(聖戰)(3:9–17[4:9–17])

  b. 여호사밧 계곡에서의 일(3:12–17[4:12–17])

¹² 민족들은 일어나서

여호사밧 골짜기로 올라올지어다

내가 거기에 앉아서

사면의 민족들을 다 심판하리로다

¹³ 너희는 낫을 쓰라 곡식이 익었도다

와서 밟을지어다 포도주 틀이 가득히 차고

포도주 독이 넘치니 그들의 악이 큼이로다

¹⁴ 사람이 많음이여,

심판의 골짜기에 사람이 많음이여,

심판의 골짜기에 여호와의 날이 가까움이로다

¹⁵ 해와 달이 캄캄하며

별들이 그 빛을 거두도다

¹⁶ 여호와께서 시온에서 부르짖고

예루살렘에서 목소리를 내시리니

하늘과 땅이 진동하리로다

그러나 여호와께서 그의 백성의 피난처,

이스라엘 자손의 산성이 되시리로다

¹⁷ 그런즉 너희가 나는 내 성산 시온에 사는

445

너희 하나님 여호와인 줄 알 것이라
예루살렘이 거룩하리니
다시는 이방 사람이 그 가운데로 통행하지 못하리로다

한때 메뚜기 떼의 습격을 받았던 예루살렘이 이번에는 열방의 습격을 받는다. 열방이 여호사밧 계곡을 향해 메뚜기 떼처럼 몰려온 것이다. 열방이 진군해 온 다음 계곡에서는 매우 대조적인 일이 펼쳐진다. 먼저 하나님이 재판관의 자리에 앉으신다(12절). 그다음 하늘에서 내려온 군사들에게 명령을 내리신다. 주의 군대는 열방을 익은 포도를 수확하듯 낫으로 잘라내어 술을 만들기 위하여 술틀에서 포도를 으깨듯이 짓밟는다(13절). '익다'(בָּשַׁל)는 '끓다'로 해석될 수 있으며 완전히 익은 포도를 뜻한다. '낫'(מַגָּל) 역시 포도송이를 따는데 사용하는 칼로 해석될 수 있다(Wolff). 즉, 본문은 무르익은 포도를 수확하여 술틀에 넣어 으깨는 장면을 구상하고 있는 것이다. 성경에서 익은 곡식과 과일은 심판과 연관되어 등장한다(사 17:5; 28:4; 렘 24:2; 48:32; 호 2:9; 암 8:1-2; 나 3:12; 마 13:39; 계 14:15, 18).

이 심판은 결코 지나친 것이 아니다. 열방이 그동안 저질렀던 모든 범죄에 대해 적절한 대가를 치르는 것뿐이다(13c절). 이 심판은 결코 사람이 멈출 수 없는 것이기도 하다. 여호와께서 마치 시온에서 사자가 포효하듯이 부르짖으며 주관하고 있기 때문이다(16절). 그러나 마치 사람을 순식간에 삼킬듯 포효하는 사자(암 1:2)처럼 무섭고 두려운 여호와가 자기 백성에게는 피난처가 되고 요새가 되신다(16b절). 하나님이 방어벽이 되실 때, 주의 백성은 다시 한 번 여호와가 하나님이심을 인정하게 될 것이다. 여호와는 시온에 거하시는 하나님이다. 하나님은 예루살렘이 다시는 열방에게 짓밟히지 않도록 구분하실 것이다. 즉, 하나님이 시온에 임하시는 것이 이스라엘의 모든 문제를 해결하는 해결책인 것이다. 하나님이 시온에 계시므로 백성의 피난처가 될 수 있으며, 그분이 계시기에 시온이 다시는 열방에게 짓밟히지 않게 된다. 시온이 열방에 짓밟히지 않는다는 것은 이방인이 주의 도성에 출입하지 못하게 된다는 뜻이 아니라 시온이 거룩한 곳으로 여겨질 것을 의미한다(Garrett).

III. 하나님의 응답(2:18-3:21[4:21])
  B. 임박한 여호와의 날에 대해(2:28-3:21[3:1-4:21])

3. 주의 백성에 임할 축복(3:18-21[4:18-21])

¹⁸ 그 날에 산들이 단 포도주를 떨어뜨릴 것이며
작은 산들이 젖을 흘릴 것이며
유다 모든 시내가 물을 흘릴 것이며
여호와의 성전에서 샘이 흘러 나와서
싯딤 골짜기에 대리라
¹⁹ 그러나 애굽은 황무지가 되겠고
에돔은 황무한 들이 되리니
이는 그들이 유다 자손에게 포악을 행하여
무죄한 피를 그 땅에서 흘렸음이니라
²⁰ 유다는 영원히 있겠고
예루살렘은 대대로 있으리라
²¹ 내가 전에는 그들의 피흘림 당한 것을
갚아 주지 아니하였거니와
이제는 갚아 주리니
이는 여호와께서 시온에 거하심이니라

하나님이 주의 백성과 함께 시온에 임하시니 온 유다 땅이 매우 풍요로워진다. 선지자는 이곳에서 그동안 자신의 책에서 묘사했던 이스라엘의 여러 가지 어려움을 반전시키고 있다. 첫째, 입에서 끊긴 포도주 (1:5)가 산에서 흘러내리고 있다(3:18). 둘째, 풀밭이 없어 정신 없이 헤매던 소들(1:18)이 이제는 마음껏 풀을 먹고 생산한 젖이 언덕에서 흘러내린다(3:18). 아모스 선지자도 이러한 시대를 노래했다. "그 때가 되면, 농부는 곡식을 거두고서, 곧바로 땅을 갈아야 하고, 씨를 뿌리고서, 곧바로 포도를 밟아야 할 것이다. 산마다 단 포도주가 흘러 나와서 모든 언덕에 흘러 넘칠 것이다."(암 9:13, 새번역).

셋째, 말라붙었던 시내(1:20)에 다시 물이 흐른다(3:18). 우기에만 잠시 물이 흐르고 평소에는 황폐한 채 버려져 있는 유다의 모든 강(אֲפִיקֵי)이 마르지 않는 물로 가득 차 있다는 것이다. 기쁨과 즐거움이 사라졌던 성전(1:16)이 광야를 적시는 생수의 근원이 된다(3:18). 성전에 흐르는 생수는 에스겔의 새 예루살렘에 대한 비전을 연상케 한다(겔 47:1-12; cf. 슥 13:1; 14:8). 하나님의 성전이 생명의 근원이 되는 것이다 (Garrett). 이 생수는 아카시아/싯딤 계곡(נַחַל הַשִּׁטִּים)을 적신다. 한 주석가는 아카시아 계곡이 예루살렘 북서쪽에서 시작하여 사해 쪽으로 이어지는 기드론 계곡(Kidron Valley)을 뜻한다고 하지만(Achtemeier), 이 계곡이 정확하게 어디에 있는지는 알 수 없다(Dillard). '아카시아/싯딤'(שִּׁטִּים)은 사해의 북동쪽에 있는 지역 이름이지만, 본문에서 그곳을 지목할 가능성은 희박하다. 또한 본문은 '싯딤 계곡'이라고 하는데, 이 지역 이름은 성경에 여기서만 사용된다. 이 모든 것이 여호와의 날에 있을 일이다(18절). 하나님이 함께하시기에 예루살렘은 영원히 존재할 것이다(20절).

반면에 이스라엘을 침략하여 하나님의 땅에서 피를 흘린 나라들, 곧 이집트, 에돔 등은 사막처럼 황폐해진다. 이스라엘의 전통적인 적들이 다시는 이스라엘을 침략할 수 없는 것은, 유다는 엄청난 풍요로움을 누리는 반면 자신들은 상상을 초월하는 빈곤을 겪고 있어서 전쟁을 할 겨를이 없기 때문이다. 본문은 이 나라들을 주의 백성을 괴롭히는 대표적인 나라들로 언급하고 있다(Birch). 그러므로 이 말씀은 주의 백성에게 적대적인 모든 나라에 적용되는 말씀이다. 그들의 빈곤은 주의 백성을 괴롭힌 죗값에 대한 하나님의 보응이다(19절). 하나님이 주의 백성이 흘린 억울한 피에 대한 책임을 이들에게 물으실 것이기 때문이다(21절).

요엘은 한 가지 사실을 누차 확인한다. 하나님이 언젠가는 자기 백성이 이 땅에서 당하는 억울함을 보상해 주실 것이며, 괴롭게 한 자에게 꼭 책임을 물으실 것이라는 사실이다. 세상은 하나님을 미워한다. 그러므로 하나님을 사랑하는 주의 백성도 당연히 미워한다. 때로는 그리스도인이 하나님을 섬긴다는 한 가지 이유만으로 이 땅에서 억울한 일을 당하기도 한다. 만일 우리가 살아가는 세상이 실체의 모든 것이라면 우리는 좌절해야 한다. 그러나 요엘은 분명히 선언하고 있다. 우리가 살아가는 불공평하고 불합리한 이 세상은 실체의 전부가 아니다. 언젠가는 하나님이 모든 불의와 불공평을 바로잡으실 뿐만 아니라, 이런 일을 행한 사람을 분명 심판대에 올리실 것이다. 하나님이 세상을 재판하시는 날, 그동안 억울하게 당하기만 하며 눈물을 흘려야 했던 사람이 가해자에게 당한 대로 갚아주는 역할 반전이 있을 것이다. 선지자는 주의 백성에게 그날을 소망하며 오늘 이 순간 가슴을 펴고 하늘을 바라보며 살아가라고 권면한다.

엑스포지멘터리

아모스

Amos

EXPOSItory comMENTARY

아모스

내가 너희 절기를 미워하여 멸시하며
너희 성회들을 기뻐하지 아니하나니
너희가 내게 번제나 소제를 드릴지라도
내가 받지 아니할 것이요
너희의 살진 희생의 화목제도
내가 돌아보지 아니하리라
네 노랫소리를 내 앞에서 그칠지어다
네 비파 소리도 내가 듣지 아니하리라
오직 정의를 물 같이,
공의를 마르지 않는 강 같이 흐르게 할지어다(5:21-24)

보라 날이 이를지라
내가 기근을 땅에 보내리니
양식이 없어 주림이 아니며
물이 없어 갈함이 아니요
여호와의 말씀을 듣지 못한 기갈이라(8:11)

452

소개

아모스는 우리에게 글을 남긴 선지자(writing prophets) 16명 중 가장 먼저 사역한 사람이다(Stuart, McComiskey & Longman). 아모스가 제공하는 유다와 이스라엘 왕의 이름(1:1)과 선지자가 언급하고 있는 큰 지진이 주전 760년경에 가나안을 강타했다는 고고학자의 발굴을 토대로(Yadin), 765-760년경에 사역을 했던 것으로 간주한다(Mays, Finley, G. Smith, cf. Sweeney).[1] 아모스가 사역을 시작한 지 약 10년 후에 호세아가 뒤를 이어 북 왕국 이스라엘을 상대로 하나님 말씀을 전했다. 공교롭게도 글을 남긴 선지자 16명 중 처음 두 명은 모두 북 왕국 이스라엘을 상대로 사역했다. 그러나 호세아는 남 왕국 출신인 아모스와 달리 북 왕국 사람이었다.

자신의 이름으로 정경을 남긴 선지자 중 선구자였던 아모스는 후배 선지자에게 두 가지 새로운 전통을 세워주었다. 첫째, 선포한 메시지를 문서화하는 일이다. 아모스가 선지자 사역을 시작하기 전에도 이스라엘에는 여러 선지자가 있었다. 대표적인 예로 아모스보다 100여년 먼저 사역했던 엘리야와 엘리사를 생각할 수 있다. 그러나 이스라엘 역사 속에 빛나는 이 선지자들은 자신이 선포한 메시지를 글로 남기지 않았다. 하나님이 선포하라고 주신 메시지를 문서화한 것은 아모스가 처음이었다. 아모스가 처음으로 자신의 메시지를 문서화한 이후 이스라엘 선지자들이 선포한 메시지를 문서화하는 것은 일반화되었다.

둘째, 아모스는 여호와의 선지자로서 외쳐야 할 메시지 중에 정의와 공평의 실현이라는 금자탑을 우뚝 세웠다(G. Smith). 아모스는 온 세상의 창조주이신 여호와께서 특별히 사랑한 백성이라 할지라도, 하나님이 주신 비전에 따라 정의롭고 공평한 공동체를 이루며 살지

---

1 아모스의 사역 시기를 다소 늦게 보는 학자도 760-750년으로 본다(Gowan).

못하면 하나님의 심판을 받아 멸망할 것이라고 선언한다. 물론 아모스보다 먼저 이런 메시지를 전한 선지자들이 있었을 수도 있지만, 오늘날 우리에게 내려오는 정경 중에 이처럼 사회윤리와 나라의 운명을 함께 묶는 경우는 아모스가 처음이다. 이 한 가지 사실만을 고려해도 아모스서는 가장 중요한 선지서에 속하는 책이라고 평가한다 (Gowan).

아모스의 메시지는 참으로 충격적이었다. 이스라엘은 아모스가 사역을 시작할 때까지 이렇게 생각해왔다. 시내 산에서 하나님과 언약을 맺은 백성은 그들이 형성한 사회가 얼마나 불의하고 불공평한가에 상관없이, 각 개인의 삶이 얼마나 비윤리적인가에 상관없이 오직 여호와의 선민이라는 사실로 하나님의 무조건적인 축복을 누릴 수 있다고 생각했다.

이러한 상황에서 "하나님이 주신 윤리적인 기준대로 살지 않으면 하나님이 너희를 심판하실 것이다!"라는 아모스의 메시지는 평온한 마을 한복판에 터진 폭탄과 같은 충격을 안겨 주었다. 선지자의 선언은 이스라엘 사람이 하나님에 대해 알고 있던 모든 것을 파괴했으며, 하나님과의 관계에 대해 위기감을 조성하기에 충분했다. 여호와께서 주신 축복을 즐긴답시고 신나게 파티를 하고 있던 사람에게 하나님은 축복한 적이 없으시며, 오히려 그분의 심판이 바로 코앞에 와 있다며 회개를 요구한 것이다.

아모스가 이스라엘에게 선포한 메시지는 당시에 참으로 충격적이었지만, 결코 새로운 것은 아니었다. 하나님은 오래전에 시내 산에서 이스라엘을 자기 백성으로 삼으셨을 때 정의와 공평이 지배하는 사회에 대한 비전을 주셨다. 이스라엘은 공의와 정의로 세상을 밝히는 공동체가 되어야 한다는 것이었다. 그러나 세월이 지나면서 주의 백성은 거룩한 비전을 망각했고 각자 자신의 이익만을 추구하는 세속사회와 전혀 다를 바 없는, 결코 하나님의 공동체라고 할 수 없는 나라로 전락했다. 이런 상황에서 아모스가 이스라엘이 오랫동안 잊고 살았던 비전, 곧 공의와 정의가 하수처럼 넘치는 세상을 만들어가라던 하나님의 옛 비전을 주의 백성에게 상기시키고 있다. 그의 외침은 이스라엘 공동체에게 새로운 진리를 제시하는 것이 아니라 초심으로 돌아가자는 호소였던 것이다.

선지자는 자신의 책에서 이스라엘이 오래전에 하나님께 받은 거룩한 비전을 다시 회복하여 건강한 공동체를 만들어가는 것은 선택사항이 아니라 필수사항이라는 사실을 누누이 강조한다. 아모스는 만일 이스라엘이 하나님 말씀을 거부하고 계속 죄가 만연한 사회를 지속한다면 하나님이 그들을 이 땅에서 내치실 것이라 한다. 이스라엘이 공의와 정의를 실현하는 사회를 만들어가는 것은 자신의 생존을 위해서라도 꼭 필요하다. 아모스의 이런 가르침은 매우 강력하고 인상적인 언어와 가난하여 인권이 유린당한 자에 대한 배려와 열정을 통해 이스라엘 공동체에게 선포되었다. 사회의 도덕적 타락이 그 사회의 운명을 결정짓는다는 아모스의 가르침은 뒤를 이어 하나님 말씀을 선포한 모든 선지자에게 지대한 영향을 미쳤다(Gowan).

1. 선지자

선지자의 이름 '아모스'(עָמוֹס)는 '아마시야'(עֲמַסְיָה)(대하 17:16)를 줄인 것으로 '여호와의 짐을 진 자'(Miller & Hayes)로 혹은 '여호와가 보존하는 자'(one sustained by Yahweh)라는 뜻을 지닌 것으로 풀이된다(Hubbard, Sweeney). 그가 남 왕국에 살다가 어떻게 해서 북 왕국을 방문하여 하나님의 말씀을 선포하게 되었을까는 아직도 상당 부분 미스터리로 남아 있다. 한 가지 확실한 것은 남 왕국 사람으로 북 왕국에 가서 청중이 매우 싫어하는 메시지를 선포하고도 안전할 수 있었던 것은 이름처럼 '여호와께서 그를 보존하셨기' 때문이다.

구약의 예언자 전통은 아모스로 인해 새로운 궤도에 오르게 되었다 (McComiskey & Longman, Niehaus). 선지자의 메시지를 통해 공동체의 윤리적 성향이 선지자 사역의 기초로 우뚝 서게 된 것이다. 물론 나단(삼하 12장)과 엘리야(왕상 21장)가 이 부분의 선구자 역할을 한 것이 사실이다. 그러나 모세(신 28장) 이후로 한 나라의 안전과 생존을 그 나라 백성의 윤리/도덕성에 연결시키는 사례는 아모스가 처음이다. 아모스는 확신을 가지고 청중에게 선포했다. "사회적인 부패를 개혁하지 않으면 너희는 분명히 죽는다."

아모스는 드고아(תְּקוֹעַ)(Tekoa)(1:1)에서 하나님의 소명을 받았다. 아모스는 구약에 등장하는 책을 남긴 16명의 선지자(writing prophets) 중 유일하게 하나님의 소명을 받아 선지자가 되기 전 자신의 직업이 무엇이었는가를 밝힌다. 옛 학자들은 부유함을 신랄하게 비난하는 아모스의 메시지와 그의 직업을 설명하는 히브리어 단어들에 근거해 이 선지자를 아주 가난한 노동자 혹은 농부로 간주했다. 아직도 그렇게 이해하는 사람들이 있기는 하다(Sweeney).

그러나 아모스가 자신의 직업을 설명하는 단어에 대한 더 깊은 연구와 이해에 근거해 최근에는 그가 가난한 농부가 아니라 부유한 혹은 최소한 중류층 사업가였던 것으로 간주한다(Paul, Finley, Gowan). 게다가 아모스는 매우 빼어난 문장력을 보이고 있고, 국제정세와 이스라엘 정치·사회 전반에 대한 포괄적인 지식을 가지고 있던 것으로 보아 가난한 시골 농부는 아니었음이 확실하다. 물론 시골 농부라고 해서 국제정세에 박식하지 않고 달필가가 아니라고 전제할 수는 없다. 그러나 당시 문맹률이 90%에 달했던 점을 감안할 때, 아모스가 보여주고 암시하는 여러 가지 정황이 무지하고 배우지 못한 시골 농부는 아니었던 것은 거의 확실하다.

아모스가 자신의 직업을 설명하며 사용하는 세 단어의 의미를 살펴보자. 첫째, 아모스는 자신을 '목자'(נֹקֵד)라고 한다(1:1). 히브리어는 일상적으로 '목자'를 뜻할 때 '로에'(רֹעֶה)라는 단어를 사용하지 여기에서의 '노케드'(נֹקֵד)를 사용하지 않는다. 이 히브리어 단어는 성경에서 한 번 더 사용되는데 열왕기하 3:4에서 모압 왕 메사를 설명할 때 사용한다. 그는 왕으로서 당연히 큰 짐승 떼를 소유했지 가난한 목자는 아니었을 것이다.

둘째, 선지자는 목자를 뜻하는 다른 히브리어 단어 '보케르'(בֹּוקֵר)를 사용해 자신을 소개한다(7:14). 이 '목자'(בֹּוקֵר)와 1:1에서 사용한 '목자'(נֹקֵד)의 차이는 1:1에서 사용한 단어(נֹקֵד)가 양, 염소 등 몸집이 작은 짐승 떼를 소유한 것을 뜻한다면, 7:14에서 사용한 단어(בֹּוקֵר)는 소처럼 몸집이 큰 가축을 소유한 자를 뜻한다(cf. 새번역의 '집짐승을 먹이는 자'). 그동안 이 단어(בֹּוקֵר)의 의미가 정확하게 규명되지 않은 것은 성경에서는 유일하게 여기서만 사용되기(hapax legomenon) 때문이었다. 최근 들어 이 단어가 주변 국가 언어에서 사용될 때 몸집이 큰 짐승들(소)의 소유를 의미하는 것으로 밝혀졌다. 때로는 소와 양을 사고파는 상인(livestock dealer)을 의미하기도 했다(Finley). 그러므로 아모스는 몸집이 작은 짐승뿐 아니라 소처럼 몸집이 큰 짐승 떼도 소유했던 것이다 (Craigie).

셋째, 아모스는 자신을 '[뽕나무를] 재배하는 자'(בֹּולֵס)라고 한다 (7:14). 이 단어 역시 성경에서는 이곳에서 딱 한 번 사용되는 단어다. 선지자는 이 단어를 사용해 자신을 '뽕나무'(שִׁקְמִים)(sycamore figs, 새번역의 '돌무화과'가 더 정확한 번역) 농장을 가진 자로 소개하고 있다. '뽕나무/돌무화과'는 키가 약 12m까지 자라는 상록수로 과일 모양은 무화과나무 열매와 비슷하며 크기는 조금 작다. 돌무화과는 수확하기 3-4일 전에 날카로운 칼로 과일에 미리 상처를 주면 단맛을 내는 과일이 되었다. 돌무화과는 당시 사회에서 '가난한 자의 과일'로 알려져 있었다(Finley). 이러한 사실에 근거해 아모스가 가난한 농부였을 것이라는 추측이 시작되었다. 그러나 당시 돌무화과는 대부분 짐승의 사료로 사용되었다

(Craigie, B. Smith). 아모스가 많은 짐승을 소유하고 있었으니 사료 농장을 소유하는 것도 당연하다. 다윗 왕의 종 중 하나가 왕을 위해 감람나무와 '뽕나무'를 관리했다(대상 27:28). 밀, 보리와 함께 이 나무의 열매는 그 당시에 좋은 상품성을 지니고 있었다(시 78:47; 사 9:10).

아모스는 자신을 몸집이 큰 짐승과 몸집이 작은 짐승을 돌보는 목자라고 하며 동시에 돌무화과 재배자라고 하는데, 두 직업은 활동 지역에 연관해 재미있는 상황을 제공한다. 드고아의 동쪽은 사람이 살 수 없는 황량한 땅이지만, 서쪽은 양과 염소를 칠 만한 언덕들이 있었다(G. Smith). 돌무화과는 요단 계곡에서도 재배되었지만, 가나안의 등뼈라 할 수 있는 산악지대의 서쪽(지중해 방향) 낮은 지역(Shephelah)이나 해변에서 주로 재배되었다(왕상 10:27; 대하 1:15; 9:27). 드고아는 예루살렘에서 남동쪽으로 15km 정도 떨어진 곳에, 가나안 지역의 등뼈 역할을 하는 산악지대의 동편에 있었으며 사해를 내려다보는 고지대였다(Gowan). 아모스의 돌무화과 농장이 요단 계곡에 있었든, 서쪽 낮은 지역에 있었든 간에 그가 집에서 농장까지 오가기에는 결코 만만한 거리가 아니다. 특히 서쪽 해안지역에 농장이 있었다면, 이곳으로 이동하기 위해 중간에 있는 산을 오르내려야 한다는 것을 감안할 때, 드고아에 살던 아모스가 서쪽 낮은 지역에 있는 돌무화과 농장으로 매일 출퇴근했을 가능성은 희박하다. 아마도 드고아에서 살면서 돌무화과 농장은 다른 사람에게 돌보도록 했을 것이다(Finley). 그렇다면 당시 상당한 규모의 농장과 짐승 떼를 거느린 부자였을 가능성이 매우 높다. 아모스는 오늘날의 비즈니스맨이었을 것이다.

우리는 아모스를 정경에 책을 남긴 최초의 선지자로 간주한다. 그렇다면 자신의 직업에 대해 벧엘에 있는 성소의 책임자였던 아마샤에게 했던 말을 어떻게 풀이할 것인가? 아모스는 아마샤에게 다음과 같이 말한다.

> 나는 선지자가 아니며
>
> 선지자의 아들도 아니라
>
> 나는 목자요
>
> 뽕나무를 재배하는 자로서
>
> 양 떼를 따를 때에 여호와께서 나를 데려다가
>
> 여호와께서 내게 이르시기를
>
> 가서 내 백성 이스라엘에게 예언하라 하셨나니
>
> (7:14-15)

아모스는 이 스피치에서 자신에 대해 네 가지를 밝힌다. (1) 나는 선지자가 아니다, (2) 나는 선지자의 아들도 아니다, (3) 나는 목자다, (4) 나는 돌무화과 나무를 재배하는 자다. 이슈는 아모스가 자신을 선지자가 아니라고 주장하는가, 아니면 아마샤가 생각하는 선지자와는 질적으로 다른 선지자라고 주장하는 것인가이다. 문제는 14절에 동사가 없다는 점에서 시작되었다. 동사가 없는 상황에서는 아모스의 선언을 과거형 혹은 현재형으로 해석하느냐에 따라 의미가 달라지기 때문이다. 만일 13절 후반을 근거로 본문을 현재형으로 해석하면 아모스는 이스라엘 왕 주변에 머물면서 하나님을 대변하지 못하는 '직업 선지자'와는 다르다고 주장하는 것이 된다(Auld). 이렇게 해석할 경우, 본문은 다음과 같이 해석될 수 있다. "나는 현재 선지자가 아니며, 선지자 단체의 멤버도 아니다. 나는 현재 짐승을 치는 목자이며, 돌무화과 나무를 재배하고 있다."

만일 15절을 근거로 본문을 과거형으로 해석하면 아모스는 하나님께 소명을 받았을 때 선지자가 아니었음을 회고한다(Mays). 그는 소명을 받을 때까지 특별히 선지자 훈련을 받은 경험도 없었고, 경제적으로나 그 어떤 이유에서도 선지자로 나설 만한 동기가 없었다는 것이다(Finley). 이 해석을 따를 경우 본문은 다음과 같이 해석할 수 있다. "나는 말씀을 선포하라는 부르심을 받았을 때 선지자가 아니었으며, 선지자 단체의 멤버도 아니었다. 나는 그저 짐승을 치는 목자였으며, 뽕나무를 재배하던 농부였다."

아모스가 선지자 소명을 받기 전 자신이 처한 상황에 대해 증거한 내용을 어떻게 해석하든, 한 가지 확실한 것은 비즈니스맨이었던 그가 선지자로 부르심을 받은 것은 이스라엘의 상황이 그만큼 절박했다는 것을 시사한다. 하나님이 얼마나 급하셨는지 '전문 사역자'가 아니라 '평신도'였던 그를 선지자로 세우신 것이다.

폐쇄된 농민층의 한 사람이 예언자 그룹에 들어왔다는 것은 오로지 여호와에 의한 매우 놀라운 소명과 연결시켜 말하려는 것이었다. 그가 예언자도 아니고(또는 아니었고?) 어떤 예언자 단체에도 속하지 않았다는(암 7:14) 주장은 나비(예언자)들의 신분을 격하시키려는 의도가 아니고 오로지 농부에게 본래 허락되지 않았던 일, 즉 돌연 영감으로 말하는(הִנָּבֵא, 7:15) 일에 종사하게 된 기이한 일로서 설명하려는 것뿐이다. 즉, 여호와가 농부들로부터 한 사람을 물색해내야 했다는 것은 아모스의 소명이 여호와의 긴급한 대책이었음을 말한다. 소명은 그 어떤 토론도 불허하는 하나의 사실이다(von Rad).

선지자에 대한 정보를 정리해 보자. 아모스는 북 왕국 이스라엘을 상대로 말씀을 선포했지만 북 왕국 사람이 아니라 유다 땅 드고아 출신이었다. 그는 상당한 규모의 돌무화과 농장과 짐승 떼를 경영하는 비즈니스맨이었다. 아모스는 하나님의 명령을 받고 잠시 북 왕국을 방문해 말씀을 선포했지만, 말씀 선포가 끝난 후에도 북 왕국에 살며 평생 그곳에서 말씀을 선포했을 가능성은 전혀 없다. 길어봤자 아모스가 몇 달, 짧게는 2-3주 정도 북 왕국 이스라엘에 머물며 말씀을 전한 후 자기 집이 있는 유다의 드고아로 돌아간 것으로 생각한다(Mays, Craigie, G. Smith, Simundson). 그는 드고아로 돌아가서도 선지자 사역을 계속했을 것 같지는 않다. 아마도 본래 직업인 비즈니스맨으로 다시 돌아갔으리라는 것이 상당수 학자의 결론이다. 그렇다면 우리는 아모스를 오늘날 개념으로 '평신도'라고 생각할 수 있다. 하나님이 평신도를 선지자로 부르셨다는 것이 놀랄 만한 일은 아니다. 다니엘도 평신도였으니 말이다. 또한 아모스가 잠시 북 왕국을 방문하여 말씀을 전했다는 사실은 그가 성경에 기록된 최초의 선교사(G. Smith) 혹은 단기선교사임을 뜻한다(Craigie).

선교사가 문화와 종교가 다른 사회에서 하는 사역의 효율성은 상당부분 그 사회의 문화를 얼마나 잘 알고 이해하느냐에 의해 결정된다고 해도 과언은 아니다. 효과적인 사역을 위해 선교사가 문화를 이해하고자 한다면 그 사회에서 어느 정도의 시간을 보내며 사회 곳곳을 돌아보아야 하며, 풍습도 경험해 보아야 한다. 그래서 일부 선교단체는 선교사를 파송하기 전에 선교지를 사전답사하여 준비하는 팀을 보낸다(일명 '갈렙 프로젝트'라고 불리기도 함). 북 왕국에 선교사로 간 아모스는 이 모든 일을 제대로 했다(G. Smith). 그는 이스라엘 사람이 하나님을 예배하는 벧엘 성전에 가보았으며(7:10-17), 사마리아에서 행해진 장례식에도 가보았다(Paul, cf. 6:1-7). 선지자는 북 왕국의 부자가 가난한 사람을 얼마나 학대하는가도 옆에서 지켜보았다(2:6-8; 3:9-10). 아모스는 이스라엘 사람이 익숙해져 있는 전투구호 소리도 익히 알고 있었다(1:3-2:6). 아모스는 자신이 선포하는 메시지의 효과를 극대화하기 위해 최선을 다했던 선교사—선지자였던 것이다.

2. 역사적 정황

선지자 아모스의 활동시기는 유다의 웃시야(792-740 BC)와 이스라엘의 여로보암 2세(793-753 BC)가 통치하던 시대다(1:1; Thiele). 북 왕국의 여로보암 2세는 40여 년의 통치(아버지 요아스와 10년을 통치)를 통해 이스라엘에 평화, 안정, 경제적 번영을 안겨 주었다(Bright). 또한 이스라엘과 유다의 생존을 위협하던 전쟁도 이 시대에는 다시는 존재하지 않았다. 북쪽으로는 아시리아 제국이, 남쪽으로는 이집트가 내부적인 어려움 때문에 계속 쇠퇴해가는 실정이었다(Finley). 그러므로 외부 강대국의 간섭을 상당 부분 무시할 수 있었던 팔레스타인 지역은 이 시대에 상대적인 평화와 번영을 누릴 수 있었다.

이스라엘에서 경제적인 부흥은 곧 정권의 종교적인 정당성으로 이어졌다. 여로보암이 이스라엘에게 전에 누려보지 못한 자유와 부를 안겨주자 많은 사람이 무조건적으로 그를 지지했다(G. Smith). 일각에서는 그를 마치 메시아처럼 대하기도 했다. 예나 지금이나 정치가 '정치적으로 옳은'(politically correct) 발언을 결정한다. 벧엘에 있던 성전지기 아마샤는 자신이 관리하는 성소를 두고 '이곳은 왕의 성소이며 왕실'이라고 한다(7:13). 아마샤의 논리는 벧엘 신전은 곧 여로보암의 소유이니 이곳의 주인인 여로보암을 비방하는 말을 하지 말라는 것이다. 어느덧 이 성소의 주인이 여호와에서 여로보암으로 바뀌어 있다. 종교가 스스로 잘 나가는 정치가의 하수인이 되기를 자청한 것이다. 이 상황에서는 백성에게 이 성소의 참 주인이신 여호와의 말씀이 들리지 않는다. 아니, 스스로 듣기를 거부한다는 평가가 더 옳을 것이다. 이런 분위기에서 아모스가 여로보암이 통치하는 북 왕국이 심판을 받아 망할 것이라고 선언했으니, 그 파장이 얼마나 컸겠는가 상상해 보라.

이처럼 성소의 주인이 바뀌는 일이 옛날 고대 이스라엘서만 있었던 일일까? 한국 교회도 만만치 않다. 일부 교회에서는 담임 목회자가 곧 주인(owner)이다. 물론 주인의식을 가지고 열심히 일하는 것을 문제 삼는 것이 아니다. 목회자가 자신의 분수를 모르고 교회의 주인이신 예수님의 자리에 올라와 있는 것이 문제라는 것이다. 말로는 공동체이고 하나님의 교회라고 하지만, 재정관리나 교회운영 방침을 결정하는데 있어서 목회자가 마치 자기가 소유한 기업의 CEO처럼 행세하는 것을 본다. 심지어 일부 성도는 담임 목회자가 하나님인 것처럼 착각한다. 상황을 이렇게 만든 것은 분명 [담임] 목회자의 책임이다. 그러나 교회의 주인은 하나님이심을 기억해야 한다. 교회는 그 어떤 성도나 목회자의 소유물이 아니다.

또한 한국 교회의 정치권에 대한 발언도 갈수록 강해지고 있다. 친(親)정권적인 발언이든, 반(反)정권적인 발언이든 상관없이 교회가 정치에 관심을 갖는 것은 바람직하지 않다. 교회의 역사가 증언하듯 교회가 정치와 놀아나다 보면 교회는 자신도 모르는 순간에 벌써 정권의 하녀가 되어 있는 사실을 깨닫게 될 것이다. 마치 아모스 시대 벧엘에 있던 성소가 그랬던 것처럼 말이다. 우리는 종교개혁이 남긴 신앙의 유산 중 하나는 교회와 정치의 철저한 분리 원칙임을 기억해야 한다.

유다와 이스라엘은 정치적으로도 더는 서로를 견제하지 않고 상당한 안정을 유지하며 지냈다. 아모스의 경우를 생각해봐도 이런 사실이 잘 입증된다. 남 왕국 사람으로서 선지자가 별 어려움 없이 북 왕국으로 건너가서 하나님 말씀을 선포하고 있다.[2] 또한 그의 메시지는 북 왕국뿐만 아니라 주변 여러 나라의 국경에 제한받지 않고 왕래할 수 있는 자유로움을 전제하고 있다(5:5). 그러나 아모스는 언약 백성의 지속적인 안정과 평화를 위해서는 두 자매 나라가 하나가 되어 다윗 왕국을 재건해야 한다고 주장한다(9:11-12).

이스라엘이 경제적 부흥을 누리게 된 또 다른 동기는 이스라엘이 이때 길르앗과 요단 강 건너편에 있던 도시들을 점령했기 때문이다(Gowan). 이 지역은 이집트에서 시작해 시리아를 거쳐 바빌론으로 이어지는 '왕의 대로'(King's Highway)가 통과하고 있었다. 그러므로 이 지역은 지나가는 상인들로부터 세금이 많이 징수되는 곳이었다. 역사적

---

2 이미 언급한 것처럼 이때 유다가 이스라엘에게 조공을 바치는 상황이었고, 유다의 성인 남자는 1년에 세 차례씩 벧엘에 있는 성소를 찾아가 예배를 드려야 했다고 하지만(Sweeney), 그렇게 단정할 만한 역사적 근거는 없다(Bright).

으로 이스라엘과 시리아는 이 지역의 통치권을 놓고 지속적으로 다투었다. 그러나 주전 801년 이후로는 시리아가 쇠퇴해가는 상황이었기에 이스라엘이 이 지역의 통치권을 차지하게 된 것이다(Bright). 이 지역의 통치권을 얻게 된 이스라엘은 전에 없던 경제적인 부흥을 맞게 되었다. 이 시대의 사마리아를 발굴해 보면 고고학적인 증거들이 이들의 부유함을 입증한다. 사마리아 성에서만 500개 이상의 상아(ivory)조각이 발굴됐다(3:15 참조). 므깃도에서도 상아조각이 300개, 키프로스의 살라미스(Salamis in Cyprus)에서는 상아로 만들어진 침대(6:4 참조) 등이 발굴됐다. 상아는 가나안에서 생산되지 않았으며, 전량 아프리카에서 수입되는 귀중품이었다. 그러므로 당시 가나안 지역에 수입되는 사치품이 이처럼 흔했다는 것은 그들의 생활이 얼마나 윤택했는가를 보여준다.

3. 다른 책과의 관계

아모스서는 구약 정경 중에서도 특별히 오경과 밀접한 연관성이 있다. 선지자들이 시내 산 언약의 중재자라는 점을 감안할 때 아모스가 시내 산 언약의 내용을 담고 있는 오경을 익히 알고 있는 것은 당연하다. 아모스도 이스라엘이 하나님의 벌을 받아야 하는 이유 중 하나를 하나님과 맺은 언약을 어겼다는 점에서 찾기 때문이다. 그러므로 아모스서 역시 오경을 연상케 하는 이미지와 문구로 가득 차 있다. 다음은 한 주석가(Niehaus)가 오경과 아모스서의 연관성을 규명하면서 찾아낸 50여 개의 문구와 이미지 중 간추린 것이다.

구절(암)	문구/개념	오경
1:9	언약을 기억하라	출 2:24; 6:5; 레 26:42-45
2:4	규례를 지키라	출 15:26; 신 4:40
2:7	정의 왜곡	출 23:6
2:10; 9:7	이집트에서 너를 데려 나왔다	출 3:8

2:10	땅을 유산으로	창 15:7; 민 33:53; 신 2:31
3:7	그의 종 선지자들	신 34:5, 10
4:4	3일/3년마다 십일조	신 14:28; 26:12
4:5	제물을 바침	레 1:9
	누룩이 들어간 빵을 감사제물로	레 2:11; 7:12–15
	서원제	레 22:17–25
4:6	여호와께 돌아오라	신 4:30; 30:2
	병충해	신 28:22
4:10	내가 재앙을 너희에게 보냈다	레 26:25; 신 28:20–21, 48
4:12	너의 하나님을 맞을 준비를 하라	출 19:15–17
5:4	여호와를 찾으라	신 4:29
5:6	여호와는 태우는 불이시다	신 4:24
5:11	집과 포도원에 대한 저주	신 28:30, 39
5:20	언약적 저주 어두움	신 28:29
5:27	먼 곳으로 귀양	신 28:36, 64–68; 29:27
7:2	메뚜기 떼의 습격	출 10:12, 15
8:5	거짓 저울과 무게	레 19:35, 26; 신 25:14
8:11	기근	신 28:48
	여호와의 말씀 고갈	신 4:28–29; 32:20
9:15	여호와 너희의 하나님	출 8:24; 레 11:44; 민 10:9; 신 1:10

아모스가 당시 이미 정경화되었던 오경에서 이처럼 많은 영향을 받은 것처럼, 책을 남긴 선지자 중 최초로 사역을 했던 그가 뒤를 이어 사역한 후배 선지자에게 지대한 영향을 미쳤을 것 또한 당연한 일이다. 실제로 아모스가 호세아, 미가, 이사야, 스가랴, 스바냐, 예레미야, 에스겔 등에게 많은 영향을 미쳤다고 평가한다(Gowan). 아모스서의 많은 영향력 중 이 섹션에서는 소선지서 중 아모스서 앞뒤에 위치한 책과의 관계를 생각해보자.

마소라 사본의 소선지서 12권의 배열에 따르면, 아모스서는 호세아서, 요엘서 다음의 세 번째로 등장한다. 요엘서의 주제가 메뚜기 떼의 습격과 머지않아 임할 열방의 침략이었는데, 아모스서에서도 메뚜기 떼의 습격(7:1-3)이 머지않아 이스라엘이 열방의 손에 멸망하게 될 것의 서곡으로 사용된다. 또한 요엘서가 예루살렘의 회복을 꿈꾸며 포도주가 넘쳐 흐르는 산을 노래했던 것처럼(욜 3:18), 아모스서도 다윗 왕조의 통치 아래 이스라엘이 회복되며 그들의 산이 포도주로 넘쳐흐를 날을 꿈꾼다(9:11-15).

아모스는 에돔에 임할 심판(1:11-12)과 이 나라에 대한 심판의 필요성을 강조하여(9:12) 에돔에 대한 심판을 중심 주제로 노래하는 오바댜를 기대하게 한다. 아모스서와 요엘서, 오바댜서는 여호와의 날이 위로와 회복의 날이 아니라 심판의 날이 될 것을 경고한다는 공통점을 지니고 있기도 하다(욜 1:15; 암 5:18-20; 옵 1:15). 세 책 모두 주의 백성은 그동안 어떻게 살아왔든 상관없이 여호와의 날이 임하면 무조건 하나님의 축복과 위로를 받게 될 것이라고 생각했던 이스라엘의 여호와의 날에 대한 전통적인 기대를 뒤집어놓은 책이다.

아모스서는 호세아서와도 연관이 있다. 이미 언급한 것처럼 아모스가 호세아보다 10년 정도 먼저 사역을 시작했다. 그러나 정경의 순서를 정리한 사람은 독자가 호세아서를 먼저 읽은 다음에 아모스서를 읽도록 했다. 호세아서는 이스라엘이 당면하게 될 심판과 그 뒤에 있을 회복의 당위성을 이스라엘과 하나님의 관계에서 찾는다. 아모스서는 한걸음 더 나아가 만일 이스라엘이 회복을 원한다면 벧엘에 있는 성소를 제거해야 한다고 한다. 호세아서는 죄로 가득 찬 이스라엘의 현실에 대해 별다른 기대를 하지 않지만, 아모스서는 그들이 벧엘 문제를 해결할 정도의 능력은 가지고 있는 것으로 기대하는 것이다. 아모스는 이스라엘에게 벧엘을 파괴하고 예루살렘으로 가서 여호와를 찾을 것을 권면했다(Sweeney). 그러나 호세아는 이 같은 권면을 아예 하지 않는다. 그렇다면 아모스가 호세아보다 약 10년을 앞서 사역했으니, 이스라엘은 아모스가 말씀을 선포하던 시대만 해도 회복/개혁의 가능성을 지녔다고 할 수 있다. 그러나 이후 10년 동안 개혁은커녕 오히려 더 부패하여 호세아가 메시지를 선포할 때에는 회복/개혁의 가능성이 아예 배제된다. 10여 년 사이에 이스라엘의 영적 상황이 나쁨(worse)에서 최악(worst)으로 치달은 것이다.

아모스서가 미가서를 기대하게 하는 면도 있다. 아모스서는 북 왕국 이스라엘 멸망의 최종 목적이 다윗 왕조의 회복에 있음을 시사한다. 미가서는 더 나아가 북 왕국 이스라엘의 심판과 회복을 장차 있을 남 왕국 유다의 심판과 회복의 모델로 간주한다(Sweeney). 이스라엘과 유다는 분명 심판받아 멸망할 것이지만, 두 나라 모두 다시 한 나라로 회복될 것이며, 다윗의 후손이 이 나라를 통치할 것이라는 예언이 선지자들의 공통적인 가르침이다. 아울러 하나님의 공의와 정의를 이 땅에 하수처럼 넘치게 하라는, 아모스의 사회적 윤리를 회복하라는 호소가 미가에게 깊은 영향을 미친 것이 확실하다. 미가서에도 정의와 공평 문제가 얼마나 강조되는지 미가를 '남 왕국의 아모스'라고 부르기도 한다(Allen).

아모스서가 구약의 여러 선지서와 유기적인 관계를 유지하고 있는 것과는 대조적으로 신약은 아모스서를 그다지 많이 인용하지 않는다. 아모스 5:25-27이 사도행전 7:42-43에, 아모스 9:11-12가 사도행전 15:16-17에 인용되는 등 두 차례가 전부다. 초대교회 교부도 아모스서를 많이 인용하지 않았다. 실제로 19세기에 이르기까지 교회는 아모스서에 대해 별다른 관심을 보이지 않고 방치하다시피 했다. 이렇게 된 것에는 아모스서의 강렬한 메시지가 한몫했다고 주장한다(Gowan). 교회는 구약에서 주로 위로와 소망의 메시지를 얻기 원했는데, 아모스서는 소망과 위로에 대해 크게 언급하지 않기에 자연스럽게 교회의 가르침에서 상당히 소외될 수밖에 없었다는 것이다. 반면에 하나님의 정의와 공평한 사회에 대해 많은 것을 선포하는 아모스서의 핵심 메시지는 "내 백성 이스라엘의 끝이 이르렀다"(8:2)인데, 교회는 이 말씀을 어떻게 적용하고 사용해야 하는가에 대해 암담해 했다.

4. 통일성

한 주석가는 아모스서가 주전 750-450년 사이에 최소한 여섯 차례의 편집/개정을 거친 책이라고 한다(Wolff, cf. Jeremias). 주장하는 바를 요약하면 아모스서는 이 기간에 다음과 같은 역사적 순서에 따라 여섯 차례 편집과 수정을 거쳤다. (1) 신탁(3-6장), (2) 환상(7:1-8; 8:1-2; 9:1-4)과 열방에 대한 심판 선언(1:3-2:16), (3) 편집자들이 첨부한 것(7:10-17; 8:4-14; 9:7-10; 5:13-15; 6:2; 7:13), (4) 전(前)신명기적 편집(4:13; 5:8-9; 9:5-6; 3:14b, c, 5:6; 4:6-13), (5) 신명기적 편집(2:10-12; 5:25; 3:1b; 8:11-12), (6) 포로기 이후 편집(6:5; 9:11-15). 그러나 아모스서가 300여 년에 거쳐 여섯 차례나 수정되고 편집되었다는 주장을 입증할 만한 그 어떤 증거도 없다. 게다가 이처럼 아모스서를 세분화하는 것은 비평학자 사이에도 많은 지지를 얻지 못하고, 볼프(Wolff)가 이런 결론에 도달하기 위해 사용하는 방법이나 원칙도 대부분 인정받지 못한다(Andersen & Freedman, Paul, Gowan, Sweeney). 그의 논리와 주장이 설득력을 얻지 못한 것이다. 또한 본문의 의미를 연구하는 입장에서는 아모스서를 이렇게 편집 시기에 따라 세분화하는 것은 본문을 해석하는 데 어떤 도움도 되지 못한다는 점이 가장 큰 문제다.

아모스서의 변(진)화를 다음과 같이 설명하기도 한다(Watts). 1:1이 언급하는 아모스 선지자가 1-6장에 기록된 내용을 구두로 선포한 것을 벧엘에 살던 추종자들이 문서화시켰으며, 주전 722년에 북 왕국이 멸망하자 이 문서를 유다로 옮겼다는 것이다. 왓츠(Watts)는 환상과 아마샤와 아모스의 대립을 기록하고 있는 7장은 1-6장을 문서화했던 추종자들이 직접 저작한 것이며, 그러므로 아모스를 3인칭으로 묘사하고 있다고 주장했다. 더 나아가 8-9장에 기록된 내용은 아모스가 북 왕국에서 돌아와 유다에서 계속한 사역의 결과이며 책의 마지막을 장식하고 있는 소망의 메시지는 주전 722년에 사마리아가 멸망한 후에 선언된 것이라고 한다. 이처럼 아모스 1-7장과 8-9장은 서로 따로 보존되다가 바빌론 포로생활이 끝난 이후 소선지서 12권이 한 권으로 묶일 때 비로소 한 권으로 편집되었다는 것이다(Watts).

　대부분은 위에 제시된 왓츠(Watts)의 주장에 문제를 제기한다. 무엇보다 그의 주장에는 입증할 수 없는 가설적 요인이 너무 많다는 것이 문제다(G. Smith, B. Smith, cf. Niehaus). 아모스가 선포한 메시지를 추종자들이 문서화했다는 주장도 근거가 없다(Paul). 게다가 8-9장이 아모스 선지자가 유다로 돌아온 이후에 선포한 메시지일 가능성을 전적으로 배제할 수는 없지만, 1-7장에 기록된 것이 선포된 시기에 같은 곳에서 선포되었을 가능성을 배제할 필요는 없다(Paul, Gowan). 대체로 아모스 선지자가 두 곳에서 말씀을 선포한 것으로 추정하는데, 1-6장은 사마리아에서, 7-9장은 벧엘에서 선포한 말씀을 모아놓은 것이라 한다(G. Smith). 결과적으로 오늘날에 이르러서 대부분은 아모스서 전체를, 혹은 매우 미세한 부분을 제외하고는 모두 8세기에 북 왕국에서 말씀을 선포했던 선지자 아모스에서 비롯된 것이라고 한다(Niehaus, G. Smith, B. Smith, Simundson; Paul). 아모스서는 주전 8세기에 남 왕국 유다에 살던 한 선지자가 북 왕국 이스라엘을 잠시 방문하여 선포한 메시지를 문서화해 놓은 것이고, 한 사람의 작품으로 볼 수 있는 통일성을 충분히 지니고 있는 책이다(McComiskey & Longman, Paul, Gowan).

5. 신학과 메시지

아모스서는 성도에게 정경의 그 어느 책보다 강력한 윤리적 요구를 하고 있는 책이다. 하나님 백성은 삶에서 거룩하고 의로우신 하나님을 닮아가야 하기 때문이다. 그뿐만 아니라 선지자는 주의 백성이 드리는 예배도 문제 삼는다. 아모스는 주의 백성의 삶은 예배와 일치되어야 한다고 말한다. 선지자는 이스라엘이 하나님의 뜻에 따라 정의와 공평을 추구하며 살아가야 하는 현실적인 이유도 제공한다. 그렇게 살지 않으면 이스라엘이 위로와 축복을 받을 좋은 날로 기대하고 있는 여호와의 날이 심판하고 정죄하는 날이 될 것이기 때문이다.

선지자가 제시하고 있는 다양한 메시지 중 다음 다섯 가지만 생각해 보고자 한다. (1) 이교와 혼합된 예배, (2) 형식화되어버린 종교, (3) 부(富)와 의(義)의 관계, (4) 사회적 정의와 공평, (5) 여호와의 날이다. 이 모든 주제를 통해 아모스는 주의 백성이 여호와 종교의 본질을 회복할 것을 호소하고 있다.

(1) 이교와 혼합된 예배

북 왕국 이스라엘이 지향하던 여호와 종교의 가장 근본 문제 중 하나는 온갖 이교도적인 풍습과 예식을 여호와 종교와 함께 섞어 종교 혼합주의를 행하고 있었다는 것이다. 이스라엘이 여호와를 완전히 버린 것은 아니었다. 비록 바알과 아세라 등 다른 신도 숭배했지만, 벧엘, 길갈, 브엘세바 등 종교 중심지를 정기적으로 방문해 여호와께 제물을 바치고 예배를 드렸다(4:4; 5:5). 정해진 절기에 따라 헌물과 십일조도 드렸다(4:4). 매년 몇 차례씩 종교 절기와 성회로 모였다(5:21-23). 문제는 여호와께 예배드리기 위해 찾아가던 성소가 모두 이교도적인 풍습과 예식의 영향을 받아 이런 곳에서는 다시는 여호와께서 받으실 만한 예배를 드릴 수가 없었다는 것이다. 그래서 선지자는 벧엘(lit., '하나님의 집')을 벧아웬(lit., '죄의 집')이라고 비난하며 청중에게 성소를 찾지 말 것을 당부한다. 이런 곳은 찾아가 예배를 드릴수록 용서와 축복을 받는 것이 아니라 오히려 죄만 더 쌓게 된다는 것이다.

우리는 선지자가 이스라엘이 벧엘 등에서 여호와께 드렸던 예배를 절대 드리지 말고 아예 찾지도 말라고 한 것에서 두 가지 교훈을 얻는다. 첫째, 잘못된 예배는 드리지 않음만 못하다는 사실이다. 아모스가 이스라엘에게 예배를 멈추라는 것은 그들이 예배를 드릴수록 죄를 쌓아가기 때문이었다. 우리는 예배를 너무 쉽게 생각하는 경향이 있다. 흠이 있고 부족한 예배라도 드리는 것이 안 드리는 것보다 좋다는 생각이다. 물론 경우에 따라 이런 자세가 중요할 때가 있다. 그러나 아모스 선지자는 분명하게 말한다. 이교도적인 예식으로 오염된 예배나 하나님의 정의를 공동체에 실현하라는 요구에 어떤 윤리적 혹은 도덕적 책임도 느끼지 않는 위선적인 자가 드리는 예배는 예배자에게 득이 되는 것이 아니라 오히려 해가 될 것이라고 선언한다.

둘째, 하나님이 받으시는 예배는 하나님 말씀에 따라 주께서 원하시는 방식대로 드리는 예배라는 사실이다. 이스라엘은 선호하는 바에 따라 하나님께 드리는 예배를 온갖 이교도적인 것으로 도배했다. 선지자는 이 모든 일이 부질없는 짓일 뿐만 아니라 그들이 드리는 예배를 하나님이 결코 받으실 수 없도록 오염시켰다고 한다. 이스라엘은 하나님을 위한 예배는 하나님이 원하시는 대로 드려야 한다는 사실을 잊고 있었던 것이다. 우리는 예배가 누구를 위한 것인가에 대해 끊임없이 질문해야 한다. 하나님께 예배를 드리지만, 결국 하나님과 상관없이 예배자만을 위한 예배로 드리는 경우가 허다하기 때문이다. 만일 우리가 드리는 예배가 우리를 위한 것이 아니고 하나님을 위한 예배라면, 분명 먼저 하나님을 기쁘시게 하는 예배가 되어야 할 것이다. 하나님이 받으시는 예배는 하나님이 제시한 기준에 따라, 하나님이 원하시는 방식대로 드려지는 예배다. 사람이 불편함을 감수하는 부분이 있더라도, 하나님이 제시하신 방식대로 드리는 예배가 되어야 할 것이다.

(2) 형식화되어버린 종교

이사야는 이스라엘이 성전에서 드리는 예배에 대해 하나님의 불편한 심기를 토로했다면(사 1:11-15), 아모스는 아예 백성이 성지(聖地)로 예배드리러 가는 것 자체를 막는다. 아모스는 그 당시 이스라엘 백성이 여호와께 예배드리기 위해 끊임없이 찾았던 성지 벧엘, 길갈, 브엘세바에 대해 다음과 같이 선언한다. "벧엘을 찾지 말며 길갈로 들어가지 말며 브엘세바로도 나아가지 말라"(5:5). 더 나아가 선지자는 비아냥거리는 투로 이 성지에서 드려지는 예배와 제물이 의미를 상실했을 뿐만 아니라 오히려 하나님 앞에 죄를 범하는 행위라고 한다. "너희는 벧엘에 가서 범죄하며 길갈에 가서 죄를 더하며 아침마다 너희 희생을, 삼 일마다 너희 십일조를 드리며 누룩 넣은 것을 불살라 수은제로 드리며 낙헌제를 소리내어 선포하려무나"(4:4-5).

이 아모스 텍스트를 구약 안에서 발견되는 제사와 예배에 대한 가장 강력한 비난으로 간주한다. 여호와를 기념하고 찬양하기 위해 드리는 예배라도 얼마나 잘못될 수 있는가를 지적해주는 말씀이기도 하다. 어떻게 생각하면 선지자의 발언은 마치 신성모독(blasphemy)처럼 들린다. 현대적 감각을 더한다면, "교회에 가서 죄 짓고, 기도원에 가서 반역하라! 새벽기도 때마다 헌금 드리고, 예배 때마다 십일조를 드려보아라. 또한 드리는 감사 헌금에 대해 남들에게 떠벌려라. 하나님이 잘해 주실 것이다!" 본질을 놓친 예배는 드리지 않는 것이 오히려 낫다는 것이 선지자의 외침이다.

여호와께서는 주의 백성이 드리는 예배에 대하여 왜 이렇게 분노하시는가? 이미 위에서 언급한 것처럼 이교적인 풍습이 이스라엘 예배를 오염시켰기 때문이지만, 이스라엘 사람이 여호와 종교를 형식화시켜 버렸기 때문이다. 오늘날로 하면 이스라엘은 일명 율법주의에 빠져 있었던 것이다. 하나님은 이스라엘에게 경건하고 서로를 돌보며 살라고 율법을 주셨다. 율법은 선민(選民) 공동체가 존중해야 할 원칙이고 하나님 백성의 윤리적 지침이었다. 그런데 이스라엘은 하나님의 율법을 단지 예배와 종교생활에 관한 것으로 전락시켰다. 때에 따라 예배를 드리고 십일조를 성소에 들여놓는 것은 그들에게 율법이 제시하는 중요한 요구사항이었지만, 공동체를 형성하고 있는 사람을 어떻게 존중하고 사랑하는가는 율법과 무관한 일이었다. 아모스 시대의 이스라엘은 율법의 정신과 취지는 완전히 상실한 채, 겉으로 드러나는 율법의 요구 사항 몇 가지만 준수하는 것으로 자신들의 율법에 대한 의무를 다한 것으로 생각하기에 이르렀다.

사람은 왜 율법주의에 빠지는 것일까? 율법주의에 빠지면 무엇보다 신앙생활이 훨씬 쉬워지기 때문이다. 율법이 요구하는 윤리적 기준대로 살아가는 것은 여간 어려운 일이 아니다. 하나님은 모든 일에 있어서 결과보다 과정과 의도를 중요시 여기시기에, 율법대로 살아간다는 것은 일상생활에서 많은 고민/묵상과 노력을 필요로 했다. 율법주의에 빠지면 더는 이런 '거룩한 고민'은 하지 않아도 된다. 표면적으로는 율법주의도 하나님 뜻대로 살아가는 것을 규정하는 듯하다. 율법주의가 취하는 가장 기본 형태가 하나님 백성으로서 '해야 할 일과 하지 말아야 할 일'(do's & don'ts)에 대한 정의이기 때문이다. 하나님 백성으로서 해야 할 일과 해서는 안 될 일을 정의해 어떻게 해야 율법을 준수하며 살아가는 것인가에 대한 성도의 고민을 덜어주는 것이 율법주의의 가장 큰 매력이다.

그러나 율법주의는 많은 문제를 안고 있고 결코 하나님이 백성에게 기대하시는 삶을 지향하는 지침이 될 수 없다. 율법주의적인 삶이 안고 있는 가장 큰 문제 두 가지를 생각해보자. 첫째, 율법주의는 결과를 중요시할 뿐 과정에는 별 관심이 없다. 사람이 때에 따라 십일조를 성전에 들여놓는 것이 중요하지 그들의 수입이 어디서, 어떻게 발생한 것인가는 알려 하지 않는다. 심지어는 부정한 방법으로 수입을 올린 것의 일부가 십일조로 드려졌다는 사실을 알게 되더라도 눈을 막고 귀를 막아 묵인해 버린다. 법을 적용하는 일에 있어서도 '이에는 이, 눈에는 눈'이 중요할 뿐 범죄자의 개인 형편은 헤아리지 않는다. 결국 율법주의의 핵심은 율법이 사람을 위해 있는 것이 아니라 사람이 율법을 위해서 있게 되는 것이다.

둘째, 율법주의가 한동안 진행되다 보면 그나마 윤리적인 삶에 관한 것은 모두 사라지고 결국 종교 생활에 대한 것만 남는다. 율법주의는 주의 백성이 사회와 가정에서 어떤 삶을 사는가에는 관심이 없고 결과에만 치중하다 보니 주의 백성이 일주일 동안 어떻게 살았는지보다 정한 때에 예배드리러 오는 것과 올 때 십일조를 가지고 오는 것이 더 중요하다. 성도도 율법주의에 빠지면 편안하다. 하나님 백성으로서 어떻게 살아가야 하는가를 고민할 필요가 없기 때문이다. 때에 따라 헌금을 바치고, 예배를 드리는 등 몇 가지 종교 생활의 기준만 준수하면 하나님 앞에 의무를 다한 것으로 생각한다. 율법의 윤리적 요구에는 관심도 없고, 지킬 필요도 느끼지 못하게 되는 것이다. 어느덧 종교 예식 참여가 '거짓 자신감'(false sense of confidence)을 조성하고 있었다(Hoffmon).

한 예로 선지자가 사역하던 시대에 이스라엘의 부자는 아무런 거리낌 없이 폭리를 취해 남에게 돈을 빌려주었고, 담보로 잡아두었던 옷을 제단 옆에 펼쳐놓고 그 위에 앉아 서민들로부터 벌금과 이자로 거두어들인 포도주를 즐기기에 이르렀다(암 2:8). 가난한 자를 착취해 얻은 부가 하나님의 축복이라며 하나님과 자신에게 건배를 들고 있는 것이다! 율법주의에 빠진 이스라엘은 어떤 사회적 책임이나 도덕적 문제의식도 없이 신앙과 삶을 이분화했기 때문에 이런 일이 가능했다. 오늘날 우리 교회는 이와 같이 율법주의가 안고 있는 문제에서 자유로운가? '자유롭다'고 쉽게 단정할 만한 상황이 결코 아니다.

이처럼 여호와 종교가 형식주의에 빠져 있는 정황에서 아모스서가 이스라엘 역사와 선지자의 가르침에 어떤 영향을 미쳤는가는 다음과 같이 평가된다.

> 토라의 문헌과 고전적 예언자 이전의 예언자의 글 속에 표현된 옛 전
> 승, 다시 말해서 한 국가의 궁극적 운명을 결정짓는 근본적 범죄는 우상
> 숭배의 죄라고 강조한 옛 전승과는 달리, 고전적 예언자의 등장과 함께
> 한 국가의 운명을 결정짓는 새로운 기준이 나타나게 되었다. 새로운 기
> 준이란 '도덕적 청렴'(moral rectitude)이었다. 이스라엘의 장래와 운명은 본
> 질적으로 근본적인 도덕적 자세에 의해 결정되었다. 부도덕과 비윤리적
> 행위는 궁극적으로 한 국가를 파멸로 인도할 것이다(Paul).

(3) 부(富)와 의(義)의 관계

율법주의에 빠져 있던 이스라엘 사람은 누리고 있던 물질적인 부유,
정치적 안정은 여호와 하나님이 그들의 신앙생활에 만족하셔서 내려
주는 축복으로 생각했다. 한걸음 더 나아가 그들에게 '축복'으로 내려
진 부유가 하나님이 그들을 의롭게 생각하시는 것의 증거로 생각했다.
논리는 이러했다. 이스라엘이 전에 없던 물질적인 풍요로움을 누리고
있었다. 이 모든 풍요로움은 여호와께서 내려주신 축복이었다. 그렇다
면 하나님이 왜 이들을 축복하셨겠는가? 하나님이 그들을 인정하셨기
때문이다. 하나님이 왜 이스라엘을 인정하셨는가? 그들이 의롭기 때
문이 아니었겠는가! 그러므로 '부유=의'라는 번영복음(prosperity gospel)
의 공식이 성립된 것이다. 이러한 상황에서 유례없는 풍요로움을 누리
던 자들의 영적 교만을 상상해보라. 자신감이 넘치다 못해 자만감에 빠
져있었다(6:1). 마치 하나님 나라가 자신들을 통해 이 땅에 임한 것처럼
말이다. 아모스 선지자는 이들이 주장하는 공식, 곧 '부유=의' 공식의
기호(=)에 가차없이 '아니다'(/)는 선을 그어 공식을 '부유≠의'로 바꾸
어 버린다. 그들이 풍요를 누리며 잘사는 것과 하나님이 인정하셨다는

것은 결코 동일시될 수 없다는 것이다. 아모스는 나르시시즘(narcissism, 자애[自愛])에 빠져 있는 이스라엘 사회(특히 상류층과 권력가)에게 상류층이 저지르고 있는 사회적인 악(social injustice)에 대해 소리를 높이고 있다(2:6; 8:5-6).

풍요로움과 연관해 당시 이스라엘 사회가 안고 있는 가장 큰 문제는 모든 사람이 잘 사는 것이 아니었다는 점이다. 빈익빈 부익부(貧益貧 富益富) 현상이 심각한 수준에 도달해 있었다. 부자는 주체할 수 없을 정도의 부를 쌓았지만, 가난한 자의 삶은 어렵기만 했다. 부유함이 의로움에 대한 여호와의 보상으로 간주되던 사회에서 이러한 현상이 어떠한 결과를 초래했을 것인가 생각해보라. 남을 착취하고 등을 쳐서 부자가 된 사람은 종교적인 의인으로 대접을 받았고, 힘없고 돈 없는 사람은 예배드리러 가서도 죄인이 되어 숨을 죽이고 있어야 했다.

이런 신학적 착각이 아모스 시대의 사람만 앓던 병은 아니다. 한국을 포함한 많은 나라의 기독교인이 오늘날 똑같은 병을 앓고 있지 않은가? 생각해보라. 이제는 대부분 교회에서 더는 그리스도를 위한 고난과 헌신을 화두로 삼지 않는다. 성공하여 잘 먹고 잘 사는 게 중요하다. 그렇다 보니 간증 집회에도 주로 사회에서 성공한 사람이 불려 다닌다. 어떤 방법, 어떤 가치관으로 성공했는지 검증도 하지 않은 채 말이다. 풍요로움이 하나님의 축복으로만 간주되고, 가난은 죄라는 생각이 우리 주변에 도사리고 있는 한, 현대 교회 역시 아모스 시대의 신학적 병을 그대로 앓고 있는 것이다.

(4) 사회적 정의와 공평

아모스 선지자는 사회적 정의와 공평에 대해 세 가지 측면에서 조명한다. 첫째, 이스라엘이 사회적 정의를 추구하는 것은 곧 하나님의 성품을 닮아가는 것을 뜻한다. 정의는 하나님으로부터 시작된다. 그러므로 한 사회가 정의를 추구하고 실현하려면 하나님과 깊은 교제에서 비롯되어야 한다는 것이 선지자의 주장이다. 주의 백성에게 하나님과 교제가 있으면 당연히 그분의 성품을 닮아가려는 노력이 있기에 정의를 추구하게 된다는 것이다. 또한 아모스는 심판하시는 하나님을 강조하여 사회가 하나님의 성품(공의를 행하는 것)을 반영하지 않을 때 어떤 재앙이 일어날 수 있는지 분명히 경고하고 있다. 또한 공의에 대한 창조주 하나님의 염려는 국경을 초월한다. 하나님과 상관없는 나라 사이에 불의가 행해질 때도 하나님은 가만히 침묵하지 않으신다는 것이 선지자의 가르침이다(1장).

둘째, 이스라엘의 사회적 정의 추구는 사회를 구성하고 있는 각 개인의 삶에서 시작되어야 한다. 아모스는 상인, 제사장, 부자의 잘못을 적나라하게 드러냄으로써 이스라엘 사회가 정의를 추구하는 일에 있어서 각 개인의 책임이 얼마나 중요한가를 강조한다. 특히 지도층의 개인적 책임 완수가 결정적이다. 남이야 어떻든 나 한 사람이 먼저 개혁될 때 사회는 개혁된다는 것이다. 그래서 아모스는 개인의 책임을 매우 중요하게 여긴다. 또한 남을 속이고 울리는 일이 결코 용납될 수 없는 것은 이런 행동들이 하나님의 성품과는 거리가 멀기 때문이다. 선지자는 하나님을 알고 섬기는 백성은 공의와 정의를 추구하는 삶을 살아야 하는 개인적인 책임이 있다고 한다. 하나님 백성은 왕이신 여호와를 닮아가야 하기 때문이다.

셋째, 이스라엘이 사회적 정의와 공평을 추구하는 일에 있어서 사회구조도 중요한 역할을 한다. 개인이 모여서 이루어지는 것이 사회다. 하나님 백성이 모여서 이렇게 살아야 한다고 제시된 지침이 바로 모세의 율법이다. 그러나 이런 율법이 사회에서 제도적으로 무시되면 어떻겠는가? 그 사회는 당연히 부패하게 된다. 한때 이스라엘 사회는 제도적으로 정의와 공평을 중요시 여기는 사회였다. 그러나 아모스 시대에 자리잡은 이스라엘 사회는 이제는 공동체적 공의와 정의를 지향하지 않았다. 이 같은 이스라엘의 사회적·경제적 구조는 전통적인 가치관에 위배된다. 이스라엘은 단순히 각자 개인의 이익만을 추구하는 사람들로 형성된 사회가 아니었다. 그들은 여호와의 신정통치를 인정하고 지향하는 특별히 선별된 백성이었다. 하나님은 모세를 통하여 이미 오래전에 이 공동체에게 삶에 대한 지침을 주셨다. 그러나 이런 지침이 아모스 시대에 와서 완전히 무너져 내리고 있다. 이러한 사회적 현상은 이스라엘이 스스로 선민의 정체성을 부인하는 행위이다. 그러므로 선지자는 옛날 가치관, 즉 여호와가 주셨던 가치관으로 돌아가자고 호소한다. 아모스는 "과거로 돌아가자"라고 외치고 있는 것이다.

(5) 여호와의 날

성경에서 가장 먼저 '여호와의 날'(יהוה יום)이라는 용어를 사용하는 책이 아모스서다(5:18-20). 아모스가 이 개념을 최초로 제시하지 않았지만(von Rad), 선지자는 당시 유행하고 있던 여호와의 날에 대한 이해를 획기적으로 조정하고 있다(B. Smith). 당시 사람은 여호와의 날이 이스라엘을 위해 무조건 좋은 날로만 생각했다. 그날이 되면 이스라엘은 하나님의 선민이라는 한 가지 이유만으로 많은 위로와 보상을 받을 것으로 생각했다. 아모스는 이런 사람의 기대가 잘못되었으니 당장 바꾸라고 한다. 이스라엘은 여호와의 날이 빛의 날이라며 그날을 학수고대했지만, 아모스는 그날은 오히려 어두움의 날, 심판의 날일 뿐만 아니라 그 누구도 피할 수 없는 무서운 날이므로 기대할 것이 아니라 두려워해야 한다고 한다.

원래 하나님 백성에게 여호와의 날은 좋은 날이다. 하나님의 위로와 보상이 있는 날이기 때문이다. 그러나 사람이 정의롭고 신실하게 살 때만 이런 축복을 기대할 수 있는 것이지, 하나님 백성이라도 하나님 뜻대로 살지 않으면 상이 아닌 벌을 받는 날이 여호와의 날이다. 그러므로 아모스는 선민 우월주의적 사상에 빠져 있는 이스라엘에게 정신 차리라는 메시지를 선포한다. 다행인 것은 심판과 징계만이 그날의 전부는 아니라는 것이다. 하나님을 경외하고 사랑하는 자에게 여호와의 날은 회복과 풍요와 평안의 날이기도 하기 때문이다(9:11-15).

6. 개요

아모스서는 숫자 '7'을 중심으로 형성된 책이라 해도 과언이 아닐 정도로 숫자 7을 중심으로 한 텍스트를 많이 담고 있다. 한 학자는 최소한 11개의 7을 중심으로 한 섹션을 구분해 냈다. 다음 도표를 참조하라 (Limburg).

내용	본문
이스라엘의 이웃 7나라에 대한 심판 선언	1:3-2:5
이스라엘의 죄를 설명하는 7개의 문구	2:6-8
심판을 피할 수 없다는 점을 강조하는 7개의 문구	2:14-16
수사학적인 질문 7개	3:3-6
냉소적인 권면에서 사용된 7개의 명령문	4:4-5
하나님의 심판을 설명하는 7개의 1인칭 동사	4:6-13
여호와의 위대한 사역을 찬양하는 7개의 동사	5:8-9
이스라엘의 형식적인 예식 행위 7가지	5:21-23
부자의 죄를 비난하는 7개의 동사	6:4-6
부자가 하는 짓 7가지	8:4-8
여호와의 심판을 설명하는 7개의 1인칭 동사	9:1-4

여기에 다음 내용을 추가할 수 있다(Andersen & Freedman).

하나님의 심판을 피하지 못하는 7종류의 군인	2:14-16
다가오는 심판을 경고하는 7개의 문구	3:14-15

7가지 재앙	4:6-11
재앙 신탁에 사용된 7개의 분사	6:1-11
7번 등장하는 이름 '이스라엘'	7:9-17
7개의 '만일⋯거기에서'(משם אם) 문구	9:2a-4a

이처럼 선지자는 숫자 '7'을 매우 광범위하게 사용하여 메시지를 구성하고 있다. 선지자의 '7'에 대한 집착과 책에서 '들으라!'라는 명령문이 3:1, 13; 4:1; 5:1; 8:4에 등장하면서 책을 섹션으로 구분한다는 점에 착안하여 '신적 선포 양식'(divine speech formulas)을 근거로 책을 7 파트로 나눈다. 1:1-2; 1:3-2:16; 3:1-15; 4:1-13; 5:1-6:14; 7:1-8:3; 8:4-9:15(Limburg). 다른 학자 중에는 책을 5-9파트로 구분하는 사람도 있다(Simundson; Gowan). 그러나 9장으로 구성된 책을 지나치게 세분화시키고 있다는 것이 지적되고 있다. 심지어 한 주석가는 1:1-2를 제외한 나머지 부분(1:3-9:15)을 네 파트로 구성된 한 섹션으로 취급한다(Sweeney). 그러나 이러한 접근 방식도 6장에서 7장으로 넘어가면서 보이는 현저한 차이를 무시하는 경향이 있기에 크게 설득력이 있다고 생각되지는 않는다.

대부분은 아모스서를 2-3섹션으로 구분하는 단순한 모형을 선호한다. 아모스서를 (1) 메시지(1-6장)와 (2) 환상(7-9장) 등 두 섹션으로 구분(B. Smith)하기도 하지만, 상당수는 (1) 열방에 대한 심판 선언(1-2장), (2) 메시지(3-6장), (3) 환상(7-9장) 등 세 섹션으로 구분한다(Niehaus, G. Smith, Hasel, Jeremias). 전자는 1-6장을 하나로 묶는 반면 후자는 이 부분을 1-2장과 3-6장으로 구분하는 차이를 보일 뿐 책의 주요 구분점을 7장으로 인식하는 공통점을 지녔다. 아모스서를 세 섹션과 끝맺는 말(epilogue)로 보는 견해도 있다. (1) 재앙의 책(1-4장), (2) 비난의 책(4-6장), (3) 환상의 책(7:1-9:6), + 끝말(9:7-15)(Andersen & Freedman). 그러나 책을 1-2장, 3-6장, 7-9장 등 세 파트로 분류하는 것이 제일 많은 지지를 받고 있다. 실제로 열방에 대한 심판 선언(1-2장)을 이스라엘을 향해 선포한 메시지(3-6장)에서 구분하여 따로 취하는 것은 합리적이라 생각된다. 본 주석에서는 다음과 같은 구조를 바탕으로 본문을 주해해 나가고자 한다.

I. 표제와 총론(1:1-2)
II. 이스라엘과 이웃 나라에 대한 심판(1:3-2:16)
   A. 열방에 대한 심판(1:3-2:3)
   B. 유다와 이스라엘에 대한 심판(2:4-16)
III. 경고와 심판(3:1-6:14)
   A. 이스라엘에 임할 심판(3:1-4:3)
   B. 오염된 예배와 깨닫지 못하여 죽은 백성(4:4-13)
   C. 죽은 백성 이스라엘에 대한 애가(5:1-17)
   D. 이스라엘에 임할 심판(5:18-6:14)
IV. 종말에 대한 환상과 권면(7:1-9:15)
   A. 철회된 심판(7:1-6)
   B. 철회되지 않은 심판과 회복(7:7-9:10)
   C. 회복된 이스라엘의 축복된 미래(9:11-15)

I. 표제와 총론
(1:1-2)

¹ 유다 왕 웃시야의 시대 곧 이스라엘 왕 요아스의 아들 여로보암의 시대 지진 전 이년에 드고아 목자 중 아모스가 이스라엘에 대하여 이상으로 받은 말씀이라 ² 그가 이르되

> 여호와께서 시온에서부터 부르짖으시며
> 예루살렘에서부터 소리를 내시리니
> 목자의 초장이 마르고
> 갈멜 산 꼭대기가 마르리로다

선지자가 사역했던 시대와 그 외 정보를 제공하는 것을 표제(superscription)라고 한다. 표제는 아모스서뿐만 아니라 다른 선지서에서도 주로 책이 시작할 때 등장하며(호 1:1; 사 1:1; 렘 1:1), 선지자가 사역했던 시대에 관한 정보뿐만 아니라 선지자에 대한 개인 정보 등도 제공한다(Tucker). 선지서가 이처럼 제일 먼저 선지자의 사역 시대와 정황에 대한 정보를 제공하는 것은 책에 기록된 말씀을 이 시대적 배경과 역사적 정황을 고려해서 해석해야 한다는 것을 암시한다. 미래에 대한 예언이라 해서 예언이 선포된 역사적 상황을 고려하지 않고 해석하고

적용하는 것은 옳지 않다는 의미다.

'아모스'(עָמוֹס)는 '아마시야'(עֲמַסְיָה)(대하 17:16)를 줄인 것으로 '여호와의 짐을 진 자'(Miller & Hayes) 혹은 '여호와가 보존하는 자'(one sustained by Yahweh)라는 뜻으로 풀이된다(Hubbard, Sweeney). 남 왕국에 살던 그가 어떻게 북 왕국을 방문하여 하나님의 신탁을 선포하게 되었을까는 아직도 상당 부분 미스터리로 남아 있다. 한 주석가는 당시 남 왕국 유다가 북 왕국 이스라엘에게 조공을 바치고 있었기에, 유다의 모든 성인 남자는 1년에 3차례씩 의무적으로 북 왕국의 종교 중심지인 벧엘을 방문해야 했고, 아모스가 이런 기회를 이용하여 북 왕국에서 말씀을 선포하게 된 것이라고 한다(Sweeney). 그러나 만일 이스라엘의 지배 아래 있었던 유다의 시민이 예배에 참석하러 벧엘을 찾아갔다가 이런 메시지를 전했다면 그가 무사히 자기 고향으로 돌아갈 수 있는 가능성이 얼마나 될까? 별로 커 보이지는 않는다.

아모스가 남 왕국 유다에 속한 도시인 드고아가 아니라, 갈릴리 지역에 있는 북 왕국 이스라엘의 드고아 출신이었다는 주장도 있다(Kimchi, Rosenbaum). 그러나 벧엘의 성전을 관리하던 제사장 아마샤는 아모스가 북 왕국에서 말씀을 선포하는 것을 못마땅하게 여겨 선지자에게 "유다로 가서 예언하고 밥 빌어먹어라!"라고 하는 어투는 "네 고향에서나 예언하라"라는 의미로 들린다. 아모스는 남 왕국 사람이었으며, 고향 드고아는 남 왕국 유다에 있는 도시였던 것이다.

선지자의 이름이 뜻하는 '여호와가 보존하는 자'(one sustained by Yahweh)는 남 왕국 유다의 선지자가 혈혈단신으로 북 왕국 이스라엘을 찾아가 말씀을 증거할 수 있었던 담대함에 걸맞은 이름이라 생각된다. 그는 여호와께서 신변을 보호하실 것이라는 확신에 권위를 인정하지 않는 곳에 가서 심판의 메시지를 별 두려움 없이 전할 수 있었다. 그러므로 아모스는 자신의 이익을 추구하고, 성도의 눈치를 보며 그들이 들어야 하는 메시지보다는 듣기 원하는 '귀를 간지럽게 하는' 메시지를 전하고 있는 많은 사역자를 철저하게 비난하는 이름이기도 하다. 현시대가 필요로 하는 사역자는 설령 목에 칼이 들어온다 해도 사람들이 듣고자 하는 메시지가 아니라, 하나님이 들려주시고자 하는 메시지를 대언하는 자들이다. 아모스는 이런 면에서 모든 사역자의 모범이자 영감(靈感)이 되어야 할 것이다.

아모스서의 표제는 다음과 같은 정보를 제공하고 있다. 첫째, 지금부터 전개되는 내용은 아모스가 '본'(to see, חָזָה) 말씀이라고 한다. 일반적으로 말씀은 듣는 것이지 보는 것이 아니다. 그러나 아모스서뿐만 아니라 이사야 2:1, 미가 1:1, 하박국 1:1 등에서도 말씀을 '보는것'으로 표현하는 것으로 보아 이런 표현은 선지자의 고유한 표현 방법과 연관 있는 것으로 생각된다. 게다가 본문에서 '보다'라는 의미로 사용되는 히브리어 동사(חזה)는 구약에서 '[환상/이상을] 보다'라는 의미로 자주 사용되는 단어다(HALOT). 선지자는 종종 무아경적(無我境的; ecstatic) 상황에서 환상과 꿈을 통해 하나님의 계시를 받았는데(Lindblom), 아모스서에 기록된 말씀도 아모스 선지자가 스스로 작성한 것이 아니라, 이 같은 무아경적 입신을 통해 하나님께 받은 것임을 밝히고 있다. 또한 이 히브리어 동사 '보다'(חזה)의 사용 범위(semantic range)는 환상과 이상뿐만 아니라 '말씀'도 보는 것으로 포함한다(Stuart, cf. 사 1:1; 2:1).

둘째, 다른 선지서의 표제는 보통 '여호와의 말씀이라'라는 문구를 담고 있는데(호 1:1; 욜 1:1; 미 1:1), 아모스서의 표제는 대신 '아모스의 말이라'(דִּבְרֵי עָמוֹס)라고 한다. 이처럼 '선지자의 말'로 시작하는 경우는 예레미야서가 있다(렘 1:1). 그러나 칠십인역은 예레미야서 문구를 '하나님의 말씀'으로 바꾸어 놓았다. 일부 학자들은 '[아무개의] 말이라'라는 표현이 지혜문헌에서 자주 등장하여(잠 22:17; 30:1; 31:1; 전 1:1) 아모스를 구약의 지혜자 중 하나로 보기도 한다(Wolff). 그러나 이 표현은 매우 보편적인 것이며, 전문적인 의미를 지니지 않고 사용되는 것이기에(왕상 11:41; 느 1:1) 이런 주장은 별로 설득력이 없어 보인다. '아모스의 말이라'라는 표현은 선지자가 선포한 메시지의 출처는 분명 여호와이시지만, 동시에 하나님이 사용하신 도구는 아모스라는 선지자였음을 강조한다.

셋째, 이 표제는 아모스의 가족사항을 전혀 언급하지 않는다. 선지자가 결혼했는지, 자녀가 있는지, 아버지는 누구인지 등에 관한 정보를 전혀 주지 않는다. 이런 상황은 자신의 가족에 대해 상세하게 소개한 호세아와 매우 대조적이다(호 1–3장). 이사야, 예레미야, 에스겔, 호세아, 요엘, 요나, 스바냐, 스가랴 등도 어느 집안 사람인지를 가늠할 수 있는 최소한의 정보는 제공한다(사 1:1; 렘 1:1). 아모스가 매우 잘 알려진 사람이었기에 집안을 언급할 필요가 없었을 수도 있고, 아니면 잘 알려지지 않은 집안 출신이라 조상의 이름을 언급하는 것이 별 의미가 없어 정보를 제공하지 않았을 수도 있다.

그러나 그가 어느 정도 부유한 비즈니스맨이었다면 첫 번째 추정이 더 설득력이 있다. 혹은 이 책은 남 왕국 출신인 아모스가 북 왕국을 잠시 방문하여 그곳 사람을 상대로 선포한 말씀을 모아놓은 것이어서 북 왕국 사람에게는 선지자가 어느 집안 사람이었는지가 별 의미가 없어서 정보를 제공하지 않았을 수도 있다. 위에 언급된 선지자들은 모두 집안을 밝히지만, 조상에 대해 전혀 밝히지 않는 선지자도 몇 명 있다(오바댜, 미가, 나훔, 하박국, 학개, 말라기). 아모스도 이 선지자들처럼 자신에 대한 신상정보는 제공하지 않는다. 아모스가 '직업 선지자'였는가? 대부분 그렇게 간주하지만(cf. 7:14 주해), 평신도로 여기는 사람도 있다(Craigie). 대부분이 이해하는 것처럼 남 왕국 사람인 그가 북 왕국으로 가서 잠시 사역하고 돌아왔다면, '단기 선교'를 다녀온 평신도였을 가능성이 많은 것으로 본다.

넷째, 아모스는 드고아(תקוע)에서 하나님의 소명을 받았다. 드고아는 예루살렘에서 남쪽으로 15km, 베들레헴으로부터 10km 지점에 있었고 해발 825m에서 사해를 내려다보는 조그만 성이었다(Finley). 암논을 죽이고 피신한 압살롬과 아버지 다윗의 관계를 회복시키려고 요압이 이곳에서 지혜로운 여인을 데려와 다윗을 설득시킨 적이 있다(삼하 14:1-3).

다섯째, 아모스는 '목자'(נקד)였다고 한다(1:1). 히브리어는 일반적으로 '목자'를 뜻할 때 '로에'(רעה)라는 단어를 사용하지 이 단어(נקד)를 사용하지 않는다. 이 히브리어 단어는 성경에서 한 번 더 사용되는데 열왕기하 3:4에서 모압 왕 메사를 설명할 때 사용된다. 그는 왕으로서 당연히 큰 짐승 떼를 소유했지 가난한 목자는 아니었을 것이다. 성경에 의하면 그는 10만 마리의 양과 10만 마리 분량의 양털을 이스라엘에 조공으로 바쳤다고 한다. 우가릿(Ugarit)어에서 이 단어가 '왕의 짐승들을 관리하는 자'라는 뜻으로 사용되는 경우를 살펴봐도 이와 같은 해석과 일치한다(Craigie, Paul). 우가릿어에서 이 단어 또한 여러 목자를 밑에 두고 관리하는 일종의 '주임 목자' 혹은 '짐승 떼를 사고파는 상인'이라는 뜻을 지니고 사용되기도 하였으며, 이런 일을 하는 사람은 결코 서민이 아니었다(G. Smith, Sweeney). 우가릿어에서 이 단어가 신전과 연관되어 사용되는 예를 바탕으로 아모스가 예루살렘 성전의 하청을 받아 성전에서 제물로 사용할 짐승들을 관리하는 사람이었다고도 하지만, 근거가 희박하다(Paul, Gowan).

여섯째, 선지자는 웃시야가 유다를 통치하고 여로보암 2세가 이스라엘을 다스릴 때 말씀을 선포했다. 웃시야의 연대는 주전 792-740년이며 여로보암 2세의 연대는 793-753년이다(Thiele). 아사랴로도 알려진 웃시야는 처음에는 '여호와 보시기에 선을 행했던' 왕이었다(대하 26:4). 그러나 나중에는 수많은 제사장의 만류에도 불구하고 스스로 제사장 행세를 하다가 하나님의 심판을 받아 문둥병에 걸려 비참한 종말을 맞았다(대하 26:16-26). 그의 아들 요담이 아버지의 문둥병으로 아버지가 죽을 때까지 주전 750년에서 740년까지 10년 동안 섭정한 것으로 추정된다(Thiele). 그렇다면 만일 아모스의 선지자 사역이 750년 이후에도 계속되었다면 요담의 이름이 언급될 것은 너무 당연하다. 그러므로 그의 이름이 언급되지 않는 것은 요담이 정치를 시작하기 전의 일이었음을 뜻한다. 그러므로 아모스의 활동은 주전 760년대에 시작한 것으로 결론지을 수 있다.

여로보암 2세는 40여 년의 통치를 통해 이스라엘에 평화, 안정, 경제적 번영을 안겨주었다(Bright). 또한 이스라엘과 유다의 생존을 위협하던 전쟁도 이 시대에는 없었다. 북쪽으로는 아시리아 제국이, 남쪽으로는 이집트가 내부적인 어려움 때문에 계속 쇠퇴해가는 실정이었다(Finley). 그러므로 팔레스타인 지역은 이 시대에 상대적인 평화와 번영을 누릴 수 있었다. 여로보암은 이스라엘의 국경을 북으로는 르보하맛(Lebo-Hamath)(lit. '하맛 어귀')까지, 남쪽으로는 사해까지 넓혀 나갔으며(암 6:14; 왕상 14:23-29), 이런 영토 회복이 다윗과 솔로몬이 통치하던 '황금시대'(golden age)에 버금가는 번영을 안겨주었다. 이 시기를 가리켜 '이스라엘의 은(銀) 시대'(the Silver Age of Israelite history)라고 부르며 이스라엘의 전성기로 평가한다(Paul).

끝으로, 아모스는 대지진이 일어나기 2년 전에 활동을 시작했다고 기록하고 있다. 가나안 지역에서 지진은 종종 있는 재앙이었다. 이런 정황에서 본문이 이 지진을 기점으로 삼는 것은 이 지진이 가나안 지역에 매우 큰 피해를 가지고 왔기 때문일 것이다(Sweeney). 지진의 파괴력이 얼마나 컸는지 스가랴 선지자는 200여 년이 지난 후에도 이 지진을 기억한다(슥 14:5). 요세푸스(Josephus)는 이 지진이 웃시야 왕의 경건치 못한 행동(왕하 15:5; 대하 26:16-20)으로 임한 하나님의 심판이라고 했다. 고고학자들은 하솔 지역을 발굴하면서 760년경에 팔레스타인에 아주 커다란 규모의 지진이 있었던 증거를 찾아냈다(Yadin). 브엘세바에도 같은 시대에 대단한 파괴력을 지닌 지진이 임했던 것으로 밝혀졌다.

아모스는 자신의 책에서 이 지진에 대해 예언한다(8:8; cf. 2:13; 9:1-2, 5). 그렇다면 이 말씀은 예언이 실현된 이후 아모스서가 정리되었음을 시사한다. 아모스가 예언한 지진이 현실로 드러난 후, 메시지는 더욱 인정을 받게 되었을 것이다(Wolff). 그러므로 표제가 지진에 대해 언급하는 것은 선지자의 예언에 권위를 더하기 위함이다. 지금부터 전개될 메시지는 가나안 지역에 큰 지진이 오기 2년 전에 이미 이 지진에 대해 예언한 참 선지자의 메시지이니 귀담아들으라는 것이다. 또한 이 지진이 있은 후에 아모스가 '회복의 메시지'(9:11-15)를 선포한 것으로 생각된다.

표제(1절)에 이어 선포되는 2절은 일명 선지자의 '모토'(motto)라고 불리기도 하는(Sweeney) 총론이다. 아모스의 첫 말씀 선포인 이 구절은 책의 주제 선언을 담고 있다. 대부분은 2절 말씀이 훗날 선지자의 메시지를 문서화하는 과정에서 삽입된 것이며, 아모스가 선포한 메시지의 핵심을 요약하고 있는 것으로 간주한다(G. Smith, Gowan; Sweeney).

총론에서 선지자는 여호와를 사자로 묘사하고 있는데, 사자는 강인함을 상징하는 짐승이다. 선지자는 앞으로 메시지에서 하나님의 능력을 강조할 것을 암시한다. 문제는 하나님의 비교할 수 없는 능력이 어떻게 쓰이느냐. 주의 백성을 위해 사용되는 것이 아니라 그들을 벌하기 위해 쓰인다. 이스라엘은 큰 위기에 처한 것이다. 여호와께서 사자와 같은 음성(3:8; cf. 욥 4:10; 렘 2:15; 슥 11:3)으로 부르짖으시니(שָׁאַג) 갈멜의 푸른 초장이 황폐화된다. 우리는 사자가 부르짖을 때에는 두려움, 도주, 먹이 사냥 등이 언급될 것을 기대한다.

그런데 아모스는 사자가 부르짖으니 가뭄이 임한다고 한다. 이 사자가 평범한 사자가 아님을 암시하는 것이다. 가뭄과 기근은 언약적 저주이다(신 28:22-24). 이스라엘은 하나님과 맺은 언약을 준수하지 않아서 그 언약에 따라 심판을 받게 된 것이다. 또한 땅에 가뭄/기근이 임한다는 것은 곧 백성의 통곡이 땅을 채울 날이 머지않았음을 뜻한다.

그러므로 아모스서의 총론은 두 가지를 강조한다. (1) 여호와의 강인
함, (2) 백성의 지체할 수 없는 슬픔이다(Gowan).

아모스서 총론의 첫 라인인 "여호와께서 시온에서 부르짖다"는 요
엘 3:16에서도 사용되고, 예레미야 25:30에도 이와 비슷한 표현이 나
온다. 이 표현은 선지자들이 자주 사용하는 개념이거나 당시 찬양이나
기도문을 통해 잘 알려진 표현이었음을 뜻한다(Sweeney, cf. Gowan). 한
주석가는 '갈멜'(הַכַּרְמֶל)을 고유명사가 아니라 '우거진 숲'이라는 일반명
사로 해석한다(Hayes). 그렇다면 하나님이 이 우거진 숲의 꼭대기가 마
를 것이라고 하시는데, 이 우거진 숲의 '꼭대기/고지'(ראשׁ)를 어떻게 해
석할 것인가? 갈멜을 우거진 숲을 뜻하는 일반명사로 해석하면 이 '꼭
대기'를 설명하기가 쉽지 않다. 그러므로 갈멜을 고유명사로 이해하는
것이 바람직하다(새번역; NAS, NIV, NRS).

갈멜은 푸른 초장과 이스라엘에서 가장 비옥한 곳으로 유명했던 산
이며(아 7:5; 사 33:9; 나 1:4), 북 왕국을 상징하는 표지물(landmark)이었다
(McComiskey & Longman). 지중해에서 내륙으로 바람을 따라 구름이 떠
오다가 갈멜산 꼭대기에 걸리기 일쑤였다. 갈멜산 정상은 물기가 많아
식물들이 잘 자랐기 때문에 이곳은 가나안 사람에게 바알의 아지트(거
처지)로 알려진 곳이기도 했다(Kaiser). 이곳은 엘리야 선지자가 아모스
가 사역을 시작하기 100여 년 전 450명의 바알 선지자를 만나 담판을
지었던 곳이기도 하다(왕상 18장). 갈멜을 언급함으로 선지자는 지금 두
가지를 경고하는 듯하다. "너희의 푸른 초장이 가뭄으로 완전히 파괴
될 것이며, 그것들이 파괴되는 것같이 너희들의 우상숭배도 심판을 받
을 것이다."

여호와께서는 사자가 되어 예루살렘으로부터 북 왕국의 핵심부를 겨
냥해 성난 목소리로 부르짖는다. 예루살렘은 성전이 있는 곳이다. 하
나님이 자신의 거처인 성전에서 북 왕국 이스라엘을 향해 심판을 선언
하시는 것이다. 율법은 성전이 세워지기 전까지는 여러 곳에서 하나

님을 예배할 수 있지만, 성전이 세워진 후에는 그곳에서만 예배를 드리라고 했다(신 12:11). 그러나 솔로몬의 죄로 나라가 둘로 나누어진 이후 북 왕국의 왕은 한번도 백성을 예루살렘 성전에 보내지 않았다. 정치적인 논리가 믿음과 순종의 필연성을 앞섰기 때문이다. 대안으로 북 왕국 이스라엘의 초대 왕인 여로보암은 백성을 예루살렘으로 보내지 않고 벧엘과 단에 금송아지를 세우고 이것이 이스라엘을 이집트에서 이끌어낸 여호와라고 했다(왕상 12:28). 하나님은 벧엘과 단에 세워진 '금송아지 종교'를 한번도 여호와 종교로 인정하지 않으셨다. 만일 그렇게 하셨다면, 하나님은 벧엘이나 단에서 북 왕국을 향해 외치실 것이다. 그러나 여호와를 위해 여로보암이 벧엘과 단에 세운 제단은 부정하기에 하나님은 성전이 있는 예루살렘에서 부르짖으신다. 하나님이 불순종한 북 왕국을 심판하시겠다고 하시는 것이다.

하나님을 '부르짖는 사자'로 표현하는 것이 예사롭지 않다. 하나님의 분노가 절정에 달했음을 암시한다. 분노한 사자가 먹이를 갈기갈기 찢어버리는 것같이 여호와께서 이스라엘을 찢으실 것에 대한 경고다. 많은 사람이 아모스를 '심판의 메시지만 전한 선지자'로 간주하는데, 이 사자 이미지가 큰 역할을 한다. 또한 하나님을 '소리 지르는 (שאג) 사자'로 표현하는 기법은 아모스서 전체를 해석하는 데 큰 영향을 미친다.

그러나 아모스를 오로지 심판 메시지만 선포한 선지자로 간주하는 학자들이 의식하지 못한 부분이 있다. 선지자가 무엇을 바라며 이런 혹독한 심판을 선언했겠는가? 단순히 다가오는 심판에 대한 경종을 울리기 위함인가? 아니다. 이 심판 메시지의 가장 기본 수사학적인 목적은 듣는 이들로 하여금 회개시키기 위함이다. 그렇다면 선지자가 왜 회개를 권하는가? 회개를 권하는 것은 곧 하나님의 용서와 회복이 가능하다는 것을 전제한다. 그러므로 아모스를 단순히 진노의 선지자(prophet of doom)로 간주하는 것은 책의 궁극적인 목적을 잘 이해하지 못한 데서 비롯된 것일 뿐이다. 또한 선지자는 책의 이곳저곳에서 회복을 암시하거나 노래하고 있다. 대표적인 예가 책의 마지막 부분이다 (9:11-15).

무엇이 여호와를 이처럼 분노하게 했는가? 아모스는 책 전체를 통해 이 질문에 대한 답을 제시하고 있다. 여호와와 바알을 구분하지 못하는 종교적 혼합주의와 자기 만족(complacency)을 추구하기 위해 여호와 종교를 이용하는 행위와 공동체로 부르심을 받았으면서도 서로에게 부정과 불의를 일삼는 사회 풍토이다. 하나님은 이스라엘의 엉터리 종교 생활뿐만 아니라 삶 전체에 대해 분노하시는 것이다.

II. 이스라엘과 이웃 나라에 대한 심판

(1:3-2:16)

열방에 대한 심판선언(OAN=Oracles Against Nations)은 선지서에 자주 등
장하는 양식이다(사 13-23장; 렘 47-49장; 겔 25-28장). OAN이 이스라엘
의 성전(聖戰)에서 유래된 것이라 하기도 하고(von Rad), 전투에 나가기
직전에 선지자들이 군사들에게 했던 격려 연설(pep talk)이었다고 하기
도 하지만(Christensen), 정확하게 알 수는 없다(Sweeney). OAN의 가장 기
본 역할은 이스라엘의 하나님 여호와는 온 세상을 다스리시는 통치자
라는 사실을 선언하는 것이다.

  아모스와 다른 선지자의 OAN 사이에는 분명한 차이가 있다. 다른
선지자들은 OAN을 책 중간 혹은 마지막에 OAN을 기재하지만, 아모
스는 책의 서두에 두어 나머지 메시지를 선포하는 기반으로 삼는다.
또한 다른 선지자들은 OAN을 이스라엘에게 여호와에 대해 가르치고
위로하기 위하여 선포한 반면에 아모스는 이스라엘에게 선포할 심판
말씀의 효과를 높이려고 OAN을 먼저 선포한다.

  OAN이 선지서에서 어떤 신학적 역할을 담당하는지 생각해보자. 먼
저 우리가 쉽게 배제할 수 있는 것은 OAN이 표면적으로는 이스라엘
의 주변 국가를 대상으로 하고 있기에 이 나라들이 듣고 회개하라는

의도에서 선포되었다는 생각이다. 이스라엘은 팔레스타인 지역의 조그만 나라였다. 바빌론, 아시리아, 이집트 등 강대국이 무엇이 부족해서 이 조그마한 나라 이스라엘의 선지자들이 자기 나라에 대해 경고 메시지를 선포할 때마다 유다로 사람을 보내 선지자들의 메시지를 가져다 읽고 회개하겠는가! 게다가 여호와 종교는 이 나라들에서는 안중에도 없던 종교였고, 이 나라 중 일부는 이스라엘에 자기 종교를 강요하기까지 했다. 그러므로 그들이 여호와를 경외할 리 만무했다. 그렇다면 선지자들이 OAN을 선포하는 것은 근본적으로 열방이 '듣거나 말거나' 다른 목적을 가지고 선포했을 것이라는 결론이 선다. 선지자들은 OAN을 통해 이스라엘에게 메시지를 전하고자 했던 것이다.

선지자들이 OAN을 통해 이스라엘에게 전하고자 하는 가장 기본 메시지는 여호와가 온 세상의 창조주이자 주인이라는 사실이다. 세상을 선한 뜻대로 창조하신 하나님이 세상의 강대국을 마다하시고 별 볼 일 없는 이스라엘을 자기 백성으로 삼은 것은 그들에게 베푸신 특별한 은혜이자 사랑이었다. 그러나 세월이 지나자 이스라엘은 강대국의 지배를 받으며 하나님에 대한 생각을 달리했다. 이스라엘은 바알을 비롯한 다른 신을 숭배하기 시작했고, 여호와를 일종의 편협한 신, 그들을 억압하는 강대국의 신에 비해 상대적으로 무능한 이스라엘의 수호신으로 전락시켰다.

이런 상황에서 선지자들은 계속 여호와는 온 우주의 창조주이자 열방의 통치자이심을 외쳤다. 이 점을 부각시키는 데 있어 OAN보다 더 효율적인 방법도 없었을 것이다. 비록 열방이 모두 각기 자기 신들을 숭배하고 있지만, 그들의 신들은 인간이 조각한 돌덩어리와 나무조각에 불과하기에 참 하나님이신 여호와 앞에서 어떠한 힘도 발휘하지 못한다. 그러므로 이스라엘만 창조하신 것이 아니라 열방도 창조하신 여호와께서 각 나라를 그들의 행위대로 보응하시는 열방의 주권자라는 사실을 선포하는 것이 OAN이다.

선지자들은 OAN을 통해 이스라엘 문제는 그들의 신 여호와가 열방의 신에 비해 무능하거나 관심이 없어서 비롯된 것이 아니라, 이스라엘 자신의 문제에서 시작되었다는 점을 강조하여 회심과 새로운 방식의 삶을 살아갈 것을 호소한다. 반면에 이스라엘 사람 중에는 여호와를 독점하고 있다는 생각에 사로잡혀 민족적 우월감에 빠져 있던 사람도 있었다. 선지자는 배타적인 사고방식을 버리라고 권면한다. 여호와 하나님이 이스라엘의 통치자이실 뿐만 아니라 온 열방의 통치자도 되시기 때문이다.

위 포인트와 직접 연관성이 있는 것은 하나님이 세상 만민들로부터 요구하시는 '정의'(justice)의 범위다. 정의란 온 세상에서 요구되고, 온 세상에 적용될 수 있는 것이어야 한다는 점을 고려할 때, 단순히 인간 사회에서 발생하는 부패와 부조리에 대한 사회적 정의(social justice)로 여겨질 수도 있다. 그러나 이런 이해는 매우 협소하며 하나님이 이 세상에 요구하시는 정의의 개념을 희석시키는 위험을 안고 있다. 여러 지혜서와 시편이 자주 언급하는 것처럼 정의는 창조 섭리와 질서의 한 부분이다. 여호와는 이스라엘과 유다의 구원자이기 전에 온 우주를 창조하고 운영하며, 인류의 역사를 주관하는 분이시다. 창조 섭리에 의하면 이스라엘과 유다를 포함한 모든 나라가 동일한 입장에서 동일한 자격으로 창조주 하나님께 응답해야 하는 책임이 있다. 그렇다면 인류의 삶 속에 일어나는 일 중 그 어느 하나도 하나님의 섭리 밖에서 일어나는 일은 없다. 그러므로 선지자들은 하나님을 모르는 사람이 세상에서 하는 일마저도 하나님의 간섭과 다스림의 대상에서 제외될 수 없다고 주장한다. 하나님은 온 세상을 창조의 섭리에 속하는 정의로 다스리신다.

열방은 이스라엘의 '적'이었다. 열방은 이스라엘을 미워할 뿐만 아니라 이스라엘이 망해 다시 회복되지 못할 것을 기대했다. 그러므로 이스라엘의 번영과 회복을 원하지 않는 열방에 대한 심판 선언은 이스라엘에게 간접적으로나마 위로를 가져다주었다. 하나님의 심판이 이스라엘에게 임하면 이스라엘은 좌절하게 된다. 그러나 OAN은 이스라의 원수-그들을 괴롭히고, 망하게 한 장본인-역시 여호와 하나님의 심판을 피할 수 없다는 점을 부각시킴으로써 이스라엘에게 위로가 되었던 것이다. 이런 역할을 담당하기에 대체로 OAN은 이스라엘/유다에 대한 심판 선언 이후에 등장한다. 아모스서만 그 예외가 되고 있는 것이다.

OAN은 또한 오늘을 살아가는 우리에게, 특히 하나님 은혜를 독점하고 있다는 생각에 사로잡힌 사람에게 경종을 울린다. 우리는 하나님이 모든 사람을 공정하게 심판하실 것이라는 사실을 기억해야 한다. 하나님 은혜를 마치 죄를 짓는 면허증(license) 정도로 생각하는 사람에게는 커다란 경고다. 바울이 말한 것처럼 "율법이 있는 자는 율법에 의해 심판을 받고, 율법이 없는 자는 마음에 새겨진 양심에 의해 심판을 받는 것"이 하나님의 원리다. 특히 아모스서에 기록되어 있는 OAN이 하나같이 종교성/신앙과는 상관없이 이 세상을 함께 살아가는 자의 신뢰와 윤리 파괴에 초점을 맞추고 있는 점은 우리에게 큰 도전이 되어야 할 것이다. 아모스의 OAN에는 다음과 같이 공통 요소 5가지가 차례로 등장한다.

요소	표현
서론적 양식	"이것이 여호와의 말씀하시는 바라."
심판 선언	"[ ]의 세 가지, 네 가지 죄를 인해, 내가 그것을 돌이키지 않으리라."
이유	"왜냐하면 그들은 [ ]을 행하였기 때문이다."
형벌 선언	"내가 …을 하리라."
결론(없는 나라도 있음)	"여호와의 말씀이었다."

위 요소를 하나씩 살펴보자. 첫째, 서론적 양식은 메시지의 출처를 밝힌다. 아모스가 전하는 OAN은 전적으로 여호와께로부터 온 것을 아모스 선지자가 대언한 것이지 결코 선지자가 만들어낸 말이 아님을

강조한다. 온 우주의 창조주가 말씀하셨으니 인간을 포함한 모든 피조물은 들어야 한다. 둘째, 심판 선언은 '세 가지, 네 가지 죄'라는 말로 시작하는데, 이런 표현은 각 나라의 죄를 조목조목 언급하기에는 너무나도 많다는 뜻이다(Stuart). '세 가지, 네 가지'(X, X+1) 구조는 고대 근동의 지혜문학에서 자주 발견되는 기술법이다(Roth, cf. 잠 6:16-19; 30:15, 21-23, 29-31; 욥 5:19ff.; 31:14ff., 전 11:2). 선지자 미가도 이 같은 논법을 사용한다(미 5:5-6). 이스라엘의 이웃을 형성하고 있는 7개국에게 7개의 심판이 선언된다(3, 3+1). X, X+1 기술법을 익히 알고 있던 그들은 유다에 대한 심판이 선포되었을 때 환호했을 것이다. 3과 4는 X, X+1의 양식을 형성하고 있기에 더 이상 숨겨진 나라가 없을 것이며, 이미 언급된 일곱 나라에는 자신의 나라인 이스라엘이 빠져 있었기 때문이다(Weiss). 아모스의 청중은 이스라엘은 여호와의 심판에서 배제된 것이라 생각한 것이다.

그러나 비밀은 바로 X, X+1(3, 3+1)에 있었다. 그들이 상상하지 못한 여덟 번째 나라가 언급된 것이며, 그 나라가 다름 아닌 이스라엘이었기 때문이다. 숫자 7을 X로 볼 때, 8은 X+1이 된다. 그러므로 선지자는 X, X+1 기술법을 사용하여 북 왕국 사람의 마음을 활짝 열게 한 다음, 전혀 예측하지 못한 상태에서 순식간에 그들의 죄를 지적하고 심판을 선언한다. 청중은 열었던 마음을 다시 닫을 기회도 갖지 못한 채 선지자의 심판 메시지를 들어야 했다. 처음 3개국은 나라의 수도를 사용하여 심판을 선언하고, 나머지 4개국은 나라의 이름을 직접 언급하며 메시지를 선포하는 것도 아모스의 X, X+1 공식을 반영하고 있다.

셋째, '이유' 단계에서는 각 나라가 범한 죄를 구체적으로 지적한다. 넷째, '형벌 선언'에서는 앞으로 나라별로 죄 때문에 감당해야 할 심판을 구체적으로 선포한다. 모든 나라가 불의 심판을 받는다. 다섯째, '결론'(없는 나라도 있음) 단계는 메시지의 출처를 재차 확인해 줌으로써 선포된 말씀의 권위를 다시 한 번 확인하는 기능을 한다. 결론적 양식이 있는 나라를 A로, 없는 나라를 B로 간주할 때, 이 OAN의 짜임새는 A-A-B-B-A-A-B-C(이스라엘)로 이루어져 있다(Wolff). 마지막 신탁에 변화를 주어 기대했던 것을 또 한 번 깨뜨린다. 이 양식은 아모스서 안에서 정확히 14차례 사용되며 이것은 아모스가 '7'을 의식하는 것과 연관이 있다(Limburg).

이 메시지를 듣고 있는 이스라엘 사람의 심정은 어떠했을까? 처음에는 매우 열광적으로 아모스의 메시지를 경청했을 것이다. 아모스가 비난하는 나라가 이스라엘의 시기와 원망의 대상이 되는 나라들이 아닌가! 그러므로 이스라엘 사람은 선지자가 주변 국가에게 심판을 선언하는 메시지를 즐기며 선지자를 격려했을 것이다. 이런 흥분된 분위기는 아모스가 남 왕국 유다에 대한 비난을 선포할 때 절정에 달했다. 남 왕국 출신 선지자가 자기 나라를 비난하는 것은 마치 유다와 이스라엘 중 이스라엘이 진정한 여호와의 백성이라는 생각을 하게 했으니 얼마나 좋았겠는가! 특히 이 두 자매 나라가 나누어진 다음부터 상대적인 박탈감과 자격지심에 시달리던 북 왕국 입장에서 선지자의 신탁은 더 없는 '복음'이었다. 마치 앓던 이가 빠지는 듯한 시원함을 느꼈을 것이다.

그러나 바로 다음 순간, 아무도 예측하지 못했던 이스라엘에 대한 비난이 시작될 때, 그들은 분노와 충격을 동시에 느꼈을 것이다. 아모스의 수사력은 여러 면에서 나단이 다윗에게 밧세바와의 관계 때문에 들었던 '양 비유'(삼하 12:1-15), 이사야가 사용했던 '포도원 비유'(사 5:1-7) 등과 비슷하게 작용했다. 아모스가 이스라엘을 비난하기 전에 주변의 일곱 나라에 대해 선포하는 말씀으로 구성된 이 섹션은 다음과 같이 두 파트로 구분한다.

A. 열방에 대한 심판(1:3-2:3)
B. 유다와 이스라엘에 대한 심판(2:4-16)

A. 열방에 대한 심판(1:3-2:3)

OAN이 언급하고 있는 이방 나라의 순서에 흐름이 있다(McComiskey & Longman). 그러나 모두를 만족시킬 만한 명확한 패턴이 있는 것은 아니다. 전통적으로 이방 나라의 순서가 지형을 의식하며 정리되었다고 생각했다. 이스라엘을 건너뛰면서 시리아-팔레스타인의 여러 나라를 심판/비판하고 있다는 것이다. 이웃 나라 모두를 하나씩 호명해 가며 하나님의 비난을 선언하고 드디어는 유다에 대한 정죄로 이어진다. 그러므로 심판의 순서는 다마스쿠스-블레셋-두로-에돔-암몬-모압-유다 등이다.

아모스의 OAN이 한꺼번에 시리즈로 저작된 것이 아니라 일부는 다른 시대에 다른 저자(들)의 손에서 유래된 것이라고 한다(Wolff). 그러나 구조와 흐름 및 통일성을 보았을 때 이 시리즈가 모두 한꺼번에 저작된 것으로 보는 것이 바람직하다(Hayes, Paul). 우리는 1-6장이 모두 사마리아에서 선포된 것으로 간주하는데, 이 OAN이 훗날 유다로 돌아간 다음에 작성된 것이라고 주장하는 사람도 있다(Andersen & Freedman). 그러나 그렇게 간주할 만한 근거가 없고, 선지자가 선포한 순서에 따라 전개되고 있음을 의심하게 할 만한 정황도 아모스서에는 없다(G. Smith).

아모스의 OAN에 언급된 나라의 순서를 3+4 패턴으로 설명하기도 한다(Rudolph). 처음 세 나라(다마스쿠스, 블레셋, 두로)는 이스라엘과 전혀 혈통 관계가 없는 나라다. 다음 네 나라(에돔, 암몬, 모압, 유다)는 이스라엘과 어느 정도 혹은 가까운 혈통 관계를 가지고 있는 나라다. 이런 패턴은 X, X+1과 잘 어울리는 듯하다. 이스라엘을 포함한 여덟 나라를 이방 나라 3개국(시리아, 블레셋, 페니키아) → 친척뻘 되는 나라 3개국(에돔, 암몬, 모압) → 자매 나라 2개국(유다, 이스라엘)의 순서로 해석하기도 한다. 그렇다면 아모스는 이스라엘과 전혀 상관없는 나라부터 시작해 가장 가까운 나라인 유다에 이르는 순서에 따라 OAN을 선포하고 있는 것이다. 선지자는 OAN에서 이스라엘의 주변 국가를 다음 순서로 비난한다.

    A. 아람에 대한 심판(1:3-5)

    B. 블레셋에 대한 심판(1:6-8)

    C. 페니키아에 대한 심판(1:9-10)

    D. 에돔에 대한 심판(1:11-12)

    E. 암몬에 대한 심판(1:13-15)

    F. 모압에 대한 심판(2:1-3)

II. 이스라엘과 이웃 나라에 대한 심판(1:3-2:16)
   A. 열방에 대한 심판(1:3-2:3)

---

1. 아람에 대한 심판(1:3-5)

³ 여호와께서 이와 같이 말씀하시되

다메섹의 서너 가지 죄로 말미암아

내가 그 벌을 돌이키지 아니하리니

이는 그들이 철 타작기로 타작하듯

길르앗을 압박하였음이라

⁴ 내가 하사엘의 집에 불을 보내리니

벤하닷의 궁궐들을 사르리라

⁵ 내가 다메섹의 빗장을 꺾으며

아웬 골짜기에서 그 주민들을 끊으며

벧에덴에서 규 잡은 자를 끊으리니

아람 백성이 사로잡혀 기르에 이르리라

여호와께서 말씀하셨느니라

선지자는 아람(시리아)에 대한 심판 선언을 수도 다메섹/다마스쿠스(Damascus)를 지명하며 시작한다. 다마스쿠스는 시리아의 수도였으며 군사적·상업적으로 매우 중요한 위치에 있었다. 도시의 북쪽에는 헤르몬 산(Mount Hermon)이 있었고 남쪽에는 바위로 구성된 고원이 형성되어 있었다. 이런 주변 상황으로 메소포타미아와 이집트 사이에 오갔던 모든 상업 교류가 다마스쿠스를 통과했다. 그러므로 이 도시는 당시 가나안 지역의 정치와 경제에 엄청난 영향력을 발휘했다. 아모스 시대에 살았던 이스라엘 사람에게 이 도시는 매우 크고 부유해서 적개심을 불러일으키기에 충분했다(Bright). 이스라엘에서 예후 왕조가 시작될 때(아모스 시대로부터 약 80여 년 전), 다마스쿠스의 하사엘이 이스라엘을 침략해 많은 땅을 빼앗아 갔다. 이때 길르앗의 일부도 빼앗았다(왕하 10:32-33). 그리고 그들의 아들들은 계속 전쟁을 치렀다(왕하 13:3). 아모스 시대에 이스라엘을 다스렸던 여로보암 2세가 잃었던 땅의 상당 부분을 회복했다(왕하 14:25-28).

선지자가 OAN에서 시리아를 제일 먼저 비난하는 것은 아마도 당시 이스라엘에게 심각한 위협을 가하는 이웃은 시리아뿐이었기 때문일 것이다(Gowan; cf. 왕하 13:3). 시리아의 죄는 길르앗을 잔인하게 압박한 일이었다(3절). 길르앗은 갈릴리 호수와 요단 강 동편에 있는 숲이 우거진 높은 지역으로(렘 22:6-7), 좋은 유향의 생산지로 유명한 비옥한 땅이었다(렘 8:22). 길르앗은 원래 갓과 므낫세 반 지파의 소유였다. 그러나 이 땅이 시리아와 암몬과 이스라엘의 접경 지역에 있었기에 이스라엘과 암몬과 시리아는 주전 9세기 이후 이 지역의 지배권을 놓고 여러 차례 전쟁을 했다(왕하 8:28-29; 10:32-33; 13:1-9). 이 중 여호아하스 시대에 있었던 전쟁(왕하 13:1-9)을 지목하기도 한다(McComiskey & Longman). 이 전쟁으로 시리아 왕이 여호아하스의 군대를 공격하여 '타작 마당의 티끌 같이 만들었기 때문'이다(왕하 13:7).

그러나 정확한 역사적인 자료가 남아 있지 않아 시리아가 언제 어떤 정황에서 길르앗을 침략했는지 모르지만, 당시 아모스에게 이 메시지를 듣는 사람들은 선지자가 어떤 사건을 염두에 두고 시리아를 비난하는지 정확히 알고 있었을 것이다.

전쟁하는 것은 나라들 사이에 있을 수 있는 일이지만 본문에서 문제가 되는 것은 지나친 파괴와 폭력("철 타작기/쇠도리깨로 타작하듯이 길르앗을 타작했다")이다. 철 타작기(도리깨)는 평평한 널판지에 송곳같이 날카로운 날들을 박아놓은 기구로, 이 기구를 짐승에게 달아 펼쳐놓은 곡식 단 위로 끌고 다니며 곡식의 줄기로부터 곡식을 빈틈없이 훑어내는 기구였다(G. Smith). 이 기구가 전쟁에서 승리한 시리아가 정복한 사람을 고문할 때 사용한 도구를 뜻한다고 하지만, 매우 체계적이고 파괴적이고 잔인할 정도로 폭력적인 정복을 뜻하는 비유다(Paul).

이 은유는 시리아가 길르앗에 살고 있는 이스라엘 사람에게 얼마나 잔인하고 혹독하게 굴었는가를 잘 묘사한다. 과거에도 시리아는 이스라엘에게 매우 잔인하게 대하고는 했다. 이스라엘을 향한 시리아의 잔인성은 선지자 엘리사의 하사엘에 대한 예언 속에 적나라하게 반영되어 있다. "네가 이스라엘 자손에게 행할 모든 악을 내가 앎이라 네가 그들의 성에 불을 지르며 장정을 칼로 죽이며 어린 아이를 메치며 아이 밴 부녀를 가르리라"(왕하 8:12). 성경은 또한 시리아 사람의 잔인성을 이렇게 기록하고 있다. "아람 왕이 여호아하스(ca. 814–798 BC)의 백성을 멸절하여 타작 마당의 티끌 같이 되게 했다"(왕하 13:7).

하나님은 지나친 잔인함과 폭력을 일삼은 시리아에게 심판을 선언하신다(4–5절). 하나님은 '하사엘의 집'과 '벤하닷의 요새'에 불을 보내겠다고 선언하신다. 하사엘은 주전 841–806년에 시리아를 다스린 왕이다(McComiskey & Longman). 엘리사 선지자가 이 사람을 찾아가 시리아 왕이 될 것을 여호와의 이름으로 알려준 적이 있다(왕하 8:13). 벤하닷이라는 이름을 지닌 시리아 왕이 2–3명 된다(왕상 15:20; 왕하 13:3). 그러므로 이 이름이 왕조 이름(dynastic name)이었을 것으로 생각한다

(McComiskey & Longman). 하사엘과 벤하닷이 함께 언급되는 것은 아모스 시대에도 시리아에서는 이들의 이름으로 일컫는 왕조가 지속되고 있었던 것을 의미하는 듯하다. 실제로 주전 9-8세기 시리아의 기록을 살펴보면 이런 이름을 지닌 왕이 여럿 있었다(Sweeney). 이들의 이름이 함께 거론되는 것은 이스라엘 역사와 직접 연관이 있었던 자이며(왕상 19장; 왕하 6, 8장), 그들의 시대가 이스라엘과 관계에 있어서 가장 적대적이고 긴장 관계에 놓여 있었던 시대였기 때문일 것이다. 하나님이 시리아의 왕조가 가장 자랑스러워하고 소중히 여기는 것을 파괴하실 것이다.

시리아(다마스쿠스)로 시작되는 일곱 나라에게 '불' 심판을 하시겠다고 선언하신다. 불은 고대 근동 사람이 알고 있던 그 어떤 재앙보다 파괴력이 큰 것이었다. 또한 불은 흔히 전쟁을 의미한다. 적군이 쳐들어와 모든 것을 취하고 불을 지르는 모습을 연상케 한다. 다마스쿠스의 빗장도 부러질 것이다(5절). 고대 사회에서 한 나라의 힘은 그 나라를 구성하는 성문에 있었다고 해도 과언이 아니다(왕상 4:13). 따라서 성문의 빗장을 부서뜨린다는 것은 나라의 최종 보호막이 무너져 내리고 도시 전체가 함락될 것을 뜻한다(나 3:14; 렘 51:30; 애 2:9). 또한 도시의 함락은 그 도시국가 왕의 죽음을 의미한다. 이러한 이유로 성문의 빗장이 부서지는 것이 고대 근동에서는 흔히 계약적 저주로 사용되었다(Hillers).

선지자는 시리아의 왕을 '아웬 골짜기에 앉아 있는 자'(יוֹשֵׁב מִבִּקְעַת־אָוֶן), '벤에덴에서 왕권 잡은 자'(וְתוֹמֵךְ שֵׁבֶט מִבֵּית עֶדֶן)라 한다(5절). 아웬 골짜기가 오늘날 시리아와 레바논 사이에 있는 안티레바논 산맥(Anti-Lebanon)과 레바논 산맥 사이에 있는 계곡이었을 것이라고 추측한다(Comiskey & Longman). 이 계곡에 시리아의 수도 다마스쿠스가 있다. 그러나 아웬 골짜기와 벤에덴의 정확한 위치는 아직까지 알려지지 않았다(G. Smith, Sweeney). 두 이름은 아모스의 언어적 재치를 엿볼 수 있게 한다. '아웬'(אָוֶן)은 악함, 사악 등 죄를 언급하기도 하지만, 그 외에도 슬픔, 애곡(신 26:14), 괴로움(욥 5:6)으로 해석되기도 한다. 반면에 '에덴'(עֵדֶן)은 즐거움, 향락, 쾌락 등의 의미를 지니고 있다(HALOT). 그렇다면 선지 자는 언어유희를 통해 시리아의 권력자의 도덕성과 욕망 등을 꼬집고 있다. 그들은 사악(邪惡)이라 불리는 평원에 살면서 쾌락을 추구하던 자들이라는 뜻이다.

시리아 사람은 키르(קִיר) 지방으로 사로잡혀갈 것이다(5절). 이 말씀 의 성취로 성경은 아시리아 왕 디글랏 빌레셀(Tiglath-Pileser III)이 다마 스쿠스를 공략하여 주민을 키르로 끌고 갔다고 한다(왕하 16:9). 그러 나 키르의 위치는 확실하지 않다. 키르가 이사야 22:6에서 엘람과 함 께 언급되는 것을 근거로 이 도시가 오늘날 이란의 서쪽에 있었을 것 이라는 추측이 있을 뿐이다(Paul). 이 도시의 정확한 위치는 알 수 없지 만, 아모스는 시리아 사람과 키르가 어떤 연관이 있는지 9:7에서 밝히 고 있다. 선지자에 의하면 시리아 사람은 키르에서 유래한 족속이다. 그들을 사로잡아 그들이 유래한 곳으로 돌려보낸다는 것은 어떤 의미 를 지니고 있는가? 하나님이 시리아 왕조가 귀하게 여기는 것만 파괴 하시는 것이 아니라, 그동안 쌓아 올린 모든 업적과 문화를 무너뜨리 고 그들의 역사를 원점으로 돌리시겠다는 뜻이다. 선지자는 참으로 무 서운 심판을 선언하고 있다. 이 일은 여호와께서 말씀하셨기에 꼭 실 현될 것이다.

아모스 시대 이전에도 고대 근동에서는 한 국가가 자신이 정복한 민 족을 강제로 이주시켜 딴 곳에 정착시키는 사례가 간간이 있었지만, 제국의 정책으로는 아시리아 왕 중에 디글랏 빌레셀(Tiglath-Pileser III)이 처음으로 자기가 정복한 나라의 백성을 강제로 이주시켜 민족간 피를 섞게 하는 정책을 펼쳤다(Bright). 훗날 바빌론 사람도 정복한 백성을 바 빌론으로 잡아가는 비슷한 정책을 사용했지만 민족간 결혼을 강요하 지는 않았다.

디글랏 빌레셀 3세가 남긴 기록에는 다음과 같은 내용이 담겨있다.

"내가 다마스쿠스의 영토에 속한 16지역의 592성읍을 파괴했다. 파괴된 도시의 모습은 마치 홍수가 지나간 언덕과 같았다"(ANET). 북 왕국 이스라엘과 시리아가 연합하여 남 왕국 유다를 공격한 전쟁(Syro-Ephraimite War)이 한창이던 주전 732년의 일이다. 유다 왕 아하스로부터 막대한 돈을 받고 유다를 돕는다는 핑계로 가나안에 입성한 아시리아의 공식 기록이다. '홍수가 지나간 언덕'이 어떠한 파괴를 연상시키는가? 아주 철저하고 잔혹한 파괴를 의미한다. 시리아가 왜 이런 종말을 맞아야 했는가? 그들이 남들에게 한 대로 당한 것뿐이다. 하나님은 종족을 막론하고 모든 잔인성을 미워하신다. 가장 중요한 피조물인 인간의 존엄성을 파괴하는 행위는 창조주의 지탄을 받아 마땅하다.

> II. 이스라엘과 이웃 나라에 대한 심판(1:3-2:16)
>   A. 열방에 대한 심판(1:3-2:3)

2. 블레셋에 대한 심판(1:6-8)

6 여호와께서 이와 같이 말씀하시되

가사의 서너 가지 죄로 말미암아

내가 그 벌을 돌이키지 아니하리니

이는 그들이 모든 사로잡은 자를 끌어

에돔에 넘겼음이라

7 내가 가사 성에 불을 보내리니

그 궁궐들을 사르리라

8 내가 또 아스돗에서 그 주민들과

아스글론에서 규를 잡은 자를 끊고

또 손을 돌이켜 에그론을 치리니

블레셋의 남아 있는 자가 멸망하리라

주 여호와께서 말씀하셨느니라

505

블레셋에 대한 OAN은 도시 가사(Gaza)를 지명하며 시작한다. 가사는 블레셋의 5대 도시국가 중 가장 남쪽인 이집트와 가나안 땅 사이에 있었기에 블레셋 영토의 남쪽 시작이라 할 수 있다(Sweeney). 나머지 네 개의 도시국가는 아스돗, 아스글론, 에글론, 가드이다. 본문에서는 가드가 언급되지 않는데, 아모스 시대에 이르러서는 가드가 아스돗에 흡수되었기 때문이라고 하고(Stuart), 타지에서 온 사람이 정착한 블레셋의 다른 도시와는 달리 가드가 가나안 사람의 성읍이었기 때문이라는 해석도 있다(Kassis).

그러나 아모스 시대에는 가드가 폐허가 되었기 때문일 것이다 (McComiskey & Longman). 웃시야는 아버지 아마시야와의 오랜 섭정(783-769 BC) 후 주전 769년에 유다의 왕이 되었다. 얼마 지나지 않아 웃시야는 가드와 아스돗을 정벌했다(대하 26:6). 그러므로 760년경에 아모스에게 이 메시지를 듣고 있는 사람은 가드가 폐허가 된 것을 잘 알고 있었을 것이다. 웃시야의 정벌 이후 아스돗은 회복되었지만, 가드는 아직도 폐허가 되어 있기에 본문이 블레셋 도시 목록에 아스돗은 언급하지만, 가드는 언급하지 않는 것으로 생각된다. 가드는 6:2에서 언급된다. 가사는 일명 '아프리카의 파견지, 아시아의 관문'(outpost of Africa, the door of Asia)이라 불렸다.

블레셋은 주전 1200년대에 소아시아에서 이주해온 비(非)셈족(non-Semitic)이었다. 이들이 그레데(Crete) 섬에서 이주해 왔다고 하는데 (McComiskey & Longman), 확실하지는 않다. 블레셋은 자신들의 지형적 위치를 국제 교류에 사용해 많은 부를 축적했다. 경우에 따라서는 인신매매도 서슴지 않는 잔인한 자들이었다. 블레셋 사람과 이스라엘의 갈등은 사사 시대로 거슬러 올라가며, 사무엘-사울 시대에 절정에 이르렀다. 그러나 다윗이 그들을 평정한 뒤 그들은 다시는 이스라엘의 위협 요소가 되지 못했다.

블레셋의 죄는 한 백성을 에돔에 팔아 넘긴 것이다. 그 당시 전쟁 문화를 살펴보면 승리자는 패배자를 포로로 잡아다 직접 노예로 삼거나 제3국에 팔아넘겼다. 블레셋도 상습적으로 이런 만행을 저질렀다. 본문이 정확히 어떤 사건을 역사적 배경으로 삼고 있는지 알 수는 없지만, 블레셋 사람은 오랜 세월 동안 수차례에 걸쳐 이런 일을 반복했던 것이다(McComiskey & Longman). 아모스가 블레셋이 짓밟은 사람들이 누구였는지는 밝히지 않지만, 당시 가나안 국가의 경계선과 위치를 고려할 때 블레셋 접경 지역에 위치했던 유다의 마을들이 제일 많은 피해를 경험했을 것이다(Gowan; G. Smith). 실제로 열왕기하 8:20-22를 근거로 유다의 성읍 립나를 이 사건의 배경으로 지목하기도 한다(Sweeney). 선지자는 하나님의 엄청난 보복이 그들에게 임하게 될 것을 선언한다. 다른 나라도 전쟁 포로를 흔히 노예로 팔았는데 왜 유독 블레셋 사람만 이처럼 혹독한 비난을 받아야 하는가?

그 당시 사해 남쪽에 있는 아라바와 에돔의 동쪽 지역에서 동(copper)이 많이 나왔고 동을 채취하기 위해 광에서 일하던 자들 거의 모두 팔려온 노예였다(Stuart). 아라바의 지형적인 위치 때문에 에돔이 노예의 중간상인 역할을 하며 엄청난 이익을 챙겼다(Gowan). 그러므로 여기서 비판을 받는 것은 블레셋의 노예 판매다. 나라가 나라를 상대로 전쟁을 할 수 있다. 그러나 블레셋처럼 단순히 자신의 욕구를 충족시키기 위해 타당한 이유 없이 이웃을 침략하는 것은 결코 옳지 않다. 창조주 하나님이 땅에 경계선을 그어 주시고 각 민족에게 그 경계선 안에서 살도록 하셨기 때문이다.

게다가 블레셋이 최대한 많은 노예를 확보해 팔아 넘기기 위해서는 그들에게 전혀 대항할 수 없을 정도로 약한 자들만 골라 침략해야 했다(G. Smith). 조금이라도 대항할 힘이 있는 사람은 오히려 침략하는 블레셋 사람을 해할 수 있고, 또한 저항하다가 다치면 그만큼 노예의 몸값이 떨어졌기 때문이다. 블레셋은 명분도 없는 전쟁을 감행하여 약하다는 이유만으로 힘없고 연약한 자들을 사로잡아다 도매 값에 에돔으로 팔아 넘긴 것이다. 정의와 공평의 창조주이신 여호와 하나님이 이러한 악행을 결코 용납하실 리 없다.

선지자는 블레셋이 약자를 짓밟고 노예로 팔아넘긴 일도 문제 삼지만, 블레셋이 노예로 판 사람들의 범위를 더 심각한 문제로 지적한다. 6절 마지막 부분을 살펴보면 그들은 사로잡은 자들 모두를 노예로 팔았다고 한다. 무자비한 블레셋이 한 도시를 침략하면 거주민 중 남녀노소를 가리지 않고 모두 노예로 팔아넘겼던 것이다(McComiskey & Longman). 물론 이렇게 해야 침략자의 수입이 극대화될 것이기 때문이다. 하나님은 이처럼 무자비하고 무분별한 폭력을 결코 용납하지 않으신다.

하나님이 블레셋을 철저하게 치실 것이며, 설령 살아남는 자가 있더라도 속출해서 멸하시겠다고 선언하신다(8절). 이 족속을 완전히 멸절시키겠다는 의지를 밝히신 것이다. 블레셋은 주전 732년에 아시리아에 의해 파괴되었다. 그 이후 나라가 잠시 재건되었지만 다시 720년에 멸망했다. 그 이후로는 이렇다 할 국가가 이 지역에 형성되지 않았다. 오늘날 이집트와 이스라엘 싸움에서 자주 언급되는 '가자 지역'(Gaza Strip)이 바로 이곳이다.

> II. 이스라엘과 이웃 나라에 대한 심판(1:3-2:16)
>   A. 열방에 대한 심판(1:3-2:3)

3. 페니키아에 대한 심판(1:9-10)

9 여호와께서 이와 같이 말씀하시되
두로의 서너 가지 죄로 말미암아
내가 그 벌을 돌이키지 아니하리니
이는 그들이 그 형제의 계약을 기억하지 아니하고
모든 사로잡은 자를 에돔에 넘겼음이라
10 내가 두로 성에 불을 보내리니

그 궁궐들을 사르리라

한 주석가는 페니키아에 대한 심판이 아모스에게서 비롯된 것이 아니며, 먼 훗날 바빌론이 페니키아를 공략하려던 때에 삽입된 것이라고 주장하지만(Wolff), 대부분은 아모스의 OAN이 처음부터 이 말씀을 포함하고 있었다고 결론짓는다(Paul, Sweeney, Gowan; B. Smith, G. Smith). 페니키아는 항구를 중심으로 한 상업 도시로 구성된 국가였다. 이 지역에는 이렇다 할 자원이 없었다(Gowan). 그래서 바다를 항해하기 시작했고, 배가 닿는 곳이라면 어디든지 갔으며, 여건이 허락할 때마다 곳곳에 식민지를 개척했고 국제 규모의 노예 교역으로 유명했다(겔 27장). 블레셋도 페니키아처럼 사로잡은 사람을 에돔에 팔았지만 차이는 규모에 있다. 블레셋은 마을들을 습격하여 사람을 잡아들여 넘기는 것에 반해, 페니키아는 온 도시(공동체)를 노예로 넘기는 브로커 역할을 했다(G. Smith). 블레셋은 잡범이고, 페니키아는 대도(大盜)였던 것이다.

페니키아는 아프리카에서 유럽을 오가며 무역했고 오늘날의 스페인까지 식민지를 세웠다. 이런 노력은 두 가지 결과를 안겨 주었다. 첫째, 지중해의 해상 상권을 장악했다. 둘째, 대단한 부를 축적하게 되었다. 이런 정황에서 솔로몬이 두로의 왕 히람의 도움을 받아 예루살렘 성전을 건축한 것은 우연이 아니다. 당시 세상에서 가장 좋은 물건을 구하려면 아프리카에서 유럽을 오가며 교역하는 페니키아 상인을 통하는 것이 이상적이었다. 게다가 페니키아 상인은 당시 세계 곳곳을 누비고 다니는 사람이었기에 새로운 공법과 기술에도 익숙했다. 그래서 솔로몬은 건축공사의 총감독으로 페니키아 사람 후람을 세웠다(왕상 5장). 페니키아는 이처럼 솔로몬의 성전과 왕궁 건축에 큰 도움이 되었다. 솔로몬은 이들의 공로에 보답하고자 이스라엘의 땅 일부를 그들에게 내주었다. 이런 역사적 배경이 페니키아와 이스라엘을 본문이 언급하는 '형제 관계'로 맺었던 것이다(Sweeney).

509

예루살렘 성전 건축에 중요한 역할을 했던 페니키아는 영적으로는 이스라엘에게 좋지 않은 영향을 미쳤다. 솔로몬은 페니키아인 아내들을 맞이했으며, 시돈의 아스다롯(Ashtoreth) 종교를 수입했다(왕상 11:1, 5). 이 종교의 신전은 이스라엘 땅에 오래 남아 있었으며(왕하 23:13), 아모스는 두로가 어떻게 솔로몬(그리고 온 이스라엘)을 영적으로 부패시켰는가를 잘 알고 있다. 페니키아가 솔로몬 시대에도 이스라엘에게 좋지 않은 영향을 미쳤지만, 그들이 끼친 악영향은 오므리 왕조(ca. 885–853 BC, Thiele) 시대에 절정에 달했다.

아합의 아내 이세벨은 페니키아에서 시집온 공주였으며, 그녀는 바알과 아세라 종교를 북 왕국의 국교로 육성했다(왕상 16, 18장). 그뿐만 아니라 이스라엘에서 여호와 종교를 뿌리 뽑으려고 무던히 애를 썼다. 그때까지 이스라엘이 하나님께 등을 돌리고 우상을 따른 적은 있었어도 아합과 이세벨처럼 국가가 나서서 여호와 종교를 뿌리째 뽑으려는 시도는 없었다. 시돈에서 이스라엘로 시집온 이세벨로 인해 이스라엘의 반역이 극에 달했던 것이다. 열왕기 저자도 이 시대를 이스라엘 역사 중 가장 큰 위기의 시대로 묘사하고 있다는 점은 그가 400여 년의 이스라엘 역사를 조명하면서 이 시대에 책의 분량의 3분의 1을 할애하고 있다는 사실에서도 엿볼 수 있다. 오므리 왕조는 불과 32년 동안 지속되었으니(Thiele), 열왕기가 정리하고 있는 400여 년의 10분의 1도 되지 않는 짧은 세월이다. 그런데 저자가 이 시간에 전체 공간의 3분의 1을 할애하며 책의 가장 중심부에 둔 것은 이때가 이스라엘 역사에 매우 중요한 시기였음을 강조하기 위해서다.

열왕기 저자는 아합 시대를 지나며 이스라엘이 돌이킬 수 없는 곳까지 가버렸음을 암시한다. 아합 시대의 핵심 이슈는 "이스라엘이 과연 어느 신을 숭배할 것인가? 여호와인가, 바알인가"였다. 하나님은 갈멜산에서 물에 흥건하게 젖은 제물에 불을 내리시는 기적을 보이며 이스라엘의 하나님이심을 확인해 주셨지만, 이스라엘은 끝내 우상을 따라

갔다. 그러므로 하나님이 이스라엘을 타국으로 내치실 것을 그때 결정하셨다고 해도 과언이 아닐 것이다. 이후 이스라엘은 이미 결정된 형 ㈜ 집행만을 기다릴 뿐이었다. 하나님은 혹시라도 이스라엘이 회개하고 돌아올 것을 기대하며 130년 정도를 더 기다리셨지만, 결국 이스라엘은 돌아오지 않자 주전 722년에 아시리아로 내치셨다.

만일 하나님이 이스라엘의 반역을 방관하셨다면, 하나님께도 부분적으로 책임이 있다고 할 수 있다. 시내 산에서 이스라엘과 언약을 맺으시면서 이스라엘이 죄를 지으면 언약적 저주를 내려서라도 돌아올 수 있도록 하겠다고 약속하셨기 때문이다. 그렇다면 이스라엘이 가장 영적으로 어두운 시대를 헤매던 때, 하나님은 그들을 위해 무엇을 하셨는가? 아합과 이세벨이 온 나라를 우상으로 들쑤시던 때가 선지자 엘리야-엘리사가 활동하던 시대이기도 하다. 아합-이세벨이 우상숭배를 권장하는 '환상의 커플'이었다면 '엘리야-엘리사'는 하나님의 능력을 유감없이 보여주며 주께 돌아오라고 외치는 '드림 팀'(dream team)이었다. 이 선지자들이 사역하던 시대처럼 기적이 흔히 일어나며 하나님의 무한하신 능력을 온 천하에 과시한 때가 없었다. 그들은 상상을 초월하는 이적들을 행하는 하나님의 종이었다.

하나님은 이스라엘과의 관계에 있어서 직무유기를 하신 적이 없으실뿐만 아니라, 그나마 이 선지자들을 통해 이스라엘의 역사에 직접 개입하셨기에 이스라엘이 이 정도라도 유지되었던 것이다. 이런 문제들 때문에 선지자들은 페니키아를 달갑게 생각하지 않았다(사 23:1-18; 렘 47:4; 욜 4:4; 슥 9:2-4).

두로는 페니키아 지역의 최남단에 있는 도시로, 뒤로는 레바논의 울창한 숲, 앞으로는 지중해를 바라보았던 항구였다. 예루살렘에서 약 160㎞ 떨어진 곳에 있었다. 이 도시는 뭍에 도시의 한 부분을 구성했고, 조금 떨어진 바다에 있는 섬에 도시의 나머지 부분을 구축했다. 만약에 뭍에 있는 도시가 파괴되면 주민은 섬으로 옮겨 가 외부 세력에 대항할 수 있는 매우 효과적이고 전략적인 위치를 차지하고 있었다. 두로는 또한 주전 5세기 전까지 페니키아의 가장 중요한 도시였다. 다윗과 솔로몬 시대 이후로 두로와 이스라엘은 긴밀한 우호관계를 유지했다. 두로 왕 히람(Hiram)은 "항상 다윗을 사랑했다"(왕상 5:1). 다윗의 아들 솔로몬과도 언약을 체결했으며(왕상 5:12), 솔로몬이 성전을 짓는데 많은 도움을 준 사람이었다(왕상 5:6ff). 우리가 아는 한도 내에서 발견할 수 있는 유일한 갈등은 솔로몬이 성전 건축에 쓰인 자재 값을 지불하는 과정에서 지나친 '왕소금' 노릇을 한 탓으로 히람의 감정이 상했던 일이다(왕상 9:10ff).

페니키아의 죄는 블레셋의 죄와 비슷하다. 그러나 더 큰 잔인성이 더해져 있다. 그들은 '형제의 언약'을 기억하지 않고 막무가내로 '형제'를 에돔에 노예로 팔았다. 본문의 역사적 배경이 예후가 페니키아의 공주 이세벨을 처형한 후 급속도로 나빠진 두 나라의 관계와, 아람(시리아)의 이스라엘 침략을 배경으로 하고 있다며, 에돔을 아람으로 수정할 것을 제안했다(Sweeney, cf. BHS). 하지만, 아모스 시대는 이런 갈등이 시작된 지 80여 년이 지난 시기이기에 두 나라의 관계가 다른 형태로 발전되었을 가능성이 다분하다. 게다가 아모스가 이미 블레셋 사람이 에돔에게 노예를 팔아 넘기고 있다는 점(6절)과 11절에서 다시 에돔을 언급하고 있는 점을 감안할 때, 에돔을 아람으로 수정하는 것은 문맥 흐름에도 바람직하지 않다.

페니키아 사람이 노예로 팔아넘긴 '형제'가 누구를 가리키는가? 가장 유력한 것은 유다와 이스라엘 사람이다. 물론 이 시기에 페니키아가 이스라엘을 공격했다는 기록은 없다(Bright). 성경을 보면 주전 9-10세기 동안 두 나라의 관계가 매우 특별했음을 알 수 있다. 솔로몬과 두로 왕 히람은 매우 가까워 마치 형제같이 지냈다(왕상 5:1-12; 9:11-14). 북 왕국의 아합은 두로의 이세벨과 결혼하여 두 나라의 관계를 확실하게 굳혔다. 이스라엘이나 유다의 왕 중 그 누구도 페니키아를 침략한 적이 없다는 점은 이들의 우호적 관계를 잘 나타낸다.

그러나 두 나라의 관계가 항상 좋지만은 않았음을 암시하는 성구들이 있다. 두로가 이스라엘이 그렇게 싫어하던 블레셋과 함께 취급될 때가 있다(시 83:7; 렘 47:4). 또한 요엘 3:4-8은 두 나라가 유다 사람을 노예로 팔았음을 암시한다. 물론 이 텍스트가 두로가 이스라엘에게 잔혹한 행위를 범했다는 결정적인 단서가 되지는 못한다. 그러나 선지자는 돈을 위해 '형제'까지도 노예로 팔아먹기를 마다하지 않는 페니키아의 비윤리적인 상업 정신과 매정함을 비난한다.

인간관계와 국제관계는 역시 종교를 초월한 신뢰에 근거해 형성되어야 한다. 서로 신뢰하는 분위기가 조성될 때 나라가 서로 믿을 수 있고 정의를 추구할 수 있는 것이다. 그러나 신뢰가 깨지면, 세상은 온갖 만행과 불신으로 가득할 수밖에 없다. 이런 혼돈 속에서 가장 큰 피해자는 약소국들이다. 하나님은 천지를 창조하실 때 정의와 공평을 그 바탕에 두셨다. 그러므로 온 인류는 하나님 앞에서 정의와 공평을 추구해야 할 의무가 있다. 페니키아는 창조주가 모든 민족과 개인에게 요구하시는 창조 섭리를 거역했다. 그러므로 창조주이자 이스라엘의 하나님이신 여호와의 심판을 받아야 한다.

선지자는 페니키아에도 불이 그들을 삼킬 것이라는 심판을 선언한다. 아모스 시대부터 주전 332년에 이르기까지 두로는 다섯 번이나 외부의 침략을 받았다. 페니키아를 정복한 왕과 전쟁 기간은 다음과 같다.

산헤립(아시리아)	705-701
에살하돈(아시리아)	679-671
느부갓네살(바빌론)	585-573
아르타케르크스 3세(페르시아)	343
알렉산더(그리스)	332

그러나 이 중 알렉산더 대왕만이 성공적으로 정복을 마칠 수 있었

다. 가장 큰 이유는 이미 언급한 대로 도시의 독특한 형태 때문이었다. 해군을 동원하지 않는 한 이 도시의 완전 정복은 어려웠으며, 바다에서는 두로의 배와 견줄 배가 없었다. 알렉산더 대왕의 자존심이 뭍에 있는 도시를 단번에 정복했음에도 불구하고 눈앞에 버젓이 드나들며 계속 약을 올리는 섬 거민을 용납하지 않았다. 그는 뭍에 있는 두로를 완전히 파괴한 다음에 거기서 나온 흙, 돌, 건축자재의 부스러기들로 섬까지 둑길(causeway)을 만들었다. 그리고 그 길을 이용해 육지에서 싸우듯 하여 주전 332년에 두로의 섬 부분을 정복했다. 이 일로 두로에 사는 사람은 대단한 대가를 치러야 했다. 알렉산더 대왕은 2,000명을 십자가에 못 박아 죽이고 3만 명을 노예로 팔아버렸다고 한다. 이 일이 있은 후 두로는 다시 회복하지 못했으며, 오늘날 그 도시에는 6,000명 정도가 살고 있다.

> II. 이스라엘과 이웃 나라에 대한 심판(1:3-2:16)
>   A. 열방에 대한 심판(1:3-2:3)

4. 에돔에 대한 심판(1:11-12)

> [11] 여호와께서 이와 같이 말씀하시되
> 에돔의 서너 가지 죄로 말미암아
> 내가 그 벌을 돌이키지 아니하리니
> 이는 그가 칼로 그의 형제를 쫓아가며
> 긍휼을 버리며 항상 맹렬히 화를 내며
> 분을 끝없이 품었음이라
> [12] 내가 데만에 불을 보내리니
> 보스라의 궁궐들을 사르리라

에돔은 사해의 남쪽 지역을 중심으로 형성되어 있는 나라였다. 동편으로는 모압과 국경을 접하고 있었으며, 서쪽으로는 유다를 접하고 있었다. 에돔의 주요 도시는 데만과 보스라였으며, 사람이 살기에 좋은 땅은 아니었다. 에돔은 야곱의 형 에서로부터 비롯된 족속이었으므로 이스라엘과 피를 나눈 자들이었다. 그러나 역사를 살펴보면 선조 에서와 야곱이 어머니 뱃속에서부터 갈등을 빚었던 것처럼 후손인 에돔과 이스라엘도 갈등 관계를 유지했다(삼하 8:14; 왕하 14:7; 대하 28:17; 사 34:5; 렘 49:7-22; 겔 12-14; 욜 3:19). 이스라엘이 이집트를 떠나 가나안에 입성할 때에 에돔을 지나가야 했는데, 이때도 에돔은 길을 내주지 않고 심지어 이스라엘을 막기 위해 군대를 내보내기도 했다(민 20:14-21).

그뿐만 아니라 최근 밝혀진 고고학 자료에 의하면 에돔 사람은 이미 주전 7세기 때부터 유다의 남쪽 지역으로 이주해 오며 유다의 영토를 넘보기 시작했다. 이런 에돔의 유다에 대한 적대적 자세가 주전 586년에 절정에 달했다. 에돔은 유다를 침략한 바빌론 군의 선봉에 서 있었고, 예루살렘의 멸망을 즐거워하며 유다와 예루살렘을 쑥대밭으로 만들었다(시 137:7). 하나님은 에돔의 이런 만행을 결코 잊지 않으셨다. 선지자 말라기를 통해 에돔의 멸망을 경고하셨고(말 1:3-5), 말라기 시대부터 머지않아 그들은 한 민족으로서 운명을 다하게 되었다.

아모스는 에돔의 죄로 '칼로 그 형제를 쫓아간 것'을 지적한다. 에돔이 지은 세 가지 죄가 부각되고 있다. (1) 잔인성, (2) 형제 살해(fratricide), (3) 증오/앙심(anger)이다(11절). 정확한 배경은 알 수 없으나 에돔의 죄는 선하게 대해야 할 사람을 박대한 일이다. 그들이 박대한 '형제'가 다름 아닌 이스라엘 자손, 특히 남 왕국 유다임이 확실하다(Gowan; Sweeney). 에돔과 국경을 맞대고 있는 나라가 북 왕국 이스라엘이 아니라 남 왕국 유다였기 때문이다. 칼을 들고 형제를 '쫓아가며(רדף) 긍휼을 버렸다(שחת)'는 우연히 진행된 것이 아니라 치밀하게 계획된 군사적 움직임을 뜻한다(Barre). 에돔은 이 일을 행하는 열심에 있어서 마치 피에 주린 들짐승과 같았다. "항상 맹렬히 화를 내며 분을 끝없이 품었음이라." 에돔에 대한 표현을 미친 개가 거품을 물고 상대를 공격하는 것에 비유한다(G. Smith). 오래전에 이삭은 에서에게 "너는 칼을 믿고 생활할 것이다"라는 예언을 주었다(창 27:40). 아모스 시대에 이삭의 예언이 성취되고 있는 것이다. 에돔의 이런 행위는 일반적인 상식과 사람의 도에 어긋나는 일이었다.

그러므로 하나님이 에돔에게 심판을 선언하신다. 그들에게도 역시 불 심판이 임할 것이다. 선지자는 하나님이 어느 나라를 들어 에돔을 심판하실지 언급하지 않는다. 생존자가 얼마나 될지도 말하지 않는다. 아모스가 이 예언을 선포한 후 에돔은 아시리아의 디글랏 빌레셀 (Tiglath-Pileser III)에 정복되어 아시리아에게 공물을 바치는 속국이 되었고, 바빌론 시대에는 바빌론의 속국이었다. 에돔은 주전 5세기에 사막을 중심으로 살았던 나바테 사람들(Nabateans)의 침략을 받아 완전히 멸망했으며 주민은 강제로 그 땅에서 쫓겨났다.

II. 이스라엘과 이웃 나라에 대한 심판(1:3-2:16)
  A. 열방에 대한 심판(1:3-2:3)

5. 암몬에 대한 심판(1:13-15)

13 여호와께서 이와 같이 말씀하시되
암몬 자손의 서너 가지 죄로 말미암아
내가 그 벌을 돌이키지 아니하리니
이는 그들이 자기 지경을 넓히고자 하여
길르앗의 아이 밴 여인의 배를 갈랐음이니라
14 내가 랍바 성에 불을 놓아 그 궁궐들을 사르되
전쟁의 날에 외침과 회오리바람의 날에 폭풍으로 할 것이며
15 그들의 왕은 그 지도자들과 함께 사로잡혀 가리라
여호와께서 말씀하셨느니라

아모스의 OAN에 5번째로 등장하는 나라가 암몬이다. 암몬은 요단 강 동편, 모압의 북쪽에 있었고, 사막이 암몬 영토의 상당 부분을 차지했다. 그들의 죄는 길르앗에게 행한 잔인한 폭력이다. 전쟁이 모두에게 잔혹한 경험인 것은 피할 수 없는 현실이지만, 필요 이상의 비인간적인 살생, 즉 전쟁시에 연약한 아이나 여인을 살육하는 일은 예나 지금이나 모든 사람의 지탄을 받아야 할 만행이다. 선지자는 임신한 여인의 배까지 가르는 암몬의 심각한 잔인성을 비판하고 있다. 이런 행위는 아직 태어나지도 않은 다음 세대까지 몰살하겠다는 취지의 잔인함이다.

이 같은 만행은 암몬 사람만 행한 것은 아니었다. 아시리아의 역사가들은 디글랏 빌레셀(Tiglath-Pileser I)(주전 11세기)이 잔인하게 임신한 여인의 배를 갈라 엄마와 뱃속의 아이를 같은 날 함께 죽인 것을 찬양했다. 이스라엘 왕 므나헴 역시 같은 만행을 저질렀다(왕하 15:16). 고대 근동에서 침략자가 이런 끔찍한 일을 저지른 이유 중 하나는 자신의 잔인함을 온 천하에 드러내 거주민이 지레 겁을 먹고 자신의 땅에서 떠나게 하기 위해서였다(G. Smith). 거주민이 비워준 땅을 차지할 수 있으니 효율적인 영토 확장 방법이었던 것이다. 암몬이 이 같은 만행을 저지른 것은 단순히 자신의 영토를 늘리기 위함이었다. 힘있는 자의 탐욕을 채우기 위한 침략으로 힘없고 연약한 자가 희생제물이 되었다. 폭력적인 침략자는 점령한 땅의 모든 주민을 가리지 않고 학살했다. 암몬은 길르앗을 상대로 인종 청소(ethnic cleansing)를 자행했던 것이다.

하나님이 이처럼 야만적인 암몬에게 내리시는 심판은 지금까지 선포된 것 중에 제일 강도가 높고 가장 자세하게 기록되어 있다. 그들은 전쟁을 통해 망할 것인데, 침략자의 파괴력이 얼마나 대단하고 혹독한지 회오리바람과 폭풍에 비교되고 있다(14절). 선지자가 암몬 심판에 사용하고 있는 이미지는 성전(聖戰)(Gowan; cf. 렘 23:19; 겔 13:13) 혹은 여호와의 날(G. Smith, cf. 사 29:6; 나 1:3)에서 도입된 것이다. 죄의 심각성에

517

버금가는 심각한 심판이 선포되는 순간이다. 하나님은 직접 암몬에 불을 붙이실 것이며, 전쟁이 그들에게 임하게 하실 것이다. 그것도 매우 격렬한 전쟁이다(14절). 전쟁에 패배한 그들이 포로로 끌려간다(15절).

암몬은 드디어 자신이 희생시켰던 사람의 심정을 조금이나마 이해하게 될 것이다. 하나님이 왜 암몬에게 이렇게 혹독한 심판을 선언하시는가? 강자가 단순한 힘의 논리를 앞세워 연약한 자를 해하는 것은 겁쟁이나 하는 폭력 중에서도 제일 저질적인 폭력이다. 성경은 하나님이 강자가 약자에게 폭력을 행사하는 만행을 결코 용납하지 않으실 것이라고 한다. 성경은 이런 사실을 가장 연약하고 힘없는 사회적 약자를 짓밟는 것은 곧 하나님의 눈동자를 찌르는 것과 같다는 말로 표현한다. 게다가 온 백성뿐만 아니라 다음 세대까지 몰살하려는 악은 생명을 창조하시고 사랑하시는 선하신 하나님이 결코 용납할 수 없다. 아모스는 권력을 가진 자는 약자를 학대해서는 안 되며 오히려 보호해야 한다는 것을 분명히 경고한다.

> II. 이스라엘과 이웃 나라에 대한 심판(1:3-2:16)
> A. 열방에 대한 심판(1:3-2:3)

6. 모압에 대한 심판(2:1-3)

[1] 여호와께서 이와 같이 말씀하시되

모압의 서너 가지 죄로 말미암아

내가 그 벌을 돌이키지 아니하리니

이는 그가 에돔 왕의 뼈를 불살라 재를 만들었음이라

[2] 내가 모압에 불을 보내리니

그리욧 궁궐들을 사르리라

모압이 요란함과 외침과

나팔 소리 중에서 죽을 것이라

³ 내가 그 중에서 재판장을 멸하며
지도자들을 그와 함께 죽이리라
여호와께서 말씀하시니라

모압과 암몬은 롯과 딸의 근친상간이라는 불미스러운 관계에서 비롯된 민족이다(창 19:30-38). 다윗의 조모 룻이 모압 여인이었다. 모압은 이스라엘의 친척 나라였지만 역사적으로 이스라엘과 적대 관계를 유지했다. 모압은 사해의 동쪽에 있었으며 북쪽으로는 아르논 강을 사이로 두고 암몬을, 남쪽으로는 에돔을 접하고 있었다. 모압 영토가 오늘날은 요르단에 속해 있다. 다윗이 모압을 정복한 적이 있다(삼하 8:2). 분열왕국 시대에 모압은 아합이 죽을 때까지 북 왕국의 지배 아래 있었다. 그러다가 모압 왕 메사가 반역을 통해 독립해 나갔다(왕하 1:1; 3:4-27). 아모스는 모압이 에돔에게 행한 일을 문제 삼고 있는데 에돔과 모압은 국경을 접하고 있는 관계로 자주 전쟁을 했다.

모압의 죄는 에돔 왕의 뼈를 불사른 일이다. 그동안 선지자는 각 나라에게 윤리적인 문제를 제기해 왔다. 그러나 모압의 경우에는 잔인성이나 폭력을 문제 삼는 것이 아니라, 다른 사람을 향한 태도, 그것도 이미 죽은 사람에 대한 자세를 문제 삼는다. 그러므로 어떻게 생각하면 모압의 죄가 지금까지 나열된 죄 중에 제일 가벼운 것 같지만 실상은 그렇지 않다. 고대 사람은 죽음을 매우 존엄하게 간주했으며 장례식은 매우 극진히, 묘지는 매우 특별히 보살펴야 한다고 생각했다. 그래서 무덤은 매우 신성하고 경건한 것이었다. 특히 왕의 무덤은 매우 조심스럽게 보관되었으며 심지어 예배의 대상이 되기도 했다. 이런 상황에서 무덤을 파헤쳐 이미 죽은 사람의 뼈를 꺼내 불사르는 것은 불손함(sacrilege)의 극치였다. 기록에 의하면 아시리아 사람은 이런 방법으로 이미 죽은 원수를 저주했다고 한다(Sweeney). 탈굼(Targum)은 본문을 "그가 에돔 왕의 뼈를 불살랐고 그 뼛가루로 석회를 만들어 자기 집에 발랐다"라고 해석한다. 대부분 이 해석이 본문의 뜻을 잘 나타내고 있다고 생각한다(Gowan, G. Smith).

아모스가 1장에서 여러 나라에 선포한 OAN은 하나님의 주권이 온 세상의 일에 관여하신다는 것을 암시했다. 이제 모압에 대한 심판 선언은 이 사실을 적나라하게 드러낸다. 이방 나라인 모압이 누구를 대상으로 이런 일을 했는가? 또 하나의 이방 나라인 에돔이다. 그렇다면 이스라엘의 하나님 여호와께서 왜 이방 나라 사이에 일어난 일을 심판하신단 말인가? 여호와는 결코 이스라엘의 편협한 수호신이 아니라 온 우주의 창조주이자 통치자이기 때문이다. 하나님을 믿건 믿지 않건 간에 세상 모든 나라와 권세는 그들의 행동에 대하여 여호와 하나님의 재판을 받아야 한다는 것이다. 그래서 이 말씀이 여호와께서 종교와 상관없이 세상에서 행해지는 모든 반인륜적인 범죄를 벌하실 것을 선언한다고 한다(Paul). 또한 선지자는 이스라엘의 윤리 강령인 율법이 범우주적인 면모를 포함하고 있음을 암시한다(Amsler). 그러므로 모압은 이스라엘의 율법을 기준으로 판단해도 매우 반인륜적인 짓을 한 잔인한 나라라는 것을 전제로 심판이 내려지고 있다.

하나님이 모압을 심판하는 방법은 다른 나라처럼 불을 보내시는 것이다(2절). 불과 함성과 나팔소리는 전쟁을 뜻한다. 하나님이 전쟁을 통해 그리욧(קְרִיּוֹת)을 태우실 것이다. '그리욧'이 때로는 도시를 뜻하는 일반명사로 사용되지만(HALOT), 본문에서는 중심 도시를 지명하는 고유명사다(McComiskey & Longman, cf. 민 32:37; 수 13:19; 대상 6:76; 겔 25:9; 렘 48:23). 모압 왕 메사가 이스라엘로부터 성공적으로 독립했던 일을 기록하고 있는 모압 기념비(Moabite Stone)에 의하면 그리욧에는 인간 번제를 좋아하는 것으로 악명이 높은 그모스 신의 신전이 있었다고 한다(ANET).

모압은 주전 734년에 디글랏 빌레셀(Tiglath-pileser III)에 의해 아시리아의 종속국이 되었다. 훗날 모압은 반(反)아시리아 반역에 가담했다가 산헤립에 의해 제압되었다. 바빌론 시대에는 바빌론에게 많은 조공을 바치다가 주전 598년에 반역했다. 바빌론 왕 느부갓네살은 곧바로 모압을 제압했다. 약화된 모압에 아랍 사람이 대거 유입되면서 모압은 다시는 옛 영화를 회복하지 못했다(Josephus).

B. 유다와 이스라엘에 대한 심판(2:4-16)

아모스의 OAN이 두 자매 국가인 유다와 이스라엘에 대한 심판으로 치닫고 있다. 이 섹션은 선지자가 그동안 다른 나라를 비난하며 적용했던 원리를 유다와 이스라엘에 적용하며 절정에 달한다(G. Smith). 북왕국 이스라엘 사람의 입장에서 유다까지 하나님 심판을 받는 것은 당연한 일일 수 있다. 반면에 자기 나라에 대한 말씀에서는 하나님의 승리 약속 내지는 축복을 기대했을 것이다. 왜냐하면 심판 신탁은 일곱 번째 나라(3, 3+1)로 끝날 것을 기대하고 있으며, 당시 이스라엘 사람은 하나님이 원수를 벌하시는 여호와의 날이 임하면 무조건 축복과 위로를 받을 것으로 기대했기 때문이다.

  그러나 유다에 대한 말씀은 바로 다음에 이스라엘이 비난받을 것을 암시할 수도 있다(Sweeney). 이렇게 해석할 경우 선지자는 유다에 대한 심판 선언을 매우 간략하게 끝내고는 미처 숨을 돌리지 못한 이스라엘에게 가장 맹렬한 심판을 선언한다. 청중이 전혀 예측하지 못한 방향으로 메시지가 전개되고 있는 것이다. 그러므로 지금까지 선지자가 이웃나라에 대해 OAN을 선포할 때 지지하고 응원했던 청중은 충격과 당혹감을 감출 수 없었을 것이다. 본 텍스트는 다음과 같이 두 파트로 구성되어 있다.

    A. 유다에 대한 심판(2:4-5)
    B. 이스라엘에 대한 심판(2:6-16)

II. 이스라엘과 이웃 나라에 대한 심판(1:3-2:16)
  B. 유다와 이스라엘에 대한 심판(2:4-16)

1. 유다에 대한 심판(2:4-5)

> ⁴ 여호와께서 이와 같이 말씀하시되
> 유다의 서너 가지 죄로 말미암아
> 내가 그 벌을 돌이키지 아니하리니
> 이는 그들이 여호와의 율법을 멸시하며
> 그 율례를 지키지 아니하고
> 그의 조상들이 따라가던 거짓 것에 미혹되었음이라
> ⁵ 내가 유다에 불을 보내리니
> 예루살렘의 궁궐들을 사르리라

유다에 대한 OAN이 아모스의 것이 아니라 훗날 다른 사람이 더한 것이라 하기도 하고(Mays, Wolff, Jeremias), 원래 있었던 것을 훗날 누군가가 편집한 것이라 하기도 한다(Sweeney). 그러나 그렇게 볼 필요가 없다는 것이 학계의 전반적인 견해다(Paul, Hayes, Andersen & Freedman, McComiskey & Longman). 유다가 거론되자 아마도 아모스의 청중은 참으로 흥분했을 것이다. 같은 조상에게서 비롯되었기에 이스라엘이 세상에서 가장 가까이 지내며 의지해야 할 나라가 유다였다. 그러나 상대적 자격지심에 빠져있던 이스라엘에게 유다는 눈엣가시 같은 자매였으며, 잘난 체하는 이웃이었다. 이런 유다에게 하나님의 심판이 임한다니 얼마나 즐거워할 일인가? 게다가 선지자의 OAN에서 유다가 일곱 번째로 비판을 받고 있으니 이제는 남은 심판과 비난의 대상이 없

522

지 않은가? 그러니 메시지를 전하기 위해 먼 유다 땅에서 찾아왔다는 아모스가 청중에게는 한없이 고맙고 예뻐 보였을 것이다. 그들은 아모스가 이러한 이유로 하나님의 벌을 받을 조국 유다를 버리고 복 받은 땅 이스라엘로 망명 왔을 것이라고 생각하기 시작했을 것이다.

아모스가 지적하는 유다의 죄는 여호와의 율법을 어긴 것이다. 지금까지 선지자의 비난의 대상이 된 여섯 나라는 모두 윤리적인 문제로 하나님의 진노를 샀다. 그런데 유다의 경우에는 시내 산에서 하나님과 맺은 언약을 지키지 않은 것에 대한 추궁이다. 그렇다고 해서 유다의 죄가 다른 나라의 죄에 비해 덜 심각한 것은 아니다. 구약은 이스라엘의 모든 문제의 원인이 하나님의 율법을 저버린 데에서 시작되었다는 것을 강조한다.

유다가 미혹된 '거짓 것들'(כִּזְבֵיהֶם)(4c절)에 대한 해석이 분분하다. 유다가 숭배하던 우상(Finley), 거짓 신(NIV, 새번역; 공동), 혹은 거짓 선지자의 잘못된 가르침을 뜻하는 것으로 풀이하기도 한다(TDOT). 그러나 이 단어가 성경에서 한 번도 우상을 뜻한 적이 없다(Andersen & Freedman). 성경에서 이 명사의 어원인 동사(כָּזַב)는 정치인과 선지자의 거짓말과 연관해 자주 사용된다(사 3:12; 9:15–16; 28:15; 미 3:5). 이런 정황을 고려할 때 본문에서도 거짓 선지자의 가르침이 가장 가능성이 큰 대안이다(Sweeney, Gowan, G. Smith). 유다는 분명 시내 산 율법을 가졌지만, 그 율법을 왜곡하는 거짓 가르침에 놀아나고 있는 것이다.

하나님은 유다에 불을 보내어 심판하실 것이다. 유다가 전쟁으로 망할 것을 의미한다. 유다는 하나님의 은혜로 생명이 잠시 더 지속되지만, 결국 주전 586년에 바빌론 왕 느부갓네살에 의해 종말을 맞았다. 예루살렘의 성벽은 허물어졌고 성전은 불탔다. 거주민 중 이용 가치가 있는 사람은 포로가 되어 바빌론으로 끌려갔다.

열방 심판 선언을 읽어내려가다 보면 율법이 있는 자는 율법에 따라 심판을 받고, 율법이 없는 자는 양심을 기준으로 심판을 받는다는 사도 바울의 말씀이 생각난다. 하나님은 율법을 주신 유다에게는 율법을 적용하여 심판을 하고, 나머지 나라에게는 도덕성을 문제 삼으신다. 비록 유다와 이스라엘이 하나님의 선민인 것은 사실이지만, 그들의 특별한 위치가 결코 하나님의 심판에서 면제부를 주지는 않는다. 오히려 율법을 가진 자에게서 더 많은 것(더 높은 기준)을 요구하시는 하나님의 모습을 보게 된다.

> II. 이스라엘과 이웃 나라에 대한 심판(1:3-2:16)
>   B. 유다와 이스라엘에 대한 심판(2:4-16)

2. 이스라엘에 대한 심판(2:6-16)

선지자는 다른 나라에게 적용되었던 '세 가지 죄, 네 가지 죄'라는 표현을 그대로 이스라엘에게 적용하여 하나님 보시기에는 이방 나라나 이스라엘이나 별반 차이가 없음을 나타내고 있다. 그럼에도 불구하고 이스라엘에 대한 선언은 아모스가 선포한 모든 OAN의 절정이다 (Sweeney). 물론 선지자의 신탁은 듣는 이에게 엄청난 충격을 주었다. 선지자는 앞으로 책의 나머지 부분을 통해 이스라엘의 죄를 맹렬하게 비난할 것이다. 간혹 유다도 함께 언급되는 것은 두 국가는 떼어 놓을 수 없는 자매 나라이기 때문이다. 선지자는 이스라엘의 네 가지 죄를 지적한다. 선지서에서 숫자 4는 포괄성과 총체성을 상징한다. 선지자는 이 섹션에서 이스라엘이 온갖 죄로 가득 찼음을 선언하고 있다. 선지자가 지적하는 이스라엘의 네 가지 죄는 다음과 같다.

   A. 가난한 자들 압제(2:6-7a)
   B. 걷잡을 수 없는 신성모독(2:7b-8)
   C. 하나님을 거부함(2:9-12)
   D. 불의한 제도(2:13-16)

(1) 가난한 자들 압제(2:6-7a)

6 여호와께서 이와 같이 말씀하시되

이스라엘의 서너 가지 죄로 말미암아

내가 그 벌을 돌이키지 아니하리니

이는 그들이 은을 받고 의인을 팔며

신 한 켤레를 받고 가난한 자를 팔며

7a 힘 없는 자의 머리를 티끌 먼지 속에 발로 밟고

연약한 자의 길을 굽게 하며

선지자가 이스라엘의 첫 번째 죄로 지적하는 '은을 받고 의인을 파는 일'은 빚 때문에 법정의 허락을 받아 사람을 노예로 팔아넘기는 행위를 뜻한다. 고대 사회에서 빚진 자가 진 빚을 갚지 못할 때 이런 일이 발생했다. 그러나 선지자가 지적하고 있는 문제는 이스라엘 사회에서 일어나는 상황은 차원이 다르다는 것이다. 첫째, '은을 받고 의인을 팔다'는 채권자가 빌려준 돈을 회수하기 위해 채무자를 팔아넘기고 있는 것이 아니라, 권력자가 별 이유 없이 힘없고 무고한 사람을 잡아 억울하게 죄를 뒤집어씌워 벌금을 물리고, 벌금을 낼 힘이 없는 사람은 노예로 팔아넘기는 상황이다(Finley). 둘째, '신 한 켤레를 받고 가난한 자를 팔다'는 조잔한 법관들이 신 한 켤레를 뇌물로 받고 그릇된 판결을 한다는 것으로 해석하거나(McComiskey & Longman), 법관이 은밀하게 뇌물을 받고 판결을 그릇되게 하는 것으로 해석하기도 한다(Paul).

그러나 본문은 떼인 돈의 액수가 너무 적어 압류를 하지 않아야 하는데, 채권자가 권한을 내세우며 채무자를 노예로 팔아 넘기고 있는 상황을 고발하고 있다(G. Smith). 아마도 조금만 더 시간을 주면 빚을 갚

을 수 있는 사람도 이런 식으로 팔아넘겼던 것으로 생각된다(Andersen
& Freedman). 이스라엘에서 이처럼 어처구니 없는 일이 벌어지고 있다
는 것이 본문에서 사용되는 '의인'(צַדִּיק)이 법정에 선 가난한 자를 묘
사하고 있다는 점에 암시되어 있다. 이 히브리어 단어(צַדִּיק)가 소송이
나 재판 정황에서 사용될 때에는 '무고한 사람'(innocent)을 뜻한다(Paul,
Gowan; cf. 출 23:6). 법정의 결정에 따라 노예로 팔리게 된 사람이 팔릴
만한 잘못을 하지 않았는데도 부당하고 억울한 대우를 받고 있는 것이
다(McComiskey & Longman). 이 '의인'을 뜻하는 히브리어 단어는 아모스
서에서 한 번 더 사용된다(5:12). 두 군데 모두 부정/부조리에 희생된
약자를 의미한다.

'은'(돈)은 어떤 돈인가? 재판관에게 준 뇌물이기도 하고(Feinberg), 노
예로 팔리게 된 의인의 몸값이라 하기도 하며(Fendler), 팔려가는 자를
재판에 회부한 빚쟁이가 요구하는 돈이라고 풀이하기도 한다(Mays). 돈
과 함께 사용되는 동사 '팔다'(מכר)가 구약에서 사용되는 사례를 살펴보
면 재판관에게 주는 뇌물은 아니다. 아모스는 뇌물을 주는 것에 대해
서는 다르게 표현한다(5:12; cf. 2:7). 그러므로 노예의 가격이나 빚쟁이
가 요구하는 돈일 가능성이 높다. 본문의 흐름을 참조할 때 노예의 몸
값이 가장 잘 어울리는 해석이다. 그러나 둘째 경우로 해석해도 무관
하다. 이 경우, 빚쟁이들이 요구하는 돈은 합법적이었을 것이다. 느헤
미야 5장도 귀향민 공동체에 비슷한 성향의 문제가 있었다고 기록한
다. 그러나 모든 것이 합법적이더라도 느헤미야의 발언을 생각해보라.
"이건 정말 못할 짓이오. 우리를 미워하는 다른 나라 사람들에게 욕
이라도 얻어 먹지 않으려면 하나님 두려운 줄 알고 살아야 할 것 아니
오?"(느 5:9, 공동) 갚지 못하는 빚 때문에 사람을 노예로 파는 일은 하
나님을 분노케 하는 일이다. 아모스 선지자는 한 사람의 욕심이 다른
사람의 인권을 침해한다면, 그것은 분명히 잘못된 것이라고 외치고
있다.

선지자는 이스라엘의 두 번째 죄로 신 한 켤레를 받고 궁핍한 자를 팔아넘긴 일을 지적한다. '궁핍한 자'(אֶבְיוֹן)는 구약에서 매우 포괄적인 개념이며 하나님의 보호를 필요로 하는 자를 포함한다. 이들은 삶의 기본적인 것을 누리지 못하는 자들이다. 과부와 고아들이 이 그룹에 속하는 자들의 대표다. 성경은 하나님이 이들의 아버지라고 한다. 하나님이 인권이 짓밟히고 착취당하는 일을 결코 용납하지 않을 것임을 경고하기 위해서다. 마치 아버지가 공격받은 자녀를 보호하듯이 말이다. 부자가 가난한 자를 돌보아야 한다는 율법이 전혀 준수되지 않고 있다(출 21:2-11; 신 15:12-18). 오히려 하이에나처럼 약자를 약탈한다.

어떤 사람은 룻기 4:7에 근거하여 이 '신 한 켤레'는 지고 있는 모든 빚을 상징한다고 주장한다(Gowan). 그러나 룻기에서는 신발 한 짝만을 던진다. 신 한 켤레가 빚을 주고 잡은 담보일 가능성도 있지만(Sweeney), 여기서 신 한 켤레는 일종의 과장법으로 지극히 작은 액수의 돈도 탕감해 주지 않는 매정하고 악한 행위를 말한다. 물론 돈을 빌려준 자가 돈을 갚지 못하는 사람을 법적인 절차에 따라 처리하는 것은 권리였다(출 21:2-11; 신 15:1-8). 그러나 우리는 권리를 행사할 때 신중해야 한다. 합법적이라고 해서 모두 다 좋은 것이 아니며 경건한 것은 더욱 아니다. 경우에 따라서는 내 권리를 포기하여 하나님의 의를 드러낼 각오가 되어 있어야 한다. 세상 사람이 사는 방식대로 살고, 그들이 주장하는 권리를 우리도 모두 주장한다면, 언제 우리가 하나님의 자비와 정의가 이 땅에 넘쳐 흐르도록 하겠는가?

"힘없는 사람들의 머리를 흙먼지 속에 처넣어서 짓밟았다"에서 '힘없는 자'(דַּל)는 성경에서 부자—가난한 자를 대조할 때 주로 사용된다(룻 3:10; cf. 창 41:19). 이 단어는 경제적으로 형편이 매우 어려운 자를 의미한다. '짓밟다'(שָׁאַף)로 해석된 단어의 또 하나의 의미는 '탐내다'이다. 이 단어는 8:4에서 다시 사용된다. NIV, NRS, TNK는 두 군데 모두 '짓밟다'로 NAS, KJV는 두 군데 모두 '탐내다'로 해석한다. '탐내다'로 해석하면 "가난한 자의 머리 위에 있는 티끌을 탐내고"가 된다(개역한글). 많이 가진 자가 가난한 자에게 너무 야비하게 굴고 있다는 뜻이다 (Sweeney). 그러나 사람이 왜 '티끌'을 탐내겠는가? 그러므로 '짓밟다'(새번역; 공동번역; 개역개정)가 더 적절한 해석이다. 이들은 연약한 사람의 인권을 마치 이 사람들의 머리를 흙먼지 속에 처넣고 짓밟은 것처럼 유린했다는 뜻이다. 이사야 선지자도 비슷한 일을 한 권세가들을 비난한다(사 3:15).

이 섹션의 마지막 문장을 개역개정과 새번역이 하는 것처럼 "힘 약한 사람들의 길을 굽게 했다"로 번역하면 부자가 가난한 자의 인권을 유린할 뿐만 아니라, 그들의 삶을 방해하여 옳은 길을 가지 못하도록 한다는 뜻이다. 이런 해석에 대해서도 대안이 제시된다. 공동번역은 "가뜩이나 기를 못 펴는 사람을 길에서 밀쳐낸다"로 번역하고 있는데, 거의 모두 이러한 해석을 지지한다(Driver, Harper, Rudolph, B. Smith). 이렇게 해석하면 본문의 의미는 이스라엘 사회에서 가난한 자가 설 땅이 아예 없다는 뜻이다. 부자가 가난한 자를 착취하는 것으로도 모자라 아예 생존권을 위협하고 있다.

성경에서 '힘 약한 사람들'(עֲנָוִים)은 비천한 자를 의미하기도 하지만 겸손한 자를 뜻하기도 한다(민 12:3; 잠 3:34). 그렇다면 부자가 어떻게 겸손한(온유한) 자를 길에서 밀어내 생존권을 위협했단 말인가? '길'(דֶּרֶךְ)은 사회적 약자가 자신의 권리를 보호받기 위해 법원에 호소하는 것을 의미하는 것으로 풀이할 수 있다. 그러나 이스라엘의 기득권자는 여러 가지 제도적인 장애물을 법적인 장치로 도입하여 가난한 자가 억울함을 탄원하기 위해 꼭 넘어야 하는 것을 넘을 수 없도록 만들어버린 것이다. 즉, 이들의 탄원은 법원에서 전혀 받아들여지지 않는 상황이다(뇌물이 암시되는 것 같다). 가난한 자가 법원을 통해 자신의 인권을 인정받는 것은 이미 오래전부터 '가까이하기에는 너무 먼 당신'이 되어 있었던 것이다.

아모스의 비난은 이스라엘에서 법이 공평하게 적용되지 않고 있음을 지적한다. 의인은 어떤 법적인 문제도 없는 사람이다. 그러나 돈 때문에 '죄인'이 되었다. 이스라엘이 하나님 말씀과 기준을 버리고 무전유죄, 유전무죄의 사회로 전락한 것이다. "신 한 켤레 받고 궁핍한 자를 팔았다"는 것 역시 법정에서 피도 눈물도 없는 지나친 권리 행사가 행해지고 있다는 뜻이다. 이러한 행위는 모두 모세 율법이 금하고 있는 것이다. 지혜문학 역시 이러한 행위를 금한다. 잠언 22:22는 "가난하다고 하여 그 가난한 사람(דל)에게서 함부로 빼앗지 말고, 고생하는 사람(עני)을 법정에서 압제하지 말아라"(새번역)라고 권면한다.

저항할 수 없을 만큼 약하고 가난한 자를 위협하여 그나마 그들의 소유를 갈취하는 것은 가장 비인간적이고 야비한 짓이다. 그뿐만 아니라 성경은 하나님이 결코 이런 인격 살해를 묵인하지 않을 것임을 거듭 경고한다. 하나님은 이들처럼 보잘것없는 자의 아버지이시다. 자식의 인권이 유린되는 일을 묵묵히 바라볼 부모가 세상에 어디 있겠는가? 약자의 아버지이신 하나님이 나서서 그들의 눈에서 피눈물 나게 한 불의한 자를 심판하실 것이다.

> II. 이스라엘과 이웃 나라에 대한 심판(1:3-2:16)
>   B. 유다와 이스라엘에 대한 심판(2:4-16)
>   2. 이스라엘에 대한 심판(2:6-16)

(2) 걷잡을 수 없는 신성모독(2:7b-8)

7b 아버지와 아들이 한 젊은 여인에게 다녀서

내 거룩한 이름을 더럽히며

8 모든 제단 옆에서 전당 잡은 옷 위에 누우며

그들의 신전에서 벌금으로 얻은 포도주를 마심이니라

선지자가 이스라엘이 어떻게 모세율법을 파괴했는가를 비난하고 있다는 점을 감안할 때 "아버지와 아들이 같은 여자를 찾는다"라는 말씀은 이스라엘 사람이 신전 창녀를 찾아가는 것을 의미하는 것으로 생각된다. 실제로 이스라엘은 오래전부터 이러한 행위를 일삼아 왔다. 그러나 이렇게 해석하기에는 문제가 있다. 선지자는 신전 창녀(קְדֵשָׁה) 혹은 창녀(זוֹנָה)를 뜻하는 단어가 아니라 단순히 '여자/소녀'(נַעֲרָה)를 뜻하는 단어를 사용하고 있는데, 성경에서 이 단어는 단 한번도 신전 창녀 혹은 창녀를 뜻하며 사용되지 않는다. 게다가 사람이 창녀를 찾을 때 성경은 '가다'(בוֹא) 동사를 사용하지, 본문처럼 '내려가다'(הָלַךְ) 동사를 사용하지 않는다(Gowan). 아들이 아버지의 첩을 범하는 것을 비난하는 것이라고 풀이하는 해석이 있고(McComiskey & Longman), 시아버지가 며느리를 범하는 것이라는 해석도 있지만(Hubbard), 그다지 설득력 있어 보이지는 않는다. 아버지가 아들의 애정관계에 개입함으로써 부자(父子)가 같은 여자를 욕구 충족의 도구로 사용하는 것을 의미한다는 해석도 있다(Wolff). 출애굽기 21:7-11에 근거해 아버지가 여자 노예 중 하나를 아들에게 아내로 주겠다고 했다가 부자(父子)가 그 여자를 범하고 나중에는 그녀의 당연한 권리마저 짓밟는 행위라는 해석도 있다(Fendler, cf. Sweeney). 아모스 시대의 문화적 정황과 성경에서 '여자/소녀'(נַעֲרָה)가 여자 노예를 뜻하며 자주 사용된다는 점을 감안할 때 마지막 해석이 가장 설득력 있어 보인다(G. Smith).

한 가지 확실한 것은 선지자가 지적하고 있는 죄는 이스라엘에 성적 도덕성이 결핍되어 있다는 것이다. 남자가 아내를 두고 성적인 만족을 얻기 위해 젊은 여성을 정기적으로 찾아다닐 뿐만 아니라, 아들도 성관계를 갖기 위해 동일한 여자를 찾아다닌다. 율법이 아버지와 아들이 같은 여자와 성관계를 갖는 것을 금하는데도 말이다(레 18:8, 15, 17; 20:10-20). 이스라엘의 기본 도덕성이 그만큼 타락했다는 뜻이다. 이런 행위는 단순히 성적인 문란으로 끝나는 것이 아니다. 하나님 백성으로서 이런 일을 행하는 것은 그분의 명예에 먹칠을 한다. 그러므로 하나님은 결코 이 일을 묵인하실 수 없다.

부자는 전당잡은 옷을 성소로 가져와 카펫처럼 깔아놓고 그 위에서 술을 즐긴다. 아모스의 고발이 매우 인상적으로 묘사되고 있다. 이들은 지금 제단 옆에 전당잡은 옷을 펴놓고 그 위에서 잔치를 벌이고 있다. 하나님을 예배하는 곳이 어느덧 부자의 파티장으로 변질되어 있는 것이다(Gowan). 그것도 남(viz., 가난한 자)에게 착취한 것으로 파티를 한다! 율법은 전당잡은 옷은 비록 주인이 빚을 못 갚더라도 해지기 전에 돌려주라고 한다(출 22:26-27). 그런데 이들은 옷을 돌려주기는커녕 제단 옆에 그 옷을 깔아놓고 그 위에 앉아 감사예배를 드리고 있다! 자신들이 가난한 자를 착취해서 누리는 모든 물질적인 풍요로움이 마치 여호와께서 그들을 축복하신 결과인 것처럼 말이다. 만약 이들의 생각이 사실이라면, 하나님도 이들의 불의에 공범이 되신다. 그러나 그럴 일은 없다. 예배를 드리는 자가 여호와께서 주신 종교의 가장 기본 가치와 도덕적 책임을 무시하며 예배를 드리고 있기 때문이다. 아모스는 도저히 있을 수 없는 일이라고 분노하는 것이다. 오늘날 교회는 이런 문제에서 자유로운지 곰곰이 생각해보아야 할 것이다.

부자가 가난한 자에게서 담보로 잡은 옷을 펴놓고 그 위에서 벌금과 이자로 거두어들인 포도주를 마신다. '벌금'(עֲנוּשִׁים)은 형벌로 징수된 벌금을 뜻한다(출 21:22; 신 22:19). 문제는 선지자는 이런 벌금이 억울한 자로부터 부당하게 징수되었음을 암시한다. 그러므로 탈굼(Targum)은 '강도질한 술', LXX는 '부당한 재판으로 얻은 술'로 번역한다. 죄 없는 자를 죄인으로 판결하는 것도 기가 막힌 부정인데, 그들에게 부당하게 징수한 벌금으로 술을 마신다는 것은 독약을 마시는 것과 같지 않은가? 더욱 부정한 방법으로 착취한 술을 다른 곳도 아닌 여호와의 전, 곧 정의롭게 살라고 그렇게 당부하셨던 하나님의 성소에서 마신다는 것은 하나님께 대한 최악의 모욕이다.

531

　　아모스의 이스라엘을 비난하는 것은 다른 민족에 대한 자세도 아니며, 우상숭배도 아니다. 선지자는 이스라엘이 자기 동족에게 행하는 비열함을 비난한다. 무엇보다도 이스라엘이 예배와 삶이 분리된 점을 문제 삼고 있다. 하나님을 더욱 진노하게 만든 것은 이스라엘이 이런 악한 일을 하면서도 예배는 꼬박꼬박 드린다는 점이다. 오늘날 한국의 교인을 바라보는 하나님은 어떤 심정일까?

II. 이스라엘과 이웃 나라에 대한 심판(1:3-2:16)
　　B. 유다와 이스라엘에 대한 심판(2:4-16)
　　　2. 이스라엘에 대한 심판(2:6-16)

---

(3) 하나님을 거부함(2:9-12)

⁹ 내가 아모리 사람을 그들 앞에서 멸하였나니

그 키는 백향목 높이와 같고

강하기는 상수리나무 같으나

내가 그 위의 열매와 그 아래의 뿌리를 진멸하였느니라

¹⁰ 내가 너희를 애굽 땅에서 이끌어 내어

사십 년 동안 광야에서 인도하고

아모리 사람의 땅을 너희가 차지하게 하였고

¹¹ 또 너희 아들 중에서 선지자를,

너희 청년 중에서 나실인을 일으켰나니

이스라엘 자손들아

과연 그렇지 아니하냐

이는 여호와의 말씀이니라

¹² 그러나 너희가 나실 사람으로 포도주를 마시게 하며

또 선지자에게 명령하여 예언하지 말라 하였느니라

선지자는 지금까지 언급한 이스라엘의 죄가 곧 하나님을 거부하는 행위라고 단정한다. 이스라엘이 모욕하고 거부한 하나님은 어떤 분이신가? 지난날 이스라엘에게 수많은 은총을 내려주신 분이다. 그러므로 아모스는 이 섹션에서 이스라엘의 죄는 하나님 은혜를 악으로 갚은 배은망덕한 행위로 규정한다. 이스라엘이 하나님 은혜를 조금이라도 생각했다면, 결코 지금처럼 살지는 않았을 것이라는 뜻이다. 이 사실을 강조하기 위해 선지자는 '그러나 나는…'(וְאָנֹכִי)이라는 매우 강력한 대조를 강조하는 표현으로 이 섹션을 시작한다(Sweeney, Gowan). 우리말 번역본에는 대부분 그 의미가 희석되어 버렸지만, NAS, NRS, TNK 등 대다수 영어번역본은 'Yet I…'라는 표현으로 대조적인 의도를 유지한다.

선지자는 이스라엘의 배은망덕을 비난하기 위해서뿐만 아니라, 다른 이유에서도 이 시점에서 여호와께서 지난날 이스라엘에게 베풀어주셨던 은혜와 능력을 청중에게 상기시키는 작업이 필요하다고 생각한다. 이스라엘이 마치 여호와가 어떤 분이신가를 전혀 모르거나 기억하지 못하는 백성처럼 살아가고 있기 때문이다. 우리가 매주 예배와 말씀을 통해 하나님이 어떤 분이라는 것을 거듭 묵상하는 것도 이 때문이 아닌가? 선지자는 여호와를 아는 자는 결코 이렇게 살 수 없다고 주장한다.

아모스는 이스라엘 역사에서 세 가지 사건을 회상한다. (1) 여호와께서 위대한 전사(divine warrior)가 되어 아모리 족을 물리치신 일(9절), (2) 이스라엘을 이집트로부터 해방시키고 인도하여 내신 후 40여 년 동안 광야생활을 거쳐 가나안 땅에 정착하게 하신 일(10절), (3) 이스라엘 안에 나실인과 예언자를 허락하신 일(11절). 선지자는 출애굽 때부터 자신의 시대에 이르기까지 하나님이 이스라엘에게 베풀어주신 은혜를 총체적으로 상기시키고 있다. 이 사건들 또한 이스라엘의 정체성을 정의하는 것들이다(G. Smith).

이스라엘이 여호와의 자비와 은혜를 논할 때 제일 먼저 떠올리는 사건은 출애굽이다. 그만큼 출애굽은 영원히 기억될 뿐만 아니라 여호와의 은혜를 상징하는 가장 대표적 사건이다. 또한 하나님은 시내 산에서 이스라엘 백성에게 선포된 율법을 통해 '이렇게 살아야 한다'라는 윤리적 지침을 주신 적이 있다. 그러나 이제 이스라엘은 여호와와 맺은 언약과 전혀 상관없이 살아가고 있으니 배은망덕을 강조하는 차원에서 출애굽 사건이 언급되는 것은 당연하다. 이스라엘이 배반한 하나님은 다름 아닌 출애굽의 하나님, 시내 산에서 율법을 삶의 지침으로 주신 분이다. 동시에 출애굽 사건은 아모스 시대에 사회적 악의 희생물이 되어 억압당하고 신음하는 자에게 위로와 소망을 제시했을 것이다. 아모스 시대에 고난당하고 있던 사람이 자신이 처한 어려운 상황에서 해방시킬 수 있는 제2의 출애굽을 갈망한 것은 너무도 당연하다. 출애굽은 언제, 어디서든 주의 백성이 억압당하는 곳에서 선포해야 할 자유/해방 선언이다.

이스라엘의 조상은 이집트를 탈출해 시내 광야를 지나 가나안 땅에 들어올 때까지 수많은 어려움과 난관에 직면했다. 그중 하나가 막강한 아모리 족속과의 전투였다. 성경에서 아모리 족은 한 민족을 뜻하기도 하지만, 가나안 사람 전체를 아모리 사람이라고 부르기도 한다(ABD). 본문에서도 선지자는 아모리 족속이라는 말로 가나안의 모든 족속을 칭한다. 이스라엘이 가데스바네아에 머무는 동안 가나안 정탐을 마치고 돌아온 스파이들은 모세에게 이렇게 보고했다. "그 땅에 살고 있는 백성은 강하고, 성읍들은 견고한 요새처럼 되어 있고, 매우 큽니다. 또한 거기에서 우리는 아낙 자손도 보았습니다. 아말렉 사람은 네겝 지방에 살고 있고, 헷 사람과 여부스 사람과 아모리 사람은 산악지대에 살고 있습니다. 가나안 사람은 바닷가와 요단 강 가에 살고 있습니다"(민 13:28-29, 새번역).

이 소식을 들은 이스라엘이 싸워볼 생각은 아예 못하고 낙심하며 괴로워한 적이 있었다. 선지자는 이 사실을 회상하며 하나님이 이스라엘을 위해 그들 앞에서 "백향목처럼 키가 크고 상수리나무처럼 강했던 아모리 사람들"을 나무꾼이 나무를 자르듯이 잘라버리셨던 일을 상기시키고 있다(9절). 한 주석가는 선지자가 아모리 사람을 키가 큰 나무로 묘사하는 것이 아세라 목상과 연관이 있기 때문이라 한다(Sweeney). 이렇게 해석하면 하나님이 큰 나무들과 같은 아모리 사람을 베어버렸다는 것은 아세라 목상을 잘라버렸다는 뜻이 된다. 그러나 본문은 가나안 정복 때 이스라엘이 키가 큰 가나안 사람 때문에 겁을 먹은 일을 연상케 하는 것이지 우상과는 상관없는 듯하다. 그러므로 큰 나무 같았던 가나안 사람을 잘라버리셨다는 것은 가나안 정복 전쟁의 승패는 이스라엘의 창과 칼에 의해 결정되지 않았으며, 전사이신 여호와께서 승리하셔서 가나안 사람에게 빼앗은 땅을 이스라엘에게 선물로 주신 일을 강조한다. 이스라엘은 이처럼 능력이 무한하신 하나님을 배반했다. 주의 백성의 반역은 상식을 벗어나는 몰상식한 행위이다. 그런데 선지자는 왜 출애굽 사건보다 여호와께서 아모리 사람들을 멸하신 일을 먼저 언급하는가? 선지자는 이스라엘이 아모리 사람의 땅에 거하게 된 것은 전적으로 하나님 은혜였음을 강조하기 위해 이런 특이한 순서를 사용하고 있다(Mays).

그 후에도 하나님은 이스라엘을 위해 계속 자비를 베푸셨다. 주님께서는 곁길로 가는 백성을 위해 선지자와 나실인을 주셨다. 선지자는 하나님 말씀을 선포하여 백성을 바른 길로 인도하는 자이다. 나실인(נָזִיר)은 '구별하다'라는 뜻을 지닌 동사가 어원이며 일정 기간을 정하여 자기 자신을 온전히 하나님께 드리는 사람이다. 하나님이 선지자를 보내신 것은 병든 이스라엘을 고치시고, 방황하는 그들을 바른 길로 인도하시고, 반역하는 주의 백성을 회심시키기 위함이었다(신 18:14–22). 마치 집을 떠난 탕자를 권면하여 다시 집으로 돌아올 수 있도록 하기 위함이었던 것과 같다. 하나님이 나실인을 세우신 것은 헌신적이고 희생적으로 하나님 뜻에 따라 살아가는 자에게 어떤 여호와의 축복이 임하게 되는가를 온 세상에 보여주기 위함이었다(민 6장). 나실인은 일편단심의 각오로 하나님께 헌신과 충성을 다하여 이스라엘 공동체에 신선한 도전을 주었다.

하나님은 선지자를 통해 반역하는 이스라엘을 다시 자신의 품으로 돌리려 하셨다. 여러 면에서 '선지자와 나실인'은 사무엘을 연상시킨다. 사무엘은 나실인의 좋은 예였다(삼상 1:22). 그래서 이스라엘이 나실인에게 술을 먹였다는 것을 그들이 사무엘같이 하나님이 보내신 주의 종을 거부한 것으로 풀이하기도 한다(Gowan). 사무엘은 또한 선지자였다(삼상 3:19-21). 사무엘이 사울을 책망하면서 선포한 메시지인 "제사보다 순종이 더 좋다"(삼상 15:22)는 그 이후 선지자들이 계속 강조해 온 가장 기본적인 신학적 주제이다. 혼탁한 세상일수록 성결된 삶은 아름답고 고귀하게 보이지 않는가! 이런 사람은 오늘날 한국 교회에 더욱 많이 필요하다.

하나님이 이스라엘에게 이처럼 많은 복을 주셨지만, 그들은 하나님을 배반했다. 어떻게 배반했는가? 나실인에게 술을 먹이고 선지자에게는 예언하지 못하게 했다. 선지자에게 예언하지 못하게 한 것은 7:10-12에서 아마샤가 아모스에게 한 말을 미리 예상케 한다. 이스라엘은 아모스가 이런 말을 할 때까지 그동안 참 선지자를 핍박해 왔다. 이세벨은 여러 선지자를 죽였고(왕상 18:4; 19:2, 10), 아합은 참 선지자 미가를 감옥에 가두었다(왕상 22:26-27). 요람은 엘리사를 죽이려 했다(왕하 6:31). 선지자들은 하나님께 들은 대로, 주께서 주신 환상(幻想)에서 본 대로 전하는 자였다. 그런데 예언을 하지 말라는 것은 사람들이 하나님 말씀/가르침을 거부한다는 의미다. 이스라엘은 선지자에게 예언하지 못하도록 해 하나님의 입을 막았던 것이다(G. Smith).

어떤 면에서 나실인에 대한 규례는 제사장의 성결 규칙보다 더 강하다. 나실인은 '하나님께 서원한 자/바쳐진 자'이다. 그러므로 나실인

제도는 인간과 하나님 관계에서 가장 순수한, 인간이 하나님께 가장 가까이 나갈 수 있는 특권을 누리게 하는 제도였다. 나실인에게 술을 먹인 것에 대해 탈굼(Targum)은 사람들이 나실인은 술잔을 거부하는 것이 매우 어려운 상황에서 서원을 깨고 술을 마시도록 나실인에게 종용한 것으로 해석한다. 사실 우리 사회에서도 마시고 싶지 않은 술을 마시게 하는 사람들이 얼마나 많은가?

이스라엘은 선지자에게 예언하지 말라고 함으로써 하나님의 계시 받기를 거부했고, 나실인에게 술을 권함으로써 종교 예식(하나님 앞에 인간이 취해야 할 자세)을 모욕했다. 이스라엘 종교의 가장 기본 요소인 계시와 예식을 모두 거부한 것이다. 선지자가 이런 사실을 강조하는 것은 이스라엘이 근본적으로 선택/예정을 완전히 남용하고 있다는 점을 지적하기 위해서다. 선지자는 말한다. "너희의 지금 생활은 과거에 너희에게 자비를 베푸셨던 그분을 완전히 무시하는 행위이다." 이스라엘 종교를 한마디로 말하면 '과거를 기념하는 종교'였다. 이러한 맥을 잇는 것이 예수님의 "나를 기념하라"라는 말씀이다. 과거를 기념한다는 것이 과거 안에서 살라는 뜻은 아니다. 과거에 여호와께서 그들을 위해 행하신 일을 기억하며 그 은혜에 합당하게 살아가라는 권면이었다. 그러나 아모스 시대를 살아가던 이스라엘 사람은 과거 망각증 혹은 기억상실증을 앓고 있었다. 이 병이 그들에게만 제한된 것일까? 그리스도인이 항상 염려할 것이 바로 기억상실증이다. 우리의 삶을 돌아보자. 우리는 과거에 베풀어주신 은혜를 끊임없이 기념하는가? 혹시 하나님 은혜를 망각의 바다에 던져버리지는 않았는가?

II. 이스라엘과 이웃 나라에 대한 심판(1:3-2:16)
  B. 유다와 이스라엘에 대한 심판(2:4-16)
    2. 이스라엘에 대한 심판(2:6-16)

(4) 불의한 제도(2:13-16)

¹³ 보라

곡식 단을 가득히 실은 수레가

흙을 누름 같이

내가 너희를 누르리니

¹⁴ 빨리 달음박질하는 자도 도망할 수 없으며

강한 자도 자기 힘을 낼 수 없으며

용사도 자기 목숨을 구할 수 없으며

¹⁵ 활을 가진 자도 설 수 없으며

발이 빠른 자도 피할 수 없으며

말 타는 자도 자기 목숨을 구할 수 없고

¹⁶ 용사 가운데 그 마음이 굳센 자도

그 날에는 벌거벗고 도망하리라

여호와의 말씀이니라

하나님은 OAN에 언급된 여러 나라를 심판하기 위해 각 나라의 주요 도시에 불을 보내셨다(1:4, 7, 10, 12). 그러나 이스라엘의 심판에는 불을 보내시는 것이 아니라 직접 개입하신다. 여호와께서는 과거에 이 백성을 위해 여러 번 싸우셨다(삿 5:20; 왕하 3:22 등등). 그러나 이번에는 이 백성을 대적하기 위해 찾아오신다. 이스라엘을 보호하던 분이 징벌하는 분으로 변한 것이다. 하나님이 벌하시니 이스라엘은 속수무책으로 당한다. 이러한 상황을 '무력함 저주'(helplessness curses)라고 한다 (Stuart, cf. 레 26:36-39). 하나님이 그들을 '누르실 것'(מֵעִיק)이다(13절). '짓 누르다'(עוק)(새번역)는 이곳에서만 사용되는 독특한 단어(hapax legomenon)

538

다(HALOT). 이 동사의 뜻이 확실치 않아 매우 다양하게 해석된다. (1) "수레가 흙을 누름 같이 내가 너희를 누르리니"(개역한글, 개역개정; cf. 새번역), (2) "무거운 짐을 싣고 뭉그적거리는 송아지 꼴로 만들리라"(공동번역), (3) "내가 너희 밑에 눌려 있다"(I am weighted down beneath you)(NAS), (4) "내가 너를 부수리라"(I will crush you)(NIV), (5) "내가 너희의 움직임을 둔하게 하리라"(I will slow your movements)(TNK), (6) "내가 너희의 밑을 가르리라[지진 의미]"(Wolff). 정확한 번역은 쉽지 않지만, 이 말씀이 구상하는 이미지는 짐을 많이 실은 수레의 바퀴가 비포장도로 위에 두 줄의 바큇자국을 내며 가는 모습이다. 이스라엘은 바큇자국을 낼 정도로 무거운 수레에 짓눌리는 도로처럼 하나님 심판에 짓눌릴 것이다. 매우 혹독한 심판을 경고하고 있다.

아모스가 추수와 심판을 연관시키고(8:1-2), 지진을 하나님 심판으로 여러 번 언급하고 있는 점(1:1; 4:11; 6:11; 8:8; 9:1, 5)을 고려할 때, 여기서도 지진을 통해 하나님이 심판하신 것을 표현하는 것으로 이해할 수 있다. 실제로 많은 학자가 이런 해석을 선호한다(Wolff, Gowan; G. Smith). 그러나 본문의 기본 이미지는 전쟁이다. 선지자는 책의 여러 곳에서 전쟁에 대해 언급한다(3:11; 4:2-3; 5:27; 9:4, 10). 그렇다면 여기서 흔들리는 땅의 이미지는 지진 때문이 아니라 진군해 오는 적군 때문일 것이다(Paul). 혹은 아모스가 책에서 사용하는 주요 이미지 두 개, 곧 지진과 전쟁을 병합하여 사용하고 있는 것일 수도 있다. 선지자가 외치는 가장 중요한 메시지는 하나님의 심판이 곧 이스라엘에 임할 것이라는 사실이다. 하나님의 심판이 어떤 형태를 취할 것인가는 어느 정도 베일에 가려져 있다.

이 전쟁이 얼마나 참혹한지 제아무리 용맹스럽고 날렵한 자라도 남의 생명은 고사하고 자기 목숨 하나 구하지 못한다. 용사 가운데 가장 용감한 자도 그날에는 벌거벗고 도망한다(16절). 탈굼(Targum)은 '벌거벗음'을 '무기를 버리고 도망가는 것'으로 해석한다. 그러나 잠자거나 목욕을 하느라 벌거벗은 자가 옷을 챙겨 입을 겨를도 없이 도망하는 모습을 연상시킨다. 매우 절박한 상황이 펼쳐지고 있는 것이다. 얼마나 무서웠으면 가장 용맹스러운 특전사들이 잠자다가 '팬티 바람'으로 삼십육계 줄행랑을 하고 있는 것일까? 하나님의 심판이 임하는 날, 이스라엘 군대가 혼비백산하여 군인들은 아예 싸울 생각을 포기하고 각자 생명을 부지하기 위해 전속력으로 도망할 것이다.

이때까지 선포된 경고 중에 이스라엘에게 임할 심판에 대한 말씀으로 가장 혹독하다. 하나님이 왜 이렇게 맹렬한 심판을 선언하시는 것일까? 하나님의 선민이 누리는 특권은 아무런 의미가 없단 말인가? 아모스가 유다와 이스라엘을 향해 선포한 심판 선언은 여호와의 율법을 알았고 받아들였다는 점에 근거를 두고 있다. 이스라엘은 또한 선지자들을 통하여 하나님에 대해 많은 것을 배웠다. 하나님은 많은 것을 허락하신 자에게는 많은 것을 요구하신다. 이스라엘이 남보다 더욱 혹독한 심판을 맞이해야 하는 것은 하나님이 내리신 축복에 합당한 삶을 살지 못했기 때문이다.

이처럼 혹독한 하나님의 심판은 언제 있을 일인가? 선지자는 '그날'이라고 하는데, '그날'(בַּיּוֹם־הַהוּא)은 대체로 총체적인 심판이 임할 미래의 날(viz., 여호와의 날)을 뜻한다(9:11; 욜 3:18; 슥 12:9). 그러나 여기서는 곧 다가올 실질적인 심판(40년 후에 임할 심판)의 날을 예고하고 있다. 주전 722년에 아시리아의 손에 이스라엘이 망할 일을 예언하고 있는 것이다.

III. 경고와 심판

(3:1-6:14)

아모스는 2장 후반부에서 이스라엘의 죄에 대한 비난을 시작했다. 이 섹션에서 이스라엘이 지은 죄의 구체적인 실상을 지적하며 비난을 이어간다. 선지자는 선포하는 메시지가 자신의 것이 아니라 여호와께서 주신 것이라고 말함으로써 이스라엘이 하나님이 주신 이 메시지를 무시하지 말 것을 경고한다. 일부 학자들은 아모스가 심판만을 선언한 '파멸 선지자'(prophet of doom)라며 회개를 권장하거나 미래에 대한 소망을 제시하는 부분은 아모스의 메시지가 아니라고 한다. 그러나 선지자가 선포하는 메시지의 핵심이 피할 수 없는 심판이 임박해있다는 것이지, 회개와 회복을 완전히 배제한 것은 아니다. 이 섹션의 중심인 5장에 회개하라는 권면이 들어가 있다. 즉, 아직도 회개의 기회가 있다는 것이다. 아모스서처럼 전반적으로 심판을 강조하는 선지서 안에서도 회개가 부각되는 것은 구약의 선지서들이 상당히 긍정적인 책이라는 점을 드러낸다. 선지자의 경고와 심판 메시지를 듣는 자들이 회개하면, 이미 선포된 심판 메시지도 하나님의 은혜와 자비로 상당 부분 조정될 수 있고, 실현되지 않을 수도 있다.

선지자는 3, 4, 5장을 '들으라'(שִׁמְעוּ)라는 동일한 명령문으로 시작한다(3:1; 4:1; 5:1). 그러므로 '[이 말을] 들으라…'는 본 텍스트의 문학적 구성 원리를 보여주는 듯하다(Wolff). 이 섹션의 중심 부분을 차지하는 3:1-4:3; 4:1-13; 5:1-17; 5:18-6:14는 이스라엘이 여호와와의 언약관계가 마치 부적(talisman) 같은 역할을 해 자신들에게는 절대로 재앙이 오지 않을 것으로 생각하고 있지만, 하나님은 꼭 이들을 심판하실 것이라고 한다. 이런 신학적 관점을 배경으로 아모스는 심판 메시지를 하나님이 이스라엘을 특별히 사랑하고 선택하신 일과 연관시키는 것으로 시작한다(3:2). 이스라엘에게 시내 산 언약은 죄에 대한 면제부로 악용되고 있는데, 하나님이 이스라엘을 특별히 택하신 이유는 세상 민족보다 더 경건하고 거룩하게 살 것을 기대했기 때문이라고 한다. 그러므로 이스라엘의 악행은 하나님께 큰 실망을 안겨주었을 뿐만 아니라, 택하신 특별한 은총에 대한 배은망덕이라고 한다. 이스라엘이 저지른 죄를 하나님과의 특별한 관계를 배경으로 해석하면, 그만큼 더 심각한 사안이 되는 것이다.

한 학자는 3-6장의 구조를 다음과 같이 제시한다(Noble). 물론 이런 구조 제안은 상당히 임의적으로 본문에 투영(impose)하는 성향이 있다. 그러나 일단은 재미있는 가능성으로 여겨진다. 대부분은 3-4장과 5-6장이 상당한 평행 관계를 유지하고 있는 것으로 생각한다(Sweeney, Gowan).

A. 서론적 선포(3:9-14)
   x. 열방과 다를 바 없는 이스라엘(3:9-11)
   y. 멸망 이미지(3:12)
   z. 이스라엘의 파괴(3:13-15)
  B. 사마리아의 무책임한 나태(4:1-3)
   C. 이스라엘의 예배 거부(4:4-5)
    D. 최후 심판(4:6-12)

        E. 이스라엘을 위한 애가(5:1-3)

          F. 여호와를 찾으라!(5:4-6)

            G. 부패한 정의(5:7, 10)

              H. 여호와 찬송시(5:8-9)

            G'. 부패한 정의(5:11-13)

          F'. 여호와를 찾으라!(5:14-15)

        E'. 이스라엘을 위한 애가(5:16-17)

      D'. 최후 심판(5:18-20)

    C'. 이스라엘의 예배 거부(5:21-27)

  B'. 사마리아의 무책임한 나태(4:1-3)

A'. 결론적 선포(6:2, 8-14)

    x'. 열방과 다를 바 없는 이스라엘(6:2, 8)

    y'. 멸망 이미지(6:9-10)

    z'. 이스라엘의 파괴(6:11-14)

이 주석에서는 다음과 같은 구조를 바탕으로 말씀을 주해해가고자
한다.

A. 이스라엘에 임할 심판(3:1-4:3)

  B. 오염된 예배와 깨닫지 못하여 죽은 백성(4:4-13)

  B'. 죽은 백성 이스라엘에 대한 애가(5:1-17)

A'. 이스라엘에 임할 심판(5:18-6:14)

III. 경고와 심판(3:1-6:14)

A. 이스라엘에 임할 심판(3:1-4:3)

이 스피치에서 아모스가 지혜 전승(wisdom tradition)을 반영하고 있다고 하지만(Wolff), 전반적인 성향을 분석해 보면 '언약 소송'(ריב-disputation)에 더 가깝다(Boyle, Finley). 물론 순서와 일부 세부 사항이 완전하게 소송 양식에 들어맞지는 않는다(Andersen & Freedman). 그러나 이런 차이는 선지자의 창의력, 곧 이스라엘의 관심을 끌기 위해 익숙해져 있는 패턴과 양식을 조금씩 변형시키며 말씀을 선포하는 것으로 보는 것이 바람직하다(G. Smith). 다소 변형은 되었지만, 선지자가 소송 양식을 사용해 이스라엘을 피고인석에 세우고 죄를 지적하고 있기에, 메시지의 배경을 법정재판 과정으로 생각하면 이해가 쉽다. 실제로 3:1-4:3은 마치 재판 과정을 묘사하는 듯하다. 다음 사항을 참조하라.

1. 피고는 들으라는 권면(3:1)
2. 형벌 선포(3:2)
3. 원고(하나님)의 증언(3:3-8)
4. 열방이 이스라엘 죄의 증인으로 세워짐(3:9-10)
5. 땅, 백성, 벧엘에 있는 제단과 호화로운 집에 대한 판결(3:11-15)
6. 상류층 여인에 대한 비난(4:1-3)

아울러 이 섹션의 마지막 부분(3:9-4:3)과 다음 섹션의 앞부분(4:4-5)은 함께 어우러져 다음과 같은 구조를 형성한다. 사마리아와 벧엘에 대한 심판이 A-B-A'-B' 패턴으로 진행되는 것이다.

A. 사마리아에 사는 자에 대한 심판(3:9-12)
  B. 벧엘에 사는 자에 대한 심판(3:13-15)

A'. 사마리아 여인에 대한 심판(4:1-3)
B'. 벧엘과 길갈에 거하는 자에 대한 심판(4:4-5)

선지자가 선포하는 메시지의 내용을 감안할 때, 본 텍스트는 다음과 같이 세 파트로 구분할 수 있다. 선지자의 메시지 전체가 이스라엘이 받아야 할 심판에 초점이 맞추어져 있다.

A. 심판의 역사적 정황(3:1-2)
B. 적합한 심판 시기(3:3-8)
C. 심판의 정당성과 범위(3:9-4:3)

III. 경고와 심판(3:1-6:14)
  A. 이스라엘에 임할 심판(3:1-4:3)

1. 심판의 역사적 정황(3:1-2)

¹ 이스라엘 자손들아

여호와께서 너희에 대하여 이르시는

이 말씀을 들으라

애굽 땅에서 인도하여 올리신

모든 족속에 대하여 이르시기를

² 내가 땅의 모든 족속 가운데 너희만을 알았나니

그러므로 내가 너희 모든 죄악을

너희에게 보응하리라 하셨나니

본문은 이스라엘의 죄를 출애굽 사건과 연결시키고 있으며, 아모스의 심판 메시지를 이해하는 데 매우 중요한 관점을 제공해 준다. 선지자는 이미 출애굽 사건을 언급한 적이 있다(2:9-10). 그러나 본문에서 다시 출애굽 사건을 상기시켜 이스라엘의 신학적 정체성—하나님이 어떻게 세상의 여러 나라 중에서 이스라엘을 선택해 특별한 관계를 맺게 되었는가—을 생각하도록 한다. 이스라엘은 누구에 의해 한 나라로 출범하게 되었는가? 홍해 바다를 건널 때 누구의 손에 안겨 있었는가? 아모스는 출애굽 사건 때에는 창조주 하나님의 구원과 보호를 받았던 나라가 이제는 바로 그 창조주 하나님의 심판 대상으로 변해버린 사실을 안타까워하고 있다. 이스라엘이 심판을 받는 신학적 근거가 출애굽 때 하나님과 맺은 특별한 관계 때문이라는 것이다.

'땅의 모든 족속'(כָּל מִשְׁפְּחוֹת הָאֲדָמָה)(2절)은 하나님이 아브라함에게 주신 약속을 생각나게 한다(창 12장). 출애굽 사건과 하나님이 아브라함과 맺으신 언약은 이스라엘과 하나님의 특별한 관계를 강조한다. 그뿐만 아니라 하나님은 온 세상의 '모든'(כֹּל) 나라 중에서 '오직'(רַק) 이스라엘만 '알았다'(יָדַע)고 회고하신다. 특히 '알다'(יָדַע)는 언약과 깊이 연관된 표현이다(B. Smith). 하나님의 이스라엘을 향한 관심과 사랑이 매우 각별했다며 관계를 강조하는 단어다(McComiskey & Longman). 그렇기에 여호와께서는 그들을 위해 길이 없는 홍해에 길을 내셨고, 황무지에서 마실 물과 먹을 것을 주셨다. 찌는 듯한 더위에서 백성을 보호하기 위해 낮에는 구름 기둥으로, 기온이 뚝 떨어지는 밤에는 추위로부터 보호하기 위해 불기둥으로 함께하며 보호하고 인도하셨다.

하나님이 특별히 선택한 민족이자 은혜를 더없이 많이 누린 이스라엘은 어떻게 살아야 하는가? 여호와께서 특별히 그들에게만 주신 구원의 은혜와 보살핌의 자비에 합당한 경건한 삶을 살아야 할 것이다. 또한 하나님이 베풀어주신 은혜를 답습해 남에게 은혜를 베푸는 삶을 살아야 한다. 하나님은 이스라엘과 특별한 관계를 맺으시고 그 특별한 관계에 걸맞은 삶(viz., '제사장의 나라' 등)을 살아가기를 간절히 기대하셨다. 그러나 하나님과 특별한 관계가 이스라엘에게는 아무런 효과나 의미를 주지 못했다. 하나님 은혜를 체험하고도 이방인과 동일한 방식의 삶을 선호했기 때문이다. 하나님의 은혜와 자비가 이스라엘의 삶을 감사와 감동으로 가득 채우고, 그 감동과 감사에 힘입어 하나님의 인격을 반영하는 삶을 살아가야 했는데, 실질적으로는 하나님의 은혜와 자비가 삶에서 아무런 효과를 발휘하지 못했다. 오히려 이스라엘은 하나님의 특별한 은총을 죄에 대한 면제부로 생각하여 온갖 죄를 저지르고도 양심의 가책을 느끼지 못했다. 선지자가 이스라엘의 죄를 비난하면서 사용하고 있는 '죄악'(עָוֹן)은 구약에서 가장 어둡고 심각한 악을 뜻하는 단어다(Gowan). 그러므로 하나님의 실망과 분노는 더없이 클 수밖에 없었다.

그동안 이스라엘이 회개하고 돌아오기만을 기다리던 여호와께서 이스라엘과 특별한 관계를 근거로 심판하러 오셨다. 원래 하나님과 이스라엘 관계는 이스라엘에게 매우 특별한 은총과 특권을 안겨주었다. 그러나 하나님 뜻대로 살지 못하자, 여호와께서 특별한 관계를 근거로 이제는 심판하러 오셨다. 만일 이스라엘이 이방 민족이었다면 받지 않아도 될 벌을 하나님의 백성이기에 받게 된 것이다(McComiskey & Longman). 아모스의 메시지는 하나님의 선택과 징계는 결코 떼어놓을 수 없는 관계를 형성하고 있음을 강조한다. 선택은 책임을 요구한다. 이스라엘이 즐기고 있는 하나님과의 특별한 관계는 심판에서 면제될 수 있는 권한을 주는 것이 아니라, 오히려 이 관계로 인해 징계받을 수 있다는 사실을 내포하고 있었다. 아모스 3:2이 이처럼 하나님이 이스라엘을 심판하실 신학적 근거를 선민사상에서 찾는 것을 고려해 이 구절이 아모스서의 주제 구절(theme verse)이라 하기도 한다.

오늘날 많은 기독교인이 '선택 증후군'(election syndrome)을 앓고 있다. 하나님의 은혜로 사람이 한 번 구원받으면 영원히 구원을 받는 것이며, 하나님은 우리의 모든 불순종을 용서하시기에 우리가 어떻게 살아도 구원과는 상관없으니 죽어서는 꼭 천국을 간다고 생각하게 하는 병이다. 아모스는 물론이고 신약도 이런 어처구니 없는 '선택 증후군'에 대해 많은 경고를 한다(롬 6:1-7; 히 6:4-8; 약 2:14-26). 사람이 하나님과 관계를 맺으면, 그분의 특별한 사랑을 누릴 수 있는 '축복 특권'을 받게 될 뿐만 아니라, 경우에 따라 오히려 심판을 받을 수 있는 '저주/심판 특권'도 자동적으로 소유하게 된다. 안타깝게도 주의 백성 중 대다수가 '축복 특권'만 생각하고 살아가지 '심판 특권'은 별로 마음에 두지 않는다. 그러나 우리가 마음에 두지 않는다고 해서 진실이 바뀌는 것은 아니다. 우리는 하나님과의 관계가 항상 양면성을 지니고 있음을 기억해야 한다.

아모스 시대에 유다와 이스라엘은 심리적으로 상당한 거리감을 유지하고 있었다. 그러나 두 나라는 같은 언약을 통해 하나님과 맺어진 동일하고 하나 된 선민이라는 것이 선지자의 주장이다. 그러므로 남 왕국은 북 왕국을, 북 왕국은 남 왕국을 같은 동족으로 인정해야 한다. 솔로몬의 죄로 선지자 시대에는 두 나라로 존재하게 되었지만, 하나님이 이들과 언약을 맺으실 때에는 한 나라였다.

> III. 경고와 심판(3:1-6:14)
> A. 이스라엘에 임할 심판(3:1-4:3)

2. 적합한 심판 시기(3:3-8)

<blockquote>

3 두 사람이 뜻이 같지 않은데
어찌 동행하겠으며
4 사자가 움킨 것이 없는데
어찌 수풀에서 부르짖겠으며
젊은 사자가 잡은 것이 없는데
어찌 굴에서 소리를 내겠느냐
5 덫을 땅에 놓지 않았는데
새가 어찌 거기 치이겠으며

</blockquote>

잡힌 것이 없는데

덫이 어찌 땅에서 튀겠느냐

⁶ 성읍에서 나팔이 울리는데

백성이 어찌 두려워하지 아니하겠으며

여호와의 행하심이 없는데

재앙이 어찌 성읍에 임하겠느냐

⁷ 주 여호와께서는 자기의 비밀을

그 종 선지자들에게 보이지 아니하시고는

결코 행하심이 없으시리라

⁸ 사자가 부르짖은즉

누가 두려워하지 아니하겠느냐

주 여호와께서 말씀하신즉

누가 예언하지 아니하겠느냐

선지자는 남 왕국 유다 사람인데도 불구하고 북 왕국 이스라엘까지 찾아와 하나님의 신탁을 선언해야 하는 이유를 밝히고 있다. 바로 '찢는 사자'인 하나님이 이스라엘을 향해 부르짖으셨기 때문이다. 먹이를 움 켜쥐고 포효하는 사자로 이스라엘의 하나님 여호와를 묘사하는 것은(4 절) 아모스의 독특한 표현 방법이다(1:2). 선지자는 이 섹션에서 일곱 개 의 수사학적 질문(rhetorical question)을 이스라엘에게 던지며 하나님의 실 망과 분노, 다가오는 심판의 정당성을 선언한다(1–6절). 첫 번째 질문 을 제외한 나머지 여섯 질문은 쌍으로 등장한다. 아모스가 이미 OAN 에서 8개국을 언급한 점을 감안할 때, 본문에서도 여덟 개의 질문을 기 대할 수 있는데, 어찌된 이유인지 선지자는 일곱 개로 이 섹션을 마무 리한다. 질문 형태는 지혜 문헌적인 성향을 지니고 있으며(Gowan, cf. 잠 6:27–29), 모두 원인–결과(cause–effect) 형태를 띠고 있다(Paul, G. Smith).

선지자가 사용하고 있는 일곱 개의 수사학적인 질문은 어린아이도 쉽게 답할 수 있는 것이다. 이 질문은 모두 부정적인 답, 곧 '아니요'(no)를 답으로 유도하는 질문이다. 또한 백성의 삶에 현재 일어나고 있는 현상을 보면 분명히 과거에 이 일이 있게 한 다른 요인이 있었을 것이라는 점을 전제로 하고 있다. 즉, 선지자가 강조하는 것은 여호와가 진노하시는 것은 타당하다는 의미다. 질문에서 사용되는 비유를 살펴보면 처음에 짐승에 관한 것에서 점차 사람에 관한 것으로 변환해 간다(Paul). 일곱 개의 질문을 차례대로 살펴보자.

첫째 질문인 "동행하는 두 사람은 마음이 맞아야 하지 않는가?"(3절)는 두 사람이 사막이나 광야를 여행하고 있는 모습을 연상케 한다. 또한 선지자는 이미 2절에서 출애굽 시절을 회상한 적이 있다. 출애굽 이후 40년의 광야생활을 통해 이스라엘은 여호와와 함께 동행하는 것을 배웠으며, 서로 뜻이 맞지 않을 경우 여행이 얼마나 힘들고 고달픈가를 뼈저리게 깨달았다. 그러므로 이 질문은 앞에 선포된 메시지와 잘 어울리는 격언이다. 서로 친하지 않고 마음이 맞지 않으면 먼 길을 함께 떠날 수 없다. 무슨 일이 벌어질지 모르는데 서로를 의지하고 신뢰하지 못하면 그만큼 더 힘이 들기 때문이다.

둘째와 셋째 질문은 사자와 연관된 것이다. "사자가 수풀 속에서 부르짖는 것은 먹이가 있어서가 아닌가? 사자가 굴 속에서 으르렁대는 것은 움켜쥔 것이 있기 때문이 아닌가?"(4절) 사자는 사냥을 하는 중에나 먹잇감을 공격할 때에는 절대 소리를 내지 않고 먹이가 될 짐승이 자기 앞에서 무력하게 죽어가는 모습을 보며 부르짖는 습성이 있다(Gowan). 사자는 먹잇감이 된 짐승을 실컷 먹는다. 그리고는 다시 포효한다. 그러므로 온 광야의 짐승이 사자의 음성을 들을 때마다 오금이 저린다. 아모스를 통한 하나님의 포효가 이처럼 두렵고 떨리는 파괴를 초래할 것이다. 선지자는 잠시 후 8절에서 다시 사자를 언급한다. 8절에서는 '하나님 사자'가 부르짖는다. 아모스는 또한 1:2에서도 여호와 하나님을 사자로 묘사한 적이 있다. 즉, 선지자는 사자의 모습으로 이스라엘을 향해 포효하시는 여호와의 모습을 계속 연상시키고 있는 것이다. 심판이 곧 올 것이라는 뜻이다. 머지않아 하나님 사자가 먹잇감 이스라엘을 급습하실 것이다. 지난날에는 하나님이 이스라엘을 사자의 입에서 구원해내신 분이라면, 이제는 그분이 직접 이스라엘을 물어뜯는 사자가 될 것이다.

넷째와 다섯째 질문은 새를 잡는 그물에 관한 비유이다. "그물을 쳤으니까 새가 잡힌 것이 아닌가? 무엇인가 걸린 것이 있으니까 덫이 뛰어 오르는 것이 아닌가?"(5절) 첫 문장을 "그물에 미끼가 있으니까 새가 뛰어든 것이 아닌가?"로 수정할 것을 제안하기도 한다(Paul). 본문의 의미를 더 정확하게 해주는 해석이지만, 마소라 사본은 있는 그대로도 충분히 의미를 잘 전달하고 있다. 새가 덫에 걸리게 되는 것은 먹을 것만 보고 달려들다가 미처 보지 못한 그물에 몸이 엉키기 때문이다. 탈출하려고 발버둥칠수록 더 꼼짝 못하게 된다. 선지자는 이 비유를 통해 이스라엘 자신을 묶을 올가미는 의식하지 못하고 먹이만 보고 덫으로 달려드는 어리석은 새로 묘사한다. 이스라엘 사회는 사치와 풍요로움, 자기 만족의 성취 등 직접 보고 느낄 수 있는 것을 위해 물불을 가리지 않았다. 그러면서도 이런 것을 추구하는 것이 자신의 죽음을 초래할 것이라는 상상은 못했던 것이다. 이스라엘이 가치관과 우선권을 하나님 말씀이 아닌 다른 가르침에 근거해 세워나갔기 때문이다. 하나님을 인정하지 않는 삶은 결국 이렇게 어리석은 새가 비참한 죽임을 당하듯 끝날 것이다. 하나님의 심판은 마치 보이지 않는 덫과 같이 은밀한 곳에서, 전혀 예기치 못한 상황에서 악인에게 엄습할 것이다.

여섯째와 일곱째 질문은 전쟁에 관한 것이다. "전쟁을 알리는 나팔 소리가 도시에 울리면 사람이 두려워 떨지 않겠는가? 재앙이 도시에 임하는 것은 여호와께서 시키심이 아니겠는가?"(6절) 일곱째 질문에서 선지자가 세상의 모든 고통과 악도 하나님께로부터 오는 것으로 주장한다고 보기도 한다(Lindstrom). 그러나 이렇게 간주하기에는 너무 많은 문제가 있으며, 오히려 본문은 언제든지 악이 세상을 위협할 때 하나님이 개입하신다는 의도에서 "악이 도시를 엄습할 때, 하나님이 잠잠히 계시겠는가?"로 번역될 수 있다(Gowan). 파수꾼이 나팔을 불어도 반응하지 않는 도시는 어딜까? 선지자는 이 메시지를 선포하면서 제일 먼저 북 왕국의 수도 사마리아를 떠올렸을 것이다(G. Smith).

파수꾼이 나팔을 불면 사람들은 나팔의 의미를 따지지 않고 무조건 적군이 쳐들어오는 것으로 알고 철저히 침략에 대비해야 한다(호 5:8; 8:1; 욜 2:15; 렘 6:1; 겔 33:3). 그렇지 않으면 침략자에게 죽임을 당할 수밖에 없다. 고대 근동의 전쟁은 매우 참혹했다. 특히 힘없는 여자와 어린아이는 전쟁의 가장 큰 희생물이 되었다. 다행히 이스라엘에는 여호와께서 이런 참혹한 상황에서 그들을 보호해줄 것이라는 믿음을 확고히 해주는 종교적 제도들이 있었다. 선민 신분, 출애굽 신앙, 성전, 각종 종교 지도자, 예배 및 그 외 갖가지 예식이었다. 이스라엘은 이 제도들을 통해 하나님이 자신들을 적의 손에서 꼭 보호할 것이며, 결코 망하게 내버려두지 않으실 것이라고 확신하고 있었던 것이다.

문제는 이스라엘이 이런 제도를 제대로 활용한 적이 별로 없다는 것이다. 많은 제도를 악용했고, 오히려 선지자의 입을 틀어막기 일쑤였다(2:12). 대신 거짓 선지자를 선호했고, 들어야 할 메시지보다 듣고자 하는 메시지를 선호함으로써 이런 제도적 장치들을 무력화시켰다. 그래서 결국 아모스는 선언한다. "이 땅에 전쟁이 임할 것이다. 그것도 여호와께서 적군을 불러와 시작되는 전쟁이! 그뿐만 아니라 여호와께서 침략하는 적군의 편에서 이스라엘을 대적해서 싸우실 전쟁이다!" 생각만 해도 끔찍하고 충격적이었을 것이다. 하나님이 주의 백성의 적이 되다니! 선지자의 경고는 결코 남의 이야기만은 아니다. 한국 교회는 아모스의 이런 충격적인 비난에서 자유한지 생각해 보아야 한다. 거짓 목회자가 하나님 말씀이 아니라 각자 자기 소견에 옳은 대로 선포하는 이 시대, 성도도 영적인 성장과 하나님과 관계를 더 건강하게 만들어가는데 필요한 메시지가 아니라, 듣기 좋은 메시지를 선호하는 이 시대는 과연 아모스의 비난에서 자유한가?

생각해보면 하나님이 이스라엘을 심판하신다는 것은 결코 새로이 드러난 진리가 아니다. 하나님은 항상 자신의 종에게 비밀을 알리시기 때문이다. '비밀'(סוֹד)은 하나님이 홀로 계획하거나 천상어전회의에서 결정하는 일이기에(왕상 22:19-23) 사람들에게는 알려지지 않는다(Sweeney, cf. HALOT). 그러나 하나님은 선지자에게 이 '비밀'을 알리신다. 하나님은 요나에게 니느웨에 임할 심판을 미리 알려 주셨고(욘 1:2), 노아에게는 홍수에 대해 미리 알려 주셨으며(창 6:13-21), 아브라함에게는 소돔을 멸하시겠다는 계획을 미리 알려 주셨다(창 18:17-21). 그러므로 이와 같은 맥락에서 선지자의 경고는 다가오는 재앙에 대해 미리 알려 '귀 있는 자'는 듣고 회개하여 그 재앙을 피하게 하기 위한 하나님 은혜다.

주님께서 선지자를 통해 오래전부터 심판을 경고해 오셨다(7절). 하나님은 과거에도 이스라엘에게 선지자를 보내셨다(렘 7:25-26). 이런 사실은 선지자가 하나님과 어떤 관계를 가지고 있는가를 드러내 예언의 본질이 어떤 것인가를 암시한다. 예언의 본질에 대해 본문은 세 가지 중요한 이슈를 언급한다. (1) 예언의 기원, (2) 예언의 의미, (3) 예언의 전달이다. 첫째, 예언은 어떤 종교적 통찰력이나 천재적인 사고를 가진 사람이 지어내어 하나님 이름을 빌어 선포하는 것이 아니다. 예언은 선지자가 하나님께 직접 받은 계시다. 둘째, 예언은 하나님께 속한 비밀을 드러내는 것이다. 하나님의 계획과 뜻이 그분이 직접 택하여 세우신 선지자를 통해 계시된 것이 예언이다. 셋째, 선지자는 두려운 마음으로 예언을 선포한다. 자신이 마치 하나님이 된 것처럼 교만한 자세를 취할 수 없는 입장이다. 그러므로 선지자는 하나님의 뜻과 말씀이 아무리 자신과 백성을 두렵게 한다 해도 하나님께 받은 메시지 그대로 전할 수밖에 없다. 아모스의 경우 하나님은 포효하는 사자로 나오셔서(1:2) 혹독한 심판의 메시지를 선포하셨다. 그러므로 8절은 아모스가 어떤 권위를 가지고 메시지를 선포하는가를 알려 주는 기능을 한다(Hayes). 그러나 아모스에게 자신의 권위를 위임하신, 포효하는 사자이신 하나님은 아모스의 청중뿐만 아니라 선지자 자신도 두렵게 했을 것이다.

하나님의 심판 선언이 부정적이지만은 않다. 생각해보면 긍정적인 면모를 지녔다. 하나님이 백성의 죄로 끊임없이 갈등하시는 것은 여호와께서 자녀 이스라엘을 향해 보여주신 끊을 수 없는 관심과 사랑이기에 가능하다. 또한 죄에 대한 심판 선언은 곧 구약적 복음의 선포이기도 하다(Mays). 하나님이 이스라엘을 자기 백성으로 삼으셨기에 심판해야 했고, 심판하기 전에는 반드시 선지자를 통해 경고하셨다. 그러나 이스라엘은 하나님의 은총을 반역으로 응답했다. 그러므로 이스라엘은 심판주 하나님이 내리시는 벌을 피할 수 없게 되었다(8절).

> 사자가 부르짖은즉
> 누가 두려워하지 않겠는가?
> 주권자 여호와가 말씀하신즉
> 누가 예언하지 않겠는가?

III. 경고와 심판(3:1-6:14)
  A. 이스라엘에 임할 심판(3:1-4:3)

3. 심판의 정당성과 범위(3:9-4:3)

선지자는 하나님이 이스라엘을 선택하고 사랑하여 그들을 '아셨지만'(ידע)(2절), 이스라엘은 하나님과 언약을 파괴했기에 하나님이 심판하기 위해 '방문하실 것'(פקד)(2절)이라고 선포했다. 아모스는 3:9-15에서도 이스라엘은 옳은 것이 무엇인지 '알지'(ידע)(10절) 못하기에 하나님이 심판하기 위해 '방문하실 것'(פקד)(14절)이라고 선언한다. 이스라엘이 악명 높은 이웃들보다 더 악하기 때문이다. 선민사상과 연관된 경건과 정의는 이스라엘의 삶에서 실종된 지 오래다. 죄가 심각한 만큼 받게 될 벌도 심각하다. 이스라엘은 소중하게 여기는 것을 모두 빼앗길 것이다. 이스라엘은 하나님의 심판을 받아 망하면 다시 회복하기가 어렵게 될 것이다. 하나님이 남은 자를 거의 남겨 두지 않으실 것이기 때문이다.

지금까지는 수사학적인 질문으로 구성되었던 선지자의 스피치가 9절부터는 명령문 형태로 바뀌고 있다. 선지자가 사용하는 이미지 역시 변하고 있다. 선지자는 동물의 세계, 나팔, 사냥 등에 대한 이미지를 떠나 도시문화 이미지를 사용한다. 심판이 임하는 날 이스라엘은 적의 손에 성벽이 파괴되고 성안에 있는 모든 것을 빼앗기는 도성처럼 된다. 즐겨 찾는 벧엘 성소도 잿더미가 될 것이다. 이스라엘을 보호하기 위해 공들여 쌓은 군사력과 종교적 삶이 모두 한순간에 무너져 내린다. 본 텍스트는 다음과 같이 세 파트로 구분할 수 있다.[3] 세 섹션 모두 이스라엘의 악함과 임박한 심판을 강조한다.

A. 이스라엘의 포악함과 심판(3:9-11)
   B. 회복이 불가능한 심판(3:12-15)
A′. 상류층 여인의 포악함과 심판(4:1-3)

---

3 이 섹션은 다음과 같이 교차대구법적 구조를 지닌 것으로 분석할 수도 있다.
  A. 명령—아스돗과 이집트여, 모이라, 보라(3:9)
    B. 이스라엘의 죄에 대한 고발(3:10)
      C. 심판 선언(3:11-12a)
    B′. 이스라엘의 죄에 대한 고발(3:12b)
  A′. 명령—아스돗과 이집트여, 들으라, 증거하라(3:13-15)

> III. 경고와 심판(3:1-6:14)
>   A. 이스라엘에 임할 심판(3:1-4:3)
>   3. 심판의 정당성과 범위(3:9-4:3)

(1) 이스라엘의 포악함과 심판(3:9-11)

⁹ 아스돗의 궁궐들과 애굽 땅의 궁궐들에

선포하여 이르기를

너희는 사마리아 산들에 모여

그 성 중에서 얼마나 큰 요란함과 학대함이 있나 보라 하라

¹⁰ 자기 궁궐에서 포학과 겁탈을 쌓는 자들이

바른 일 행할 줄을 모르느니라

여호와의 말씀이니라

¹¹ 그러므로 주 여호와께서 이와 같이 말씀하시되

이 땅 사면에 대적이 있어

네 힘을 쇠하게 하며

네 궁궐을 약탈하리라

이스라엘이 하나님의 심판을 받을 수밖에 없는 이유를 공개하기 위해 아모스는 이스라엘의 이웃 나라, 그것도 이스라엘이 경계하고 미워할 수밖에 없는 나라들에게 국빈 자격으로 사마리아로 와달라고 공식적인 초청장을 보낸다(9절). 초청된 나라는 당시 이스라엘의 가장 큰 원수인 블레셋의 도시국가 아스돗과 남방의 강대국 이집트였다 (Gowan). 이 나라들은 과거에 이스라엘을 무척 괴롭혔다(McComiskey & Longman). 그래서 이스라엘은 이 나라들을 잔인함의 표상으로 여겼다. 선지자가 이런 나라를 초청해 사마리아의 포악함에 대해 증언하도록 하라는 것은 이스라엘이 어느덧 그렇게 혐오하는 나라들과 크게 다를 바 없는 저질 민족으로 전락했음을 깨달아야 하기 때문이다(G. Smith). 훗날 이사야도 유다를 소돔과 고모라와 동일하게 취급한다(사 1:10).

칠십인역은 선지자가 아스돗 대신에 아시리아($A\sigma\sigma\nu\rho\iota\sigma\iota\varsigma$)를 호명한 것으로 기록하고 있다. 아스돗보다는 북쪽의 강대국 아시리아가 남쪽의 강대국 이집트와 더 잘 어울린다고 해서 칠십인역의 기록을 더 선호하기도 한다. 그러나 필사가가 아시리아를 아스돗으로 착각했을 가능성은 별로 없어 보인다(Sweeney). 아모스는 처음부터 아스돗을 염두에 두었던 것이다. 아스돗은 할례를 행하지 않았던 블레셋의 5대 도시 중 하나로 이미 아모스의 OAN에서 하나님의 심판이 이 도시에 선포되었다(1:8). 아모스가 블레셋의 여러 도시 중 아스돗을 지명한 이유 중 하나는 아마도 언어유희를 통해 이스라엘의 죄를 비난하기 위함인 것 같다. 폭력으로 유명한 '아스돗'(אשדוד)은 사마리아의 '소드'(שד)(폭행, 10절)를 두 눈으로 직접 보게 될 것이다.

이집트는 이스라엘에게 매우 잔인하고 고통스러운 노예생활을 강요했던 나라였다. 이집트는 이스라엘이 절대 잊을 수도, 잊어서도 안 되는 영원한 속박의 상징이었다. 그러나 이집트가 과거에 이스라엘 백성을 혹사시키고 핍박했던 것처럼 이스라엘의 일부 계층이 온 백성을 괴롭게 하고 있다. 한때 노예제도의 피해자였던 사람이 이제는 가해자로 변한 것이다. "개구리 올챙이 시절 모른다"더니 말이다!

이스라엘이 왜 이렇게 되었는가? 하나님은 그들이 '올바른 일을 할 줄 모르기 때문'이라고 선포하신다(10a절). 이 말씀은 그들이 무식해서라는 뜻이 아니다. 이스라엘은 어떻게 살아야 하는지 잘 알고 있었다. 다만 아는 만큼 살지 못했다. 우리가 무엇을 '안다'(ידע)는 것이 삶에 영향을 미치지 못하고, 우리가 아는 만큼 살아내지 못한다면 똑같은 비난을 받을 것이다. 오늘날도 많은 기독교인이 많은 지식을 머리에 담은 채 가슴으로는 끌어내리지 않은 삶을 살고 있다. 그렇다면 아모스 시대를 살아가던 사마리아의 지도층과 다를 바가 무엇인가? 머리에서 가슴까지는 불과 30㎝밖에 되지 않지만, 순종하려는 의지가 없는 사람에게는 세상에서 가장 먼 거리가 된다.

이스라엘이 옳은 일을 할 줄 모른다는 사실은 그들이 성안에 쌓아둔 폭력과 강탈로 탈취한 재물이 증언한다(10b절). 이 재물의 일부가 다른 나라 정복과 약탈에서 비롯된 것인지(Andersen & Freedman), 아니면 사회적 약자를 착취한 결과인지(Finley)는 별로 중요하지 않다. 중요한 것은 거룩하신 하나님의 백성이 사는 곳에 부도덕함을 입증하는 증거가 곳곳에 산재해 있다는 사실이다. 게다가 이스라엘은 이처럼 윤리적으로 문제가 되는 물건이 있다는 것에 별로 마음을 두지 않는다. 그들에게는 이 물건이 오로지 여호와께서 내려주신 축복의 증거일 뿐이다. 반면에 하나님은 이런 축복을 내려주신 적이 없다. 그러므로 주님의 눈에는 이런 것들이 모두 포악함과 부도덕함의 증거일 뿐이다(Stuart). 이스라엘은 모든 윤리적 기준을 상실한 것이다.

선지자가 지적하고 있는 블레셋과 이집트 두 국가는 이스라엘이 즐기고 있는 하나님의 언약과 전혀 상관없는 나라들이다. 또한 위대한 신전과 호화스러운 궁궐로 유명한 나라들이다. 지도자는 국민을 착취하고 정치가는 백성을 괴롭혔을 뿐만 아니라, 권력을 도구로 삼아 개인적 잇속을 챙기는 일에 몹시도 발이 빠른 자였다. 그들의 궁궐은 부패와 폭력, 착취와 억압의 상징이었다. 이렇게 부패한 나라도 사마리아의 호화스럽고 '요새화된 궁궐들'(אַרְמְנוֹת)과 여러 상황을 보는 순간 입이 벌어질 것이다. 비록 자신들이 백성을 착취하여 호화롭게 살고 있지만, 사마리아에서 행해지는 일들에 비하면 아무것도 아니었다는 생각을 하게 될 것이기 때문이다.

두 나라가 초청을 받는 것은 이스라엘의 율법에 의하면 법원에서 누구에게 유죄판결을 내릴 때에는 최소한 두 명의 증언이 필요했기 때문일 것이다(민 35:30; 신 17:6; 19:5). 타락의 정도가 심각했던 나라이자 언약의 테두리에서 완전히 벗어났던 두 나라를 사마리아로 초청하는 이유는 그만큼 사마리아의 도덕적 타락도 심각했음을 강조하기 위함이다. 또한 언약 백성이 언약 밖에 거하는 백성의 정죄를 받는 것은 매우 역설적인(ironic) 일이다. 이러한 상황이 아모스 시대에만 국한되어 있지는 않다. 오늘날 한국 교회는 어떠한가? 세상에서 일어나지 않는 일이 교회 안에서 일어나고, 일반 학교에서 일어나지 않는 일이 신학교와 기독교 대학에서 일어나고 있다. 이런 일들로 우리는 현재 믿지 않는 자에게 정죄를 받고 있지 않는가? 우리는 교계 전반에 진정한 회개의 바람이 꼭 필요한 시대를 살고 있다.

정의와 공의로 세상을 다스리는 하나님이 이스라엘을 가만히 둘 리 없다. 그는 공의의 하나님이기에 이스라엘을 심판할 수밖에 없다. '그러므로(לָכֵן)…' 심판의 서곡(prelude)이 시작된다(11절). 아모스는 적의 이스라엘 공략이 세 단계로 진행될 것을 예언한다. (1) 군대가 온 나라를 포위해 아무도 빠져나가지 못하도록 한다. (2) 이스라엘의 방어벽을 허문다. (3) 도성으로 들어와 그동안 이스라엘이 쌓아둔 모든 재산을 약탈해 간다(11절).

"네 궁궐을 약탈하리라"(11절)에서 '궁궐'로 번역된 히브리어 단어(אַרְמְנוֹת)는 일반적으로 '[요새화된] 궁궐'을 뜻하지만(9절, HALOT), 11절에서는 문맥상 '요새' 혹은 '도성'으로 번역되는 것이 바람직하다(새번역, NIV, NAS, NRS, TNK). 그러므로 "네 요새/도성을 약탈하리라"가 더 정확한 표현이며, 이 말씀은 이스라엘의 내부적 갈등이 외부로부터 심판을 불러들이는 결과를 초래할 것을 암시한다. 이스라엘 상류층 사람이 백성을 겁탈하고 압제하였기에 하나님은 이방 나라를 이스라엘로 끌어들여 그들이 행한 대로 겁탈과 압제를 받게 하신다. 그리하여 이스라엘이 소중하게 여겼던 것과 그들의 영화와 안정(security)을 지켜줄 것으로 생각했던 보호벽이 모두 무너져 내리게 하신다. 백성은 마치 이 땅에서 영원히 살게 될 것이라는 착각 속에서 살았다. 그러나 가장 의지하고 신뢰했던 요새들이 무너지고 있다. 요새가 무너지면, 영화와 재물도 보호받지 못한다. 모두 침략자들이 약탈해 갈 것이다.

물질의 허무함을 보라. 우리는 이 세상에 많은 것을 쌓고 있다. 그러나 우리가 쌓고 있는 것들이 하나님의 심판 날에도 굳건히 서 있을 것인가? 아니면 모래성이 밀려오는 파도에 허물어지듯 무너져 내릴 것인가? 안타깝게도 자신의 성취감에 도취해 있고, 온갖 안일한 생각으로 가득 차 있던 이스라엘 사람에게는 진군해 오는 적에 대해 경고음을 울리던 선지자의 나팔소리가 들리지 않았다. 그들의 방탕, 방종, 폭력 등의 요란한 잡음이 선지자의 나팔소리를 삼켰던 것이다. 우리는 끊임없이 질문해 보아야 한다. 우리는 하나님의 나팔소리를 잘 듣고 있는가?

> III. 경고와 심판(3:1-6:14)
>   A. 이스라엘에 임할 심판(3:1-4:3)
>   3. 심판의 정당성과 범위(3:9-4:3)

(2) 회복이 불가능한 심판(3:12-15)

12 여호와께서 이와 같이 말씀하시되
목자가 사자 입에서 양의 두 다리나 귀 조각을
건져냄과 같이
사마리아에서 침상 모서리에나 걸상의 방석에 앉은
이스라엘 자손도 건져냄을 입으리라
13 주 여호와 만군의 하나님의 말씀이니라
너희는 듣고 야곱의 족속에게 증언하라
14 내가 이스라엘의 모든 죄를 보응하는 날에
벧엘의 제단들을 벌하여
그 제단의 뿔들을 꺾어 땅에 떨어뜨리고
15 겨울 궁과 여름 궁을 치리니
상아 궁들이 파괴되며 큰 궁들이 무너지리라
여호와의 말씀이니라

선지자는 심판의 심각성을 앞에서 이미 몇 차례 사용했던 사자 비유
로 설명한다(12절). 사자(호 13:7-8; 5:14)는 다가오는 심판의 결정적이고
절대적인 면을 암시한다. 자신의 양을 잡아먹고 있는 사자를 목격한
목자가 그 짐승과 생명을 담보로 혈투를 벌여 드디어 사자의 입에서
양을 건져냈지만, 양은 이미 먹히고 없어서 고작 먹힌 양의 두 다리뼈
조각이나 귀 조각을 구해냈다면, 무슨 쓸모가 있겠는가? 목자는 일단
자신이 짐승을 빼돌린 것이 아니라 사자의 습격을 받아 짐승이 죽었다
는 증거를 확보하는 데는 성공했지만, 짐승을 살리거나 몸통을 확보하
는 일은 실패했다. 또한 모든 것이 부서지고 남은 것이라고는 오직 모
서리밖에 없는 침대와 다리(혹은 방석)만 남은 안락의자를 아직도 온전
한 침대와 의자로 취급하겠는가?

개역개정이 '[걸상의] 방석', 새번역이 '[안락의자]의 다리 조각'으로
표현한 히브리어 단어(וּבִדְמֶשֶׁק)의 정확한 의미를 파악하는 일이 쉽지 않
다(Gowan; Sweeney). 칠십인역, KJV, NIV 등은 이 문구를 '다메섹 안
에'(in Damascus)로 해석한다. 그러나 마소라 사본은 다메섹(דַּמֶּשֶׂק)을 뜻할
때는 세 번째 자음을 본문처럼 shin(שׁ)이 아니라 sin(שׂ)을 사용한다. 히
브리어 성경을 보존한 사람은 이 단어를 다메섹을 뜻하는 고유명사와
구분하고 있는 것이다(G. Smith). 그렇다면 아모스가 다메섹/다마스쿠
스를 썼을 가능성이 더 줄어든다. 이 문구는 또한 침대에 사용하는 일
종의 실크 침구(damask)로도 번역될 수 있다(HALOT). 그러나 대부분 번
역본은 안락의자의 일부로 이해한다(NAS, NRS, TNK). 선지자가 사자
에게 다 먹혀 다리 조각과 귀 조각만 남은 양과 함께 이 비유를 사용
하고 있다는 점을 감안할 때, 안락의자의 조각으로 해석하는 것이 바
람직하다.

개역한글과 개역개정은 '방석에 앉은 이스라엘'이 구원받을 것이라
고 하는데, 별로 좋은 번역은 아니다. 또한 일부 영어 번역본은 사마
리아에 사는 이스라엘 사람이 구원받을 때 모든 재산을 빼앗기고 겨

우 '침대 모서리와 안락의자의 다리 조각'만 건질 것이라고 한다(NRS, TNK). 그러나 이 해석 역시 문맥과 잘 어울리지 않는다. 사마리아 사람에게는 그 어떤 '남은 재산'도 없을 것이기 때문이다. 12절의 앞부분과 연결해 볼 때, 우리말 성경에서는 새번역이 본문의 의미를 가장 잘 전달하고 있다. "사마리아에 사는 이스라엘 자손도 구출되기는 하지만 침대 모서리와 안락의자의 다리 조각만 겨우 남는 것과 같을 것이다"(Paul, G. Smith). 선지자는 두 비유를 통해 '남은 자'(remnant)의 약속을 선언하고 있는 것이 아니다. 그는 이스라엘에게 다가오고 있는 처절한 파괴를 말하고 있을 뿐이다. 이스라엘은 회복이 불가능할 정도로 망가질 것이다.

아모스는 이 유머러스한 비유를 통해 청중을 향해 비아냥거리고(sarcasm) 있다. 선지자가 적군이 이스라엘에 쳐들어와 모든 요새를 파괴하고 다 죽일 것이라고 하자, 청중 중에는 "그래도 우리는 선민인데 여호와께서 구원하지 않겠는가? 모두 구원하지 않더라도 최소한 남은 자는 두실 것이다"라고 반문하는 사람이 있었을 것이다. 아모스는 여호와께서 남은 자에게 구원을 베푸실 것을 인정한다. 그러나 기대하는 것과는 아주 다른 종류의 구원을 이루실 것이다. 사자의 입에서 양의 두 다리뼈 조각과 귀 조각을 구해내는 것같이 여호와께서 이스라엘을 구원하실 것이다! 침대가 다 파괴되고 한 귀퉁이만 남게 되는 것처럼, 의자가 산산조각 나서 다리만 남게 되는 것처럼 하나님이 이스라엘을 심판하실 것이다! 이러한 구원이 무슨 쓸모가 있는가? 즉, 선지자는 미래에 대해 이렇다 할 소망을 가질 수 없는 혹독한 심판과 완전한 파괴만이 이스라엘에게 임할 것을 경고하고 있다. 이 구절은 특히 사치와 향락을 누리고 있던 특권층(aristocrat)을 겨냥한 말씀이다(6:4-8).

하나님은 이런 사실을 야곱의 집에 전하라고 하신다(13절). 사마리아에서 행해지고 있는 죄악에 대해 이스라엘 모든 사람을 증인으로 나서게 하라는 뜻이다. 증인의 역할은 법정에 증거를 제출하는 것이 아니라 법원에 제출된 증거를 살피고 사실 여부를 확인하는 데 있다. 그러므로 지금까지 하나님이 이스라엘에 대해 선포하신 말씀이 사실임을 확인하라는 뜻이다. 선지자는 이스라엘의 죄는 세상 모든 사람이 공인할 만한 사실이라는 것을 확신한다. 아모스는 이 명령이 '주 여호와, 만군의 하나님'께로부터 유래되었음을 강조한다(13절).

아모스는 책에서 하나님의 여러 성호를 사용한다. 선지자는 이스라엘 사람이 여호와를 부르는 다양한 성호를 포괄적으로 사용함으로써 대변하고 있는 하나님이 곧 이스라엘이 언약을 통해 관계를 맺었던 바로 그분이라는 점을 강조해 충격을 가중시키고 있다. 지금까지 여호와만은 무슨 일이 있어도 그들을 보호해줄 수호신으로 생각했기 때문이다. 아모스서에서 사용되는 성호는 다음과 같다(Finley).

성호	구절
여호와(יהוה)	1:2
주(אֲדֹנָי)	7:7
주 여호와(אֲדֹנָי יהוה)	1:8
주 여호와 만군의 하나님(אֲדֹנָי יהוה אֱלֹהֵי הַצְּבָאוֹת)	3:13
주 만군의 하나님 여호와(יהוה אֱלֹהֵי צְבָאוֹת אֲדֹנָי)	5:16
그의 이름이 만군의 하나님이라 불리는 여호와 (יהוה אֱלֹהֵי־צְבָאוֹת שְׁמוֹ)	5:27
주 만군의 여호와(אֲדֹנָי יהוה הַצְּבָאוֹת)	9:5
네 하나님 여호와(יהוה אֱלֹהֶיךָ)	9:15

하나님이 사마리아를 심판하게 된 것은 이 도시(북 왕국의 기득권자의 상징)가 부조리와 착취로 가득했기 때문이다. 사회는 몰락했다 할지라도, 종교인이라도 하나님의 공평과 정의를 가르치고 실현하려고 노력하면 소망이 있는데, 이스라엘 종교의 상징인 벧엘의 제단은 이미 오래전부터 혐오스러운 것이 되어버렸다. 북 왕국의 정치, 경제, 사회,

종교, 군사, 문화 등 각계각층의 지도자는 부조리와 뇌물로 얻어진 돈으로 호화생활을 했다(14-15절).

앞으로 아모스서에서 여러 번 등장할 벧엘이 14절에서 처음으로 언급되고 있다(4:4; 5:5-6; 7:10, 13). 벧엘은 선조 때부터 이스라엘의 성소였다(창 28:19). 그러나 여로보암이 벧엘과 단에 금송아지를 세운 이후로 선지자에게 벧엘은 증오와 가증함의 표상이 되었다. 하나님이 드디어 벧엘에 있는 성소 제단 뿔들을 꺾어 땅에 떨어뜨리겠다고 하신다. 제사장이 제물의 피를 제단의 뿔에 바르는 것은 죄를 용서받는 일과 연관된 매우 중요한 예식이다. 그러므로 뿔을 꺾으신다는 것은 더는 죄를 용서하는 일이 없을 것이라는 뜻이다(G. Smith). 하나님이 이스라엘 예배를 무용지물로 만드실 것을 선언하시는 것이다.

그런데 왜 벧엘의 제단이 정치의 중심부인 사마리아와 함께 하나님 심판을 받아야 하는가? 아모스를 야단쳤던 아마샤는 벧엘을 '임금님의 성소요, 왕실이다'라고 했다(7:13). 벧엘에도 왕궁이 있어서일까? 그렇지 않다. 먼저, 벧엘이 언급되는 것은 종교 지도자를 비난하기 위해서다. 벧엘(בֵּית־אֵל)은 '하나님의 집'이라는 뜻을 지닌 유서 깊은 성지(聖地)였다. 그러나 이제는 그곳에서 신실한 예배가 행해지는 것이 아니라 제사장이 종교적 미명 아래 신도의 육신과 영혼을 착취하는 곳으로 변해 있었다.

한 걸음 더 나아가 아마도 벧엘의 제사장은 하나님을 조작했을 것이다. 그들은 하나님을 창조주, 구세주, 그러나 선택받은 이스라엘에 의해서도 결코 길들일 수 없는 하나님을 가르치기보다는 적절한 예물과 기도로 조작될 수 있는 그런 분으로 가르쳐서 이익을 챙겼던 것이다. 이런 가르침이 성행하는 곳에 하나님이 계실 리 없다. 또한 벧엘이 왕실이라고 하는 것은 이스라엘 종교가 권세가의 하수인이 되어 있음을 시사한다. 북 왕국의 제사장은 진정한 왕이신 여호와의 종이 아니라, 북 왕국을 다스리는 인간 왕의 종이 되기를 자원했다. 여호와께서는 이처럼 한쪽으로는 하나님 이름을 팔아 배를 채우고, 다른 쪽으로는 권세가에게 아부하여 잇속을 챙기는 제사장을 용납하실 수 없었다.

사마리아에서는 부정과 착취가 성행하고 있었다. 부정과 부패를 일삼는 자가 때가 되면 제물을 가지고 제단이 있는 벧엘을 찾았다. 그들은 벧엘에서 힘없는 백성의 피눈물로 얼룩진 제물을 아무런 거리낌 없이 여호와께 바쳤다. 선지자는 삶이 따라주지 않는 예배, 종교 지도자의 개인적인 이익을 추구하기 위해 이용하는 예배, 부정과 착취를 일삼는 지도층은 모두 심판을 받을 수밖에 없다고 선언한다. 특히 이스라엘처럼 신정통치(神政統治)를 바탕으로 한 사회에서 지도자의 이 같은 만행은 결코 용납될 수 없다. 신정통치를 추구하는 이스라엘 사회에서는 인간 지도자의 통치권이 그들에게서 비롯된 것이 아니라 이스라엘 왕이신 하나님의 통치권을 위임받은 것이기 때문이다. 즉, 이들의 만행은 하나님의 권력을 남용하고 있는 행위이기도 하다.

사마리아의 사치와 방종은 지도자에게만 제한된 것은 아니었다. 사마리아판 졸부도 한몫을 단단히 했다. 그들은 호화스러운 저택을 소유하고 왕처럼 살았다. 또한 계절에 따라 상아로 치장된 겨울 궁, 여름 궁에서 살았다. 상아는 대부분 아프리카를 오가는 페니키아 상인을 통해 수입된 것이었다. 수입한 호화 가구로 장식된 집에 살 정도였다면 사치가 어느 정도였는지 상상이 가지 않는가? 그들의 사치가 정당한 노력의 대가라고 해도 하나님 백성은 그렇게 살아서는 안 된다는 윤리적 문제가 제기될 터인데, 하물며 이들의 방탕이 약한 자의 피와 눈물로 이루어진 것이라면 얼마나 더 분개할 일인가!

(3) 상류층 여인의 포악함과 심판(4:1-3)

¹ 사마리아의 산에 있는 바산의 암소들아

이 말을 들으라

너희는 힘 없는 자를 학대하며

가난한 자를 압제하며

가장에게 이르기를

술을 가져다가 우리로 마시게 하라 하는도다

² 주 여호와께서 자기의 거룩함을 두고 맹세하시되

때가 너희에게 이를지라

사람이 갈고리로 너희를 끌어 가며

낚시로 너희의 남은 자들도 그리하리라

³ 너희가 성 무너진 데를 통하여

각기 앞으로 바로 나가서

하르몬에 던져지리라

여호와의 말씀이니라

이스라엘의 죄를 비난하는 선지자는 본문에서 이 사회가 얼마나 부패했는가를 사회의 한 그룹을 예로 들며 비난한다. 아모스는 '바산의 암소들'을 비난하는데, 이 표현을 이스라엘의 지도자 혹은 백성을 뜻한다는 해석이 있고(Calvin, cf. Targum), 바산에서 행해졌던 우상숭배와 연관된 표현이라는 해석도 있지만(Watts), 선지자는 불의와 착취에서 비롯된 사치와 향락을 즐기는 상류층 여인을 비하하는 말이다(Gowan; Sweeney). 훗날 이사야도 예루살렘의 상류층 여인을 비난하는 신탁을 선포한다(사 3:16-4:1). 바산의 소들이 마음껏 맛있는 풀을 뜯고 초장을 누리는 것처럼, 사마리아의 상류층 여인은 이스라엘 사회가 줄 수 있는 최고의 것을 즐기고 있음을 의미한다(G. Smith).

바산은 이스라엘 북쪽에 있었으며, 요단 강 동편, 야르묵 강의 북쪽에 있는 하우란(겔 47:16, 18), 혹은 산악지대에 속한 고지(plateau)였다(시 68:15). 성경 저자는 이 땅의 기름짐을 갈멜과 비교하기도 하며(사 33:9; 렘 50:19; 나 1:4), 바산의 아름드리 참나무를 언급하기도 한다(사 2:13; 겔 27:6; 슥 11:2). 바산에서 생산된 소고기는 기름지고 맛있기로 유명했다(시 22:12; 렘 50:19; 겔 39:18; 미 7:14). 포동포동하게 살이 오르고 육질이 부드럽고 맛있기로 소문난 암소를 상상해 보라. 입맛이 당기겠지만, '바산의 암소들'로 불리는 여자들에게는 언어로 묘사할 수 있는 가장 모욕적인 말에 속한다.

고대 사회에서 여성이 어떤 위치에 있었는가를 감안하면 선지자가 비난하는 귀부인들의 행동은 매우 큰 충격이 아닐 수 없다. 그들은 남편의 권력과 사회적 지위를 남용해 사회적 약자를 압제하거나 협박해 부당한 재물을 쌓고 있다. 선지자는 구체적으로 이들의 만행을 세 가지로 구분한다. (1) 가난한 자를 압제했다. (2) 불쌍한 자를 짓눌렀다. (3) 남편에게 술을 가져오라고 강요했다. '가난한 사람들'(דלים)과 '불쌍한 사람들'(אביונים)은 성경에서 쌍을 이루어 사회의 부조리에 희생당하는 약자를 표현한다(1절; cf. 신 28:33; 삼상 12:3).

귀족 여인들이 남편의 권력을 이용해 모은 재물은 힘없는 자의 고통과 눈물이었다. 성경은 정당하게 부를 쌓는 것을 비난하지 않는다. 이것은 하나님의 축복이다. 다만 한 사람의 부가 다른 사람의 피와 눈물의 결과일 때 문제 삼는다. 이 여인들이 남편에게 술을 가져오라고 강요하는 모습이 인상적이다. 성경은 남편을 뜻할 때 본문에서 사용하는 단어(איש)를 사용하지 않는다. 이곳에서 사용되고 있는 히브리어 단어(אדון)의 의미는 '주/주님'(lord)이다. 아모스가 이 여인들의 남편을 뜻하면서 의도적으로 이 단어를 사용하는 것은 일종의 아이러니를 형성하기 위해서다. 사회를 호령하는 '주들'(lords)이 아내들의 명령에 따라 약자를 착취해 수입을 그들의 '주들'(아내들)에게 바치고 있다는 것이다 (Gowan).

아모스가 사역하던 시대에 사마리아는 전에 누려보지 못한 부를 누리고 있다. 그러나 문제는 이 부가 상당 부분 사회에서 가장 연약하고 힘없는 계층을 착취하고 이용하는 데서 비롯되고 있다는 점이다. 이 지도층 여인들은 호화스럽고 향락적인 삶을 유지하면서 안방에서 남편을 조정해 사회적 부패를 가속화시키고 있다. 선지자는 이미 먹을 만큼 먹어서 피둥피둥하게 살이 찐 '바산의 암소들'이 남편에게 더 많은 마실 것을 가지고 오라고 억지를 쓰는 모습을 묘사하고 있다. 이 복부인들의 신앙생활을 상상해 보자. 아마도 부정한 방법으로 얻은 부가 여호와의 축복이라며 주님께 감사하고, 앞으로 더 큰 부를 내려달라며 헌금하고 기도했을 것이다. 본문에는 드러나 있지 않지만 상인들의 태도를 보면 이런 상황을 짐작할 수 있다(8:4-6). 여호와 하나님이 시내산 율법을 통해 온 이스라엘에게 주신 윤리강령은 아랑곳하지 않는다. 오늘날 이런 모습이 한국 교회 안에도 도사리고 있지 않은가? 하나님을 예배하기 위해 교회를 다니는 것이 아니라, 하나님을 이용해 자신이 추구하는 것을 얻기 위해 교회를 다니는 사람이 있는가 하면, 경건하고 거룩하지 못한 방법으로 얻은 수익의 일부를 교회에 헌금하는 사람도 있다. 그렇게 하면 하나님이 더 많이 주실 것을 기대하면서 말이다.

하나님이 자신의 거룩하심을 두고 "때가 너희에게 이를지라"(2절) 하고 맹세하신다. 하나님의 거룩하심은 백성의 삶에서 거룩과 경건을 요구하신다. 거룩과 경건은 남에 대한 배려와 자비를 전제한 삶을 기초로 한다. 그러나 이스라엘의 삶에서 약자에 대한 배려는 전혀 찾아볼 수 없으니 더 무엇을 기대할 수 있겠는가! 그리고 공의의 하나님이 이스라엘의 타락을 묵인하고 계실까? 아모스는 하나님의 성품이 결코 이 일을 보고만 있도록 허락하지 않으실 것이라고 한다. 하나님이 머지 않아 사회적 약자의 눈에서 피눈물이 나게 한 사람의 눈에서 피눈물이 나게 할 심판을 내리실 것이다. 선지자가 선언하는 심판이 어떻게 묘사되는지 살펴보자.

마치 '바늘'(צִנּוֹת)과 '낚싯바늘'(סִירוֹת)에 걸린 물고기처럼 이스라엘이 하나님의 심판 낚시에 걸려 질질 끌려갈 것이다. 그들이 자랑스럽게 여겼던 바산 지역(1절)을 넘어 북쪽으로 멀고도 기나긴 포로의 길을 떠나게 될 것이다(3절). 대부분이 본문을 이렇게 해석하지만, 확실하지는 않다(Paul). 많은 번역본이 이 히브리어 단어를 '바늘'(צִן)과 '낚싯바늘'(סִירָה)로 번역하지만(NIV, NAS, NRS), '바구니'와 '물고기 바구니'도 가능하다(TNK, cf. Paul). 만일 바구니로 해석한다면, 시체를 나르는 관이나 죽은 시체를 묻어주기 위해 끌고 가는 도구를 뜻할 수도 있다(Gowan; Sweeney). 그러나 고대 근동 사람은 적을 죽이면 시체를 마치 쓰레기 버리듯 내팽개치는 잔인함을 자랑삼아 했다. 그러므로 본문에는 바늘이 더 잘 어울린다. 귀부인이 낚싯바늘에 꿰인 물고기처럼 본인의 의지와 상관없이 강제로 끌려가는 모습을 묘사하고 있다(McComiskey & Longman). 실제로 아시리아 사람의 벽화에는 포로로 잡은 사람의 입술이나 코를 줄에 꿰어 끌고 가는 모습이 남아 있다(Pritchard, cf. Paul). 물고기가 낚시에 걸렸다는 것은 죽음을 뜻한다. 첫째는 물을 떠나는 자체가 생명을 유지하는 것을 어렵게 만든다. 둘째는 낚시꾼의 저녁거리가 될 것이니 생존이 불가능하다. 특히 피둥피둥하게 살이 오른 물고기는 먹기에 아주 알맞다.

'성 무너진 데'(פְּרָצִים)(3절)를 아모스가 지속적으로 암시하고 있는 지진의 결과라고 하기도 하지만(G. Smith), 파성퇴(battering ram)라는 성벽을 무너뜨리는 전쟁장비가 초래한 결과를 묘사한다(Niehaus, Finley). 사마리아가 머지않아 아시리아의 공격을 받아 성이 함락될 것을 예고하는 이미지다. '하르몬'(הַהַרְמוֹן)(3절)을 바산과 시리아 국경에 있던 헤르몬(חֶרְמוֹן)으로 바꾸어 읽을 것을 제안하는가 하면(Sweeney, G. Smith) 하르몬은 다마스쿠스 북쪽 지역을 가리킨다고 주장하기도 한다(Niehaus, Finley). 헤르몬/하르몬이 이스라엘 땅을 벗어나 있다는 점을 감안할 때, 이 말씀은 이스라엘이 바산 지역을 거쳐 북쪽으로 유배될 것을 예언하는 구절이다. 만일 선지자가 헤르몬과 상관없는 하르몬을 지적하고 있다면, 하르몬의 정확한 위치는 아직까지 밝혀진 바 없다(Gowan, cf. Paul).

선지자가 구상하는 이미지가 흥미롭다. 항상 종의 섬김만 받고 특별히 하는 일 없이 거드름만 피우던 여자들(바산의 암소들)이 이제는 마치 고삐에 꿰어 도살장으로 끌려가는 소처럼 처참한 모습으로 바산을 지나고 헤르몬/하르몬을 거쳐 타국으로 끌려간다. 앞으로 이 귀족 여인들이 겪어야 할 수모는 오늘 이 여인들에게 당하는 자들의 수치보다 훨씬 더할 것을 경고한다. 소가 끌려가듯 질질 끌려간 여인들은 타국에서 비참한 종말을 맞을 것이다. 아모스는 청중에게 부드러운 말로 속삭이며 하나님께 돌아올 것을 호소하지 않는다. 앞으로 이스라엘에게 임할 재앙에 대해 담대하게 선언할 뿐이다. 아마도 아모스는 설득과 호소의 시간은 이미 지났으므로 이제는 냉정한 심판만 선포할 때가 된 것으로 생각하는 듯하다(cf. G. Smith). 그래서 아모스는 그들 앞에 삶과 죽음을 제시하며 둘 중 하나를 택하라고 경고한다. 이스라엘이 아무리 받아들이길 거부해도 하나님의 심판이 다가오고 있음을 깨달아야 한다.

III. 경고와 심판(3:1-6:14)

B. 오염된 예배와 깨닫지 못하는 백성(4:4-13)

남 왕국에서 온 선지자 아모스의 메시지에 북 왕국 사람은 어떤 반응을 보였을까? 아마도 대부분은 여호와께서 이스라엘을 심판하실 것이라는 메시지를 달갑게 생각하지 않았을 것이고, 심지어는 반론을 제기했을 것이다. 이스라엘은 하나님의 선민이고, 하나님의 복을 받아 건국 이래 최고의 풍요로움을 누리고 있지 않은가? 선지자는 이 섹션에서 청중이 제시할 만한 반론을 완전히 잠재운다.

본 텍스트는 세 가지 장르의 신탁으로 구성되어 있다. (1) 제사장적 가르침(priestly Torah)(4-5절), (2) 선지자적 심판 선언(prophetic judgment speech)(6-11절), (3) 예배적 찬양 찬송(liturgical hymn of praise)(12-13절)(Wolff, Paul, Sweeney)이다. 본문이 세 가지 장르의 신탁을 포함하고 있다고 해서 이 신탁의 저자와 시대가 다르다고 생각할 필요는 없다. 이런 논쟁은 지나치게 주관적이고 소모적이며 본문을 이해하는 데는 크게 도움이 되지 않는다(Gowan).

선지자는 이 섹션에서 이스라엘의 종교와 삶을 비난하면서 신랄한 풍자를 대거 사용하고 있다. 또한 하나님의 "그런데도 너희는 나에게 돌아오지 않았다"라는 회고를 다섯 차례나 사용해(6, 8, 9, 10, 11절) 이스라엘에 대한 하나님의 실망감을 극도로 표현한다. 이 섹션은 장르에 따라 다음과 같이 세 파트로 구분할 수 있다.[4]

A. 변태적 종교 행위(4:4-5)
B. 회개를 거부하는 완악함(4:6-11)
C. 강퍅한 백성에게 더는 희망은 없다(4:12-13)

---

4 4:1-3을 이 섹션에 포함하면 본문은 다음과 같은 구조를 지닌다.
　A. 분사(participle)를 통한 이스라엘의 귀부인 묘사(4:1)
　　B. 심판(4:2-3)
　　　C. 여호와를 향한 이스라엘의 거짓된 호소(4:4-5)
　　　C′. 이스라엘을 향한 하나님의 무시된 호소(4:6-11)
　　B′. 심판(4:12)
　A′. 분사(participle)를 통한 이스라엘의 하나님 묘사(4:13)

1. 변태적 종교 행위(4:4-5)

<blockquote>

⁴ 너희는 벧엘에 가서 범죄하며

길갈에 가서 죄를 더하며

아침마다 너희 희생을,

삼일마다 너희 십일조를 드리며

⁵ 누룩 넣은 것을 불살라 수은제로 드리며

낙헌제를 소리내어 선포하려무나

이스라엘 자손들아

이것이 너희가 기뻐하는 바니라

주 여호와의 말씀이니라

</blockquote>

아모스는 본문에서 이스라엘이 벧엘과 길갈에서 드리는 예배를 맹렬히 비난하고 있는데, 선지자가 비난하는 종교가 우상숭배인가, 아니면 여호와 종교인가? 대부분은 여호와 종교의 변태적 행위라고 생각한다. 솔로몬의 죄로 통일 이스라엘이 주전 931년에 둘로 나뉜 다음 여로보암은 정치적 이유로 벧엘과 단에 금송아지를 세우고 그것이 이스라엘을 이집트에서 인도해 내신 여호와라며 섬기도록 했다. 나라가 분단된 상황에서 자신이 통치하는 사람들이 종교 때문에 일 년에 몇 차례씩 남 왕국의 수도인 예루살렘을 찾는 일이 통치자였던 그에게는 매우 커다란 정치적 위험이 아닐 수 없었기 때문이다. 그러나 선지자들은 여로보암의 이런 행위를 결코 용납할 수 없었으며, 이스라엘의 종교 행태를 맹렬히 비난했다. 비록 나라가 둘로 나뉘었지만, 이스라엘이 한 백성으로서 하나님 앞에 서는 것은 신학적으로 매우 중요했다(신 12장). 그러므로 선지자들은 벧엘과 단에 세워진 성전/신전의 정당성을 인정할 수 없었다. 이런 신학적 정서가 아모스 시대까지 그대로 전수

되어 내려왔다. 선지자는 설령 그들이 벧엘에서 섬기는 신이 여호와라 할지라도 삶이 엉망이니 종교 의식이 무슨 의미가 있겠냐고 비난한다.

이스라엘에는 여러 성읍이 길갈이라는 이름으로 불렸다(Gowan). 그러므로 본문이 정확히 어느 길갈을 뜻하는지 알 수 없다. 아마도 이스라엘이 가나안에 입성하여 첫날밤을 지낸 곳을 뜻하는 듯하다. 이 길갈은 여리고 성과 요단 강 사이에 있었다는 사실 외에는 정확한 위치가 밝혀지지 않았다. 여호수아가 백성을 이끌고 요단 강을 건넌 후 이곳에 머물며 가나안 정복의 베이스캠프로 삼았다. 또한 요단 강 도하 사건과 연관해 하나님의 은혜를 기념하고자 여기에 요단 강에서 취한 열두 개의 바위를 쌓아두었다(수 4:19-20). 여호수아는 길갈에 머무는 동안 광야 생활 중 할례받지 못한 자에게 할례받도록 했으며, 첫 유월절을 지내기도 했다(5:8-12). 광야 40년 동안 이스라엘을 먹여 살렸던 만나가 드디어 길갈에게 멈추었다. 새로운 시대의 시작을 알리기 것이었다. 길갈은 그 후에도 이스라엘 종교에 있어서 매우 중요한 자리를 차지했다. 사무엘은 매년 이곳을 찾았으며(삼상 7:16), 사울이 이곳에서 왕으로 세움 받았다(삼상 11:14-15). 아모스보다 10년 뒤 사역을 시작한 호세아 선지자도 길갈에서 행해지는 예배를 비난했다(호 4:15; 9:15; 12:11). 길갈은 이스라엘 역사에서 유서 깊은 성지였지만, 어느덧 죄로 오염된 예배의 원상이 되어 있었다.

선지서 가운데 종교 및 예배예식에 대해 가장 냉정하게 비난하고 있는 곳이 이곳이다. 삶에 반영되지 않고 종교 예식과 제물 바치는 행위로만 표현되는 신앙생활이 얼마나 무의미한 것인가를 잘 알고 있다(cf. 사 1:11-15). 선지자는 매일 아침마다 제물을 바치고, 사흘마다 십일조를 바쳐도 예배하고자 하는 여호와께서 기뻐하지 않으실 것이라고 한다(4b절). 3일마다 십일조를 드리는 것이 지나치다 하여 KJV와 NIV는 '매 3년'(every 3 years)으로 바꾸지만(McComiskey & Longman), 선지자가 이스라엘의 종교 행태를 비난하려고 과장법을 사용하고 있음을 감안할

573

때 '3일'을 그대로 유지하는 것이 바람직하다(NAS, NRS, TNK). 선지자가 비아냥거리며 매일 아침마다 바치라는 제물은 가족이 매년 한 차례 드리는 예물이다(G. Smith, cf. 삼상 1:3, 7, 21).

비록 이스라엘이 여러 종교적 성지에서 여호와를 예배하고 제물을 드린다고 하지만, 실제로 그들은 우상 숭배자다. 여호와 종교의 핵심이라 할 수 있는 가치관과 세계관의 변화를 제거해 버렸으니 남은 것은 하나님이 기뻐하시는 종교가 아니라, 이스라엘이 편리한 대로 정의해 버린 타락한 종교다. 이처럼 타락한 여호와 종교는 여호와를 불편하게 하고 분노하게 한다. 그러므로 여호와의 뜻과 상관없는 종교 행태 역시 우상 숭배이지 참 하나님을 섬기는 것이라 할 수 있겠는가. 오늘날 한국 교회는 우상 숭배자가 없는지 반성해 보아야 한다. 예수님 이름으로 모이는 교회라고 꼭 성경적이고 하나님이 기뻐하시는 교회가 아닐 수도 있다. 어느 교회든 성경이 계시하는 하나님이 아니라 조금이라도 다른 하나님을 예배하고 가르친다면, 그 교회는 우상을 숭배하고 있는 것이다. 비록 이름은 분명 하나님이고 예수님이지만, 예수님처럼 생긴, 하나님과 비슷한 우상을 숭배할 뿐 참 하나님을 섬긴다고 할 수 없다. 우리 주변에 도사리고 있는 수많은 기독교적 이단도 보면 이 같은 오류를 범하고 있음을 알 수 있다.

선지자의 발언은 충격적일 뿐만 아니라 마치 신성모독(blasphemy)처럼 들리기도 한다. 선지자의 발언에 현대적 감각을 더하면, "교회에 가서 죄 짓고, 기도원에 가서 반역하라. 새벽기도 때마다 헌금 드리고, 삼일예배(수요 예배) 때마다 십일조를 드려보아라. 드리는 헌금에 대해 남에게 자랑해라. 하나님이 잘해 주실 것이다!" 교회가 정한 때에 따라 예배에 참석하고 헌금을 바치는 것이 신앙생활의 전부라고 생각하는 사람에게 경종을 울리는 말씀이다. 물론 선지자들이 예물을 바치고 예배 드리는 일 자체를 문제 삼는 것은 아니다. 아모스는 이런 행위가 여호와 종교의 전부라고 생각하는 것에 문제를 제기하고 있다.

어떠한 도덕적·윤리적 사명감을 느끼지 못하고 그저 때에 따라 예배 드리고 제물을 바치는 행위는 이스라엘이 좋아하는 종교 생활이지 하나님과는 별 상관이 없다(5b절). 이스라엘이 여호와 종교의 본질을 버림으로써 하나님 뜻을 저버렸기 때문이다. 하나님 뜻을 저버린 종교와 예배는 무용지물이다. 하나님 마음을 슬프게 하면서 그분을 위해 각종 집회와 예식을 행하는 것은 아무런 의미가 없다. 하나의 아이러니가 형성되고 있다. 이스라엘 사람은 여호와께 예배를 드리러 이 성지를 찾았다. 그러나 이 성지에서 예배드릴수록 여호와가 기뻐하시는 것이 아니라 오히려 더 화를 내신다. 그들이 평소에 정직하지 못하고, 탐욕을 꾀하고, 방탕하면서도 각종 예배와 절기와 행사로 하나님을 기쁘게 해드릴 수 있다고 믿었기 때문이다. 그러나 이런 문제가 어찌 아모스 시대만의 문제라고 할 수 있겠는가? 비슷한 사고를 지닌 사역자와 성도가 우리 주변에도 많지 않은가!

선지자의 비아냥은 5절에서도 계속된다. "누룩 넣은 빵을 감사제물로 불살라 바치고, 자원예물을 드리려무나." 누룩이 든 빵은 일부 피의 제사와는 드릴 수 없는 것이었지만(출 23:18; 34:25; 레 2:11), 감사제물로 드리는 것은 가능했다(레 7:13). 그러나 누룩이 든 빵을 감사제물로 드릴 때 불살라 바치라는 규례는 없다. 누룩이 든 빵을 감사제물로 드리면 제사장이 먹었고, 누룩이 들어가지 않은 빵을 감사제물로 드리면 태웠다고 한다(Niehaus, cf. 레 2:11; 6:17).

본문에서 주목할 만한 것은 아모스가 사람들이 의무적으로 드려야 하는 제물이 아니라, 자발적으로 여호와께 드리는 '선물' 성향을 지닌 제물(נְדָבוֹת)을 언급하고 있다는 점이다(5절)(Hayes). 이 제물은 일종의 화목제이며 하나님의 긍휼과 선하심에 감사해서 스스로 드리는 예물이다(Wenham). 백성이 의무적으로 바쳐야 할 제물뿐만 아니라, 스스로 자원해서 바치는 제물까지 하나님이 거부하신다는 것은 하나님의 불편한 심기를 잘 드러내는 것이다. 예식이 끝나면 제사장과 둘러앉아 그

제물을 먹으며 친교를 나누게 된다. 그렇다면 본문에서 언급하고 있는 제사는 부자에게만 적용된다. 가난한 자는 자원해서 제물을 드릴 만한 여유가 없다.

이 본문이 이스라엘 역사와 선지자의 가르침에 어떤 영향을 미쳤는 가는 이미 서론에서 언급한 것처럼 폴(Paul)에 의해 매우 적절하게 평가 된다.

토라의 문헌과 고전적 예언자 이전의 예언자의 글 속에 표현된 옛 전승, 다시 말해서 한 국가의 궁극적 운명을 결정짓는 근본적 범죄는 우상숭 배의 죄라고 강조한 옛 전승과는 달리 고전적 예언자의 등장과 함께 한 국가의 운명을 결정짓는 새로운 기준이 나타나게 되었다. 새로운 기준 이란 '도덕적 청렴'(moral rectitude)이었다. 이스라엘의 장래와 운명은 본질 적으로 그들의 근본적인 도덕적 자세에 의해 결정되었다. 부도덕과 비 윤리적 행위는 궁극적으로 한 국가를 파멸로 인도할 것이다.

III. 경고와 심판(3:1-6:14)
  B. 오염된 예배와 깨닫지 못하는 백성(4:4-13)

2. 회개를 거부하는 완악함(4:6-11)

6 또 내가 너희 모든 성읍에서
너희 이를 깨끗하게 하며
너희의 각 처소에서 양식이 떨어지게 하였으나
너희가 내게로 돌아오지 아니하였느니라
여호와의 말씀이니라
7 또 추수하기 석 달 전에 내가 너희에게 비를 멈추게 하여
어떤 성읍에는 내리고
어떤 성읍에는 내리지 않게 하였더니

땅 한 부분은 비를 얻고

한 부분은 비를 얻지 못하여 말랐으매

⁸ 두 세 성읍 사람이 어떤 성읍으로 비틀거리며 물을 마시러 가서

만족하게 마시지 못하였으나

너희가 내게로 돌아오지 아니하였느니라

여호와의 말씀이니라

⁹ 내가 곡식을 마르게 하는 재앙과 깜부기 재앙으로 너희를 쳤으며

팥중이로 너희의 많은 동산과 포도원과

무화과나무와 감람나무를 다 먹게 하였으나

너희가 내게로 돌아오지 아니하였느니라

여호와의 말씀이니라

¹⁰ 내가 너희 중에 전염병 보내기를

애굽에서 한 것처럼 하였으며

칼로 너희 청년들을 죽였으며

너희 말들을 노략하게 하며

너희 진영의 악취로 코를 찌르게 하였으나

너희가 내게로 돌아오지 아니하였느니라

여호와의 말씀이니라

¹¹ 내가 너희 중의 성읍 무너뜨리기를

하나님인 내가 소돔과 고모라를 무너뜨림 같이 하였으므로

너희가 불붙는 가운데서 빼낸 나무 조각 같이 되었으나

너희가 내게로 돌아오지 아니하였느니라

여호와의 말씀이니라

만일 이스라엘이 하나님께 배신했는데도 주님께서 아무런 조치를 취하지 않고 그들의 반역을 지켜만 보셨다면 하나님도 다소 책임이 있다

고 할 수 있다.[5] 시내 산에서 맺으신 언약에 의하면 이스라엘이 순종하면 복을 주지만, 반역하면 징계해서 다시 돌아오도록 유도하시겠다고 약속하셨기 때문이다(신 28-31장). 이 섹션에서 선지자는 하나님은 반역한 이스라엘을 돌이키게 하려고 총 일곱 가지의 재앙을 내리며 온갖 노력을 다하셨으나, 이스라엘이 끝내 돌아오지 않았다고 회고한다. 하나님은 직무유기하신 적이 없다는 의미다. 이 점을 강조하기 위해 선지자는 이 섹션을 "그러나 나는 [책임에 따라]…"(וְגַם־אֲנִי)(but for my part, TNK, cf. NAS, 공동번역)라는 문구로 시작한다. 이스라엘은 아무리 말려도 스스로 반역의 길을 갔던 것이다.

이스라엘이 죄를 범하여 하나님의 품을 떠난 순간부터 이때까지 여호와께서는 그들을 돌이키기 위해 무던히도 애쓰셨다. 시내 산에서 약속하신 대로 불순종하는 이들이 다시 순종할 수 있도록 유도하기 위해 온갖 언약적 저주(covenant curse)를 내리신 것이다(레 26:14-39; 신 4:15-28; 28:15-32, 42)(Wolff, Stuart). 본문과 언약적 저주가 밀접한 관계가 있을 뿐만 아니라, 순서도 거의 비슷하다고 주장하기도 한다 (Brueggemann). 이스라엘은 하나님이 내리신 재앙으로 온갖 고통을 당하면서도 주님께 돌아오지 않았다. 그들에게는 자신들에게 무슨 일이 일어나고 있는가를 깨달을 만한 지혜가 없었기 때문이다. "깨달음이 없는 백성은 망한다"(호 4:14)는 말씀이 실감난다.

이 섹션은 거의 동일한 후렴구가 있는 5개의 소단락으로 이루어져 있다. "너희가 내게로 돌아오지 아니하였느니라"(6, 8, 9, 10, 11절). 일부 주석가는 6-13절이 훗날 편집자에 의해 삽입된 것이며 요시야 왕이 벧엘에 있던 성소를 훼손했을 때 첨부된 것이라고 한다(Wolff). 그러나 그렇게 간주할 만한 증거가 부족하다(McComiskey & Longman). 본문은 이스라엘에 대한 하나님의 좌절과 실망을 적나라하게 드러내고 있

---

5 새번역은 7-8절과 12절을 내러티브(narrative)로 간주한다. 그러나 대부분 영어 번역본이 반영하고 있는 것처럼 이 구절은 시(poetry)이다(NIV).

578

는 탄식이다. 정의와 공평은 결코 그 무엇으로도 대치될 수 없으며, 특히 예배의식이 이것을 대신할 수 없다. 본문은 여호와께서 이스라엘을 돌이키기 위해 하신 온갖 일을 회고한다. 선지자는 하나님이 이스라엘에게 내리신 언약적 저주 일곱 개를 논한다. 이 일곱 개 중 여섯 개는 자연재해라 할 수 있으며, 여섯 번째(전쟁)만 인위적이다. 선지자는 "하나님이 저주를 내리셨으나, 이스라엘이 반응하지 않았다"라는 양식을 반복하며 메시지를 선포한다(G. Smith). 이스라엘은 하나님의 온갖 방해에도 불구하고 멸망의 길을 가기로 스스로 결정한 것이다.

하나님이 이스라엘을 돌이키기 위해 사용하신 첫 번째 징계는 굶주림이었다(6절). '깨끗한 이빨'(נִקְיוֹן שִׁנַּיִם)은 사람들이 먹은 것이 없어서 이빨 사이에 남은 것이 없다는 뜻이다. 이 표현과 평행을 이루고 있는 '먹거리가 떨어짐'은 흉년을 묘사한다. 기근은 어느 농경사회나 일어날 수 있는 가장 큰 재난이다. 그럼에도 불구하고 기근은 이스라엘에게 각별한 문제를 제기했다. 이스라엘이 하나님을 잘 따르면 주께서 제때 이른 비와 늦은 비를 내려주셔서 먹을 것을 풍부하게 해주실 것이라고 약속하셨기 때문이다. 그러므로 이스라엘이 흉작으로 굶주림을 당하게 되었다면, 그것이 하나님으로부터 온 언약적 저주가 아닌지 깊이 생각해보아야 했다. 그러나 이스라엘은 이 같은 굶주림을 경험하고도 하나님께 돌아오지 않았다.

하나님이 이스라엘에게 내리신 두 번째 언약적 저주는 한발과 가뭄이었다(7-8절). 흉년이 온 사회에 영향을 끼치는 것은 사실이지만, 부자는 여전히 배불리 먹을 수 있었을 것이다. 그러나 가뭄은 모든 사람에게 영향을 미친다. 이스라엘은 일 년에 한 번 곡물 추수기를 맞았다. 주로 보리와 밀을 재배했는데, 4월 말경에 보리를 먼저 추수하고, 몇 주 후에 밀을 추수했다. 밀과 보리를 추수하기 두세 달 전(viz., 2-4월)에 '늦은 비'가 오지 않으면 곡물은 치명적인 피해를 입었다. 비가 오고 안 오고는 우연이 아니라 하나님의 섭리에 의해 계획된 것이다(Feinberg).

선지자는 이때 비가 오지 않은 것은 여호와가 하신 일이라는 것을 강조하기 위해 한 지역에는 비가 오고, 바로 옆에 있는 성읍에는 비가 오지 않았음을 회고한다. 그가 말하고 있는 가뭄은 자연현상으로 일어날 수 있는 예사로운 가뭄이 아니라는 것이다. 그런데도 목마른 이스라엘 사람은 물을 마시기 위해 다른 성읍은 찾을지언정 하나님을 찾지는 않았다.

하나님이 내리신 세 번째 재앙은 흉작이었다(9a절). 성경에서 잎마름병(שִׁדָּפוֹן)과 깜부기병(יֵרָקוֹן)은 자주 쌍으로 사용된다(신 28:22; 왕상 8:37; 대하 6:28; 학 2:17). 구약은 이것을 하나님이 죄를 심판하실 때 일어나는 현상으로 표현한다. 잎마름병과 깜부기병은 대체로 사막에서 불어오는 열풍(sirocco)이 한창 익어가는 곡식을 바싹 말려버리는 일에서 비롯되었다. 이런 열풍이 지속되면 말라가는 곡식은 누렇다 못해 검게 말라비틀어지기 일쑤였다. 하나님이 농작물에 대한 병충해를 사막에서 불어오는 열풍의 날개에 실어 보냈지만, 이스라엘은 깨닫지 못하고 돌아오지도 않았다.

이스라엘을 강타한 네 번째 시련은 메뚜기 떼였다(9b절). 질병이 망가뜨린 농작물을 메뚜기 떼가 먹어 치웠다. 완전한 흉작을 의미한다. 중동지방에서는 메뚜기 떼로 인한 피해가 간혹 있었다. 큰 떼는 1,000㎢에 이르렀으며, 1㎢당 메뚜기의 수가 4,000만 마리까지 달했다(cf. 필자의 요엘서 주해). 메뚜기는 매일 최소 자신의 몸무게만큼 먹어 치운다. 역시 메뚜기 떼에 대한 재난도 언약적 저주와 연관 있지만 하나님이 메뚜기 떼를 보내셨음을 깨닫지 못했다. 그래서 이번에도 이스라엘은 하나님께 돌아오지 않았다.

다섯 번째 재앙은 전염병이었다(10a절). 선지자가 언급하는 '이집트에 내린 전염병'(דֶּבֶר בְּדֶרֶךְ מִצְרַיִם)은 출애굽 때 이집트 사람에게 내려진 재앙과는 직접 상관이 없으며, 다만 동일한 단어가 가축들에게 내려졌던 다섯 번째 재앙에서 사용되는 것으로 보아(출 9:3), 하나님이 옛적에 이집트 사람의 가축을 치셨던 것처럼, 이번에는 이스라엘 사람의 가축을 치셨다는 것을 의미한다(Gowan). 문맥을 고려할 때에도 농작물(9절)-가축(10a절)-사람(10b절)이 더 잘 어울린다. 그러므로 아모스가 본문에서 언급하고 있는 전염병은 사람 사이에 유행한 것이 아니라, 이스라엘 가축 사이에 유행한 것이다. 이스라엘 사람은 성소를 찾을 때마다 출애굽 사건에 대한 강론을 들었을 것이다. 세월이 지나면서 어느덧 출애굽 이야기는 성소를 찾는 이스라엘 사람들에게마저 별다른 영향력을 발휘하지 못하는 옛날 이야기가 되었다. 그래서 가축이 전염병을 앓는데도 출애굽 때 이집트가 치러야 했던 불순종의 대가였다는 점을 전혀 기억하지 못했다. 설령 기억한다 할지라도 자신의 가축과는 상관없는 일로 생각했다. 하나님이 그들의 가축을 치셨는데도 말이다.

이스라엘이 경험한 여섯 번째 재앙은 전쟁에서 패하는 일이었다(10b절). "내가 [너희의 젊은이들을] 칼로 죽였다"는 전쟁을 의미한다. 구약에서 칼을 뽑아 든 하나님의 사자의 모습은 흔히 여호와가 지휘하시는 전쟁을 뜻한다(신 32:42; 삿 7:20; 렘 12:12). 하나님이 직접 지휘하시는 전쟁은 대체로 여호와가 이스라엘을 위해 싸우시는 전쟁이었다. 그러나 이곳에서는 하나님이 이스라엘을 적으로 삼아 싸우신다. 그런데도 이스라엘은 하나님께 돌아오지 않았다. 전쟁과 전염병(재앙)은 언약을 이행하지 않을 때 백성에게 임할 것이라고 경고된 저주이다(레 26:25; 신 28:21, 25).

하나님이 이스라엘을 돌이키게 하려고 내리신 마지막 재앙은 소돔과 고모라에 비교되는 각종 재난과 자연재해였다(11절). 모든 재난 가운데 고대 사람을 가장 두려운 공포의 도가니로 몰아넣었던 것은 지진이었다. 선지자는 소돔과 고모라를 뒤엎은 지진이 이스라엘을 강타했다고 한다(Sweeney, Gowan). 아모스는 이미 지진에 대해 언급한 적이 있다(1:1). 앞으로 그가 북 왕국에서 메시지를 전하는 것을 모두 마치고 남 왕국으로 돌아가서 그의 메시지를 책으로 정리하는 동안 이 지진이 일어날 것이다. 이스라엘 사람의 삶을 영원히 바꾸어놓을 이 지진이 지나간 현장에서 파괴된 집과 건물을 바라보며 정작 아모스의 경고를 기억했을 사람이 몇 명이나 되었을까? 그리고 그들은 무슨 생각을 했을까? 선지자가 본문에서 언급하는 대로 이스라엘 역사는 고난의 연속이었다. 그때마다 그나마 이들이 살아남은 것은 여호와께서 사람이 마치 불에 타기 시작한 장작을 꺼내는 것처럼 이스라엘을 불쌍하게 여기셔서 그들이 처한 위기에서 꺼내셨기 때문이다. 그러나 백성은 하나님의 은혜를 기억하지 못한다.

이미 언급한 것처럼 선지자가 본문에서 지금까지 회고한 재난은 모두 언약이 파괴되었을 때 내려지는 저주와 밀접한 관계가 있다(레 26:14-39; 신 28:15-68). 먹고 마시는 일은 생존에 있어서 가장 필수적인 것이다. 바알 종교를 접한 이스라엘 사람은 하나님이 모세를 통해 주신 옛적 가르침을 망각했다. 그러므로 바알이 아니라 오직 여호와만이 비(7-8절), 곡물(6, 9절)과 번영과 평화(10-11절)를 주실 수 있다는 사실을 새롭게 깨달아야만 했다.

그러나 그들은 볼 수 있는 눈과 들을 수 있는 귀를 가지지 않았다. 그러므로 옛적에 조상에게 모습을 보여주신 하나님을 다시 아는 일에 철저하게 실패했다. 오늘날 많은 사람이 '새로운 진리'를 찾아 나섰다가 이단에게 현혹되고는 한다. 해 아래 새로운 진리는 없다. 하나님은 이미 오래전에 우리에게 필요한 모든 진리를 성경을 통해 공급해 주셨다. 그러므로 우리가 추구해야 할 것은 옛길로 돌아가는 것이지 새로운 것을 찾아 나서는 일이 아니다. 옛적에 주신 말씀대로 사는 것도 쉽지 않은데, 사람들은 왜 새로운 진리를 찾아 헤매는 것일까?

3. 강퍅한 백성에게 더 이상 희망은 없다(4:12-13)

¹² 그러므로 이스라엘아

내가 이와 같이 네게 행하리라

내가 이것을 네게 행하리니

이스라엘아

네 하나님 만나기를 준비하라

¹³ 보라

산들을 지으며

바람을 창조하며

자기 뜻을 사람에게 보이며

아침을 어둡게 하며

땅의 높은 데를 밟는 이는

그의 이름이 만군의 하나님 여호와시니라

"네 하나님 만나기를(קרא) 준비하라(כון)"(12절)라는 말씀에서 사용되는 두 동사(כון קרא)가 성경에서 함께 사용되는 경우는 두 가지 정황에서다. (1) 언약 갱신(출 19장), (2) 성전(聖戰; 수 3:5)이다. 그래서 일부 학자는 본문을 아모스가 이스라엘에게 언약 갱신을 준비하라고 하는 긍정적인 메시지로 해석하지만(Barstad), 오히려 이스라엘을 상대로 전쟁을 하시겠다는 뜻으로 해석하는 것이 문맥과 더 잘 어울린다(Hunter, Gowan). 전쟁을 배경으로 하고 있는 이 말씀은 선지자들이 외치는 메시지 중 가장 두렵고 무서운 말씀이다. 이 말씀은 회개를 촉구하는 권고가 아니다. 언약 갱신 초청도 아니다. 심판의 날이 임박했음을 선언할 뿐이다. 그동안 수많은 기회가 주어졌음에도 불구하고 깨닫지 못한 이스라엘은 이제 분노하신 하나님을 만나야 한다(G. Smith). 하나님을 만나는 날, 모든 인간은 낮아지고 두려울 수밖에 없다.

이 말씀은 여호와의 날(יוֹם־יְהוָה)에 관한 표현이다. 이날은 단지 하나님 백성이라는 이유만으로 기대와 희망으로 맞이할 날이 아니다. 전통적으로 여호와의 날은 그가 오셔서 이스라엘의 적을 심판하시고 이스라엘에게는 위로와 축복을 주는 날로 간주되었다(von Rad). 그러므로 많은 사람이 여호와의 날을 기다렸다. 그러나 선지자는 여호와의 날을 두려워하라고 전한다. 한때 하나님 백성이었던 이스라엘은 어느덧 주님의 원수가 되어있었기 때문이다. 그러므로 하나님이 원수를 벌하시는 날, 이스라엘도 함께 벌하실 것이다.

이스라엘을 심판하실 여호와는 어떤 분이신가? 선지자는 찬양시로 그분의 능력을 노래한다(13절). 아모스는 구체적으로 6가지를 들어 찬양하는데, 하나님의 창조 능력과 통치권이 집중적으로 조명된다.

산들을 지으신 자
바람을 창조하신 자
자기 뜻을 사람에게 보이시는 자
아침을 어둡게 하는 자
땅의 높은 데를 밟는 자
만군의 하나님 여호와가 그의 이름이라

아모스 5:8-9과 9:5-6에도 비슷한 찬양시가 등장한다. 선지자는 세 곳에서 모두 "만군의 하나님 여호와가 그의 이름이라"라는 표현을 사용한다. 그래서 세 텍스트가 모두 당시 이스라엘이 성전에서 즐겨 부르던 동일한 찬송(hymn)에서 비롯된 것이라고 하기도 한다(Watts, Stuart). 아니면 하나님의 현현을 기념하거나 갈망하는 찬송의 일부였으며 아모스가 아닌 편집자에 의해 삽입되었다고 하기도 한다(Crenshaw). 고대 근동에는 왕이나 신을 매우 높여 찬양하는 것이 일상화되어 있었는데, 이런 정서가 본문의 배경이 된 것이라는 해석도 있다(Niehaus, Andersen & Freedman). 출처는 정확하게 알 수 없지만, 아모스가 전하고자 하는 메시지는 확실하다. 선지자는 하나님은 천지를 창조하신 분이실 뿐만 아니라, 창조된 천지를 통치하시는 분이라고 선언한다. 이신론자(異神論者; deist)들이 주장하는 것처럼 하나님은 세상을 창조하시고는 그 세상에 무관심하신 분이 아니다. 여호와는 창조하신 세계에 대해 깊은 관심을 가지고 살피시는 분이라는 것이 성경의 가르침이다. 아모스도 본문을 통해 이런 사실을 선언하고 있다. '산들을 지으신 자'는 아모스가 자주 사용하는 '산' 이미지를 다시 사용하고 있을 뿐만 아니라 책의 마지막 부분에 언급된 "산마다 단 포도주가 흘러 나와서 모든 언덕에 흘러 넘칠 것이다"(9:13)를 연상케 하는 듯하다.

선지자가 부르는 여호와에 대한 노래의 핵심은 중간에 있는 "자기 뜻을 사람에게 보이시는 자"에 있다. 본문에서 '뜻/생각'으로 번역된 히브리어 단어(שֵׂחַ)가 예사롭지 않다. 구약에서 이 단어가 '생각/뜻'이라는 의미로 사용되는 경우는 한 번도 없으며 항상 '불만'(complaint)을 의미한다(Gowan; cf. 욥 10:1; 21:4; 시 64:1; 142:2; 잠 23:29). 그렇다면 아모스는 단순히 하나님을 찬양하고 있는 것이 아니라, 천지를 창조하고 통치하는 하나님이 이스라엘에게 불만이 있음을 선언하는 것이다. 하나님은 이스라엘에 대해 가지고 계신 불만을 해소하기 위해서라도 곧 오실 것이다.

이처럼 위대하신 창조주가 직접 인간에게 오신다. 그러나 재/새 창조를 위해 오시는 것이 아니라 자기 백성을 심판하려고 오신다. 온갖 경고와 재앙에도 불구하고 이스라엘이 여호와께 돌아오지 않았기에 이제는 하나님이 그들에게 오신다. 사람이 하나님을 찾지 않으면, 하나님이 사람을 찾으신다. 그러나 구원하기 위함이 아닌 심판하기 위해 이 백성을 찾아오신다(Mays). 우리는 창조주 하나님을 만날 준비가 되어 있는가 자신에게 끊임없이 질문해봐야 한다.

III. 경고와 심판(3:1-6:14)

C. 죽은 나라 이스라엘에 대한 애가(5:1-17)

이 섹션을 시작하는 "이 말을 들으라"(שִׁמְעוּ אֶת־הַדָּבָר הַזֶּה)는 이미 3:1과
4:1에서 사용된 적이 있다. 선지자는 본 텍스트를 애가로 시작해서
(5:1-3) 애가를 부르리라는 예언으로 마무리한다(5:16-17). 또한 애가를
시작하는 탄식사(הוֹי)가 다음 디스코스가 어디서 시작되는지를 잘 보여
주고 있다(5:18-27, 6:1-14). 그 사이에 소망과 절망적 요소가 섞여 있
다. 그러나 전반적으로 절망감이 분위기를 장악한다. 절망이 강조되는
이유는 "살 길을 찾으라"(4, 6, 14절)의 절박함을 나타내기 위함이다.

선지자는 본문을 '여호와를 찾아 생명을 구하라'라는 호소로 시작해
서 '이스라엘이 여호와를 찾으면 어떻게 될까'라는 질문으로 옮겨간
다. 아모스는 세 가지의 이슈를 강조한다. 고발과 심판과 애원이다.
선지자는 메시지에 갖가지 문학적인 옷을 입혀 사람들을 설득하려 한
다. 이스라엘 사람이 자신이 처해 있는 절망적인 현실을 제대로 보기
를 원한다. 그들은 자신의 종교 생활이 하나님을 기쁘게 하는데 충분
하며 그분의 축복도 얻어낼 수 있을 정도로 만족스러운 것으로 생각했
다. 그러나 아모스는 그들의 신앙생활을 자신의 관점이 아닌 하나님의
관점에서 재평가해 보라고 권면한다. 선지자는 그들이 그렇게 자랑스
럽게 여기는 종교 예식과 제사를 여호와께서 정작 매우 혐오스럽게 생
각하신다고 선포해 이스라엘을 충격에 빠뜨린다. 회개를 유도하기 위
해서다. 그러나 뼈아픈 현실은 여호와께서 이들의 죄를 너무 잘 알고
계시고, 이스라엘은 도저히 회개할 기미를 보이지 않는다는 사실이다.
본 텍스트는 다음과 같은 구조를 지녔다.[6]

---

6 5:1-17에 대해 대부분은 다음과 같은 구조를 제안한다(de Waard, Smalley, Paul, G. Smith).
   이 주석에서는 편의상 C-D-C'을 한 문단으로 묶었다.
   A. 1-3절 애가
     B. 4-6절 권면

A. 이스라엘에게 부르는 애가(5:1-3)

  B. 살 길을 찾으라(5:4-6)

    C. 불의와 부정에 대한 비난(5:7-13)

  B′. 살 길을 찾으라(5:14-15)

A′. 거리에서 부르는 애가(5:16-17)

III. 경고와 심판(3:1-6:14)
  C. 죽은 나라 이스라엘에 대한 애가(5:1-17)

1. 이스라엘에게 부르는 애가(5:1-3)

¹ 이스라엘 족속아

내가 너희에게 대하여

애가로 지은 이 말을 들으라

² 처녀 이스라엘이 엎드러졌음이여

다시 일어나지 못하리로다

자기 땅에 던지움이여

일으킬 자 없으리로다

³ 주 여호와께서 이와 같이 말씀하시되

이스라엘 중에서

천 명이 행군해 나가던 성읍에는 백 명만 남고

백 명이 행군해 나가던 성읍에는 열 명만 남으리라

하셨느니라

  C. 7절 심판

    D. 8-9절 "여호와가 그의 이름이라"

  C′. 10-13절 심판

  B′. 14-15절 권면

A′. 16-17절 애가

'애가'(קִינָה)(1절)는 사람이 죽었을 때 부르는 장송가(funeral song)다(삼하 1:17-27; 3:31-34). 고대 사회에서는 대개 여자들이 이 노래를 불렀다(삿 11:39-40; 렘 9:17; 겔 32:16). 에스겔은 열방의 왕에 대해 애가를 불렀고(겔 19:1; 26:17; 27:2, 32; 28:12; 32:2), 예레미야는 이스라엘에 대해 애가를 불렀다(렘 9:10, 19-20). 이 본문에서 아모스가 사마리아를 상대로 혹은 온 이스라엘을 상대로 이 애가를 부르는 것에 대해 다소 논란이 있지만(Hayes, G. Smith) 결과는 같다. 아모스는 온 이스라엘을 상대로 이 노래를 부르고 있으며, 이 애가에서 이스라엘은 침략자에게 온갖 추행을 당하고도 결국에는 죽은 한 젊은 여자로 묘사되고 있다. 이 노래는 생명의 길과 죽음의 길을 제시함으로써 5장 전체 메시지의 분위기를 조성한다. 선지자는 스스로 왕성하게 살아 있다고 주장하는 이스라엘이 실상은 하나님 앞에서 죽은 자와 다름없다며 회개를 호소한다(G. Smith).

선지자는 애가를 완료형으로 지어 부르고 있다. 완료형은 이미 일어난 일을 회고할 때 사용하는 동사 유형이다. 이처럼 앞으로 될 일을 이미 일어난 일처럼 묘사하는 것은 선지자 예언에서 자주 보인다. 이것을 예언적 완료형(prophetic perfect)이라 부르기도 한다. 이 시제(時制)의 강조점은 선지자의 예언이 성취될 것이 얼마나 확실한지, 마치 이미 과거에 일어난 일처럼 묘사하는 데 있다(McComiskey & Longman). 아모스가 이 애가에서 묘사하는 이스라엘의 운명은 이미 일어난 것처럼 확실히 성취될 것이라는 의미다. 이스라엘은 다가오는 심판을 결코 피할 수 없다.

살아 있는 사람을 앞에 놓고 장송가를 부르는 것은 매우 충격적인 일이다. 아모스는 처녀 이스라엘의 시체 앞에서 애가를 부른다. 버젓이 살아 있는 사람 앞에서 그에 대한 애가를 부르는 것도 충격인데, 선지자가 이스라엘을 처참하게 죽은 처녀 이스라엘로 묘사하는 것은 슬픔을 극대화시킨다(Gowan). 고대 사회에서는 자손을 남기지 못하고 죽는 것은 가장 큰 수치이자 비극으로 생각했다. 이스라엘은 자손을 남기지 못하고 죽는 처녀와 같다는 것이 아모스의 선언이다.

선지자는 이스라엘에게 자신의 장례식에서 애곡하도록 권면한다. 앞 부분(3-4장)과 연결하면 다음과 같은 이미지가 형성된다. 창조주 하나님이 회개하기를 거부하는 이스라엘에게 내리시는 심판은 전쟁이다. 하나님이 전쟁을 통해서 이스라엘을 멸하실 것인데, 이 전쟁이 얼마나 처참하고 일방적인 것인지 이스라엘은 싸워보지도 못하고 무시무시한 결과를 받아들여야 한다. 전쟁에 나간 장정 중 10분의 1만 살아 돌아올 것이기 때문이다(3절). 이처럼 생존자가 거의 없는 상황을 "너희가 하늘의 별 같이 많았을지라도 네 하나님 여호와의 말씀을 청종하지 아니하므로 남는 자가 얼마 되지 못할 것이라"(신 28:62)라는 언약적 저주와 연결한다(Stuart, cf. McComiskey & Longman).

선지자가 10분의 1이 살아올 것이라 해서 이 메시지를 긍정적으로, 즉 남은 자에 관한 것으로 해석해서는 안 된다(Hubbard). 선지자가 강조하는 것은 심판의 처절함이지 미래에 대한 소망이 아니다. 겨우 살아온 남자는 아내와 딸이 적에게 겁탈당하는데도 손을 쓸 수가 없다. 결국 이스라엘은 전쟁터에서 침략자에 의해 처절하게 희롱당한 처녀처럼 되었다가 급기야 시체가 되어 길거리에 내팽개쳐질 것이다(2절). 그러나 이처럼 충격적인 메시지에도 불구하고 이스라엘은 회개하지 않았다.

이 애가는 머지않아 철저하고 혹독한 심판이 이스라엘에 올 것을 슬퍼하고 있다. 그러나 '이보다 더 좋을 수는 없다!'라며 인간이 누릴 수 있는 최대한의 부귀영화를 누리고 있는 자에게 이 메시지는 어떻게 받아들여졌을까? 그 누구도 선지자의 메시지에 귀를 기울이려 하지 않았을 것이다. 그러나 역사는 아모스의 예언이 불과 40년 만에 현실로 나타났음을 전하고 있다. 우리의 삶도 마찬가지다. 그동안 신앙생활을 잘해 온 것도 중요하지만 미래에 있을 일을 예측하고 적절한 대응책을

강구하는 것이 더욱 소중하다. 여호와의 날이 당신에게는 구원의 날이
될 것인가? 아니면 심판의 날이 될 것인가? 우리는 이 땅에 살아가는
동안 끊임없이 이 질문을 우리 영혼에게 던져야 할 것이다.

> III. 경고와 심판(3:1-6:14)
>   C. 죽은 나라 이스라엘에 대한 애가(5:1-17)

2. 살 길을 찾으라(5:4-6)

> [4] 여호와께서 이스라엘 족속에게 이와 같이 말씀하시기를
>
> 너희는 나를 찾으라
>
> 그리하면 살리라
>
> [5] 벧엘을 찾지 말며
>
> 길갈로 들어가지 말며
>
> 브엘세바로도 나아가지 말라
>
> 길갈은 반드시 사로잡히겠고
>
> 벧엘은 비참하게 될 것임이라 하셨나니
>
> [6] 너희는 여호와를 찾으라
>
> 그리하면 살리라
>
> 그렇지 않으면 그가 불 같이 요셉의 집에 임하여 멸하시리니
>
> 벧엘에서 그 불들을 끌 자가 없으리라

본 텍스트는 다음과 같은 구조를 지닌다. 이런 구조는 여호와를 찾
는 일과 성소를 찾는 일을 구분할 뿐만 아니라 극명하게 대치시키고
있다. 선지자는 성소를 찾는 일을 곧 하나님을 만나는 일과 동일하게
취급했던 당시의 잘못된 신학에 문제를 제기하고 있는 것이다. 중심을
차지하고 있는 브엘세바는 유다의 최남단에 있는 성지였다. 북 왕국에
서 이곳까지 찾아가는 일은 대단한 정성과 열정을 지닌 자에게나 가능

했다. 그러므로 선지자는 브엘세바를 중심에 두어 그곳을 찾는 종교적 열심도 여호와를 찾아가는 것과는 상관없는 일이라는 점을 강조한다. 오늘날로 말하면 교회에 간다고, 기도원을 찾는다고 꼭 하나님을 만나게 될 것이라는 생각은 버리라는 것이다.

a. 너희는 나를 찾으라 그러면 살리라(4절)
  b. 너희는 벧엘을 찾지 말라(5절)
    c. 너희는 길갈로 가지 말라(5절)
      d. 너희는 브엘세바로 건너가지 말라(5절)
    c'. 길갈은 정녕 사로잡히겠고(5절)
  b'. 벧엘은 허무하게 될 것임이라(5절)
a'. 너희는 여호와를 찾으라 그러면 살리라(6절)

선지자는 이스라엘의 모든 종교 행태를 거부하며 "나[하나님]를 찾으라 그리하면 살리라"(דרשוני וחיו)(4, 6절)라고 단호하게 선언한다. 그동안 이스라엘 사람은 여러 가지 복잡하고, 경우에 따라서는 사치스럽고 호화스러운 예식을 통해 여호와의 축복을 얻어내려 했다. 우리의 신앙생활의 상당 부분이 이런 성향을 띠고 있지 않나 생각된다. 우리는 여러 가지 종교 행위 및 행사에 참여하는 일을 통해 하나님의 복을 누리려 한다. 그러나 선지자는 아주 간결하게 하나님의 복을 누리며 살 길을 제시한다. "여호와를 찾으라. 그러면 살 것이다!" 이 말씀을 문자적으로 해석하면 "찾으라, 그리고 살아라!"가 되며 두 명령문으로 구성되어 있다. 하나님의 간절함이 배어 있는 권면인 동시에 [하나님을] 찾아야만 살 수 있다는 절박함이 서려 있다(McComiskey & Longman). 이스라엘이 지향하고 있는 여호와 종교가 하나님과 상관없는 것이 되어버렸으니 당연한 일이겠지만, 왠지 두려운 말씀이다. 그동안 주의 백성이 하나님을 위한 것이라며 쏟았던 정성과 열정적으로 행했던 모든 종교 행위의 정당성을 인정하지 않는 말씀이기 때문이다. 이스라엘은 잘 못된 지도자 덕에 신앙생활을 잘못하고 있다. 사실 지도자가 잘못되어 도, 성도에게 하나님 말씀을 묵상하고 연구하는 열정이 있으면 충분 히 분별하여 바른 길을 갈 수 있다. 하나님이 우리에게 기대하시는 것 은 결코 복잡하고 요란스러운 예식이 아니다. 안타깝게도 이스라엘 지 도자는 자기 앞가림도 못하는 어리석은 자이며, 백성은 하나님 말씀을 스스로 연구하고 찾으려는 열정을 지니지 못한 자이다.

선지자의 권고는 아모스의 심판 선언의 목적이 어디에 있는가를 암 시한다. 책이 시작된 이후 선지자는 처음으로 '살아남을 가능성'을 제 시하고 있다. 그러나 본문의 위치(cf. 위에 제시된 구조)가 이스라엘이 살 아남을 가능성이 매우 희박함을 암시한다(Paul). 또한 이 말씀이 선포하 는 살 길은 모든 사람을 대상으로 제시되는 것이 아니라고 주장하기도 한다. 물론 선지자가 온 백성을 상대로 살 길을 제시하고 있다는 가능 성을 완전히 배제할 수는 없지만, 선지자의 말씀을 듣고 회개하는 소 수의 남은 자를 위한 말씀일 가능성이 높다(G. Smith, cf. 5:14-15).

이스라엘이 돌아올 가능성이 희박하거나 상황이 절망적이라는 사실 이 결코 선지자로 하여금 이들에게 회개의 메시지를 전하지 못하게 할 정도로 위축시키거나 절망하게 하지는 못했다. 대부분의 사람은 듣지 않을 지라도, 그들 중에 서 있는 소수의 남은 자는 꼭 듣고 하나님께 돌 아올 것이기 때문이다. 때를 얻든지 못 얻든지 복음을 전하라는 사도 바울의 메시지도 이런 맥락에서 생각해야 한다. 우리는 들을 귀가 있는 자, 곧 남은 자가 될 사람을 위해서라도 열심히 전도하고 선포해야 한 다. 하나님이 택하신 자는 분명 듣고 주께로 돌아올 것이기 때문이다.

하나님을 찾는다는 것은 정확히 무엇을 뜻하는가? 호세아나 이사야 등은 이스라엘이 하나님을 멀리하게 된 것은 제대로 된 하나님 말씀에 대한 가르침이 없어서, 곧 무지함에서 비롯된 것이라고 선언하고 있다 (사 5:13; 호 5:2-3; 6:3). 아모스도 이 백성의 근본 문제가 이 땅에 말씀의 기근이 임해서라고 선포한다(8:11). 즉, 하나님을 찾는다는 것은 곧 주님에 대한 올바른 지식을 겸비하여 그분이 원하는 대로 살아가는 것을 의미한다.

벧엘, 길갈, 브엘세바는 이스라엘의 대표적 성소로 알려진 곳이다. 이 중 브엘세바는 유다의 최남단이며 이집트와 접경 지역인 네게브 남쪽에 있는 곳이다. 아마도 북왕국 사람 중 종교적 열심이 있는 자는 이곳까지 순례를 했던 것으로 생각된다(Stuart, cf. 암 8:14; 왕하 23:8). 브엘세바는 아브라함 시대부터 특별한 종교적 의미를 지닌 성지였다(창 21:14-19; 26:23-25; 삼상 8:1-3; 왕상 19:3-7). 이스라엘은 자신의 안녕과 안전을 이 성소에서 보장받을 수 있다고 생각했다. 그곳에 가면 미래가 확실해지고, 그곳에서 기도 드리면 어려운 난국을 타개해 나갈 수 있다고 믿었다.

그러나 이런 생각은 종교 지도자가 조작한 것이지 하나님이 주신 가르침이 아니다. 본질보다는 형식을 추구하는 종교의 대표적 증상들이 이런 것이다. 선지자는 분명히 경고한다. 생명의 길은 이런 성지/성소에 있는 것이 아니라, 오직 여호와께 있다는 것을 기억하라고 말이다. 현실적으로 생각해 보자. 십일조를 한다고, 감사헌금을 한다고, 주일성수를 한다고, 금식을 한다고, 성지를 순례한다고 해서 무조건 신앙이 깊어지고 하나님이 기뻐하시는가? 이런 것은 사람이 좋아하는 것일 뿐 하나님과는 상관없는 종교 행태일 수 있다(4:5).

결국 아모스 시대에 이스라엘 사람의 여호와 종교는 우상숭배와 별반 다를 바가 없었다. 계시를 통해 하나님이 무엇을 원하시든 상관없이 자신이 원하는 교리와 예식으로 하나님이 원하시는 것을 정의해 놓고 그 '하나님'을 숭배한 것이다. 선지자는 인간이 자신의 욕심에 따라 조작하는 그 어떤 종교적 장소나 신(神)도 구원을 제공하지 못한다는 점을 분명히 하고 있다. 오직 유일하신 하나님만이 사람을 구원하실 수 있다.

III. 경고와 심판(3:1-6:14)
　　C. 죽은 나라 이스라엘에 대한 애가(5:1-17)

3. 불의와 부정에 대한 비난(5:7-13)

⁷ 정의를 쓴 쑥으로 바꾸며

공의를 땅에 던지는 자들아

⁸ 묘성과 삼성을 만드시며

사망의 그늘을 아침으로 바꾸시고

낮을 어두운 밤으로 바꾸시며

바닷물을 불러 지면에 쏟으시는 이를 찾으라

그의 이름은 여호와시니라

⁹ 그가 강한 자에게 갑자기 패망이 이르게 하신즉

그 패망이 산성에 미치느니라

¹⁰ 무리가 성문에서 책망하는 자를 미워하며

정직히 말하는 자를 싫어하는도다

¹¹ 너희가 힘없는 자를 밟고

그에게서 밀의 부당한 세를 거두었은즉

너희가 비록 다듬은 돌로 집을 건축하였으나

거기 거주하지 못할 것이요

아름다운 포도원을 가꾸었으나

그 포도주를 마시지 못하리라

¹² 너희의 허물이 많고

죄악이 무거움을 내가 아노라

너희는 의인을 학대하며

뇌물을 받고 성문에서 가난한 자를 억울하게 하는 자로다

¹³ 그러므로 이런 때에 지혜자가 잠잠하나니

이는 악한 때임이니라

이미 5장의 서론에서 언급한 것처럼 이 섹션은 다음과 같이 교차대구법적 구조를 지녔다. 더 나아가 10-13절도 자체적으로 교차대구법적 구조를 지녔다. 이 둘을 합하면 다음과 같다.

    A. 이스라엘에 대한 책망(5:7)
      B. 여호와 찬양(5:8-9)
    A′. 이스라엘에 대한 책망(5:10-13)
        a. 진리를 미워함(5:10)
          b. 가난한 자를 박해함(5:11a)
            c. 심판(5:11b-c)
          b′. 가난한 자를 박해함(5:12)
        a′. 진리를 침묵시킴(5:13)

선지자는 집권자가 저지르는 죄악에 대한 비난으로 이 스피치를 시작한다(7절; cf. 10-13절). 선지자는 지도자의 죄악을 두 가지로 논한다. 그들은 공의(מִשְׁפָּט)를 쓴 쑥으로 변질시켰으며, 정의(צְדָקָה)를 땅으로 추락시켰다. '쓴 쑥'(לַעֲנָה)의 우리말 표현은 '약쑥'(wormwood)이 더 정확하다. 약쑥은 땅에 거의 붙어서 자라는 관목으로 고대 사회에서 진한 쓴맛을 내는 것으로 유명했다(Gowan). 그러므로 선지자가 정의와 공의를 약쑥으로 바꾸었다고 비난하는 것은, 지도자가 사회를 달게 하는(살 맛나게 하는) 공의와 정의를 쓰게 만들었을 뿐만 아니라, 땅에 내팽개쳤다고 비난하는 것이다(Sweeney). 공의와 정의는 히브리어 시에서 자주 쌍으로 사용된다. 아모스의 경우 5:7; 5:24; 6:12에서 이 단어들을 쌍으로 사용한다. 오직 공의와 정의만이 여호와의 타오르는 진노의 불길을 누그러뜨릴 수 있다. 그러나 이스라엘은 공의와 정의를 악으로 변질시켰다. 하나님이 주신 기준과 의(義)를 무시하고 사람이 '각자 자기 소견에 옳은 대로' 행한 결과다. 그러므로 정의와 공법이 없는 곳에서 아무리 다채로운 종교 행사와 예식을 치른다 해도 아무 소용이 없다. 여호와께서 자기 백성이 짐승을 제물로 바치는 것보다 고아를 돌보고, 과부의 억울함을 변호하기 더 원하신다면, 도대체 호화스럽고 소란스러운 예식이 무슨 의미가 있겠는가?

아모스가 이스라엘의 부조리를 비난하다가 갑자기 하나님을 찬양한다(8-9절). 그래서 이 노래가 본 디스코스의 문맥상 잘 어울리지 않는다고 생각하는 사람도 많다(NIV). 그러나 위에 제시된 5:1-17의 구조를 생각해보라. 이 시가 강조하고 있는 두 가지를 살펴보면 본문에서 이 노래가 어떤 역할을 하고 있는지 쉽게 깨닫게 된다(McComiskey & Longman). 선지자는 8-9절을 통해 놀라우신 하나님을 찬양하여 세상에서 가장 거룩하신 여호와와 가장 추한 이스라엘 백성을 대조하고자 한다. 이러한 대조는 거룩하신 하나님 뜻대로 살지 못한 것에서 오는 좌절감과 죄로 인한 절망감을 주의 백성이라고 자부하는 이스라엘에게 안겨주는 역할을 한다. 본문과 4:13과 9:4-6 모두 아모스 시대에 유명했던 찬양(hymn)에서 비롯된 것으로 추측하기도 한다(Andersen & Freedman).

선지자는 하나님을 권능의 창조자로, 세상의 모든 일을 간섭하고 유지시키는 통치자로 묘사한다(8절). 묘성(Pleiades)과 삼성(Orion)은 별자리를 말한다. 왜 별들이 언급되는가? 종교적인 혼합주의에 빠진 이스라엘 사람은 이웃처럼 별들을 신으로 숭배했다. 선지자는 그들이 섬기는 별들도 하나님이 만드신 피조물에 불과하다는 사실을 상기시키고 있다. 이스라엘은 공법과 정의를 '쓰디쓴 소태'(7절), 곧 빛을 어둠으로 변질시켰다. 반면에 여호와는 어둠을 여명으로 바꾸신다(8절). 얼마나 대조적인가? 선지자는 공의와 정의를 뒤집은 자에게 그들이 뒤집은 것처럼 하나님이 우주의 질서를 뒤집을 날이 올 것을 경고하고 있다(Paul). 마치 여명이 밝아오면 태양이 세상을 밝히는 것처럼, 공의와 정의가 온 세상을 밝히고 지배할 때가 올 것이다.

선지자는 이어 하나님을 역사의 주인공으로 묘사한다(9절). 나라나 개인의 흥망성쇠가 모두 여호와께 달려 있기 때문이다. 선지자가 이처럼 하나님을 인류 역사의 절대 주권자로 강조하는 것은 주님께서 마음만 먹으면 그동안 이스라엘을 위해 적에게 내린 모든 재앙을 이스라엘에게 내리실 수도 있다는 사실을 경고하기 위해서다. 그러므로 여호와 찬양시(8-9절)는 바로 앞에서 선포되었던 내용과 잘 어울린다. 선지자는 이 말씀을 통해 불의와 부정으로 얻은 수익으로 큰 집을 짓고 사는 자들에게 머지않아 하나님 심판의 물결이 그들을 덮칠 것이라고 경고하고 있다(Niehaus).

'성문'(10절)은 이스라엘의 유지들과 장로들이 모여 사역하고 재판하던 곳이다(신 21:19; 룻 4:1-12). 아모스는 이스라엘 지도자가 성문에 모여서 무엇을 하는지 잘 표현하고 있다. 그들은 옳고 그름을 정확하게 따지는 사람을 싫어하고, 바른말 하는 사람을 미워한다. 그들이 주관하는 법정도 썩었다는 것이다. 원래 공의롭고 정의로운 사회를 실현하기 위해 공정하게 판결해야 할 법관들마저 부패했으니 이스라엘은 머리끝에서 발끝까지 병든 사람과 같다(사 1:5-6). 그러므로 선지자는 개인뿐만 아니라 제도도 함께 썩은 절망적인 사회를 고발한다.

지주는 소작농을 짓밟고 있다(11절). 소규모 농사를 짓는 농부는 더는 땅을 소유할 수 없었다. 그들은 생활고 때문에 도시의 부자에게 땅을 팔았고, 일정한 양의 곡식 주는 것을 약속하고 그 땅을 다시 빌려 농사지었다. 문제는 땅을 빌린 대가로 치렀던 곡식의 양이 지나치다는 것에 있었다(Mays). 이스라엘 사회에 착취가 만연한 것이다. 이런 부조리가 온 사회를 가득 채우고 있기에 부자는 다듬은 돌로 집을 지어도 거기서 살지 못한다. '다듬은 돌로 지은 집'(בָּתֵּי גָזִית)이란 표현은 솔로몬의 성전과 궁궐에 적용되는 표현이다(왕상 5:17; 6:36; 7:9, 11, 12). 즉, 대단한 집을 의미한다. 부자가 이처럼 고래등 같은 집을 세웠는데, 왜 거기서 살지 못하는가? 집들이 부정과 착취를 저질러서 번 돈으로

지어졌기 때문이다. 억울한 백성의 피눈물을 담보로 지은 저택인 것이다. 또한 부자는 자신의 포도원에서 생산된 포도주를 마실 수 없다. 집과 포도밭은 미가 6:15, 스바냐 1:13 등에서 다시 쌍으로 사용되며 신명기에 명시된 저주를 연상시킨다(신 28:30, 39). 그러나 아모스는 하나님이 허물어진 다윗의 장막을 다시 세우실 때 이 저주가 반전될 것을 예언한다(9:14).

이 말씀이 선포되기 바로 전에 선지자가 이스라엘의 형식을 추구하는 예배 의식을 신랄하게 비판한 점을 감안하면, 여기서 언급되는 공의와 정의의 부재 현상과 앞에서 말한 예식집착 현상이 밀접한 관계를 맺고 있다는 결론을 쉽게 낼 수 있다. 하나님 말씀에 따라 올바른 가치관으로 살아가는 것을 여호와 종교의 핵심으로 여기지 않고, 하나님이 요구하신 예배와 예식에 따라 행하는 것만이 율법을 준수하는 것이라고 생각하는 사람은 당연히 사회에 나가서 부정을 저지르며 살 수밖에 없다. 세상에서 어떻게 살건 율법이 규정한 때에 성소를 찾아 요구하는 제물만 드리면 의무를 다한 것으로 생각했기 때문이다. 공의의 마지막 보루라고 할 수 있는 법원마저 뇌물이 성행하고 악을 정당화시키는 사례가 많아지니, 신중한 사람이 입을 다물어 버린다(12절). 어느 사회든 간에 어느 정도 개혁의 가능성이 있을 때에는 지성인이 염려를 표한다. 그러나 부패가 극에 달하거나 '들을 귀'가 없는 사회가 되면, 지성인은 침묵하게 된다. 그러나 아모스는 결코 조용히 있지 않았다. 그는 결코 잠잠할 수 없었다. 부정과 불의는 하나님 성품과 완전히 대조되기에 하나님의 사자인 그가 침묵을 지키고 있을 수는 없었던 것이다. 우리는 한국 사회를 지배하고 있는 구조적 악에 대해 어떻게 대처하고 있는지 반성해 보아야 한다.

4. 살 길을 찾으라(5:14-15)

¹⁴ 너희는 살려면 선을 구하고

악을 구하지 말지어다

만군의 하나님 여호와께서 너희의 말과 같이

너희와 함께 하시리라

¹⁵ 너희는 악을 미워하고

선을 사랑하며

성문에서 정의를 세울지어다

만군의 하나님 여호와께서

혹시 요셉의 남은 자를 불쌍히 여기시리라

이스라엘 성소에서는 "하나님이 우리와 함께하시리라"라는 말이 계속 되풀이 되어왔다. 그러나 하나님이 함께하심은 사회에서 정의가 존중되고, 선(善)이 실현될 때만 가능한 일이다. 그렇다면 무엇이 하나님이 요구하시는 선(טוב)이란 말인가? 성경은 법정에서 공의(משפט)를 회복하는 것이 '선(טוב)'을 추구하는 것이라 한다(미 6:8). 이스라엘이 법정에서 뇌물을 받고 부당한 판결을 내리는 일을 없애고, 억울한 일을 당한 사람이 호소할 수 있고, 공평한 재판을 기대할 수 있는 곳으로 변화시키는 것이 바로 하나님이 요구하시는 선(טוב)을 행하는 일이다.

열심히 선을 추구하고 사회가 공의를 회복하려고 노력한다면 이 책에서 자주 언급한 '혹시 구원'(אולי)이 이스라엘에게 임할 가능성이 아직 남아 있다(15절). 선지자는 이 순간에라도 이스라엘이 진심으로 회개하고 하나님께 돌아온다면, 구원을 받을 수도 있다고 선언한다. 그러나 회개한다고 무조건 그렇게 되는 것은 아니다. 하나님이 이스라엘의 회심을 보고 마음을 돌릴 수도 있지만, 그렇지 않을 수도 있다는 가능성을 열어놓은 불확실한 답이다. 선지자가 이 문제에 대해 조금 더 확신 있게 말할 수 있었으면 좋겠지만 사람의 구원 여부는 하나님의 결정에 달린 일이지 죄인이 회개했다고 당연히 빚어지는 결과는 아니라는 뜻이다. 즉, 인간을 용서하는 것은 하나님의 주권에 달린 문제이지, 사람이 어떻게 조작할 수는 없다. 아무리 흉악한 죄를 지었다 할지라도 진실한 기도 하나로 하나님의 용서를 받을 수 있다는 생각에 젖어 사는 우리에게는 경종을 울리는 진실이다. 죄인인 우리는 하나님의 용서를 바라고 기도해야 하지만, 정작 용서의 부분은 하나님의 몫이라는 사실을 인정해야 한다.

하나님 말씀에 귀를 기울이고 삶을 개혁한 사람은 여호와의 날에도 보호받는 남은 자가 될 것이다. 아모스는 메시지를 듣고 있는 사람 중에서 '요셉의 남은 자'에 속할 수 있는 자들이 나오기를 기대한다(15절). 요셉의 남은 자를 장차 이스라엘에 임할 아시리아의 침략(722 BC)에서 생존할 사람이 있을 것을 암시하는 것으로 이해하기도 한다(Keil, Mays). 그러나 중요한 것은 '남은 자'가 있기 전에는 심판이 먼저 와야 한다는 점이다. 즉, 선지자가 남은 자에 대해 언급할 때마다 그 전에 하나님의 심판이 있어야 한다는 사실을 기억해야 한다. 그러므로 아모스의 남은 자에 대한 소망은 다가올 심판으로 인한 절망을 전제하고 있다.

아모스의 명령[선을 사랑하고, 악을 미워하라, 공의를 세우라]은 다음과 같은 선지자의 신앙을 표현하고 있다. 심지어 형벌의 선언과 그 집행 사이의 마지막 긴박한 순간에도, 이스라엘의 하나님이 되시겠다는 여호와의 의지는 여전히 존재하고 있으며, 한 걸음 더 나아가서 그러한 여호와의 의지는 아주 지극히 적은 소수를 위해서 희망의 기반을 제공할 수도 있을 것이라는 믿음이다(Mays).

5. 거리에서 부르는 애가(5:16–17)

¹⁶ 그러므로 주 만군의 하나님 여호와께서

이와 같이 말씀하시기를

사람이 모든 광장에서 울겠고

모든 거리에서 슬프도다 슬프도다 하겠으며

농부를 불러다가 애곡하게 하며

울음꾼을 불러다가 울게 할 것이며

¹⁷ 모든 포도원에서도 울리니

이는 내가 너희 가운데로 지나갈 것임이라

여호와의 말씀이니라

이 짧은 스피치는 앞부분(5:1–15)과 뒷부분(5:18–6:14)을 연결시켜 주는 다리 역할을 한다. 선지자는 이스라엘에게 회개할 것을 간곡하게 권면했다(5:1–15). 그러나 그들은 듣지 않았다. 그러므로 이스라엘은 다음 섹션에서 "너희는 망한다"로 시작하는 두 개의 저주 신탁(Woe Oracle)을 들어야 한다. 중간에 위치한 본문은 이스라엘이 선지자의 메시지에 귀를 기울이지 않은 결과를 선포하는 역할을 한다(Sweeney). 그래서 아모스는 이 섹션을 '그러므로'(לכן)라는 말을 사용하여 앞부분과 연결하고자 한다.

선지자를 통해 선포되었던 말씀이(4:12) 이제는 하나님의 육성으로 울려 퍼진다(17절). 아모스는 이미 이스라엘에게 장송곡을 불러주었다(5:1–3). 이제는 온 나라가 장송곡으로 가득할 것이라는 예언이다. 앞으로 이 백성에게 임할 심판이 얼마나 참혹한지 온 백성이 나라 곳곳에서 통곡할 것이다. 상황이 절망적이고 더 슬픈 것은 이스라엘에게 이처럼 엄청난 재앙을 내리시는 분이 다름 아닌 바로 그들의 하나님이라는 사실이다.

이스라엘 역사에서 하나님의 '지나가심'은 곧 구원을 의미했다. 하나님은 유월절 밤 이집트를 지나가시며 이스라엘을 박해하던 이집트의 장자는 죽이고, 이스라엘 백성에게는 아무런 피해가 없도록 하셨다(출 12장). 그러나 이번에는 전혀 다른 하나님의 '지나가심'이다. 하나님이 지나가시는 날은 바로 여호와의 날이다(17절). 옛적에는 하나님의 지나가심이 이스라엘에게는 구원의 서곡이었고 축복이었는데, 어느덧 심판의 시작이고 저주가 되었다. 하나님이 내려주신 축복을 오용하고 악용한 것에 대한 응징이다.

출애굽 때에 온 이집트의 거리를 지나가심으로 장자를 죽이신 하나님이 이제는 이스라엘 사람을 죽이기 위해 이스라엘 거리를 지나가실 것이다. 왜 하나님이 자기 백성을 죽이기로 작정하셨는가? 선지자는 두 가지 측면을 지속적으로 제시하고 있다. 이스라엘이 하나님의 심판을 받아 죽게 된 것은 종교적인 죄와 사회적인 죄 때문이다. 하나님은 종교적인 죄뿐만 아니라 사회적인 죄도 심판하시는 분이다. 오늘날 기독교인 중 많은 사람이 '거룩한 것'과 '세속적인 것'을 구분한다. 아모스가 이런 우리의 모습을 보았다면 어떤 메시지를 선포했을까? 거룩한 것과 세속적인 것은 그렇게 쉽게 구분할 수 있는 것이 아니다. 하나님이 성도의 하나님이실 뿐만 아니라 불신자의 창조주이기도 하기 때문이다. 거룩한 신앙이 세속적인 삶을 변화시키고 영향을 미칠 때 비로소 경건이 하나님 의도에 따라 이 땅에 존재하는 것이라 할 수 있다.

애가를 부를 날이 가까이 임하고 있다. 그러나 이 사실을 아는 사람은 별로 없다. 사회의 구석구석에서 죽음의 냄새가 나지만 아랑곳하지 않는다. 자유분방하던 거리 모퉁이와 상가에서 통곡소리가 들린다(16절). 풍년가를 부르던 밭두렁에 상여가 지나간다. 추수의 축배를 들던 포도원에서는 곡소리가 울려 퍼진다. 누구의 장례식인가? 착취하던 자의 장례식이다.

D. 심판 선언(5:18–6:14)

아모스의 간곡한 호소에도 불구하고 이스라엘은 선지자의 음성에 귀를 기울이지 않았다. 그러므로 이제 그들을 기다리는 것은 하나님의 심판뿐이다. 선지자는 이 섹션을 "[너희는] 망한다"(י֖וֹה)라는 말로 시작하는 두 개의 저주 신탁(Woe Oracle)으로 구성하고 있다(5:18–27; 6:1–14). 이스라엘에게는 이제는 소망이 없다는 점을 강조하는 선포들이다. 선지자가 저주 신탁을 두 차례 연거푸 선포하는 것은 숫자 2가 지니는 상징성 때문이다. 율법에 의하면 최소 2명의 증인이 있어야 범죄자를 사형에 처할 수 있다. 그러므로 이스라엘에서 2는 신뢰와 확신의 숫자로 인식되어 있었다. 선지자는 두 저주 신탁을 연거푸 선언하여 선포하고 있는 심판 예언이 이스라엘에 꼭 그대로 임할 것을 확신한다. 이스라엘에게는 더는 피해 갈 길이 없고 오직 죽음만이 기다리고 있다. 본 텍스트는 다음과 같이 구분할 수 있다.

  A. 심판: 오염된 종교(5:18–27)
    B. 비난: 자만(6:1–7)
  A′. 심판: 교만하고 불의한 나라(6:8–14)

1. 오염된 종교에 대한 저주(5:18–27)

아모스는 이 부분을 통해 이스라엘이 범하고 있는 세 가지 종교적 오류에 대해 진실을 밝히고 있다. 잘못된 세 가지는 여호와의 날(18–20절), 하나님이 원하시는 것(21–26절), 죄의 심판(27절) 등에 관한 것이다. 특히 27절은 18-20절에 언급된 경고를 구체화하여 전체적으로 '오염—참 예배—정화'의 구조를 구성하고 있다. 이 섹션은 다음과 같은 교차대구법적 구조를 지녔다.[7]

   A. 오염: 잘못된 신학(5:18-20)
     B. 참 예배(5:21-24)
   A'. 정화: 포로생활(5:25-27)

III. 경고와 심판(3:1-6:14)
  D. 심판 선언(5:18-6:14)
    1. 오염된 종교에 대한 저주(5:18-27)

---

(1) 오염: 잘못된 신학(5:18-20)

[18] 화 있을진저

여호와의 날을 사모하는 자여

너희가 어찌하여 여호와의 날을 사모하느냐

그 날은 어둠이요 빛이 아니라

[19] 마치 사람이 사자를 피하다가

곰을 만나거나

혹은 집에 들어가서 손을 벽에 대었다가

뱀에게 물림 같도다

[20] 여호와의 날은 빛 없는 어둠이 아니며

---

7 더 세부적인 구조는 다음을 참조하라.
  A. 여호와의 날을 기다림(5:18-20)
    B. 비웃음거리가 되어버린 제사 의식: 현재 상태(5:21-23)
      C. 정의를 요구하시는 하나님(5:24)
    B'. 비웃음거리가 되어버린 제사 의식: 과거 연상(5:25)
  A'. 포로가 되어 타국으로 끌려감(5:26-27)

빛남 없는 캄캄함이 아니냐

본 텍스트는 여호와의 날에 대한 가장 고전적인 문구로 간주된다. 우리에게 글을 남긴 문서 선지자 중 아모스가 '여호와의 날'(יוֹם יְהוָה)이라는 용어를 처음 사용했고, 뒤를 따르는 선지자들이 '여호와의 날'을 중요한 신학적 주제로 계속 발전시켰기에 본문에 대한 관심이 높다. 여호와의 날에 대한 이해는 아모스를 통해 새로운 경지에 이르게 된다(McComiskey & Longman). 여호와의 날의 기원과 정황은 무엇이었을까? 언제부터 이 용어가 이스라엘 역사에서 사용되기 시작한 것일까? 언제부터 선지자의 전문용어가 되기 시작했을까? 일반인은 이 용어의 뜻을 어떻게 이해했을까? 이런 질문은 아직도 만족스러운 답을 얻지 못하고 있다(von Rad, Mowinckel, Sweeney). 심지어 아모스 시대에 '여호와의 날'은 아직 전문용어로 발전되지 않았다고 주장하기도 한다(Weiss). 그러나 아모스가 이날을 구체적으로 지적하며 이스라엘이 잘못 알고 있는 점을 교정하는 것을 보면 아모스 시대에 이 개념은 이미 전문화되었던 것이 확실하다.

구약에 의하면 여호와의 날은 무시무시한 날이다(사 13:6–16). 이날은 하나님이 이스라엘의 원수에게 복수하시는 날이다(욜 3:4, 19; 옵 1:15–16). 그러나 여호와의 날은 이스라엘에게도 심판이 내려지는 날이다(욜 1:15; 2:1, 11; 습 1:7, 14; 말 4:5). 여호와의 날이 세상에 임하면 온 세상 민족이 각자 행한 대로 심판을 받는 날이다. 남녀노소, 열방–선민, 의인–악인이 모두 자신이 행한 일에 따라 대가를 치르거나 보상을 받는 날이다. 문제는 이스라엘 사람은 이날을 여호와가 원수에게 복수하시고 자신들에게는 구원과 위로만 주시는 날로 생각했다는 점이다(1:3–2:5). 그런 이들에게 아모스는 충격적인 메시지를 전한다. "너희들이 잘못 알고 있다. 그날이 오면 내가 지금까지 예언했던 모든 환난이 너희에게 임할 것이다. 너희는 죽어!" 아모스는 청중에게 계속 충격요법

(shock treatment)을 사용하고 있다.

여호와의 날은 결코 피할 수 없는 날이다(19절). 이미지는 이렇다. 사람이 길을 가다가 사자를 만났다. 사자에게 먹히지 않으려고 죽을 힘을 다해 뛰었다. 드디어 사자가 멀어지나 싶더니 이게 웬일인가! 앞에 곰이 기다리고 있지 않은가! 사람은 다시 필사적으로 뛰기 시작했다. 겨우겨우 집에 도착했다. 사람은 벽에 손을 기대고 거친 숨을 고르고 있었다. 그런데 이게 웬일인가! 벽에 기대고 숨을 고르고 있는 그를 독사가 물었다! 사자와 곰에게서 겨우 피한 보람도 없이 사람은 뱀에게 물려 죽었다! 영어권에서 이런 상황을 묘사하는 표현은 "프라이팬에서 불로 뛰어든다"(out of the frying pan, into the fire)이고 우리말로 표현하면 "쓰레기차 피하려다 똥차에 치어 죽은 꼴"이다. 정말 재수 없는 날이다! 살 길이 없는 절망감을 잘 표현하고 있다. 선지자는 9:1에서도 도저히 심판을 피할 수 없는 상황을 예고한다.

III. 경고와 심판(3:1-6:14)
  D. 심판 선언(5:18-6:14)
    1. 오염된 종교에 대한 저주(5:18-27)

---

(2) 참 예배(5:21-24)

> ²¹ 내가 너희 절기들을 미워하여 멸시하며
>   너희 성회들을 기뻐하지 아니하나니
> ²² 너희가 내게 번제나 소제를 드릴지라도
>   내가 받지 아니할 것이요
>   너희의 살진 희생의 화목제도
>   내가 돌아보지 아니하리라
> ²³ 네 노랫소리를 내 앞에서 그칠지어다
>   네 비파 소리도 내가 듣지 아니하리라

²⁴ 오직 정의를 물 같이,
공의를 마르지 않는 강 같이 흐르게 할지어다

바로 앞 섹션에서 선지자는 다가오는 여호와의 날을 예언했다. 아모스는 이스라엘 그 누구도 이날을 피할 수 없을 것이라고 했다. 이제 선지자는 이스라엘의 잘못된 예배에 대해 말하고자 한다. 그렇다면 두 섹션을 연결해 보면 자연스러운 흐름이 감지된다. 이스라엘이 여호와의 날에 심판을 받게 된 가장 큰 이유는 잘못된 예배 때문이라는 것이다(Hubbard, Hayes, G. Smith). 선지자는 이스라엘의 모든 문제가 잘못된 예배에서 시작했음을 암시한다. 잘못된 예배 관행이 종교인을 부패하게 했고, 부패한 종교인이 사회를 썩게 만들었다는 것이다.

비록 선지자 아모스가 이스라엘이 온통 죄악으로 가득하다고 비난하고 있지만, 그들은 최소한 외형적 경건의 모습은 유지하고 있었다. 그러나 하나님은 그들이 드리는 예배의 모든 것인 절기, 성회, 제물, 찬송 등이 싫다고 선포하신다(사 1:11–15). 본문이 사용하는 동사에 하나님의 감정이 그대로 담겨있다. "미워하다(שָׂנֵאתִי)…멸시하다(מָאַסְתִּי)…기뻐하지 않다(לֹא אָרִיחַ)…받지 않겠다(לֹא אֶרְצֶה)…돌아보지 않겠다(לֹא אַבִּיט)…듣지 않겠다(לֹא אֶשְׁמָע)"(21–23절). 하나님의 불편한 심기뿐만 아니라 결코 이런 일을 용납하지 않겠다는 강한 의지도 서려 있다(G. Smith).

그렇다면 예배 자체에 문제가 있다는 뜻인가? 전에는 그렇다고 생각했다. 선지자는 예식과 예배를 배제하고 윤리적인 삶을 선호하는 사람으로 봤다. 그러나 선지자에 대한 이러한 이해는 옳지 않다. 오늘날에 와서는 대부분 선지자가 예배를 문제 삼는 것이 아니라 예배자를 문제 삼고 있다는 점을 깨닫게 되었다(Gowan). 이스라엘이 드리는 예배와 예식을 비난하는 선지자가 살던 시대에 하나님께 드린 예배가 문제지, 율법이 규정하는 예배가 문제가 되는 것은 아니다. 예배는 좋은 것이다. 하나님이 선택하신 소수에게만 주신 특권이기 때문이다. 오늘날에도 세상 곳곳에서 생명을 걸고 예배를 드리려는 사람이 허다하다. 이렇듯 예배는 피조물이 이 세상에서 창조주께 드릴 수 있는 가장 아름다운 것이다. 문제는 예배자가 자꾸 예배를 자기 편리할 대로 이용하려고 하면서 예배의 본질과 근본 의미를 놓치는 데 있다.

예배는 하나님과 교제를 가능하게 하는 수단이다. 하나님은 예배를 통해 예배자에게 진정으로 원하시는 것이 무엇인지 가르치기를 원하시며 예배자가 이런 가르침을 바탕으로 살아가기를 또한 기대하신다. 즉, 예배는 하나님이 백성에게 삶의 길을 제시하는 도구였다. 성경은 여호와께서 자기 백성 이스라엘의 찬송과 예배 중에 임하신다고 한다. 백성과 교제하고 하나님의 뜻을 전해주기 위해서다. 하나님이 진정으로 원하시는 것은 예배하는 자가 주님의 성품과 인격을 반영하는 삶을 살아가는 것이다. 그런데 어느새 이스라엘은 예배 자체만 하나님이 원하시는 것의 전부라고 변질시켜 버렸다.

번제물(עלה), 곡식제물(מנחה), 화목제(שלם)(22절)는 모두 주님을 기쁘게 하는 향기이다(레 1:13; 2:9; 3:16). 이런 제사가 올바른 마음자세와 함께 드려질 때 하나님은 받으시고 죄를 용서하기도 하시고, 때로는 백성의 사랑과 충성의 상징으로 받기도 하셨다. 하나님은 제물을 통해 이스라엘과의 관계를 확인하셨던 것이다. 그러나 하나님이 이 모든 것을 거부하신다. 왜? 이스라엘이 예식의 근본 의미와 중요성은 잊고 제물 바치는 것과 예배드리는 일 자체만 중요시 여겼기 때문이다. 아모스는 삶과 연결되지 않은 예배가 얼마나 가증한 것인가를 계속 강조해 왔다(2:8). 이런 이유 때문에라도 여호와께서 야곱의 집을 심판하실 때 벧엘의 제단도 함께 파괴하실 것이라고 예언했다(3:14). 선지자는 더 나아가 이스라엘 사람이 벧엘과 길갈에서 여호와께 드리는 예배는 하나님 앞에 복을 쌓는 것이 아니라 죄를 쌓는 것이라고 비난했다(4:4-5). 주의 백성이 드리는 예배의 대상이 되시는 하나님이 예배에서 제외되었기 때문이다. 이스라엘의 예배는 주인 없는 잔치, 혹은 자신들만의 잔치로 전락한 것이다(4:5).

하나님은 이스라엘의 제물을 거부하실 뿐만 아니라 찬양도 원치 않으신다(23절). 당시 성전에는 레위 사람들로 구성된 성가대의 찬양과 시편을 찬양으로 부르는 것이 예배의 중요한 일부였다(Sweeney). 그러나 주의 백성은 하나님께 드리는 찬양이라며 온갖 악기를 동원하여 노래하지만, 하나님께는 찬양이 시끄러운 잡음에 불과했다. 그들이 위선적인 삶을 살고 있기 때문이다. 우리는 종종 교회에서는 경건하고 거룩하며 자비로운 사람이 세상에 나가서는 엉망인 경우를 본다. 하나님은 이런 사람의 찬양을 거부하신다. 찬양에도 경건한 삶이 함께 가야 하기 때문이다.

선지자는 24절에서 예배에 대한 가르침을 절정으로 끌어올리고 있다. 여호와를 경배하고, 기도하고, 섬긴다는 것이 무엇인가? 즉, 여호와가 원하시는 것이 무엇인가? 아모스는 여호와가 원하시는 예배는 "정의가 물처럼 흐르게 하고, 공의가 마르지 않는 강처럼 흐르게 하는 것"이라고 주저 없이 선언한다(24절). 아모스는 가뭄이 어떤 파괴력을 가지고 있는지 잘 알고 있던 사람이다(1:2; 4:7-8; 7:4). 또한 물이 충분한 언덕은 얼마나 생기로 가득 찰 수 있는가도 잘 알고 있었다(9:13). 여기서 선지자는 공의와 정의를 죄악으로 가득한 땅을 완전히 덮어 치유하는 강물로 표현하고 있다. 또한 이 강물(נחל)은 장마철에 잠시 넘치다가 곧 말라버리는 시내/개울(wadi)이 아니라 꾸준히 흐르는 강이 되어야 한다(Gowan). 선지자는 주의 백성이 이 땅에서 공의와 정의를 추구하는 것은 잠시 하다가 멈출 수 있는 일이 아니라, 마치 사시사철 꾸준히 흐르는 강물처럼 지속적으로 추구해야 한다고 한다(McComiskey & Longman). 공의와 정의가 하수처럼 꾸준히 흐르게 하는 것이야말로 하나님을 사랑하는 자의 가장 기본적인 삶의 자세다(Weinfield). 주의 백성이 이렇게 살면 하나님은 그들의 예배를 다르게 평가하실 것이다(G. Smith).

아모스가 정의와 공의를 행하는 것이 참 예배라고 말했다고 해서 종

교 예식을 사회적 행동/참여(social action)로 대체하라고 외치는 것은 아
니다. 우리가 속한 사회 혹은 공동체에서 일어나는 일은 예배에서 행
해지고 선포되는 것과 일맥상통해야 한다는 점을 강조할 뿐이다. 선지
자는 일상생활에서 공의와 정의에 관심이 없는 사람의 예배는 하나님
이 받지 않으신다고 선언하고 있다(Gowan). 예수님도 산상수훈에서 그
리스도인에게 의에 주리고 목마른 삶을 살라고 당부하셨다(마 5:6).

그렇다면 의는 무엇을 뜻하는가? 아모스서 안에서 공의(מִשְׁפָּט)는 억
울하게 당한 자에게 배상하고, 불우한 자에게 공평하고, 가난한 자에
게 자비를 베푸는 것이다. 선지자는 또한 정의(צְדָקָה)는 공의를 가능하
게 하는 마음자세, 곧 자비, 너그러움, 진실함 등을 포함한 하나님의
성품을 반영하는 것이라 한다(Mays). 그러나 종교 예식이 이들의 자리
를 차지하는 바람에 공법(מִשְׁפָּט)은 포악(מִשְׁפָּח)으로, 정의(צְדָקָה)는 비명
(צְעָקָה)으로 변했다.

아모스 시대 제사장과 예배자의 모습과 삶을 떠올리며 질문해 보자.
오늘날 한국 교회의 예배는 얼마나 다른가? 많은 복음주의 교회에게는
세속적인 개념으로 알려진 사회 정의와 공의가 하나님의 일차적 관심
사다. 하나님을 아는 지식은 근본적으로 의롭고 공의로운 삶을 추구하
게 한다. 그러므로 하나님을 아는 지식을 동반하지 않는 예배는 울리
는 꽹과리밖에 되지 않는다.

III. 경고와 심판(3:1–6:14)
 D. 심판 선언(5:18–6:14)
  1. 오염된 종교에 대한 저주(5:18–27)

(3) 정화: 포로생활(5:25–27)

²⁵ 이스라엘 족속아

너희가 사십 년 동안 광야에서

희생과 소제물을 내게 드렸느냐

26 너희가 너희 왕 식굿과 기윤과

너희 우상들과

너희가 너희를 위하여 만든

신들의 별 형상을 지고 가리라

27 내가 너희를 다메섹 밖으로 사로잡혀 가게 하리라

그의 이름이 만군의 하나님이라 불리우는

여호와께서 말씀하셨느니라

이 짧은 섹션은 많은 해석적 문제를 안고 있다(Gowan). 사용되는 단어가 생소한 것과 문법 구조가 혼란스러운 부분이 있다는 점이 문제를 가중시켰다. 그러나 전반적인 의미를 파악하는 것은 그다지 어렵지 않다. 선지자는 하나님이 예배자로부터 제물이나 찬양보다 공의와 정의를 추구하는 삶을 더 원하신다는 것을 다시 한 번 강조하기 위해 수사학적 질문을 사용한다(25절). "너희가 사십 년 동안 광야에서 희생과 소제물을 내게 드렸느냐?"(렘 7:21-23). 이 질문이 의미하는 바에 대해 최소한 여덟 가지의 해석이 있다(Harper). 그중 가장 가능성이 있는 두 가지 해석은 다음과 같다. 첫째, '내게'(לי)를 강조형으로 이해하면 "너희는 광야 시절부터 나를 섬기지 않고 우상에게 제물을 바치지 않았느냐?"가 된다. 즉, 이스라엘의 우상숭배 문제는 어제 오늘 이야기가 아니라 나라로 탄생하는 순간부터 이방 신을 섬겼다는 것이다. 스데반이 순교하기 전에 이러한 해석을 제시한다(행 7:42-43).

둘째, 광야 시절에 이스라엘은 분명히 희생과 소제물을 드렸다. 그러므로 이 말씀은 광야 시절에 이스라엘이 하나님께 제물을 드렸다는 사실을 부인하는 것이 아니다. 다만 하나님과 이스라엘 관계는 그들이 드린 제물에 의해 유지된 것이 아니라는 점을 강조하는 것뿐이다. 그러므로 선지자가 수사학적 질문에 대해 이스라엘로부터 기대하는 답

은 이것이다. "아닙니다. 우리가 광야에서 제사 의식을 통해서 드린 것
은 희생이나 소제물이 아니라, 우리의 마음과 당신의 말씀에 대한 순종
이었습니다." 즉, 광야에서 이스라엘이 여호와와 맺은 언약 관계는 예
물 혹은 예식에 의존하지 않았다는 것이다. 이렇게 해석하면 하나님의
질문은 이런 의미를 지니고 있다. "너희가 광야 시절에 종교 예식을 통
해 내게 가지고 온 것은 공의와 정의와 순종이 아니었느냐? 내가 원하
고 요구한 것이 바로 이것이 아니었느냐? 그렇다면 지금은 어떠하냐?"

　여호와는 이스라엘의 왕이시다(신 33:5; 시 10:16). 그리고 그 어느 형
상도 거룩하신 하나님을 표현할 수 없다(출 20:4). 그러나 이스라엘 사
람은 왕이신 하나님을 대신해서 식굿을 섬겼고, 하나님의 보이지 않
는 형상 대신 눈에 보이는 기윤을 만들어 숭배했다(26절). '식굿'(סכּות)과
'기윤'(כּיּון)이 무엇인지는 알 수 없다. 이것이 무엇을 의미하는지는 최
소한 6가지의 해석이 있다(Harper). 그러나 대부분 그다지 신통해 보이
는 해석이 아니다. 가장 가능성 있어 보이는 해석은 식굿과 기윤은 아
시리아의 신 삭쿠트(Sakkuth)와 카이완(Kaiwan)이라는 해석이다(Sweeney,
G. Smith). 삭쿠트는 니누르타(Ninurta)라는 이름으로도 알려진 신이며
토성(Saturn)을 신격화시킨 것이었다. 카이완은 삭쿠트의 다른 이름이
다. 우리말 성경 중에는 공동 번역, 영어 번역에서는 NRS가 이 해석을
따르고 있다.

　반면에 대부분 영어 번역본과 우리말 성경은 히브리어 단어가 소리
나는 대로 음역을 해놓았다(개역; 새번역; NAS, TNK). KJV는 식굿을 인
간 번제를 탐한다는 모압 신 몰록/몰렉(Moloch)이라고 해석해 놓았는
데, 이런 해석은 식굿을 몰렉(Μολοχ)이라 번역해 놓은 칠십인역을 근
거로 한 것이다. 그러나 이 단어들이 정확히 무엇을 뜻하는지를 알게
될 때까지 당분간은 소리 나는 대로 음역해서 식굿과 기윤으로 표기하
는 것이 바람직하다. 한 주석가는 식굿과 기윤이 우상들이 아니라 여
호와 종교가 전통적으로 사용한 예배 도구라고 한다(Hayes). 정황을 고

려할 때 그럴 가능성은 별로 없어 보인다. 한 가지 확실한 것은 이것들이 언급되는 26절의 나머지 정황을 고려하면 식굿과 기윤은 별자리와 연관된 우상들이라는 것이다. 이스라엘은 그들의 하나님 여호와께 등을 돌리고 버젓이 우상들에게 절을 한 것이다.

이스라엘이 우상에게 절하여 하나님을 거부했다면, 이제는 하나님이 그들을 거부하실 차례다. 이스라엘은 자신들의 우상을 걸머지고 먼 곳으로 포로로 끌려갈 것이다(26절). 그동안 아모스는 사마리아가 끌려갈 것(4:3)과 길갈이 끌려갈 것(5:5)을 경고했다. 이제는 온 나라가 끌려갈 것으로 포로의 범위를 넓히고 있다. 그들은 '다마스쿠스 저 너머로' 끌려간다(27절). 다마스쿠스는 이스라엘 영토의 접경 지역에 있었다(왕하 14:28). 그러므로 선지자는 "너희는 정녕 너희의 영토를 초월한 열방으로 끌려간다"라고 예언하고 있는 것이다(Gowan). 이 예언은 주전 722년 아시리아 침략군에 의해 성취된다.

> III. 경고와 심판(3:1-6:14)
> D. 심판 선언(5:18-6:14)

2. 자만에 대한 비난(6:1-7)

¹ 화 있을진저

시온에서 교만한 자와

사마리아 산에서 마음이 든든한 자

곧 백성들의 머리인 지도자들이여

이스라엘 집이 그들을 따르는도다

² 너희는 갈레로 건너가 보고

거기에서 큰 하맛으로 가고

또 블레셋 사람의 가드로 내려가라

너희가 이 나라들보다 나으냐

613

그 영토가 너희 영토보다 넓으냐
³ 너희는 흉한 날이 멀다 하여
포악한 자리로 가까워지게 하고
⁴ 상아 상에 누우며
침상에서 기지개 켜며
양 떼에서 어린 양과
우리에서 송아지를 잡아서 먹고
⁵ 비파 소리에 맞추어 노래를 지절거리며
다윗처럼 자기를 위하여 악기를 제조하며
⁶ 대접으로 포도주를 마시며
귀한 기름을 몸에 바르면서
요셉의 환난에 대하여는 근심하지 아니하는 자로다
⁷ 그러므로 그들이 이제는
사로잡히는 자 중에 앞서 사로잡히리니
기지개 켜는 자의 떠드는 소리가 그치리라

저주 신탁(Woe Oracle)으로 알려진 본 단락은 이스라엘의 죄목을 자세히 기재한 후(1-6절), 그들의 형벌로 포로생활을 선언한다(7절). 아모스서는 두 개의 저주 신탁이 있는데, 본 텍스트가 두 번째 것이다(5:18-20). 선지자는 다시 한 번 살아 있는 사람 앞에서 그들의 죽음을 슬퍼하는 애가를 부르고 있다. 노래를 시작하는 탄식사(הוֹי)는 이번에도 "너희는 망한다"로 번역하는 것이 바람직하다(새번역). 아모스는 이 섹션에서 크게 두 가지를 비난한다. (1) 거짓 평안(a false sense of security)(1-3절), (2) 거짓 가치관(a false sense of value)이다(4-6절).

선지자는 시온에서 교만한 자와 사마리아에서 마음이 든든한 자에게 이 메시지를 선포한다(1절). 먼저 열방을 비난한 다음에 이스라엘을 비난했던 것처럼(1장) 이번에도 시온(예루살렘)을 먼저 비난하고 난 다음에 사마리아(이스라엘)를 책망한다. 본문에서 예루살렘이 이스라엘과 함께 취급되는 것은 아모스서의 최종적인 목적을 암시하는 듯하다. 아모스가 이 메시지를 일차적으로는 북 왕국에 선포한 것이 사실이다. 그러나 그가 이 메시지를 선포할 때 이스라엘의 죄를 상당 부분 답습하고 있는 유다도 떠올렸다. 일부 주석가는 시온에 대한 정보가 훗날 삽입된 것이라고 하지만(Wolff), 사마리아와 시온이 정교한 평행을 이루고 있는 것으로 보아 원래부터 아모스의 스피치에 시온이 포함된 것으로 생각된다(Gowan; G. Smith, cf. Sweeney). 선지자는 이 책이 북 왕국 이스라엘뿐만 아니라 남 왕국 유다에도 읽히기를 원했다. 더 나아가서는 어느 시대를 살아가는 하나님 백성이라도 이 책을 읽고 삶을 돌아보라는 권면을 내포한다. 아모스서는 시대와 장소를 초월해 하나님 말씀으로 읽히는 것을 목표로 삼는다. 그러므로 두 자매 나라를 동일한 죄로 함께 비난하고 있는데, 가장 기본 문제는 잘못된 리더십이다.

개역개정이 '마음이 든든한 자'(1절)로 번역하고 있는 히브리어 문구(נְקֻבֵי רֵאשִׁית הַגּוֹיִם)를 문자적으로 풀이하면 '열국 중 머리가 되는 나라의 으뜸 되는 자들'이며 아모스가 이스라엘의 지도층을 비아냥거리는 말이다. 이스라엘 지도자는 큰 교만에 빠져 있다. 나라가 전에 누리지 못해 본 번영과 풍요로움을 누리고 있다. 그래서 자신이 마치 슈퍼파워나 된 것처럼 거들먹거린다. 자신이 이 '슈퍼파워'의 지도자이니 얼마나 목에 힘을 주고 다녔겠는가! 이런 사람의 눈에 가난한 자와 소외된 자가 들어올 리 없었다. 하나님이 머지않아 이스라엘에게 진짜 슈퍼파워인 아시리아의 맛을 보여주실 것이다. 그때에야 비로소 자신이 얼마나 교만했는지 알게 될 것이다.

2절을 해석하기가 매우 어렵다(Andersen & Freedman). 제일 먼저 제시되는 문제는 누가 이 말을 하는 것이냐다. 여호와(선지자)인가, 아니면 이스라엘의 지도자인가? 그다음은 내용이다. 번역본도 현저한 차이를 보이고 있다(NAS, NIV, NRS, TNK). 만일 하나님(선지자)이 하시는 말씀이라면 이스라엘 지도자의 교만을 비난하는 말씀이다. 본문이 언급하는 세 도시는 사마리아보다 교만할 이유가 훨씬 많은데도 겸손한 것에 반해 사마리아의 경우 쥐뿔도 없으면서 허세를 부리는 것을 비난하시는 것이다. 만일 이스라엘 지도자가 하는 말이라면 자만의 극치를 이루는 말이다. "너희들은 갈레에 건너가고 거기서 대 하맛으로 가고 또 블레셋 사람의 가드로 내려가 보라. 그들의 땅이 이[우리] 땅보다 더 크고 나은지 보라." 선지자가 이스라엘 지도자의 교만을 문제 삼고 있다는 점을 고려할 때, 후자(2절을 지도자의 말로 해석)가 더 가능성이 있어 보인다(Hubbard, McComiskey & Longman). 교만한 자를 묘사할 때 가장 효과적인 방법은 여러 가지 수사로 그들을 설명하는 것이 아니라, 그들의 입에 한마디의 말을 넣어주는 것이기 때문이다. 그러나 아모스가 남의 말을 도입할 때에는 항상 '누가 말했다'를 표기한다는 점을 근거로 이런 해석에 문제를 제기하는 사람도 있다(G. Smith).

갈레의 위치는 확실치 않으나 북 아람족으로 구성되었던 나라 파틴(Patin)의 수도로 추측한다. 다마스쿠스에서 북쪽으로 160㎞ 떨어진 곳이다. 일부 학자는 오늘날의 알레포(Aleppo)라고 하기도 한다. 이 도시는 주전 738년에 디글랏 빌레셀(Tiglath-pileser III)에 의해 정복된 다음 역사에서 사라졌다. 하맛 역시 아람 사람에게 속했던 성읍으로 오론테(Orontes) 강 옆에 있었던 주요 도시다. 다마스쿠스에서 북쪽으로 320㎞ 정도 떨어져 있었다. 블레셋 사람의 '가드'의 위치도 역시 확실치 않다. 가드란 이름의 도시는 여러 군데 존재했다(수 11:22; 삼상 17:52; 21:12). 대체로 지중해의 동남쪽에 있는 항구 도시로 추측한다. 성경에 의하면 아람 왕 하사엘이 가드를 정복했다(왕하 12:17). 유다 왕 웃시야가 가드의 성벽을 파괴했으며(대하 26:6), 아시리아의 사르곤(Sargon II)이 정복한 후 역사에서 사라졌다.

선지자가 왜 세 도시를 이곳에서 함께 언급하는지를 도무지 알 수 없다. 당시 이 도시들에 대한 정보가 별로 남아있지 않기 때문이다. 정황을 고려할 때 이스라엘 지도자는 자신의 도시가 세 도시보다 훨씬 더 낫다며 거드름을 피우는 것으로 생각된다. 그렇다면 선지자가 언급하고 있는 이 도시들은 그 당시 상당히 부유한 도시로 알려져 있었을 것이다. 이 도시들과 비교해볼 때 사마리아는 별 볼 일 없는데, 정작 사마리아의 지도자는 자신이 살고 있는 도시가 이 도시들보다 훨씬 더 났다고 떠들어대는 교만을 묘사하는 것으로 생각된다.

3절의 해석과 의미를 구상하는 일이 쉽지 않다. 무엇보다도 '멀리하다'(נדה)와 '가까이하다'(נגש) 동사가 짧은 문구에서 함께 사용되다 보니 혼선이 오고 있다. 개역개정은 "너희는 흉한 날이 멀다 하여 포악한 자리로 가까워지게 하고"로 번역하는데, 이런 번역은 의미 전달을 거의 못하는 수준이다. 번역본마다 현저한 차이를 보이고 있는데 새번역의 의미 전달이 가장 정확한 것으로 생각된다. 이스라엘 지도자는 재앙을 피하려고 안간힘을 쓰지만, 실제는 그들의 교만과 죄로 가득 찬 행동이 재앙을 재촉하고 있다. 다음 도표를 참조하라.

번역본	내용
개정	너희는 흉한 날이 멀다 하여 포악한 자리로 가까워지게 하고
새번역	너희는 재난이 닥쳐올 날을 피하려고 하면서도, 너희가 하는 일은, 오히려 폭력의 날을 가까이 불러들이고 있다.
NIV	You put off the evil day and bring near a reign of terror (너희는 악한 날을 미루고 공포시대를 가까이한다.)
NAS	Do you put off the day of calamity, and would you bring near the seat of violence? (너희는 재앙의 날을 미루고, 폭력의 자리를 가까이할 거냐?)
TNK	Yet you ward off the thought of a day of woe and convene a session of lawlessness (그러나 너희는 재앙의 날에 대한 생각을 피하고 무법회의를 소집한다.)
LXX	οἱ ἐρχόμενοι εἰς ἡμέραν κακήν οἱ ἐγγίζοντες καὶ ἐφαπτόμενοι σαββάτων ψευδῶν (악한 날에 다가가는 자들, 곧 거짓 안식일에 가까이 다가가서 채택하는 자들아!)

아모스는 분노하는 목소리로 사마리아의 귀족의 사치를 비난한다 (4-6절). 일부 학자들은 이 섹션이 장례식 잔치를 배경으로 한다고 한다(Barstad, King, G. Smith). 이스라엘에서는 사람이 죽으면 일주일 동안 장례식을 치렀는데, 이때는 온 공동체가 함께 슬퍼하며 죽은 자를 애도한다. 그런데 부자는 이 장례식을 기회 삼아 호화와 사치를 거침없이 드러내고 있다는 것이다. 부유층이 포도주를 담아 건배하는 그릇이 일상적인 용도로 사용되는 '컵'(סוֹב)이 아니라 '대접'(מִזְרָק)(6절)인데, 대접은 주로 종교 예식에서 사용되는 쇠 그릇이었기 때문이다(HALOT, cf. 출 27:3; 38:3; 민 4:14; 7:13; 왕상 7:50; 느 7:70).

그러나 대접 하나 때문에 전체 배경을 장례식으로 단정하는 것은 지나치다는 느낌이 든다. 오히려 선지자는 상류층의 호화스러운 연회가 신성모독적인 면모도 띠었다는 점을 비난할 수도 있다. 훗날 바빌론의 마지막 왕 벨사살이 예루살렘 성전에서 가져온 그릇을 사용하여 축배를 들었던 것처럼 말이다(단 5:2). 그러므로 본문의 정황이 장례식이라고 단정할 필요는 없다(Gowan; Sweeney). 이 메시지의 배경을 호화찬란한 잔치로 보는 것이 바람직하다.

선지자의 비난은 매우 현실감이 있으며 그들의 방탕을 적나라하게 묘사한다. 아모스는 상류층 사이에 팽배해져 있는 물질만능주의를 혹독하게 비난한다. 본문이 언급하고 있는 사치품들을 생각해보라. (1) 상아로 만든 상, 침대 등 값비싼 외제품, (2) 호화찬란한 잔치와 포식, (3) 찬란하게 울려 퍼지는 풍악소리, (4) 고급 술과 귀한 기름, (5) 과거에는 왕만이 누릴 수 있었던 것 등이다. 상아가 전량 수입품이었던 지역에 살면서 상아로 만든 침대에 눕는다는 것이 얼마나 호화스러운 것인지 생각해보라. 고기를 먹어도 육질이 최고로 좋은 것, 곧 가장 비싼 것만 골라먹는다. 당시 평민의 밥상에는 고기가 없었다. 고기는 특별한 때 조금 먹는 것이었다(G. Smith). 그런데 그들은 짐승 우리를 돌아다니며 가장 맛있게 생긴 어린 양과 송아지를 지목하여 따로 키우게 했다. 일반적으로 양과 송아지는 방목했는데, 육질을 부드럽게 하기 위해 이렇게 선별된 짐승은 움직이지 못하도록 좁은 공간에 가두어 키웠다(Sweeney).

그들은 잔치를 할 때마다 '밴드부'를 동원했다. 모든 호화로움을 유지하기 위해 얼마나 많은 돈이 필요했을까? 그런데 이 돈을 어디서 충당했을까? 이미 선지자가 언급한 것처럼 그들이 부리는 사치의 상당 부분이 서민을 착취하고 등골 빠지게 하는 일에서 비롯되었다(2:6-8). 우리말에 "개같이 벌어서 정승같이 쓴다"는 말이 있는데, 이런 경우를 두고 하는 말은 아니리라. 더 나아가 그들은 연주에 맞추어 마치 다윗이나 된 것처럼 흥얼거렸다. 다윗은 하나님을 찬양하기 위해 노래를 불렀다(삼상 16:16, 23). 그런데 이스라엘 상류층은 자신의 방탕을 노래하고 있다. 어찌 이런 자들을 감히 다윗에 비교한단 말인가? 결코 있어서는 안 될 어이 없는 일이 이스라엘의 상류층 사회에서 일어나고 있었다.

'요셉의 환난'(שֶׁבֶר יוֹסֵף)(6절)은 이스라엘이 당면한 전체 상황을 표현한다. 그러나 귀족은 나라의 어려운 상황에 대해 별 관심이 없다. 사치스러운 삶을 살면서 남을 위해 깊이 생각할 겨를이 없기 때문이다(Gowan). 선지자는 이들의 안일한 모습을 7개의 분사와 3개의 동사를 사용해 매우 적나라하게 드러내고 있다. 선지자는 분사의 사용을 통해 (1) 재앙의 날을 뒤로 멀리 밀쳐내는 자(הַמְנַדִּים)(3절), (2) 상아 상에 눕는 자(הַשֹּׁכְבִים)(4절), (3) 침상에서 몸을 쭉 펴는 자(סְרֻחִים)(4절), (4) 양 떼에서 어린 양을 취하는 자(אֹכְלִים)(4절), (5) 우리에서 송아지를 잡아먹는 자(עֲגָלִים)(4절), (6) 비파에 맞추어 헛된 노래를 응얼거리는 자(הַפֹּרְטִים)(5절), (7) 대접으로 포도주를 마시는 자(הַשֹּׁתִים)(6절)라며 그들의 방탕을 비난한다. 선지자가 사용하는 세 개의 동사 역시 그들을 비꼬고 있다. 그들은 (1) 강포한 자리로 가깝게 가는 자(תַּגִּישׁוּן)(3절), (2) 다윗처럼 자신을 위해 악기를 제조하는 자(חָשְׁבוּ)(5절), (3) 귀한 향유를 몸에 바르는 자(יִמְשָׁחוּ)(6절)이다.

이와 같이 선지자는 열 개의 긍정문을 사용해 그들이 방탕한 삶을 사는 데만 관심이 있다는 것을 하나의 부정문("그들은 요셉의 파멸을 인해 근심치 아니하였다")과 대조하여 진정으로 자신의 이익만 추구하며 나라의 운명에는 전혀 관심이 없다는 점을 고발한다. 당시 이스라엘을 지배하는 자는 리더로서 절대 해서는 안 될 일만 골라하고 있다. 그러니 나라가 어떠했을까 어느 정도는 상상이 간다. 한 국가의 운명은 리더에 의해 결정된다 해도 과언이 아니다.

선지자는 심판 선언을 '그러므로'(לָכֵן)로 시작한다(7절). 심판은 분명히 있을 것이며 그동안 이스라엘이 저지른 행동의 결과라고 한다. 아모스는 잘못된 가치관으로 사람을 괴롭히던 지도층 인사들이 포로 행렬의 선두를 형성할 것이라고 예언한다. 또한 자신들은 이스라엘뿐만 아니라 온 열방에서 으뜸된 자(רֵאשִׁית first)라고 거드름을 피웠던 자들이 포로 행렬의 제일 선두(רֵאשִׁית first)에 서서 끌려간다!(McComiskey & Longman) 그들의 호화로운 파티는 이렇게 끝이 날 것이다.

III. 경고와 심판(3:1–6:14)
   D. 심판 선언(5:18–6:14)

3. 교만한 자와 불의한 나라에 대한 심판(6:8–14)

아모스는 청중에게 생명의 길과 죽음의 길을 제시했다. 안타깝게도 청중은 죽음의 길을 택했다. 그러므로 선지자는 이제 그들에게 임할 무섭고 참담한 심판의 날을 예언한다. 선지자가 이 섹션에서 묘사하고 있는 '두려운 날'은 바로 앞에서 전개된 상류층의 '흥청망청하던 날'과 극명한 대조를 이룬다. 만일 이같이 두려운 날이 올 것이라는 사실을 깨달았더라면 결코 그렇게 살지는 않았을 것이다. 우리는 항상 미래를 염두에 두고 살아야 한다. 전도서 기자가 말하는 것처럼 하나님이 창조하신 이 아름다운 세상에서 마음껏 누리고 즐기되, 언젠가는 창조주 앞에서 우리의 모든 행실에 대해 심판받을 것을 기억해야 하는 것이다. 하루에 몇 번씩 다가오는 미래를 생각만 해도 우리는 죄를 많이 줄이고 살 수 있을 것이다. 이 섹션은 다음과 같이 두 부분으로 구분할 수 있다.

A. 이스라엘에게 임할 진노(6:8–11)
B. 판단력을 상실한 이스라엘(6:12–14)

III. 경고와 심판(3:1–6:14)
　D. 심판 선언(5:18–6:14)
　　3. 교만한 자와 불의한 나라에 대한 심판(6:8–14)

(1) 이스라엘에게 임할 진노(6:8–11)

<blockquote>

8 만군의 하나님 여호와의 말씀이니라

주 여호와가 당신을 두고 맹세하셨노라

내가 야곱의 영광을 싫어하며

그 궁궐들을 미워하므로

이 성읍과 거기에 가득한 것을 원수에게 넘기리라 하셨느니라

9 한 집에 열 사람이 남는다 하여도 다 죽을 것이라 10 죽은 사람의 친척 곧 그 시체를 불사를 자가 그 뼈를 집 밖으로 가져갈 때에 그 집 깊숙한 곳에 있는 자에게 묻기를 아직 더 있느냐 하면 대답하기를 없다 하리니 그가 또 말하기를 잠잠하라 우리가 여호와의 이름을 부르지 못할 것이라 하리라

11 보라 여호와께서 명령하시므로

타격을 받아 큰 집은 갈라지고

작은 집은 터지리라

</blockquote>

일부 학자들은 원래 8절 다음 11절이 이어졌는데, 9–10절이 삽입되면서 나누어졌다고 한다(Gowan). 장르적으로도 8, 11절은 시인데,

9-10절은 이야기이다(새번역, NIV). 8절과 11절이 심판 날의 참혹함을 시로 묘사하는 반면 9-10절은 중간에서 다른 장르를 사용해 이날의 실상을 매우 생생하게 그리고 있다는 점이 이런 해석을 가능케 한다. 그렇다면 본문은 같은 날의 참혹함을 묘사하면서도 장르상으로는 시 (A)-내러티브(B)-시(A')의 구조를 형성하고 있다.

선지자는 하나님이 자신을 두고 맹세하셨다는 점을 상기시키며 심판 이 확실히 온다는 것을 못박고 있다(8절). 하나님이 스스로를 두고 맹 세하시는 것은 세상에 하나님보다 더 위대한 분이 없기 때문이다. 그 러므로 하나님이 맹세하신 것은 꼭 이루어진다. 또한 "만군의 하나님 여호와의 말씀이니라"를 더해 이 선언은 결코 되돌릴 수 없음을 전한 다(8절). 진노의 이유는 '야곱의 영광/교만'(בְּאוֹן יַעֲקֹב)때문이다(8절). 바로 다음 문구에서 궁궐이 이 단어와 평행을 이루는 것으로 보아 야곱의 영 광이 이스라엘이 자신들의 위엄을 잘 나타낸다고 생각한 궁궐을 뜻하 는 것으로 해석할 수도 있지만, 아마도 자랑스럽게 생각하는 요새화된 성읍을 의미하는 것으로 생각된다(Jeremias, McComiskey & Longman). 어떠 한 외부의 침략도 막아낼 수 있다며 교만을 드러내고 있는 것이다. 또 한 이스라엘의 교만은 사치스러운 삶이 잘 드러내고 있다(3:10, 15).

이스라엘은 거의 다 죽게 될 것이며 생존자도 비참한 최후를 맞게 될 것이다(9-10절). 선지자는 이스라엘 백성을 멸종시킬 만한 혹독한 재앙 이 임할 것이라고 하지만, 이 재앙이 어떤 것인지는 밝히지 않는다. 그 래서 아모스가 예언하고 있는 재앙이 전쟁이라고 하며(Sweeney), 전염 병이라고 하기도 하고, 본문이 [적들에게] 포위된 사마리아에서 굶주 림으로 죽어가는 사람의 이야기라고 하기도 한다(Hayes). "한 집에 열 사람이 남아 있다 하여도"는 아브라함이 롯을 구하기 위해 여호와와 협상했던 일(창 18장)을 연상시키는 듯하다(Finley). 또한 여로보암이 북 왕국을 시작했을 때 그를 따랐던 10지파를 상징할 수도 있다. 아모스가 지적하고 있는 집이 벧엘에 있는 성소라고 하는 주석가도 있다(Jeremias).

선지자는 10절에서 백성이 시체를 태우고 있는 모습을 묘사하고 있는데, 이스라엘은 옛적부터 화장(火葬)을 꺼렸던 사람들이다(Gowan). 그러므로 시체를 태운다는 것은 죽은 사람이 너무나도 많아서일 수 있고, 아니면 전염병으로 죽었기 때문일 수도 있다. 한 가지 확실한 것은 참으로 어려운 시대를 맞이했기에 일상적인 장례 방식을 취할 수 없게 되었다는 것이다. 아모스는 다가오는 심판이 얼마나 혹독한지 장례식은 엄두도 내지 못하고 겨우 시체를 태우는 것이 죽은 사람에 대한 예우가 될 때가 올 것이라고 한다.

'죽은 사람의 친척'(דוד)(10절)은 일반적으로 삼촌을 의미한다(HALOT). 아론의 아들 나답과 아비후가 여호와 앞에서 죽었을 때 모세는 아론의 삼촌의 아들들에게 시체를 치우도록 했다(레 10:1-5). 그러나 절박한 상황에서는 삼촌이 오기까지 기다릴 수가 없다. 그러므로 본문에서는 장례를 치르러 온 친척이(Sweeney) 장례를 치르며, 사람들은 서로 말을 주고받는다. "남아 있는 그 사람이 '없다'고 대답할 것이다. 그러면 그 친척이 '조용히 하라'고 하면서 '주의 이름을 함부로 불러서는 안 된다'고 말할 것이다"(10절).

이 말씀이 구체적으로 무엇을 뜻하는지 밝히려고 많은 노력을 했지만, 아직까지 좋은 결과가 나오지 않았다. 하나님의 이름을 언급하면 죽음의 저주가 다시 이 집을 찾을 것이라는 미신적인 생각이 이 말씀의 배경이라고 하기도 한다(Wolff). 또한 그들 사이를 지나가시면서 이미 많은 사람을 죽이신 하나님이 다시 그들 중으로 돌아오시는 것을 원치 않는다는 표현이라고 풀이하는 사람도 있다(Stuart). 다행히 전반적인 의미를 파악하는 것은 그렇게 어렵지 않다. 장례를 치르는 사람들이 죽은 사람과 연관해 여호와의 이름을 언급하는 것을 금하고 있다. 아마도 평상시 사람이 죽었다는 것을 표현할 때마다 하나님의 이름을 마치 주문을 외우듯이 들먹거렸거나(McComiskey & Longman), 죽은 사람을 보고 속이 상한 생존자가 하나님을 저주하는 일을 금하는 것일

623

수도 있고(Gowan), 하나님의 이름이 너무 거룩하기에 죽음과 함께 언급하는 것을 금하는 것일 수 있다(Sweeney). 아모스는 심판이 임하는 날에 대해 청중 사이에 매우 두려운 분위기를 조성하고 있다.

시체를 치우는 자는 수많은 죽음이 여호와의 날이 이스라엘에 임한 결과라는 것을 알고 있다. 하나님의 저주로 비극을 맞게 된 심판의 현장에서 여호와의 이름을 부른다는 것은 비극만 더 크게 만들 것이다. 파괴와 멸망이 여호와께로부터 온다(11절). 큰 집(부자), 작은 집(서민) 할 것 없이 모두 박살이 날 것이다. 하나님의 심판이 임하는 날 모두다 망한다.

III. 경고와 심판(3:1–6:14)
  D. 심판 선언(5:18–6:14)
    3. 교만한 자와 불의한 나라에 대한 심판(6:8–14)

---

(2) 판단력을 상실한 이스라엘(6:12–14)

> 12 말들이 어찌 바위 위에서 달리겠으며
> 소가 어찌 거기서 밭 갈겠느냐
> 그런데 너희는 정의를 쓸개로 바꾸며
> 공의의 열매를 쓴 쑥으로 바꾸며
> 13 허무한 것을 기뻐하며 이르기를 우리는 우리의 힘으로 뿔들을 취하지 아니하였느냐 하는도다 14 만군의 하나님 여호와의 말씀이니라 이스라엘 족속아 내가 한 나라를 일으켜 너희를 치리니 그들이 하맛 어귀에서부터 아라바시내까지 너희를 학대하리라 하셨느니라

아모스는 이스라엘이 포로로 끌려갈 것을 이미 예언했다(4:3; 5:5, 27; 6:7). 선지자는 본문에서 포로로 끌려갈 것을 재차 경고한다. 왜 그들이 끌려가야만 하는가? 아모스는 이스라엘 사회가 상식 이하의 행동

이 자연스럽게 받아들여지는 변태적 집단, 막 가는 세상으로 전락했기 때문이라고 한다. 가수 이정현이 몇 년 전에 〈바꿔〉라는 노래에서 묘사하는 사회─모두가 다 미쳐버린 사회─가 이스라엘에 도래한 것이다. 선지자는 두 개의 수사학적인 질문을 사용해 본인이 하고자 하는 말을 전한다. 첫째, 말들이 바위 위를 달리는 것을 보았는가? 말을 모는 사람이 정말 어리석지 않다면 이처럼 무모한 일은 결코 하지 않을 것이다. 바위 위에서 말을 몰면 어떤 일이 일어날까? 말 탄 사람이 떨어지면 크게 다치는 것도 문제지만, 말에게는 생명이라고 할 수 있는 발굽을 파괴하다시피 할 것이다. 말을 바위 위에서 모는 것은 무모한 짓이다.

둘째, 사람이 소로 바다를 가는 것(쟁기질하는 것)을 본 일이 있는가? 히브리어 문구(בַּבְּקָרִים יַחֲרוֹשׁ)를 문자적으로 해석하면 "소가 밭을 갈겠느냐?"가 된다. 의미가 어색해서 번역본은 '바위'를 더하거나 '거기'를 더한다(NIV). 이렇게 취급할 경우 이 말씀은 "소가 바위를 쟁기질하겠느냐?"가 된다(개역개정, NAS, NIV, TNK). 무모한 짓이라는 것이다. 이런 현상은 히브리어 시에서 흔한 일이며 이를 문학적 용어로 '생략'(ellipsis)이라고 한다. 그러나 마소라 사본의 '소들'(בַּבְּקָרִים)을 두 단어로 나누면 '소가 바다를'(בָּקָר יָם)이 된다(Andersen & Freedman). 그렇다면 이 질문은 "소가 바다를 쟁기질하겠느냐?"가 된다(새번역, 공동; NRS). 이 경우에 어처구니 없는 현상이 더욱 돋보인다(Mays, Wolff, Soggin). 칠십인역은 전혀 다르게 번역했다. "수말들이 암말들을 그냥 지나치겠느냐?"(ἵπποι εἰ παρασιωπήσονται ἐν θηλείαις)

두 수사학적 질문이 강조하고자 하는 것은 있을 수 없는 일이 이스라엘 안에서 벌어지고 있다는 것이다. 어떤 일이 일어나고 있는가? 이스라엘은 공의를 뒤엎어 독약을 만들고, 정의의 열매를 쓰디쓴 소태처럼 만들어버렸다. 공의와 정의에 대한 무지함이 군사적인 자만심과 섞여 있다(13절). 두 가지의 결합은 가장 쉽게 나라를 망하게 한다. 허무한 것(לֹא דָּבָר)('no-thing', 고완[Gowan]은 이 문구의 적절한 표현으로 'Nothingville'을 제안한다)은 길르앗 동편에 있는 가드의 도시 드빌로 추정된다. 즉 '아무것도 아님'이란 의미를 지닌 도시 로드발은 이스라엘과 싸울 만한 힘이 없는 보잘것없는 곳이었는데, 이스라엘이 이곳을 침략하여 정복하더니 마치 대규모의 전쟁을 치른 후 이 성읍을 얻은 것처럼 과장하며 즐거워하고 있는 모습이다.

하나님의 심판이 임하는 날 온 이스라엘 영토가 한 이방 국가에 의해 억압당하게 될 것이다(14절). 작은 것을 삼키고 기뻐하는 자가 그들을 삼킬 적수를 만날 것이다. 구체적으로 어느 나라라고 밝히고 있지 않지만, 훗날 아시리아가 이 역할을 감당한다. 군사적 승리가 군사적 패배를 막을 수는 없다. 한 번 이겼기에 영원히 이기리라는 생각은 버려야 한다.

IV. 종말에 대한 환상과 권면
(7:1-9:15)

아모스는 지금까지 이스라엘의 사회적·종교적 죄에 대해 신랄하게 비난하며 언약 백성으로서 기본 윤리를 회복할 것을 촉구했다. 도덕적 부패를 회개하고 삶을 획기적으로 바꾸지 않는다면 이 나라에 미래는 없다는 것을 분명히 경고했다. 선지자는 이제 자신이 본 환상 다섯 개를 열거하며 그동안 선포해 왔던 메시지에 쐐기를 박는다. 아모스는 그동안 주로 시가체(poetry)를 사용하여 메시지를 기록해왔다. 이 비전 회고(7:1-8:2)에서는 서술적 이야기체(descriptive narrative)를 주로 사용하여 메시지를 선포한다.

그동안 아모스는 사마리아에서 메시지를 선포해 왔다. 이제 벧엘에 있는 성소로 자리를 옮겨 말씀 선포를 계속하고 있다. 이 섹션의 일부가 훗날 아모스가 유다로 돌아온 후에 첨부된 것이라 하기도 한다. 그러나 나중에 삽입된 내용을 가려내기란 여간 어려운 일이 아니며, 어떤 부분이 첨부되었는가에 대해서도 이견이 많다. 별로 설득력 있는 결과를 도출해 내지 못한 노력이 된 것이다. 또한 이 섹션이 선지자의 자서전적인 회고(아모스가 1인칭을 사용함) 형태로 진행된다 해서 아모스의 삶과 사역을 재구성해 보려고도 하지만, 만족할 만한 결과를 얻지 못했다(Gowan). 선지자가 자신의 삶에 대해 많은 정보를 제공하고 있지 않기 때문이다. 이 섹션이 아모스의 여러 환상을 포함하고 있기에 본 텍스트가 선지자의 환상과 계시에 관한 중요한 연구 본문으로 자리를 잡기도 했다(Auld, Paul).

아모스가 회고하고 있는 다섯 개의 환상 중 처음 네 개는 모두 '여호와/하나님이 보여주시되'로 시작하는 것에 비해 마지막 다섯 번째 환상은 '내가 여호와를 보니'로 시작하며 차이를 보인다. 더 나아가 동일하게 시작하는 네 환상 중 첫 번째(7:1-3)와 두 번째(7:4-6) 환상, 세 번째(7:7-8)와 네 번째(8:1-2) 환상이 각각 쌍으로 등장하나, 다섯 번째 환상은 독립적인 위치를 차지한다. 처음 두 환상은 철회된 심판에 관한 것이다. 선지자는 첫 번째, 두 번째 환상에서 특정한 자연현상을 보았고, 이 현상을 통해 깊은 의미를 인식하게 되었음을 회고하고 있다. 이 환상들을 사건 환상(event vision)이라 부른다. 반면에 세 번째, 네 번째 환상에서는 선지자가 메시지를 전하기 위해 물건(object)을 사용한다. 이 환상들을 물건 환상(object vision)이라 한다. 이 환상들에 등장하는 물건의 이름과 선지자가 이 물건을 통해 전하고자 하는 메시지의 내용이 일종의 언어유희(pun)를 형성하고 있다고 해서 이 환상들을 언어유희 환상(pun vision)이라 하기도 한다(Wolff, Paul).

처음 두 환상은 아주 짤막한 이상이지만, 세 번째, 네 번째, 다섯 번째 환상 뒤에는 긴 추가 설명 혹은 사건 등 일종의 첨가물(appendix)이 붙는다(7:10-17; 8:4-8; 9:5-15). 처음 환상들이 주어질 때 선지자는 백성을 위해 중보한다. 그러나 마지막 환상은 중보가 없이 그저 자신이 본 환상 그대로 전한다. 선지자는 처음에는 능동적 위치에서, 나중에는 수동적 위치에서 환상을 전한다. 반면에 이스라엘 백성은 처음에는 수동적 위치에서, 나중에는 능동적 위치에서 이 환상에 참관한다. 이런 내용을 정리하면 다음과 같은 구조와 흐름이 아모스의 환상 중에 있음을 알 수 있다.

내용	공통점
1. 메뚜기 환상(7:1-3)	사건 환상
2. 불 환상(7:4-6)	
3. 다림줄 환상(7:7-9)	물건 환상/
4. 여름 과일 광주리 환상(8:1-3)	언어유희 환상
5. 성소 파괴와 민족 몰살 환상(9:1-4)	

　　마지막 환상은 청중에게 그림 언어(Bildwort)를 제시하며 다가올 심판의 범우주적인 의미를 암시하고 있다. 이런 면에서 이 비전은 환상 시리즈의 절정이다. 다행히 감사한 것은 이 환상이 파괴만을 전하고 있지 않고 다윗 왕가의 복원이 포함되어 있다는 것이다. 이 사실은 청중에게 미래에 대한 가능성을 제시했을 뿐만 아니라, 아모스서의 성향을 이해하는 데 큰 역할을 한다. 일부에서 주장하는 것처럼 아모스서는 결코 비관적이고 절망적인 미래관만을 제시하고 있는 책이 아니다. 선지자는 독자에게 미래를 기대하라고 한다. 설령 세상이 죄로 망한다 할지라도 하나님을 사랑하는 자는 밝은 미래를 소망할 수 있는 것이다. 아모스서의 마지막 섹션은 다음과 같이 구분할 수 있다.

　　A. 철회된 심판(7:1-6)
　　　A'. 철회되지 않은 심판(7:7-9:10)
　　B. 회복된 이스라엘의 축복된 미래(9:11-15)

IV. 종말에 대한 환상과 권면(7:1-9:15)

A. 철회된 심판(7:1-6)

이 섹션은 두 환상을 담고 있다. 메뚜기 떼 환상(7:1-3)과 가뭄 환상

629

(7:4-6)이다. 사건 환상(event vision)으로 분류되는 두 환상은 다음과 같은 양식(form)으로 공통점을 지니고 있다. 진행 절차와 하나님의 반응도 같다.

단계	내용
서론	"주 하나님이 나에게 다음과 같은 것을 보여 주셨다"(7:1; 7:4)
중보적 호소	"주 하나님, 용서하여 주십시오! 야곱이 어떻게 견디어 낼 수 있겠습니까? 그는 너무 어립니다"(7:2; 7:5)
하나님의 반응	"주께서 이에 대하여 뜻을 돌이키셨다. 그리고 주님께서 말씀하셨다. '이것이 이루어지지 않게 하겠다'"(7:3; 7:6)

이 두 환상은 목축업에 종사하고 있는 아모스 선지자의 직업 배경에 잘 어울리는 것이다. 메뚜기 떼는 종종 이스라엘 국토에 모습을 드러냈고, 불은 건조한 여름철 들판에 자연적으로 발생하곤 했다. 양들을 소유하고 과수원을 소유한 아모스는 이런 재앙을 주변에서 종종 목격했을 것이다. 두 사건 환상으로 구성된 본문은 다음과 같이 구분할 수 있다.

A. 메뚜기 떼(7:1-3)
B. 가뭄(7:4-6)

IV. 종말에 대한 환상과 권면(7:1-9:15)
  A. 철회된 심판(7:1-6)

1. 메뚜기 떼(7:1-3)

¹ 주 여호와께서 내게 보이신 것이 이러하니라 왕이 풀을 벤 후 풀이 다시 움돋기 시작할 때에 주께서 메뚜기를 지으시매 ² 메뚜기가 땅의 풀을 다 먹은지라 내가 이르되 주 여호와여 청하건대 사하소서 야곱이 미약하오니 어

떻게 서리이까 하매 ³ 여호와께서 이에 대하여 뜻을 돌이키셨으므로 이것이
이루어지지 아니하리라 여호와께서 말씀하셨느니라

선지자들은 종종 메뚜기 떼의 습격을 하나님의 심판으로 묘사한다
(욜 1:4). 메뚜기 떼의 파괴력은 실로 대단했다. 때로는 1,000㎢의 땅을
덮치는가 하면 1㎢당 4,000만 마리의 메뚜기가 서식하기도 했다. 팔
레스타인 지역을 습격해 온 메뚜기 떼는 오자마자 식물을 먹지는 않고
알만 잔뜩 낳았다고 한다. 하나님이 출애굽 때 이집트를 강타하게 하
셨던 메뚜기 떼는 도착하자마자 농작물에 피해를 주기 시작했다. 가나
안을 습격한 메뚜기 떼가 낳은 알들이 몇 주 후 부화하기 시작하면서
새로 탄생한 새끼들이 먹어대는 식물의 양은 엄청났다. 메뚜기는 매일
자기 몸무게의 1-2배 가량의 풀/채소를 먹어 치운다고 한다. 이때 대
부분 메뚜기 떼 피해가 일어난다. 가나안에서는 메뚜기 떼의 습격이
보통 5-6월에 있는 일이었다.

메뚜기 떼 재앙이 의미하는 바는 단순한 자연현상에 멈추지 않는다.
오래전에 하나님은 이스라엘을 이집트에서 인도해내기 위해 이집트에
내리셨던 열 재앙 중에 메뚜기 떼 습격이 포함되어 있었다. 하나님은
옛적에 이스라엘의 원수를 심판하기 위해 사용하셨던 재앙으로 이제
이스라엘을 심판하시는 것이다. 불순종하는 이스라엘은 어느덧 하나
님의 원수가 되어 있었다. 하나님 자녀라고 우리가 어떤 짓을 저질러
도 하나님이 용서하고 축복하실 것이라는 생각은 버려야 한다.

선지자의 환상 속에서 왕의 짐승을 먹이기 위해 지정된 풀이 수확
된 직후(הִנֵּה־לֶקֶשׁ אַחַר גִּזֵּי הַמֶּלֶךְ) 메뚜기 떼가 들판에 남아있는 곡식을 모
두 먹어 치우고 있다(1절). 이스라엘이 사무엘에게 왕을 요구한 이후로
이스라엘의 왕은 들판의 첫 곡식을 추수해 들일 수 있는 특권을 부여
받았다(삼상 8:15). 처음 거두어들인 햇곡식을 왕(정부)에게 바친 후에야
농부의 추수가 시작되었던 것이다. 본문이 언급하고 있는 메뚜기 떼는

바로 이때-왕에게 바칠 풀이 수확된 후-이스라엘을 휩쓴 것이다.

백성의 입장에서는 메뚜기 떼가 습격한 시점이 최악의 상황이다(Sweeney). 게셀(Gezer)에서 발굴된 농사달력에 의하면 이때가 4월쯤으로 생각된다(B. Smith). 이미 지도자에게 상납할 것은 다 상납했고, 이제부터는 자신들을 위해 수확할 수 있는 시점에서 모든 것을 잃게 되었기 때문이다. 게다가 왕에게 바치는 첫 풀이 수확되는 시점은 봄에 심은 채소가 한창 자랄 때이다. 만일 메뚜기 떼가 조금 일찍 왔더라면 메뚜기 떼는 지난 가을에 심은 곡식의 줄기와 잎을 먹었겠지만, 봄에 심은 작물은 아직 싹이 트지 않은 때라 안전하다. 그러므로 곡식은 빼앗기더라도 봄에 심은 작물은 먹을 수 있다. 만일 메뚜기 떼가 조금 늦게 왔더라면 봄에 심은 채소 등은 모두 메뚜기가 먹겠지만, 곡식 추수는 이미 끝난 상태이다. 그러므로 사람들은 곡식을 먹을 수 있다. 그러므로 메뚜기 떼가 첫 풀을 베어낸 시점에 왔다는 것은 가을에 심은 곡식과 봄에 심은 채소 등 작물을 모두 먹어치운다는 뜻이다(Gowan). 최악의 시나리오가 펼쳐지고 있는 것이다.

선지자가 이 환상을 통해 암시하는 바는 왕을 포함한 이스라엘의 지도자는 책임을 다하지 않고 있다는 비난이다(Niehaus). 기본 양심이 있는 리더라면 먹을 것을 송두리째 메뚜기 떼에게 빼앗겨 버린 백성을 위해 이미 취한 곡물을 내놓아야 한다. 그러나 지도자는 백성의 고통과 배고픔을 남의 문제로 생각했다. 자신의 배가 부르므로, 비어있는 백성의 배는 안중에도 없었던 것이다. 이스라엘과 같은 신정 사회에서 지도자의 권력은 하나님이 위임하신 것이며, 다스리는 백성을 섬기기 위해 리더십을 위임해 주신 것이라는 사실은 이미 오래전에 잊혀진 추억이 되어 있었던 것이다.

그러므로 선지자는 불쌍한 백성을 위해 중보하기 시작한다(2절). 백성의 아픔을 껴안고 기도해야 할 리더가 강 건너 불 보듯 하고 있으니 선지자라도 더욱 열심히 기도해야 했다. 의미심장한 것은 남 왕국 사람 아모스는 북 왕국을 잠시 방문한 사람이며 북 왕국 공동체에 소속되지 않은 외부인이라는 점이다. 아모스는 국경을 초월하여 남의 아픔을 껴안은 신앙인의 모습을 보여줄 뿐만 아니라, 앞으로 갈등을 빚게 될 벧엘의 제사장 아마샤(7:10-17)와 매우 강렬한 대조를 이룬다. 아마샤는 자신의 이익밖에 모르는 이스라엘의 전형적인 고위 종교 지도자의 모습을, 아모스는 진정한 여호와의 종의 모습을 보여주고 있다.

선지자가 하나님께 호소하면서 사용하는 이스라엘의 이름도 주목할 만하다. 그동안 이스라엘의 리더는 국제적 위치를 들먹이며 온갖 교만과 방종을 떨었다(6:1). 그러나 선지자의 눈에 비춰진 이스라엘 모습은 아주 미약하고 연약한 백성에 불과했다. 선지자는 허세와 겉치레로 가려진 이스라엘의 참 모습을 보았다. 그러므로 아모스는 '야곱'이라는 이름으로 이스라엘을 대신하고 있다. 어떤 면에서 이스라엘은 연약함과 보잘것없음을 상징하는 '야곱'의 신분에서 모든 것을 다시 시작해야 하는 위치에 서 있다. 허세와 교만 속에 하나님 앞에서 자신의 신분을 망각하고 있었던 것이다. 그러므로 만약 스스로 회개하고 겸손을 되찾지 않는다면 하나님이 심판을 통해 그렇게 하실 것이다.

선지자의 울부짖는 호소를 들으신 하나님이 메뚜기 떼 재앙을 내리지 않기로 돌이키셨다(3절). 일부 주석가들은 아모스가 OAN(1-2장)에서 하나님이 용서하지 않으실 것을 몇 번이나 선포했던 점을 감안하여 마음을 돌이키시는 이 비전이 시대적으로 OAN이 선포되기 이전에 있었던 일이라고 한다(Sweeney). 그러나 '용서하지 않겠다'가 강한 의지를 표현하는 것이기는 하지만, 하나님은 그렇게 선언하시고도 돌아서서는 주의 백성을 용서하시는 분이기에 이런 근거를 가지고 메시지의 순서를 따지는 것은 바람직하지 않다. 게다가 용서해 주시는 것과 재앙을 보류하시는 것은 별개 문제이다. 하나님이 선지자의 중보를 들으시고 메뚜기 떼 재앙을 내리지 않기로 동의하셨지만, 죄를 용서하신 것은 아니다(Gowan). 그렇다면 하나님은 다른 형태로 훗날 언제든지 이

633

스라엘을 재앙으로 강타하실 수 있는 가능성을 열어놓고 있다. 심판이 보류되는 것과 취소되는 것에는 엄연한 차이가 있는 것이다. 한때는 '돌이키다'(נחם)라는 동사가 '회개하다'(repented)(KJV, RSV)로 번역되어 혼란을 빚기도 했는데, 이 동사가 하나님과 함께 사용될 때에는 '동의하다'라는 뜻이 된다. 이 동사는 하나님이 인간에게 자비를 베푸실 때 자주 사용된다(G. Smith).

IV. 종말에 대한 환상과 권면(7:1-9:15)
  A. 철회된 심판(7:1-6)

2. 가뭄(7:4-6)

⁴ 주 여호와께서 또 내게 보이신 것이 이러하니라 주 여호와께서 명령하여 불로 징벌하게 하시니 불이 큰 바다를 삼키고 육지까지 먹으려 하는지라 ⁵ 이에 내가 이르되 주 여호와여 청하건대 그치소서 야곱이 미약하오니 어떻게 서리이까 하매 ⁶ 주 여호와께서 이에 대하여 뜻을 돌이켜 주 여호와께서 이르시되 이것도 이루지 아니하리라 하시니라

아모스가 본 두 번째 환상에서는 불이 큰 바다를 삼키고 육지까지 먹으려 한다. 본문이 언급하는 바다(תהום)(4절)는 신화적인 배경을 지닌 것이며, 일반적으로 바다를 뜻하는 히브리어 단어(ים)는 따로 있다. 이 '바다'(תהום)는 땅 속에 있는 것으로 여겨졌으며 모든 물의 근원이라고 생각되는 전설적인 물 창고였다. 창세기 저자는 노아 홍수 때 이 물 창고가 열렸다고 한다(창 7:11; cf. 창 1:2). 그렇다면 불의 파괴력이 얼마나 큰 것인지 상상해 보라. 온 세상에 홍수를 가져온 위력을 가진 원시적 바다가 이 불에 의해 말라버렸다!

아모스가 화산 폭발이나 큰 별똥별이 지구를 강타하는 것을 묘사하는 것으로 보기도 하지만(G. Smith), 대부분은 이 불을 이스라엘의 여름

을 강타하는 가뭄으로 해석한다(Niehaus, Finley, McComiskey & Longman, cf. 욜 1:19, 20). 우리 달력으로 하면 7–8월 여름철이다. 그러나 아모스가 이미 하나님이 이 세상에 불을 보내실 것이라는 사실을 여러 차례 선포한 것을 고려할 때(1:3, 7, 10, 12, 14; 2:2, 5; 5:6) 이 불을 가뭄으로만 해석하는 것은 다소 무리가 있다. 이 불은 하나님의 심판 도구로 사용되는 것이며, 가뭄을 포함하지만 가뭄 이상의 엄청난 파괴력을 지닌 재해로 보는 것이 바람직하다.

하나님이 이번에도 야곱을 불쌍히 여겨달라는 아모스의 기도를(5절) 들으시고 재앙 계획을 철회하신다(םחנ)(6절). 하나님이 계획을 철회하시는 것을 어떻게 이해해야 하는가? 이 개념은 구약에서 종종 사용되는 의인화된(anthropomorphic) 표현이다. 하나님을 인간적인 용어와 개념으로 표현하는 것이다. 그러므로 이 개념은 결코 하나님이 이미 계획하신 것이 잘못되었다고 후회하시고 마음을 바꾸신다는 의미를 전달하는 것이 아니다. 이 개념은 여호와는 결코 냉혈한 법 집행자가 아니며, 마치 인간처럼 뜨거운 심장을 지니신, 곧 우리처럼 따뜻한 감정을 지니신 분이며, 애틋한 마음으로 자식을 대하는 부모처럼 자기 백성을 돌보시는 분이심을 강조한다. 하나님과 선지자의 대화 중에서 중요한 것은 아모스는 "저들을 용서하소서"라고 간구했지만 하나님은 단지 "이 일들(메뚜기 떼, 가뭄)이 일어나지 않을 것"만 말씀하신다. 용서와 재앙을 거두시는 일은 별개의 문제라는 것이다.

두 환상은 내용은 다르나 메시지는 같다. 하나님이 이스라엘의 파괴를 계획하셨고, 두 환상은 구조적으로 같은 형태를 취한다. 하나님의 계획–선지자의 중보–하나님의 돌이키심. 이 환상들에서 두 가지가 돋보인다. 첫째, 아모스가 중보자 역할을 한다는 점이다. 많은 사람이 아모스를 '심판의 선지자'(prophet of doom)라고 부르지만 정확하지 않은 평가임이 드러나는 순간이다. 둘째, 아모스가 하나님께 강조하는 것은 "야곱이 미약합니다"이다(2, 5절). 선지자의 이런 관점은 최고인 것같이 교만해 있는 이스라엘 사람의 것과는 매우 대조적이다. 아모스는 이스라엘이 누리고 있는 표면적인 부귀영화를 초월해서 그들의 마음속에 도사리고 있는 연약한 백성의 모습을 본 것이다. 목회자는 이런 안목을 지녀야 한다. 교인의 안일함과 웃음 뒤에 숨겨진 불안과 슬픔을 꿰뚫어보는 안목이 필요하다.

IV. 종말에 대한 환상과 권면(7:1-9:15)

B. 철회되지 않은 심판(7:7-9:10)

물건 환상(object vision) 혹은 언어유희(pun vision) 환상으로 분류되는 셋째, 넷째 환상 역시 다음과 같은 양식적인 공통점을 지니고 있다. 중간에 아모스와 아마샤의 대결이 끼어 있는데(7:10-17), 이 이야기는 왜 하나님이 심판을 철회하지 않으시는지 설명하는 역할을 한다. 벧엘에 있는 성소의 책임자로서 아마샤는 이스라엘 종교의 우두머리다. 그런 그가 하나님의 신탁을 선포하는 참 선지자를 훼방할 정도였으니, 이런 자를 영적 지도자로 둔 백성은 어느 정도로 영적 분별력이 없고 하나님을 멀리하며 살고 있었는지 상상이 간다. 그러므로 하나님이 심판을 철회하지 않는 것은 정당한 결정이다.

단계	내용
서론	"아모스야 네가 무엇을 보느냐?"(7:8; 8:2)
중보적 호소	없음
최종적 결정	"내가 이스라엘을 다시는 용서하지 않겠다"(7:8; 8:2)

두 환상은 이스라엘에 임할 심판이 돌이킬 수 없음을 강조한다. 다림줄은 건물을 세울 때 벽을 쌓으며, 또한 벽이 잘 쌓여 올라갔는지의

여부를 확인하는 도구다. 만일 다림줄에 의해 부적합하다고 여겨지면 그 벽은 헐어야 한다. 그대로 내버려두면 붕괴해 더 큰 문제가 생긴다. 사람이 무너진 담벼락에 깔려 죽을 수도 있기 때문이다. 여름과일은 제 철을 맞아 잘 익은 과일을 뜻한다. 잘 익은 과일은 맛은 있지만, 냉장고나 특별한 보관 방법이 없었던 당시에는 곧 먹어 치워야 했다. 즉, 익은 과일을 곧바로 먹어야 하는 것처럼 이스라엘의 종말이 눈앞으로 다가왔다는 것이다. 이 사실을 강조하기 위해 선지자는 언어유희를 구사한다. 여름과일 바구니 '콰이츠'(קָיִץ)는 곧 이스라엘의 종말(קֵץ)의 '퀘이츠'를 의미했던 것이다. 이 섹션은 다음과 같이 네 부분으로 나눌 수 있다.

A. 다림줄 환상(7:7-9)
B. 선지자와 아마샤의 갈등(7:10-17)
C. 익은 과일 광주리 환상과 메시지(8:1-14)
D. 제단 곁의 여호와 환상(9:1-10)

IV. 종말에 대한 환상과 권면(7:1-9:15)
　B. 철회되지 않은 심판(7:7-9:10)

1. 다림줄 환상(7:7-9)

7 또 내게 보이신 것이 이러하니라 다림줄을 가지고 쌓은 담 곁에 주께서 손에 다림줄을 잡고 서셨더니 8 여호와께서 내게 이르시되 아모스야 네가 무엇을 보느냐 내가 대답하되 다림줄이니이다 주께서 이르시되 내가 다림줄을 내 백성 이스라엘 가운데 두고 다시는 용서하지 아니하리니 9 이삭의 산당들이 황폐되며 이스라엘의 성소들이 파괴될 것이라 내가 일어나 칼로 여로보암의 집을 치리라 하시니라

이 환상은 처음 두 사건 환상(event prophecy)과는 달리 물건을 중심으로 메시지를 전하는 물건 환상, 또는 언어유희에 기초한 언어유희 환상의 첫 예이다. 하나님은 물건 환상에서 선지자에게 어떤 특정한 물건을 보여주신 다음 갑작스레 질문을 하신다. "네가 무엇을 보느냐?" 선지자는 아무런 대답을 하지 못하고 그 물건이 무엇을 의미하는가에 대한 하나님의 해석을 기다릴 뿐이다. 이 환상은 두 가지 효과를 가지고 있다. 물건을 통해 이스라엘의 현재 상황에 대해 진단하는 것과 물건의 이름과 유사한 다른 단어를 연상시키는 것이다.

하나님이 다림줄을 가지고 벽 옆에 서 계신다. 다림줄로 해석되고 있는 히브리어 단어(אֲנָךְ)는 구약성경에서 유일하게 이곳에서 한 번 (hapax legomenon) 사용된다. 그래서 이 단어의 정확한 의미에 대해 많은 논란이 있어 왔다(cf. Paul). 이 단어가 다림줄(plumb line)을 뜻한다는 주장은 중세기 유태인 해석자인 에스라(Ibn Ezra), 라쉬(Rashi), 킴히(Kimchi) 등에게서 비롯되었다(Wolff). 그 이후로 거의 모든 번역본이 다림줄로 이해한다(NAS, NIV, NRS, TNK). 최근 들어 이 단어가 아카디아어에서 온 외래어로 주석(tin)을 뜻하거나(Landsberger, Gowan; cf. HALOT), 석회 (plaster)를 뜻한다고 주장한다(Sweeney). 문제는 주석이나 석회가 본문의 내용과 잘 어울리지 않는다는 점이다. 그래서 아직도 번역본과 대부분의 학자는 다림줄을 선호한다(Niehaus, McComiskey & Longman, G. Smith). 칠십인역은 매우 단단한 광물(ἀδάμας)이라고 번역해 놓아 이 논쟁에 별로 도움이 되지 않는다. 더 나은 대안이 나올 때까지 전통적인 해석인 다림줄을 유지하는 것이 바람직하다(Williamson). 하나님이 다림줄을 가지고 한 벽 앞에 서 계신다.

이 벽은 실제로는 사마리아의 성벽을 상징할 수 있다고 생각된다. 혹은 상징적인 의미에서 이스라엘이 자랑하는 모든 안보(security)를 뜻하기도 한다. 그들이 그토록 의지했던 군사력, 종교, 경제력 등이 모두 하나님의 심판 대상이 될 것이다. 모두 위험천만한 붕괴의 위기에 처해있는 벽에 불과하기 때문이다. 잘못 세워져서 쏠려있는 벽은 위험하며 무너뜨리고 다시 지을 수밖에 없다. 그렇다면 이 비전은 심판의 결정적인 필요성을 제시하고 있다. 비록 벽을 쌓은 자는 아깝게 느끼겠지만, 기초부터 잘못된 것은 쓸어버릴 수밖에 없다.

다림줄(אֲנָךְ)에 얽혀 있는 언어유희(pun)도 생각해보자. 다림줄이란 단어는 이 환상에서 네 차례나 사용된다. 이 히브리어 단어는 '아낙/아나크'로 소리 난다. 히브리어에는 이 소리와 흡사한 단어들이 있다. '아낙/아나흐'(אָנַח)라는 '신음하다, 한숨 쉬다'라는 뜻을 지닌 단어와 '아낙/아나크'(אָנַק)라는 단어로 뜻은 위 단어와 같이 '신음하다, 한숨 쉬다'이다. 그렇다면 하나님이 아모스에게 '아나크'(다림줄)를 보여주신 것은 앞으로 이스라엘이 '아나크'(탄식하다, 한숨 쉬다)하게 될 운명에 처해 있음을 암시한다.

하나님이 다림줄을 이스라엘 백성 사이에 두는 것은 벽의 올바름을 재듯이 백성의 의로움을 재시겠다는 것이다. 세상에 그 누구도 완벽할 수 없음을 생각하면, 이런 시험에서 합격할 사람이 있을 것 같지 않다. 하나님이 모든 사람을 심판하실 것이며, 올바르지 못한 사람은 기울어진 벽을 무너뜨리듯이 가차없이 심판하실 것이다.

처음 두 환상에서는 아모스가 하나님께 호소하여 보여주신 일들이 일어나지 않을 것이라는 하나님의 약속을 받았다. 이번 환상에서는 선지자가 탄원하는 모습이 전혀 없다. 다림줄을 들고 벽 앞에 서 있는 하나님의 모습을 묘사하고 있는 동사(נִצָּב)는 확고한 의지와 결단을 표현한다(McComiskey & Longman). 이제는 자비를 바랄 수 없으며 심판은 돌이킬 수 없게 되었다는 것이다. 또한 심판의 성향도 달라졌기에 선지자가 중보를 하지 않는다. 처음 두 심판에서는 의인이든 죄인이든 상관없이 이스라엘 모든 사람이 함께 고통받는 일종의 '단체 심판'이다. 반면에 다림줄 심판은 각 개인의 삶에 기준을 적용하는 심판이다. 다림줄은 심판 기준을 상징하는 것이다(McComiskey & Longman). 그러므로 선지자는 다시는 온 공동체를 위해 호소하지 않는다. 일부 학자들은 처음 두 환상과 세 번째 환상 사이에 1-6장이 회고하고 있는 아모스의 사역이 이루어진 것으로 생각한다(Craigie). 이렇게 해석하면 선지자는 이스라엘에게 충분히 회개할 기회를 주었지만, 계속 회개를 거부하고 있으니 이제는 하나님의 심판이 엄습할 수밖에 없는 상황이 되었다는 의미가 된다. 우리는 "하나님이 가까이 있을 때 그를 찾으라"라는 성경 말씀을 의미심장하게 들어야 한다. 어느 순간에는 회개의 기회마저 사라져 버릴 수 있기 때문이다.

IV. 종말에 대한 환상과 권면(7:1-9:15)
  B. 철회되지 않은 심판(7:7-9:10)

2. 선지자와 아마샤의 갈등(7:10-17)

벧엘 성전을 관리하던 대제사장 아마샤가 아모스 선지자에게 맞선 사건은 여호와께서 이스라엘을 향해 계획하신 심판의 정당성을 재차 확인해 준다. 아마샤의 발언은 단순히 개인 입장을 표명하고 있는 것이 아니라, 온 이스라엘을 대표하는 종교적·정치적 지도층 인사들이 아모스의 예언에 대해 어떤 입장을 취하고 있는가를 반영하고 있기 때문이다. 지도자가 참선지자를 통해 선포된 하나님의 신탁에 귀를 기울이기 거부할 뿐만 아니라 더 나아가 말씀 선포를 방해하고 있으니 당시 종교가 얼마나 썩었는지 알 수 있다. 그러므로 이스라엘 종교의 주체이신 하나님의 심판이 이스라엘에게 임하는 것은 당연한 일이다. 하나님의 심판을 정당화한다는 차원에서 이 이야기에서는 아모스보다 아마샤가 더 중요한 위치를 차지하고 있다(Smalley).

본문은 그를 간단히 '벧엘의 제사장'(כֹּהֵן בֵּית־אֵל)이라 한다(10절). 그러나 벧엘에는 아마샤 외에도 여러 제사장이 있었다. 이런 상황에서 아마샤가 모든 제사장을 대표하여 아모스를 반대한다. 자기들끼리 회의를 하고 나서 결정된 사항을 선지자에게 전달해주는 듯하다. 그렇다면 아마샤는 평범한 제사장이 아닌 온 벧엘과 북 왕국 종교를 대표하는 대제사장이었던 것이 거의 확실하다(Craigie, G. Smith). 직접 왕에게 투서하고 있는 것을 보면 알 수 있다. 아마샤를 통해 묘사된 이스라엘의 반응(7:10-13)과 아모스를 통해 선포된 하나님의 심판(7:14-17)은 다음과 같은 구조에 따라 진행된다.

A. 아마샤가 '왕'에게 메시지를 전함(7:10-11)
  B. 아마샤가 아모스에게 맞섬(7:12-13)
  B'. 아모스가 아마샤에게 맞섬(7:14-15)
A'. 아마샤가 '왕'으로부터 메시지를 들음(7:16-17)

IV. 종말에 대한 환상과 권면(7:1-9:15)
  B. 철회되지 않은 심판(7:7-9:10)
    2. 선지자와 아마샤의 갈등(7:10-17)

(1) 아마샤가 '왕'에게 메시지를 전함(7:10-11)

¹⁰ 때에 벧엘의 제사장 아마샤가 이스라엘의 왕 여로보암에게 보내어 이르되 이스라엘 족속 중에 아모스가 왕을 모반하나니 그 모든 말을 이 땅이 견딜 수 없나이다 ¹¹ 아모스가 말하기를 여로보암은 칼에 죽겠고 이스라엘은 반드시 사로잡혀 그 땅에서 떠나겠다 하나이다

아마샤와 아모스가 갈등을 빚은 때가 한 해의 추수가 모두 끝난 것을 감사하는 가을 축제였으며, 축제에 참석하기 위해 여로보암이 벧엘에 머물고 있었을 때라고 한다(Hayes). 그러나 추측일 뿐 확실하지 않다. 게다가 본문은 아마샤가 왕에게 상소를 올리고 당장 조치를 취해줄 것을 기대하고 있는 것으로 묘사한다. 만일 왕이 벧엘에 머물고 있었다

면, 아마샤가 왕에게 보낸 상소문에 대한 회신이 왜 지체되었는지 잘 설명되지 않는다.

아마샤가 아모스의 메시지를 듣고 어떤 행동을 취하는가? 그가 여호와를 대변하는 (대)제사장이었다면 선지자가 선포한 메시지의 진실 여부에 대해 하나님께 직접 물어보아야 한다. 그러나 그는 세상의 왕에게-그것도 부패와 오만의 상징으로 비난받고 있는 여로보암에게-아모스의 사역에 대해 비방하는 보고서를 보낸다. 이 사실은 여호와의 제사장 마음속에 누가 진정한 왕으로 자리잡고 있는가를 보여준다. 아마샤가 비록 여호와의 제사장으로 사역하고 있지만, 마음에서는 여호와가 아닌 여로보암이 이스라엘의 진정한 왕으로 군림하고 있는 것이다. 아마샤가 취하는 자세는 자신의 이름을 무색하게 하고 있다. 아마샤(אֲמַצְיָה)라는 이름은 '여호와는 능하시다'라는 뜻이다. 그러나 실질적으로 아마샤에게 여호와는 사람들에게 제물이라는 입장료를 받고 잠시 보게 해주는 일종의 우상에 불과했다. 여호와의 제사장이 자기 이름대로 살지 못한 것이다.

제사장이 이러했다면 그를 따르는 백성은 어떠했겠는가 상상해 보라. 이스라엘은 표면적으로는 여호와를 섬기지만 삶의 방식과 마음자세는 다른 것을 섬기는 실존적 무신론자(practical atheists)가 되어 있었다. 그러므로 하나님은 심판을 통해 이스라엘의 진정한 왕이 누구인지 보여주어야 한다는 책임을 느끼셨다. 입으로는 여호와를 섬기지만, 공의와 정의는 안중에도 없는 백성과 제사장은 모두 심판받아야 마땅한 것이다. 그런데 이 슬픈 현상이 아모스 선지자 시대에만 있었던 일일까? 우리 한국 교회에는 아마샤와 같은 자가 없는가?

아마샤의 발언을 생각해보자. 아모스가 지금까지 선포해온 메시지와 앞(7:8-9)에 기록된 선지자의 메시지와 아마샤가 왕에게 보고하는 것을 비교해보면 그가 선지자의 말을 변질시키고 있음을 쉽게 알 수 있다(10-11절). 아마샤는 중상모략에서 아모스가 이스라엘을 위해 두 번이나 중재했던 일(7:1-6)은 언급하지 않는다. 또한 회개하면 소망이 있다는 메시지(5:4, 6)는 아예 빼버렸다. 반면에 그는 아모스가 돈 때문에 (viz., 돈을 뜯어내기 위해) 이스라엘에서 소란을 피우는 것으로 비방한다 (12-13절). 아모스가 돈 때문에 이러는 것이 아닌데도 말이다.

선지자는 이스라엘이 하나님의 심판을 받고 멸망해야 할 이유로 부패한 종교를 지목했다. 종교가 썩으니 사회가 모두 썩게 되었다는 것이다. 그러므로 아모스가 문제 삼고 있는 것은 이스라엘의 잘못된 종교인데, 아마샤는 마치 아모스가 여로보암 왕의 통치를 문제 삼고 있으며 음모를 꾸미고 있는 것으로 사실을 왜곡시키고 있다. 성경에서 '음모'(קֶשֶׁר) (10절)는 정권을 상대로 쿠데타를 일으키는 일을 뜻하는 강력한 용어다 (HALOT, cf. 왕상 15:27; 16:9; 왕하 10:9; 15:10). 아마샤는 아모스를 모략하고 있으며 아모스의 생명에 위협을 가하고 있는 것이다. 물론 아마샤는 여로보암을 최대한 자극하려는 의도에서 이렇게 보고하고 있다. 왕의 권력을 이용해 선지자를 죽이기라도 하겠다는 의도에서다. 종교적 권세가 정치적 권세를 이용하려고 하는 이런 변질은 그 당시 이스라엘의 영적 분위기를 잘 반영하고 있다. 일부 주석가는 아마샤가 아모스를 위협하는 것이 아니라 타협을 제안하고 있다고 한다(Gowan). 정황을 고려하면 설득력이 전혀 없는 해석이다. 아마샤는 생명을 담보로 아모스를 협박하고 있다. 제사장이 정치적 사건과 종교적 사건을 구분하지 못하고 있다면, 영적 분별력이 어느 정도였는지 상상이 간다.

IV. 종말에 대한 환상과 권면(7:1-9:15)
  B. 철회되지 않은 심판(7:7-9:10)
    2. 선지자와 아마샤의 갈등(7:10-17)

(2) 아마샤가 아모스에게 맞섬(7:12-13)

¹² 아마샤가 또 아모스에게 이르되 선견자야 너는 유다 땅으로 도망하여 가

서 거기에서나 떡을 먹으며 거기에서나 예언하고 ¹³ 다시는 벧엘에서 예언하지 말라 이는 왕의 성소요 나라의 궁궐임이니라

아마샤가 여로보암 왕에게 상소를 보낸 뒤 얼마간의 시간이 흐른 것으로 보인다. 여로보암 왕의 대답은 아직 도착하지 않았고, 선지자는 계속 비난과 심판 메시지를 선포하며 백성을 하나님께 돌아오게 하였다. 아마샤는 왕으로부터 회신이 올 때까지 마냥 기다릴 수 없다는 생각에 나름대로 왕과 백성을 위해 아모스를 제재해야겠다는 사명감을 갖고 선지자를 찾았다. 아마샤는 아모스가 하는 모든 말을 "이 나라가 더는 참을 수 없다"라고 왕을 선동한 사람이다(10절). 왕이 아모스를 처벌할 것을 기대한 그는 선지자에게 빨리 몸을 피해 북 왕국을 떠나라고 한다(12절). 이제 머뭇거리다가는 왕의 군사에게 처형당할 수도 있다는 협박이다. 또한 앞으로 예언하려면 고향인 남 왕국에 돌아가서 하고 빌어먹어도 그곳으로 가서 빌어먹으라는 권면을 곁들였다(12절). 이런 발언은 그가 아모스가 어디서 왔고 어떤 인물이었는가에 대해 이미 상당한 정보를 입수하고 있었음을 입증한다.

그러나 불행하게도 여호와의 제사장이었던 그는 선지자가 강조하는 포인트를 인지하지 못하고 있다. 아모스가 하는 말은 말 뒤에 서 있는 권위(하나님)보다 중요하지 않다. 진짜 이슈는 아모스가 진실된 하나님 말씀을 전하는지 여부이다. 그러나 아마샤는 아모스와의 갈등을 '밥그릇 싸움' 정도로 생각하고 있다. 그래서 아모스를 선지자로 칭할 때 사용하는 일상적인 히브리어 호칭인 '선지자'(נָבִיא)로 부르지 않고, '선견자'(חֹזֶה)로 부르며 경멸하고 있다. 아마샤가 아모스를 선견자로 부르는 것에 대해 세 가지 해석을 제안한다. 첫째, 아마샤가 아모스를 경멸/비아냥거리는 의도에서 이렇게 부른다(Rowley, G. Smith). 아마샤는 아모스를 선지자가 아니라 '종교적 점쟁이' 정도로 비아냥대고 있다는 것이다. 둘째, 특별한 의미를 부여하지 않고 그냥 선견자로 부른다(Mays,

Gowan; Sweeney). 두 사람의 갈등 이야기 그 어디에도 아마샤가 아모스를 부정적으로 평가하고 있다는 점이 포착되지 않는다는 것이다. 셋째, 선견자는 당시 남 왕국 선지자를 칭하는 호칭이었다. 그러므로 아마샤는 아모스가 남 왕국에서 왔다는 점을 지적할 뿐 어떠한 선입견을 보이는 것은 아니라는 것이다(Peterson). 이 단어가 구약 다른 곳에서는 부정적 의미를 전혀 지니고 있지 않지만, 본문이 두 사람의 갈등 구도로 치닫고 있는 점을 고려할 때에 이곳에서는 첫 번째 해석이 제일 잘 어울린다.

아마샤와 아모스의 대결은 권위의 대결이다. 두 사람 모두 자신이 하나님을 대표한다고 주장한다. 물론 아마샤는 하나님을 바알과 별반 다를 바 없는 우상으로 생각하고 있다. 그가 마음으로 하나님을 인정하든 인정하지 않든 상관없이 공식적으로는 이스라엘에서 하나님을 대표하는 인물이다. 그러나 둘 다 옳을 수는 없다. 물론 우리는 아모스가 진정한 하나님의 대변자라는 것을 잘 알고 있다.

무엇이 그들을 다르게 만든 것일까? 둘의 차이가 무엇인가? 아마샤가 제사장이지만 아마도 하나님을 경험해보지 못했기에 이런 생각을 하게 되었을 것이다. 하나님이 없는 여호와 종교에서는 대제사장인 자신이 제일 권위 있는 사람인데, 아모스가 와서 자신의 권위를 땅에 떨어뜨리고 있다고 생각한 것이다.

아마샤의 이 같은 반응이 세 번째 환상과 네 번째 환상 사이에 삽입되어 있는 것은 무엇을 의미하는가? 처음 두 환상에서는 선지자가 성공적으로 중보할 수 있었다. 그러나 세 번째 환상부터는 선지자가 더는 중보를 하지 않는다. 그 이유는 아마샤의 사건에서 찾을 수 있다. 아마샤의 태도는 온 이스라엘의 하나님에 대한 자세를 대표한다. 그렇다면 이스라엘은 이제 중재해 줄 가치도 없으며, 또한 다가오는 하나님의 심판을 피할 수 없다는 것이다.

IV. 종말에 대한 환상과 권면(7:1-9:15)
  B. 철회되지 않은 심판(7:7-9:10)
    2. 선지자와 아마샤의 갈등(7:10-17)

(3) 아모스가 아마샤에게 맞섬(7:14-15)

[14] 아모스가 아마샤에게 대답하여 이르되 나는 선지자가 아니며 선지자의 아들도 아니라 나는 목자요 뽕나무를 재배하는 자로서 [15] 양 떼를 따를 때에 여호와께서 나를 데려다가 여호와께서 내게 이르시기를 가서 내 백성 이스라엘에게 예언하라 하셨나니

아마샤의 비난과 야유를 들은 아모스는 기가 막히고 가슴이 답답하다. 선지자는 왜 여호와께서 이스라엘을 심판하기로 계획하시게 되었는지 다시 한 번 실감하게 되었다. 그는 분개하며 아마샤와 그의 집안에 심판의 메시지를 선포한다. 물론 하나님이 주신 말씀이다.

아모스는 이 스피치에서 자신에 대해 네 가지를 말한다. (1) 나는 선지자가 아니다, (2) 나는 선지자의 아들도 아니다, (3) 나는 목자다, (4) 나는 돌무화과 나무를 재배하는 자다. 이슈는 아모스가 자신을 선지자가 아니라고 주장하는가, 아니면 아마샤가 생각하는 선지자들과는 질적으로 다른 선지자라고 주장하는가이다(Paul, Hayes). 문제는 14절에 동사가 없다는 것에서 시작된다. 동사가 없는 상황에서는 아모스의 선언을 과거형 혹은 현재형으로 해석하느냐에 따라서 의미가 달라지기 때문이다. 만일 13절 후반을 근거로 본문을 현재형으로 해석하면(NAS, NRS, TNK) 아모스는 자신이 이스라엘 왕 주변에 머물면서 하나님을 대변하지 못하는 '직업 선지자'와는 다르다고 주장하는 것이 된다(Auld, Gowan). 이렇게 해석할 경우, 본문은 다음과 같이 해석될 수 있다. "나를 너 같은 자로 취급하지 마라"(14절).

지도자는 지위(status quo)를 유지하는 데 최선을 다한다. 지위를 유지하는 데 종교는 그 어느 것보다 확실한 정당성을 부여할 수 있다. 그러

므로 권력가는 종교 지도자를 돈으로 매수했다. 역사를 살펴보면 이런 예가 허다하다. 이스라엘도 이런 체제를 구축했다. 뭐 눈에는 뭐밖에 안 보인다고 아마샤가 이런 자세로 살아가고 있고, 주변에서 이런 선지자만 보아왔기에 아모스도 자기와 같은 부류로 생각했다(Rowley). 아모스는 그렇게 취급당하는 것에 대해 분개한다. 아모스는 자신이 결코 아마샤가 알고 있는 자같이 전통이나 인간에 의해 선지자로 세움 받은 자가 아니라 여호와로부터 직접 소명받은 자라는 것을 밝히고 있다.

만일 15절을 근거로 본문을 과거형으로 해석하면 아모스가 소명받았을 때에는 선지자가 아니었음을 회고한다(Mays, cf. NIV, KJV). 그는 소명받을 때까지 특별히 선지자 훈련을 받은 적도 없고, 경제적으로나 그 어떤 이유에서도 선지자로 나설 만한 동기가 없었다는 점을 회고하는 것이다(Finley, McComiskey & Longman). 이 해석을 따를 경우 본문은 다음과 같이 해석된다. "나는 말씀을 선포하라는 부르심을 받았을 때 선지자가 아니었으며, 선지자 단체의 멤버도 아니었다. 나는 그저 짐승을 치는 목자였으며, 뽕나무를 재배하던 농부였다."

이 말씀에서 선지자는 자신의 직업을 두 가지로 소개한다. 선지자는 자신을 목자라 한다. 이 '목자'(בּוֹקֵר)와 1:1에서 사용한 '목자'(נוֹקֵד)의 차이는 1:1에서 사용한 단어(נוֹקֵד)는 양, 염소 등 몸집이 작은 짐승 떼를 소유한 것을 뜻한다면, 본문에서 사용한 단어(בּוֹקֵר)는 소처럼 몸집이 큰 가축을 소유한 자를 뜻한다(새번역의 '집짐승을 먹이는 자'). 그동안 이 단어의 의미가 정확하게 규명되지 않은 것은 이 단어(בּוֹקֵר)가 성경에서는 유일하게 여기서만 사용되기(hapax legomenon) 때문이었다. 최근 들어 이 단어가 주변 국가의 언어에서 사용될 때 큰 짐승(소)의 소유를 표현하는 것으로 밝혀졌다. 때로는 소와 양을 사고파는 상인(livestock dealer)을 의미하기도 했다(Finley). 즉, 아모스는 몸집이 작은 짐승뿐 아니라 소처럼 큰 짐승의 떼도 소유했던 것이다(Craigie).

아모스는 자신을 '[뽕나무/돌무화과]를 재배하는 자'라고 한다. 이 히브리어 단어(בוליס) 역시 성경에서는 이곳에서 딱 한 번 사용되는 단어다. 선지자는 이 단어를 사용하여 자신을 '뽕나무'(שׁקמים)(sycamore figs, 새 번역의 '돌무화과'가 더 정확한 번역) 농장을 가진 자로 소개하고 있다. '뽕나무/돌무화과'는 키가 약 12m까지 자라는 상록수로 과일의 모양은 무화과나무 열매와 비슷하며 크기는 조금 작다(ABD). 돌무화과는 수확하기 3-4일 전에 날카로운 칼로 과일에 미리 상처를 내면 수확할 때 단맛을 내는 과일이 되었다. 돌무화과는 당시 사회에서 '가난한 자의 과일'로 알려져 있었다(Finley). 이런 사실에 근거해 아모스가 가난한 농부였을 것이라는 추측이 시작되었다. 그러나 돌무화과는 대부분 짐승을 먹이는 사료로 쓰였다(Craigie, Gowan, Hayes). 아모스가 많은 짐승을 소유하고 있었으니 사료 농장을 소유하는 것도 당연하다. 다윗 왕의 종 중 하나가 왕을 위해 감람나무와 '뽕나무'를 관리했다(대상 27:28). 밀, 보리와 함께 이 나무의 열매는 그 당시에 좋은 상품성을 지니고 있었다(시 78:47; 사 9:10). 농사 비즈니스에 종사했던 아모스가 선지자로 부르심을 입었다는 사실은 당시 북 왕국 상황이 매우 절박했음을 시사한다.

이 섹션의 전반적인 중요성은 아모스가 아마샤에게 "당신이 뭔데 하나님의 말씀을 전하지 못하게 하느냐?"라며 반박하는 데 있다(15절). 아모스는 모든 것을 하나님 관점에서 평가했고, 이스라엘 사람이 듣고 싶어하는 메시지가 아니라 하나님이 전하라고 하신 말씀을 그대로 선포했다. 그들은 여호와가 물질적인 풍요로움을 정당화시키고 있다고 생각했으나, 선지자는 다른 각도에서 생각해보라고 도전하고 있다. 오늘날에도 선지자의 메시지는 매우 시사성이 있어 보인다. 많은 성도가 세상적인 성공과 풍요를 하나님의 축복으로만 생각하고 있기 때문이다.

(4) 아마샤가 '왕'으로부터 메시지를 들음(7:16-17)

¹⁶ 이제 너는 여호와의 말씀을 들을지니라 네가 이르기를 이스라엘에 대하여 예언하지 말며 이삭의 집을 향하여 경고하지 말라 하므로 ¹⁷ 여호와께서 이 와 같이 말씀하시기를 네 아내는 성읍 가운데서 창녀가 될 것이요 네 자녀 들은 칼에 엎드러지며 네 땅은 측량하여 나누어질 것이며 너는 더러운 땅에 서 죽을 것이요 이스라엘은 반드시 사로잡혀 그의 땅에서 떠나리라 하셨느 니라

선지자는 벧엘에서 예언하지 말라고 나무라는 아마샤에게 하나님 말 씀을 거부하는 그와 그의 집안에 임할 심판을 선언한다(17절). 선지자 는 아마샤와 그의 집안에 네 가지 재앙을, 이스라엘 전체에게 한 가지 재앙 등 총 다섯 가지를 선언한다. 훗날 예레미야도 방해하는 하나냐 라는 선지자에게 비슷한 저주를 퍼부어댔다(렘 28:15-17). 아모스의 아 마샤에 대한 개인적 감정이 실린 심판이다(McComiskey & Longman). 첫 째, 아마샤의 아내는 창녀가 될 것이다. 그녀가 창녀가 된다는 것은 마 치 도덕적 결함을 지닌 것을 전제한다. 그러나 선지자가 전쟁 때문에 이런 일이 있을 것을 전제하기에 아마샤의 아내가 창녀가 될 것이라는 것은 정확한 번역이나 의미전달은 못 된다(Sweeney). 그녀가 침략자에 게 강제로 성폭행을 당하거나, 그들의 손에 죽는 것을 피하기 위해 어 쩔 수 없이 몸을 내주는 행위일 것이기 때문이다. 둘째, 아마샤의 자 식은 칼에 맞아 죽을 것이다. 고대 근동 사람의 전쟁기록을 보면 어린 아이들은 대부분 죽였다. 어른이나 청소년이라면 노예로 팔 수 있었지 만, 어린아이는 그저 먹여 살려야 할 짐이 될 뿐이었기 때문이다. 그래 서 적이 지나간 자리에는 수많은 아이의 시체가 즐비하게 늘어져 있기

일쑤였다. 아모스는 이런 일을 본 적이 있는 아마샤에게 악몽 같은 일을 말하고 있다. 그의 자녀들이 즐비해 있는 시체 사이에 있을 거란다.

셋째, 아마샤의 땅은 모두 남에게 나뉠 것이라 한다. 제사장은 땅을 기업으로 받지 않은 레위 사람이었기에 아마샤의 땅이 나뉠 것이라는 것은 참으로 기가 막힌 일이다. 땅을 소유해서는 안 되는 집안이 법을 어기고 많은 땅을 소유하고 있음을 전제하기 때문이다(Sweeney). 하나님의 제사장이라는 사람이 하나님의 율법을 어기면서까지 축적한 땅은 침략자들이 노획품으로 빼앗아 나누어 가질 것이다. 넷째, 아마샤는 더러운 땅에서 죽을 것이다. 인질 혹은 전쟁포로가 되어 타국으로 끌려갈 것을 뜻한다. 이스라엘 사람은 자신들이 여호와의 성전/성소를 유지하고 있는 한 온 땅이 거룩하다고 생각했다. 반면에 여호와의 성소가 없는 이방인의 땅은 더럽고 오염된 것으로 간주했다. 당시 전쟁이 일어나면 정복자는 정복한 나라의 지도자 대부분을 인질로 끌어갔다. 반역을 꾀하지 못하게 하기 위해서였다. 지도자 중 우선적으로 끌려간 사람이 제사장이었다. 당시 사회에서 제사장은 가장 많이 배우고 재산도 많은 엘리트 그룹을 형성했다. 그러므로 아마샤가 인질 대열에 끼는 것은 당연한 일이다. 다섯째, 온 이스라엘은 타국으로 귀양살이를 갈 것이다. 온 이스라엘이 포로가 되어 타국으로 끌려갈 것이라는 사실이 아모스의 가장 핵심 메시지다(5:27; 7:11). 선지자는 이스라엘이 아시리아의 손에 망할 것을 전제한다. 아모스가 메시지를 선포한 지 불과 40년 후에 있을 일이다.

아모스가 선포하고 있는 재앙은 모세가 오래전에 경고한 언약적 저주의 실현일 뿐이다(레 26:22, 32, 38-39; 신 28:30, 32, 41; 32:25; 욥 31:9-10). 그러므로 이 심판 말씀은 아마샤의 비난에 화가 난 아모스가 순간적으로 내뱉은 말이 아니라, 이미 이스라엘 사회에서 언약을 위반하는 사람에게 선포되곤 하던 말씀이다(Gowan). 아모스가 예언한 이 모든 것이 주전 722년에 있었던 전쟁을 통해 그와 북 왕국 사람에게 현실로 드러났다.

아마샤는 하나님의 제사장으로서 신성한 것을 추구하지 않고 세상의 속된 것을 추구하다가 이런 종말을 맞았다. 그는 이 말씀을 들을 때까지는 삶을 매우 즐기며 살고 있었을 것이다. 그러나 미래는 운명을 완전히 반전시킬 것이다. 더 나아가 아마샤가 북 왕국 사람을 대표했듯이 그에게 임한 하나님의 심판 선언도 온 백성에게 적용될 것이다. 지도자의 위치에 있는 사람들은 항상 근신하고 기도해야 한다. 또한 지도자를 따르는 자도 그들을 위해-특히 영적 분별력을 위해- 끊임없이 기도해야 한다.

IV. 종말에 대한 환상과 권면(7:1-9:15)
    B. 철회되지 않은 심판(7:7-9:10)

3. 익은 과일 광주리 환상과 메시지(8:1-14)

선지자의 네 번째 환상(8:1-3)은 세 번째 환상(7:7-9)과 동일한 방식으로 시작한다. 무화과 한 광주리에 대한 이 환상도 선지자의 농사 경험과 연관 있는 비전이다. 하나님은 이 환상을 통해 드디어 '끝'(קץ)이 왔다고 선언하신다. 나머지 부분(8:4-14)은 여러 개의 '끝'(קץ)에 대한 말씀으로 구성되어 있다. 이 섹션은 다음과 같이 나눌 수 있다.

  A. 그날이 온다(8:1-3)
    B. 가치관이 뒤집어진 가치관(8:4-6)
    B'. 심판을 받아 뒤집어질 세상(8:7-10)
  A'. 그날이 온다(8:11-14)

651

> IV. 종말에 대한 환상과 권면(7:1-9:15)
>   B. 철회되지 않은 심판(7:7-9:10)
>   3. 익은 과일 광주리 환상과 메시지(8:1-14)

(1) 그날이 온다(8:1-3)

¹ 주 여호와께서 내게 이와 같이 보이셨느니라 보라 여름 과일 한 광주리이니라 ² 그가 말씀하시되 아모스야 네가 무엇을 보느냐 내가 이르되 여름 과일 한 광주리니이다 하매 여호와께서 내게 이르시되

내 백성 이스라엘의 끝이 이르렀은즉

내가 다시는 그를 용서하지 아니하리니

³ 그 날에 궁전의 노래가 애곡으로 변할 것이며

곳곳에 시체가 많아서

사람이 잠잠히 그 시체들을 내어버리리라

주 여호와의 말씀이니라

하나님이 아모스에게 여름과일(קַיִץ) 한 바구니를 보여주신다. 여름과일은 잘 익은 것으로 대체로 9-10월에 수확하는 것을 의미한다. 이때는 여름 가뭄에서 가을 우기로 접어드는 시점이며, 티스리월(오늘날 달력으로 9월 하순에서 10월 하순에 걸쳐있는 달) 15일에는 이스라엘의 추수감사절이라고 할 수 있는 장막절이 있는 시기다. 아마도 무화과나 올리브가 이 광주리에 담겨 있었을 것이다(Gowan, cf. TNK은 아예 '무화과 광주리'[basket of figs]로 번역한다).

잘 익은 과일은 오래 보관할 수가 없기에 곧바로 먹어야 하듯이 이스라엘 심판도 더는 지체할 수 없음을 뜻한다. 그러므로 하나님은 이스라엘의 종말(קֵץ)이 왔다고 선포하신다. 본문에서 사용되는 언어유희를 보라(2절). '여름과일'을 뜻하는 히브리어 단어(קַיִץ)의 소리가 '콰이츠'다. '종말'을 뜻하는 히브리어 단어(קֵץ) 소리는 '퀘이츠'다. 또한 한때 이스라엘에서 사용되었던 게셀 달력(Gezer Calendar)이라는 농사를 위한 달

652

력에 의하면 '퀘이츠'(קַיִץ)는 일년 농사 사이클의 여덟 번째이자 마지막 달을 가리키는 이름이다(ANET). 만일 선지자가 이 달력을 염두에 두고 이 단어를 사용하고 있다면, 이스라엘은 '마지막 달'에 살고 있는 것이다. 역시 머지않아 종말이 올 것이라는 뜻이다. 예레미야도 비슷한 언어유희를 구상해 하나님 심판이 임박했음을 경고한다(렘 1:11-12).

이 환상은 동시에 급변하는 이스라엘의 운명을 예고하고 있다. 과일은 사람들에게 즐거움을 준다. 그러나 곧 이스라엘은 슬픔을 맞이할 것이다. 그날이 되면 기대했던 환희와 축복은 온데간데없고 슬픔만 가득할 것이다. 그날이 되면 '성가/성전의 노래'(שִׁירוֹת הֵיכָל) 대신 애가를 부를 것이다(יָלַל)(3a절). 그들의 운명은 180도 반전할 것이다. 길거리에 방치된 시체가 심판의 처절함을 말해줄 것이다(3b절).

---

(2) 가치관이 뒤집어진 세상(8:4-6)

⁴ 가난한 자를 삼키며

땅의 힘없는 자를 망하게 하려는 자들아

이 말을 들으라

⁵ 너희가 이르기를

월삭이 언제 지나서 우리가 곡식을 팔며

안식일이 언제 지나서 우리가 밀을 내게 할꼬

에바를 작게 하고

세겔을 크게 하여

거짓 저울로 속이며

⁶ 은으로 힘없는 자를 사며

653

신 한 켤레로 가난한 자를 사며
찌꺼기 밀을 팔자 하는도다

아모스는 본문에서 그동안 지속적으로 비난해 왔던 두 가지 주제를 예술적으로 통합시키고 있다. ⑴ 형식주의에 빠져 있는 종교, ⑵ 부조리와 불의에 멍들어 있는 사회다. 두 가지는 서로 떼어놓을 수 없는 관계를 형성한다. 신정 통치를 주장하는 사회에서는 더욱 그렇다. 사회를 좀먹는 불의의 근원은 대부분 잘못된 신앙생활에서 비롯되기 때문이다. 잘못된 신앙생활은 "결코 그 무엇으로도 대체해서는 안 되는 그것"(piety)을 외형적인 것이 대체해 형식주의에 빠질 때 흔히 일어나는 현상이다. 아모스 시대의 이스라엘 종교가 이런 형식주의에 빠져 있다. 그들의 종교는 '껍데기'뿐인 것이다.

그들이 하는 말을 들어보라. "초하루 축제(종교적인 날)가 언제 지나서, 우리가 곡식을 팔 수 있을까? 안식일(종교적인 날)이 언제 지나서, 우리가 밀을 낼 수 있을까? 되는 줄이고, 추는 늘이면서, 가짜 저울로 속이자. 헐값에 가난한 사람을 사고 신 한 켤레 값으로 빈궁한 사람을 사자. 찌꺼기 밀까지도 팔아먹자." 이 사람들은 '불신자'가 아니라 때가 되면 예배당에 나와 예배를 드리며 자기가 하나님을 가장 사랑한다며 눈물로 찬양하고 기도하는 '신앙인'이다. 그러나 껍데기 신앙인이다. 종교 예식은 다 지키면서 종교가 추구하는 가치관인 정의와 공의를 완전히 파괴해버렸기 때문이다. 물론 신앙생활에서 형태(form)를 완전히 무시하거나 배제할 수는 없겠지만, 형태가 본질(essence)을 대체하게 내버려두어서는 안 된다. 우리 한국 교회의 모습을 생각해 보자. 그의 시대로부터 2800여 년이 지났고, 그가 전혀 알지 못하던 땅에서 살아가는 우리에게 아모스의 말씀이 왜 이렇게 현실감 있게 다가오는 것일까?

선지자는 책 중심부에서 사회적·정치적 불의와 부조리에 대해 맹렬하게 비난했다. 이 섹션에서는 경제적인 부조리에 초점을 맞추는데 이 역시 새로운 사실은 아니다. 선지자는 이미 2:6-8에서도 경제적 불의에 대해 비난했을 뿐만 아니라, 아예 그곳에서 사용했던 용어를 이곳에서 다시 사용한다. '가난한 자'(עָנִי), '빈민'(אֶבְיוֹן), '짓밟다'(שָׁאַף)(4절). 사회적·정치적 부조리는 항상 경제적 불의와 쌍을 이룬다. 그렇기에 경제적 공의와 정의는 곧 정치적·사회적 공의와 정의라고 할 수 있다. 또한 본문이 언급하고 있는 사기와 상술에 울어야 하는 사람이 누구인가? 부자는 별로 피해를 입지 않는다. 가장 큰 피해를 입는 사람은 서민과 빈민을 포함한 사회에서 가장 힘이 없는 약자다. 하나님이 빈민과 이 세상에서 소외당하고 의존할 '빽이 없는' 사람을 어떻게 대하시는가? 자신의 자녀로 취급하시지 않는가? 하나님 자녀의 인권이 짓밟힌다! 하나님 자녀가 착취를 당한다! 그렇다면 아버지가 가만히 계시겠는가? 하나님이 왜 이 백성을 가만히 둘 수 없는지 이해가 된다.

(3) 심판을 받아 뒤집어질 세상(8:7-10)

7 여호와께서 야곱의 영광을 두고 맹세하시되
내가 그들의 모든 행위를
절대로 잊지 아니하리라 하셨나니
8 이로 말미암아 땅이 떨지 않겠으며
그 가운데 모든 주민이 애통하지 않겠느냐
온 땅이 강의 넘침 같이 솟아오르며
애굽 강 같이 뛰놀다가 낮아지리라
9 주 여호와의 말씀이니라
그 날에 내가 해를 대낮에 지게 하여

백주에 땅을 캄캄하게 하며
¹⁰ 너희 절기를 애통으로,
너희 모든 노래를 애곡으로 변하게 하며
모든 사람에게 굵은 베로 허리를 동이게 하며
모든 머리를 대머리가 되게 하며
독자의 죽음으로 말미암아 애통하듯 하게 하며
결국은 곤고한 날과 같게 하리라

하나님이 심판을 내리실 것을 '야곱의 영광'(יַעֲקֹב גְּאוֹן)을 두고 맹세하신다(7절). 그런데 '야곱의 영광'이 어떤 의미를 지니고 있는가? 두 가지 주요 해석이 제시된다. 첫째, 하나님 자신을 가리키는 말이다. '야곱의 영광'은 여호와의 또 다른 성호/호칭이라고 해석되기도 한다(G. Smith). 그렇다면 이 말씀은 하나님이 자신을 두고 맹세하신다는 의미가 된다. 둘째, 역설적인 의미를 지닌 말이다(Andersen & Freedman; Paul). 이스라엘이 이제는 교만함을 고칠 수 없는 '왕자병'에 걸려 있는 것처럼 여호와의 심판도 돌이킬 수 없다는 뜻이다. 선지자는 이미 6:8에서 사마리아를 가리켜 '야곱의 영광'(יַעֲקֹב גְּאוֹן)이라 비아냥거린 적이 있다. 이런 맥락에서 이해할 때 두 번째 해석이 설득력 있다. 이스라엘이 가장 자랑스럽게 여기는 것들이 하나님 눈에는 가증스럽게 보일 뿐만 아니라 그들이 자랑하는 것을 놓고 맹세하신다. 그것이 하나님 심판을 받아 모두 무너져 내릴 것이라고 말이다.

얼마나 무서운 심판이 세상을 거세게 강타하는지 온 땅이 지진이 일듯 흔들리고 요동한다(8절). 선지자는 지진을 염두에 두고 이 말씀을 선포하고 있다(Jeremias). 지진 피해를 본 땅의 거주민이 통곡한다. 그러나 지진의 피해가 한순간에 끝나는 것이 아니라 이집트의 강물(viz., 나일 강)의 높이가 계절에 따라 커다랗게 오르내리는 것같이 계속될 것이다. 혹은 지진의 강도가 얼마나 높은지 마치 나일 강의 수위가 오르내

리는 것처럼 땅이 오르내릴 것이라는 과장법일 수도 있다. 어찌 되었
건 얼마나 무시무시한가?

하나님의 심판은 일식도 동반할 것이다(9절; cf. 욜 2:31; 암 5:18; 습
1:15). 과학적 계산과 바빌론의 기록에 의하면 아모스는 일생에 2번의
일식을 경험했다. 주전 784년 2월 9일에 팔레스타인에는 전체 일식이
있었고, 763년 6월 15에는 부분 일식이 있었다(Paul). 어떤 이는 763년
에 있었던 부분 일식을 아모스가 이곳에서 선포한 예언의 성취로 보기
도 한다(G. Smith). 아모스는 청중이 대낮에 갑자기 태양이 어두워지는
현상에 대해 익히 알고 있었던 점을 전제하고 이 메시지를 선포하고
있다. 대낮에 어둠이 찾아든다는 것은 여호와의 날이 임한다는 표현이
기도 하다. 온 우주의 창조질서가 뒤집어지고 빛이 암흑으로 변하는
공포의 날이 임할 것이다.

하나님의 심판이 임하니 종교 축제의 날이 애통의 날로 변한다(10절).
죽음과 슬픔이 가득한 날이다. 이것은 매우 심각한 일이다. 원래 기쁨과
즐거움을 가져오게 되어 있는 날마저도 통곡과 애통의 소리로 가득 차
는 날로 변하기 때문이다. 선지자는 절망적인 현실을 잘 표현하고 있다.

> IV. 종말에 대한 환상과 권면(7:1–9:15)
>   B. 철회되지 않은 심판(7:7–9:10)
>   3. 익은 과일 광주리 환상과 메시지(8:1–14)

(4) 그날이 온다(8:11–14)

<blockquote>
¹¹ 주 여호와의 말씀이니라
보라 날이 이를지라
내가 기근을 땅에 보내리니
양식이 없어 주림이 아니며
물이 없어 갈함이 아니요
</blockquote>

여호와의 말씀을 듣지 못한 기갈이라
12 사람이 이 바다에서 저 바다까지,
북쪽에서 동쪽까지 비틀거리며
여호와의 말씀을 구하려고 돌아다녀도
얻지 못하리니
13 그 날에 아름다운 처녀와 젊은 남자가
다 갈하여 쓰러지리라
14 사마리아의 죄된 우상을 두고 맹세하여 이르기를
단아 네 신들이 살아 있음을 두고 맹세하노라 하거나
브엘세바가 위하는 것이 살아 있음을 두고 맹세하노라
하는 사람은 엎드러지고 다시 일어나지 못하리라

아모스는 사람들이 하나님 말씀을 찾아나서도 결코 찾을 수 없을 때가 올 것이라고 경고한다(11절). 이 땅에 물과 양식의 기근이 아니라 말씀의 기근이 올 것이기 때문이다. 그때가 되어 기근이 임하면 먹을 것을 구하는 일이 거의 불가능한 것처럼 하나님 말씀을 찾는 일도 매우 어려워질 것이다. 이런 때가 오면 사람들은 하나님 말씀에 배고파하고, 목말라할 것이다. 여기서 한 가지 생각해 보아야 할 것은 '하나님 말씀의 고갈이 주의 백성에게 무엇을 의미하는가'이다. 말씀의 고갈은 하나님이 함께하지 않으심을 암시한다. 그들은 이제는 '임마누엘'(viz., 하나님이 우리와 함께하심)을 자랑삼아 말할 수 없다. 계시록의 대환난 시대를 생각나게 한다.

말씀에 갈급한 사람이 "이 바다에서 저 바다로 헤매고, 북쪽에서 다시 동쪽으로 떠돌아다녀도" 말씀을 찾지 못한다(12절). 이스라엘의 지리적 여건을 감안할 때, 이 바다는 사해, 저 바다는 지중해를 의미한다. 지중해에서 북쪽으로 가고, 북쪽에서 다시 동쪽(사해가 있는 곳)으로 돌아와 한 사이클을 완성한다. 즉, 온 땅을 두루 돌아다녀도 하나님 말씀은 찾지 못할 것이다. 사람이 떡으로만 살 것이 아닌데 이 얼마나 비참한 일인가?

기근이 얼마나 심한지 힘과 생명력으로 가득 찬 처녀와 총각도 견뎌내지 못하고 쓰러진다(13절). 젊음이 상징하는 생명력이 죽어가고 있는 것이다. 또한 젊은이는 미래의 주인공이다. 그들이 기근 때문에 쓰러져가니 이 나라에는 미래가 없다. 자식을 낳아야 할 사람이 죽어가고 있기 때문이다.

언제 이 일이 성취되었는가? 이스라엘 역사를 감안할 때, 아시리아의 디글랏 빌레셀(Tiglath-pileser III)(745-727 BC)과 살만에셀(Shalmaneser V)(727-722 BC)시대 때, 곧 이스라엘이 전에 경험해보지 못했던 정치적 불안과 격동의 시절에 성취되었다. 이 어수선하고 불안한 시대에 여호와의 말씀—곧, 주께서 끝까지 이 백성을 보호하실 것이라는 확신과 위로의 메시지—을 찾아나섰지만 찾을 수 없었고, 결국 주전 722년에 아모스가 경고한 것처럼 비참한 종말을 맞았다.

대부분 우리말 번역본이 '우상'(14절)으로 번역한 히브리어 단어(אשׁמה)가 이방 신을 의미할 수 있다(개역개정; 개역; 새번역). 그래서 본문에서도 이 단어가 시리아 사람이 숭배하던 아시마(Ashimah)라는 여신으로 번역되어야 한다고 한다(Barstad, Sweeney). 공동번역과 NRS도 이 단어를 아시마(Ashimah)라는 여신 이름으로 번역해 놓았다. 그러나 아모스는 이방 종교에 그다지 큰 관심을 주지 않는다. 그의 관심사는 잘못된 여호와 종교다. 그러므로 본문에서 아시마라는 우상을 언급할 가능성은 전혀 없다고 생각해도 된다(Gowan).

구약에서는 이 단어가 대부분 '수치/죄책감'(shame/guilt)의 뜻으로 사용된다(HALOT). 본문에서도 이 단어는 '사마리아의 수치'를 뜻한다(G. Smith, cf. Paul). 그렇다면 '사마리아의 수치'가 무엇인가? 사마리아, 단, 브엘세바 등 이스라엘의 성지에 세워진 금송아지상이다(Gowan; cf. 14절). 선지자가 북 왕국에 속한 사마리아와 단을 지목하는 것은 쉽게 이해가 가지만, 남 왕국 유다에 속한 땅이며, 유다와 이집트 사이에 있던 브엘세바는 왜 거론하는가? 북 왕국 사람 중 상당수가 이곳으로 순례를 갔기 때문이다(Gowan). 또한 단은 이스라엘 영토의 최북단이다. 사마리아는 중앙에 있는 수도였다. 반면에 브엘세바는 유다 영토의 최남단이다. 하나님은 세 도시를 지명하여 자매 나라의 북쪽 끝에서 남쪽 끝까지를 상징하고자 하신다. 이 도시들 사이에 사는 사람, 곧 온 이스라엘 사람 중 우상 숭배자와 하나님을 섬긴답시고 온갖 종교 혼합주의를 지향하는 사람이 심판을 받게 될 것을 이처럼 표현하고 있다. "너희들의 모든 '종교 생활'이 하나님의 증오의 대상이다!" 형식에 치우치며, 밖으로 드러나는 것을 중요시 여기는 신앙생활에 대한 하나님의 입장 표현이다.

> IV. 종말에 대한 환상과 권면(7:1-9:15)
> B. 철회되지 않은 심판(7:7-9:10)

4. 제단 곁의 여호와 환상(9:1-10)

이스라엘 종교에서 성소가 가장 중요한 자리를 차지했다는 것은 설명할 필요도 없는 사실이다. 성소 중에서 가장 중요한 부분은 제단이었다. 백성은 제단에서 제물을 드림으로써 하나님과 하나가 될 수 있었다. 하나님은 제단에서 백성의 제물을 받으시고 위로와 치유의 말씀을 주셨다. 제단은 하나님의 용서와 자비를 기대할 수 있는 은혜의 장소였던 것이다. 그러나 이제 그 은혜의 장소가 심판의 장소로 변했다. 제단에서 더는 위로의 메시지가 선포되는 것이 아니라 혹독한 징계의 메시지가 울려 퍼지고 있다. 그러므로 이 환상은 선지자가 7-9장에 제시한 메시지의 절정이다(Sweeney). 아울러 이 환상에서 하나님은 아모스가 그동안 전한 심판 메시지가 모두 사실이라며 확인 도장을 찍으신다.

성소 파괴와 무너진 다윗의 장막을 복원할 것이라는 내용의 마지막 환상은 이때까지의 환상과는 다르게 구성되어 있다. 처음 네 환상은 모두 하나님이 아모스에게 보여주신 것이다. 반면에 마지막 환상은 아모스가 스스로 본 것을 기록하고 있다. "내가 나의 주님을 보니…"(אֶת־אֲדֹנָי רָאִיתִי)(9:1). 또한 처음 네 환상은 상대적으로 매우 짧다. 반면에 다섯 번째 환상은 훨씬 더 길고 자세하게 묘사되어 있다. 이런 차이 때문에 이 환상이 훗날 다른 사람에 의해 추가된 것이라고 주장한다(Jeremias, cf. Gowan). 그러나 내용이나 스타일에서도 이 환상이 원래 아모스가 선포한 것이 아니라고 단정지을 만한 이유가 없다(Sweeney, Niehaus, G. Smith). 이 환상이 다른 환상과 비교했을 때 독특한 면모를 지닌 것은 지금까지 선포된 것보다 이 환상이 더 중요하니 내용에 관심을 두라는 것을 독자에게 암시하고 있는 것에 불과하다(Sweeney). 이 섹션은 다음과 같이 세 부분으로 구분된다. 이런 구조는 여호와가 바로 이스라엘을 심판하시는 분이실 뿐만 아니라, 그분의 심판 결정과 실행이 정당함을 강조한다.

A. 비전 설명(9:1-4)
　　B. 심판주 찬양시(9:5-6)
A´. 비전의 현실적 의미(9:7-10)

> IV. 종말에 대한 환상과 권면(7:1-9:15)
> 　B. 철회되지 않은 심판(7:7-9:10)
> 　　4. 제단 곁의 여호와 환상(9:1-10)

(1) 비전 설명(9:1-4)

> [1] 내가 보니 주께서 제단 곁에 서서 이르시되
> 기둥 머리를 쳐서 문지방이 움직이게 하며
> 그것으로 부서져서 무리의 머리에 떨어지게 하라
> 내가 그 남은 자를 칼로 죽이리니
> 그 중에서 한 사람도 도망하지 못하며

그 중에서 한 사람도 피하지 못하리라

² 그들이 파고 스올로 들어갈지라도

내 손이 거기에서 붙잡아 낼 것이요

하늘로 올라갈지라도

내가 거기에서 붙잡아 내릴 것이며

³ 갈멜 산 꼭대기에 숨을지라도

내가 거기에서 찾아낼 것이요

내 눈을 피하여 바다 밑에 숨을지라도

내가 거기에서 뱀을 명령하여 물게 할 것이요

⁴ 그 원수 앞에 사로잡혀 갈지라도

내가 거기에서 칼을 명령하여 죽이게 할 것이라

내가 그들에게 주목하여 화를 내리고

복을 내리지 아니하리라 하시니라

여호와가 제단 곁에 서 계시는 것의 의미는 성소(예배당)도 심판을 면하지 못할 것을 뜻한다(1절; cf. 벧전 4:17). 아모스는 이미 '여호와의 날'을 사모하지 말라고 경고했다. 그날은 구원의 날이 아니라 무시무시한 심판의 날이기 때문이었다(5:18). 드디어 그들이 '그리워하던' 여호와의 날이 임한다. 그러나 선지자가 이미 경고했던 것처럼 여호와의 날은 무서운 날이다. 이 비전에 의하면 '여호와의 날'이 왜 여호와의 날인가 하면 '여호와께서 직접 자기 백성을 심판하시는 날'이기 때문이다. 선지자는 2-4절에서 여호와 하나님의 일인칭 '나'(I)를 강조형으로 6차례나 사용하며 이런 사실을 암시한다.

하나님이 누구에게 기둥머리를 치라고 명령하시는지 확실하지 않다(1절). 그래서 천사가 친 것으로(Wolff), 혹은 하나님이 직접 치시는 것(Harper)으로 본문을 수정하기도 한다. 아모스가 이미 누누이 지진을 예언했기에, 하나님이 지진을 통해 성전을 무너뜨리시는 것으로 풀이하는 사람도 있다(G. Smith). 중요한 것은 기둥머리를 누가 치는가가 아니라, 이 재앙은 하나님이 진두지휘해서 임하게 된다는 사실이다.

더 두려운 것은 하나님이 한 곳(성전)에 모여서 다른 신도 아니고 여호와께 경배하는 자를 모조리 심판하신다는 사실이다(1b절). 선지자가 지목하는 성전이 예루살렘 성전인지(Targum), 아니면 북 왕국에 있는 성전인지(Finley)에 대해 다소 논란이 있다. 만일 이 환상도 다른 환상처럼 아모스가 벧엘을 상대로 선포한 것이라면, 당연히 벧엘 성전일 가능성이 가장 크다(Paul, G. Smith, McComiskey & Longman). 벧엘 성전은 요시야 왕에 의해 주전 622년경에 파괴되었다(McComiskey & Longman). 그러나 선지자가 실제로 어떤 성전을 염두에 두고 있는지는 그다지 중요하지 않다. 여호와를 경배하러 모인 자들이 주님의 심판을 받는다는 사실이 본문의 강조점이기 때문이다(Gowan). 이 환상에서 중요한 것은 실제 건물이 무너지는 것이 아니라, 북 왕국 이스라엘의 종교가 무너지는 것에 있다. 하나님이 무너지는 성전에 깔려 죽지 않고 살아남은 예배자를 칼로 치신다(1c절). 전쟁을 통해 치시겠다는 뜻이다. 아무도 하나님의 심판을 피할 수 없다. 아무리 용맹스러운 자라도 여호와의 심판이 임하면 겨우 자신의 목숨만 살릴 것이라던 5:19를 연상시킨다. 이런 사실을 강조하기 위해 선지자는 '머리'(ראש)와 '남은 자'(אַחֲרִיתָם)를 '시작에서 끝까지'(first to last, beginning to end)라는 의미로 사용한다(Gowan).

하나님이 주의 백성을 멸종시키는 것 같지만, 다행히 9:8은 일부가 남을 것이라고 선언한다. 그러나 다수의 사람에게 가장 깊은 곳인 스올[음부](שְׁאוֹל)이나, 가장 높은 곳인 하늘(הַשָּׁמַיִם)도 피난처가 될 수 없다(2절). '스올을 파고 들어간다는 것'은 필사적인 노력을 잘 나타내는 과장법이다(시 139:7-12). 스올은 원래 사람이 두려워하여 가려고 하지 않는 곳이며 죽어서야 어쩔 수 없이 가는 곳이다(창 37:35; 사 14:9-15; 겔 32:17-32). 그곳에서는 하나님을 뵐 수도 없고 찬양할 수도 없다(시 6:5;

사 38:18). 그런데 그들은 지금 여호와가 얼마나 두려운지 자청하여 음부로 들어가고 있다. 혹시 그곳으로 도망가면 하나님의 진노를 피할수 있을까 해서다. 그러나 도망쳐도 소용이 없다. 분노하신 하나님이 집요하게 쫓아가 멸하실 것이기 때문이다. 물론 이런 정황을 실제 상황으로 해석하면 안 된다. 선지자가 이 심판의 혹독함을 강조하기 위해 구상하는 시적 과장법(poetic hyperbole)이기 때문이다.

선지자가 하늘과 스올을 통해 추상적으로 하나님의 심판 범위를 설명했다면, 갈멜 산에 대한 언급은 이 심판을 이스라엘의 삶으로 끌어들이는 효과를 발휘한다(3절; Gowan). 선지자가 갈멜 산을 지명한 것은 산이 높고, 숲이 우거졌으며, 숨을 만한 굴이 많아서만은 아니다. 아모스가 갈멜 산을 지목하는 것은 이 산에서 내려다보이는 지중해 때문이기도 하다. 저자는 3절에서 산과 바다의 대조적 이미지를 사용하는데, 갈멜 산과 지중해는 서로 맞붙어 있어서 가장 좋은 지리적 예를 제공한다. 갈멜 산도 그들을 숨기지 못하고 이스라엘이 알고 있는 가장 크고 깊은 바다인 지중해도 그들을 숨기지 못한다(3절). 갈멜 산으로 숨은 자는 하나님이 이 잡듯이 잡아내실 것이요, 지중해 밑바닥에 숨은 자는 하나님이 창조하신 뱀(ׁשָׁחָנ)을 사용하여 물어 죽이실 것이다.

본문의 뱀 이야기가 고대 근동 신화에서 비롯되었다고 하지만, 선지자가 하고자 하는 말과는 별로 상관이 없는 주장이다. 선지자는 단지 세상 어느 곳도 사람을 숨겨줄 수 없을 것이라는 점을 강조할 뿐이다. 설령 뱀 이미지가 신화를 배경으로 할지라도 강조점은 달라지지 않는다. 오히려 일부 이스라엘 사람이 신으로 숭배하던 뱀마저도 하나님이 창조하고 지시하신다는 사실을 상기시켜 그 사람들이 그동안 창조주를 제대로 섬기지 않고 피조물을 숭배한 일이 얼마나 잘못된 것인가를 비난한다.

선지자는 이미 1:2에서 '하나님 사자'의 부르짖음에 갈멜 산의 꼭대기가 마를 것이라고 했다. 아모스는 드디어 가장 현실적이고 생생한 이미지로 갈멜 산이 여호와의 날을 맞이한 이스라엘에게 전혀 도움이 되지 못할 것을 선언하고 있다. 드디어 올 것이 온 것이다. 갈멜 산에 숨어도 소용이 없지만 숨을 곳도 없다. 온 우주를 창조하고 다스리시는 여호와께서 직접 심판하기로 작정하셨으니 누가, 무엇이 막겠는가? 이 대재앙에서 구사일생으로 살아남아 타국의 포로로 끌려가게 된 사람도 안도의 숨을 쉴 수는 없다. 하나님이 그들도 인질로 끌고 가는 적의 칼에 맞아 죽게 하실 것이기 때문이다(4절). 세상에 그 누구도 심판을 작정하신 여호와의 손으로부터 안전하지 못하다(4절). 하나님이 계획하신 모든 재앙이 그들에게 임하는 것을 지켜보고 계시기 때문이다. 더 충격적인 사실은 하나님의 심판을 받아 멸망하는 사람이 다름 아닌 여호와의 백성이라는 것이다.

물론 아모스의 메시지를 들은 대부분의 사람은 그를 믿지 않았다. 당시 이스라엘은 매우 번성하는 상황이었으며, 군사력도 막강하다고 느꼈을 것이기 때문이다. 그러나 하나님을 배제한 안녕과 번영은 오래 가지 못한다. 창조주가 마음만 먹으시면 언제든지 무너질 것이기 때문이다. 그러므로 번영을 누리면 누릴수록, 축복을 누리면 누릴수록 창조주 앞에서 겸손해야 한다. 하나님이 작정하시면 요즘 말로 '한방에 훅 가기' 때문이다. 그러나 안타까운 현실은 한국 목회자와 성도 대부분이 이런 사실을 깨닫지 못하고 있다는 점이다. 번성할수록 겸손하고, 성장할수록 하나님을 더 겸손히 섬겨야 하는 사실을 말이다.

IV. 종말에 대한 환상과 권면(7:1-9:15)
  B. 철회되지 않은 심판(7:7-9:10)
    4. 제단 곁의 여호와 환상(9:1-10)

(2) 심판주 찬양시(9:5-6)

⁵ 주 만군의 여호와는 땅을 만져 녹게 하사

거기 거주하는 자가 애통하게 하시며

그 온 땅이 강의 넘침 같이 솟아 오르며

애굽 강 같이 낮아지게 하시는 이요

⁶ 그의 궁전을 하늘에 세우시며

그 궁창의 기초를 땅에 두시며

바닷물을 불러 지면에 쏟으시는 이니

그 이름은 여호와시니라

 선지자가 단호하게 선언하고 있는 혹독한 심판이 꼭 올 것을 확신하는 근거는 무엇인가? 선지자는 하나님의 성품과 속성 때문이라고 한다. 선지자는 곧장 여호와를 찬양하는 노래를 불러 자신이 누구의 권위로 예언하는가를 보여준다. 하나님은 어떤 분이신가?(8:8). 아모스서에는 찬양시가 세 곳에 등장하는데(본문; 4:13; 5:8-9), 모두 하나님을 창조주-통치자로 찬양하는 시이다. 선지자가 책에서 사용하는 찬양시는 한결같이 하나님의 창조력과 파괴력을 동시에 찬양한다는 공통점을 지녔다. 이 노래가 의미하는 바는 여호와의 절대적인 권위와 능력이 아모스가 지금까지 선포한 모든 것을 이룰 것을 보장한다는 사실이다. 그래서 아모스서에는 심판 선언이 곧 하나님의 능력을 찬양하는 찬양시로 결론을 맺는 것이다(Gowan).

 본문은 하나님의 능력을 지진과 화산과 홍수 이미지를 사용하여 강조한다. 첫째, 하나님이 땅에 손을 대시자 땅이 녹아내리고 땅의 모든 주민이 통곡한다. 땅이 녹아내린다는 것은 화산 폭발을 의미한다(Gowan). 둘째, 온 땅이 강물처럼 솟아오르다가 나일 강의 강물처럼 가라앉는다. 하나님이 지진을 재앙으로 사용하실 것을 뜻한다. 이 지진은 1:1이 언급한 대지진, 곧 아모스가 이 메시지를 선포한 지 2년 후에 가나안을 강타한 것이라고 해석하기도 한다(G. Smith). 셋째, 하나님이 바닷물을 불러 올려서 땅 위에 쏟으신다는 것은 홍수를 뜻한다(Gowan).

그러나 이미 하나님이 노아 시대 때 다시는 자연을 홍수로 심판하지 않으실 것을 약속하셨다(창 9장). 그러므로 이 홍수는 하늘에서 폭우가 쏟아져 빚어지는 자연재해가 아니다. 그래서 아모스는 '바닷물을 불러 올려' 땅 위에 쏟으실 것이라고 한다. 아마도 대형 쓰나미(tsunami)를 떠올리면 이해가 쉬울 것 같다.

선지자는 당시 사람이 상상할 수 있는 최악의 재앙 세 가지를 들어 하나님의 심판을 경고한다. 그렇다면 이 찬양시는 '찬양시'가 아니다. '저주시'다. 원래 찬양시는 하나님의 놀라운 창조 능력과 통치가 어떻게 백성에게 축복과 평안을 가져오는가를 노래하는 장르다. 그러나 아모스는 본문에서 찬양시의 내용과 역할을 하나님의 파괴와 심판을 보장하는 것으로 바꾸어버렸다. 한때는 아름다운 것을 창조하는 데 능력을 발휘하셨던 주님께서 이제는 파괴를 위해 그 창조 능력을 사용하실 것이다. 주의 백성 중 몇이나 이런 때가 올 것을 상상이라도 했을까?

> IV. 종말에 대한 환상과 권면(7:1-9:15)
>   B. 철회되지 않은 심판(7:7-9:10)
>   4. 제단 곁의 여호와 환상(9:1-10)

(3) 비전의 현실적 의미(9:7-10)

⁷ **여호와의 말씀이니라**

이스라엘 자손들아

너희는 내게 구스 족속 같지 아니하냐

내가 이스라엘을 애굽 땅에서,

블레셋 사람을 갑돌에서,

아람 사람을 기르에서

올라오게 하지 아니하였느냐

⁸ **보라**

주 여호와의 눈이 범죄한 나라를 주목하노니
내가 그것을 지면에서 멸하리라
그러나 야곱의 집은 온전히 멸하지는 아니하리라
여호와의 말씀이니라
⁹ 보라
내가 명령하여 이스라엘 족속을
만국 중에서 체질하기를
체로 체질함 같이 하려니와
그 한 알갱이도 땅에 떨어지지 아니하리라
¹⁰ 내 백성 중에서 말하기를
화가 우리에게 미치지 아니하며
이르지 아니하리라 하는
모든 죄인은 칼에 죽으리라

비록 이스라엘이 하나님의 특별한 사랑을 누리는 선택받은 백성이 지만, 정의와 공의가 무너지고 의로움이 이제는 머물 수 없는 나라 가 되면 이스라엘은 이방 나라와 다를 바 없다(7절). 선지자가 왜 이스 라엘을 에티오피아(구스)에 비교하는 것일까?(7a절) 두 가지 이유에서 다. 에티오피아는 당시 이스라엘이 알고 있던 세상 끝이며, 에티오피 아 사람의 까만 피부색이 이스라엘 사람에게는 매우 신기하게 여겨졌 다(Sweeney). 그러므로 이스라엘이 자신의 나라에서 가장 먼 곳에 살고, 자신과 가장 다르게 생각하던 이방 나라가 에티오피아였다. 하나님은 이런 에티오피아에 대한 이스라엘의 이해를 바탕으로 이 말씀을 선포 하시는 것이다.

선지자는 또한 하나님이 이스라엘에게 땅을 주신 것은 곧 다른 나라 에게 하신 바와 같다고 한다(7b절). 모세는 오래전에 하나님이 이스라 엘에게 땅을 주신 것은 마치 에돔, 모압, 암몬 등에 그리하신 것과 일

반이라 했다(신 2장). 아모스는 이런 사실을 상기시켜 이스라엘의 선민
적 우월감을 비난하고 있다. 특히 그들과 지속적으로 갈등을 빚고 있
는 블레셋 사람과 시리아(아람) 사람과 이스라엘 백성을 함께 취급한다
는 것은 매우 충격적이었을 것이다(Sweeney).

이스라엘뿐만 아니라 온 열방을 통치하시는 하나님은 의롭지 못한
나라 이스라엘을 심판하셔야 한다. 그래야 다른 나라도 공평하게 심판
하실 수 있기 때문이다. 그러나 다행히 하나님의 징계는 완전히 망하
게 하는 심판은 아니다(8–9절). "야곱의 집은 온전히 멸하지는 아니하
리라"(8절). 여기에서 우리는 '선택'의 원리를 다시 보게 된다. 화가 나
시면 하나님은 종종 이스라엘을 열방처럼 취급하겠다고 하신다(7절).
그러나 이런 하나님의 분노는 애증이며 오래가지 않는다. 또한 하나
님이 선택하신 백성은 징계를 받아 한동안 주님의 품에서 추방될 수
있지만, 하나님은 결코 그들을 영원히 잊거나 벌하지는 않으실 것이
며, 꼭 남은 자를 두어 주의 백성을 다시 회복시켜 주실 것이다. 아모
스가 책에서 계속 강조하는 포인트 중 하나는 국가 이스라엘이 절대
하나님의 '남은 자'와 동일시 되어서는 안 된다는 것이다(McComiskey &
Longman). 하나님이 이렇게 하시는 이유는 주님께서 그들을 택하여 관
계를 맺으셨기 때문이며, 하나님은 세상 끝날까지 이미 맺은 관계에
신실하실 것이기 때문이다.

선지자는 곡식을 체질하는 이미지를 사용하여 메시지를 이어간다(9
절). 그러나 하나님이 주의 백성을 체질하시는 의도를 파악하기가 쉽지
않다. 체질은 곡식을 추수한 후 곡식과 돌을 분류하기 위해 하는 일이
다. 고대 근동에서는 얇은 가죽끈을 가로세로로 엮어 체를 만들어 사
용했다(Gowan). 이 체로 곡식을 체질하면 크기가 작은 곡식만 밑으로
빠지고, 크기가 큰 돌멩이는 위에 남는다. 이렇게 체질을 해서 돌은 걸
러내고 곡식만 따로 담았다. 그러므로 체질은 일종의 정화과정이라 할
수 있다. 체질 자체는 고통스럽지만 결과는 보존을 뜻하는 좋은 비유

이다. 본문에서도 하나님이 이런 체질을 하시는 것인가? 만일 그렇다면 이 말씀은 하나님이 이스라엘을 체질하셔서 쭉정이와 돌은 모두 열방으로 내보내고 남은 자만 모아서 축복하실 것이라는 뜻이다. 즉, 악인을 심판할 때 착한 사람은 다치지 않게 하시겠다는 하나님의 의지를 잘 보여주고 있다. 선지자는 8절 중반부에서도 하나님이 심판은 하시되 모두 다 멸하지는 않으실 것이라고 했다.

그러나 이 해석의 가장 큰 문제는 9절이 속해 있는 문단(1-10절) 전체의 문맥이 심판을 강조하고 있다는 점이다. 이런 상황에서 체질 비유 또한 구원이 아니라 심판을 뜻하는 것이 합리적이다. 만일 심판을 의미하는 것으로 해석한다면, 하나님이 열방을 체로 사용하셔서 이스라엘을 체질하실 것이며, 체 위에 남은 돌과 쭉정이를 열방 중에 흩으실 것이라는 뜻이다(Sweeney). 그렇다면 체질에 의해 구분된 곡식은 누구인가? 당연히 의로운 자일 것이다. 선지자가 '하나님의 체질'에서 살아남을 의로운 자에 대해 어떠한 말도 하지 않는다는 것이 다소 받아들이기 어렵기는 하지만, 아마도 심판에 몰두하다 보니 '남은 자'에 대해서는 침묵하는 것으로 생각된다(Gowan). 또한 선지자가 지금까지 선포한 메시지를 보면 '하나님의 체질'에 살아남을 사람은 없다. 이스라엘이 온통 쭉정이와 돌 조각뿐이기 때문이다.

"나의 백성들 가운데서…죄인은 모두 칼에 찔려 죽을 것이다"(10절). 잘 알지도 못하면서 여호와의 날을 구원의 날로만 전하고 생각했던 사람들이다. 역시 전쟁의 심판을 예고하고 있다. 우리는 하나님의 백성은 무조건 복을 누릴 것이라는 착각 속에 살고 있다. 그러나 기억하라. 선지자가 하나님의 심판을 받아 죽을 것이라고 하는 사람이 다름 아닌 주의 백성이라는 사실을 말이다. 오늘날도 얼마나 많은 '주의 종'이 한쪽으로 치우친 엉뚱한 메시지를 전하고 있는가? 그리스도인에게 선포되는 메시지는 하나님의 축복과 심판 사이에 균형을 유지해야 한다.

C. 회복된 이스라엘의 축복된 미래(9:11-15)

모든 것이 절망적으로만 보이는 상황에 구원의 서광이 드리운다. 선지자가 매우 긍정적인 메시지로 책을 마무리하고 있기 때문이다. 하나님은 본문에서 두 가지를 약속하신다. 때가 되면 무너진 다윗의 초막을 다시 세우실 것이며, 타국으로 끌려간 이스라엘을 다시 이 땅으로 불러들이실 것이다. 물론 아모스는 전적으로 심판만을 선언한 파멸의 선지자(prophet of doom)라고 주장하는 사람은 이 부분이 훗날 다른 사람에 의해 삽입된 것이라고 주장하지만(Nel, Harper), 선지자의 사역을 잘 이해하지 못한 데서 비롯된 편견일 뿐이다. 이 섹션에 기록된 모든 메시지는 아모스에게서 비롯되었다(Finley, Paul, Stuart, Hayes, Andersen & Freedman, McComiskey & Longman). 선지자 중에는 그 누구도 심판만 혹은 회복만 선포한 자는 없다. 선지자는 항상 두 주제를 선포하고자 하는 메시지의 성향에 따라 가장 적절하게 배합했다(Hubbard, G. Smith).

아모스 선지자가 이 시점에 와서야 드디어 이스라엘의 구체적인 회복을 언급하는 것에서 우리는 한 가지 확실한 교훈을 배워야 한다. 오늘날 많은 사람이 하나님의 은총을 싸구려 은혜(cheap grace)로 변질시켜 가르치고 있다. 우리가 지은 죄에 대해 아무런 조치도 취할 필요가 없고 대가도 치르지 않게 될 것이니 오직 예수만 믿으라고 한다. 이처럼 어이없고 비성경적인 기독교 행태를 꼬집은 영화가 2007년작 〈밀양〉이다. 신앙생활을 하는 중 이러한 사고에 사로잡힌 사람들은 그들이 주중에 어떤 모습으로 살아가든 간에 주일에 교회에 나와 예배 드리고, 헌금 바치고, 기도하면 된다고 생각한다. 그러나 선지자는 회개는 진정한 삶의 변화를 전제하며, 용서란 죄에 대한 심판 이후에 임하는 것이라는 사실을 강조한다. 이스라엘의 경우에는 혹독한 대가를 치르고 나서야 용서와 회복이 가능하다. 아모스서에서 가장 긍정적이고 소망적

671

인 메시지인 이 섹션은 짤막한 회복의 노래 두 개로 구성되어 있다.

   A. 다윗 왕조의 회복(9:11-12)
   A′. 이스라엘의 회복(9:13-15)

IV. 종말에 대한 환상과 권면(7:1-9:15)
   C. 회복된 이스라엘의 축복된 미래(9:11-15)

---

(1) 다윗 왕조의 회복(9:11-12)

> [11] 그 날에 내가 다윗의 무너진 장막을 일으키고
> 그것들의 틈을 막으며
> 그 허물어진 것을 일으켜서
> 옛적과 같이 세우고
> [12] 그들이 에돔의 남은 자와
> 내 이름으로 일컫는
> 만국을 기업으로 얻게 하리라
> 이 일을 행하시는 여호와의 말씀이니라

  선지자는 심판이 지나면 회복이 올 것을 예언한다. 하나님이 이스라엘을 과거의 위치로 회복하실 것이다. 그때에야 비로소 이스라엘은 진정으로 열방 중 으뜸가는 나라가 될 것이다. '다윗의 장막'(סֻכַּת דָּוִיד)(11절)이란 표현은 성경에서 유일하게 이곳만 사용된다. '쓰러진 다윗의 장막'은 무엇을 뜻하는가? 다윗의 도시 예루살렘이 주전 586년에 망할 것을 뜻하는 것일까? 아니면 주전 931년에 파괴되었던 통일왕국을 의미하는 것일까? 대부분이 931년에 나라가 둘로 나뉜 것을 뜻하는 것으로 풀이한다(Finley, Niehaus, Andersen & Freedman; G. Smith).
  '다윗의 장막'이라는 말은 아모스 시대를 살아가던 사람에게 향수

를 자극하는 표현이었을 것이다. 사람들은 현실이 어려우면 항상 과거를 동경하게 된다. 선지자는 두 가지 의미를 두고 이 표현을 사용하고 있다. 첫째, 이스라엘 사람 중 누리는 자는 자신이 '다윗의 장막'(영화)을 누리고 있다고 생각했을 것이다(6:5). 그러나 아모스는 다윗의 장막이 쓰러져 있다는 점을 강조하여, 그들이 즐기는 '영화'가 다윗과 무관함을 강조한다. 둘째, 아모스의 청중 중 생활이 어려운 사람은 아마도 조상에게 들어왔던 영화로웠던 다윗의 통치 시대를 동경하고 있을 것이다. 선지자는 언젠가는 그들이 동경하는 다윗의 나라가 다시 회복될 것이라는 메시지를 통해 위로와 권면을 주고 있다. 참고 견디며 하나님 나라를 바라면, 언젠가는 하나님이 다스리시는 공의와 정의의 나라가 올 것이다. 하나님은 다윗의 장막 회복을 세 단계로 이루신다. (1) 무너진 다윗의 초막을 일으키신다, (2) 터진 울타리를 고치면서 그 허물어진 것을 일으켜 세우신다, (3) 그 집을 옛날과 같이 다시 지어 놓으실 것이다. 다윗의 옛 영화를 완전히 복원시켜 주시겠다는 뜻이다.

이스라엘은 그동안 모든 것을 자신의 방식대로 성취하려 했다. 그러나 그들의 노력에 대한 하나님의 평가는 절대적으로 '망한다!'이다. 이제 하나님의 방법대로 적절한 때에 그들의 영광을 다시 회복시켜 주실 것을 선언하신다. 그러나 이스라엘이 다윗의 장막의 터가 되고 있는 곳에 묻혀 있는 그들의 폐허를 보지 못한다면 이 건축 사역의 중요성을 제대로 인식하지 못하는 것이다. 한 가지 뜻밖인 것은 이 회복 프로그램에 에돔의 남은 자와 하나님께 속해 있는 열방의 모든 족속이 포함된다는 점이다(12절). 칠십인역은 '에돔의 남은 자' 대신 '사람(인류)의 남은 자'($oἱ\ κατάλοιποι\ τῶν\ ἀνθρώπων$)로 히브리어 텍스트를 번역했으며, 회복될 다윗 왕조가 그들을 다스리는 의미가 아니라 인류의 남은 자가 하나님을 찾을 것이라고 한다. 온 인류가 하나님을 찾아 그분의 통치를 바랄 것이라는 뜻이다. 그렇다면 칠십인역은 마소라 사본과 상당히 다른 내용을 전하고 있는데, 대부분은 어려운 히브리어 텍스트를 칠십인역이 개선하다 빚어진 결과로 간주한다(Gowan).

다윗 왕국이 회복되면 에돔의 남은 자와 열방을 다스린다는 것이 무엇을 뜻하는가? 에돔과 열국에 관한 언급은 이스라엘 위치에서 볼 때 가장 가까운 나라 에돔부터 가장 먼 나라의 백성까지 포함하는 것을 뜻한다. 동시에 에돔과 열방은 하나님을 대적하는 자로 성경에 자주 등장한다. 그렇다면 이곳에서 그들이 언급되는 것은 앞으로 형성될 다윗 왕국이 온 세상에서 여호와를 경외하는 모든 자를 포함할 것을 선언하고 있는 것이다. 에돔과 열방의 남은 자가 이스라엘의 소유가 된다는 것(12절)은 결코 부정적인 의미가 아니라, 그들이 이스라엘과 함께 하나님의 축복을 누리게 될 것을 묘사하는 것이다.

> IV. 종말에 대한 환상과 권면(7:1-9:15)
>   C. 회복된 이스라엘의 축복된 미래(9:11-15)

(2) 이스라엘의 회복(9:13-15)

^{13} 여호와의 말씀이니라

보라 날이 이를지라

그 때에 파종하는 자가

곡식 추수하는 자의 뒤를 이으며

포도를 밟는 자가

씨 뿌리는 자의 뒤를 이으며

산들은 단 포도주를 흘리며

작은 산들은 녹으리라

^{14} 내가 내 백성 이스라엘이 사로잡힌 것을 돌이키리니

그들이 황폐한 성읍을 건축하여 거주하며

포도원들을 가꾸고 그 포도주를 마시며

과원들을 만들고 그 열매를 먹으리라

¹⁵ 내가 그들을 그들의 땅에 심으리니
그들이 내가 준 땅에서 다시 뽑히지 아니하리라
네 하나님 여호와의 말씀이니라

하나님이 다윗의 허물어진 장막을 다시 세우시는 날에 이스라엘의 모든 것이 회복된다. 이스라엘의 들판이 젖과 꿀로 넘치고, 포로생활에서 돌아온 그들이 다시 하나님 백성으로 일컬음을 받는다. 선지자는 흔히 백성의 회복과 사는 땅의 회복을 함께 노래한다. 일반인에게 굶주림이 거의 영구적인 문제가 되어버렸던 고대 근동 사회에서 사람의 회복만큼은 아니지만, 그래도 중요한 것은 곧 충분히 먹고 살 수 있는 환경 여건의 회복이었다. 그러므로 사람의 회복은 거할 땅의 회복과 맞물려 있다. 선지자는 이처럼 백성과 자연의 회복을 함께 노래하여 여호와는 백성을 살리는 분이실 뿐만 아니라, 풍요롭게 살 수 있도록 모든 것을 회복시키고 축복하는 자상한 분임을 강조하고 있다.

선지자가 이스라엘 땅의 회복을 노래하며 사용하는 이미지를 생각해 보자(13절). 비가 부족하여 쌀이 아니라 보리와 밀을 주식으로 삼았던 이스라엘은 가을에 곡식을 파종하여 이듬해 봄에 수확한다. 가나안에서는 11-12월이면 보리와 밀을 파종했다. 이듬해 봄이 되면 보리 수확이 먼저 4월에 이루어지고, 5-6월이면 밀이 추수되었다. 하나님이 그들의 땅을 회복시키면, 이들이 경작하는 규모와 수확량이 얼마나 많은지, 4월에 시작된 곡식 수확이 이듬해 농사를 위해 땅을 가는 시기인 10-11월까지 간다는 것이다! 포도 수확량도 엄청나기는 마찬가지다. 포도는 일반적으로 8-9월에 수확하는데, 포도 수확도 얼마나 많은지 11-12월에 이루어지는 곡식 파종 시기와 겹칠 것이다. 선지자가 미래의 풍요로움을 강조하기 위해 과장법을 사용하고 있지만, 항상 굶주림에 위협을 받았던 사람에게 이런 여건은 지상 낙원에서나 가능한 일이다. 하나님의 축복으로 그들이 살 땅이 회복되었기에 풍요를 누리며 살게 될 것이다.

돌아온 백성은 황폐한 성읍을 재건하고 폐가가 된 집을 다시 세우며 과수원을 복구한다(14절). 당시에는 성읍과 경작지가 같이 붙어 있었다. 대부분은 조그만 성벽에 둘러싸인 마을에 모여 살면서 성 주변에 있는 땅을 경작했다. 그러므로 본문에서 선지자는 성과 집과 함께 삶의 터전인 포도원 등 경작지도 회복될 것을 노래하고 있는 것이다. 또한 이제는 그들의 수확을 적게 빼앗길 일은 없을 것이며, 모두 각자 노력한 노동의 대가를 즐기게 될 것이다. 고대 근동에서는 산적 등의 횡포가 매우 심했다. 특히 수확철이면 떼를 지어 떠돌며 남의 수확을 빼앗는 자들이 많았다. 이런 상황에서 수확한 것을 마음껏 즐길 수 있는 것도 대단한 축복이었다.

그뿐만 아니라 이스라엘이 다시는 회복된 땅에서 뿌리가 뽑히지 않을 것이다(15절). 아모스가 포로생활을 뜻할 때 지금까지 사용한 히브리어 단어는 '추방하다'(גלה)였다. 선지자는 이 구절에서 훗날 예레미야가 포로생활을 뜻하며 자주 사용하는(15회) 매우 강력한 개념인 '뿌리 뽑다'(נתש)를 사용한다. 다시는 하나님이 이러한 일을 결코 허락하지 않으실 것이기에 그들을 포로로 내보내실 일은 없을 것이다. 이스라엘은 그 땅에 영원히 뿌리를 내리고 살게 될 것이다. 이 섹션에서 제시되는 회복은 마치 에덴동산을 연상케 하고 있다. 그러나 회복의 가장 중요한 핵심은 깨어진 하나님과 백성의 관계가 회복된다는 점이다. 하나님은 '내 백성'(עמי)이라 부르시며(14절) 메시지를 선포하시는데, 이런 호칭은 하나님이 그들과 관계를 완전히 회복하셨음을 뜻한다.

엑스포지멘터리

오바댜

Obadiah

EXPOSItory comMENTARY

오바댜

네가 독수리처럼 높이 오르며
별 사이에 깃들일지라도
내가 거기서 너를 끌어내리리라
여호와의 말씀이니라
(1:4)

네 형제의 날, 그가 재앙을 받던 날에,
너는 방관하지 않았어야 했다.
유다 자손이 몰락하던 그 날,
너는 그들을 보면서 기뻐하지 않았어야 했다.
그가 고난받던 그 날,
너는 입을 크게 벌리고 웃지 않았어야 했다.
(1:12, 새번역)

오바댜서는 구약에서 가장 짧은 책으로 고작 21절로 구성되어 있다. 그러나 오바댜서가 안고 있는 해석적 이슈는 책의 분량에 어울리지 않게 크다는 것이 일반적인 견해다. 한 학자는 1948년 자신의 저서에서 "오바댜서는 책의 짧음에 걸맞지 않게 많은 문제를 안고 있으며, 이 문제들은 모두 쉽게 해결될 것이 아니다"라고 선언했다(Vriezen, cf. Forher). 제롬(Jerome)도 이미 오래전에 오바댜서에 대해 비슷한 말을 남겼다. "오바댜서의 어려움은 책의 길이에 반비례한다"(*quanto brevis est, tanto difficilis,* its difficulty is in inverse proportion to its length)(cf. Mason). 최근에 출판된 오바댜서 주석도 이러한 정서를 반영하는 듯하다. 1996년에 Anchor Bible 주석 시리즈에 출판된 라아비(Raabe)의 오바댜서 주석은 310쪽에 달하며, 같은 해에 출판된 벤즈비(Ben Zvi)의 오바댜서 모노그래프는 309쪽에 달한다!

　오바댜서가 이처럼 무한한 도전을 주는 이유는 크게 두 가지다. 첫째, 오바댜서는 어느 시대, 어떤 사건을 역사적 배경으로 삼고 있는지 확실하지 않다. 물론 비평학적 시각에서 이 책을 연구하는 사람은 오바댜서가 짧은 책이지만 한 사람의 작품이 아니라 오랜 세월이 지나면서 여러 편집자에 의해 내용이 추가되기도 하고 편집되기도 했다고 주장한다. 반면에 책 전체를 한 사람의 작품으로 취급하는 학자들 사이에도 이 책의 역사적 배경에 대해서는 의견이 분분하다. 둘째, 오바댜서는 규모에 걸맞지 않게 많은 신학적 주제를 제시하고 있다. 한 학자는 이 이슈에 대해 이렇게 말한다. "이 짧은 책은 여러 선지자적인 주제-이스라엘의 원수에 대한 여호와의 심판, 여호와의 날, 이에는 이, 눈에는 눈으로 갚아주는 표준화된 심판의 원리(*lex talionis*), 분노의 컵 비유, 시온 사상/신학, 이스라엘의 영토 소유, 여호와의 왕권-을 매우 간결하면서도 명확하게 논한다"(Raabe).

1. 선지자

'오바댜'(עֹבַדְיָה)는 '오밧야후'(עֹבַדְיָהוּ)를 줄인 이름이며 '여호와의 종/여호

와를 섬기는 자'라는 뜻을 지녔다(Pagán). 오바댜는 이 책을 제작한 저
자의 이름이라는 것이 전통적인 견해이지만, 오바댜가 여호와 종교와
연관해서 특정한 사역을 하는 지위의 호칭일 수 있다고 생각하는 주석
가도 있다(Baker). 성경에는 이 이름을 가진 사람이 12명이나 된다(왕상
18:4; 대상 3:21; 7:3; 8:38; 9:44; 9:16; 12:9; 27:19; 대하 17:7; 34:12; 스 8:9;
느 12:25). 이들 중 상당수가 제사장이었으며, 선지자로 사역한 사람은
없었던 것으로 생각된다. 일부 학자들은 오바댜서의 저자가 엘리야 시
대에 이세벨의 손에서 100명의 여호와 종교 선지자를 동굴에 숨기고
보살폈던 아합의 부하라고 주장한다(Keil, Niehaus). 이 견해는 바빌론 탈
무드(Sanhedrin 39b)에서 시작된다. 그러나 선지자 오바댜를 엘리야와 연
관시키고자 하는 의도에서 비롯된 것이며, 이렇다 할 결론을 내리기에
는 증거가 너무 부족하다. 우리는 이 선지서를 저작한 사람이 누구였
는지 확실히 알 수 없다. 그는 자신의 모습을 드러내지 않는 그림자 같
은 사람이기 때문이다(Baker).

우리는 다만 선지자의 이름이 오바댜였고, 그는 여호와를 매우 경
외했던 사람이며, 하나님이 머지않아 에돔에 벌을 내리실 것을 선포
했다는 사실을 알고 있을 뿐이다. 선지자가 자신을 단순히 '오바댜'
로 소개하는 것으로 보아 선지자의 청중에게는 추가 설명이 필요 없
을 정도로 잘 알려진 것으로 추정된다. 오바댜는 예루살렘 성전에서
행해지는 종교 예식에 대해 어느 정도 익숙했던 것으로 보이며, 선지
서에서 흔히 발견되는 열방에 대한 심판 선언 양식을 잘 알고 있었다.
특별히 에돔에 대한 심판 선언에 대해 깊은 관심과 이해를 지닌 선지
자였다. 오바댜도 아모스처럼 전문적인 선지자는 아니었는데, 특별하
고 한정된 기간의 사역을 위해 하나님의 부르심을 받은 것으로 생각
된다(Pagán).

2. 역사적 정황

에돔은 사해의 남쪽에 있는 나라로, 남북으로 120㎞, 동서로 20㎞에 달하는 조그만 나라였다(Pagán). 에돔은 대체로 붉은 색을 띠는 산과 바위로 이루어져 있었기에 나라의 이름이 히브리어로 붉은 색을 뜻하는 '에돔'으로 불렸을 가능성이 있다(Armerding). 에돔은 동쪽과 남쪽으로는 사막에 접해 있고, 서쪽으로는 사해에서 아카바만(Gulf of Aqaba)까지 이르는 산악 지대를 접하는 위치에 있었다. 북쪽으로는 세렛(Zered) 강이 에돔과 모압의 영토를 구분하는 자연적인 경계선이 되었다. 에돔은 야곱의 쌍둥이 형 에서에서 비롯된 족속이며, 쌍둥이 형제는 태어나기 전부터 어머니의 뱃속에서 갈등을 빚었다(창 25장). 에서는 야곱이 20년 만에 라반의 집에서 돌아올 때 이미 에돔 지역에 정착하여 살고 있었다(창 36장).

책의 역사적 배경은 당연히 저자의 시대와 연관되어 있다. 그러나 이미 언급했듯이 오바댜서의 경우 저자가 어느 시대에 살았던 사람이며, 이 책이 어떤 역사적 사건과 시대를 배경으로 하고 있는지를 가늠하는 것이 거의 불가능하다. 선지자가 자신이 사역하던 시대에 군림했던 왕의 이름이나(사 1:1; 렘 1:2-3; 호 1:1), 괄목할 만한 사건(암 1:1)을 전혀 제공하지 않기 때문이다. 고고학 자료에 의하면 에돔은 주전 13세기 이전에 이미 안정된 나라로 자리매김을 했고(Armerding), 성경의 출애굽 이야기에서도 그들을 언급한다(민 21:4, 12; 신 2:12-13). 한 가지 확실한 것은 에돔이 유다에 엄청난 피해를 입힌 사건이 이 책에서 선포되는 메시지의 배경이 되고 있다는 점이다. 그렇다면 에돔이 이스라엘/유다의 역사에 개입한 때가 언제였는가? 한 학자는 구약 시대에 유다와 에돔이 갈등을 빚은 일이 6차례 있었다고 한다. (1) 다윗의 아들 압살롬의 반역, (2) 르호보암 왕 때 있었던 이집트의 바로 시삭(Shishak)의 침략, (3) 여호람 왕 시대 때 있었던 블레셋-아랍 연합군 침략, (4)

북 왕국 이스라엘의 침략, (5) 느부갓네살의 597년 침략, (6) 느부갓네살의 586년 침략이다(Cresson). 여기에 아하스 왕 시대 때 있었던 에돔의 침략(대하 28:16-18)을 더할 수 있다. 이렇다 보니 오바댜서 저작 연대에 대한 추측도 매우 다양하다. 오바댜서가 주전 9세기 후반에 저작된 것이라는 견해(Keil, Orelli, Young, Kaiser, Niehaus, cf. Harrison)에서 시작하여, 예루살렘이 함락된 직후인 바빌론 포로생활의 초기 시대라는 주장(Barton, Smith, Rudolph, Stuart, Baker)도 있고, 포로 이후 시대(6세기 말이나 5세기 초반)라는 추측도 있다(Wellhausen, Pfeiffer, Allen, Pagán, cf. Harrison).

한 학자는 오바댜 선지자가 에돔을 비난하는 것은 이스라엘을 대적하는 모든 원수의 상징으로 사용한 것이지 실제로 에돔이 유다에게 치명타를 입혀서는 아니라고 주장한다(Bartlett). 구약을 아무리 살펴보아도 에돔이 유다에게 심각한 해를 가한 적이 없으며 고고학적인 자료를 분석해 보아도 에돔이 유다를 침략한 흔적이 없다고 결론지었다. 그러므로 오바댜의 에돔에 대한 비난은 이미 일어난 침략과 배반에 관한 것이 아니라 앞으로 있을 수도 있는(possible) 침략을 상상하며 선포한 것이라고 한다. 책의 모든 내용이 오바댜라는 시인의 상상력에서 비롯된 작품이라는 것이다. 벤즈비(Ben Zvi)도 이러한 견해를 전적으로 수용한다. 에돔은 언급될 때마다 유다 사람의 마음을 뒤집어놓기에 충분한 '기호 단어'(code word)라는 것이다. 마치 '일본' 하면 일부 한국 사람의 속이 뒤집어지는 것처럼 말이다. 이 관점과 비슷한 측면에서 한 학자는 오바댜서가 전적으로 비(非)역사적(ahistorical)이며, 정기적으로 이스라엘이 성전에 모여 적을 저주하기 위해 낭독할 목적으로 제작된 예배식(liturgy)이라고 주장한다(Bič). 그러나 만일 발트렛(Bartlett)이 주장하는 것처럼 에돔이 한 번도 유다에게 심각한 피해를 입힌 적이 없었다면, 에돔이 유다 사람의 감정을 자극하는 기호 단어가 되었다는 사실을 납득하기가 어렵다(Glazier-McDonald, Barton). 에돔이 언젠가 유다에게 실제적 피해, 그것도 매우 큰 피해를 입혔기에 이런 위치를 차지하게 된 것이라고 생각된다.

　만일 우리가 성경에 언급된 내용만으로 평가를 내린다면 위와 같은 다양한 가능성 중에서 예루살렘이 함락된 직후에 선포된 메시지로 보는 것이 가장 설득력 있어 보인다. 바빌론 군에 의해 예루살렘이 함락되던 주전 586년에 에돔도 정복자 사이에 있었다(시 137; cf. 사 34:5-17; 63:16; 렘 49:7-22; 겔 25:12-14; 35:2-15; 말 1:2-5; 애 4:21-22). 예루살렘을 공격하던 바빌론 군의 앞잡이가 되었기 때문이다. 예레미야서에 의하면 바빌론의 지배 아래 있던 가나안의 국가들이 시드기야 즉위 4년째 되던 해(594 BC)에 예루살렘에 모여 종주국 바빌론의 손아귀에서 벗어나는 묘안을 논의했는데, 이 모임에 에돔도 참석했다(렘 27장).

　그렇다면 불과 몇 년 사이에 에돔이 어떻게 유다의 아군에서 적군의 앞잡이로 변하게 되었을까? 예나 지금이나 "오늘의 아군이 내일의 적이 될 수 있다"라는 정치적 처세술을 생각하면 해답을 찾는 일이 어렵지 않다. 바로 몇 년 전에 유다와 반역을 논하던 에돔으로서는 바빌론 사람의 진노를 피하고 생존하기 위해 선택의 여지가 없었다. 바빌론의 예루살렘 원정에 적극적으로 동참해야만 살아남을 수 있었다. 그러므로 에돔은 오늘의 평안을 위해 옛 우정과 신의를 저버렸던 것이다. 오바댜 선지자는 에돔에 대해 바로 이 부분을 문제 삼는다(7절).

　유다의 최후를 회고하고 있는 예레미야서에서 오바댜서와 흡사한 내용을 발견한다. 예레미야 49:7-22, 특히 7, 9, 14-16은 오바댜 1-7과 평행을 이루고 있다(Raabe, Ben Zvi). 오바댜가 예레미야서를 인용했다는 견해(Dicou, Sweeney)가 있는가 하면, 예레미야가 오바댜서를 인용하고 있다는 주장도 있다(Peckham). 아예 두 선지자가 동일한 출처를 개별적으로 인용하고 있다는 제3의 입장을 고수하는 사람도 있다(Ben Zvi, Barton). 역사적 정황을 그리는 데 있어서 누가 누구를 인용하고 있는가는 중요하지 않다. 확실한 것은 두 선지서가 같은 시대, 같은 사건을 반영하다 보니 생긴 현상이다. 또한 예루살렘이 함락되기 직전에 시드기야는 야밤에 성을 탈출하여 아라바 쪽으로 가다가 바빌론 군에게 체포되었다(왕하 25:4-5; 렘 39:4-5). 아라바가 에돔과 유다의 경계선 지역이라는 점을 감안하여 에돔이 시드기야의 탈출을 돕지 않았거나 일부러 방해한 것으로 추정한다(Sweeney). 시드기야가 바빌론 군에 체포된 일에 에돔이 일조했을 가능성이 있다는 것이다.

오바댜서의 저작 연대를 그 시점으로 가늠하는 또 한 가지 중요한 단서는 선지자가 책에서 에돔의 멸망을 미래에 있을 일로 예언하고 있다는 점이다. 한때 유다와 함께 반역을 꿈꾸었던 에돔은 바빌론 사람과 화평하기 위해 주전 586년에 있었던 바빌론 군의 예루살렘 공략에 앞장섰다. 그러나 이러한 노력에도 에돔은 주전 553년에 바빌론 왕 느부갓네살에 의해 멸망했다(Raabe). 이후에도 에돔이라는 이름이 유지되며 신약시대에 와서는 이두미아로 알려졌지만, 단지 지역의 이름일 뿐, 에돔 족속은 느부갓네살의 손에 멸망한 이후 다시는 힘을 발휘하지 못하는 민족이 되었다. 이런 내용을 종합해 볼 때, 예루살렘이 바빌론 손에 멸망하게 된 주전 586년 사건 이후, 그러나 에돔이 멸망하게 된 553년 이전이 오바댜서의 저작 연대로 가장 설득력 있어 보인다(Baker, Armerding, cf. Barton).

3. 다른 책과의 관계

선지서 중 상당수가 열방에 대한 심판 선언(Oracles Against Nations=OAN)을 담고 있다. 선지서의 OAN에 에돔은 단골 국가로 등장한다. 이사야 21:11-12, 예레미야 49:7-33, 에스겔 25:12-14, 아모스 1:11-12, 말라기 1:2-5 등이 모두 에돔을 비난한다. 비록 짧은 책이지만, 오바댜서는 한 걸음 더 나아가 책 전체가 에돔에 대한 심판 선언으로 구성되어 있다. 실제로 오바댜 1:1-4은 예레미야 49:14-16과 내용뿐만 아니라 사용하는 동사도 비슷하다. 더 나아가 오바댜 1:5-6은 예레미야

49:9-10과 매우 비슷하다(Allen). 그러므로 예레미야서가 오바댜서를 혹은 오바댜서가 예레미야서를 인용하고 있다고 한다(Raabe). 반면에 두 책이 공통적으로 인용하고 있는 제3의 출처를 주장하는 사람도 있다(Stuart, Ben Zvi, Barton). 사용하는 언어와 이미지에 있어서 오바댜서가 요엘서와도 밀접한 관계가 있다고 생각하는 학자도 있다(Pagán).

선지서 중에 이스라엘이 아니라 이방 나라가 중심 주제가 되는 책들이 있다. 요나와 나훔은 아시리아를 상대로 사역하고 신탁을 선포한 선지자이다. 오바댜의 관심이 오직 에돔이라는 점에서 이 선지서와 공통점을 지니고 있다. 그러나 오바댜서와 다른 책과의 표면적인 연관성보다는 좀 더 유기적인 관계를 생각해보자.

오바댜서는 다른 소선지서와 상당히 밀접한 관계를 유지하고 있다. 수년 전만 해도 소선지서로 알려진 12권의 책이 우연히 혹은 특별한 의도 없이 임의로 그 순서가 정해졌다는 생각이 학계를 주도했다. 물론 아직도 12소선지서는 우연히 묶인 것이며 어떠한 편집적인 의도를 논하기에는 증거가 불충분하다고 주장하는 사람도 있다(Ben Zvi, Barton). 그들이 제시하는 증거 중 가장 중요한 것은 12권의 순서가 고대 시대에 확고히 고정된 것이 아니라는 점이다. 벤즈비(Ben Zvi)는 고대 문헌에서 네 가지의 서로 다른 소선지서 순서를 발견했다. (1) 오늘날 모든 성경이 따르는 마소라 사본 방식, (2) 칠십인역(LXX) 방식-오바댜서가 호세아서, 아모스서, 미가서, 요엘서 뒤에 옴, (3) 위경 중 이사야의 승천기(*The Ascension of Isaiah*)에 암시된 순서-오바댜서가 7번째의 책으로 등장하며 요나서와 하박국서 사이에 옴, (4) 위경 중 선지자의 일대기(*The Lives of the Prophets*)의 순서-호세아서, 미가서, 아모스서, 요엘서 다음에 오바댜서가 등장함. 소선지서가 특별한 목적 없이 순서가 정해진 것이라고 주장하는 사람도 한 가지는 동의한다. 앞부분에 나오는 책들은 대체로 포로시대 이전에 저작된 것이며, 마지막 부분에 등장하는 책들은 포로시대 이후의 작품이며, 저작 연대를 추정하기 어려운 책들은 상당히 유동성을 지니고 이곳저곳에 등장한다는 점이다(Barton).

그러나 최근 들어, 특히 지난 20여 년 동안 이 책들이 이러한 순서를 지니게 된 것은 우연이 아니며 편집자(들)에 의해 소선지서 12권의 전체 통일성과 메시지를 구상하기 위해 의도적으로 된 일이라는 주장이 많은 설득력을 얻고 있다. 이 분야에서 특별히 많은 연구를 하고 있는 학자는 노갈스키(Nogalski), 하우스(House), 코긴스(Coggins), 스위니(Sweeney) 등이 있다. 이 중 하우스(House)는 12소선지서가 이스라엘의 불행으로 시작했다가 이스라엘의 구원으로 끝나는 구조를 지닌 것이 마치 코미디(comedy, 처음에는 불행이나 재해로 시작했다가 끝에 가서는 행복하게 되는 유형을 지닌 희극 장르를 뜻함)와 같다고 한다. 하우스의 주장에 동의하든 하지 않든, 각 소선지서가 12권의 책 가운데서 어떤 역할을 하고 있는가를 논하는 것은 어느덧 학계의 필수적인 연구 과제가 되었다. 이 섹션에서는 먼저 마소라 사본의 순서에 따른 오바댜서의 역할, 그다음 칠십인역(LXX) 순서에서 오바댜서가 기여하는 바를 살펴보고자 한다.

마소라 사본의 순서에 의하면 오바댜서는 주전 8세기 작품이라 할 수 있는 아모스서와 요나서 사이에 끼어 있다. 이러한 이유에 근거하여 오바댜서의 저작 시기를 주전 8세기로 본다(Raabe). 반면에 오바댜서의 저작 시기와 연관시키지 않고 마소라 사본의 순서를 설명하기도 한다. 먼저 오바댜서 바로 앞에 등장하는 아모스서와의 관계를 생각해보자. 이스라엘이 에돔 땅을 차지하게 될 것이라는 아모스 9:11-15와 오바댜서는 깊은 관계를 지니고 있다. 특히 오바댜서는 아모스 9:12에 대한 '매우 결정적인 주석'이라고 평가하기도 한다(Allen, cf. Smith, Sweeney).

오바댜서는 뒤에 등장하는 요나서와는 어떤 연관성을 유지하고 있는가? 두 책 모두 이스라엘을 괴롭혔던 이방 나라를 상대로 하나님 말씀을 선포한다는 공통점을 지녔다. 오바댜서는 열방에 대한 하나님의 분노를 적나라하게 표현하며 여호와의 날에 임할 심판을 극대화한다. 오바댜서를 읽다 보면 하나님은 마치 이스라엘만 사랑하고 열방은 모두 미워하는 분으로 생각될 수 있다. 하나님에 대한 이 같은 오해를 상당히 보완하고 분위기를 완화시키는 책이 요나서다(Sweeney). 요나서는 하나님이 열방을 무조건 미워하는 것은 아니며, 오히려 이스라엘을 가장 심하게 괴롭혔던 아시리아에게도 긍휼을 베푸시는 분이심을 강조한다. 그러므로 오바댜서를 읽고 하나님에 대한 이해에 있어서 한쪽으로 치우칠 수 있는 독자의 마음에 바람직한 균형을 잡아주는 책이 요나서다.

칠십인역(LXX)의 소선지서 순서는 이렇게 풀이된다. 맨 처음 등장하는 호세아서, 아모스서와 미가서는 머지않아 북 왕국 이스라엘에 임할 여호와의 심판을 먼 훗날 남 왕국 유다와 예루살렘에 임할 하나님의 심판을 모델로 삼는다(Sweeney). 그다음에 등장하는 요엘서는 여호와의 열방에 대한 심판이 있기 전에 예루살렘이 위협받을 것이라 한다. 그러나 침략자가 누구인지는 밝히지 않은 채 매우 평이한 언어로 이런 사실을 예언한다(Bergler). 요엘서의 뒤를 잇는 오바댜서는 요엘서의 예언을 구체화하여 에돔을 통해 예루살렘에 심판이 임할 것이라 한다. 오바댜서는 또한 포로가 되어 타국으로 끌려간 주의 백성이 언젠가는 예루살렘과 유다로 돌아와 에돔의 행위에 보복할 것을 노래한다. 이후 칠십인역도 마소라 사본의 순서처럼 요나서가 오바댜서를 뒤따르면서 아시리아와 같은 나라도 여호와의 긍휼을 경험할 수 있다는 점을 강조한다. 오바댜서에 묘사된 에돔에 대한 여호와의 분노가 무조건적이고 절대적인 것은 아니며, 에돔과 이스라엘의 좋지 않은 관계를 역사적인 배경으로 삼아 균형 있게 이해하도록 한다.

오바댜서는 요엘서와도 밀접한 관계를 유지하고 있다. 요엘 3:2와 3:14의 "내가 온 열방을 모으리라…여호와의 날이 가까웠도다"라는 말씀이 오바댜 1:15의 "여호와의 날이 모든 나라에 가까웠도다"와 매우 유사하다. 또한 요엘 3:19는 에돔을 여호와의 분노의 대상으로 언급하는데, 오바댜서는 이 주제를 한층 더 발전시켜 책 전체를 에돔에 임할 하나님의 심판을 예언한다. 그러므로 "오바댜 1:1-14은 요엘 3:19에 대한 주석 같고, 오바댜 1:15-21은 아모스 9:12에 대한 주석 같다"라고 평가한다(Wolff). 심지어 오바댜서는 요엘서와 비슷한 메시지를 전할 뿐 아니라 같은 구조를 지닌 요엘서의 축소판이라고 생각하기도 한다(Barton).

4. 신학과 메시지

오바댜서의 메시지를 제대로 이해하려면 세상에 태어나기 전부터 시작되었던 야곱과 에서의 경쟁 관계를 염두에 두어야 한다(창 25장). 오랜 세월 동안 임신하지 못했던 리브가가 아이를 가졌지만 이해되지 않는 부분이 있어서 하나님께 기도할 때, 하나님은 다음과 같이 말씀하셨다. "두 민족이 너의 태 안에 들어 있다. 너의 태 안에서 두 백성이 나뉠 것이다. 한 백성이 다른 백성보다 강할 것이다. 형이 동생을 섬길 것이다"(창 25:23; 새번역).

하나님의 말씀은 에서가 팥죽 한 그릇 때문에 야곱에게 장자권을 팔아 넘긴 일을 통해 성취되기 시작했다. 야곱이 속임수를 써서 아버지 이삭으로부터 에서에게 가야 할 장자의 축복을 가로챈 다음, 이삭은 에서의 자손에 대해 다음과 같은 '축복'(?)을 빌어줄 수밖에 없었다. "네가 살 곳은 땅이 기름지지 않고, 하늘에서 이슬도 내리지 않는 곳이다. 너는 칼을 의지하고 살 것이며, 너의 아우를 섬길 것이다. 그러나 애써 힘을 기르면, 너는, 그가 네 목에 씌운 멍에를 부술 것이다"(창 27:39-40, 새번역).

비록 에서의 후손인 에돔이 이삭의 축복을 받지는 못했지만, 여호와께서는 에서의 후손에게 신실하셨다. 신명기 2:12는 에서의 후손이 세일에 거하던 호리 사람을 몰아내고 그 땅을 차지한 것으로 기록하고 있지만, 잠시 뒤에는 실제로는 여호와께서 에돔의 원수를 멸하시고 그 땅을 주신 것이라고 회고한다(신 2:21-22). 에돔에 대한 여호와의 배려는 이스라엘에게 에돔의 땅을 차지하지 말라고 금하는 말씀에서도 엿볼 수 있다. "그 때에 주님께서 나에게 말씀하시기를 '너는 이 백성을 데리고 오랫동안 이 산 부근에서 떠돌았으니, 이제는 방향을 바꾸어서 북쪽으로 가거라' 하셨습니다. 또 백성에게 지시하라고 하시면서 말씀하시기를 '너희가 세일에 사는 에서의 자손 곧 너희 친족의 땅 경계를 지나갈 때에는, 그들이 너희를 두려워할 터이니, 매우 조심하여라. 그들의 땅은 한 치도 너희에게 주지 않았으니, 그들과 다투지 말아라. 세일 산은 내가 에서에게 유산으로 주었다. 먹거리가 필요하면 그들에게 돈을 주고 사서 먹어야 하고, 물이 필요하면 돈을 주고 사서 마셔야 한다' 하셨습니다"(신 2:2-6, 새번역). 물론 에돔에 대한 여호와의 특별한 배려는 이스라엘 백성이 자신의 영토를 지나가는 것을 허락하지 않았을 뿐만 아니라 오히려 큰 군대를 일으켜 싸우러 나왔을 때 효력을 잃었다(민 20:20-21).

세월이 지나면서 이스라엘은 에돔을 통치하게 되었다. 그러나 에돔은 이스라엘의 통치에 반기를 들었다(왕하 8:20-22; 대하 21:8-10). 그들이 이스라엘의 통치권에서 벗어난 것은 "그러나 애써 힘을 기르면, 너[에돔]는, 그[이스라엘]가 네 목에 씌운 멍에를 부술 것이다"(창 27:40)라는 예언의 성취였다. 이런 갈등에도 이스라엘과 에돔은 형제 국가였다. 그들은 형제애로 하나가 되어야 하는 이웃이었다. 그런데 에돔은 유다가 이방인의 손에 당하는 것을 방관했을 뿐만 아니라 오히려 앞장서서 적을 도왔다. 유다는 당연히 형제로부터 배신당한 느낌이었고, 이런 정황이 바로 오바댜서의 배경이 되고 있다.

오바댜서는 위와 같은 배경을 바탕으로 읽지 않으면 사랑하기 힘든 책이다(Barton). 표면적으로 볼 때는 외국인/이방인에 대한 강렬한 미움 외에는 다르게 보이는 것이 없다. "만일 우리가 오바댜서를 높은 이상으로 평가한다면, 우리는 원시적/원초적인 미움을 발견할 뿐이다"(Wolff). 그러나 에돔을 포함한 열방에 대한 하나님의 극렬한 미움을 유일신주의를 지향했던 이스라엘의 종교적 배경에서 해석한다면 크게 문제될 것이 없다는 것이 일반적인 평가이다(Barton).

여호와께서 이스라엘을 특별히 선택하여 자신의 백성으로 삼으셨다는 것이 유대교의 고백이었다. 그렇다면 하나님이 자신의 백성을 괴롭히는 자를 벌하고 심판하시는 것은 당연한 일이다. 오히려 선택받은 백성의 고통과 신음에 침묵하시는 것이 문제가 될 수 있다. 또한 성경은 여호와께서 온 세상을 통치하신다는 사실을 누누이 선포한다. 그러므로 세상의 통치자가 백성을 위해 인류의 역사에 참견하고 백성이 당한 것에 대해 보복하는 것은 당연한 일이 아닐까! 즉, 열방에 대한 하나님의 심판은 여호와께서 온 세상을 다스리시는 것과 이스라엘의 하나님 되심을 입증하는 사건이다.

하나님이 이스라엘을 괴롭힌 열방을 심판하시는 방법은 어떠한가? 한마디로 '이는 이, 눈은 눈'으로 갚는 원칙(lex talionis)에 준한다(Armerding, cf. 출 21:23-24). 영어로는 이런 현상을 '문학적 정의'(poetic justice)라 하며 오바댜 1:15b에 잘 표현되어 있다. "네가 한 대로 당할 것이다. 네가 준 것을 네가 도로 받을 것이다." 신약에서 예수님은 이런 원리를 긍정적으로 변화시켜 황금률(golden rule)로 우리에게 주셨다. "남에게 대접을 받고자 하는 대로 너희도 남을 대접하라"(눅 6:31). 그러므로 오바댜서는 박해받는 자와 박해하는 자, 배반당한 자와 배반한 자에게 매우 중요한 메시지를 전하고 있다. 또한 국가적 위기를 체험하고 있는 애꿎은 사람(innocent bystanders)과 위기를 이겨낸 사람에게 강력한 메시지를 선포하고 있다(Limburg).

오바댜서의 '이는 이, 눈은 눈' 원칙은 각 나라가 서로를 존중하여 에돔이 유다를 박대한 것처럼 해서는 안 된다는 원리를 제시하는 것으로 이해될 수 있다. 그러나 선지자는 여기서 각 나라 간의 일반 정치 원리를 논하는 것이 아니다. 오바댜의 메시지는 에돔과 유다의 독특한 '혈육

690

관계'(blood tie)에서 해석해야 한다(Cresson, Barton). 또한 '시온 신학'(Zion Theology)도 메시지에 적절한 배경을 그려주고 있다(Raabe, Ben Zvi). 시온은 하나님이 거하시며 자신의 이름을 두기 위해 선택하신 특별한 곳이다. 그런데 이 시온이 침략을 받았다. 그것도 다름 아닌 이스라엘의 형제 국가로부터! 예루살렘을 정복한 열방은 시온을 나누어 가지려고 제비를 뽑았다(11절). 예루살렘이 하나님께, 이스라엘 백성에게 어떤 의미를 가진 곳인가를 생각할 때, 결코 용서할 수 없는 일이다(Barton).

5. 개요

대부분은 오바댜서가 다음과 같이 두 섹션으로 나누어지는 것에 동의한다. (1) 세월이 이미 너무 지난 시대를 살고 있는 우리는 알지 못하지만 선지자의 청중은 익히 알고 있었던 유다에 대한 에돔의 반역 행위에 대한 비난과 심판 선언(1-14절), (2) 열방에 대한 일반적인 심판과 유다의 회복에 대한 신탁(15-21절). 두 섹션은 또한 여호와께서 1-14에서 에돔을 징계하기 위해 열방을 들어 쓰셨는데, 15-18에서는 열방 자신이 하나님의 징계의 대상이 되고 있다는 연결성도 지닌다. 이외에도 여러 가지 이유로 오바댜서의 저작권과 저작 단계에 대해 각기 다른 입장이 있지만, 오바댜서를 통일성 있는 한 권의 책으로 취급하고 해석해야 한다는 이해가 더 지배적이다(Snyman, Raabe, Niehaus, Baker).

벨하우젠(Wellhausen)은 오래전에 15절을 구성하고 있는 문장의 순서가 바뀌었다는 견해를 내놓았다(Ben Zvi). "내가 모든 민족을 심판할 주의 날이 다가온다"(15a절)는 16절부터 시작되는 열방에 대한 심판 선언의 시작으로, "네가 한 대로 당할 것이다. 네가 준 것을 네가 도로 받을 것이다"(15b절)는 14절까지 선포된 에돔에 대한 비난을 결론으로 간주했던 것이다. 대부분은 벨하우젠의 주장을 수용한다(Raabe, Ben Zvi, Barton, Pagán). 히브리어의 문법과 이 구절 전후에 선포되는 메시지의 내용을 감안할 때, 설득력이 있다.

학자들이 제시하는 오바댜서의 구조는 매우 다양하다. 간단히 두 섹션으로 나누는가 하면(Young), 거의 20단계로 형성된 구조를 제시하기도 한다(Smith). 오바댜서가 '계약 파괴 소송'(Covenant Lawsuit) 양식을 취하고 있다고 생각하는 학자들은 이 장르에 걸맞은 대안을 제시하기도 한다(Niehaus, cf. Huffmon). 다음과 같은 대칭 구조도 매우 매력적으로 보인다(Snyman, Barton).[1]

A. 에돔의 파멸(1:2-9)

  B. 에돔의 유다에 대한 행위(1:10-14, 15b)

    C. 열방에 임할 여호와의 날(1:15a, 16-17)

  B′. 에돔과 유다의 여호와의 날(1:18)

A′. 유다의 회복과 구원(1:19-21)

책이 짧다 보니 섹션화하는 일이 큰 의미를 지니고 있지는 않다. 본 주석에서는 다음과 같은 구조를 바탕으로 본문을 주해하고자 한다.

I. 에돔을 멸하실 여호와의 계획(1:1-4)

II. 여호와께서 에돔 파괴를 약속함(1:5-10)

III. 에돔이 유다에게 저지른 잘못(1:11-14)

IV. 다가오는 여호와의 날(1:15-21)

---

1 오바댜서를 교차대구법적 구조로 접근하기는 하지만, 섹션을 나누는 일에 있어서 현저하게 다른 구조를 제시하는 경우도 있다. 한 주석가는 다음과 같은 구조를 제시한다(Pagán).
  A. 하나님이 에돔을 겸손케 하실 것이다(1:1-4)
    B. 에돔은 아군에 의해 침략당하고 버림받을 것이다(1:5-7)
      C. 형제 자매의 죽음에 침묵한 죄로 에돔은 심판을 받을 것이다(1:8-11)
      C′. 에돔은 예루살렘이 함락할 때 유다의 멸망을 기뻐하지 말았어야 하며, 생존자들을 잡아다 적에게 넘기지 말았어야 했다(1:12-14)
    B′. 주의 백성은 시온 산에서 다스리기 위해 돌아올 것이다(1:15-18)
  A′. 하나님이 주의 백성을 구원하실 것이다(1:19-21)

I. 에돔을 멸하실 여호와의 계획

(1:1-4)

열방에 대한 심판 선언(OAN)은 선지서에 자주 등장하는 장르로 여러 책 안에서 중요한 부분을 차지한다(사 13-23장; 34장; 렘 46-51장; 겔 28-32장; 암 1:3-2:16; 습 2:4-15; cf. 민 22-24장). 그러나 내용 전체가 열방에 대한 심판 선언으로 구성되어 있는 선지서는 오바댜서와 나훔서가 유일하다. 오바댜서는 전형적인 열방에 대한 심판 선언 양식의 모든 요소를 지니고 있다(Cooper). (1) 원수 국가 지명(1절), (2) 원수 국가에 임할 파멸(2-18절), (3) 하나님의 개입과 원수 징벌(책 전체에 전개됨), (3) 미래에 이스라엘이 원수 위에 군림하게 될 것(19-21절). 특히 선지자는 자신의 책에서 이스라엘의 형제 나라라 할 수 있는 에돔에 대한 비난으로 가득 채웠다 해도 과언이 아니다.

책의 처음 4절을 통해 오바댜는 교만이 극에 달한 에돔이 머지않아 비참한 종말을 맞게 될 것을 선언한다. 이 섹션은 다음과 같이 세 파트로 구분된다.

A. 표제(1:1a)
B. 전쟁 부름(1:1b-c)

C. 에돔의 추락(1:2-4)

A. 표제(1:1a)

^{1a} 오바댜의 묵시라

오바댜서의 "오바댜의 묵시라"(חֲזוֹן עֹבַדְיָה)는 선지서에서 발견되는 표제 중 가장 짧은 것이며, 선지자와 그의 사역에 대해 가장 적은 양의 정보를 제공한다. 대체로 표제를 통해 선지자의 사역 시대와 역사적 정황을 추측할 수 있는데, 오바댜의 경우 어디 출신인지, 언제 사역했는지, 어느 지파 사람이었는지에 대해 전혀 알 수 없다. 그러므로 오바댜는 우리에게 매우 신비적인 존재로 남을 수밖에 없다. 그러나 자신의 이름만을 말하는 것은 아마도 청중이 선지자에 대해 익히 알고 있었기 때문일 것이다. 선지자가 이 책을 저작한 후 세월이 많이 지났기에 우리는 그에 대해 별로 아는 것이 없지만, 청중은 오바댜를 잘 알고 있었을 것이다.

선지자는 자신의 메시지를 '묵시'(חֲזוֹן)라고 부른다. 책 전체를 묵시라고 부르는 것은 오바댜서 외에 이사야서와 나훔서에서만 발견되는 현상이다. 오바댜가 묵시라고 부르는 것은 일종의 무아지경 상태에서 하나님의 메시지를 받았기 때문이라고 하지만(Allen, Wolff), 꼭 그렇게 생각할 필요는 없다. 선지자가 자신의 메시지를 묵시라고 부르는 것은 지금부터 선포될 내용이 자신이 아닌 여호와께로부터 비롯되었다는 것을 강조하기 위함이기 때문이다(1, 4, 8, 18절). '묵시'라는 용어가 선지자가 여호와께 메시지를 받은 과정(방법)을 알리는 것이 아니라, 자신이 선포하는 메시지의 출처를 강조하는 수단인 것이다. 그는 단순히 하나님이 보여주고 가르쳐준 것을 전할 뿐이다. 그러므로 이 히브리어 단어(חָזוֹן)는 '묵시'보다는 '계시'로 이해되는 것이 바람직하다(Stuart, Niehaus).

선지자의 이름 오바댜(עֹבַדְיָה)는 '여호와의 종' 혹은 '여호와를 섬기는 자'로 풀이되며 하나님의 이름(יהוה)과 명사 '종'(עֶבֶד)이 합성된 이름이다(HALOT). 선지자의 이름이 '여호와를 섬기는 자'로 풀이된다 하여 '오바댜'는 선지자 한 사람의 이름이 아니라 에돔을 저주하는 예식에 참석하는 모든 자를 칭하는 일반명사라고 주장하는 사람도 있다(Bič). 그러나 오바댜서를 예언서가 아닌 하나의 예배식(liturgy)으로 보고 이런 해석을 내놓았는데, 증거가 제시되지 않은 주장이기에 별 설득력은 얻지 못했다.

전통적으로 일부 랍비 문헌(Sanhedrin 39b)과 주석가들은 오바댜가 엘리야 시대 때 아합의 부하로 있으면서 이세벨의 눈을 피해 선지자 100명을 굴에 숨기고 보호했던 사람이라고 하지만(Keil, Niehaus) 열왕기는 이 정치인이 선지자였다고 밝히지 않을 뿐만 아니라 그가 선지자였다는 결론을 내리기에는 증거가 부족하다. 게다가 이 책에서 논하고 있는 역사적인 정황은 그때와 잘 맞지 않다는 것이 일반적인 견해이다(Sweeney). 엘리야가 만났던 오바댜는 동명이인(同名異人)인 것이다.

B. 전쟁 부름(1:1b-c)

1b 주 여호와께서 에돔에 대하여 이와 같이 말씀하시니라
우리가 여호와께로 말미암아 소식을 들었나니
1c 곧 사자가 나라들 가운데에 보내심을 받고 이르기를
너희는 일어날지어다
우리가 일어나서 그와 싸우자 하는 것이니라

선지자는 자신의 메시지를 '계시'라고 했다. 이제 이 계시가 누구로 부터 비롯된 것인가를 밝힌다. 바로 다름 아닌 '주 여호와'(אֲדֹנָי יְהוִה)께 로부터 받은 계시라고 한다. 오바댜는 책에서 이 성호를 다시는 사용 하지 않는다. 선지서 중에도 에스겔서(211회)와 아모스서만이 이 성호 를 자주 사용하는 편이다. 오바댜가 하나님의 계시를 받고 하나님이 하시는 말씀을 들었다는 것은 비록 유다가 매우 어려운 시기를 지나 고 있지만, 하나님이 그의 백성 유다를 버리시거나 그들의 일에 무관심 하신 것이 아님을 말한다. 이스라엘의 하나님 여호와께서 유다가 에돔 에게 당한 일을 다 알고, 이 일에 대해 매우 마음 아파하며 염려하신다. 그래서 유다를 괴롭힌 에돔을 심판하러 오셨음을 암시하고 있다.

오바댜가 사용하고 있는 언어를 보면 일종의 천상 어전회의가 진행 되고 있음을 감지할 수 있다(Pagán). 이 천상 어전회의에 누가 참석했는 지 모르겠지만, 회의 참가자는 에돔을 치기로 결정했다. 에돔이 열방 의 침략을 받아 망할 것이라는 말씀은 1-9절의 내용을 요약하고 있다 (Armerding). 하나님이 결정된 사항을 실천하기 위해 전령을 열방에 보 내시는 것이 본문이 그리고 있는 이미지다. 에돔을 치기로 결정하신 분은 분명 하나님인데, 실제로 에돔을 치는 데 사용될 하나님의 도구 는 열방이다. 하나님이 사역하실 때 분명 홀로 하실 수 있지만, 때로는 이처럼 나라나 개인을 사용하여 자신의 뜻을 이루어나가신다.

이 어전회의에서 선지자는 주 여호와께서 '말씀하시는 것'(כֹּה־אָמַר)을 들었다. 이 표현은 선지자가 신탁을 선포할 때 사용하는 전형적인 표 현이며 바로 하나님이 직접 하시는 말씀(direct speech)으로 연결된다. 그 러나 오바댜의 경우는 예외다. 하나님 말씀이 시작되기 전에 열방으로 간 전령의 말이 먼저 선포된다(NIV, NRS). 공동번역과 새번역은 1절을 하나님이 직접 선포하신 말씀으로 해석하지만 본문과 평행을 이루고 있는 예레미야 49:14를 감안하면 전령의 말이 확실하다(Niehaus, Smith). 하나님이 전령을 열방으로 보내 에돔을 칠 나라를 찾고 계신 것이다. 선지자가 언급하고 있는 하나님의 '전령'(ציר)은 사람일 수 있고(잠 13:17; 사 6:8; 18:2; 57:9), 천사를 뜻할 수도 있다(렘 49:14). 사람일 경우 이미 오바댜보다 먼저 열방을 향해 외쳤던 선지자들을 두고 하는 말이다(Barton). 그러나 대부분은 천사를 뜻하는 것으로 이해한다(Raabe).

여기서 등장하는 문장은 순서가 혼란스럽고 선지자가 사용하는 일반적인 신탁 유형과 다르다. 그러므로 이 문제를 해결하기 위해 많은 번역본이 "우리가 여호와께로 말미암아 소식을 들었나니 곧 사자가 나라들 가운데에 보내심을 받고 이르기를 너희는 일어날지어다 우리가 일어나서 그와 싸우자 하는 것이니라"를 괄호로 처리한다. "오바댜의 묵시라 주 여호와께서 에돔에 대하여 이와 같이 말씀하시니라―우리가 여호와께로 말미암아 소식을 들었나니 곧 사자가 나라들 가운데에 보내심을 받고 이르기를 너희는 일어날지어다 우리가 일어나서 그와 싸우자 하는 것이니라―(2절) 내가 너를 나라들 가운데에 매우 작게…"(NIV, NAS, cf. NRS). 아예 마지막 두 문장의 순서를 재배열하는 경우도 있다. "오바댜의 묵시라(1). 우리가 여호와께로 말미암아 소식을 들었나니 곧 사자가 나라들 가운데에 보내심을 받고 이르기를 너희는 일어날지어다 우리가 일어나서 그와 싸우자 하는 것이니라(3). 주 여호와께서 에돔에 대해 이같이 말씀하시니라(2)"(TNK, cf. Wolff). 그러나 이렇게 텍스트의 순서를 다시 나열할 만한 어떤 사본상의 근거가 없다(Sweeney).

비록 문장의 순서가 어려움을 주지만 의미 전달은 확실하다. "우리가 여호와께로 말미암아 소식을 들었나니"는 오바댜가 선배 선지자들의 계시를 통해 하나님이 에돔을 벌하시기를 작정하고 계심을 알게 되었다는 뜻이다(Barton, cf. 사 34장). "일어날지어다 우리가 일어나서 그와 싸우자"는 선지자의 전형적인 전쟁 부름(battle summons)이다(Sweeney, cf. 삿 3:28; 4:6-7; 렘 46:9; 욜 3:9; 미 4:13). 그러나 내용 전개는 매끈하지 못하다는 것을 인정해야 한다. 이는 본문의 보존이 원활하지 않았음을 암시한다.

본문과 평행을 이루고 있는 예레미야 49:14에서는 "내가 여호와에게서부터 오는 소식을 들었노라…"로 기록하고 있는 데 비해 본문에서는 "우리가 여호와께로 말미암아 소식을 들었나니…"로 표현하고 있다. 이런 인칭대명사의 차이에도 의미가 있는 듯하다. 오바댜는 1인칭 복수를 사용해 자신도 어려운 역경에 처해 있는 유다 공동체에 속해 있음을 강조하거나(Wolff, Smith), 자신과 뜻을 같이하며 하나님을 갈망하고 있는 사람이 그와 함께하고 있음을 시사하는 듯하다(Niehaus).

또한 예레미야 49:14와 연결하여 하나님이 예레미야서에서는 열방에게 에돔을 칠 것을 명령하시고("너희는 모여서 에돔으로 몰려가서 그를 쳐라. 너희는 일어나서 싸워라"), 이곳에서는 열방이 하나님 명령에 순종할 뜻을 밝히는 것("자, 일어나 에돔으로 쳐들어가자!")으로 해석하기도 한다(Finley). 오바댜는 이미 "[전령이] 보내심을 받았다"(שֻׁלָּח)는 것을 밝혀 청중에게 고통으로 가득한 이 순간에 하나님의 사역이 드디어 시작된 것이 아니라, 이미 오래전부터 시작되었음을 선포한다(Smith). 하나님의 침묵이 결코 무관심이나 무(無)활동을 의미하는 것은 아니다. 우리도 이런 사실을 삶에서 종종 경험하지 않는가!

| I. 에돔을 멸하실 여호와의 계획(1:1-4)

C. 에돔의 추락(1:2-4)

² 보라 내가 너를 나라들 가운데에 매우 작게 하였으므로
네가 크게 멸시를 받느니라
³ 너의 마음의 교만이 너를 속였도다
바위 틈에 거주하며 높은 곳에 사는 자여
네가 마음에 이르기를
누가 능히 나를 땅에 끌어내리겠느냐 하니

⁴ 네가 독수리처럼 높이 오르며
별 사이에 깃들일지라도
내가 거기에서 너를 끌어내리리라
여호와의 말씀이니라

하나님이 에돔을 세상에서 가장 비천한 나라로 몰락시키겠다고 선언하신다(2절). 이는 2-9절의 핵심 내용이다(Armerding). 에돔이 가장 '볼품없는'(קָטֹן) 나라로 전락하니 '큰 비웃음거리'(בָּזוּי מְאֹד)가 된다. 히브리어 문장 구조에 의하면 에돔이 볼품없이 되는 것이 강조되는 위치에와 있다(Ben Zvi). '볼품없는'이라는 동사 앞에 오고 있는 것이다. 유다를 집어 삼키다시피 하고 난 후 하늘을 찌를 듯한 에돔의 자아(自我)에 찬물을 끼얹는 말씀이다.

에돔은 이 세상에서 영원히 부귀를 누릴 것으로 생각하고 교만을 떨었다. 그러나 이런 생각은 에돔이 스스로 자신을 속이는 것에 불과했다. 세상의 권세와 부귀영화가 이런 것이다. 앞으로 어떤 일이 다가올지 한 치 앞도 내다볼 줄 모르면서 마치 오늘 누리고 있는 것이 영원할 것처럼 착각한다. 오늘 견줄 만한 상대가 없는 권세가 내일은 세상의 비웃음을 살 수 있다. 특히 악한 권세는 더욱 그렇다. 세상을 통치하고 역사를 주관하는 하나님의 공의가 결코 이를 용납하지 않을 것이기 때문이다.

에돔에 대한 이 예언은 늦어도 주전 5세기 중반까지는 확실하게 성취되었던 것으로 여겨진다. 왜냐하면 주전 5세기 중반에 사역했던 말라기 선지자가 에돔의 멸망을 역사적 사실로 기록하고 있기 때문이다. "에서는 미워하였다. 에서가 사는 언덕은 벌거숭이로 만들고, 그가 물려받은 땅은 들짐승들에게 넘겨 주었다"(말 1:3). 이미 서론에서 언급했듯이 에돔은 주전 553년에 바빌론의 손에 멸망했다.

생각하면 에돔에게는 교만할 만한 이유가 있었다. 그들이 살고 있

699

는 땅은 천연 요새와 다름없어서 외부의 침략을 두려워할 필요가 없었다. 에돔은 해발 1,700m의 고지대에 있었으며, 주변이 너무나도 험악한 산악지대였다. 이 지역을 지나거나 에돔으로 올라가려면 매우 비좁은 길을 지나야만 했고, 에돔은 몇 명의 군사만으로도 이 길을 얼마든지 효과적으로 차단할 수 있었다(Baker). 이런 자연적 여건은 에돔을 거의 난공불락의 나라로 만들었기 때문에 에돔은 지리적 여건을 의지하여 교만할 수 있었던 것이다.

고대 근동의 자료에는 산악지대에 살았던 사람의 태도에 대한 묘사가 종종 등장한다. 아시리아의 왕 아술바니발 2세(883-859 BC)는 니르부(Nirbu)라는 지역에서 반역을 일으킨 자에 대해 이렇게 회고하고 있다. "그들은 요새인 이시필리브리아(Ishpilibria) 시(市)와 가파른 산을 믿었다. 나는 그 산의 정상을 공략해서 그들을 잡았다." 이 반역자처럼 에돔은 높은 바위(ס֫לַע) 틈에 거하면서 난공불락의 확신에 찬 교만으로 가득했다(Allen). 그러나 만일 아술바니발 같은 사람이 침략하여 정복할 수 있는 곳이라면, 하나님은 더 말할 나위도 없지 않은가! 실제로 성경은 유다의 아마샤 왕이 셀라를 정복한 적이 있다고 기록하고 있다(왕하 14:7).

히브리어로 바위를 뜻하는 '셀라'(ס֫לַע)는 에돔의 수도의 이름이기도 했다(왕하 14:7; 사 16:1; 42:11). 선지자는 일종의 언어유희(pun)를 구상하고 있다(Allen, Wolff). 일부 학자들은 에돔의 수도 셀라가 훗날 페트라로 알려진 곳이라 하고(Wolff, Niehaus, cf. IDB), 보스라에서 북서쪽으로 약 4km 떨어져 있으며 사해의 바로 동편에 있는 곳이라 하기도 한다(Sweeney). 그러나 특정한 곳을 단정하기에는 증거가 불충분하다(Smith, Barton, cf. ABD).

에돔은 바위 틈에 거하면서 "누가 우리를 땅바닥으로 끌어내릴 수 있으랴?"라고 한다. 그들 입장에서는 "아무도 못한다"라는 대답을 기대하는 수사학적인 질문이다. 그러나 오바댜는 이 질문에 명확한 답을 제시한다. "이스라엘의 하나님 여호와가 너희를 끌어내리실 것이다!"(4절). 교만에서 비롯된 수사학적인 질문이 뜻하지 않은 혹독한 응답을 받고 있다. 에돔의 교만은 영적인 자살 행위와 다를 바 없다(Cresson). 성경에 의하면 하나님이 싫어하는 죄 중에 가장 심각한 죄가 교만이다. 하나님이 얼마나 교만을 싫어하는지, 교만한 자는 주의 백성이 아니라고 비난하며 문제 삼으신다. 이사야는 아시리아 왕(사 10:5-19)과 바빌론 왕(사 14:3-21)의 교만을 맹비난했고, 에스겔은 두로의 왕자(겔 28:1-10, 17-19)의 교만을 통렬하게 비난한 적이 있다.

선지자는 독수리 둥지의 비유를 통해 에돔에 임할 하나님 심판을 선언한다. 독수리는 높이 날 뿐 아니라 높은 곳에 둥지를 트는 것으로 알려진 새이다. 높은 곳에 튼 둥지에서 아래를 내려다보다가 순식간에 먹잇감을 덮친다. 에돔도 이런 자세로 주변 국가를 대했다(Smith). 하나님은 설령(ם) 에돔이 독수리처럼 높은 곳에, 심지어는 별들 사이에 둥지를 튼다 해도 꼭 끌어내려 땅에 내팽개치실 것을 선언하신다(4절). 물론 에돔이 아무리 날고 긴다 해도 별들 사이에 거처를 둘 수는 없다. 일종의 과장법인 것이다. 이 과장법은 에돔을 멸하시겠다는 하나님의 확고한 신념을 반영하고 있다. 그뿐만 아니라 오바댜는 이 섹션의 마지막에 "여호와의 말씀이니라"(נאם־יהוה)를 덧붙여 하나님이 명예를 걸고 이 일을 행하실 것을 확언한다.

에돔이 천연 요새에서 살다 보니 이처럼 교만하게 되었다고 할 수 있겠지만, 그들의 근본 문제는 마음에 있다. 대부분 번역본에는 3절에 기록된 문장의 순서가 마소라 텍스트의 순서를 따르지 않아 이 구절의 정확한 의미 전달이 잘 이루어지지 않는다. 예외가 개역개정이다. 개역개정은 3절을 마소라 텍스트의 순서에 따라 이렇게 시작한다. "너의 마음의 교만이 너를 속였도다(זדון לבך השיאך). 바위 틈에 거주하며 높은 곳에 사는 자여…" 에돔의 근본 문제는 요새에서 사는 것이 아니라 마음속에서 우러나는 교만과 자신을 속이는 행위였다는 것이 선지자의 주장이다. 즉, 에돔의 근본적인 죄는 모든 사람이 그렇듯 마음에서 비롯된 것으로 결코 그들이 살고 있는 땅의 지형에서 비롯된 것은 아니라는 것이다.

만일 에돔의 죄가 거하는 땅의 지형 조건에서 비롯된 것이라면 죄는 더욱 심각하다. 출애굽 때 하나님이 이스라엘에게 에돔의 영토를 취하지 못하도록 하신 것으로 보아 이 땅은 여호와께서 에서와 후손에게 축복으로 내려주신 것이다. 그런데 하나님의 축복이 어느덧 교만의 원천이 되어버린 것이다. 이처럼 하나님의 축복도 이처럼 주신 자를 망각하면 우리의 걸림돌이 될 수도 있다. 그러므로 우리는 자신을 교만에서 보호하기 위해서라도 항상 하나님의 축복을 회상하고 기념해야 한다.

Ⅱ. 여호와께서 에돔 파괴를 약속함

(1:5-10)

선지자는 1-4절에서 에돔이 심판을 받을 것을 선언했다. 이제 5-7절을 통해 에돔이 어떤 방법을 통해 얼마만큼 파괴될 것인가를 예언한다. 그리고 나서 8-9절에서는 구체적으로 에돔 사람이 당할 고통에 초점을 맞춘다. 10절은 1-9절에 언급된 에돔 멸망과 11절부터 밝혀질 유다에 대한 에돔의 비열함을 연결시키는 다리 역할을 한다(Smith). 이 섹션은 다음과 같이 다섯 파트로 세분화된다.

  A. 에돔이 완전히 털림(1:5-6)
  B. 에돔이 동맹국에게 배반당함(1:7)
  C. 에돔의 지혜자가 사라짐(1:8)
  D. 에돔의 인구가 사라짐(1:9)
  E. 에돔은 영원히 망함(1:10)

A. 에돔이 완전히 털림(1:5-6)

⁵ 혹시 도둑이 네게 이르렀으며

강도가 밤중에 네게 이르렀을지라도

만족할 만큼 훔치면 그치지 아니하였겠느냐

혹시 포도를 따는 자가 네게 이르렀을지라도

그것을 얼마쯤 남기지 아니하였겠느냐

네가 어찌 그리 망하였는고

⁶ 에서가 어찌 그리 수탈되었으며

그 감춘 보물이 어찌 그리 빼앗겼는고

5절의 구조와 정확한 내용을 파악하기가 여간 어려운 일이 아니다 (Allen, Raabe). 그러나 전반적인 의미는 쉽게 파악할 수 있다. 선지자는 4절에서 두 개의 '만일'(אִם)을 사용하여 하나님의 확고한 심판을 선언했는데, 5절에서 다시 두 개의 '만일'(אִם)을 사용하여 두 개의 비유와 두 개의 수사학적인 질문을 통해 한 가지 원리를 제시한다. 첫째 비유와 질문은 밤에 물건을 훔치러 온 도둑이 얼마나 훔쳐 가느냐는 것이다. 당연히 대부분을 남겨두고 '가지고 갈 수 있을 만큼'만 가져간다. 이 수사학적 질문은 에돔이 도둑이나 약탈자에 의해 야밤에 약탈당할 가능성을 예고하고 있는 것으로 해석하기도 한다(Sweeney).

둘째 비유와 질문은 포도를 수확하는 자가 포도를 딸 때 하나도 남기지 않고 모두 다 따는가, 아니면 조금은 남기냐는 질문이다. 포도는 이스라엘뿐만 아니라 에돔 사람의 중요한 농산물 중 하나이기에 에돔은 이 비유가 무엇을 말하는지 정확히 알고 있다(Baker). 물론 수확하는 자가 보지 못해서 남기는 것도 있겠지만, 이스라엘에서는 가난한 자를 위해 일부러 수확의 일부를 남겨 놓는 것이 당시의 미덕이었다(출

23:10-11; 레 19:9-10; 23:22; 신 24:19-20; 21-22; cf. 룻 2장). 이 질문 역시 에돔이 앞으로 포도밭의 포도가 털리듯이 '깨끗이 털릴 것'을 암시하는 것으로 이해된다(Sweeney).

그러나 에돔에 심판이 임하는 날에는 위에서 비유가 말하는 것보다 더 혹독하게 착취당할 것이다. 도둑도 가져갈 만큼만 가져가고 나머지는 남겨두며, 포도를 수확하는 농부도 어느 정도의 과실은 밭이 없는 사회적 약자도 수확의 즐거움을 맛보게 하기 위해 일부러 남겨 두건만, 에돔은 아무것도 남김없이 모두 빼앗길 것이다. 이것을 강조하기 위해 선지자는 첫 문장 중간에 "너희는 아주 망했다!"라는 말을 삽입한다. "집에 도둑이 들어도, 밤에 강도가 들어도—너희는 아주 망했다!—탐나는 것이나 가져가지 않겠느냐?"(5절; NAS, NIV, NRS) 선지자는 이런 사실을 6절에서 다시 한 번 상기시킨다. "그런데 에서야, 너는 어찌 그처럼 샅샅이 털렸느냐? 네가 깊이 숨겨 둔 보물마저 다 빼앗기고 말았다"(새번역). 이 비유가 강조하는 것은 도둑질과 포도 수확에 있어서도 일반적인 기대치가 있다는 것이다. 도둑은 필요한 것만을 훔칠 것이며, 농부는 사회적 약자를 위해 일부러 포도 알갱이를 조금 남겨둔다. 그러나 에돔에 심판이 임할 때는 이런 기대치를 초월할 것이다(Barton). 상상을 초월한 혹독한 약탈이 거행될 것을 예고하고 있다.

심지어는 그들이 사는 에돔 땅의 험난한 지형에도 가장 깊고 은밀한 곳에 숨겨놓은 보물(מצפון)마저도 모두 빼앗기게 될 것이다. 하나님이 에돔에 심판을 내리는 날, 에돔은 아무것도 남김없이 모두 빼앗길 것이다. 에돔 사람은 종종 이웃 나라를 습격해서 많은 것을 빼앗고 지나가는 카라반 상인에게도 많은 세금을 징수한 것으로 알려져 있다(Smith). 그들이 욕심을 내어 남에게 상처를 입히면서까지 모아놓은 모든 것을 빼앗길 날이 온다. 악한 방법으로 부를 쌓으며 즐거워했던 그들의 얼굴에 참담함과 슬픔이 드리운다. 드디어 이날 가해자가 피해자로 바뀌어서 그들의 폭력에 울어야 했던 자들의 심정을 이해하게 될 것이다.

B. 에돔이 동맹국에게 배반당함(1:7)

⁷ 너와 약조한 모든 자들이
다 너를 쫓아 변경에 이르게 하며
너와 화목하던 자들이 너를 속여 이기며
네 먹을 것을 먹는 자들이
네 아래에 함정을 파니
네 마음에 지각이 없음이로다

에돔의 불행은 재산만 잃는 것에서 멈추지 않는다. 그들은 동맹을 맺은 나라에 의해 자신의 땅에서 쫓겨날 것이다. 물론 그 땅에는 다른 민족이 살게 될 것을 전제한다(Baker). 당시 강대국은 정복한 나라 사람을 강제로 이송해서 다른 나라에 정착하여 국제결혼을 하도록 종용했다. 또한 다른 민족을 강제로 데려다가 정복한 땅에 정착하여 원주민과 결혼하도록 했다. 정복한 민족의 정체성을 말살시켜 반역을 줄이자는 의도에서였다. 그러므로 에돔이 땅에서 내쫓긴다는 것은 다시는 자신의 땅으로 돌아와 나라를 재건하지 못할 것을 전제한다.

에돔이 형제 나라 유다와의 신의를 버린 것처럼 동맹국도 그들에게 등을 돌린 결과다. 남에게 행한 대로 거두게 된 것이다. 에돔과 동맹을 맺고 음식을 함께 먹으며 화목을 다짐하던 국가들이 그들을 속인다. 음식을 함께 먹는다는 것은 가장 긴밀한 사이를 뜻하는데, 에돔과 음식을 함께 먹은 자들이 함정을 파고 에돔이 그곳에 빠지도록 기다릴 날이 온다는 것이다. 그러나 어찌하겠는가? 에돔이 먼저 유다를 배신했으니 심은 대로 거두는 것뿐이다.

예레미야서에 의하면 주전 592년경에 가나안 지역의 국가들이 예루살렘에 사절단을 파견하여 바빌론에 반역하는 것을 논의한 적이 있었다(렘 27장). 이때 에돔을 비롯하여 모압, 암몬, 두로, 시돈이 예루살렘에 사절단을 보냈다. 예레미야는 바빌론에 반역하지 말 것을 당부하면서 사절단에게 바빌론의 지배를 상징하는 멍에를 쓰고 나타나 하나님의 메시지를 선포했다. 그뿐만 아니라 이때 예루살렘에 모인 각국의 사절단에게 멍에를 주어 돌려보냈다. 아마도 오바댜가 에돔을 배반하는 동맹국을 언급하면서 마음에 둔 나라들은 이때 예루살렘 모임에 참석한 국가였을 것이다(Niehaus).

또한 선지자는 어떤 함정을 마음에 두고 이 메시지를 선포하는 것일까? 에돔을 함정에 빠뜨리는 나라는 다름 아닌 바빌론이라는 해석이 일반적이다(Bartlett). 이 일을 주도한 왕은 바빌론의 마지막 왕이며 주전 555-539년에 바빌론 제국을 통치했던 나보니두스(Nabonidus)이고, 이 사건은 553년에 있었던 아라비아 원정을 두고 하는 예언이라고 생각한다(Smith). 이때 에돔은 바빌론의 손에 멸망했다. 에돔이 한때는 바빌론에 반역을 꿈꿨지만, 상황이 어려워지자 함께 반역을 꿈꾸던 나라들을 배반하고 바빌론의 가나안 원정에 적극적으로 동조했다. 자신들은 이 일로 미래를 보장받고 싶었지만, 몇 년이 지나지 않아 오히려 바빌론의 희생물이 된 것이다.

오바댜가 에돔에 대해 이처럼 구체적으로 경고하지만, 그들은 알아듣지 못한다. 두 가지 의미를 암시한다. 첫째, 에돔은 여호와의 백성인 이스라엘과 맺은 계약을 배신하면 하나님이신 여호와께 심판받을 것이라는 점을 깨닫지 못했다(Niehaus). 하나님은 신의를 매우 중요하게 여기시는 분이다. 에돔이 그런 하나님 백성을 속였으니, 하나님이 가만히 계시겠는가? 이스라엘을 보호하고 인도하겠다며 맺은 언약 때문이라도 개입하신다. 하나님이 개입하면 누구도 당할 자가 없다. 그러므로 에돔은 대항도 해보지 못하고 이스라엘의 하나님이 내리는 재앙을 감수해야 하는 것이다.

둘째, 에돔은 멸망이 눈앞에 닥쳤다는 것을 깨닫지 못하고 있다

(Dicou). 에돔의 마음에 지각이 없기 때문이다. '지각'(תבונה)은 흔히 지혜와 비슷한 말로 사용되는데, 에돔은 고대 근동에서 지혜로 유명했던 곳이다(욥 2:11; 렘 49:7). 근동 지역에서 지혜로운 백성으로 이름이 알려진 에돔이 동맹국에게 당하고 앞으로 닥칠 일을 예측하지 못한다는 것은 그들의 지혜는 아무것도 아니라는 것을 입증한다. 세상 지혜의 허위성이 드러나는 순간이다. 가나안 지역에서 가장 지혜롭다고 할 수 있는 에돔 사람이 코앞에 다가와 있는 멸망을 깨닫지 못한다. 또한 에돔이 동맹국에게 속는다는 것은 조상 에서가 야곱에게 당한 일을 연상시킨다(Sweeney).

C. 에돔의 지혜자가 사라짐(1:8)

8 여호와의 말씀이니라
그 날에 내가 에돔에서 지혜 있는 자를 멸하며
에서의 산에서 지각 있는 자를 멸하지 아니하겠느냐

오바댜는 다시 수사학적 질문을 사용해 하나님이 에돔의 모든 지혜를 없애버리실 것을 예언한다. 에돔이 귀하게 여겼던 강점/장점이라 할 수 있는 지혜가 그들 곁을 떠난다. 그러나 이미 7절에서 보았듯이 자신을 위기에서 구하지 못하고, 동맹국에게 사기를 당하는 지혜가 얼마나 도움이 되겠는가? 그러므로 에돔에서 지혜자들이 사라진다 해도 별로 달라질 것은 없다. 그럼에도 에돔 사람은 자신의 지혜를 높이 평가하고 있으니 이 지혜가 사라지는 순간 자부심은 무너져 내릴 것이다. 성경은 욥이 우스 사람이었다고 하는데, 우스는 훗날 에돔 땅의 일부가 되었다(애 4:21). 욥의 '지혜로운' 친구 중 하나인 엘리바스가 드만 사람이었는데, 드만 역시 에돔과 연관이 있다(욥 9절; 욥 1:11). 예레미야서에서도 에돔 사람의 지혜가 언급된다(렘 49:7). 고대 근동 사회에서 지혜로운 자가 사회의 지도자 역할을 했던 것이 관례였다는 점을 감안할 때, 이 말씀은 에돔의 리더십이 철저하게 파괴될 것을 예고하는 것으로 해석할 수도 있다.

모두 '그날'(בַּיּוֹם הַהוּא)에 있을 일이다. 구약 선지자에게 '그날'은 미래의 시간을 뜻하며, 하나님이 인간의 삶과 역사에 개입하시는 날이다(암 2:16; 8:3, 9, 13; 9:11). 물론 본문은 에돔이 심판받는 날이다. 에돔이 유다가 멸망하던 '그날'에 저질렀던 일에 대해 '그날'에 대가를 받게 될 것이다(Dicou). 10-14절은 이스라엘이 멸망하던 '날'(에돔이 바빌론과 합세하여 유다를 공략했던 '그날')을 10차례나 언급한다. 물론 이날은 하나님이 온 열방을 함께 심판하는 날이기도 하다(Robinson).

D. 에돔의 인구가 사라짐(1:9)

> ⁹ 드만아
> 네 용사들이 놀랄 것이라
> 이로 말미암아 에서의 산에 있는 사람은
> 다 죽임을 당하여 멸절되리라

에돔은 가진 것을 모두 잃고, 동맹국에게 배반당하고, 사회의 지도자가 사라진 다음, 인구도 심각하게 줄어들 것이다. 전반적으로 나라가 궁핍해지고 지혜로운 지도자가 사라진 상황과, 대적할 수 없을 정도로 강한 자의 침략에 의해 나라가 초토화된 상태에서 인구마저 급격하게 줄게 된다. 재기의 가능성이 사라져버린 것이다. 이 모든 일이 여호와께서 에돔을 상대로 하시는 성전(聖戰)의 결과다(Pagán). 성경은 성전을 묘사할 때 혼란과 놀람을 매우 중요한 요소로 사용하고 있는데, 처음부터 에돔의 사기를 꺾어놓은 것이 전혀 예측하지 못한 것에 대한 놀람이기 때문이다.

오바댜는 구체적인 위치는 아직도 확실하지 않지만, 에돔의 북쪽에 있었던 주요 도시 드만(תֵּימָן)을 국가를 상징하는 도시로 꼽아 야유를 보낸다(Allen, cf. 렘 49:20). 에돔의 자랑이요 최고 정예군이라 할 수 있는 드만의 용사마저도 나라를 구할 능력이나 의지가 없다. 전쟁이 시작하기 전에 이미 심리적으로 무너져내릴 것이다. 하나님이 그들을 상대로 이미 성전을 시작하셨기 때문이다. 예레미야는 에돔의 용사가 좌절하는 것을 해산하는 여인에 비유한 적이 있다(렘 49:22). 그러므로 결과는 뻔하다. 오바댜는 하나님이 에돔을 심판하시는 날, 에돔 사람이 내쫓김을 당하는 정도가 아니라 그들 모두 참혹하게 도륙당할 것을 선언하고 있다. 신의를 배반한 백성의 비참한 최후다.

Ⅱ. 여호와께서 에돔 파괴를 약속함(1:5-10)

E. 에돔이 영원히 망함(1:10)

¹⁰ 네가 네 형제 야곱에게 행한
포학으로 말미암아 부끄러움을 당하고
영원히 멸절되리라

에돔이 왜 이렇게 비참한 종말을 맞이하게 된 것인가? 형제 나라 야곱에게 행한 폭행 때문이다. 선지자는 이 부분을 강조하기 위해 동사로 시작하는 정상적인 히브리어 문장 순서에서 벗어나 전치사구(prepositional phrase)로 이 구절을 시작한다(Baker). 에돔과 야곱은 같은 조상에서 비롯된 족속이기에 서로 의지하고 돕는 것이 당연한 일이다. 이미 언급한 것처럼 성경에서 야곱은 북 왕국을 뜻하는 것이 일반적인 데도 오바댜가 지속적으로 남 왕국 유다를 야곱이라고 부르는 것은 쌍둥이 형제였던 유다의 조상 야곱과 에돔의 조상 에서의 관계를 상기시키기 위해서다. 에돔은 절대 유다를 해할 수 없는 위치에 있다는 것이다. 그런데 에돔이 오히려 야곱에게 잔인한 폭력을 행했다. 그러므로 하나님은 더 가혹한 심판을 에돔에게 내리실 것이다. 에돔이 상식을 벗어난 행동을 했기 때문이다.

오바댜는 에돔이 신의를 저버리면서까지 얻고자 했던 평화와 번영이 이처럼 허무하게 무너져내릴 날이 올 것이라고 한다. 정의와 신실함에 바탕을 두지 않은 번영과 부흥의 실상이 이렇다. 쌓아올리기는 힘들어도 무너져내리는 것은 순식간이다. 게다가 이 모든 것을 배신과 부정을 통해 쌓아올렸으니 세상은 그들의 재건에 도움을 주려 하지 않을 뿐 아니라, 오히려 파괴를 환영할 것이다. 사람의 최종 평가는 장례식에서 이루어진다는 말이 생각난다.

III. 에돔이 유다에게 저지른 잘못

(1:11-14)

선지자는 이 섹션에서 에돔이 유다에게 저지른 만행을 고발한다. 그들이 유다에게 한 일을 살펴보면 결코 형제 국가다운 처사가 아니다. 곤경에 처해 있는 형제에게 도움의 손길을 주는 것이 당연한데, 에돔은 오히려 형제의 어려움을 자신의 도약을 위한 기회로 삼았다. 본문이 언급하고 있는 에돔의 비행은 느부갓네살이 예루살렘을 공략해 멸망시켰던 주전 586년 사건을 배경으로 삼고 있다.

오바댜는 다음과 같이 에돔에 대해 네 가지를 비난한다. 내용을 살펴보면 에돔의 죄가 점차로 강화되고 있음을 알 수 있다. 유다의 멸망을 방관함→유다의 멸망을 즐거워함→멸망한 유다를 약탈함→유다 사람을 노예로 팔아넘김. 이런 구조는 에돔이 유다에게 행한 그대로 갚아주실 것이라는 하나님의 심판(15절)이 지극히 정당한 것임을 강조한다. 이웃에게 상식 밖의 짓을 하는 사람에게 가장 효과적인 응징은 심은 대로 거두게 해 자신의 행위가 얼마나 어이없는 일인가를 스스로 경험하게 하는 것이다. 점차적으로 에돔의 죄를 심각한 순서로 고발하고 있는 본 텍스트는 다음과 같이 전개된다.

713

A. 에돔이 유다의 멸망을 방관함(1:11)

B. 에돔이 유다의 멸망을 즐거워함(1:12)

C. 에돔이 신음하고 있는 유다를 약탈함(1:13)

D. 에돔이 유다 사람을 노예로 팔아넘김(1:14)

Ⅲ. 에돔이 유다에게 저지른 잘못(1:11-14)

A. 에돔이 유다의 멸망을 방관함(1:11)

¹¹ 네가 멀리 섰던 날
곧 이방인이 그의 재물을 빼앗아가며
외국인이 그의 성문에 들어가서
예루살렘을 얻기 위하여 제비 뽑던 날에
너도 그들 중 한 사람 같았느니라

이스라엘 역사를 살펴보면 열방이 몰려와 하나님의 도성인 예루살렘을 공격하는 일이 종종 있었다. 이방인에게 침략을 당하는 일 자체만으로도 좋은 일이 아닌데, 에돔은 예루살렘이 이방인의 손에 공략당할 때 유다에게 도움을 주기는커녕 오히려 침략자의 만행을 방관했다. 에돔이 유다의 형제 나라라는 사실을 생각하면 유다의 멸망을 방관한 일 자체만으로도 심각한 문제가 될 수 있다. 그런데 에돔은 아예 무너진 예루살렘을 약탈하기 위해 입성하는 이방인의 행렬에 속해 있었다. 이 날 에돔은 유다의 적과 별반 다를 바가 없었다(Armerding). 이 사실이 오바댜가 선포하는 메시지의 핵심이다(Pagán). 유다의 형제 에돔이 원수가 되어 유다를 짓밟았다.

선지자에 의하면 이방인이 하나님의 도성인 예루살렘에 이런 만행을 저지른 일 자체만으로도 분명 분노할 일이다. 그런데 그 침략자의 행렬에 형제 나라인 에돔이 끼어 있었다는 것은 견딜 수 없는 충격이라는 것이다. 세상의 모든 나라가 예루살렘을 침략하더라도 에돔만은 그래서는 안 된다. 왜냐하면 에돔은 유다에게 이방 나라가 아니라 형제 나라이기 때문이다. 형제끼리 돕지는 못할망정 오히려 적이 되어서는 안 된다. 선지자는 이런 논리에서 에돔의 행위를 비난하고 있다. 에돔이 유다와 전혀 상관없는 나라처럼 행동했으니, 유다를 함락시킨 이방인이 받을 심판을 에돔도 받아야 할 것이다(Armerding).

B. 에돔이 유다의 멸망을 즐거워함(1:12)

¹² 네가 형제의 날

곧 그 재앙의 날에

방관할 것이 아니며

유다 자손이 패망하는 날에

기뻐할 것이 아니며

그 고난의 날에

네가 입을 크게 벌릴 것이 아니며

에돔의 만행은 유다의 멸망을 방관하고 약탈한 일에 그치지 않았다. 에돔은 유다를 약탈한 후에 유다의 멸망을 진심으로 기뻐했다. 선지자는 12-14절에서 여덟 개의 "…을 하지 말았어야 했다"(אַל)라는 문장을 구성하면서 에돔의 죄를 고발한다. 여덟 개의 "…을 하지 말았어야 했다"라는 문장으로 구성되어 있는 12-14절의 핵심은 본문인 12절이다 (Armerding). 우리말 번역본 중에서는 새번역이 이 섹션을 가장 정확하게 번역하고 있다.

오바댜가 여기서 사용한 문체는 10계명에 기록된 금지사항과 비슷한 부분이 있다(출 20장; 신 5장). 또한 금지 유형의 문장은 고대 근동의 계약에서 흔히 사용되던 것이기도 하다(Barré, Parpola). 오바댜는 에돔이 유다에게 저지른 만행을 고발하면서 고대 근동의 계약규정 언어를 구사함으로써 에돔이 유다를 돕지 않은 것은 윤리적 문제일 뿐만 아니라, 형제 나라 유다와 맺은 동맹조약을 위반하는 행위라는 점을 강조하고 있다(Sweeney).

이 구절은 총 여덟 개의 금지사항 중 세 개를 나열하고 있다. "네 형제의 날, 그가 재앙(נֵכֶר)을 받던 날에, 너는 방관하지 않았어야 했다. 유다 자손이 몰락하던 그 날, 너는 그들을 보면서 기뻐하지 않았어야 했다. 그가 고난받던 그 날, 너는 입을 크게 벌리고 웃지 않았어야 했다"(새번역). 여기서 '재앙'으로 번역되고 있는 단어(נֵכֶר)는 성경에서 한 번 사용되는 단어(hapax legomenon)로 타국/이방(נֵכֶר)과 같은 어근에서 비롯되었다 하여 재앙을 이방인으로 풀이하기도 한다(Niehaus).

선지자는 12절에서 에돔의 행위에 대해 세 가지를 비난한다. 그들은 형제 유다가 망하던 날('네 형제의 날'[בְיוֹם־אָחִיךָ])에 이 일을 막으려고 어떤 노력도 하지 않았고, 오히려 유다의 멸망을 기뻐했고, 즐거운 비명을 질렀다는 것이다. 선지자의 비난은 두 가지 의미를 지녔다. 첫째, 형제의 아픔을 즐거워하는 자에게는 화가 있을 것이다. 오늘날 우리는 교회를 통해 많은 사람과 형제자매가 되었다. 그런데 교회 안에서도 시기와 질투가 흔히 목격되고, 심지어는 다른 형제자매의 불행을 보고 회심의 미소를 짓는 사람도 있다. 있을 수 없는 일이다. 형제애로 묶인 자들은 서로의 짐을 나눠져야 하며, 서로의 아픔을 자기 것처럼 껴안고 괴로워해야 한다. 고통이란 나눌수록 가벼워지기 때문이다.

둘째, 유다가 망하던 날, 주의 백성은 하나님이 등을 돌린 것으로 생각했을 것이다. 자신들이 하나님의 심판을 받았다고 생각했기 때문이다. 그러나 선지자는 이날 여호와께서 그들이 당한 일을 지켜보고 계셨음을 시사한다. 하나님이 모든 형편을 헤아리고 계셨다. 그뿐만 아니라 이스라엘을 징계하려고 도구로 불러들인 나라의 만행도 모두 지켜보셨고, 그들의 만행과 권력 남용을 결코 묵인하지 않으실 것이다. 경우에 따라 하나님은 악의 세력을 사용해 주의 백성을 징계하신다. 그러나 징계가 끝나면 하나님은 그 도구를 엄벌하신다. 유다는 비록 엄청난 고통을 당했지만, 하나님이 그 사실을 아시기에 묵인하지 않으실 것을 확신하는 순간 많은 위로가 되었을 것이다. 우리의 형편을 주께서 헤아리고 계신다는 것을 깨닫는다면, 우리의 고통도 상당히 가벼워질 것이다. 우리에게는 교회 안에서 하나님의 귀와 눈이 되어 서로의 형편을 헤아려줄 사명이 있다.

C. 에돔이 신음하고 있는 유다를 약탈함(1:13)

¹³ 내 백성이 환난을 당하는 날에
네가 그 성문에 들어가지 않을 것이며
환난을 당하는 날에
네가 그 고난을 방관하지 않을 것이며
환난을 당하는 날에
네가 그 재물에 손을 대지 않을 것이며

바빌론이 예루살렘 성을 주전 586년에 함락시켰을 때, 에돔도 동조했다.[2] 그뿐만 아니라 에돔은 앞장서서 무너진 성을 약탈했다(시 137편). 유다의 가장 슬픈 날에 자신의 욕심을 채웠던 것이다. 형제 국가라고 생각했던 에돔이 이렇게 행동했다는 사실을 믿기 어렵다. 오바댜

---

2 다른 가능성에 대하여는 아르메르딩(Armerding)을 참조하라.

는 신음하며 쓰러져 대항할 수 없는 사람을 약탈하는 에돔의 비열함을 비난하기 위해 이 구절에서 "내 백성이 환난을 당하는 날에"(בְּיוֹם אֵידָם)를 마치 후렴처럼 세 차례나 반복하고 있다. 하나님이 유다를 '내 백성'이라고 부르시는 것을 반복하는 것은 에돔이 유다에게 만행을 저질렀을 때, 단순히 한 민족을 친 것이 아니라 하나님 여호와까지 공격했음을 강조하기 위해서다(Baker).

'그들의 환난'(אֵידָם)과 에돔(אֱדוֹם)의 소리가 유사하다. 언어유희가 사용되고 있다. 마치 유다가 겪었던 패망이 에돔을 향해 오고 있음을 시사하는 듯하다(Coggins, Niehaus, Smith). 에돔이 유다에게 행한 대로 하나님이 갚아주실 날이 다가오고 있다. 심은 대로 거두는 응징의 날이 오고 있다. 에돔이 유다를 치던 날, 하나님도 함께 공격한 것이기 때문에, 공격받으신 하나님이 에돔에게 반격을 가하시는 것이다.

만일 우리가 언젠가는 타인에게 행한 대로 되돌려받을 것이라는 사실을 항상 의식하며 산다면 우리의 삶이 어떻게 달라질까? 아마도 나쁜 짓을 하지 않으려고 노력할 것이다. 또한 남에게 선을 아끼지 않고 베풀 것이다. 왜냐하면 이 모든 것이 우리에게 돌아올 것을 잘 알기 때문이다. 선지자는 이런 생각이 단순한 가정(假定)이 아니라 실제라고 한다. 우리는 분명 이 세상에 심은 대로 거둘 날을 맞이할 것이다. 황금률(Golden Rule=우리가 대접받고자 하는 대로 남을 대접해야 한다)은 이미 오래전부터 구약에서 누누이 강조되는 원칙이다.

III. 에돔이 유다에게 저지른 잘못(1:11-14)

D. 에돔이 유다 사람을 노예로 팔아넘김(1:14)

> ¹⁴ 네거리에 서서
> 그 도망하는 자를 막지 않을 것이며

고난의 날에 그 남은 자를
원수에게 넘기지 않을 것이니라

예루살렘을 약탈한 것으로 만족하지 못한 에돔이 주요 도로 곳곳에 숨어 있다가 피난 가는 유다 사람을 죽이거나 붙잡아 바빌론 사람 혹은 노예상인에게 넘겼다. 그들이 숨어 있던 곳이 어떤 곳이었는지는 확실하지 않지만(Raabe, Ben Zvi), 그렇게 중요하지도 않다. 중요한 것은 에돔이 해서는 안 될 짓을 했다는 것이다. 도망가는 사람을 잡아다가 승리한 사람에게 넘기는 것은 고대 근동에서 사용되었던 군주-종속국가 간의 기본 계약 조항이었다(Weidner). 문제는 다른 사람이 해도 되는 일을 왜 하필이면 유다의 형제라 할 수 있는 에돔이 하고 있느냐는 것이다. 바빌론 사람의 진노를 피해 도망하는 사람을 도와주지는 못할망정 말이다.

선지자는 에돔이 유다에게 형제 구실을 못했을 뿐 아니라 오히려 다른 민족보다 더 잔인했다고 고발하고 있다. 이런 형제는 차라리 없는 게 낫다는 것이 선지자의 논리다. 유다의 형제 에돔이 어느덧 유다의 원수와 구분되지 않을 뿐만 아니라, 원수들 대열에 합류해 유다를 핍박하고 있으니 당연한 결론이다.

우리는 이웃과 어떤 관계를 유지하고 있는가를 생각해볼 필요가 있다. 주 안에서 맺어진 형제와 자매에게 못할 짓을 하는, 곧 차라리 없었으면 더 좋을 것 같다는 생각을 하게 하는 존재가 되어서는 안 된다.

IV. 다가오는 여호와의 날

(1:15-21)

이미 주전 8세기 중반에 선지자 아모스는 여호와의 날이 이스라엘 백성이 기대하는 것처럼 구원과 축복의 날이 아닐 것을 경고했다(암 5:18-20). 그날은 매우 어두운 날이며 많은 재앙과 파괴로 얼룩진 날이 될 것이라고 했다. 아모스보다 200여 년 후에 사역하고 있는 오바댜는 이런 여호와의 날에 대한 이해를 종말론적인 시각에서 보완한다. 하나님이 이 세상 일에 개입하시는 그날, 여호와와 백성의 원수들이 모두 멸망하게 될 것이다. 선지자는 에돔을 예로 삼아서 이런 사실을 선포한다. 즉, 이 섹션에서 에돔은 주님과 주의 백성을 대적하는 모든 나라를 대표하는 것이다(Allen, cf. 사 34장). 이 섹션은 다음과 같이 세 파트로 나눌 수 있다.

  A. 열방에 임할 심판의 날(1:15-16)
    B. 야곱의 집에 임할 구원의 날(1:17-18)
    B'. 이스라엘이 회복되는 날(1:19-21)

A. 열방에 임할 심판의 날(1:15-16)

¹⁵ 여호와께서 만국을 벌할 날이 가까웠나니
네가 행한 대로 너도 받을 것인즉
네가 행한 것이 네 머리로 돌아갈 것이라
¹⁶ 너희가 내 성산에서 마신 것 같이
만국인이 항상 마시리니
곧 마시고 삼켜서 본래 없던 것 같이 되리라

이미 서론에서 언급했듯이 많은 학자가 15절에 등장하는 문장의 순서가 바뀐 것으로 간주한다. 즉, "여호와의 만국을 벌할 날이 가까이 왔다. 너의 행한 대로 너도 받을 것인즉 너의 행한 것이 네 머리로 돌아갈 것이라"가 "너의 행한 대로 너도 받을 것인즉 너의 행한 것이 네 머리로 돌아갈 것이라. 여호와의 만국을 벌할 날이 가까이 왔다"로 바뀌어야 한다는 것이다(Wellhausen, cf. Fohrer). 그 이유는 15절 후반부가 지금까지 선포해온 에돔에 대한 심판 선언의 결론으로 적합하며, 전반부는 16절부터 시작되는 열방에 임할 여호와의 날의 서론으로 적합하다는 것이다. 물론 이 주장에 동의하지 않는 주석가도 많다(Ben Zvi, Niehaus, Smith). 그러나 앞과 뒤의 문맥을 감안하면 순서를 바꾸는 것도 좋은 제안으로 생각된다(Barton, Pagán).

오바댜는 여호와의 날에 대해 세 가지를 선언한다. 첫째, 여호와의 날은 먼 미래가 아니라 가까운 미래에 임할 것이다. 여호와의 날이 '가까이'(קָרוֹב)(15절) 와 있다. 바빌론의 손에 멸망한 유다 사람에게 이보다 더 좋은 소식은 없을 것이다. 열방에 여호와의 날이 임하는 날, 열방의 속박에서 자유하게 되며 주의 백성으로서 새 출발을 할 수 있기 때문이다. 둘째, 여호와의 날은 범우주적인 성격을 띠는 날이다(Baker). 이

날은 유다나 일부 국가에만 임하는 것이 아니라 '만국/모든 민족'(הַגּוֹיִם־כָּל)에게 임한다. 셋째, 이날은 모든 나라가 심은 대로 거두는 날이다. "이에는 이, 눈에는 눈"으로 보복을 받는 날이다. 반면에 억울한 일을 당한 사람은 적절한 보응을 받는 날이기도 하다.

선지자는 에돔과 열방에 임할 심판을 묘사하면서 술 취한 자의 이미지를 사용한다. 오바댜는 16절에서 '마시다'(שׁתה)라는 동사를 세 차례나 사용해 에돔과 열방을 술에 취해 몸을 가누지 못하는 사람처럼 묘사한다. 여호와의 거룩한 산에서 마신 자(16절)가 유다를 뜻한다고 한다(Armerding). 하지만 본문에서 잔을 마신다는 것이 긍정적인 의미를 지니고 있지 않다는 점과 지금까지 에돔에 대한 비난이 진행된 것을 감안할 때, 에돔을 두고 하는 말이 분명하다(Sweeney, Barton, Niehaus).

그런데 에돔이 거룩한 산에서 어떤 의미의 잔을 마시는가? 대부분은 에돔이 유다에게 행한 비열함에 대한 하나님의 심판의 잔으로 이해한다(Ben Zvi, Wolff, Stuart, Watts, Barton). 반면에 이 잔은 바빌론이 예루살렘을 함락시켰을 때 에돔이 하나님의 거룩한 산 시온에서 승리를 기념하며 마신 술이라는 해석도 있다(Smith). 스위니(Sweeney)는 이 잔을 언약 체결을 기념하는 잔으로 해석한다(출 24:9-11). 에돔이 이스라엘/유다와 상호 보호조약을 체결하면서 마신 잔이라는 것이다. 그러나 언약 개념은 그다음 문구(열방도 그 잔을 마실 것)와 연결하여 이해하기가 어렵다. 그러므로 첫 번째인 여호와의 심판/진노의 잔이 문맥에 가장 적절한 해석이다. 시온 산은 좁게는 성전이 있었던 언덕을, 넓게는 예루살렘 전체를 뜻한다.

에돔이 잔을 마신 것처럼 열방도 잔을 마시게 될 것이다. 에돔이 하나님의 심판의 잔을 마신 것처럼 열방도 여호와의 분노의 잔을 마셔야 한다. 그뿐만 아니라 쉴 틈 없이 계속해서 마셔야 한다. 특히 '마시다'(לעע)는 소리를 내며 벌컥벌컥 마시는 행위를 뜻하며, 전혀 쉬지 못하고 계속 마셔야 하는 고문 행위를 암시하고 있다(Wolff). 아울러 연거푸 마셔야 한다는 것은 감당하기 힘든 재앙이 계속적으로 임할 것을 암시한다(Smith). 하나님의 분노가 극에 달한 것이다. 오바댜는 이날이 하나님과 하나님의 백성을 대적한 자들이 숨 쉴 틈도 없이 재앙에 재앙을 받는 날이 될 것이라고 한다.

IV. 다가오는 여호와의 날(1:15–21)

B. 야곱의 집에 임할 구원의 날(1:17–18)

¹⁷ 오직 시온 산에서 피할 자가 있으리니
그 산이 거룩할 것이요
야곱 족속은 자기 기업을 누릴 것이며
¹⁸ 야곱 족속은 불이 될 것이며
요셉 족속은 불꽃이 될 것이요
에서 족속은 지푸라기가 될 것이라
그들이 그들 위에 붙어서 그들을 불사를 것인즉
에서 족속에 남은 자가 없으리니
여호와께서 말씀하셨음이라

그날이 오면 시온이 주의 백성 중 남은 자의 안식처가 된다(17절). 바빌론이 혹독하게 대했고, 에돔이 뿌리 뽑으려 했던 주의 백성 중 남은 자가 있다! 이 남은 자는 다시 번성할 것이다. 세상에서 여호와를 사랑하는 자가 다 사라지고 자기 혼자만 남았다고 탄식하던 엘리야에게 여호와께서 "바알에게 무릎을 꿇지 않은 7,000명이 있다"라고 말씀하시던 일이 생각난다. 우리는 아무리 상황이 절망적으로 보여도 절망할 필요가 전혀 없다. 어느 시대든지 주님께서 남겨두신 자는 있기 마련이다. 하나님이 그들을 보존하신다. 우리에게는 그 남은 자 공동체에 속할 수 있는 특권이 있다.

바빌론 군을 피해 도망하던 유다 사람은 에돔 사람에게 잡혀 갖은 학대를 당했다. 여호와의 날에는 그들의 역할이 바뀐다. 그날이 오면 유다는 불이 되어서 마치 불이 지푸라기를 태우듯이 에돔을 불사를 것이다. 구약에서 '불'(אֵשׁ)은 하나님의 심판의 도구로 자주 언급된다(출 15:7; 사 10:17; 욜 2:5; 암 1:4, 7, 10,12, 14; 2:2, 5). 하나님이 에돔을 불로 심판하시는 날, 에돔에는 생존자가 남지 않게 된다. 여호와의 날이 유다에게는 위로와 회복의 날이지만, 에돔에게는 멸망의 날이 되고 있다. 여호와의 날은 이처럼 이 세상의 정황을 완전히 반전시킬 수 있는 날이기도 하다. 앞으로 일이 이렇게 될 것을 누가 보장한단 말인가? 바로 여호와이시다. 하나님이 이처럼 말씀하셨으니, 그분이 바로 이 일에 대한 보증수표가 되신다.

C. 이스라엘이 회복되는 날(1:19-21)

¹⁹ 그들이 네겝과 에서의 산과
평지와 블레셋을 얻을 것이요
또 그들이 에브라임의 들과
사마리아의 들을 얻을 것이며
베냐민은 길르앗을 얻을 것이며
²⁰ 사로잡혔던 이스라엘의 많은 자손은
가나안 사람에게 속한 이 땅을
사르밧까지 얻을 것이며
예루살렘에서 사로잡혔던 자들
곧 스바랏에 있는 자들은

네겝의 성읍들을 얻을 것이니라
²¹ 구원 받은 자들이 시온 산에 올라와서
에서의 산을 심판하리니
나라가 여호와께 속하리라

이 섹션은 여러 가지 논란을 불러일으키고 있다. 첫째, 이 문단의 장르가 시가체인가, 아니면 설화체인가에 관한 논쟁이다. 일부에서는 설화로 취급한다(Raabe, Allen, cf. TNK). 반면에 시로 취급하는 사람도 있고(Barton, cf. 새번역, NIV), 19-20a절을 설화로, 20b-21절을 시로 간주하는 경우도 있다(BHS). 둘째, 본문의 위치가 이곳이 적절한가이다. 한 주석가는 이 섹션이 18절 앞으로 옮겨가야 한다고 주장한다(Allen). 원래 이 섹션은 18절, 그다음 21절로 구성되어 있었는데 훗날 누군가가 19-20절을 삽입한 것이라는 견해도 있고, 오바댜서가 20절에서 끝이 났는데 21절이 추가된 것이라는 주장도 있다(Wolff). 또한 19절에 언급하고 있는 지역 이름—에돔 산, 블레셋, 사마리아 등을 삭제해야 한다는 주장도 있다(Wellhausen, cf. Harrison). 같은 절에 등장하는 '베냐민 사람들'을 '암몬 사람들'로 바꾸어야 한다는 입장도 있다(Duhm, cf. Fohrer). 이 주장들 대부분은 선지자들이 미래를 예언할 수 있는가에 대한 신학적인 선입견에서 비롯된 제안이다. 본문은 있는 그대로도 충분한 메시지를 제시한다.

에돔이 멸망한다면 그들의 영토는 어떻게 될 것인가? 선지자는 이스라엘이 그 땅을 차지할 것이라고 선언한다. 에돔이 유다의 영토를 탐내 바빌론 사람에게 동조하고 유다의 멸망을 즐거워하며 약탈했던 일을 그대로 갚아주고 있다. 에돔의 땅 외에도 이스라엘은 많은 영토를 갖게 될 것이다.

본문에 언급하고 있는 지역의 위치가 모두 밝혀진 것은 아니다(Armerding). 그러나 대체로 여기에 언급된 지역은 한때 유다와 이스라엘에 속한 땅이었다(Smith). "남방 사람(혹은 네겝에서 올라온 사람들)은 에서의 산을 얻을 것이며, 평지(혹은 세빌라) 사람은 블레셋을 얻을 것이요 또 그들이 에브라임의 들과 사마리아의 들을 얻을 것이며 베냐민은 길르앗을 얻을 것이며 사로잡혔던 이스라엘의 뭇 자손은 가나안 사람에게 속한 땅을 사르밧까지 얻을 것이며 예루살렘의 사로잡혔던 자 곧 스바랏에 있는 자는 남방의 성읍들을 얻을 것이니라"(19-20절). 이 이름 중 예루살렘 거민이 끌려간 곳으로 스바랏(סְפָרַד) 지역이 거론되고 있다. 그러나 이 도시가 어디에 있었는지는 확실하지 않다. 일부 학자는 바빌론 제국 영토 밖에 있었던 메대의 북서 지역(Stuart, Smith)을, 혹은 메대의 남서 지역(G. Smith)을 뜻하는 것으로 해석하기도 한다. 리비아의 북동쪽 도시 벤가지(Benghazi) 근처의 헤스페리데스(Hesperides)라는 주장도 있다(Gray). 아람어로 구약을 번역해 놓은 탈굼과 시리아어로 번역해 놓은 페쉬타는 스페인으로 해석하고 있다(Barton). 그러나 대부분은 콘펠드(Kornfeld)의 주장을 받아들여 리디아(오늘날의 터키에 속해 있음)의 수도였던 살디스(Sardis)를 뜻한다고 생각한다(Lipiński). 이 같은 다양한 해석들로 20절은 오바댜서에서 가장 해석하기가 어려운 구절로 손꼽힌다(Baker). 그러나 선지자가 전달하고자 하는 메시지는 확실하다.

예루살렘을 중심으로 동서남북의 모든 땅이 이스라엘의 소유가 될 날이 다가오고 있다. 한 그룹은 북쪽의 한계라 할 수 있는 시돈 지역을 차지하고, 한 그룹은 이스라엘 영토의 최남단이라 할 수 있는 네겝을 차지한다. 그뿐만 아니라 서쪽으로는 블레셋 땅을, 동쪽으로는 길르앗을 차지한다. 주의 백성이 가나안의 모든 땅을 차지하고 나면 포로생활에서 돌아온 자들이 시온 산으로 올라가 다스리게 될 것이다(21절).

오바댜서는 예레미야애가처럼 슬픔과 탄식으로 얼룩진 노래를 부르는 주의 백성에게 들려주는 하나님의 음성이다(Raabe). 혹독한 고난을 치른 백성은 여호와께서 삶에 관심이 없으실 뿐만 아니라 아예 주께서 그들을 버리셨다고 슬퍼한다. 그렇지 않다면 어떻게 자신의 고통이 설명될 수 있냐는 것이다. 오바댜는 메시지를 통해 하나님은 아직도 건재하시며 예전처럼 인류의 역사를 주관하신다고 선언한다. 주의 백성의 신음에도 불구하고 여호와의 통치는 계속되고 있다는 것이다. 선지자는 절망의 늪에 빠져있는 사람에게 하나님은 고통을 헤아리고 계실뿐 아니라 아픔에 버금가는 영광을 축복으로 내려주기 위해 이미 사역을 시작하셨다고 선언한다. 그리고 여호와께서 계획하신 때가 되면 하나님의 평강과 번영이 주의 백성과 함께할 것이다. 반면에 주의 백성을 괴롭히는 자들은 악행에 적절한 벌을 받게 된다. 그러므로 하나님의 침묵은 결코 그분의 무관심을 뜻하는 것이 아니며 참고 기다리면서 주의 날을 소망하라고 도전하고 있다.

엑스포지멘터리

요나

Jonah

EXPOSItory comMENTARY

요나

왕과 그의 대신들이 조서를 내려 니느웨에 선포하여 이르되 사람이나 짐승이나 소 떼나 양 떼나 아무것도 입에 대지 말지니 곧 먹지도 말 것이요 물도 마시지 말 것이며 사람이든지 짐승이든지 다 굵은 베 옷을 입을 것이요 힘써 하나님께 부르짖을 것이며 각기 악한 길과 손으로 행한 강포에서 떠날 것이라 하나님이 뜻을 돌이키시고 그 진노를 그치사 우리가 멸망하지 않게 하시리라 그렇지 않을 줄을 누가 알겠느냐 한지라(3:7-9)

여호와께서 이르시되 네가 수고도 아니하였고 재배도 아니하였고 하룻밤에 났다가 하룻밤에 말라 버린 이 박넝쿨을 아꼈거든 하물며 이 큰 성읍 니느웨에는 좌우를 분변하지 못하는 자가 십이만여 명이요 가축도 많이 있나니 내가 어찌 아끼지 아니하겠느냐 하시니라(4:10-11)

소선지서 중 잘 알려진 책에 속하면서도 동시에 가장 많은 논쟁을 불러일으킨 책 중 하나가 요나서다. 고작 48절로 구성되어 있는 짧은 책에 걸맞지 않는 명성이라 하겠다. 요나서가 왜 이러한 위치에 오르게 되었는가? 무엇보다도 책이 전하고자 하는 메시지보다는 책이 갖는 역사성과 현실성에 초점을 맞추다 보니 일어나는 현상이다. 즉, 하나님이 요나서를 통해 무엇을 말씀하시고자 하는지가 관심 대상이 아니라, 요나서에 등장하는 물고기의 정체, 사람이 정말 물고기 뱃속에서 3일을 살 수 있는가, 요나서는 일종의 비유인가 아니면 실제로 있었던 일인가, 심지어는 박넝쿨을 해치운 벌레는 어떤 것일까 등등이 해석의 초점이 되었기 때문이다.

불행하게도 요나서의 이야기 전개에서 별로 중요하지 않은 사소한 것이 연구 주제로 부각되다 보니 진정한 책의 메시지는 뒷전으로 밀려나게 되었던 것이다. 또한 일부 학자 중에는 "'요나'라는 단어는 불행과 개인적인 재난을 떠오르게 하는 주문(hocus-pocus)에 불과하다…많은 사람에게 요나서는 고대 신화 혹은 고래에게 먹히고도 살아남은 사나이에 관한 믿기지 않는 이야기에 불과하다"(Kennedy)라고 폄하했다. 이러한 이유들로 요나서는 교회와 기독교인에게 일종의 '잃어버린 축복'(missed blessing)이 되어버렸다(Smith & Page).

요나서가 해석자를 당혹하게 하는 이유는 요나가 그동안 우리가 구약에서 접해왔던 선지자와는 매우 다른 성향을 지닌 사람이기 때문이다. 일반적으로 선지자는 죄인을 주께 돌아오도록 하는 말씀 선포를 천직으로 삼은 사람이었다. 그런데 요나는 니느웨에 가서 신탁을 선언하라는 하나님의 말씀을 거역했다. 또한 요나는 죄인을 불쌍히 여기는 선지자적인 긍휼도 가지지 않았다. 그가 선포한 하나님의 신탁은 고작 2분의 1절의 분량에 불과하다. "사십 일만 지나면 니느웨가 무너진다!"(3:4) 더 나아가 요나는 "그러므로 심판을 피하기 위해서는 회개하라"라는 말도 덧붙이지 않는다. 하나님이 그에게 니느웨의 멸망을 사전에 알리라고 하신 것은 만일 회개하고 주님을 찾으면 용서하실 것을 전제로 하고 있는데도 말이다. 요나가 이 사실에 대하여 침묵한 것은 니느웨 사람이 회개하는 것을 원치 않았기 때문이다. 오히려 요나는 하나님이 니느웨 사람을 용서하신 것을 문제 삼는다. 죄인의 회개를 유도하는 전형적인 선지자상(像)과는 매우 상반되는 모습을 보이고 있다.

책이 질문으로 끝난다는 것도 난제로 여겨졌다. "이 큰 성읍 니느웨를, 어찌 내가 아끼지 않겠느냐?"(4:11) 그 외 여러 가지 문제가 요나서를 해석하기 어려운 책으로 남겨 두었다. 그럼에도 불구하고 요나서가 전하고자 하는 메시지는 명확하다는 것이 일반적인 결론이다(Cary). 요나서는 메시지의 내용에 있어서 오늘날 가장 시사성 있는 성경에 속한다(Kendall).

1. 선지자

요나서와 연관된 선지자는 '아밋대의 아들 요나'(יוֹנָה בֶן־אֲמִתַּי)다. 이 사람에 대해서는 열왕기하 14:25에 언급되어 있다. "그러나 그는 이스라엘의 국경을 하맛 어귀로부터 아라바 바다까지 회복하였다. 이것은 주 이스라엘의 하나님께서 그의 종인 가드헤벨 사람 아밋대의 아들 요나 예언자에게 말씀하신 그대로였다"(새번역). 이 말씀에 의하면 요나는 북왕국 이스라엘의 왕 요아스의 아들 여로보암(793-753 BC)이 주전 8세기 전반에 이스라엘의 영토를 회복할 것과 시리아에 속했던 하맛 어귀에서부터 아라바 바다까지 통치하게 될 것을 예언했다. 그러나 열왕기는 선지자가 가드헤벨(נַת הַחֵפֶר) 출신이라는 것 외에는 이렇다 할 정보를 주지 않는다. 가드헤벨은 갈릴리에 속해 있는 세보리스(Sepphoris)에서 동쪽으로 4km 떨어진 곳으로 오늘날에는 엘메쉬하드(El Meshhad)로 알려져 있는 가드헤벨 언덕(Tel Gath Hefer)이다(ABD).

반면에 요나서를 열왕기에 등장하는 '아밋대의 아들 요나'가 저작했다거나, 실제로 그와 연관되어 있는 책이라는 것에 대해 부정적인 입장을 취하는 사람이 많다(Allen, Sweeney, Landes, Mogonet, Soggin). 게다가 요나서를 예언서가 아니라 풍유(allegory) 혹은 비유(parabolic)로 간주하는 사람도 있는데, 대부분 열왕기의 선지자 요나와 전혀 상관없는 사람이 훗날 그의 이름을 빌려서 만들어낸 작품이라고 생각한다. 이 책을 역사성이나 실제성이 없는 풍유 혹은 비유로 생각하는 데는 책이 믿기 어려운, 동화책에서나 볼 듯한 사건들로 가득 차 있고, 책 속에서 언급하고 있는 일이 실제 있었던 일이라고 단정하기 쉽지 않기 때문이다. 게다가 선지자의 이름 '요나'(יוֹנָה)를 문자적으로 풀이하면 '비둘기'라는 뜻을 지니고 있는데, 이 이름이 선지자의 실제 이름으로는 적절하지 않다고 생각한다(Harrison; Fohrer).

만일 우리가 하나님이 이 세상에 종종 기적을 베푸신다는 것을 믿는다면, 첫 번째 문제(책이 믿기지 않는, 동화책에서나 볼 듯한 사건들을 담고 있다는 것)는 자연적으로 해결될 것이며, 아래에서 설명하는 것처럼 요나서가 아시리아의 한 시대(아시리아가 매우 쇠약했던 시대)에, 특히 니느웨에 일식이 있었던 주전 763년 직후를 배경으로 해석하면 학자들이 제시하는 역사적인 문제는 대부분 해결될 수 있다. 또한 요나가 선지자의 이름으로 적절하지 않다고 생각된다면 열왕기에 등장하는 '아밋대의 아들 요나' 역시 적절한 이름이 아니기에 역사성도 거부해야 한다. 대부분의 비평학자도 열왕기의 요나가 실제 인물이라는 것에는 이의를 제기하지 않는다. 그러므로 똑같은 기준을 적용한다면 요나서의 요나가 선지자라는 것이 문제가 될 수 없다.

2. 장르

요나서는 선지서 중에서도 가장 독특한 책이다(Youngblood). 일반적인 선지서는 선지자가 하나님을 대언해서 선포한 말씀으로 구성되어 있다. 반면에 요나서에는 선지자가 선포한 메시지는 고작 2분의 1절에 불과하며, 나머지는 선지자와 하나님 사이에 있었던 일에 대한 이야기다. 문제는 요나 이야기의 장르를 무엇으로 규정하느냐이다. 전통적

으로 요나서에 대하여 제기한 논쟁은 요나가 니느웨에서 말씀을 선포
하여 니느웨 사람이 회개한 것이 실제로 있었던 일이었는가에만 국한
되어 있었다. 그러나 근대에 와서 요나서의 장르와 정경적인 목적까지
논쟁의 범위가 확대되었다. 기독교뿐 아니라 유대교 주석가 역시 이
책이 단순히 이야기(story)인지 아니면 역사적인 사건을 바탕으로 저작
된 역사서(history)인지에 대해 많은 논란을 거듭해 왔다(Simon).

상당수의 중세기 유태인 학자들은 사람이 물고기 뱃속에서 한 시간
도 있을 수 없다는 이유로 이 이야기는 선지자적인 환상 속에서 있었
던 일이라고 주장했다(Ibn Ezra, Ibn Caspi, Maimonides, cf. Sasson). 최근에는
대부분이 요나서를 실제로 있었던 일을 바탕으로 저작된 역사서보다
교훈을 주기 위해 꾸며낸 이야기 정도로 취급한다. 요나서를 가르치
는 것을 염두에 두고 역사적인 인물을 중심으로 구성된 이야기(fictitious
story)로 취급하는 사람도 있고(Limburg), 비유와 같은 이야기(parable-like
story)라 부르는 학자도 있다(Childs). 학자들은 요나서에 대해 10여 가지
의 다양한 장르를 제시하지만(Alexander, cf. Trible), 주류를 이루는 견해
는 크게 다음의 네 가지다(Salters).

(1) 미드라쉬(Midrash)

가장 먼저 이러한 주장을 펼친 사람은 부테(Budde)이며 최근 들어 트리
블(Trible)에 의해 활성화되고 있다. 미드라쉬는 성경의 일부를 주해하
는 것으로써 주석가가 처한 상황에 성경을 쉽게 적용시키기 위한 것을
목적으로 삼았다. 미드라쉬는 율법적인 규례를 포함하지만, 대체로 하
나님의 행위(acts of God)를 높이는 이야기로 구성되어 있다(Trible). 요나
서를 미드라쉬로 보는 학자들은 성경적인 근거로 열왕기하 14:25, 이
사야서 일부, 예레미야 18:8, 에스겔서, 요엘 2:13-14, 아모스 7:9,
11, 혹은 오바댜서 등을 제시했다(Budde, cf. Knight). 트리블은 요나서

가 "주께서는 은혜로우시며 자비로우시며 노하기를 더디하시며 인애가 크시사 뜻을 돌이켜 재앙을 내리지 아니하시는 하나님"이라고 선언하는 요나 4:2(cf. 출 34:6)를 근거로 한 미드라쉬라고 주장한다. 그녀에 의하면 요나서는 '역사적 핵심'(historical core)을 상상력에 의거해 꾸민(embellished by imagination) 전설(legend) 양식을 취하고 있는 내러티브(narrative)라고 한다. 역사적 핵심이란 선지자 요나의 이름과 이야기 속에서 언급된 지역 이름을 말한다. 이 역사적 핵심을 바탕으로 이야기 전체가 요나의 일생과 전혀 상관없이 유래되었거나 혹은 이야기 일부가 요나의 일생에서 비롯되었을 수 있으며, 점차 시간이 지나면서 전설, 신화, 전래동화(folk-tale)의 형태로 꾸며졌다는 것이다(Trible).

요나서가 다소 미드라쉬적인 성향을 지니고 있다는 것에 일부 학자들도 동의한다(Wolff). 그러나 대부분은 요나서 전체를 미드라쉬로 구분하는 것에 문제를 제기한다. 무엇보다도 미드라쉬는 주후 400년대 때부터 1200년대까지 꽃을 피웠던 해석 방법이기 때문이다(Sasson). 설령 요나서가 포로기 이후 시대에 저작된 것이라 할지라도 시대적으로 너무 이른 것은 사실이다. 게다가 요나서는 성경에 언급된 정보를 해석하는 2차 자료(secondary material)가 아니라, 원래의 정보를 제공하는 1차 자료(primary material)의 성향을 띠고 있다(Stuart). 트리블이 요나서를 전설(legend)로 읽자고 제안한 것에 대해 대부분은 "우리가 가지고 있는 것은 요나에 대한 이야기가 아니라, 하나님이 어떻게 요나를 대하셨는가에 관한 이야기"라며 부정적인 입장을 취한다(Wolff).

(2) 풍유(allegory)

요나서를 풍유로 취급하는 주석가들은 요나서의 성향이 이스라엘 삶의 일부를 반영하고 있다고 생각한다(Wright, cf. IDB). 다른 학자는 요나서를 풍유적인 성향을 띤 비유(parable)라고 하기도 한다(Allen). 이러한 관점은 요나(יוֹנָה)의 이름이 '비둘기'라는 뜻을 지니고 있다는 것에서 출발하며 이스라엘을 비둘기로 묘사하는 성경 구절과 연관시킨다(시 74:19; 호 7:11; 11:11). 요나서를 풍유로 해석하는 학자들은 요나를 삼킨 물고기는 포로기에 이스라엘을 '집어삼킨' 바빌론으로 간주되며(렘 51:34, 44), 하나님이 바빌론에게 자기 백성을 집어삼키게 하신 것은 주의 백성이 니느웨 사람으로 표현된 이방인에 대한 전도적/선교적 소명을 감당하지 않아서다. 요나가 니느웨로 가지 않고 다시스로 도주했던 것은 이스라엘의 직무유기를 뜻하며, 물고기가 요나를 내뱉은 일은 포로기를 마치고 본국으로 돌아오는 이스라엘을 상징한다(Wright, IDB).

그러나 요나서를 풍유로 간주하기에는 문제점이 많다. 구약에 풍유가 종종 등장하는 것은 사실이다(겔 17장; 23장; 슥 11:4-17). 그러나 구약에서 발견되는 풍유는 매우 짧으며, 그 이야기가 풍유의 성향을 가졌음이 명백하게 드러난다. 풍유는 성향상 등장 요소가 갖고 있는 강한 상징성과 허구성으로 인해 청중이 듣자마자 깨달을 수 있어야 효과적이다(Stuart). 그러나 요나서는 이러한 요구사항을 충족시키지 못한다. 또한 풍유는 세상에서 찾을 수 있는 예화나 비유를 통해 영적인 혹은 하늘의 진리를 설명하는 것을 목적으로 하는데, 요나서처럼 하나님을 주요 등장인물로 사용하면 목표를 성취하는 데 있어서 역효과를 발휘한다는 것이 일반적인 견해이다(Baldwin, Smith & Page).

한 국가를 비둘기에 비유하는 일이 이스라엘에만 국한되는 것은 아니었다(렘 48:28; 나 2:7). 고대 근동의 한 문헌에 의하면 이스타(Ishtar) 여신의 성지로 알려진 니느웨가 거룩한 새인 비둘기로 묘사된다(Oesterly & Robinson). 이스라엘이 열방에 대한 사명을 감당하지 않아서 포로가 되어 끌려갔다는 관점도 설득력이 없다. 이스라엘은 우상을 숭배하고 도덕적으로 부패하는 등 하나님 말씀에 순종하지 않아서 바빌론과 아시리아로 끌려간 것이지, 결코 열방에 대한 전도적 책임을 이행하지 않아서 그렇게 된 것이 아니다. 이는 구약의 가르침과 맞지 않다.

만일 요나서가 풍유라면 갈릴리가 아닌 유다 출신 선지자가 사용되는 것이 바람직하다. 왜냐하면 바빌론으로 끌려간 사람은 유다 사람이지 북 왕국 사람이 아니기 때문이다. 또한 요나를 삼킨 물고기(2:1-11)는 요나(이스라엘)를 구원하는 도구였지, 결코 벌하는 회초리가 아니었다. 이 외 여러 가지 정황을 참조할 때, 요나서를 풍유로 해석하는 것은 설득력이 없다(Burrows).

(3) 교훈적 소설/비유(didactic fiction/parable)

요나서는 비유(parable)거나 단편 소설(novella, short story)이라고 한다(Sweeney, Landes, Bewer, Emmerson). 풍유적인 해석이 이야기에 등장하는 모든 요소와 현실을 연결하는 것에 비해, 비유로 해석하는 사람은 대체로 이야기 전체를 통해 한 가지 교훈을 얻고자 한다. 그러나 이 관점에서 요나서를 해석하는 주석가들이 모두 책의 메시지에 동의하는 것은 아니다. 학자들은 여러 가지 다양한 해석을 제시한다. 첫째, 요나서는 매우 편협한 세계관과 자신만이 여호와의 사랑과 긍휼을 독점하고 있다는 선민사상을 추구하던 포로기 이후의 이스라엘 공동체의 신학에 문제를 제기하기 위하여 저작된 작품이라고 주장한다(Bewer). 둘째, 요나서는 여호와의 변함없는 회개 촉구(call to repentance)를 염두에 두고 쓰여진 작품이라는 주장이 있다(Landes). 셋째, 이 책의 중심 주제는 성취되지 않은 예언이며, 저자는 요나서를 통해 하나님은 언제든지 계획을 수정하실 수 있는 자유, 특히 은혜를 베푸시는 자유는 결코 제한될 수 없다는 점을 강조한다는 주장이 있다(Emmerson). 넷째, 요나서는 하나님이 더는 이스라엘과 이방인을 차별하지 않으시기에 여호와를 섬기는 것은 의미가 없다고 주장하는 유태인 신자를 코메디적인 짧은 이야기(novella)를 통해 격려하기 위하여 쓰여진 책이라는 해석도 있다(Wolff).

위와 같은 노력에도 불구하고 요나서가 모든 청중이 쉽게 포착할 수 있는 한 가지 핵심 주제를 다루는 책이라는 것에 대해 회의적인 입장을 취한다(Trible, Bruckner, Craigie, Baldwin). 요나서는 매우 복잡한 구성과 다양한 주제로 구성되어 있기에 단순한 구성과 한 가지 주제를 중심으로 형성되는 비유와는 구분되어야 한다고 생각한다(Smith & Page, Limburg).

림버그(Limburg)는 요나서를 "하나님이 세상을 창조하시고, 유지하시고, 구원하신다"라는 교훈을 가르치고, 이러한 가르침에 대한 적절한 반응으로 주의 백성과 세상 민족이 여호와를 찬양하도록 유도하기 위하여 저작된 단순한 교훈적 소설(didactic story)이라고 주장한다. 그는 요나서가 여섯 가지의 신학적 주제를 가르치고 있다고 한다. (1) 자연을 다스리시는 하나님의 주권, (2) 부르짖는 자를 구원하시는 하나님 은혜, (3) 세상 모든 민족에 대한 하나님의 염려와 관심, (4) 심판에 대한 계획을 수정할 수 있는 하나님의 권한, (5) 유일하고 진정한 하나님으로서의 독특성, (6) 감사, 증언, 찬양의 정당성이다. 우리는 요나서가 이와 같은 교훈을 담고 있다는 것에는 전적으로 동의하지만, 책이 소설이라는 데는 동의할 수 없다. 이 책의 저자가 역사성을 전제하고 이야기를 진행해 나가고 있기 때문이다.

요나서를 역사성이 없는 소설로 취급하는 것은 이 책에는 현실에서 일어날 수 없는 믿기지 않는 요소가 매우 많다고 생각하기 때문이다. 요나가 물고기 안에서 3일을 거하며 감사기도를 하는 일, 니느웨의 엄청나게 큰 규모, 요나가 니느웨 사람과 자유자재로 말할 수 있었던 일, 니느웨 사람이 합심하여 회개한 일 등은 실제로 있었던 일로 간주하기에는 너무나도 황당하다고 생각하는 것이다(Mitchell et al.). 그들에게 요나서는 실제로 있었던 일을 회고하고 있는 역사서라고 하기에는 도저히 믿을 수 없는 사건을 너무나 많이 담고 있는 책이다.

그러나 문제는 실제가 아닌 허구를 중심으로 한 소설이 진리를 가르치는 데 적절한 도구로서 정경에 포함될 수 있는가이다. 사람들은 실제로 있었던 역사적인 일에 더 민감한 반응을 보이며 도전을 받는다. 청중은 실제로 일어난 일에 그만큼 더 심각하게 대처하는 것이다 (Stuart). 요나서를 읽다 보면 이 이야기는 하나님이 인류의 역사 속에서 행하신 일이라는 생각을 떨쳐버릴 수 없다. 하나님은 역사를 통해 사역하시는 분이라는 점을 감안할 때 더욱 그렇다. 요나서는 이야기가 아니라 계시인 것이다. 게다가 기적을 믿지 못해 요나서를 소설로 취급하는 것은 그럴 만한 물증이 있어서가 아니라, 한쪽으로 치우친 신앙관에서 비롯되는 선입견이기에 큰 설득력이 없다.

(4) 역사(History)

오늘날 많은 사람이 요나서를 비역사적이라고 일축하지만, 이러한 학계의 정서는 19세기에 들어서면서 시작된 것이다. 그 이전에는 거의 모든 주석가가 요나서의 역사성을 전제하고 책을 해석해 나갔다. 요나서를 역사적인 사실에 근거한 것으로 간주하는 증거는 무엇인가? 첫째, 요나서는 역사의 한순간을 배경으로 삼고 있다. 열왕기에 의하면 '아밋대의 아들 요나'는 실제로 존재했던 인물이며, 사역했던 주전 8세기 전반부의 니느웨의 형편도 요나서가 묘사하고 있는 것과 일치하는 부분이 많다(cf. 다음 섹션). 둘째, 책을 시작하는 첫 번째 문장이 역사적인 정황 외에는 그 무엇도 전제하지 않고 시작한다(Alexander). 그러므로 누구든지 이 책을 읽기 시작할 때부터 아무런 거리낌 없이 이 책이 실제로 있었던 일을 묘사하고 있다는 생각을 하게 된다. 만일 요나서가 다르게 읽히기를 원했다면 분명한 사인이 있었을 것이다.

셋째, 예수님도 요나서의 역사성을 전제하고 있다. "요나가 사흘 낮과 사흘 밤 동안을 큰 물고기 뱃속에 있었던 것과 같이, 인자도 사흘 낮과 사흘 밤 동안을 땅 속에 있을 것이다. 심판 때에 니느웨 사람들이

739

이 세대와 함께 일어나서, 이 세대를 정죄할 것이다. 니느웨 사람들은 요나의 선포를 듣고 회개하였기 때문이다"(마 12:40-41, 새번역). 예수님 말씀을 살펴보면 그 어디에도 요나서를 풍유나 소설로 이해하는 부분이 없다. 이 부분을 감안하고, 전통적으로 초대교회 교부 때부터 주석가들이 요나서가 실제로 있었던 일을 전하고 있다는 전제하에 해석해 왔다는 점을 고려할 때, 요나서는 역사적 사실을 바탕으로 하나님 말씀을 전하고 있는 책으로 보는 것이 바람직하다(Baldwin, Smith & Page, Youngblood, Cary).

3. 역사적 정황

요나서의 저작연대에 대하여는 매우 다양한 시기가 제시된다. 가장 빠르게 보는 사람은 주전 8세기를, 가장 늦게 보는 사람은 주전 3세기를 주장한다. 무려 600년의 견해 차이를 보인다. 요나서를 어떤 장르의 책으로 보느냐에 따라 이처럼 다양한 저작연대가 제시되고 있다. 다음 도표를 참조하라(Limburg, Trible).

저작시기	학자
8세기	Hasel, Kaufmann, Bruckner, Smith & Page, Baldwin
7세기	Rosenmüller
6세기	Landes
5세기	Bickerman, Fretheim
5-4세기	Allen
4-3세기	Wolff, Simundson
3세기	Eiselen, Lacocque

위에 한 그룹의 학자들을 더해야 한다(Limburg, Sasson, Trible). 이들은 요나서가 언제 저작되었는지에 대하여 별로 관심이 없으며, 책의 메시

지를 해석해 나가는 데도 중요하지 않다고 생각한다. 요나서는 열왕기에 언급된 선지자 요나와 전혀 상관없으며, 책이 언급하고 있는 일이 실제로 역사 속에서 있었던 일이 아니라고 단정하기 때문이다. 그래서 다른 학자들이 제시하는 요나서의 저작연대에 대하여 논하고 평가도 하지만, 정작 자신들은 저작연대에 대한 언급을 회피한다. 요나서의 역사성을 부인하는 입장에서 저작연대를 논하는 것은 적절하지 않다고 생각하기 때문이다.

그러나 요나서가 실제로 있었던 일을 묘사하고 있다고 생각하는 주석가들은 책 전체는 아니더라도 최소한 일부는 열왕기의 선지자 요나에서 유래된 것이라고 생각한다(Smith & Page, Ellison, Simon, Bruckner, Baldwin, Youngblood, Cary). 만일 요나가 이 책을 저작했다면, 훗날 자신의 죄를 회개하고 편협한 생각을 교정한 후 근신하면서 부끄러운 자신의 모습을 예로 삼아 하나님의 열방에 대한 사랑을 기록했다고 할 수 있다. 아울러 우리는 이 책이 다른 사람(들)(viz., 요나를 추종했던 사람/그의 제자)이 선지자 요나의 삶에 있었던 일을 바탕으로 저작했을 가능성도 배제할 수는 없다. 이 경우 우리는 누가 이 책을 썼는지 알 수 없지만, 요나의 선지자 사역에 대하여 잘 알고 있었던 사람(들)임은 확신할 수 있다. 요나서가 역사서라는 입장을 고수하는 주석가들이 주장하는 것처럼, 요나서와 연관된 사람이 열왕기에 언급된 아밋대의 아들 요나이고 당대에 책에 기록된 예언을 했다면, 요나는 주전 8세기 전반부에 사역했던 사람이다. 이때 아시리아는 내부적으로 심각한 어려움을 겪고 있었다(Smith & Page). 아시리아는 아다드니라리(Adad-nirari III)(810-783 BC) 왕이 죽은 후 디글랏블레셀(Tiglath-pileser III)(745-727 BC)이 왕권을 잡을 때까지 매우 혼란스러운 시기를 맞았다. 아시리아는 아람 사람(Arameans)과 우랄타 사람(Urartians)을 상대로 생존을 담보로 싸워야 했다. 그뿐만 아니라 주전 765-759년에는 나라에 기근이 들었고, 763-760년, 746년에는 내부적인 반란이 있었다(Wiseman). 이 모든 일이 8세기 중반에 접어드는 아시리아 왕의 권력을 매우 쇠약하게 만들었다(Alexander).

이 기간(781-745 BC)에 아시리아는 정치적으로 거의 마비 상태였으며(Roux), 아시리아의 중요한 군주도 중앙정권에 대하여 예전과 같은 충성이 아니라 형식적인 관계만을 유지하고 있었다(Hallo). 아마도 이러한 정황 때문에 요나서는 '아시리아의 왕'이란 호칭보다 '니느웨의 왕'(3:6)이라는 표현을 선호한 것으로 생각된다(Smith & Page).[1] 그뿐만 아니라 이 시나리오에 근거하여 '왕이 대신들과 더불어 내린 칙명'(3:7)이라는 특이한 말도 설명될 수 있다(Grayson). 정상적인 상황에서는 왕이 대신의 권위에 편승해서 칙명을 내릴 필요가 없다. 그렇다면 요나가 니느웨를 방문했을 때에는 '니느웨의 왕'의 권한이 상당히 약화되었기에 대신(주 총독?)과 함께 공동으로 칙명을 내려야 했던 것이라고 생각할 수 있다(Lawrence). 이러한 정황을 감안하면 요나는 주전 781-759년 사이에 니느웨를 방문했던 것으로 생각된다(Roux, Grayson).

아시리아 기록에 의하면 아수르단(Ashur-dan III, 771-754 BC) 왕 때인 763년에 니느웨 지역에 일식(solar eclipse)이 있었다. 일식이나 월식을 신들의 경고로 간주했던 고대 근동의 문화적 배경을 감안할 때, 요나가 이 일식 직후에 니느웨를 찾았다면, 그만큼 니느웨 사람이 메시지에 긍정적으로 반응했을 것으로 생각한다(Wiseman, Lawrence). 이 시기를 배경으로 요나서를 읽는다면 책에 기록된 니느웨 왕과 백성이 선지자 말씀에 기대 이상의 반응을 보인 사실에 대해 충분히 설명할 수 있다. 아시리아의 혼란과 무력함은 쿠데타로 정권을 잡은 디글랏블레셀이 주전 745년에 왕으로 취임하면서 막을 내린다. 그는 정권을 잡은 후 종속국

---

1 많은 학자(Allen)가 요나서가 '아시리아의 왕'이 아니라 '니느웨의 왕'으로 표기하는 것과 왕이 단독으로 칙령을 내리는 것이 아니라 대신과 더불어 내리는 것을 요나서 저자가 역사를 잘 알지 못해서 빚어진 일이라고 생각한다. 왕이 대신과 함께 칙령을 내리는 것은 페르시아 제국에서 흔히 있었던 일이라는 점에 근거하여 이 책이 페르시아 시대 때 저작된 것이라는 주장도 있다(Simon).

단속에 나섰으며 유다와 이스라엘도 그의 손에 많은 고통을 당했다(왕하 15-16장). 대를 이은 살만에셀(Shalmaneser V, 727-722 BC)은 사마리아를 파괴하고 주민을 인질로 잡아갔다(왕하 17장). 요나서는 이러한 역사적 배경을 바탕으로 전개되고 있다.

4. 다른 책과의 관계

요나서가 표면적으로는 선지자의 이름을 언급하고 있는 열왕기하 14:25와 밀접한 관계가 있다. 또한 요나서는 다른 소선지서와의 관계에서 역할을 발휘한다. 마소라 사본의 순서에 따르면 요나서는 소선지서 중 다섯 번째, 칠십인역(LXX)의 순서에서는 여섯 번째로 등장하는 책이다. 요나서는 마소라 사본과 칠십인역 순서에서 오바댜서의 바로 뒤에 등장한다. 오바댜서에서 에돔은 매우 강력한 비난과 정죄를 받았는데, 자칫 잘못하면 에돔에 대한 하나님의 태도가 그분의 열방에 대한 일반적인 자세로 간주될 수 있는 위험을 안고 있다. 이러한 정황에서 요나서는 오바댜서를 뒤따르며 하나님은 니느웨(아시리아)와 같은 악명 높은 이방 나라에게도 용서와 은혜를 베푸실 수 있는 분이심을 부각한다. 그러므로 요나서는 오바댜서에서 에돔으로 대표되는 열방에 대하여 선포된 강력한 심판 메시지의 범위를 상당 부분 제한시키고 있다(Sweeney). 하나님이 모든 열방에게 분노하시는 것은 아니며, 니느웨처럼 하나님의 자비와 용서의 대상이 될 만한 이방 국가도 얼마든지 있다는 것을 보여주는 것이다.

마소라 사본에서 요나서의 뒤를 잇는 책은 미가서다. 이 순서에 따르면 요나서가 니느웨 사람에게 베풀어주신 하나님의 은혜는, 미가서가 경고하고 있는 유다와 이스라엘의 심판에도 불구하고 궁극적인 목적을 암시한다. 비록 미가 선지자가 하나님의 백성에게 혹독한 심판을 선언하고 있지만, 요나서는 심판 후에는 회복이 꼭 임할 것이라는 확

신을 주고 있다(Sweeney). 왜냐하면 비록 미가서에서 유다와 이스라엘
이 하나님의 맹렬한 심판의 대상이 되지만, 요나서는 이방인인 니느웨
사람에게 자비를 베푸신 하나님이 자기 백성인 이스라엘과 유다를 영
원히 버리지 않고 회복할 것이라는 기대감을 갖게 하기 때문이다. 이
런 차원에서 요나서는 맹렬한 심판을 선언하는 미가서를 하나님 사랑
에서 비롯된 책망으로 이해하게 한다.

칠십인역의 순서에서 요나서의 뒤를 따르는 책은 나훔서다. 나훔서
는 이스라엘과 유다에 행한 죄 때문에 하나님의 심판을 받아 멸망하는
니느웨에 대한 노래다. 요나서와 나훔서는 메시지의 대상으로 니느웨
를 언급하고 있다는 공통점을 지닌 책이다. 이 순서에 의하면 니느웨
가 하나님 앞에서 신실하고, 회개하는 한 그분의 은혜의 대상이 되지
만(요나서), 죄에 대한 회개가 없을 때는 징벌의 대상이 될 것(나훔서)을
경고한다. 또한 요나서는 요엘 2:12-14이 제시한 질문, 즉 하나님은
백성/국가가 회개하면 이미 선포된 심판이라도 되돌릴 수 있는지에 대
해 긍정적으로 답하고 있다(Salters).

5. 통일성

요나서의 통일성에 대해서는 크게 문제를 제기하지 않는다. 유일하게
논쟁이 되는 것은 2:2-9에 기록된 요나의 기도이다. 한편의 시를 형
성하고 있는 이 기도가 원래 요나서의 일부였는지, 아니면 훗날 삽입
된 것인지가 이슈가 되고 있는 것이다. 학자들은 세 가지 가능성을 논
한다. (1) 요나서 저자가 이 시를 직접 제작하여 책에 포함했다, (2) 요
나서 저자가 다른 사람이 저작한 시를 이 책에 포함했다, (3) 편집자
가 훗날 이 시를 삽입했다(Salters). 학계는 지난 200년 동안 이 문제에
대해 끊임없는 논쟁을 벌여 왔으며, 불과 20-30년 전만 해도 이 노래
는 훗날 편집자에 의하여 삽입된 것이라는 견해가 주류를 이루었다.

그러나 최근에 들어서는 이 시의 저자가 누구든지 알 수는 없지만, 요나서가 저작될 때부터 책의 일부였다는 주장이 주류를 이룬다(Landes, Christensen, Magonet, Brichto, Limburg). 그래서 이 시에 대한 질문까지 바뀌었다. 전에는 "누가 이 시를 저작해서 삽입한 것인가?"라고 질문했는데, 이제는 "이 시가 책에서 어떻게 기능하는가?"라는 질문으로 바뀌었다(Trible). 물론 이 논쟁이 완전히 해결된 것은 아니다. 한 학자는 이 이슈에 대하여 매우 재치 있게 표현한다. "물고기가 요나를 소화하는 데 어려움을 겪은 것처럼 학자들은 요나의 기도를 소화하는 데 어려움을 겪고 있다"(Ackerman). 몇십 년이 더 흐르면 다시 삽입설이 각광을 받을 수도 있다. 특별한 이유 없이 학계의 입장이 시간이 흐르면서 변한다는 것이 신기할 뿐만 아니라, 학문이 때에 따라서는 얼마나 허구인가를 보여주는 듯해서 씁쓸하다.

요나서의 끝맺음은 매우 특이한 방식을 사용한다. 하나님이 더운 뙤약볕에서 안식처를 제공했던 박넝쿨이 마르자 화를 내는 요나에게 "네가 수고도 아니하였고 재배도 아니하였고 하룻밤에 났다가 하룻밤에 말라 버린 이 박넝쿨을 아꼈거든 하물며 이 큰 성읍 니느웨에는 좌우를 분변하지 못하는 자가 십이만여 명이요 가축도 많이 있나니 내가 어찌 아끼지 아니하겠느냐?"(4:10-11)라는 질문을 던지시며 갑작스럽게 끝을 맺고 있다. 그래서 상당수의 학자는 요나서를 두고 원래 더 긴 책이었으며 그 뒷부분에 여호와의 질문에 대한 요나의 대답과 그 이후의 일을 수록하고 있었는데 세월이 지나면서 이 부분이 손실된 것이라고 주장하기도 했다(Wolff). 그러나 책을 끝맺고 있는 하나님의 마지막 질문은 답이 필요한 것이 아니라 책의 전체적인 메시지를 제대로 전달하려는 수사학적인(rhetorical) 질문이다. 그러므로 책이 질문으로 끝난다고 해서 미완성작이라는 주장은 설득력이 없다.

요나서의 현재 형태가 설득력 있는 평행적인 구조를 지니고 있다는 것이 학자들의 일치된 의견이기도 하다(Sasson, Trible, Smith & Page). 요나서의 구조와 진행이 매우 예술적이라고 극찬하는 사람도 많다(Craig). 요나서는 축과 균형을 매우 예술적으로 사용한 문학의 좋은 예라는 평가도 있다(Stuart). 또는 처음부터 끝까지 수사학의 극치를 이루고 있다는 학자도 있다(Brichto). 학자들이 극찬하고 있는 요나서의 평행적인 구조를 뒷받침하는 것 중 몇 가지를 생각해 보자.

첫째, 요나서를 살펴보면 평행적인 구조 안에서 일관성 있게 사용되는 주요 단어가 있다. 1장은 하나님이 요나에게 "일어나(קום)…가서 (הלך)…외치라(קרא)"(1:2)고 명령하는 것으로 시작한다. 하나님의 명령을 받은 요나는 '일어나'(קום) 갔다(1:3). 그러나 하나님이 명령하신 대로 니느웨로 간 것이 아니라 하나님의 얼굴을 피하려고 다시스로 가기 위해 욥바로 내려갔다. 하나님은 도망가는 요나의 마음을 돌이키기 위해 그가 탄 배 앞에 큰 폭풍을 일으키셨다. 배에 탄 사람들이 모두 살아남기 위해 안간힘을 쓰는 동안 선장은 잠을 자고 있는 요나를 깨워 하나님(אלהים)께 기도하라고 요청한다. 선장은 당면하고 있는 무시무시한 폭풍 뒤에 하나님이 계심을 의식하고 있다(1:6). 선원들은 자신들을 괴롭히고 있는 풍랑이 요나 때문에 일어난 일이며 요나를 바다에 던져야만 잠잠해질 것을 알면서도 던지기를 주저하다가 결국에는 자신들이 '멸망하지 않기 위해' 요나를 바다에 던진다.

1장과 평행을 이루고 있는 3장도 여호와께서 요나에게 "일어나(קום)…가서(הלך)…선포하라(קרא)"로 시작한다(3:2). 1:3과 같이 하나님의 명령을 받은 요나는 이번에도 '일어나'(קום) 갔다(3:3). 그러나 1장과는 다르게 요나는 하나님 말씀대로 니느웨로 갔다. 그리고 거기서 다가오는 하나님의 심판을 선포한다(קרא)(3:4). 요나의 경고를 전해 들은 왕이 굵은 베옷을 입고, 온 백성에게 하나님(אלהים)께 금식하며 기도하라고 선포한다(3:4-9). 이와 같이 주요 단어 사용과 순서에 있어서 1장과 3장은 매우 밀접한 평행 관계를 유지하고 있다.

둘째, 요나서는 평행적인 구조 안에서 같은 순서로 사건을 진행하고 있다. 1장과 3장이 구체적인 단어 사용에 있어서 평행을 이루고 있다면, 2장과 4장은 같은 순서로 사건을 전개해 나감으로써 이야기 흐름 안에서 주제의 통일성을 유지하고 있다. 먼저, 2장은 하나님의 자비로움으로 구원받은 요나의 모습으로 이야기를 시작한다(1:17).[2] 이야기는 하나님의 예기치 않은 구원에 대하여 요나가 드리는 감사기도로 연결되고(2:1ff), 하나님이 요나의 기도를 들으시고 물고기로 하여금 그를 토해내게 하시는 것으로 끝을 맺는다. 2장과 대조를 이루는 4장은 하나님의 자비로움에 분노하는 요나의 모습으로 이야기를 시작한다(4:1). 그리고 2장과 같이 4장도 요나의 기도로 이야기가 진행되고(4:2-3), 하나님이 요나의 기도를 들으시고 반문하시는 것으로 연결된다(4:4). 4:5-11은 다시 한 번 불만에 가득 찬 요나와 요나의 기도, 하나님의 요나의 기도에 대한 반문의 반복이라 생각된다.

셋째, 여러 개의 주요 단어가 반복적으로 언어유희(wordplay)를 곁들여 사용됨으로써 요나서 전체에 통일성을 부여하고 있다. 그중 두 단어—'위대한'(גָּדוֹל)과 '악한'(רָעָה)—의 사용을 살펴보자.[3] 먼저, 형용사 '위대한'(גָּדוֹל)은 요나서 안에서 14차례 사용된다. 이 중 여덟 차례는 '거대한/커다란'의 의미를 가지고 사용되었다(1:4[2x], 10, 12, 16; 1:17; 4:1, 6). 그리고 여섯 차례는 니느웨와 성의 리더들을 언급할 때 '중요한/위대한'의 의미로 사용되었다(1:2; 3:2, 3, 5, 7; 4:11). 저자는 이 단어가 갖는 두 가지의 의미를 염두에 두고 사용해 독자의 주의를 환기시키고 있다. 그러므로 독자는 요나서를 읽어내려갈 때 니느웨의 거대한 규모에 관심을 빼앗길 것이 아니라 하나님과 도시의 관계의 중요성을 인식

---

[2] 우리말이나 영어 성경에는 1장 마지막 절이 17절이다. 그러나 히브리어 성경에서는 이 구절(1:17)이 2장을 시작하고 있다(2:1). 요나서의 구조를 고려할 때, 히브리어 성경의 장절 나눔이 더 적절한 것 같다. 여기서도 히브리어 성경의 장절 나누기에 기초를 두고 설명해 나가고 있다.

[3] 이 외에 '가다'(יָרַד)(1:3, 5; 7; cf. 1:5에서 발견되는 이 단어에 대한 언어유희[wordplay] וַיֵּרָדַם [그리고 그가 깊이 잠들었다]), '예비하다'(מנה)(2:1; 4:6, 7, 8) 등이 있다.

하고 이야기를 이해해 나가야 한다. 이 같은 의도는 '악한'(רָעָה)의 반복적인 사용에도 잘 나타나고 있다. '악한'(רָעָה)은 요나서 안에서 총 아홉 차례 사용되고 있다. 하나님 앞에 상달된 니느웨의 '죄악'(1:2), 폭풍을 통하여 선원들에게 임한 '재앙'(1:7, 8), 니느웨 왕이 베옷을 입고 온 백성으로 하여금 돌아서라고 명한 '나쁜 길'(3:8)의 의미로 사용되고 있는 것이다. 하나님은 니느웨 사람이 '나쁜 길'에서 돌아선 것을 보고(3:10), 그들에게 내리겠다고 한 '재앙'을 내리지 않으셨다(3:10). 그러나 하나님의 행동이 요나에게는 '매우 나쁜 일'(개역성경은 '심히 싫어하고'로 번역)로 여겨졌다. 위와 같이 '악한'(רָעָה)이라는 단어를 다양한 뉘앙스를 가지고 사용하고 있을 뿐만 아니라 이 단어를 요나, 배의 선원들, 니느웨 사람, 하나님과 연관해서 사용함으로써 다양한 언어유희(wordplay)를 보여주고 있다. 이 언어유희를 통해 작품에 통일성을 더할 뿐만 아니라, 니느웨는 요나가 생각하는 것만큼 전적으로 악한 도시가 아니며, 따라서 하나님이 니느웨가 고통을 당하지 않도록 자비를 베푸시는 것이 매우 당연하다는 주장을 펼치고 있다.

요나 1-2장과 3-4장이 평행적인 구조를 지니고 있지만, 점진적으로 발전해 나가는 성향도 있다. 대표적인 예가 '점층적 문구'(growing phrase) 현상이다(Magonet). 요나서가 같은 개념이나 표현을 반복하면서 동시에 증대되거나 확장하는 것을 지적하는 표현이다. 태풍/바람에 대한 묘사를 생각해보자. 하나님이 바다에 바람을 주시니 "바다에 태풍이 일었다"(וַיְהִי סַעַר־גָּדוֹל בַּיָּם)(1:4). 잠시 후 "바다에 파도가 점점 더 거세게 일어났다"(הַיָּם הוֹלֵךְ וְסֹעֵר)(1:11). 드디어는 "바다에 파도가 그들 주변에서 점점 더 거세게 일어났다"(הַיָּם הוֹלֵךְ וְסֹעֵר עֲלֵיהֶם)(1:13). 저자가 선원들의 두려움을 묘사하는 일에서도 똑같은 기법을 사용한다. "뱃사람들은 두려움에 사로잡혔다"(וַיִּירְאוּ הַמַּלָּחִים וַיִּזְעֲקוּ)(1:5)…"그들은 겁에 질려서 그에게 소리쳤다"(וַיִּירְאוּ הָאֲנָשִׁים יִרְאָה גְדוֹלָה)(1:10)…"사람들은 주를 매우 두려워하게 되었다"(וַיִּירְאוּ הָאֲנָשִׁים יִרְאָה גְדוֹלָה אֶת־יְהוָה)(1:16). 니느웨를 묘사하는 일에서도 같은 현상이 발견된다. '큰 성읍'(הָעִיר הַגְּדוֹלָה)(1:2; 3:2)…'하나님께 아주 큰 성읍'(עִיר־גְּדוֹלָה לֵאלֹהִים)(3:3)…'십이만 명도 더 되고 짐승들도 수없이 많은 이 큰 성읍'(שְׁתֵּה רִבּוֹ אָדָם אֲשֶׁר לֹא־יָדַע בֵּין־יְמִינוֹ לִשְׂמֹאלוֹ וּבְהֵמָה רַבָּה) (הָעִיר הַגְּדוֹלָה אֲשֶׁר יֶשׁ־בָּהּ הַרְבֵּה מִשְׁתֵּים־עֶ)(4:11).

6. 신학적 메시지

요나서는 1-2장과 3-4장이 구조적인 평행을 이루고 있을 뿐만 아니라(cf. 다음 섹션), 중요한 단어의 반복적인 사용이 책에 통일성을 더해준다. 책의 중심 주제는 시대와 장소를 초월해서 지속되는 질문에 답하고 있다. "만일 죄인들이 회개한다면, 하나님이 그들의 행동에 대한 대가를 요구하지 않고 용서해 주실 것인가?"(Bruckner). 이외에도 요나서는 매우 다양한 신학적 주제를 내포하고 있다. 요나서의 신학적 주제 중에는 전통적인 히브리어 성경의 가르침을 재확인하는 것과 신선한 도전으로 받아들여질 수 있는 새로운 신학적 방향을 제시하는 것이 있다. 그중 몇 가지만 간추려 살펴보자.

(1) 온 인류에게 임하는 하나님의 은총

하나님의 선택된 백성으로서 그분과 특별한 관계 때문에 이스라엘은 역사적으로 항상 국수주의에 빠지기 쉬운 위험에 처해 있었다. 마치 자신들만이 하나님의 토라를 독식하고 여호와의 은혜에 특허를 낸 것 같은 착각에 빠질 수 있는 그들에게 요나서는 신신한 도전을 주었다. 요나서는 여호와 하나님과 이스라엘이 특별한 관계임에도 창조주 하나님의 은총은 결코 그들에게만 제한되지 않았다는 사실을 강조한다. 책의 평행적인 구조를 고려할 때, 풍랑을 만난 선원들은 니느웨 백성들과 평행을 이루고 있는 열방을 상징하고, 요나는 하나님의 선민인 이스라엘을 대표하고 있다(Magonet).

이런 상황에서 요나는 여호와의 축복을 챙기면서, 열방에게 임해야 할 하나님의 자비를 막으려는 이스라엘의 태도를 적나라하게 묘사하고 있다. 니느웨에 은총을 베푸시는 하나님께 화를 내는 요나에게 여호와께서는 "이 큰 성읍 니느웨를, 어찌 내가 아끼지 않겠느냐?"(4:11)라고 반문하며 요나의 잘못된 선입견을 교정하신다. 요나서는 독자에게 "요나와 같이 되지 말라"라는 권면을 통해 여호와께서는 온 인류에게 은총을 베풀기를 원하신다는 것을 확실히 드러내고 있다. 여호와께서 이스라엘과 특별한 관계를 맺고 있는 것은 사실이지만, 하나님은 결코 이스라엘만이 독점할 수 있는 분이 아니시다.

(2) 이방인에게 자비를 베푸시는 하나님

요나서는 위에서 언급된 국수주의적인 이스라엘의 잘못을, 이스라엘을 상징하는 요나와 열방을 대표하는 선원들과 니느웨 사람을 묘사하는 과정에서 간접적으로 드러내고 있다. 심한 풍랑이 배를 위협했을 때, 그 배에 타고 있던 이방인은 모두 간절히 기도하고 있었다. 반면 우주의 창조주이신 여호와를 섬긴다는 요나는 기도하기는커녕 이방 선장이 깨워 기도하도록 책망할 때까지 깊이 잠들어 있었다(1:6). 풍랑이 요나로 인해 비롯된 것을 알게 된 선원들에게, 요나는 자초지종을 말하고 자기를 바다에 던지는 것만이 유일한 살 길이라고 했다(1:9-12). 요나의 생명을 지키려는 선원들은 그를 풍랑에 내던지는 것을 주저하며 자신들의 힘으로 할 수 있는 최선을 다해 보았다(1:13). 그러나 모든 것이 허사로 돌아가자 마지못해 여호와께 부르짖어 "여호와여 구하고 구하오니 이 사람의 생명 때문에 우리를 멸망시키지 마옵소서 무죄한 피를 우리에게 돌리지 마옵소서 주 여호와께서는 주의 뜻대로 행하심이니이다"라고 말하며 요나를 바다에 던졌다(1:14-15).

요나를 바다에 던져 폭풍을 잠잠케 하는 쉬운 방법이 있는데도 끝까지 안간힘을 다해 그의 생명을 보존하려던 이방인의 선함이 잘 묘사되고 있다. 드디어 풍랑이 멈췄을 때, 배에 타고 있던 모든 이방인이 여호와를 크게 두려워하여 여호와께 제물을 드리고 서원하며 섬길 것을 약속했다(1:16). 이 사건을 통해 이방인도 적절한 기회만 주어지면 여호와를 섬길 자세가 되어있을 뿐만 아니라, 이스라엘 사람이 생각하는 정도로 악한 사람이 아닌 것을 드러내고자 한다.

니느웨 사람을 묘사하는 일에서도 이런 성향이 잘 드러나 있다. 요나는 마지못해 니느웨로 갔다. 니느웨는 '3일을 걸어야 하는' 거대한 도시였지만, 요나는 단지 '하룻길만' 다니며 건성으로 하나님의 심판을 선포했다(3:3-4). 요나는 그들이 여호와 앞으로 돌아오는 것을 원하지도 않았고, 기대하지도 않았다. 그런데 건성으로 전한 메시지가 온 니느웨 성을 발칵 뒤집어놓았다! 왕을 포함한 가장 높은 사람부터 가장 비천한 사람까지 모든 백성이 베옷을 입고 여호와 앞에 통곡하며 참회한 것이다(3:5-6). 심지어 짐승까지 베옷을 입고 금식하며 근신했다(3:7). 이방인도 기회만 주어지면 얼마든지 회개하고 하나님을 섬길 수 있다는 사실을 강조하고 있다.

이러한 주장은 오직 자신들만이 여호와를 제대로 섬길 수 있다는 착각에 빠져있던 이스라엘 사람에게 큰 충격을 주었을 것이다. 하나님은 이스라엘의 하나님이실 뿐만 아니라 그 누구라도 그를 찾는 자를 환영하고 자기 백성으로 삼을 의향이 있으며, 온 열방의 찬양과 감사를 받기에 합당하신 분이라는 것을 확실히 하고 있다. 물론 요나도 하나님 은혜는 이스라엘에만 제한될 수 없으며 자유로이 열방에게도 베풀어질 수 있다는 사실을 알고 있다. 애초에 니느웨로 가기를 꺼려한 것도 바로 이러한 하나님의 자비와 인애가 싫어서였다고 밝히고 있다(4:2).

(3) 온 세상을 창조하신 여호와

왜 하나님은 이스라엘의 국경을 초월해서 열방까지 자비를 베풀기를 원하시는가? 그 이유는 여호와가 온 우주를 창조하신 하나님이기 때문이다. 풍랑이 요나 때문에 일어났다는 것을 알고 나서 그의 정체에 대해 의아해하는 선원들에게 요나는 "바다와 육지를 지으신 하늘의 하나님 여호와를 경외하는 자"라며 자신을 창조주 하나님을 섬기는 자라고 밝힌다(1:9). 도망하는 요나를 돌이키기 위하여 하나님은 큰 바람을 바다 위로 보내셔서 태풍이 일게 하신다(1:4). 여호와는 자연만물을 지배하고 지휘하시는 분이다. 바다에 던져진 요나를 구출하려고 하나님은 큰 물고기를 보내셨고(1:17), 나중에 그 물고기에게 요나를 육지에 토해내도록 명령하셨다(2:10). 하나님은 세상의 모든 짐승과 물고기를 다스리시는 분이다.

화를 내며 죽기를 자청하는 요나를 가르치기 위해 하나님은 박넝쿨을 준비하셨고(4:6), 다음날 벌레 한 마리가 그 박넝쿨을 먹어버리도록 계획하셨다(4:7). 여호와는 큰 짐승뿐만 아니라 조그만 박넝쿨과 심지어는 벌레까지 주관하고 다스리는 창조주이신 것이다. 그리고 이 섬세한 여호와의 창조 섭리와 통치력을 강조하기 위해 이 책에 등장하는 것–물고기, 박넝쿨, 벌레, 뜨거운 동풍–이 모두 여호와께서 예비하신(מנה) 것들임을 밝히고 있다(2:1; 4:6, 7, 8).

이와 같이 세상의 모든 것이 여호와의 간섭과 통제 밑에 있으며 우주만물이 그분에 의해 창조되었다는 것을 여실히 드러내고 있다. 이렇게 우주의 창조주가 선택한 민족인 이스라엘뿐만 아니라 자신의 피조물인 열방이 망하지 않기를 바라는 것은 당연하다. 그래서 창조주 하나님은 요나를 니느웨로 보내 회개하게 하셨다. 특히 니느웨는 요나 시대에 근동 지역의 최강자로 자리를 굳혔던 아시리아 제국의 수도였다. 여호와는 조그맣고 보잘것없는 나라 이스라엘의 하나님이실 뿐만 아니라 대 아시리아 제국의 성패도 좌우하는 절대적인 능력을 지닌 창조주이신 것이다.

(4) 하나님의 주권과 종의 의지

우리는 주변에서 "하나님은 준비된 종을 쓰신다"라는 말을 자주 듣는다. 물론 맞는 말이다. 그러나 요나서는 하나님의 역사가 결코 이 한 가지 원리만으로 실현될 수 없음을 드러낸다. 성경을 살펴보면 하나님은 그의 역사를 이루기 위해 여러 모양의 사람을 사용하셨던 것을 보게 된다. 그러나 요나같이 준비되지 않았던 종이 있었을까? 물론 성경에는 하나님의 명령을 쉽게 받아들이지 않았던 사람도 더러 있었다. 모세(출 3:10-4:17), 엘리야(왕상 19:1-18), 예레미야(렘 1:4-10) 등이 대표적인 예다. 그들은 자신이 지니고 있는 한계 때문에 하나님 명령을 받아들이려 하지 않았다. 그러나 요나의 불순종은 이러한 차원에서 비롯된 것이 아니다. 그는 이 모든 사람을 초월하는 새로운 차원의 노골적인 불순종을 시도한 사람이다.

  하나님은 요나에게 니느웨가 있는 동쪽으로 가라고 하셨다. 그러나 소명을 받은 요나는 하나님의 낯을 피하여 정반대 쪽인 서쪽, 곧 욥바에서 배를 타고 다시스(오늘날의 스페인?)가 있는 쪽으로 도망갔다(1:3). 또한 이런 요나의 행동은 하나님을 정면으로 거역하는 것이다. 이 점을 강조하기 위해 요나가 다시스로 갈 때 '하나님의 낯을 피하여' 그곳으로 갔다고 한다(1:3). 다시스로 가고자 한 요나는 하나님이 주신 소명을 거부한 것이다(Trible). 그러나 요나가 하나님 앞에서 도망갈 수는 있어도 하나님의 손아귀를 벗어날 수는 없었다. 하나님은 자연을 지배하시는 절대적인 주권과 섭리에 따라 요나를 물고기의 뱃속에 가두셨다. 그리고 요나에게 일차적인 항복을 받아내셨다. 요나가 여호와의 구원에 대해 감사 찬양을 한 것이다(2:2-9).

그러나 이 노래를 통해 묘사되고 있는 요나의 감사가 진정한 것인가는 논란이 많다. 3-4장에 묘사된 요나의 마음 자세가 1장의 모습과 비교해 크게 바뀌지 않았기 때문이다. 그러므로 물고기가 요나를 육지에 토해낸 이유는 평소에는 기도하지 않던 요나가 궁지에 몰려서야 기도하고[4] 또한 기도 내용이 너무 간사스러워 속이 메스꺼워진 물고기가 요나를 토해버렸다는 해석도 가능하다. 어찌 되었건 3-4장에 비추어진 요나의 모습이 2장에 묘사된 기도를 해석하는 데 상당히 부정적인 영향을 끼치고 있음은 사실이다.

물고기의 배에서 나온 요나는 어쩔 수 없이 니느웨로 갔다. 니느웨는 3일을 걸어야 두루 살필 수 있는 거대한 도시였다. 요나는 니느웨 사람이 여호와의 은혜를 입어 용서받는 것을 꺼려했지만 하나님의 손에서 벗어날 수 없음을 깨달았기에 마지못해 단 하루만 메시지를 전했다(3:3-4). 마음을 다해 경고한 것이라기보다 대충 말씀을 선포하는 시늉만 낸 것이다. 그것도 "회개하라"보다는 "망한다"라는 일방적인 메시지만 선포했다(3:4). 역시 요나는 즐거운 마음으로 사역에 임하기보다는 하나님의 주권에 마지못해 끌려가고 있다. 그리고 자신이 가장 염려했던 결과, 즉 선포된 하나님의 심판이 거두어지는 일이 현실로 드러났을 때, 요나는 하나님께 "차라리 죽여달라"라고 소리쳤다. 그러나 하나님은 요나를 죽이지 않고 가르치며 잘못된 관점을 교정하기를 원하셨다.

요나서는 하나님의 절대 주권과 그의 종 요나의 인간적 의지가 빚어내는 갈등을 잘 묘사하고 있다. 실제로 니느웨가 하나님의 구원을 받은 것보다 요나와 하나님 사이에 빚어진 갈등에 초점을 맞추고 있다. 이 사실은 책이 48절로 형성된 반면에 요나가 실제로 니느웨에 전한 메시지의 분량은 고작 2분의 1절에 달한다는 것을 통해 잘 나타내고

---

[4] 거의 모든 영어 번역본이 2:1을 시작하는 접속사 ו를 "then"(그제서야)으로 번역하고 있다(NRSV, KJV, NKJV, ASV, RSV). 즉, 요나는 물고기 뱃속에 들어가서야 하나님께 기도했다는 의미다.

있다(3:4). 하나님이 끝까지 니느웨로 가기를 싫어했던 요나의 강한 의지를 꺾으면서까지 사용하신 것을 통해 경우에 따라 하나님은 '준비되지 않은 종'도 하나님의 절대 주권으로 굴복시켜서 쓰실 수 있음을 강조한다. 하나님의 주권과 섭리는 결코 한 가지 방법으로 제한할 수 없으며 경우에 따라서는 인간의 상상과 기대를 초월하는 방법을 사용하기도 하신다.

요나서는 하나님을 온 우주를 창조하고 통치하는 창조주로 묘사한다. 그분은 국수주의를 싫어하는 분이며 그분의 은혜는 국경과 민족을 초월하기에 누구든지 마음을 다해 주님을 찾으면 하나님은 기쁘게 맞아들이는 분이다. 물론 이것이 건강한 민족주의를 배척하는 것은 아니다. 그러나 한국 교회에 잠재적으로 도사리고 있는 민족 우월주의를 향해 강도 높은 경고가 되어야 한다. 또한 요나서는 하나님이 경우에 따라서 자신의 종의 의지를 완전히 꺾으면서까지 역사하신다는 것을 가르친다. 하나님은 준비된 사람을 쓰시지만, 필요에 따라서는 준비되지 않은 사람도 쓰시는 것이다.

7. 개요

이미 통일성 섹션에서 언급한 것처럼 요나서는 1장과 2장이 한 쌍이 되고, 3장과 4장이 다른 쌍이 되어 서로 평행을 이룬다. 이는 1장과 3장, 2장과 4장이 서로 닮은 꼴이라는 의미다. 실제로 1장과 3장은 문학적인 도구를 사용할 때도 평행을 이룬다(Youngblood). 크고 작은 풍자(satire) 사용이 그것인데 그중 대표적인 한 예를 생각해 보자. 풍랑을 만나 두려움에 휩싸여 있는 이방 선원들은 목숨을 부지하기 위해 인간이 할 수 있는 최선을 다하며(배의 무게를 줄이기 위하여 물건을 바다로 내던지는 것) 필사적으로 기도하고 있다(1:5). 그러나 그 누구보다도 열심히 기도해야 할 하나님의 종 요나는 배에서 깊은 잠에 취해 있다(1:5). 이런 하나님의 종을 선장이 깨워서 책망하며 기도하라고 명령한다. 이방인이 하나님의 선지자에게 기도하라며 책망하는 것은 성경 다른 곳에서 선지자와 이방인에 대해 접하는 내용과는 사뭇 다르다. 물고기 뱃속에서 극적으로 나오게 된 요나는 마지못해 니느웨로 가서 다가오는 하나님의 심판을 선포한다(3:4). 그는 마음속으로 아무도 그의 음성을 들어주지 않을 것으로 생각했고 또 그렇게 되기를 원했다. 그래서 요나는 도시 곳곳에서 메시지를 전하면서 도시의 이쪽 끝에서 저쪽 끝까지 가려면 3일은 걸어야 하는 큰 성인 니느웨에서 단 하루만 메시지를 전한다(3:3-4). 그러나 요나의 무성의하고 간단한 메시지에 대한 니느웨의 반응은 의외였다. 왕을 포함한 온 백성이 베옷을 입고 금식하며 하나님께 매달리는 것이 아닌가!(3:5-6) 심지어는 말 못하는 짐승도 굵은 베옷을 입고 금식을 했다!(3:7) 즉, 1장과 3장은 매우 흥미로운 풍자들로 구성되어 있는 것이다.

1장과 3장에서 문학적인 도구인 풍자가 효과적으로 사용된 것처럼 2장과 4장에서도 한 도구가 매우 효율적으로 사용되고 있다. 일종의 과장법인 '그로테스크'(grotesque) 기법을 사용했다. 하나님은 큰 물고기를 보내셔서 바다에 던져진 요나를 삼키게 하고, 요나가 그 물고기 안에서 3일을 머물게 하신다. 요나를 삼킨 물고기의 정체는 중요하지 않다. 주석들을 살펴보면 물고기의 정체에 지나친 관심을 쏟다가 결국에는 물고기만 보고 그 물고기를 보내신 하나님을 보지 못한 경우가 많다. 단순히 요나가 특별한 해를 입지 않고 3일을 머물면서 기도할 수 있는 여건을 갖춘 물고기를 언급하고 있을 뿐이다. 그러나 어떤 물고기가 요나를 3일 동안이나 위액으로 삭이지 않고 살아남게 할 수 있었을까? 일종의 '그로테스크한 물고기'였던 것이 분명하다.

4장 역시 2장의 거대한 물고기 못지 않은 그로테스크한 요나의 반응이 있다. 하나님이 니느웨에 선언하신 재앙을 거두자 "매우 싫어하고 성내며"(4:1) 여호와께 자기를 죽여 달라고 소리지른다(4:3). 선지자로서 정도를 넘어선 지나친 반응이 아닌가? 반면에 요나는 더위에서 보호해주는 박넝쿨을 보고 "크게 기뻐했다"(4:6). 그러다가 박넝쿨이 벌레에 먹히자 요나는 다시 한 번 죽기를 구하며 "사는 것보다 죽는 것이 내게 나으니이다" 하고 하나님께 죽여 달라고 기도했다(4:8). 벌레 먹은 박넝쿨 하나 때문에 사람이—그것도 하나님의 선지자가—죽음을 구한다는 것은 그로테스크한 반응이 아닌가?

위와 같은 평행구조는 다음과 같은 이야기 전개에도 역력히 드러난다. (1) 이야기 무대(a stage)(1:1-3; 3:1-4), (2) 절정 전(前)단계 사건(a prepeak episode)(1:4-16; 3:5-10), (3) 절정 사건(a peak episode)(2:1-11; 4:1-11)(Longacre & Hwang, cf. Youngblood). 이처럼 1-2장과 3-4장이 서로 평행을 이루고 있는 상황은 이 섹션들이 사용하는 용어를 비교해 놓은 다음 도표에서도 그대로 나타난다(Magonet, cf. Trible).

1장	3장
여호와의 말씀이 요나에게 임하니라(1절) 소명: 일어나…가서…외치라(2절) 요나의 반응: 일어나—다시스로 가니라 (3절) 임박한 재앙—큰 폭풍(4절) 임박한 재앙에 대한 사공들의 반응(5절) 선장이 폭풍에 대하여 하나님(אלהים)께 부르짖으라 명령(6절) 선원들이 여호와의 뜻을 찾음(7-13절) 선원들이 여호와께 "우리를 멸망시키지 말라"고 기도(14절) 폭풍이 잠잠해짐(15절)	여호와의 말씀이 요나에게 임하니라(1절) 소명: 일어나…가서…선포하라(2절) 요나의 반응: 일어나—니느웨로 가니라 (3절) 임박한 재앙 예언—니느웨에 외침(4절) 임박한 재앙에 대한 니느웨인의 반응(5절) 왕이 온 나라에게 베옷을 입고 하나님 (אלהים)께 부르짖으라 선포(6-8절) 왕이 니느웨 사람에게 하나님(אלהים)께 '우리가 멸망치 않도록' 기도하라 명령(9절) 하나님이 '돌이키심'(10절)
2장	4장
요나가 구출되다 요나가 기도하다 하나님이 응답하시다	요나가 화를 내다 요나가 기도하다 하나님이 응답하시다

위 분석에서 4장을 4:1-4와 4:5-11등 둘로 나누어 요나서를 6파트가 아닌 7파트로 구분하는 학자들은 다음과 같은 평행적인 구조를 제시하기도 한다(Dorsey, Youngblood).

A. 무대 설정(stage setting)(1:1-4a)
  B. 절정 전(前)단계 사건(1:4b-2:1b)
    C. 절정 사건(2:1c-2:11)
A′. 무대 설정(stage setting)(3:1-3b)
  B′. 절정 전(前)단계 사건(3:3c-10)
    C′. 절정 사건(4:1-4)
      D. 절정 후(後) 사건(4:5-11)

그러나 평행 구조의 대안으로 이야기가 전개되는 장소와 등장인물에 기초하여 다음과 같은 구조가 제시될 수도 있다(Limburg, Youngblood, cf. Watson).

A. 이스라엘에서: 주님과 요나(1:1-3)
  B. 바다에서: 요나와 선원들(1:4-16)
    C. 고기 뱃속에서: 주님과 요나(1:17-2:10)
  B′. 니느웨에서: 주님, 요나, 니느웨 사람들(3:1-10)
A′. 니느웨 성 밖에서: 주님과 요나(4:1-11)

이 주석에서는 1-2장과 3-4장의 평행 관계를 염두에 두어 다음과 같은 분석을 바탕으로 본문을 해석해 나가고자 한다.

I. 요나가 하나님의 말씀을 거역함(1:1-16)
  A. 요나의 소명과 도주(1:1-3)

758

B. 요나가 풍랑을 만남(1:4-6)

C. 요나의 소명과 도주가 밝혀짐(1:7-10)

D. 요나가 풍랑에 던져짐(1:11-16)

II. 하나님이 요나를 구하심(1:17-2:10[2:1-11])

A. 요나가 구출됨(1:17-2:1)

B. 요나의 감사 찬양(2:2-9)

C. 요나가 땅 위를 걷게 됨(2:10)

III. 요나가 하나님의 말씀에 순종함(3:1-10)

A. 하나님이 요나의 소명을 재차 확인해 주심(3:1-3)

B. 요나의 말씀 선포와 니느웨의 반응(3:4-9)

C. 하나님의 대응(3:10)

IV. 요나의 불만과 하나님의 반응(4:1-11)

A. 선지자의 항의(4:1-4)

B. 하나님이 실물교육으로 응답하심(4:5-9)

C. 하나님의 마지막 말씀(4:10-11)

I. 요나가 하나님의 말씀을 거역함
(1:1-16)

하나님의 소명을 받은 선지자가 특별한 고민이나 갈등도 없이 그분의 말씀에 불순종하는 것은 상상하기조차 어려운 일이다. 요나서는 이처럼 믿기 어려운 일을 회고하면서 이야기를 시작한다. 그러므로 책의 독특한 시작은 요나서의 메시지와 등장인물이 예사롭지 않을 것을 미리 암시해 준다. 요나서의 메시지는 이스라엘 선지자 전통의 맥을 잇는 전형적인 내용이 아니다. 하나님의 말씀을 거역한 것도 부족해서 서슴없이 주님께 화를 내는 요나는 평범한 하나님의 종은 아니다. 외국 선지자의 말을 듣고 금식하며 회개하는 니느웨 왕과 시민도 범상치 않다. 요나서에 등장하는 사람들만 특이한 것은 아니다. 요나를 선지자로 부르신 하나님도 예사롭지 않다. 처음부터 끝까지 불만과 불순종으로 가득 찬 사람을 자신의 종으로 삼아 사역하시는 여호와도 특이하긴 하다. 이 외에도 생명을 위협하는 풍랑 속에서도 끝까지 요나를 보호하려 했던 이방인 선원들, 요나를 삼킨 물고기, 순식간에 자라난 박넝쿨, 박넝쿨을 갉아먹은 벌레, 베옷을 입고 금식하는 짐승도 모두 일상에서 볼 수 있는 것들이 아니다. 요나서는 이처럼 예외적인 것으로 가득 찬 책이다.

761

이같이 특이한 정황에서 시작하는 요나서 1장의 전반적인 주제는 삶과 죽음이다(Bruckner, cf. Youngblood). 요나는 삶과 죽음의 기로에 놓여 있는 니느웨 사람에게 말씀을 선포하라는 하나님의 명령을 받았다. 바다에서 태풍을 만난 이방인 선원들은 생사를 가름할 배가 파손될 위기에 처해졌다. 이러한 격동과 위기의 중심에는 요나의 삶과 죽음이 있었다. 그는 죽음을 향해 험난한 바다에 던져졌고, 여호와께서 미리 준비해 두신 물고기가 물에 빠져 죽어가는 요나를 삼켰다. 이처럼 여러 사람의 삶과 죽음으로 엮어진 1장에서 유일하게 해결되는 것은 선원들의 생존 문제뿐이다. 요나의 생사는 2장에서, 니느웨 사람의 생사는 3장에 가서야 결정된다. 이 섹션은 다음과 같이 네 파트로 구분할 수 있다.

    A. 요나의 소명과 도주(1:1-3)
      B. 요나가 풍랑을 만남(1:4-6)
    A′. 요나의 소명과 도주가 밝혀짐(1:7-10)
      B′. 요나가 풍랑에 던져짐(1:11-16)

I. 요나가 하나님의 말씀을 거역함(1:1-16)

A. 요나의 소명과 도주(1:1-3)

¹ 여호와의 말씀이 아밋대의 아들 요나에게 임하니라 이르시되 ² 너는 일어나 저 큰 성읍 니느웨로 가서 그것을 향하여 외치라 그 악독이 내 앞에 상달되었음이니라 하시니라 ³ 그러나 요나가 여호와의 얼굴을 피하려고 일어나 다시스로 도망하려 하여 욥바로 내려갔더니 마침 다시스로 가는 배를 만난지라 여호와의 얼굴을 피하여 그들과 함께 다시스로 가려고 배삯을 주고 배에 올랐더라

'요나'(יוֹנָה)라는 이름은 '비둘기'라는 뜻을 지니고 있으며, 아버지의 이름 '아밋대'(אֲמִתַּי)는 '나의 진리/진실'이라는 뜻으로 풀이된다(Stuart, cf. HALOT, Sweeney). 그러므로 '아밋대의 아들 요나'를 문자적으로 풀이하면 '진리의 아들 비둘기'(Dove, son of Truth)가 된다(Trible). 선지자의 이름이 이 같은 의미를 지녔다 해서 요나서를 이스라엘과 하나님에 대한 풍유(allegory)로 풀이한다(Wright, cf. Christensen). 호세아 7:11이 이스라엘을 갈팡질팡하는 어리석은 비둘기로 묘사한 것을 하나의 증거로 든다. 요나와 아버지 이름을 아이러니로 풀이하는 사람도 있다(Wolff, Limburg). 요나는 절대 비둘기같이 온유한 사람이거나, 하나님의 진리를 선포하기를 좋아하는 선지자가 아니었다는 것이다. 한 학자는 요나의 이름이 히브리어 명사 '비둘기'가 아니라 동사 '탄압하다'(ינה)에서 유래한 것이라며 요나를 '진리의 파괴자 아들'(Destroyer son of Truth)이라며 비하한다(Rofé, cf. 렘 46:16).

노아 홍수 때 비둘기는 노아에게 평화와 사랑을 상징하는 감람나무 가지를 물어다 주는 고마운 새였다. 하나님은 위기에 처한 니느웨 사람에게 '요나'(비둘기)를 용서와 평화를 가져다주는 도구로 사용하기를 원하셨다(Bruckner). 그래서 선지자 요나를 니느웨 사람에게 용서와 평화의 메시지를 물어다 주는 '비둘기'(요나)로 보내고자 하셨다. 그러나 용서와 화평의 비둘기 요나는 니느웨로 가지 않고 다른 곳으로 날아가 버렸다.

요나서에서는 요나가 아밋대라는 사람의 아들인 것 외에 그 어떤 정보도 제공하지 않는다. 어느 지파 사람이었는지, 어느 시대 사람이었는지에 대한 정보도 없다. 어떤 이유로 이렇게 정보가 제공되지 않는 것일까? 책에 기록된 선지자 요나의 행동은 어떤 명분이나 설명으로도 정당화될 수 없는 죄다. 그래서 그를 악한 선지자(wicked prophet)로 생각한다. 그러므로 선지자에 대해 자세한 정보를 제공하지 않는 것은 혹시라도 독자가 요나의 행동을 자라온 가정환경 혹은 사회적 배경이나 역사적 정황을 근거로 정당화시킬 것을 우려해서일 것이다(Simon). 결국 선지자의 행동을 정당화시키는 것은 물론이고, 독자가 그의 행동을 합리화하는 것을 원치 않기에 추가 정보를 제공하지 않는 것이다.

요나는 갈릴리 호수에서 서쪽으로 23㎞쯤 떨어진 스불론 지파에 속한 가드헤벨(הַחֵפֶר גַּת)(lit., '술 틀', '샘') 출신이었으며, 여로보암 2세(793-753 BC, cf. Thiele)가 통치하던 시대에 살았던 사람이다. 요나는 여로보암이 아람(시리아) 사람과 전쟁에서 성공할 것을 예고했으며, 이 전쟁으로 북 왕국 이스라엘의 영토가 확장될 것을 예언했다(왕하 14:25).

"여호와의 말씀이 …에게 임하니라"(אֶל יְהוָה־דְבַר וַיְהִי)(1절)라는 표현으로 책을 시작하는 요나서는 다른 정경에 비해 독특하다(Trible). 이 문구는 대체로 책의 한 부분을 구성하고 있는 사건을 소개하거나 중간에 나오는 말로 자주 사용된다(Kamp, cf. 삼상 15:10; 삼하 7:4; 왕상 6:11; 13:20; 16:1; 21:17, 28; 대하 11:2; 사 38:4; 29:30; 32:26; 33:19, 23; 34:12; 35:12; 37:6; 슥 7:8). 아울러 "임하니라"(וַיְהִי)("and it came to pass")는 이미 언급된/진행된 이야기와 연결시키거나 이야기를 전개해 나가는 중간에 자주 사용되는 숙어다(Baldwin, Kamp). 마치 요나서는 이미 시작된 이야기를 연결해서 진행해 나가는 듯한 느낌을 주며 시작하고 있다(Smith & Page, Youngblood). 그러나 그렇다고 해서 요나서가 더 큰 책의 일부였던 것이 빠져 나와 독립된 책으로 취급된 것이라고 생각할 필요는 없다. 이러한 숙어로 이야기를 시작하는 것은 요나서의 내용이 이미 오래전에 시작된 하나님의 구속 사역의 일부로 읽히기를 원해서다(Glaze). 하나님이 요나를 통해 니느웨 사람을 구원하고자 하는 것은 결코 새로운 일이 아니며, 창조주가 태초부터 지금까지 온 인류를 상대로 진행해 오신 구원 사역의 일부인 것이다.

'여호와의 말씀'(יְהוָה־דְבַר)이라는 표현은 요나서에서 7차례 등장한다. 그러나 하나님이 어떤 방식을 통해 선지자에게 말씀하셨는가는 밝히지 않는다. 성경에 의하면 하나님은 아주 작고 은밀한 목소리로(왕상

19:9-13) 말씀하기도 하시고, 무시무시한 회오리바람이나 지진을 통해 말씀하기도 하는 등 매우 다양한 방법으로 자신의 뜻을 사람에게 알리신다. 하나님이 어떤 방법으로 말씀하시는가는 그분의 자유인 것이다.

여호와의 명령은 간단했다. "너는 어서 일어나 가서 저 큰 성읍 니느웨에 대고 외쳐라. 그들의 죄악이 내 앞에까지 이르렀다." 이 말씀은 두 개의 명령문으로 시작하며 세 번째 명령문이 바로 뒤따른다. "일어나라! 가라!(קוּם לֵךְ)…외치라!"(קְרָא)(2절). 명령문이 세 개가 함께 등장하는 것은 하나님이 니느웨가 처한 상황에 대하여 얼마나 다급하게 생각하시는가를 암시한다(Baldwin, Youngblood, cf. NRS, "go at once"[즉시 가라!]). 예루살렘에서 니느웨까지는 900㎞에 달하는 먼 길이다. 하나님은 요나가 니느웨를 향해 곧바로 떠나주기를 원하셨다. 아무것도 모르고 죄 속에 살고 있는 니느웨 사람에게 다가오는 심판에 대해 경고함으로써 그들이 회개하여 임박한 심판을 당하지 않게 하기 위해서였다. 하나님은 아무리 흉악한 죄인이라도 결코 심판하는 일을 즐기는 분이 아니다. 어떻게 해서든 그들이 살기를 원하신다. 세상 모든 사람을 창조하신 하나님의 마음이 이러하다.

니느웨(נִינְוֵה)는 아시리아어 단어 '니누아'(Ninuā/Ninuwa)에서 비롯된 이름이며, 이 이름(Ninuā/Ninuwa)은 근동 지역의 여러 곳에서 숭배되었던 여신 이스타르(Ishtar)의 수메리아어 이름 '니나'(Nina)에서 유래되었다(Wiseman). 니느웨는 티그리스 강 동편에 위치하여 오늘날의 모술(Mosul)을 건너편에서 바라보고 있다. 이라크의 수도 바그다드에서 북쪽으로 350㎞ 떨어진 곳이다. 니느웨는 주전 4500년경에 설립된 도시이며, 메소포타미아 지역에서 가장 오래되고 큰 도시 중 하나였다(Smith & Page). 성경에 의하면 니느웨는 위대한 사냥꾼 니므롯에 의하여 창시되었다(창 10:11-12). 디글랏블레셀(Tiglath-Pileser III, 745-727 BC)이 니느웨를 큰 도시로 발전시켰으며, 산헤립 왕(705-681 BC) 시대에 아시리아의 가장 중요한 도시로 자리매김했다. 이때 니느웨는 직경 13㎞에 달하는 큰 도시가 되어 있었고, 이 도시는 메대와 바빌론 사람에 의하여 함락된 주전 612년까지 약 150여 년 동안 지속되었다. 니느웨는 규모와 인구가 큰 만큼 하나님 앞에서 저지른 범죄도 컸다.

"[니느웨에] 대고 외쳐라!(וּקְרָא עָלֶיהָ) 성경에는 קרא + עַל와 קרא + אֶל 등 '외치다'(קרא)와 함께 사용되는 전치사가 두 가지다. 두 가지 표현이 종종 구분 없이 사용되기도 하지만(KBL), 본문에서 사용되는 전자(קרא + עַל)의 경우 대체로 강력한 경고성을 띤다(신 15:9; 왕상 13:1; 렘 25:29; 시 105:16). 후자(קרא + אֶל)의 경우 문맥에서 정황을 결정해야 하지만, 대체로 조금 더 느긋한 정황을 묘사하거나 [하나님께] 기도하며 부르짖는 것을 묘사하는 일에도 사용된다(1:6, 14; 2:3; 3:2, 8). 하나님은 요나가 니느웨를 향하여 매우 강력한 경고를 선포하기를 원하셨던 것이다. 선지자의 경고가 강할수록 듣고 회개할 사람이 많을 것이기 때문이다.

"그들의 죄악이 내 앞에까지 이르렀다"(2절)는 노아 홍수 때 하늘에 닿은 인류의 죄와 아브라함 시대에 멸망한 소돔의 죄를 연상케 하는 말씀이다(Simon, cf. 창 6:5; 18:21). 심판이 진행되기 전에 아무런 경고가 없던 창세기의 이야기와는 달리 니느웨는 요나를 통해 사전 경고를 받게 된다. 하나님이 어떻게 해서든 니느웨 사람을 벌하지 않길 원하셨기 때문이다. 하늘에 닿은 니느웨 사람의 죄는 어떤 것일까? 아시리아가 제국을 팽창시키면서 저지른 국제적 만행을 뜻하는 것인가? 고고학자들은 아시리아를 고대 근동 역사에서 가장 잔인한 제국 중 하나로 평가한다. 산헤립(Sennacherib)의 손자 아술바니발(Ashurbanipal)은 상습적으로 피해자의 입술을 뜯어냈으며 손목을 잘랐다. 디글랏블레셀(Tiglath-Pileser)은 살아 있는 사람의 가죽을 벗기는 일을 서슴지 않았고 종종 희생자의 목을 잘라 산더미처럼 쌓아 전시하곤 했다. 하나님이 아시리아의 이러한 국제적 만행을 문제 삼으시는 것인가?(Smith & Page) 아니면 니느웨 사람 서로간에 행한 범죄를 말하는 것일까? 대체로 국제적인 정세와 상관없는, 니느웨 공동체 안에서 서로에게 행한 개인적인 범죄라고 생각한다(Simon).

요나는 하나님이 말씀하신 대로 니느웨로 가지 않고 다른 곳을 향해 갔다(3절). 하나님을 피해 다시스(תַּרְשִׁישׁ)로 가는 배를 타기 위하여 욥바(יָפוֹ)로 갔다. 이 구절은 다음과 같은 교차대구법적인 구조를 지니고 있다(Lohfink, Magonet). 우리말의 순서가 히브리어와 다르기 때문에 히브리어와 비슷한 순서로 진행되는 영어로 보면 구조가 더 확실하게 눈에 들어온다. 이러한 예술적인 기교를 동원하여 요나가 다시스로 가는 목적이 니느웨에 하나님의 용서와 구원이 임하는 것이 싫어서기도 했지만, 더 우선적인 이유가 '여호와께로부터 도망하기 위함'이었음을 강조한다(Trible). 요나가 왜 니느웨로 가기를 거부했는가는 책을 마무리하는 즈음에 하나님과 요나의 대화에 가서야 비로소 확실하게 드러난다(Perry). 요나는 하나님의 용서가 니느웨에 임하는 것이 싫었던 것이다.

So Jonah rose (그래서 요나가 일어났다)

to flee to *Tarshish from before Yahweh* (여호와의 목전에서 다시스로 도망하기 위하여)

He went down to Joppa (그는 욥바로 내려갔다)

he found a ship (그는 배를 발견했다)

about to leave for Tarshish (다시스로 곧 떠나는 배였다)

he paid the fare (그는 뱃삯을 지불했다)

and he went into it (그는 배로 들어갔다)

to go with them to *Tarshish from before Yahweh.* (여호와의 목전에서 그들과 함께 다시스로 가려고)

요나는 왜 그 많은 곳 중에 다시스로 가고자 했을까? 다시스의 정확한 위치에 대하여 아직 확실히 알려진 것은 없다(ABD). 요세푸스는 소

아시아의 길리기아(Cilicia)가 다시스였다고 한다. 그러나 대부분은 다시스가 아프리카 북부에 있는 카르타고(Carthage)(ABD) 혹은 페니키아 사람이 오늘날의 스페인 남쪽에 세운 식민지 타르테수스(Tartessus)였다고 생각한다(Baker, Bruckner, Cary, Simon, Baldwin). 이 경우 다시스는 이스라엘에서 약 3,000㎞ 이상 떨어져 있는 곳이었으며, 그 당시 가나안에 알려진 곳 중 가장 서쪽에 있는 곳이었다(Bruckner, cf. 시 72:10; 사 60:9; 66:19; 겔 38:13). 요나는 동쪽으로 900㎞ 되는 니느웨로 가는 길을 버리고 서쪽으로 3,000㎞ 떨어져 있는 다시스로 향하고 있다. 탈무드의 일부를 구성하고 있는 미쉬나에 의하면 그 당시 바다로 다니던 배를 타고 목적지에 도달하는 데 경우에 따라 1년 이상도 걸렸다고 한다(Baba Batra 3.2). 역대기 9:21에 의하면 이스라엘의 배가 다시스를 다녀오는 데 3년이 걸렸다고 한다. 이스라엘의 관점에서 다시스는 '세상 끝'이었다. 또한 다시스로 가는 뱃삯도 매우 비쌌다(Baldwin). 중세기 유태인 주석가는 요나가 선주에게 뱃삯(שְׂכָרָהּ)을 지불했다는 말씀을 배 전체를 빌린 것으로 해석했다(Ginzberg, Youngblood, cf. Magonet). 이 경우 요나는 하나님에게서 도망가기 위해 정말 많은 돈이 필요했을 것이다. 이처럼 많은 돈을 지출할 수 있었던 것을 보면 요나는 상류층에 속한 사람이 아니었을까 싶다(Cary).

요나는 하나님이 주신 소명을 이루기 위해 가야 하는 곳(니느웨)의 반대 쪽, 그것도 가장 먼 곳으로 가고 있다(Simon). 요나가 아무 데도 가지 않고 가나안 지역에 머물러도 될 텐데 왜 이렇게 멀리 가고 있는 것일까? 유태인 주석가는 계시의 땅인 이스라엘을 벗어남으로써 하나님의 통치 영역을 벗어나고자 했기 때문이라고 한다(Saadiah Gaon, Rashi, Ibn Ezra, Kimchi). 그러나 요나가 다시스로 가는 것은 단순히 하나님의 영향력을 벗어나기 위해서가 아니라 소명을 주신 분에게 등을 돌리기 위해 취하는 행동으로 보는 것이 바람직하다(Simon). 즉, 가나안 지역에 머물러 있지 않고 멀리 가는 것은 하나님 말씀에 대한 의도적 불순종을 표현하고 있는 행위이다(Cary, cf. Trible).

하나님의 '낯을 피하는 것'(מִלִּפְנֵי יְהוָה)은 하나님을 섬긴다는 의미의 문구인 '여호와 앞에 거하는 것'(לִפְנֵי יְהוָה)(왕상 17:1; 18:15; 렘 15:19)과 반대되는 말로서 요나의 적극적인 거역 행위를 묘사하고 있다(Alexander). 또한 2절에서 하나님은 요나에게 '일어나'(קוּם) 니느웨로 '가라'(הָלַךְ)고 하셨다. 3절에서 선지자는 마치 하나님 말씀에 순종할 것처럼 '일어났지만'(קוּם)(창 12:1, 4; 22:2-3; 왕상 17:9-10; 18:1-2), 니느웨로 가지 않고 [다시스로 가기 위하여] 욥바로 '내려갔다'(יָרַד). 하나님의 명령을 거역한 선지자는 더 '깊은 곳'으로 내려갈 것이다.

히브리 사람은 대체로 '땅에 거하는 백성'(people of the land)이었다. 그런데 요나는 지금 바다로 향하고 있다. 이러한 요나의 행동은 하나님의 뜻을 의도적으로 거역하기 위한 일종의 '미친 질주'(mad determination)로 이해된다(Allen). 선지자는 어떻게 해서든 하나님의 명령을 이행하는 일에서 최대한으로 멀리 떨어져 있고자 했다(Baldwin). 현재까지는 요나에게 모든 것이 순조로워 보인다. 배를 탈 수 있는 항구가 근처에 있었고, 항구에 도착하자마자 이스라엘에서 가장 먼 서쪽 끝으로 가는 배가 기다리고 있었고, 뱃삯을 치를 수 있는 재정적 능력도 있었으며, 배에는 탈 자리도 있었다. 마치 요나가 하나님의 인도와 축복 속에서 다시스로 향하는 것처럼 모든 환경이 잘 맞아 떨어지고 있다. 그러나 사실은 요나에게 일이 너무 잘 풀리는 것이 문제였다. 그는 하나님 앞에서 도망하고자 다시스로 가는 배를 탔지만, 결코 하나님의 손아귀에서 벗어날 수는 없다는 것을 깨닫게 된다. 그러므로 여기서 일이 너무 잘 풀리는 것은 그가 하나님의 품을 벗어나지 못했음을 의미한다(Trible).

요나서의 처음 3절은 하나님에 대해 무엇을 증언하고 있는가? 세 가지를 생각할 수 있다(Limburg). 첫째, 하나님은 사람을 자신의 사역으로 부르신다. 하나님이 부르시는 사람이 모두 완벽하거나 순종적이지도 않다. 반항하는 요나는 이방인의 도시에 말씀을 선포하라는 부르심을 받았다. 둘째, 하나님은 용서, 은혜, 소망의 메시지를 보내실 만큼 죄인을 사랑하신다. 고대 근동에서 가장 잔인하고 흉악한 민족으로 정평이 나 있던 아시리아 사람도 하나님의 용서와 은혜의 대상이었다는 사실은 온갖 편견을 가지고 서로 차별하는 오늘날의 사람에게 신선한 메시지로 다가온다. 하나님 사랑에는 국경과 편견이 존재하지 않는다. 셋째, 잠시 후에 보겠지만, 아무도 하나님으로부터 도망할 수 없다. 요나가 하나님의 얼굴을 피해 도망가고 있지만, 결코 성공하지 못할 것이다. 상황이 참으로 절묘하게 들어맞자 요나는 마치 도주에 성공한 것처럼 착각하고 있다. 실제는 하나님의 품으로 더 깊숙하게 들어가고 있는데도 말이다.

I. 요나가 하나님의 말씀을 거역함(1:1-16)

B. 요나가 풍랑을 만남(1:4-6)

⁴ 여호와께서 큰 바람을 바다 위에 내리시매 바다 가운데에 큰 폭풍이 일어나 배가 거의 깨지게 된지라 ⁵ 사공들이 두려워하여 각각 자기의 신을 부르고 또 배를 가볍게 하려고 그 가운데 물건들을 바다에 던지니라 그러나 요나는 배 밑층에 내려가서 누워 깊이 잠이 든지라 ⁶ 선장이 그에게 가서 이르되 자는 자여 어찌함이냐 일어나서 네 하나님께 구하라 혹시 하나님이 우리를 생각하사 망하지 아니하게 하시리라 하니라

.

앞 섹션에서 요나는 하나님 명령을 거역하기 위하여 다시스로 가는 배에 몸을 실었다.⁵ 지금부터 하나님이 요나를 어떻게 하실 것인가가

---

5 한 주석가는 '여호와의 혹독한 자비'(YHWH's severe mercy)를 핵심 단어(key word)로 잡아 1:4-2:1의 구조를 다음과 같이 제시한다(Fretheim).
  A. 서술적 틀(Narrative frame)—여호와의 혹독한 자비의 진노(1:4a-5d)
    B. 서술과 요구(Narrative & Request)—무시할 수 없는 여호와의 혹독한 자비(1:5e-6g)

우리의 최고의 관심사다. 도망한 종을 버리고 새로운 사람에게 소명을 주실 것인가? 아니면 요나를 뒤따라가실 것인가? 또한 요나가 하나님이 도주하는 그를 가만히 내버려두지 않으실 것을 안다면, 하나님의 방해에 어떻게 대처할 것인가? 회개하고 하나님께 순종할 것인가, 아니면 죽기까지 저항할 것인가? 본문은 이러한 질문들에 조금씩 답을 제시한다. 하나님은 이제 요나에게 직접 말씀하지 않는다. 다시 명령해도 순종할 요나가 아니기 때문이다. 대신 하나님은 자연을 다스려서 요나를 궁지로 몰아가신다. 자연만물은 창조주 하나님의 도구가 되어 불순종하는 종, 요나에게 순종이 무엇인지를 가르친다(Youngblood).

3절은 여호와의 이름으로 문장을 끝냈는데, 4절은 다시 여호와의 이름으로 시작한다. 정상적인 히브리어 문장에서는 동사가 먼저 나오는 데 비해 이 섹션을 시작하는 문장은 여호와의 이름으로 시작하고 있다. 게다가 이야기의 흐름을 끊기 위하여 히필완료형동사 '보내다'(שׁוּט)를 사용한다(Baldwin). 이러한 기술법은 반역하고 도망한 종을 버리거나 포기하지 않고 가르치기 위해 따라가시는 여호와 하나님께 강조점을 맞추고 있다는 것을 보여준다(Brichto, Simon). 문제는 요나가 하나님께 그 어떤 것도 배우기를 거부한다는 점이다. 4-6절은 하늘에서(큰 바람이 붊) 바다로(폭풍이 시작됨), 바다에서 배로(배를 파손할 상황), 그다음에는 갑판으로(선원들이 기도하며 짐을 버림), 마지막으로 갑판 밑으로(요나가 깊이 잠들어 있음) 이동하는 움직임을 보인다. 독자를 가장 높은 곳에서 가장 낮은(깊은) 곳으로 인도하고 있는 것이다(Youngblood).

배가 바다에서 풍랑을 만나는 것은 흔한 일이다. 그러나 본문이 묘사하고 있는 사건의 경우 다시스로 향하던 배가 만난 풍랑의 진원지가 문제다. 이 풍랑은 하나님이 '보내신'(שׁוּל) 큰 바람에 의하여 비롯된 것이다(4절). 이 히브리어 동사는 자주 사용되는 것이 아니며 일반적으로 창이나 칼 등 물건을 던지는 일을 묘사할 때 사용된다(HALOT, Smith & Page, cf. 삼상 18:11; 20:33; 사 22:17; 렘 22:26-28). '바람을 던지다/보내다'(שׁוּל)라는 표현은 성경에서 이곳에서만 사용되고 있다. 요나서 1장은 이 동사(שׁוּל)를 4차례 사용하면서 이야기 흐름에 통일성을 부여한다. "바람을 보내다"(4절), "짐을 바다에 내던졌다"(5절), "나를 바다에 던지라"(12절), "요나를 바다에 집어 던졌다"(15절).

풍랑을 만난 배는 "거의 깨지게 되리라"(4절)에서 배가 의인화되었다고 본다(Sasson, Simon, Smith & Page). "깨지게 되리라"로 번역된 히브리어 문구(חִשְּׁבָה לְהִשָּׁבֵר)를 문자적으로 번역하면 "부서지려고 생각하다/계획하다"가 되기 때문이다(NIDOTTE). 바람과 물에 뒤틀리는 갑판의 소리를 이렇게 표현하는 것이지만, 분명 표현에서는 의인화(擬人化)되어 있다. 배는 하나님의 계획에 협조하여 요나의 계획에 차질이 생기도록 할 생각을 가지고 있다(Youngblood). 배가 의인화되는 것의 중요성은 대조에 있다. 바람, 바다, 심지어는 배까지도 하나님의 목적에 따라 움직이고 있는데, 하나님의 종 요나만큼은 그분을 거역하고 있는 것이다(Sasson). 요나는 하나님의 통제 아래 움직이는 배(ship)보다도 못한 사람이라는 뜻이다.

풍랑이 얼마나 심했는지 오랜 항해 경력을 가진 선원들도 속수무책이었다(5절). 선원들의 반응을 세 단계로 묘사하고 있다. 첫째, 먼저 내적으로 반응했다. 극도의 위기감을 느끼며 두려워했다. 둘째, 외적으로 반응했다. 여러 민족으로 구성되었던 선원들이 각자 자신의 신들에게 살려 달라고 부르짖었다. 셋째, 실천으로 반응했다. 배를 가볍게 하기 위해 배에 실려 있던 모든 것을 바다로 던졌다. 선원들이 배에 실은 물건을 바다로 던진 것이 배를 가볍게 하기 위한 것이 아니라 바다의 신에게 제물을 바치는 행위라고 해석하기도 한다(Trible, Fretheim). 선원들이 자기 신들에게 기도한 바로 다음이라 이러한 해석도 가능하지만, 정황을 보면 몇 가지만 제물로 던지는 것이 아니라 모든 것을 던지고 있음이 확실하다. 배에 실린 모든 것을 바다로 던지는 것은 배를 가볍게 하기 위해서다. 엄청난 위기 상황에 적절한 반응으로 임하는 이방인 선원들이 하나님 말씀에 적절한 반응을 보이지 않은 요나보다 훨씬 낫다.

이야기의 흐름을 감안할 때, 태풍에 대하여 풍부한 경험을 가졌던 선원들이 풍랑만큼은 종교적인 의미를 지니고 있다고 생각했다(Smith & Page). 지중해를 항해하는 선원들은 배에 보호하는 신(들)이 타고 있다고 생각했으며, 흔히 뱃머리의 장식을 배를 보호하는 신들의 이미지로 장식했다(Brody). 성경도 폭풍은 하나님의 진노를 상징한다(시 83:15-16; 렘 23:19; 25:32; 30:23; 암 1:14). 죽음에 대한 두려움이 지속되자 싣고 가던 짐마저도 바다로 던졌다. 상선은 짐을 실어다 주고 받는 운임으로 유지되며, 물건이 파손되거나 분실되면 보상을 해주어야 하는데, 처한 상황이 얼마나 절박했는지 선원들이 당장 배의 파손을 막고 생명을 보존하기 위하여 짐을 바다에 던지고 있다. 죽음이 선원들의 눈앞에 어른거렸던 것이다.

삶과 죽음의 기로에서 애쓰는 선원들과는 달리 요나는 배 밑창에서 자고 있었다. 위에서 선원들의 반응을 세 단계로 묘사한 것처럼 요나의 반응도 세 단계로 묘사하고 있다. 극적인 대조를 보여주기 위해서다. 첫째, 외적인 반응을 보였다. 그는 배 밑으로 내려갔다. 둘째, 외적인 무반응을 보였다. 그가 자리에 누웠다. 셋째, 내적인 무반응을 보였다. 그가 잠들었다. 선원들의 활동적인 반응과 요나의 무반응적인 태도가 극명한 대조를 이루고 있다(Trible).

대부분의 번역본이 요나가 마치 태풍이 시작되기 전부터 배 밑층에서 자고 있었던 것으로 묘사한다(개역; 공동; 새번역; NIV, NAU, cf. Smith & Page, Bruckner). 그러나 "요나가 배 밑층으로 내려갔다"(אֶל־יַרְכְּתֵי הַסְּפִינָה

וַיֵּרָ֖ד וַיֵּרָדַ֑ם)는 히브리어 문장의 의미가 예사롭지 않다. 이 문장처럼 완료형 동사가 주어를 따르는 경우는, 과거 완료형(이 순간에 일어나고 있는 일 이전에 일어난 일을 묘사하는 것)[6], 혹은 현재 일어나고 있는 일과 동시에 진행되고 있지만 대조되는 행위를 묘사할 때 사용된다.[7] 그렇다면 본문은 요나의 행동을 선원들의 행동과 대조시키는 데 초점을 맞추고 있다(Kamp). 이러한 정황을 고려할 때, 요나는 풍랑을 만난 선원들이 갑판에서 자신들의 신들에게 부르짖으며 배를 조정하기 위하여 필사적으로 노력하는 것을 보고 조용히 배 밑층으로 빠져나간 것으로 풀이할 수 있다(Simon, Baldwin, NRS, JPS). 요나는 자신 때문에 빚어진 일을 해결하려는 어떠한 의지도 보이지 않고 있다.

저자는 요나가 하나님께로부터 온 무서운 태풍을 직접 보고도 회개는커녕 하나님께 기도하는 것마저도 거부하는 나쁜 사람이라고 한다. 그는 타고 있는 배에서도 하나님으로부터 가장 멀리 떨어져 있는 듯한 곳을 찾아 잠을 청하는 거역 행위를 하고 있다(Smith & Page). 요나가 하나님에게서 자꾸 멀어지기를 원하고 있음이 반복되는 동사의 사용과 언어유희에서 드러난다. 하나님에게서 도망하기 위하여 요나는 욥바로 내려갔다(יָרַד)(3절). 그는 다시스로 가는 배에 올랐다(יָרַד)(3절). 요나는 풍랑을 보고는 배 아래로 내려갔다(יָרַד)(5절). 그러고는 깊이 잠들었다(וַיֵּרָדַ֑ם)(5절). 상황을 지켜본 선장이 믿지 못하겠다는 듯이 면박을 준다. "당신은 무엇을 하고 있소? 잠을 자고 있다니(נִרְדָּם)!"(6절)

선원들이 갑판에서 풍랑과 사투를 벌이는 동안 요나가 갑판 아래에서 잠을 청할 수 있다는 것이 신기하다. 어떻게 가능했던 것일까? 그동안 쉬지 않고 하나님으로부터 도주하여 이곳까지 오는 동안에 쌓인

---

6 "라헬은, 라반이 양털을 깎으러 나간 틈을 타서[meanwhile], 친정집 수호신의 신상들인 드라빔을 훔쳐 냈다"(창 31:19).
7 "가인은 땅에서 거둔 곡식을 주께 제물로 바치고, 아벨은 양 떼 가운데서 맏배의 기름기를 바쳤다"(창 4:3-4); "요셉이 자기 아우 베냐민의 목을 얼싸안고 우니, 베냐민도 울면서 요셉의 목에 매달렸다"(창 45:14).

피로 때문이었을까? 파도의 규칙적인 요동이 그에게 자장가가 된 것일까?(Allen) 육지 사람이었던 요나가 겪어보지 못한 풍랑에 너무 겁을 먹고 육체적으로 무기력하게 되어 의식을 잃은 것일까?(Ellison) 아니면 하나님께 반역한 자의 심리적 부담에 의하여 빚어진 일일까? 학자들이 제시하는 것처럼 여러 가지 추측이 가능하다. 요나가 청한 '잠'(רדם)은 매우 깊은 잠이며(창 15:12; 삿 4:21; 삼상 26:12; 렘 51:39; 단 8:18; 10:9), 하나님이 하와를 창조하시려고 아담의 한 부위를 잘라내는 수술을 하실 때 아담에게 주신 잠이기도 하다(창 2:21). 칠십인역은 그가 코를 골며(καὶ ἔρρεγχεν) 잤다고 한다. 배가 뒤집힐 상황에서 요나는 평생 자보지 못한 깊은 잠을 자고 있다(Magonet). 이 사건은 요나가 생명보다는 죽음을 선호하는 첫 번째 예를 보여준다(Simon). 그는 풍랑을 멈추어달라고 기도하기보다 잠을 자며 파손된 배에서 죽음을 맞게 되기를 기대하고 있다. 그러나 하나님은 요나의 죽음을 허락하지 않는다. 아직 그가 할 일이 남아있기 때문이다.

선원들이 필사적으로 배를 젓기 시작한 지 얼마쯤 시간이 흘렀을까? 풍랑이 조금도 잠잠해질 기미가 보이지 않자 선장은 모든 수단과 방법을 동원하기 위하여 배를 샅샅이 살피다가 깊이 잠들어있는 요나를 보았다. 얼마나 기가 막힌 일인가! 갑판에서는 선원들이 생사의 기로에서 몸부림을 치고 있는데 이 사람은 태평하게 잠을 자고 있다. 화가 난 선장이 질책하며 야단을 쳤다. "어서 일어나(קום) 당신의 신에게 외치시오(קרא)!"(6절) 선장은 하나님이 요나에게 소명을 주시면서 사용했던 동사들을 그대로 사용하고 있다(2절). 선장은 자신이 아는 것보다 더 의미 있는 말을 하고 있다(Baldwin). 하나님의 소명을 받은 이후 요나는 지금까지 '내려가기만 했다'(ירד)(3, 5절). 이제는 방향을 바꿔 올라가야 한다는 것이다(קום)(Bruckner). 하나님이 요나에게 직접 징계를 내려도 되는데, 그의 회개를 바라시며 선장의 입을 통하여 요나에게 다시 한 번 소명을 확인해 주고 있으시다(Fretheim).

그뿐만 아니라 비록 선장이 이방인이기는 하지만, 하나님을 안다는 유태인 요나보다 영적인 감각이 더 뛰어난 사람이었다. 그래서 잠자는 요나에게 깨어 "기도하라"고 질책한다. 하나님을 모르는 이방인 선장이 히브리 선지자에게 기도하라고 호소하고 있는 것은 일종의 아이러니다. 또한 하나님 이름으로 니느웨를 질책하기를 거부한 요나 자신이 질책을 받고 있는 것도 아이러니다(Simon). 선장은 다국적 사람들로 구성되어 있는 선원들의 신들이 전혀 도움을 주지 못한 상황에서 '혹시나'(אוַלי)(6절) 하는 소망을 가지고 아직 시도해보지 않은 요나의 신에게 도움을 청하고자 했다. 선장의 믿음이 이 순간 요나의 믿음보다 낫다(Allen). 선장의 책망을 들은 요나가 하나님께 기도드렸을까? 아마도 기도하지 않았을 것이다(Simon). 저자는 요나가 어떻게 선장의 요구를 묵살했는지 설명하지 않는다. 지속적인 침묵 혹은 지칠 줄 모르는 변명으로 선장을 질리게 한 것일까?

> I. 요나가 하나님의 말씀을 거역함(1:1-16)

C. 요나의 소명과 도주가 밝혀짐(1:7-10)

[7] 그들이 서로 이르되, 자 우리가 제비를 뽑아 이 재앙이 누구로 말미암아 우리에게 임하였나 알아 보자 하고 곧 제비를 뽑으니 제비가 요나에게 뽑힌지라 [8] 무리가 그에게 이르되 청하건대 이 재앙이 누구 때문에 우리에게 임하였는가 말하라 네 생업이 무엇이며 네가 어디서 왔으며 네 나라가 어디며 어느 민족에 속하였느냐 하니 [9] 그가 대답하되 나는 히브리 사람이요 바다와 육지를 지으신 하늘의 하나님 여호와를 경외하는 자로라 하고 [10] 자기가 여호와의 얼굴을 피함인 줄을 그들에게 말하였으므로 무리가 알고 심히 두려워하여 이르되 네가 어찌하여 그렇게 행하였느냐 하니라

학자들은 1:4-16에서 교차대구법적인 구조를 확인했다(Lohfink, Pesch, Fretheim). 이들이 제시한 것을 종합해 보면 다음과 같다. 이 구조에 의하면 9-10절이 중앙에 가 있음을 알 수 있다. 히브리어와 우리말의 문장구조와 순서가 다른 점을 감안하여 영어로 옮긴다.

A. Yahweh hurls a win on the sea, the storm begins, sailors fear and cry to their gods(vv. 4-5a)

  B. Jonah sleeps, cry to your god, we shall not perish, divine sovereignty(vv. 5b-6)

    C. that we may know on whose account(v. 7)

      D. the sailors question Jonah(v. 8)

        E. I fear(v. 9)

        E′. the sailors fear(v. 10)

      D′. the sailors question Jonah(v. 11)

    C′. I know that it is on my account(v. 12)

  B′. sailors strive for land, sailors cry to Yahweh, let us not perish, divine sovereignty(vv. 13-14)

A′. sailors hurl Jonah into sea, the storm ceases, sailors fear Yahweh and sacrifice(vv. 15-16)

요나가 하나님께 회개기도를 하지 않는 한 상황이 좋아질 리 없었다. 이 풍랑은 여호와께로부터 비롯된 것이기 때문이다. 선원들은 기도하고 배를 계속 저어봐도 상황이 좋아지지 않자 마지막 수단으로 이 풍랑이 누구 때문에(בְּשֶׁלְּמִי)(= 전치사 בְּ + 관계 소사 שֶׁ[אֲשֶׁר의 줄인 말] + 질문형 대명사 מִי) 비롯된 것인지를 밝혀내려 했다. 자신으로 말미암아 이 모든 일이 벌어지고 있는 것을 알고 있는 요나는 현실에 눈을 감고 죽음을 기다라며 침묵하고 있는데, 선원들은 살기 위하여 안간힘을 쓰며

진상을 규명하기를 원했다. 이러한 상황도 하나의 아이러니다(Simon).

선원들이 사용한 방법은 제비뽑기였다. 제비뽑기(גּוֹרָל)는 이스라엘뿐만 아니라(수 7:14-18; 삼상 14:40-42; 잠 16:33) 근동의 여러 민족이 신의 뜻을 아는 데 널리 사용했던 방법이다(Lindblom). 고대 근동에서 제비뽑기에 주로 사용되었던 것은 작은 돌멩이였다. 때로는 수많은 돌멩이 중 일부만 염색해서 구분하여 사용했지만, 흔히 두 돌멩이를 골라 각 돌의 양쪽에 두 가지의 색깔을 칠했다. 이 경우 돌을 던져 둘 다 어두운 색이 위쪽으로 나오면 '아니요', 둘 다 밝은 색을 드러내면 '예', 하나는 밝은 색, 또 하나는 진한 색이면 '다시'로 간주했다(Stuart). 아마도 선원들은 이 방법을 사용하여 요나를 뽑게 된 것으로 생각된다. 선원들이 종교적 이유로 제비뽑기를 행하는 일은 요나의 불신과 극명한 대조를 이룬다(Strawn).

제비뽑기를 통해 요나에 이르게 된 선원들이 그에게 질문 공세를 펼쳤다. "누구 때문에 이런 재앙이 우리에게 내렸소? 당신은 무엇을 하는 사람이며, 어디서 오는 길이오? 어느 나라 사람이오? 어떤 백성이오?"(8절). 선원들이 요나에게 쉴 틈 없이 연속적으로 질문 공세를 펼치는 것은 처한 상황의 다급함을 암시하고 있다(Trible). 자신들이 처한 위기 상황에서 벗어나고자 하는 몸부림인 것이다.

책이 시작된 이후 그동안 침묵을 지켜오던 요나가 드디어 입을 열었다. 하나님께로부터 도망하고 있기는 하지만, 자기 때문에 다른 사람이 피해를 보고 있다는 사실에 대한 부담이 마음을 움직인 것일까? 요나는 선원들의 다양한 질문에 대하여 두 가지로 답했다. 그는 선원들의 마지막 질문("어떤 백성이오?")에 대한 답으로 말문을 열었다. "나는 히브리 사람이오(עִבְרִי אָנֹכִי)." 요나의 이 대답은 이방인과 대화를 하고 있음을 감안한 적절한 답이었다. 이스라엘 사람이 이방인에게 자신을 소개할 때는 흔히 '히브리 사람'이라는 말을 사용하기 때문이다(창 14:13; 41:12; 출 1:16; 31:18; 삼상 4:6)(Sasson, Smith & Page).

요나는 대답을 이어갔다. "나는 하늘에 계신 주 하나님, 바다와 육지를 지으신 그분을 섬기는 사람이오." 요나는 자신의 증언에서 여호와를 바다와 육지를 창조하신 '하늘의 하나님'이라고 선언하고 있다. 저자가 '땅'(אֶרֶץ)이라는 흔한 단어를 피하고 '육지'(יַבָּשָׁה)라는 단어를 사용하는 것은 액체로 형성된 바다(יָם)와 대조하는 일에 육지(יַבָּשָׁה)가 더 효과적이며, 요나서에서 이 단어가 반복되어 사용되기 때문이다(Simon). '바다와 육지'는 하나님이 천지창조하실 때 사용한 창세기 1:10(cf. 시 95:5) 말씀을 연상케 하는 표현이다(Baldwin).

새번역이 '섬기는'으로 번역하고 있는 히브리어 형용사(יָרֵא)는 '경외하다/두려워하다'(יָרָא)라는 동사에서 비롯된 것이다(HALOT). 그런데 하나님 명령을 어기고 그분의 품에서 도망하는 요나가 이 순간 하나님을 섬기거나 두려워한다고 말할 수 있는가? 어떤 주석가는 요나가 이 순간 하나님에 대하여 참된 증언을 함으로써 선지자의 사명을 이행하고 있다고 하지만(Bruckner), 만일 진심으로 이 말을 했다면 요나가 고백하는 신조와 행동 사이에는 엄청난 거리감이 있다(Baldwin). 그가 처한 상황을 고려할 때 이 말은 위선 내지는 아이러니밖에 되지 않는다(Allen, Trible).

그렇다면 요나의 "나는 여호와를 두려워한다"라는 발언을 어떻게 이해해야 할 것인가? 그의 고백은 단순히 지금 경험하고 있는 태풍은 자신에게 책임이 있음을 시인하는 것뿐이다(Simon). 왜냐하면 이 일 이후에도 요나는 하나님 앞에 무릎을 꿇지 않기 때문이다. 요나는 이 순간에도 하나님을 섬기려 하지 않는다. 그는 물고기 뱃속에 들어가서야 비로소 하나님께 기도한다. 그러나 요나가 자신의 신분을 밝히는 것이 긍정적인 면을 지니고 있기도 하다. 요나는 죽음을 각오한 사람이다. 그럼에도 만일 그가 계속 침묵한다면 사공들과 함께 풍랑에 목숨을 잃을 것이다. 그는 오히려 이 풍랑이 자신 때문에 일어난 일이라는 사실을 밝혀 선원들이 그와 함께 죽지 않아도 되는 길을 열어주고 있다(Bruckner).

요나는 여호와로부터 도망하고 있다는 사실도 밝혔다(10절). 이야기를 듣고 난 선원들이 겁에 질렸다. 요나는 하나님을 '두려워한다고'(יָרֵא אֲנִי) 했다(9절). 반면에 선원들은 "심히 두려워하고 있다"(יִרְאָה גְדוֹלָה וַיִּרְאוּ)(10절). 이러한 표현의 차이를 요나의 하나님에 대한 경외가 이방인 선원들의 것보다 못하다는 것을 강조한다고 보기도 한다. 그러나 이러한 차이는 이 순간에 펼쳐지고 있는 요나와 선원들의 관점의 차이를 묘사하고 있는 것으로 보는 것이 바람직하다. 요나는 하나님의 주권을 인정하지만, 그분에게 거역하는 것을 두려워하지 않는다. 반면에 선원들은 하나님을 매우 두려워하지만 그분의 주권을 의식하지 못한다(Simon). 오늘날도 이런 현상은 세계 곳곳에서 재현되고 있다. 하나님의 주권을 인정하면서도 두려워하지 않는 주의 백성이 있는가 하면, 하나님의 주권을 의식하지 못하지만 그분을 두려워하는 경건한 불신자가 곳곳에 있는 것이다.

선원들은 요나에게 소리쳤다. "어쩌자고 당신은 이런 일을 하였소?" 이 말은 질문이라기보다 요나가 바다와 육지를 만드신 능력의 하나님으로부터 도망하고 있다는 사실에 경악을 금치 못한다는 말이다 (Baldwin). 이 순간 선원들은 안전보다는 요나의 반역에 더 관심을 갖고 있다. 만일 자신들의 안전에 더 관심을 쏟았다면 질문은 "어쩌자고 당신은 우리에게 이런 일을 하셨소?"라고 하였을 것이다. 선원들의 고결한 면모가 부각되는 순간이다(Simon). 선원들 입장에서 요나가 히브리 사람이라는 것과 바다와 육지를 창조하신 하늘의 하나님을 섬긴다는 것은 수용하기 어려운 일이 아니다. 그러나 그가 이러한 능력의 신으로부터 도망하고 있다는 것은 자살행위와 같다고 생각했던 것이다 (Smith & Page). 그리스도인도 종종 요나처럼 세상 사람 보기에 도저히 이해가 되지 않는 상식 밖의 행동을 하면서 '믿음'이라는 허울로 덮으려 한다.

D. 요나가 풍랑에 던져짐(1:11-16)

¹¹ 바다가 점점 흉용한지라 무리가 그에게 이르되 우리가 너를 어떻게 하여야 바다가 우리를 위하여 잔잔하겠느냐 하니 ¹² 그가 대답하되 나를 들어 바다에 던지라 그리하면 바다가 너희를 위하여 잔잔하리라 너희가 이 큰 폭풍을 만난 것이 나 때문인 줄을 내가 아노라 하니라 ¹³ 그러나 그 사람들이 힘써 노를 저어 배를 육지로 돌리고자 하다가 바다가 그들을 향하여 점점 더 흉용하므로 능히 못한지라 ¹⁴ 무리가 여호와께 부르짖어 이르되 여호와여 구하고 구하오니 이 사람의 생명 때문에 우리를 멸망시키지 마옵소서 무죄한 피를 우리에게 돌리지 마옵소서 주 여호와께서는 주의 뜻대로 행하심이니이다 하고 ¹⁵ 요나를 들어 바다에 던지매 바다가 뛰노는 것이 곧 그친지라 ¹⁶ 그 사람들이 여호와를 크게 두려워하여 여호와께 제물을 드리고 서원을 하였더라

풍랑이 요나로 인한 것임을 알게 된 후에도, 선원들은 경솔하거나 성급한 행동을 취하지 않았다. 그래서 아무런 일도 하지 않고 더 견뎌 보려고 했다. 그러나 바다가 잠잠해질 기미를 보이지 않고 오히려 점점 더 거세지자 선원들이 요나에게 조언을 구했다. "우리가 당신을 어떻게 해야, 우리 앞의 저 바다가 잔잔해지겠소?"(11절) 풍랑에 대해 개인적인 책임을 느끼고 있던 요나가 입을 열었다. "나를 들어서 바다에 던지시오. 그러면 당신들 앞의 저 바다가 잔잔해질 것이오"(12절). 요나가 사용하는 '던지다'(שׁוּל)와 '바다'(יָם)는 책에서 이미 두 차례 쌍(pair)으로 등장했던 단어다. 여호와께서 바다(יָם)에 큰 바람을 보내셨으며(שׁוּל)(4절), 선원들은 배를 가볍게 하기 위해 배에 실린 물건을 바다(יָם)에 던졌다(שׁוּל)(5절). 이제 요나가 바다(יָם)에 던져질(שׁוּל) 차례다. 요나의 말의 의도는 무엇인가? 그가 이렇게 말하는 것은 그 순간 요나가 영적인 사

781

람이 되어 자신의 생명을 버려서라도 다른 사람을 살리고자 하는 긍휼이 마음에 생겼다는 것일까?(Ellison, Allen, Bruckner)

이 체험 이후 4장에 비친 요나의 모습은 다른 사람에 대한 배려와 사랑은 전혀 없는 사람의 모습이다. 그러므로 설령 자신의 마음속 깊은 곳에서 우러나 이 말을 했을지라도 자신 때문에 선량한 사람이 함께 죽는다는 양심의 소리에 따라 이 말을 한 것이지 결코 남에 대한 배려나 사랑에서 한 말은 아니다(Glaze). 게다가 요나는 그를 쫓는 하나님께 항복은 하지만 복종할 생각은 아직 없다(Simon). 지금까지 하나님 앞에 무릎을 꿇고 자신 혹은 선원들을 위해서 기도한 적이 없다. 요나는 이 순간에도 회개할 생각이 없었기에 죽음을 택하고 있다(Baldwin, Trible). 하나님 말씀에 따라 니느웨로 가서 말씀을 전하느니 차라리 죽음을 택하겠다는 것이다. 요나는 죽을 용기는 있어도 하나님께 순종할 의지는 없는 악한 사람이다. 하나님을 절대 용서하지 않는, 심판만을 행하는 하나님으로 믿고 싶었던 것일까?(Bruckner)

요나는 자신이 직접 바다로 뛰어들 수도 있지만, 용기가 없었는지 선원들에게 자신을 던지라고 한다. 선원들 입장에서 요나의 제안은 수용할 만한 해결책이 되지 못했다. 비록 도망자가 되었지만, 요나는 천지를 지으신 하늘의 하나님의 선지자가 아닌가? 게다가 자신들이 살겠다고 타인의 생명을 빼앗는다는 것이 큰 부담으로 작용했을 것이다. 비록 요나가 하나님과의 관계에서는 죄인이지만, 선원들과의 관계에서는 죄가 없는 사람이 아닌가? 그래서 그들은 요나의 말을 무시하고 열심히 노를 저었다(13절). 어떻게 해서든 함께 살겠다는 의지의 표현이었다. 선원들은 참으로 선한 사람들이다.

선원들의 노력으로 하나님이 보내신 풍랑을 헤쳐나가려고 하는 것은 마치 요나가 니느웨로 가는 길에서 도주하는 것과 같다(Bruckner). 처음부터 가능성이 없는 일이다. 그들이 노를 저으면 저을수록 풍랑은 거세졌다. 경험이 많았던 그들이 육지로 가려고 노를 저으면 저을수록 배는 육지에서 멀어져만 갔다(Smith & Page). 이러한 현상은 이 풍랑이 하나님으로부터 비롯된 특별한 것임을 암시한다.

결국 선원들은 요나의 제안밖에는 해결책이 없다는 것을 깨닫는다(15절). 그러나 요나를 바다에 던지기 전에 먼저 여호와께 기도한다. "야훼님, 이 사람의 목숨을 희생시킨다고 우리를 멸하지는 마십시오. 우리에게 살인죄를 지우지 마십시오. 야훼께서 다 뜻이 있으시어 하시는 일 아니십니까?"(14절, 공동번역) 우상을 섬기는 선원들과 하나님의 선지자 요나의 대조가 극에 달하고 있다(Simon). 요나가 하나님께 기도하기를 계속 거부하는 동안 선원들은 이처럼 여호와께 기도하고 있다. 성경에서 다신주의자가 여호와께 죗값을 묻지 말아달라고 기도하는 곳은 이곳뿐이다(Baldwin).

선원들은 여호와께 기도한 후 요나를 바다에 던졌다(15절). 요나가 말한 대로 바다는 곧 잠잠해졌다. 개역개정은 바다가 잠잠해진 것을 "뛰노는 것이 곧 그친지라"로 번역하고 있는데, '그친지라'(זעף)는 화를 멈춘다는 뜻이며(HALOT), 항상 사람과 연관해서만 사용된다(Wolff). 4절에서 배가 의인화된 것처럼, 이번에는 바다가 의인화되고 있다(Youngblood). 바다의 분노는 곧 요나에 대한 하나님의 분노였음이 확실해진다. 또한 풍랑은 요나와 하나님의 갈등으로 빚어졌던 것이었음이 다시 한 번 확인되는 순간이다. 유태인 주석가 랍비 시몬(Rabbi Shimon)은 재미있는 상상력을 가지고 이 부분을 해석했다.

사공들이 요나의 발목을 바다에 담그니 파도가 멈추었다. 그들이 요나를 배 안으로 거두어 들이니 풍랑이 다시 시작되었다. 그들이 요나를 다시 배꼽 깊이로 바다에 담그니 풍랑이 멈추었다. 그들이 요나를 다시 배 안으로 거두어 들이니 거센 풍랑이 다시 시작되었다. 그들이 요나를 목 깊이로 바다에 담그니 풍랑이 멈추었다. 그들이 또다시 요나를 배 안으로 거두어 들이니 풍랑이 거세졌다. 그들이 드디어 요나를 바다에 깊숙이 던지니 풍랑이 순식간에 멈추었다(Simon).

생명을 위협하던 풍랑이 멈추자 선원들은 이 일을 통해 여호와의 위대하심과 능력을 알게 되었고 "그들은 여호와를 매우 두려워하게 되었다"(וַיִּירְאוּ הָאֲנָשִׁים יִרְאָה גְדוֹלָה אֶת־יְהוָה)(16절). 이 문장은 선원들이 풍랑에 요동하는 배 위에서 요나의 증언을 듣고 난 후 느꼈던 두려움을 묘사하던 것과 같은 표현으로(10절) '여호와'(אֶת־יְהוָה)라는 목적어를 더한 것뿐이다. 풍랑이 멈춘 순간, 여호와에 대한 심적인 두려움은 풍랑이 일 때와 똑같았던 것이다. 그러나 앞에서는 생명을 잃게 될 것을 두려워했지만, 이제는 천지를 지으시고 주관하시는 여호와를 두려워한다(Smith & Page). 이스라엘의 하나님에 대한 새로운 인식이 마음을 사로잡은 것이다(Simon).

선원들은 여호와께 제물도 드렸다(16절). 그 당시 배에 가축을 운반하는 일은 매우 예외적이었다는 것과 고대 근동의 모든 지역에서 제물은 신전에서만 바쳤다는 점을 고려해, 이 말은 훗날 그들이 성전을 찾아 제물을 드린 것으로 해석하기도 한다(Stuart, Smith & Page). 그러나 상업적 목적으로 배에 가축을 운반하는 일은 흔하지 않았지만, 선원들과 탑승객의 양식으로 쓰기 위하여 짐승 몇 마리를 배에 태우는 일은 흔한 것으로 알려져 있다(Brody). 게다가 문맥의 흐름에서 그들의 행동이 의미가 있으려면, 이 순간 갑판 위에서 제물을 드렸던 것으로 해석해야 한다(Simon, Bruckner).

선원들이 섬기던 신들을 버리고 여호와만을 섬겼을까? 본문에 묘사된 선원들의 행동을 진정한 회심을 의미하는 것으로 해석하는 사람은 이 일 이후 여호와만을 섬겼다고 추측한다(Glaze, cf. Bruckner). 유태인 전승인 미드라쉬도 이 일에 대해 "선원들은 곧바로 욥바로 배를 돌렸다. 배가 항구에 도착하자 그들은 즉시 예루살렘으로 가서 이방인 신도들(proselytes)이 되었다"라고 전한다(Stuart). 그러나 대부분은 이방인 선원들이 여호와의 놀라운 능력과 권능을 인정해 자신들이 섬기고 있는 여러 신에 하나님을 추가한 것일 뿐 다신주의를 버린 것을 뜻하는 것은 아니라고 생각한다(Trible, Wolff, Youngblood, Baldwin). 후자가 더 설득력 있는 해석으로 생각된다.

이렇게 해서 생명의 위협을 받았던 선원들은 다시 평안을 찾을 수 있었다. 그런데 요나는 어떻게 될 것인가? 회개하기를 거부하며 하나님께 순종하기보다 죽음을 택했던 그를 여호와께서 어떻게 하실 것인가? 또한 하나님이 이미 심판하기로 작정하신 니느웨 사람은 어떻게 될 것인가? 혹시 하나님과 요나가 싸우는 동안 니느웨 사람이 죽음을 맞이하는 불상사가 일어나지는 않을까? 1장을 마감하면서 이런 질문이 독자의 궁금증을 증폭시킨다.

II. 하나님이 요나를 구하심

(1:17–2:10[2:1–11])

다시스로 도망가던 요나의 앞길을 풍랑이 막았던 것처럼, 이번에는 죽음의 문에 들어서는 그를 큰 물고기가 막는다. 요나는 풍랑에 파손될 위기를 맞았던 배에서 침묵했던 것처럼, 이번에는 3일 동안 정적이 흐르는 물고기 안에 갇혀 침묵하며 지내야 한다. 요나는 처음에는 하나님이 이 물고기를 보내신 이유가 그를 죽음에서 구원하여 육지에 데려다 주시기 위한 것뿐만 아니라 니느웨로 가느니 차라리 죽음을 택하겠다는 의지를 인정하셔서 니느웨로 가라는 소명을 취소하실 것까지 기대했을 것이다. 그러나 하루, 이틀, 사흘이 지나면서 자신이 처한 상황에 대한 진실을 보게 되었다. 요나를 니느웨로 보내겠다는 여호와 하나님의 계획에는 변함이 없고, 하나님은 요나가 순응할 때까지 얼마든지 물고기 뱃속에 잡아두실 생각이었다. 요나는 죽음의 문과 생명의 문 둘 다 오직 자신의 결정과 기도로만 열릴 수 있다는 것을 깨닫게 된 것이다. 그의 입을 열게 한 것은 죽음에 대한 두려움이 아니라 죽음과 삶의 사이에서 이러지도 저러지도 못하는 무력함이었다(Simon).

　마소라 사본의 구절 표기는 우리 성경의 표기와 조금 다르다. 우리 성경의 1:17은 히브리어 텍스트에서는 2:1이 된다. 이로 인해 우리 성

787

경의 2장의 모든 절이 히브리어 성경에서는 한 절씩 뒤로 밀려나 있다. 이 섹션은 다음과 같이 세 파트로 구분할 수 있다. 이야기 전개 장소가 바다→물고기 뱃속→육지로 변화한다. 장르상으로는 내러티브-시/노래-내러티브(A—B—A') 구조를 유지하고 있다.

  A. 요나가 구출됨(1:17-2:1)
    B. 요나의 감사찬양(2:2-9)
  A'. 요나가 땅 위를 걷게 됨(2:10)

II. 하나님이 요나를 구하심(1:17-2:10[2:1-11])

A. 요나가 구출됨(1:17-2:1)

1:17 여호와께서 이미 큰 물고기를 예비하사 요나를 삼키게 하셨으므로 요나가 밤낮 삼 일을 물고기 뱃속에 있으니라 **2:1** 요나가 물고기 뱃속에서 그의 하나님 여호와께 기도하여

요나서의 유일한 노래/시 형태를 취하고 있는 요나의 기도(2:2-9)는 이야기체로 구성되어 있는 본문(1:17-2:1)과 2:10으로 감싸여 있다. 이러한 정황은 다음과 같은 교차대구법적 구조로 표현된다(Trible).

  A. 여호와께서 물고기에게 요나를 삼키라고 하심(1:17a)
    B. 요나가 사흘을 물고기 뱃속에서 지냄(1:17b)
    B'. 요나가 물고기 뱃속에서 여호와께 기도함(2:1)
  A'. 여호와께서 물고기에게 요나를 뱉으라고 하심(2:10)

선원들에 의하여 요동하는 바다로 던져진 요나가 파도에 휩쓸리는

788

순간 큰 물고기가 그를 삼켰다. 이 물고기는 우연히 그곳을 지나던 물고기가 아니다. 여호와께서 요나를 구출하기 위해 미리 예비하신(מנה) 물고기였다(1:17). 이 히브리어 동사(מנה)는 칼(Qal)에서는 '숫자를 세다/번호를 먹이다'라는 의미를 지니고 있으며, 본문처럼 피엘(Piel)로 사용될 때는 '예정하다/임명하다'라는 의미다(Baldwin, Bruckner). 이 동사는 요나서 안에서 4차례 사용되며(1:17, 4:6, 7, 8), 항상 하나님은 자신의 뜻을 계획대로 성사시키시는 분이라는 점을 강조하는 데 사용된다(Smith & Page). 저자는 이 동사를 사용하여 하나님이 이 물고기를 미리 준비해 두셨다는 것을 암시하고 있다(Simon).

하나님이 예비하신 물고기는 매우 '큰 물고기'(דָּג גָּדוֹל)였다. 큰 도시(1:2), 큰 바람(1:4), 큰 두려움(1:10, 16)처럼 요나를 삼킨 물고기도 큰 물고기였다. 이 물고기가 어떤 종류의 물고기였는가에 관해 그동안 많은 논쟁이 있었다(Wilson, Keil). 전통적으로 고래라는 주장이 가장 많은 지지를 얻었다. 이 물고기가 고래라는 주장은 칠십인역이 히브리어로 물고기를 뜻하는 단어(דָּג)를 '바다 괴물'(κῆτος)로 번역해 놓은 데서 비롯되었다(Sasson, cf. 마 12:40). 그러나 만일 이 물고기가 고래였다면 다른 히브리어 단어(viz., תַּנִּים 혹은 תַּנִּין)를 사용했을 것이다(Trible). 본문은 단순히 '물고기'(דָּג)라고 할 뿐이다. 게다가 이 물고기의 성(性)에 대해서도 정확하게 밝히지 않고 있다. 1:17과 2:10에서 이 물고기에 대하여 언급하며 남성(男性)명사(דָּג)를 사용하지만, 2:1에서는 여성(女性)명사(דָּגָה)를 사용한다. 그래서 한때는 유태인 랍비 중에 이러한 현상을 설명하려는 노력도 있었다(Ginzberg, cf. Sasson). 중세기 랍비에 의하면, 하나님이 처음에는 요나를 수놈 물고기 안에 넣어 두었는데 물고기 뱃속이 비어있어 요나가 여유롭게 물고기 뱃속에서의 삶을 즐겼다는 것이다. 이런 상황을 보신 하나님이 그가 기도하도록 하기 위해 물고기를 임신한 암놈으로 바꾸었다는 것이다. 요나는 물고기 새끼들 때문에 뱃속에 머무는 것이 불편해져서 비로소 기도하기 시작했다는 재미있는 발상의 해석이다.

요나를 삼킨 물고기를 다른 용어로 부를 수 있는데도 의도적으로 '큰 물고기'로 부르고, 물고기의 성별을 정확하게 밝히지 않아 이 같은 혼란을 야기하는 것은 물고기의 정체에 대해 너무 많은 관심을 갖지 말라는 뜻으로 이해된다. 독자가 하나님이 하신 일에 관심을 갖기를 원하지, 물고기에 집중하는 것을 원하지 않는 것이다. 그러므로 물고기의 정체를 연구하고 논하는 것은 그다지 바람직한 일은 아니다. 또한 이러한 논쟁은 소모적이고 본문을 이해하는데 크게 도움을 주지 못한다(Alexander).

이 일은 하나님이 행하신 기적이다. 기적은 인간이 설명할 수도, 번복할 수도 없는 하나님의 행위를 뜻한다(Stuart). 그러므로 하나님의 기적을 인간의 논리와 자연적인 물증을 통해 설명하려는 노력 자체가 무모할 수 있다. 저자가 부각하고자 하는 것은 사람을 삼킨 물고기가 아니라, 이 물고기가 하나님의 지시에 따라 적절한 시간, 적절한 장소에서 요나가 바닷물을 너무 많이 마시기 전에 그를 삼켰다는 것이다(Baldwin). 하나님은 물고기 뱃속에서 요나를 가르치기를 원하셨다. 물고기 뱃속은 사람이 살기에 좋은 곳은 아니나 교훈을 배우기에는 매우 좋은 곳이었다(Kendall).

요나는 물고기 뱃속에서 사흘 낮과 밤을 보냈다. '삼 일'(שְׁלֹשָׁה יָמִים)을 보냈다는 말로도 충분하지만, 굳이 '세 밤'(שְׁלֹשָׁה לֵילוֹת)을 더하는 것은 요나에게 시간이 매우 느리게 지났다는 점을 강조하기 위해서다(Simon, cf. 출 24:18; 왕상 19:8). 이 시간을 사람이 죽으면 '저 세상'(netherworld)으로 내려가는 데 필요한 시간이라며, 요나가 바다에서 던져지자마자 물고기에게 구출된 것이 아니라, 먼저 죽어서 '저 세상'으로 간 것이라고 한다(Ackerman, cf. Landes). 그렇다면 요나는 어떻게 '저 세상'에서 돌아오게 되었으며, 또 돌아오는데 얼마나 걸렸을까? 이러한 해석은 요나 이야기가 실제가 아니며, 하나의 신화 또는 비유라는 전제에서 제시될 뿐만 아니라, 논리적인 해석도 아니다. 한 학자는 요나가 물고기 뱃속에 3일을 머문 것은 '저 세상'에 떨어진 요나를 다시 인간이 사는 세상으로 데려 오는데 필요한 시간이었다고 한다(Landes). 이 해석 역시 요나의 경험이 실제로 있었던 일이라고 믿지 않는 데서 비롯되었다. 가장 자연스러운 해석은 요나를 삼킨 물고기가 그곳에서 요나를 토해낼 육지까지 가려면 3일이 필요했다는 것이다(Limburg). 물고기는 어디쯤에 요나를 토해냈을까? 전통적인 견해는 시돈의 북쪽 레바논 해안 지역이었을 것이라고 추측한다(Trible).

요나는 3일이 지나서야 하나님께 무릎을 꿇고 기도하기 시작했다. 그는 자원해서 적극적으로 기도하지 않았다. 자신이 처해 있는 곤경–물고기 뱃속에서 자신의 뜻대로 살지도 죽지도 못하는 어려움 때문에 기도했다(Kimchi, Simon). 유태인 미드라쉬는 이렇게 설명한다. "요나는 물고기 뱃속에 3일 동안 있었지만 기도하지 않았다. 거룩하신 분께서–그에게 복이 있을지어다 – 말씀하셨다. 내가 그를 위하여 고통스러워하지 않도록 뱃속이 넓은 물고기를 만들었는데도 그는 나에게 기도하지 않는다! 내가 그를 위하여 임신한 물고기, 곧 뱃속에 36만 5,000마리의 새끼를 지닌 물고기를 준비해서 그가 [이 새끼 물고기들로 인하여] 고통을 당하며 나에게 기도하도록 하겠다"(Simon). 물론 이러한 해석은 지나친 상상력에 불과할 뿐 정통한 해석은 아니다. 그러나 이 미드라쉬가 강조하고자 하는 포인트에는 동의한다. "하나님이 은혜를 베푸실 때 빨리 회개하고 돌아오라!"

B. 요나의 감사 찬양(2:2–9)

요나가 드디어 입을 열어 그에게 임한 하나님의 구원을 찬양한다. 그의 기도는 시편의 여러 부분을 인용하고 있다. 요나의 감사기도가 시편의 여러 부분을 인용하고 있다는 것과 책의 다른 부분과의 연관성에 근거하여 이 노래가 훗날 첨부되었다고 주장하는 사람이 많다(Wolff, Glaze, Magonet). 그러나 대부분은 이 노래가 요나서가 처음 저작되었을 때 포함되어 있었고 책의 다른 부분과도 잘 연결된다고 결론을 내렸다(Landes, Sweeney, Stuart, Smith & Page, Baldwin, Simon). 훗날 삽입된 것으로 보기에는 책의 다른 부분과 너무나 잘 어울린다는 것이다(Youngblood, cf. Landes).

시편이 이스라엘 백성이 인생의 사계절을 지내면서 불렀던 찬송을 모아놓은 것이라는 점을 감안할 때, 요나가 여러 시편을 인용하여 고유한 찬송을 부른다는 것이 결코 새롭거나 특이한 사항은 아니다. 오늘날도 많은 찬송과 기도책이 시편의 여러 부분을 인용하고 있다. 네 절(stanza)로 구성되어 있는 노래는 대체로 규칙적인 운율(2+3)을 지니고 있다. 요나의 물리적인 위치도 시가 진행됨에 따라 점차로 바다의 표면에서 멀어져 간다. (1) 그는 바다의 표면에 있었다(3절), (2) 그는 바다 한가운데 있었다(4절), (3) 그는 바닥 가까이에 있었다(5절), (4) 그는 물속 깊이 빠져들고 있었다(6절)(Bruckner).[8] 이 시는 다음과 같은 구조를 지녔다(Simon, Trible).[9]

A. 하나님이 부르짖는 자에게 응답하심(2:2)
  B. 구원은 그분의 성전으로 돌아가는 것(2:3-4)
  B'. 구원은 살아 있는 사람의 땅으로 돌아가는 것(2:5-7)
A'. 응답받은 자가 감사 기도와 감사 제물을 맹세함(2:8-9)

---

8 브루크너(Bruckner)는 2-6절을 다음과 같은 교차대구법적 구조로 제시한다.
  A. (2:2) In my distress I called to *the Lord*, and he answered me. *From the depths of the grave* I called.
    B. (2:3) You hurled me into *the deep*, into the very heart of the seas
      C. (2:4) I said, "I have been banished from your sight"
    B'. (2:5) The engulfing waters threatened me, *the deep* surrounded me
  A'. (2:6)You brought *my life up from the pit, O Lord* my God
9 매우 세밀하지만 짜임새 있는 구조 분석에 대하여는 영블러드(Youngblood)를 참조하라.

1. 하나님이 부르짖는 자에게 응답하심(2:2)

² 이르되

내가 받는 고난으로 말미암아

여호와께 불러 아뢰었더니

주께서 내게 대답하셨고

내가 스올의 뱃속에서 부르짖었더니

주께서 내 음성을 들으셨나이다

요나는 깊은 곳에서 부르짖는 기도를 여호와께서 들으시고 응답하셨다는 고백으로 노래를 시작한다. 노래를 시작하는 "내가 고통스러울 때 주님께 불러 아뢰었더니, 주님께서 내게 응답하셨습니다"는 시편 120편의 시작과 비슷하다(시 18:6; 118:5). 요나가 하나님께 부르짖었다는 것은 그동안 하나님께 등을 돌리고 있던 마음이 드디어 하나님을 향하여 돌아섰음을 뜻한다(Baldwin). 그의 심적인 변화는 요나가 기도하는 여호와가 다름 아닌 '그의 하나님'(אלהיו)이라는 부분에서도 드러난다. 요나와 여호와의 관계를 이렇게 표현하는 것은 이 책에서 이곳이 처음이다.

선장의 권고(1:6)와 선원들의 기도하는 모습(1:14)에도 하나님께 기도하기를 거부했던 선지자가 드디어 하나님께 마음 문을 연 것이다. 요나가 마음을 열게 된 것은 무엇보다도 하나님이 응답하셨다는 사실 때문이었을 것이다. 요나는 하나님으로부터 도망했기 때문에 하나님이 응답하시리라고는 기대하지 못했을 것이다(Baldwin). 포기하지 않고 끝까지 찾아가는 하나님의 사랑이 요나의 마음을 조금씩 녹이기 시작한 것이다.

요나는 물고기 뱃속에서의 경험을 마치 스올의 뱃속을 체험한 것에 비교한다. '스올의 깊은 곳'(시 86:13)은 우주의 가장 낮은 곳을 뜻하며 사람이 죽어서 가는 곳이기도 하다(Simon). 이 세상의 생기와 활동력에 비교할 때, 스올은 그림자밖에 되지 않는다(사 14:9; 26:14). 요나는 자신이 실제로 죽음 직전까지 도달했던 것을 회고하고 있다(Walton, Fretheim, Baldwin). 아마도 물고기에게 구출되기 전에 바다 밑으로 가라앉던 순간을 회고하고 있는 듯하다(Landes).

II. 하나님이 요나를 구하심(1:17-2:10[2:1-11])
　　B. 요나의 감사 찬양(2:2-9)

2. 구원은 그분의 성전으로 돌아가는 것(2:3-4)

> ³ 주께서 나를 깊음 속 바다 가운데에 던지셨으므로
> 큰 물이 나를 둘렀고
> 주의 파도와 큰 물결이 다 내 위에 넘쳤나이다
> ⁴ 내가 말하기를 내가 주의 목전에서 쫓겨났을지라도
> 다시 주의 성전을 바라보겠다
> 하였나이다

요나는 물에 잠기게 된 것을 하나님이 던지셨기 때문이라고 한다(3절). 표면적으로 보면 요나는 자신의 불행에 대해 전적으로 하나님을 원망한다(Trible). 그러나 그는 풍랑 때문에 선원들이 그를 바다로 던진 것이 하나님의 섭리에 의한 것임을 고백하고 있는 것이지 하나님을 원망하는 것은 아니다. 하나님이 처음부터 그를 붙잡기 위하여 풍랑을 보내셨기 때문이다. 물에 던져진 그는 파도에 의해 이리저리 휩쓸렸다. 선지자는 휩쓴 파도마저도 하나님이 하신 일이었다고 회고한다. 요나가 자신의 몸에 대하여 어떤 통제도 할 수 없는 상황이었다.

그 순간 머리를 스치는 생각은 자신이 하나님 앞에서 쫓겨났다는 것

이었다(4절). 비록 하나님으로부터 도망하다가 이렇게 되었지만, 죽음을 앞둔 상황에서 하나님의 눈앞에서 쫓겨났다는 생각이 두렵게 했을 것이다(Simon). 선지자는 다시 살아야겠다는 생각을 하게 되었고, 믿음으로 성전을 바라볼 수 있는 날을 소망했다(Smith & Page, Bruckner). 요나는 이 모든 일이 여호와께 불순종해서 일어난 일이니, 하나님이 결정만 하면 다시 살 수 있다고 생각했다.

II. 하나님이 요나를 구하심(1:17-2:10[2:1-11])
　B. 요나의 감사 찬양(2:2-9)

3. 구원은 살아 있는 사람의 땅으로 돌아가는 것(2:5-7)

⁵ 물이 나를 영혼까지 둘렀사오며
깊음이 나를 에워싸고
바다 풀이 내 머리를 감쌌나이다
⁶ 내가 산의 뿌리까지 내려갔사오며
땅이 그 빗장으로 나를 오래도록 막았사오나
나의 하나님 여호와여
주께서 내 생명을 구덩이에서 건지셨나이다
⁷ 내 영혼이 내 속에서 피곤할 때에
내가 여호와를 생각하였더니
내 기도가 주께 이르렀사오며
주의 성전에 미쳤나이다

파도에 이리저리 휩쓸리던 요나가 물에 가라앉기 시작했다(5절). "물이 나를 두르기를 영혼까지 하였으며"라는 말은 바닷물이 폐에 차기 시작했다는 뜻으로 풀이되기도 한다(Simon). 잠시 후 바다 풀이 그의 머리를 휘감는 듯했다. 일부 고대 버전은 '바다 풀'(סוף)이 홍해 바다

(סוּף יַם)를 뜻하는 것으로 해석했지만(Targum, Aquila LXX), 크게 설득력 없는 해석이다. 요나는 지중해 연안에 있는 다시스로 가다가 봉변을 당한 것이지 홍해 바다에서 당한 것이 아니기 때문이다. 요나는 바다 풀이 있는 바닥까지 내려갔다는 것을 회고하고 있을 뿐이다. 죽음을 바로 앞둔 순간이었다.

요나는 산의 뿌리까지 내려간 것으로 생각했다(6절). '산의 뿌리'(הָרִים לְקִצְבֵי)는 근동에 팽배해 있던 세계관에서 비롯된 말로 세상의 모든 산의 뿌리가 땅속 깊이 묻혀 있고, 이 산의 뿌리를 바다가 덮고 있다는 생각에서 비롯되었다(Magonet, Smith & Page, Simon, cf. Youngblood). 요나는 바다 속 가장 깊은 곳으로 내려갔다고 말하고 있으며, 땅속 가장 깊은 곳, 곧 스올의 문 앞까지 도달했다고 회고하고 있다. 요나서에서 '내려가다'(ירד)는 요나의 행보를 묘사하며 여러 차례 전략적으로 사용되었다. 하나님으로부터 도망하기 위하여 요나는 욥바로 내려갔다(ירד)(1:3). 그는 다시스로 가는 배에 올랐다(ירד)(1:3). 요나는 풍랑을 보고는 배 아래로 내려갔다(ירד)(1:5). 이제 그의 '내려감'은 이 구절에서 절정에 이른다(Trible). 더는 내려갈 곳이 없기 때문이다. 이제부터는 오직 '올라감'만이 있을 뿐이다. 하나님이 그를 구덩이에서 건지셨기(올리셨기) 때문이다(6b절).

물론 시적인 표현이다. 이 세상의 그 누구도, 그 어떤 것도 요나처럼 깊은 바다에 있는 사람에게는 도움을 줄 수 없다. 그러므로 요나는 삶을 포기하고 죽음을 맞이할 준비를 하고 있었다. '땅이 빗장을 질러' 그를 영원히 가두어놓으려 했다. 여기서 '영원히'(לְעוֹלָם)는 법적 용어로 수정할 수 없는 상황을 뜻한다(Wolff). 요나는 다시 이 세상으로 돌아올 수 없는 죽음의 땅으로 들어갔다고 회고하고 있다(Baldwin).

모든 것이 다 끝났다고 생각한 순간에 불가능한 일이 일어났다(6b절). 하나님의 구원의 손길이 붙잡은 것이다! 하나님이 죽음의 수렁에서 낚아채셨다. 그리고 한없이 내려가던 그를 올리기 시작하셨다. 출애굽 사건 이후로 하나님의 구원은 아무런 힘이 없는 사람을 구출하신 다는 것이 특징이 되었다(Wolff). 여호와께서 그 구덩이 속에서 요나의 생명을 건져 주셨다. 성경에서 '구덩이'(שַׁחַת)는 단순히 파 놓은 함정을 뜻하기도 하고(잠 26:27), 무덤을 뜻하기도 한다(겔 28:8; 시 103:4). 요나 는 하나님이 무덤(죽음)에서 구하셨다는 사실을 고백하고 있다.

선지자는 3절을 시작하면서 하나님이 그를 바다 속 깊은 곳으로 내 치셨다고 했다. 이제 하나님이 그 깊은 곳에서 자신을 구하셨다고 회 고한다. 다시 원점으로 돌아온 것이다. 하나님은 바다 속 깊은 곳으로 내치시는 분이기도 하시고, 그 깊은 곳에서 건지기도 하시는 분이시 다. 그러므로 선지자는 드디어 여호와를 '나의 하나님'(אֱלֹהָי)이라고 부 를 수 있었다. 책이 시작된 이후 요나가 여호와를 자신의 하나님이라 고 부르기는 이번이 처음이다. 드디어 요나는 여호와를 자신의 삶을 주관하는 분으로 인정하게 된 것이다. 요나가 파괴자로 생각했던 하나 님이 어느덧 구원자가 되셨다(Trible). 이렇게 될 것을 뻔히 알면서도 그 는 왜 도주했을까? 처음부터 머리를 숙였다면 모든 것이 순조로웠을 텐데 말이다.

요나는 의식이 희미해지고 정신이 몽롱한 상태에서 하나님께 기도 했더니 응답하셨다는 사실을 다시 한 번 회고한다(7절). "내 목숨이 힘 없이 꺼져 갈 때에, 내가 주님을 기억하였더니, 나의 기도가 주님께 이 르렀으며, 주님 계신 성전에까지 이르렀습니다." 사람이 하나님을 기 억한다(זָכַר)는 것은 기도하는 것을 의미한다(Baldwin). 책 전체의 내용을 감안하면, 요나는 영적으로 성숙하지 못했다(Youngblood). 그러나 이 순 간 요나와 하나님의 관계는 작은 전환점을 맞이한 것이 분명하다. 요 나는 '구약의 탕자'라 할 수 있다(Allen).

드디어 탕자가 돌아온다. 하나님의 구원의 밧줄이 그를 예전보다 훨씬 더 가까운 주님의 품으로 당기고 있다. [신약의] 탕자가 온갖 육체적인 고통 끝에 집으로 돌아온 것처럼, 요나는 죽음을 앞둔 마지막 순간에 오직 창조주 하나님만이 바다를 다스릴 수 있고 자신을 도울 수 있다고 생각한 것이다.

요나의 기도는 하나님이 계시는 '주님의 거룩한 전'(הֵיכַל קָדְשֶׁךָ)에 도달했다(7절). 요나는 이 세상과 저 세상의 경계선에 서 있다. 그곳은 이 세상에 살아 있는 사람이 생각할 수 있는 가장 먼 곳이다. 특히 사람을 창조하시고 생명을 주신 하나님이 계시는 성전에서 가장 멀리 떨어져 있으며, 성전과 대조되는 곳이라 할 수 있다. 요나가 이렇게 먼 곳에서 기도했는데, 그의 기도가 곧장 하나님의 전에 도달한 것이다. 어떤 물리적 장애물이라도 하나님과 회개하는 죄인 사이를 가로막을 수는 없다(시 18:7; 20:3)

> II. 하나님이 요나를 구하심(1:17-2:10[2:1-11])
>   B. 요나의 감사 찬양(2:2-9)

4. 응답받은 자가 감사 기도와 감사 제물을 맹세함(2:8-9)

> [8] 거짓되고 헛된 것을 숭상하는 모든 자는
> 자기에게 베푸신 은혜를 버렸사오나
> [9] 나는 감사하는 목소리로 주께 제사를 드리며
> 나의 서원을 주께 갚겠나이다
> 구원은 여호와께 속하였나이다
> 하니라

요나의 노래가 감사 기도와 감사 제물을 바칠 것을 서원하는 것으로 막을 내린다. 하나님으로부터 도망하던 요나는 하나님의 능력을 다시 한 번 실감하게 되었다. 그래서 요나는 우상을 섬기는 자가 끝에 가서는 신에게 기대하던 모든 것을 버려야 하지만, 자기만큼은 참 하나님을 믿기에 그럴 염려가 없다는 것을 확신한다. 다른 신은 안개(הֶבֶל)와 허상(שָׁוְא)(emptiness)이며, 아무런 능력이나 실체가 없는 '허상의 안개'(הַבְלֵי־שָׁוְא)에 불과하여 결국에는 그들의 도움을 기대했던 숭배자를 속이지만(Baldwin), 하나님은 능력과 가능성으로 가득한 실체이기에 백성의 기대를 저버릴 필요가 없으시다(Simon). 요나는 도망했을 때도 하나님의 능력에 대해서 의심하지 않았다. 이제 그는 죽음에 가까이 간 경험을 통해 하나님의 능력을 새삼 실감하게 되었다.

요나는 새로이 체험한 하나님께 감사 찬송과 제물을 드릴 것을 약속한다. 머지않아 물고기 뱃속을 떠나 다시 육지를 밟게 될 것을 기대하고 있다. 하나님이 죽어가는 자신을 살려주셨기 때문에 물고기 뱃속에 영원히 머물게 하지는 않으실 것이라는 확신이 서기 시작했을 것이다. 여기에 약속한 것은 꼭 지킬 것이라는 각오도 더하여(9절) 반드시 하나님의 성전을 찾아가 제물을 드리겠다는 맹세를 이행할 것을 밝힌다. 죽겠다던 요나가 변화를 받아 삶에 대한 강력한 의지를 표현하고 있다. 끝으로 '구원은 여호와께 속한 것'(יְשׁוּעָתָה לַיהוָה)이라는 고백으로 노래를 마친다. 지난 며칠 동안의 체험을 뒤돌아볼 때, 요나는 이 고백 외에는 하나님께 드릴 것이 없다(Cary).

요나가 2장에서 드리는 기도가 진실한 것일까? 아니면 물고기 뱃속을 탈출하기 위하여 내뱉은 말인가? 대부분은 2장에서 기도하는 요나의 모습이 진실한 것이라고 생각한다(Smith & Page, cf. Simon). 그러나 요나가 하나님으로부터 도주한 것은 어리석은 일이었다는 것을 고백하고는 있지만, 전적으로 회개한 것은 아니라는 해석도 있다(Baldwin, cf. Youngblood). 2장에 비친 요나의 모습이 100% 진실하다고 인정하기 힘들게 하는 큰 걸림돌이 하나 있다. 바로 3-4장에 비춰서 보는 그의 모습이다. 니느웨가 하나님 은혜를 입어 멸망에 이르지 않게 된 것을 기뻐하기는커녕 오히려 화를 내는 요나를 어떻게 2장의 요나와 연결시키나는 것이다. 한 주석가는 요나가 드리는 기도가 위선이고 거짓이었기에 물고기가 속이 메스꺼워 토해낸 것이라고 한다(Trible). 3-4장 내용을 감안하면 가능한 해석이지만, 그래도 2장에서 기도하는 요나는 그 순간에는 진실한 사람이었다고 생각된다. 그렇다면 3-4장의 요나는 어떻게 이해할 것인가? 물고기 뱃속에서 기도를 드린 순간에는 진실했지만, 일단 육지에 오르게 되니 다시 마음이 옛날로 돌아간 것은 아닐까? 비록 요나가 못된 선지자이긴 하지만, 그래도 어느 정도는 믿고 싶다. 하여튼 나중에 천국에 가서 선지자를 직접 만나 물어볼 일이다.

II. 하나님이 요나를 구하심(1:17-2:10[2:1-11])

C. 요나가 땅 위를 걷게 됨(2:10)

¹⁰ 여호와께서 그 물고기에게 말씀하시매 요나를 육지에 토하니라

지난 3일 동안 요나를 뱃속에 넣고 다니던 물고기가 요나를 육지에 토해냈다. '토하다'(קיא)는 매우 부정적인 말로 혐오감을 일으키거나 구토할 정도로 속이 메스꺼운 상황에서 사용된다(사 19:14; 렘 48:26; 레 18:28)(Bruckner, Smith & Page). 그래서 물고기가 요나를 토해낸 것을 부정적인 시각에서 보기도 한다(Trible). 그러나 물고기는 하나님 명령에 따라 요나를 삼켰다가 토해내고 있다. 그러므로 이 행위를 부정적으로 볼 필요는 없다(Simon). 물론 물고기 뱃속에서 나온 요나의 모습이 좋지는 않았을 것이다. 온몸에서 비린내가 나고, 심지어 살갗의 일부가 물고기의 위액에 녹아내렸을 수도 있다. 이것이 하나님을 거역하고 도망할 수 있다고 생각했던 선지자의 모습이다(Wolff, Baldwin).

한때 선원들은 요나와 자신들을 육지에 내려놓으려고 온갖 애를 썼지만 모두 실패했다. 이제 물고기가 요나를 그들이 그렇게 갈망하던

육지에 내려주었다(Sasson). 물고기가 요나를 어느 지역에다 토해냈는지는 알 수 없다. 그가 니느웨로 가야 하니까 시리아 연안에 토해냈을까? 아니면 처음부터 다시 시작하라는 의미에서 욥바 근처에다 토해냈을까?(Gaebelein) 어찌 되었건 이렇게 하여 이야기는 다시 원점으로 돌아왔다. 1장을 시작하면서 하나님이 요나에게 니느웨로 가라고 하셨던 명령이 곧 다시 반복될 것이다. 이번에는 당연히 요나가 순종할 것이라는 기대를 가지고 2장이 마무리되고 있다.

2장 이야기는 책 전체에서 가장 기분 좋은 부분이기도 하다. 이 섹션은 기적, 은혜, 찬송, 감사, 구원, 새로운 희망에 대한 이야기를 담고 있다. 불쌍한 물고기가 드디어 속을 불편하게 하던 사람을 토해낼 수 있었다. 도망하던 선지자 요나는 교훈을 얻었고, 하나님의 주권은 다시 한 번 확인되었다. 이 섹션의 주인공은 물고기도, 요나도 아니다. 바로 하나님이시다. 그분이 구원을 이루셨고, 요나를 구원하셨다. 요나도 물고기도 통제할 수 없는 상황에서 하나님의 주권만이 빛을 발했다.

바닷물에 휩쓸려 가라앉던 요나가 2장에서 구원을 받았다. 자신은 죽어 마땅하지만 하나님이 살려주셨다는 것을 고백하고 있다. 하나님은 구원받을 만한 자격이 없는 사람을 살려주셨던 것이다. 1장에서는 선원들이 풍랑으로부터 구원을 체험했다. 3장에서는 니느웨 사람이 구원을 받게 된다. 4장에서 펼쳐지는 하나님과 요나의 다툼도 죄인의 구원에 관한 것이다. 그러므로 '구원'은 요나서의 가장 중심 주제로 간주된다(Fretheim, Smith & Page).

III. 요나가 하나님의 말씀에 순종함
(3:1-10)

요나가 물고기 뱃속에서 하나님께 기도드릴 때, 니느웨로 갈 준비가 되어있다는 말은 하지 않았다. 물고기 뱃속을 떠나 육지로 내려와서도 자발적으로 니느웨로 갈 생각은 없었다. 그렇기 때문에 하나님이 또 한 번 니느웨로 가라고 명령하셔야 했다(Simon). 하나님이 베푸신 은혜로 살게 된 요나는 이 순간에도 자발적으로 하나님의 명령에 순종하는 적극적인 종은 아니다. 그럼에도 하나님은 요나에게 새로운 시작을 허락하신다. 그것도 처음과 똑같은 소명으로 말이다. 하나님이 요나를 대하면서 얼마나 오래 참으셨는가가 역력하게 드러나는 순간이다. 3장 시작은 1장 시작과 거의 흡사하다. 마치 데자뷰(déjà vu)를 경험하는 듯하다(Youngblood). 다만 하나님 명령을 받은 요나의 반응(3절)에 차이가 있을 뿐이다.

1장	3장
1. 주님께서 아밋대의 아들 요나에게 말씀하셨다.	1. 주님께서 또다시 요나에게 말씀하셨다.

2. "너는 어서 저 큰 성읍 니느웨로 가서, 그 성읍에 대고 외쳐라. 그들의 죄악이 내 앞에까지 이르렀다."	2. "너는 어서 저 큰 성읍 니느웨로 가서, 이제 내가 너에게 한 말을 그 성읍에 외쳐라."
3. 그러나 요나는 주의 낯을 피하여 다시스로 도망가려고, 길을 떠나 욥바로 내려갔다. 마침 다시스로 떠나는 배를 만나 뱃삯을 내고, 사람들과 함께 그 배를 탔다. 주님의 낯을 피하여 다시스로 갈 셈이었다.	3. 요나는 주님께서 말씀하신 대로, 곧 길을 떠나 니느웨로 갔다.

이 섹션은 다음과 같이 세 파트로 구분할 수 있다. 이야기의 핵심은 요나의 경고를 듣고 적극적으로 반응하여 심판을 모면하는 니느웨 사람에게 맞춰져 있다. 저자는 이방인이라 할지라도 기회만 주어지면 죄를 회개하여 죽지 않고 살 수 있다는 부분을 강조하고 있다.

    A. 하나님의 니느웨에 대한 명령(3:1-3)
        B. 요나의 말씀 선포와 니느웨의 반응(3:4-9)
    A'. 하나님의 니느웨에 대한 대응(3:10)

III. 요나가 하나님의 말씀에 순종함(3:1-10)

A. 하나님의 니느웨에 대한 명령(3:1-3)

¹ 여호와의 말씀이 두 번째로 요나에게 임하니라 이르시되 ² 일어나 저 큰 성읍 니느웨로 가서 내가 네게 명한 바를 그들에게 선포하라 하신지라 ³ 요나가 여호와의 말씀대로 일어나서 니느웨로 가니라 니느웨는 사흘 동안 걸을 만큼 하나님 앞에 큰 성읍이더라

육지로 돌아온 지 얼마나 지났을까? 하나님 말씀이 요나에게 다시

임했다(1절). 니느웨로 가서 이미 받은 메시지(1:2)를 전하라는 것이다 (2절). 첫 번째 명령에 불순종했던 요나에 대한 하나님의 책망도 없다. 하나님은 묵묵히 요나에게 다시 한 번 순종할 기회를 주실 뿐이다. 모든 것이 원점으로 돌아와서 새로운 시작을 맞이한 것이다. 그러나 하나님이 모든 사람에게 항상 재기의 기회를 주실 것이라고 생각하지 않는 것이 좋다. 경우에 따라 한 번의 기회밖에 주어지지 않기도 한다(왕상 13:26). 하나님이 도망한 요나를 원점으로 데려오셔서 다시 똑같은 명령을 하시는 것은 하나님은 결코 파렴치한 선지자에 의해 꺾이실 분이 아니며, 그 선지자가 가야 할 길에서 벗어나는 것을 무한정으로 지켜보지는 않으실 것을 의미한다(Baldwin).

하나님 명령을 받은 요나가 곧장 니느웨로 떠났다(3절). 요나 자신이 하나님 뜻에 동의하든 동의하지 않든 일단은 하나님 말씀에 순종하려고 했다. 이러한 사실을 그가 '여호와의 말씀대로'(כִּדְבַר יְהוָה) 니느웨로 갔다고 기록하는 것을 통해 강조하고 있다. 주의 종의 의무는 하나님 명령을 이행하는 것이지 그분의 말씀을 비판하거나 수정하는 것이 아니다(Stuart). 요나가 니느웨로 떠나는 일로 최소한 표면적으로는 요나와 하나님의 관계가 회복되었음을 알 수 있다(Bruckner).

요나가 말씀을 선포하기 위하여 방문한 니느웨는 하나님 말씀대로 '큰 도시'(עִיר־גְּדוֹלָה)였다(2, 3절). 니느웨 성의 직경이 5㎞에 달했던 점을 감안할 때(ABD), 이 도시의 실제 규모가 크다는 것을 강조하는 뜻으로 생각할 수도 있지만, 이 표현은 도시의 규모와 중요성을 함께 부각시키려는 의도라는 것이 대부분의 해석이다(Sasson, Wiseman, Allen, Baldwin, Smith & Page).

니느웨는 '3일 길'(מַהֲלַךְ שְׁלֹשֶׁת יָמִים)이었다(3절). 이 말을 니느웨 성을 둘러보는데 3일이 걸렸다는 뜻으로 이해해 과장된 표현이며 현실성 없는 말이라고 일축하기도 한다(Fretheim). 직경이 5㎞밖에 되지 않는 성읍은 3일 동안 다닐 만한 곳이 못되기 때문이다. 반면 주전 1세기에 살

앉던 시쿠루스(Diodorus Siculus)가 니느웨 성의 총 둘레가 90km에 달했다는 말을 남긴 것을 근거로 이렇게 큰 도시를 가로지르는데 3일은 족히 걸렸을 것이라는 해석도 있다(Allen, cf. NRS, JPS). 아시리아의 왕 산헤립(705-681 BC)은 자신이 니느웨 성의 둘레를 9,300규빗에서 2만 1,815규빗(5km→12km)으로 늘렸다는 기록을 남겼다(Walton). 이 말은 당시 니느웨 성이 여러 위성도시 역할을 하는 성을 포함하고 있었던 것을 전제하고 쓰여진 것이라는 해석도 있다(Wiseman). 이 해석의 경우, 하루는 변두리에서 도시 중심으로 가는 데 사용되고, 하루는 볼 일을 보는데 사용되고, 하루는 다시 출발한 곳으로 돌아오는 일에 사용된 것을 뜻하는 것으로 이해한다. 또 요나가 니느웨에 머문 기간이 3일이었음을 뜻한다는 해석도 있다(NIV). 그러나 대부분은 니느웨 성의 이곳저곳을 돌며 사람이 모이는 곳마다 말씀을 선포하려면 3일은 족히 걸린다는 것을 의미한 것으로 풀이한다(Stuart, Simon, Bruckner, Baldwin, Smith & Page).

III. 요나가 하나님의 말씀에 순종함(3:1-10)

B. 요나의 말씀 선포와 니느웨의 반응(3:4-9)

[4] 요나가 그 성읍에 들어가서 하루 동안 다니며 외쳐 이르되 사십 일이 지나면 니느웨가 무너지리라 하였더니 [5] 니느웨 사람들이 하나님을 믿고 금식을 선포하고 높고 낮은 자를 막론하고 굵은 베 옷을 입은지라 [6] 그 일이 니느웨 왕에게 들리매 왕이 보좌에서 일어나 왕복을 벗고 굵은 베 옷을 입고 재 위에 앉으니라 [7] 왕과 그의 대신들이 조서를 내려 니느웨에 선포하여 이르되 사람이나 짐승이나 소 떼나 양 떼나 아무것도 입에 대지 말지니 곧 먹지도 말 것이요 물도 마시지 말 것이며 [8] 사람이든지 짐승이든지 다 굵은 베 옷을 입을 것이요 힘써 하나님께 부르짖을 것이며 각기 악한 길과 손으로 행한

강포에서 떠날 것이라 [9] 하나님이 뜻을 돌이키시고 그 진노를 그치사 우리가 멸망하지 않게 하시리라 그렇지 않을 줄을 누가 알겠느냐 한지라

요나는 니느웨 사람에게 다가오는 여호와의 심판을 제대로 알리려면 3일 동안 두루 돌아다니며 말씀을 전해야 하는데도 단지 하루만 사역했다. 그나마 요나는 단 하루를 온전히 말씀 선포하는 일에만 사용하였을까? 어떤 학자는 날이 저물어갈 무렵에 말씀 선포를 시작했다고 한다(Bewer). 반면에 요나가 하루 종일 여건이 허락할 때마다 성의 이곳저곳을 찾아다니며 말씀을 선포했다는 해석도 있다(Keil & Delitzsch, Ellison, Kennedy). 요나가 무작정 니느웨에 입성하여 말씀을 선포하지 않았을 것이라는 추측도 있다. 그의 첫날은 도시의 유지를 방문하고 선물을 주는 등의 관례적인 일을 포함했을 것이라는 이해이다(Stuart). 한 가지 확실한 것은 요나가 니느웨에 입성했을 때 모든 사람의 시선이 그에게 집중했을 것이다. 그는 니느웨 사람의 풍습과 삶의 방식이 다른 이스라엘 사람이기 때문이다. 그의 옷차림, 짐 보따리 등이 벌써 사람들 눈에 띄고도 남았을 것이다. 게다가 물고기의 위액에 표백된 살색도 사람들 관심을 끄는 데 한몫했을 것이다(Smith & Page).

저자는 이미 니느웨 전체에 하나님 말씀을 전하려면 족히 3일은 걸린다는 것을 3절에서 귀띔해 주었다. 그런데 요나는 고작 하루밖에 말씀을 선포하지 않는다! 그것도 "사십 일만 지나면 니느웨가 무너진다!"라는 내용이었다. 히브리어로 불과 다섯 단어에 달하는 내용이다. 또한 "그러므로 회개하라"라는 말도 없다. 물론 요나의 소명이 '회개하라'는 말씀을 포함하지 않았기 때문이라고 해석할 수도 있다. 그러나 정상적인 선지자라면 이 말을 덧붙이는 것이 당연하지 않은가! 하나님이 요나에게 메시지를 주실 때에는 경고성이었는데, 요나는 메시지를 결코 변하지 않는 확고한 선언으로 여겼던 것 같다(Cary).

요나는 같은 말만 반복할 뿐 사람들에게 어떻게 대처하라는 처방을

807

내리지 않는다. 단순히 니느웨가 망할 것이라는 말만을 선포할 뿐이다. 요나는 니느웨 사람이 하나님 앞에서 회개하는 것을 원하지 않는다. 그는 니느웨 사람이 자신의 말을 귀담아듣지 않아 40일 후에 망하기만을 바라고 있다. 요나의 마음속 깊은 곳에 도사리고 있는 니느웨에 대한 반감이 엿보인다. 이런 요나 같은 사람을 선교사로 보내신 하나님의 마음은 얼마나 답답하셨을까? 비록 요나서가 선지서로 분류되지만, 선포한 메시지가 고작 다섯 단어에 불과하다는 점은 책이 쓰여진 목적이 예언을 선포하기 위함이 아니라 다른 곳에 있음을 암시한다. 메시지라고는 고작 다섯 단어로 구성된 한 문장을 선포한 요나는 선지자 중에 가장 짧은 메시지를 전한 자로 길이 기념될 것이다!

많은 학자는 '무너진다!'(נֶהְפָּכֶת)에서 두 가지 의미(double entendre)를 찾는다. 첫째는 말 그대로 망한다는 뜻이다. 니느웨는 40일 후에 하나님 심판을 받아 소돔과 고모라처럼 될 것이라는 경고다. 칠십인역은 하나님 심판이 40일 후에 니느웨에 임할 것이 아니라, 3일(τρεῖς ἡμέραι) 후에 임할 것이라고 한다. 요나서가 숫자 3을 자주 사용하는 것과 니느웨 사람이 즉각적 반응을 보이는 것이 회개할 시간이 짧기 때문이라며 칠십인역의 3일을 선호하기도 한다(Marcus). 그러나 요나서가 말씀 선포를 꺼려하는 선지자와 과잉 반응을 보이는 니느웨 사람을 대조하고 있음을 감안할 때 40일이 확실하다(Fretheim). 아직 시간이 있으니 더 알아보고 신중하게 반응해도 될 것인데, 니느웨 사람은 요나의 메시지를 듣자마자 회개했다는 점을 강조하여 요나와 대조를 이루고 있는 것이다.

둘째는 도시가 악에서 선으로 돌이킨다는 뜻이다(Trible, Stuart, Baldwin, Bruckner, Smith & Page, cf. 에 9:22). 물론 요나는 이런 일이 일어나는 것을 원치 않는다. 그러나 니느웨 사람의 소망이 여기에 있다(Trible). 참 아이러니다. 선지자는 사역의 대상인 니느웨 사람이 주께 돌아오기를 원하지 않는다. 반면에 니느웨 사람은 선지자의 딱 한마디에 즉각적인 결단을 내려 주께 돌아온다. 아무래도 둘의 역할이 바뀐 것 같다.

선지자의 심판 예언에 어떻게 대처해야 하는지 가르침을 받지 못한 니느웨 사람의 운명이 마치 풍랑에 요동하는 배에 갇혀 있던 선원들과 비슷하다(Simon). 그러나 선원들이 살게 된 것처럼 니느웨 사람도 살게 될 것이라는 기대감을 갖게 한다. 아니나 다를까! 니느웨 사람은 요나의 메시지를 듣자마자 곧장 하나님의 용서와 자비를 갈망하는 행동을 취한다. 요나의 느린 변화와 니느웨 사람의 신속한 행동이 극적인 대조를 이룬다. 요나는 물고기 뱃속에서 마음을 돌이키는데 3일이 걸렸다. 반면에 니느웨 사람은 할애된 3일이 아니라 하루 만에 메시지를 듣고 회개했다. 니느웨 사람은 마치 기다렸다는 듯이 요나의 메시지에 반응을 보이고 있다. 오늘날도 선교지뿐만 아니라 우리나라에서도 전도를 하다가 니느웨 사람처럼 하나님 말씀에 기다렸다는 듯이 반응을 보이는 사람을 만나곤 한다. 우리가 그들을 만나기 전에 주님께서 이미 그들의 삶에 사역을 시작하셨던 것이다.

요나의 메시지를 들은 니느웨 사람은 하나님을 믿었다. 역사적 정황과 자료를 감안하면, 이 말씀은 니느웨 사람이 여호와를 유일한 신으로 섬겼다는 말은 아니다(Walton, Smith & Page). 다신주의자였던 그들이 이 순간만큼은 이스라엘의 하나님 여호와를 믿었다는 것을 뜻할 뿐이지, 하나님과 인격적인 관계를 통해 얻게 되는 구원에 이르는 믿음은 아니었다(Walton, Stuart). 니느웨 사람의 행동을 세 동사로 요약하고 있다. "믿었다(אמן)…선포했다(קרא)…입었다(לבש)"(5절). 풍랑을 만났던 선원들의 행동도 세 동사로 요약한 적이 있다(1:5). 니느웨 사람을 묘사하는 세 동사는 그들의 세 단계 반응을 의미한다. '내적 반응(inward), 결단(articulated), 행동 실시(outward)'(Smith & Page).

니느웨 사람이 요나의 말을 '믿었다'(אמן)는 사실이 일종의 언어유희를 형성하고 있다. 요나는 '아밋대의 아들'이었는데 아밋대(אמתי)는 '나의 진리/진실'이라는 뜻이며 '믿다'(אמן)에서 유래되었다(Sweeney). 그러므로 니느웨 사람이 아밋대(viz., 진실/믿음)의 아들 요나가 선포한 메시지를 믿은 것이다(Trible).

순식간에 각성/부흥 운동이 온 니느웨에서 일어났다. 인류 역사에 가장 획기적인 부흥이었다는 평가도 있다(Gaebelein). 니느웨 사람은 금식을 선포하고 '높은 사람으로부터 낮은 사람'(מגדולם ועד־קטנם)에 이르기까지 모두 베옷을 입었다. 이 표현은 왕족으로부터 평민까지, 귀족으로부터 서민까지, 남녀노소, 권세를 누리는 자로부터 힘없는 자까지 모두 포함한다(Trible). 니느웨 사람의 모든 죄가 도성의 모든 사람의 회개와 근신으로 덮이고 있다(Simon). 훗날 예수님은 이 니느웨 사람을 예로 삼아 믿지 못하는 청중을 책망하셨다(마 12:41).

많은 사람이 요나가 물고기 뱃속에서 3일을 지낸 것이 믿기지 않는다며 가장 큰 기적이라 하지만, 요나서에 기록된 가장 큰 기적은 바로 이 사건이다. 니느웨 사람이 이처럼 극적으로 요나의 메시지에 반응을 보이는 것은 기적일 뿐 아니라 신비롭기까지 하다. 하나님을 가장 잘 알고 믿었다는 유다 사람이 예레미야가 하나님 말씀을 선포하는 참 선지자라는 것을 알면서도 메시지를 들으려 하지 않고, 오히려 선지자를 감옥에 가두고 매로 때리며 심지어 암살하려는 음모까지 꾸몄던 일을 생각하면 더욱 그렇다.

금식하고 베옷을 입는 것은 개인적으로 슬픈 일이나 국가적인 위기를 당했을 때 자신의 연약함을 고백하며 하나님의 도움을 바라는 행위다(왕상 21:27; 에 4:3; 느 9:1). 아시리아 사람의 문화와 종교 생활에 의하면 이와 같은 위기를 맞이할 때, 금식하거나 베옷을 입지 않고 짐승 제물을 바치고 헌주하며 엎드려 신들에게 비는 것이 일반적이다(Walton). 그렇다면 지금 이 현상을 어떻게 설명할 것인가? 별로 어려운 문제가 아니다. 니느웨 사람이 금식을 선포하고 베옷을 입는 것은 요나가 히브리 사람이라는 점을 의식해서일 것이다. 그들은 지금 유태인의 종교

풍습에 맞추어 신탁을 준 히브리 선지자의 하나님께 용서와 은혜를 구하고 있다(Smith & Page).

니느웨 사람의 회개 운동은 곧 도성의 왕에게 보고되었고, 왕도 곧바로 백성처럼 베옷을 입고 머리에 재를 뿌리며 근신했다(6절).[10] 니느웨에서 가장 높은 곳에 거하던 자가 가장 낮은 곳으로 내려왔다. 그뿐만 아니라 왕은 모든 백성과 짐승에게 금식과 베옷을 입을 것을 지시하는 칙령을 내렸다.[11] 회개는 일부 계층만 하는 것이 아니라 모든 사람이 해야 하는 것이며, 지도자가 앞장서서 솔선수범하는 것이 가장 의미 있는 회개이다. 그렇다고 해서 온 국민 앞에 쇼를 해서는 안 된다. 마음을 찢는 회개를 해야 한다.

중세기 유태인 주석가 중 일부는 니느웨 사람의 회개 운동을 거짓 혹은 위선이라고 단정지었다(Simon). 그들의 주장은 이렇다. 니느웨 사람이 가축 중 어미와 새끼를 모두 나누어놓고는 하나님을 협박했다는 것이다. "만일 우리에게 자비를 베풀지 않으면, 우리도 이 짐승들에게 자비를 베풀지 않을 것입니다"라고 말이다! 참으로 몰상식하고 이방인을 얕보는 억지스러운 해석이다. 그러나 최근까지 유태인의 구약 해석은 그다지 환영을 받지 못했다.

왜 짐승이 금식하고 베옷을 입어야 하는가? 니느웨에 하나님의 심판이 내려지면, 사람만 죽는 것이 아니라 짐승도 모두 죽게 되기 때문이라는 해석이 있다(Simon). 페르시아 제국은 국가적인 위기를 맞이할 때, 짐승도 금식하도록 했다는 기록이 있다(Allen). 고대 역사가 헤로도투스(Herodotus)에 의하면 종교적인 근신과 금식에 짐승이 종종 포함되었다고 한다(Bruckner). 그러나 아시리아에서도 이런 일이 있었는지는 확실하지 않다. 이 이야기의 초점은 절박한 상황에 처한 왕이 절박한

---

10 이 왕이 왜 '아시리아 왕'이 아니라 '니느웨 왕'으로 불리는지는 서론 부분을 참조하라.
11 왜 자신의 이름으로 하지 않고, 다른 장관과 함께 칙령을 선포하는지는 서론 부분을 참조하라.

백성에게 절박하게 칙령을 보내는 것에 맞추어져 있다. 이 상황에서 금식에 짐승을 포함하는 것은 충분히 있을 수 있는 일이라 생각된다.

왕이 선포한 칙령은 니느웨 사람에게 네 가지를 요구한다. (1) 금식, (2) 베옷 착용, (3) 하나님께 부르짖을 것, (4) 악한 길에서 돌아서고 폭력을 떠날 것. 이 사항을 보면 니느웨의 왕은 근신이 무엇인지를 아는 사람이었다. 물론 그렇게 한다고 해서 심판을 피할 수 있다는 보장은 없다. 왕도 이 점을 인정하여 "하나님께서 마음을 돌리고(ושׁוב וניחם) 노여움을 푸실지 누가 아느냐? 그러면 우리가 멸망하지 않을 수도 있다"라는 말로 칙령을 마치고 있다(9절). 어느 국가든지 끊임없이 위기를 맞는다. 국가의 생존에 가장 중요한 것은 위기에 대처할 수 있는 지도자이다. 영적인 위기에 대처하기 위해서는 영적인 사람이 필요하다. 니느웨는 영적 의식이 있는 왕이 다스리고 있었기에 안전했다. 우리나라와 교회는 어떠한가?

Ⅲ. 요나가 하나님의 말씀에 순종함(3:1-10)

C. 하나님의 니느웨에 대한 대응(3:10)

¹⁰ 하나님이 그들이 행한 것 곧 그 악한 길에서 돌이켜 떠난 것을 보시고 하나님이 뜻을 돌이키사 그들에게 내리리라고 말씀하신 재앙을 내리지 아니하시니라

여호와 하나님이 니느웨 사람의 회개하는 모습을 보고 선포하신 심판을 거두셨다. 금식하며 베옷을 입고 근신한 것이 하나님 마음을 움직인 것은 아니었다. 니느웨 사람이 악한 길에서 돌아선 것이 하나님 마음을 돌이키게 하였다(נחם). 회개는 단순히 입으로 죄를 시인하는 것이 아니라, 삶의 방식을 바꾸고 가던 길에서 돌이키는 것을 뜻한다. 니느웨 사람은 회개가 무엇인가를 정확히 알고 있었다. 하나님이 이러한 사실을 인정하셔서 내리겠다던 재앙을 거두신 것이다. 히브리어 동사 '돌이키다'(נחם)가 하나님을 주어로 사용될 때면 의미가 매우 특별해진다. '하나님이 돌이키다'는 방향을 바꾸는 것을 뜻하는 것이 아니라 위로받아야 하는 내부적인 고통을 의미한다(Bruckner). "하나님은 심판을 계획하셨다가도 죄인이 회개하면, 자신이 그 죄인을 책망한 것에 대하여 고통을 당하신다···하나님은 그 죄인이 받아야 할 죄의 대가를 스스로 치르시는 것이다"(Ellul). 마치 예수님이 우리의 죄에 대한 대가를 치르신 것처럼, 여호와께서 니느웨 사람의 죄의 대가를 치르셨던 것이다(Baldwin).

요나서 3장은 하나님은 아무리 흉악한 죄인이라도 악한 길에서 돌이키면 용서할 의향이 있으신 분이심을 선포하고 있다. 금식과 근신도 의미가 없는 것은 아니지만 하나님 마음을 움직이는 것은 악한 행위를 멈추고 선을 선호하는 삶의 변화이다. 이러한 변화가 죄인의 삶에서 목격될 경우, 하나님은 이미 선포된 심판마저도 돌이키는 분이다. 하나님께는 자신의 명예나 계획보다 죄인이 회개하는 것이 더 중요하다. 니느웨 사람은 죄의 길에서 돌이킴으로 이미 선포된 화를 모면할 수 있었다.

그러므로 1장에서는 선원들이, 2장에서는 요나가, 3장에서는 니느웨 사람이 구원을 받게 된다. 현재까지 등장했던 모든 사람이 행복해 보인다. 요나서가 3장에서 끝났으면 아주 환상적인 '행복한 결말 이야기'(happy ending story)가 되었을 것이다. 그러나 4장에서 우리는 선지자가 자신의 구원에 대하여는 기뻐했을지 몰라도, 니느웨의 구원을 매우 불쾌해하는 모습을 접하게 된다. 하나님은 요나에게 교훈을 가르치기 위해서라도 4장이 필요하셨던 것이다.

IV. 요나의 불만과 하나님의 반응
(4:1-11)

    하나님은 요나를 니느웨로 보내고자 했던 목적을 달성하셨다. 니느웨 사람이 요나가 건성으로 선포한 말씀을 귀담아듣고 회개했기 때문이다. 그러므로 하나님은 옛적에 소돔과 고모라에 유황불을 내리셨던 것과 같은 심판을 니느웨에 내리실 필요가 없었다. 니느웨 사람은 심판을 모면할 수 있어서 기뻤고, 하나님은 심판을 내리지 않게 되어서 기쁘셨다. 모든 사람이 행복해하는 순간, 니느웨 도성 한구석에 불만으로 '입이 잔뜩 부은' 한 사람이 있었다. 바로 하나님이 메신저로 보내셨던 요나다. 요나는 하나님이 니느웨 사람을 용서하고 심판을 거두신 사실을 용납할 수 없었다. 그는 하나님께 실망했을 뿐만 아니라 분노했다. 이처럼 4장은 분개하는 선지자의 모습으로 이야기를 시작한다. 이 섹션은 다음과 같은 구조를 지녔다.

  A. 선지자의 항의(4:1-4)
    B. 하나님의 실물교육(4:5-9)
  A'. 하나님의 응답(4:10-11)

A. 선지자의 항의(4:1-4)

¹ 요나가 매우 싫어하고 성내며 ² 여호와께 기도하여 이르되 여호와여 내가 고국에 있을 때에 이러하겠다고 말씀하지 아니하였나이까 그러므로 내가 빨리 다시스로 도망하였사오니 주께서는 은혜로우시며 자비로우시며 노하기를 더디하시며 인애가 크시사 뜻을 돌이켜 재앙을 내리지 아니하시는 하나님이신 줄을 내가 알았음이니이다 ³ 여호와여 원하건대 이제 내 생명을 거두어 가소서 사는 것보다 죽는 것이 내게 나음이니이다 하니 ⁴ 여호와께서 이르시되 네가 성내는 것이 옳으냐 하시니라

요나서에서 우리가 접하는 사실은 이러하다. 요나가 만난 이방인은 삶을 사랑한다. 그들은 죽음보다 삶을 선호하며, 살기 위해서 적극적으로 노력한다. 선원들은 자신들뿐만 아니라 바다에 던지면 바다가 잠잠해질 것이라고 하는 요나도 살리고 싶어서 안간힘을 쓰다가 결국 어쩔 수 없어 요나를 물에 던졌다. 니느웨 사람은 살기 위해 외국 선지자가 선포한 말씀을 귀담아듣고 회개했다.

반면에 요나는 하나님의 정의를 사랑한다. 선지자는 하나님의 정의는 결코 변할 수 없으며, 꼭 실현되어야 한다고 생각한다. 심지어는 죽음을 대가로 치르더라도 정의는 실현되어야 한다고 생각한다. 요나는 삶보다 정의를 더 사랑한다. 그래서 풍랑을 만난 후에 죽음을 택하는데 주저하지 않았다. 자신이 죽음으로써 악한 니느웨에 대한 하나님의 정의가 실현된다면 좋은 일이라고 생각했다. 요나는 니느웨가 무슨 일이 있어도 하나님의 정의에 따라 심판받아야 한다고 믿었다. 당시 아시리아에 의하여 고통을 당하고 있던 이스라엘의 한 시민으로서 억압하는 악한 아시리아에 대하여 품을 수 있는 당연한 생각일 수도 있다.

문제는 하나님이 마음을 돌이키신 것이다. 요나가 하나님이 마음을 돌이키신 것을 어떻게 알았을까? 아마도 니느웨 주변에 머물면서 40일을 보내면서 알았던 것 같다(Baldwin). 그는 니느웨가 불에 타는 것을 직접 목격하고 싶었기에 주변을 서성였다. 그런데 40일이 지나도 심판은 임하지 않았다. 그때 요나는 하나님이 니느웨에 심판을 내리지 않으실 것을 알게 되었다. 그러므로 요나는 매우 분노한다(1절). 물론 요나는 일이 이렇게 될 줄 예측하고 있었다. 그래서 더욱더 하나님이 싫어졌다. 이렇게 니느웨에 대한 심판을 거두실 것을 무엇 때문에 자기를 이곳까지 보냈냐는 것이다. 요나가 하나님에 대하여 어떤 감정을 가지고 있었는가를 1절에서 잘 묘사하고 있다. 요나는 하나님이 하신 일이 "나빴으며(רעע)…매우 나빴다(רָעָה גְדוֹלָה)며 진노한다(חרה)." 요나의 감정을 묘사하고 있는 1절이 6개 단어로 구성되어 있는데, 그중 4개가 요나의 심정을 묘사하는 데 사용되고 있다. 요나의 분노가 극에 달한 것이다(Trible).

화가 난 요나가 하나님께 항의 기도를 했다. "주님, 내가 고국에 있을 때에 이렇게 될 것이라고 이미 말씀드리지 않았습니까? 내가 서둘러 다시스로 달아났던 것도 바로 이것 때문입니다. 하나님은 은혜로우시며 자비로우시며 좀처럼 노하지 않으시며 사랑이 한없는 분이셔서, 내리시려던 재앙마저 거두실 것을 내가 알고 있었기 때문입니다"(2절). 요나는 기도를 통해 왜 다시스로 도망하고자 했는지 그 이유를 밝히고 있다. 하나님이 니느웨를 용서하실 줄 이미 알고 있었기 때문이라는 것이다! 요나는 우리가 결코 이해할 수 없는 선지자다. 원래 선지자는 죄인이 회개하도록 돕는 자이며, 죄인이 죄의 길에서 돌이켜 하나님의 용서를 받는 것을 기뻐해야 하지 않는가! 그런데 요나는 오히려 하나님이 죄인을 용서하신 것에 대해 분노한다.

요나가 화를 내는 이유가 명예(viz., 거짓 선지자로 알려지는 것이 싫어서) 때문일까?(Calvin). 그가 국수주의에 빠져있는 유태인이기에 어떤 이방인에게도 이런 감정을 가졌을까?(Stuart) 아니면 대상이 이스라엘을 괴롭게 하는 니느웨 사람이었기 때문일까? 정확히 알 수는 없지만, 아마도 하나님이 용서하신 죄인이 다름 아닌 이스라엘을 억압하는 니느웨 사람이기 때문일 가능성이 크다. 최악의 경우 요나는 사람의 생명을 존중하지 않고 하나님의 자비를 체험한 사람을 싫어하는 사람일 수 있으며, 최선의 경우 하나님의 자비를 오해하고 하나님의 구원 계획에 대하여 매우 제한된 관점을 지녔던 선지자라 할 수 있다(Smith & Page).

비록 죄인과 하나님을 대하는 태도에 문제가 있지만, 요나는 신학만큼은 '정통 보수'였다. 그는 하나님을 묘사하면서 '은혜로우시며(חַנּוּן) 자비로우시며(רַחוּם) 좀처럼 노하지 않으시며(אֶרֶךְ אַפַּיִם) 사랑이 한없으시며(רַב־חֶסֶד) 내리시려던 재앙마저 거두시는(נִחָם עַל־הָרָעָה) 분'이라고 한다 (2b절). 이러한 요나의 고백은 하나님의 성품을 요약하고 있는 출애굽기 34:6에 근거한 것이며, 성경 여러 곳에서 부분적으로 반복된다(대하 30:9; 느 9:17, 31; 시 86:15; 103:8; 111:4; 112:4; 145:8; 욜 2:13). 요나가 고백하는 하나님의 여러 가지 성품을 간단하게 살펴보자.

첫째, 하나님은 은혜로우시다(חַנּוּן). 아무런 전제 조건 없이, 심지어 전혀 받을 자격이 없는 사람들에게까지 베푸는 일방적인 배려를 뜻한다(출 33:12, 16-17). 둘째, 하나님은 자비로우시다(רַחוּם). 이 단어는 자궁(womb)과 연관된 단어로 아이를 향한 어머니의 모성적인 사랑과 관심을 뜻한다(Limburg, Trible). 셋째, 하나님은 노하기를 더디 하는 분이시다(אֶרֶךְ אַפַּיִם). 이 문구를 문자적으로 해석하면 '긴 코를 가지다'라는 뜻이다(잠 14:29; 15:18; 16:32). 히브리 사람은 사람이 화가 나면 코에서 열이 나는 것으로 이해했다. 그러므로 코가 길면 그만큼 열을 식힐 수 있는 공간이 많아서 화를 더디 낸다고 생각했다(Brueggemann). 그러므로 하나님을 긴 코를 가진 분으로 묘사하는 것은 하나님은 다정하고 자비가 많으신 분이라는 의인법이다(Trible).

넷째, 하나님은 인자가 많은(רַב־חֶסֶד) 분이시다. 인자(חֶסֶד)는 근본적으로 언약/계약을 충실하게 이행한다는 뜻을 바탕으로 하고 있다. 그러므로 하나님은 인자가 많은 분이라는 것은 이스라엘과의 언약을 충실하게 지키며 이행하실 뿐만 아니라 필요에 따라서는 이스라엘의 많은 과오까지도 용서하고 용납해서 언약 관계를 유지하겠다는 의지를 밝히시는 것을 뜻한다. 그러나 이방인인 니느웨 사람에게 인자가 많으신 분이 되신 것은 곧 그들의 참회를 받으시고 누구든지 회개하면 죄를 용서하시겠다는 약속을 지키신 분이라는 뜻이다. 혹은 하나님은 무한한 은혜로 가득한 분이라는 뜻이다(Sakenfeld).

다섯째, 하나님은 내리시려던 재앙마저 거두시는(נִחָם עַל־הָרָעָה) 분이다. 요나는 이 사실을 니느웨에서 체험했다. 죄인이 회개만 하면, 하나님은 계획하셨고 이미 선포하셨던 재앙마저도 거두시는 분이다. 하나님의 계획 중에 죄에 대한 심판만큼은 항상 바뀔 가능성이 있다. 죄인이 회개하면 언제든지 계획하신 심판을 취소하거나 보류하신다. 이 과정에서 하나님이 이미 선언하신 심판을 이행하지 않는 일로 '약속을 지키지 않는 분'이라는 불명예를 안을 수도 있으나, 이러한 명예훼손을 감수하면서까지 하나님은 심판을 거두기를 원하신다. 그만큼 죄인이 멸망하는 것을 원치 않는 분이신 것이다.

이처럼 보수적인 신학과 하나님의 성품에 대한 올바른 이해를 가지고 있던 사람이 왜 삶에서는 이 원리를 적용하고 받아들이지 못했을까? 요나의 삶에서도 신학과 삶이 따로 놀았던 것일까? 우리는 올바른 신학을 가지고 있으면서도 남에 대한 배려와 사랑이 결핍되었던 선지자를 보며 무엇을 배우는가? 혹시 일그러진 우리의 모습을 보고 있지는 않은가? 필자는 목회자 세미나에서 종종 이런 말을 한다. "진보적인 신학을 지향하는 사람은 신론(神論)을 다시 해야 하며, 보수적인 신학을 고수하는 사람은 인간론(人間論)을 다시 해야 한다." 자유주의적인 신학에서는 하나님에 대한 올바른 이해가 결핍되어 있다. 하나님은 실존하는 창조주가 아니라, 인간이 만들어낸 상상력에 불과하다고 전제하기 때문이다. 그러므로 하나님의 모든 말씀은 인간이 만들어낸 말이요, 그 말을 담고 있는 성경은 인간이 저작한 책이지 하나님이 주신 계시가 아니다. 상황이 이러하니 그들은 하나님을 다시 알아가야 한다. 반면에 보수적인 신학을 고수하는 사람일수록 인간(죄인)에 대한 이해가 부족한 경우가 많다. 그래서 인간의 고통과 필요(need)에 별 관심을 보이지 않는다. 그러나 자비와 긍휼이 동반하지 않는 신학은 사람을 살리는 것이 아니라 죽이는 것이다. 요나가 건전한 신학을 지니고 있으면서도 니느웨 사람이 살게 된 일로 분개하는 것처럼 말이다. 그러니 보수적인 신학을 가졌다고 자부하는 사람일수록 인간의 고충과 아픔에 대한 이해를 새로이 해야 한다.

하나님이 죄인을 용서하고 자비를 베푸시는 것이 싫은 요나는 다시 한 번 죽음을 청한다(3절). 풍랑 속에서 끝까지 하나님께 무릎 꿇기를 거부하며 죽음을 선호했던 요나의 기질이 다시 재발한 것이다. 항의하는 요나에게 하나님은 부드럽게 말씀하신다. "네가 화를 내는 것이 옳으냐?"(4절) 이 말씀은 정죄의 말이 아니며 요나에게 지금까지 있었던 일을 정리해보도록 유도하는 수사학적인 질문이다. 하나님은 지금까지 요나가 한 일에 대하여 한마디도 하지 않으신다. 다시스로 도망한 일, 물고기 뱃속에 들어가서야 기도했던 일 등 과거에 있었던 일을 통해 그를 탓하거나 문제 삼지 않는다. 하나님은 오직 요나의 현재에 충실하실 뿐이다(Trible).

하나님은 요나가 화를 내는 것이 옳지 않다는 것을 스스로 깨닫기를 원하신다(Baldwin). 새번역은 '책망하셨다'라고 번역하지만 히브리어는 단순히 '말씀하셨다'(אמר)로 표기하고 있다. 하나님은 억지를 쓰는 요나를 책망하지 않으시며, 그와의 대화를 단절할 의사도 없으시다. 이렇게 부드럽게 질문을 던지시는 것은 그에게 시간을 주며 생각하도록 하기 위한 배려이다(Smith & Page). 하나님은 요나가 지나친 자기 의(義)(excessive self-righteousness)에서 벗어나기를 기다리고 계신다(Simon). 그래야 요나가 하나님과 의미 있는 대화를 할 수 있기 때문이다.

B. 하나님의 실물교육(4:5-9)

⁵ 요나가 성읍에서 나가서 그 성읍 동쪽에 앉아 거기서 자기를 위하여 초막을 짓고 그 성읍에 무슨 일이 일어나는가를 보려고 그 그늘 아래에 앉았더라 ⁶ 하나님 여호와께서 박넝쿨을 예비하사 요나를 가리게 하셨으니 이는 그의 머리를 위하여 그늘이 지게 하며 그의 괴로움을 면하게 하려 하심이었더라 요나가 박넝쿨로 말미암아 크게 기뻐하였더니 ⁷ 하나님이 벌레를 예비하사 이튿날 새벽에 그 박넝쿨을 갉아먹게 하시매 시드니라 ⁸ 해가 뜰 때에 하나님이 뜨거운 동풍을 예비하셨고 해는 요나의 머리에 쪼이매 요나가 혼미하여 스스로 죽기를 구하여 이르되 사는 것보다 죽는 것이 내게 나으니이다 하니라 ⁹ 하나님이 요나에게 이르시되 네가 이 박넝쿨로 말미암아 성내는 것이 어찌 옳으냐 하시니 그가 대답하되 내가 성내어 죽기까지 할지라도 옳으니이다 하니라

일부 학자들은 5절이 요나의 회상(flashback)이거나, 위치가 잘못된 구절이라 생각한다(Stuart). 이렇게 생각하는 가장 큰 이유는 요나가 니느웨 성이 어떻게 되나 지켜보고 있었기 때문이다. 그러므로 이 구절은 하나님이 니느웨를 용서하신 것을 언급하고 있는 3:10 이전에 등장해야 한다는 것이다. 그러나 꼭 그렇게 생각할 필요는 없다. 요나가 성을 지켜보는 것은 이미 하나님이 그들을 용서하셨다는 것을 알고 난 후에 있었던 일이라 해도 별 문제가 없기 때문이다. 요나가 도시를 지켜보고 있다는 것에는 크게 두 가지 의미가 있을 수 있다. 첫째, 니느웨 사람이 지속적으로 회개하지 않을 것이라는 기대감이다(Kimchi, cf. Simon). 니느웨 사람이 다시 죄의 길로 들어서면, 요나는 하나님께 "내가 맞지 않습니까? 저런 인간들은 용서할 필요가 없습니다!"라고 말하며 자신의 입장을 정당화할 수 있는 것이다(Wolff, Sasson). 둘째, 요나가

더 원했던 것은 니느웨 사람이 다시 죄를 범하여 하나님 심판을 받아 소돔과 고모라처럼 멸망하는 것을 지켜보는 일이었다. 그는 니느웨 사람의 회개가 진심이 아니라고 생각하기에 니느웨에 지금이라도 심판이 내려야 한다고 생각하는 사람이다.

요나는 하나님의 질문에 대답하기를 거부하며 니느웨 성의 동쪽으로 갔다(5절). 하나님과의 대화를 일방적으로 깬 것이다(Trible). 요나는 창조주 하나님을 무시하며 자리를 박차고 일어난 참으로 무례한 사람이다. 놀라운 것은 하나님이 이런 요나를 용납하셨다는 것이다. 우리 같으면 비 오는 날에 먼지가 나도록 때렸을 텐데 말이다. 이것이 하나님의 오래 참음이고 자비이다. 만일 하나님이 법대로 혹은 감정대로만 하셨다면 아마 우리 중에 살아남을 사람이 몇이나 되겠는가? 그러므로 하나님이 요나를 대하시는 일을 보며 하나님이 우리를 대하시는 모습에 감사해야 한다.

요나는 니느웨 성에 들어갈 때 서쪽 문을 통해 들어왔으며, 성 서쪽에서 동쪽으로 이동하고 있었다(Goldman). 이제는 아예 동쪽 문을 통해 성을 빠져나갔다. 요나는 거기에 초막(סֻכָּה)을 짓고 성의 동태를 살폈다. 초막(סֻכָּה)은 이스라엘 백성이 광야에 거하면서 사용했던 임시 주거지이다. 나뭇가지 등으로 엉성하게 만든 것으로 천막과는 다른 개념이다. 천막은 거두어서 가지고 다니면서 다시 세우는, 더 튼튼하고 실용적인 것이었지만, 초막은 일단 해체하면 사용된 모든 재료는 다 버렸다. 유태인은 아직도 초막절에 초막을 만들어 광야시절을 기념한다. 요나가 텐트나 집을 짓지 않고 초막에 거하며 성을 지켜보고 있다는 것은 자기가 기대하는 일이 머지않아 있을 것을 확신하고 있기 때문이다(Simon).

그때 하나님이 요나를 가르치기 위해 실물교육(object lesson)을 준비하셨다. 간밤에 하나님이 요나의 초막 옆으로 박넝쿨(קִיקָיוֹן)이 자라게 해서 요나를 뜨거운 햇볕에서 보호하였다(6절). 우리말 성경의 '박넝쿨'

이라는 번역은 칠십인역의 '박'(κολοκύνθη)에서 비롯되었지만, 정확히 이 단어가 어떤 식물을 뜻하는지를 규명하기는 어렵다(Vg.= 담쟁이넝쿨, NIV= 넝쿨, NRS= 덤불). 대체로 크게 두 가지로 추측한다. 첫째, 박넝쿨과 같은 넝쿨 식물이다(개역; 새번역). 둘째, 아주까리와 같은 줄기 식물로 잎사귀가 매우 큰 것을 의미한다(공동번역).

어느 쪽을 택하든 중요한 것은 이 식물이 하룻밤 만에 쑥 자랐다는 것이다. 정상적인 수치로 자란 식물이 아니라 하나님이 베푸신 기적으로밖에 보이지 않는다. 기록에 의하면 제롬(Jerome)이 성경을 라틴어로 번역하면서 이 식물을 칠십인역의 '박넝쿨'에서 '아주까리'로 바꾸었을 때, 카르타고(Carthage)의 동쪽에 있던 도시 오애(Oea)에서 반란이 일어났다고 한다!(Kelley) 또한 이러한 견해의 차이는 제롬과 어거스틴(Augustine)의 관계를 매우 악화시켰던 것으로 알려졌다. 성인들도 종종 이처럼 별일 아닌 것에 생명을 건다. 우리도 본질이 아닌 것에 목숨을 걸고 있지는 않은지 점검해 보자.

요나도 이 식물이 하룻밤 사이에 자라 그늘을 마련해 주는 것을 하나님이 하신 일로 간주하고 매우 기뻐했다. 지금까지 요나서에 전개된 이야기 중 요나가 처음으로 기뻐하고 있다. 그것도 하찮은 식물의 성장을 즐거워하면서! 니느웨 사람의 구원은 물론이고 심지어 자신의 구원도 즐거워하지 않던 그가 지난밤에 자기 초막 옆에 자란 식물 때문에 기뻐하고 있다니! 물론 중동지방의 기온이 대낮이면 50℃까지 오른다는 것을 생각하면 기뻐하는 것이 이해가지 않는 것은 아니다. 그럼에도 선지자로서는 자격이 없는 사람처럼 느껴진다.

요나가 이처럼 하찮은 식물의 기적적인 성장을 보고 기뻐하는 데는 다른 이유가 있었다. 이 식물의 기적적인 성장을 하나님의 화해의 제스처로 생각했기 때문이다(Simon). 요나는 "드디어 하나님도 나의 관점을 이해하고 수용하셨구나!"라고 결론지었다. 요나는 처음으로 자신이 하나님과의 다툼에서 이겼다고 생각한 것이다(Smith & Page). 그러므로 이 순간 딱 한 가지를 기대하고 있다. 하나님이 거두신 심판을 니느웨에 다시 내리시는 일이다. 하나님이 잘못 생각했다며 화해의 제스처로 박넝쿨을 주셨으니 당연한 기대이다.

그러나 하나님의 의도는 달랐다. 하나님은 요나가 니느웨 사람의 입장이 되어서 지난 일을 생각해 주기를 유도하신다(Kidner). 그러므로 요나가 여호와께서 니느웨에 해야 한다고 생각하는 일(심판)을 하나님이 요나에게 하신다(Walton). 이 사건에서 하나님은 그동안 책 안에서 사용되어 왔던 이스라엘과의 특별한 관계를 상징하는 이름 '여호와'(יהוה)가 아니라 온 세상의 창조주이자 통치자임을 강조하는 이름 '하나님'(אלהים)으로 임하신다(7, 8절)(Allen). 그리고 6절은 전환점으로 '여호와 하나님'(יהוה־אלהים)이라는 복합적인 이름을 사용하고 있다(Walton, Bruckner).

1장에서 바다에 던져진 요나는 물고기에 의하여 구출되었다. 물고기 뱃속에 있는 동안 하나님께 무릎을 꿇어야 했다. 이로써 그의 구원이 순종으로 연결되었다. 이번 사건도 비슷한 결과를 초래할 것이라는 기대를 할 수 있다. 요나는 '박넝쿨'을 통해 다시 한 번 '구원'을 체험하고 있다. 이 '구원'도 그를 '복종'으로 인도할 수 있을 것인가 기대해 본다(Simon).

바로 그 순간 하나님이 요나를 가르치려고 준비해 두신 두 번째, 세 번째 에이전트들이 등장했다. 바로 넝쿨을 완전히 절단내는 벌레와 그나마 시들어가는 넝쿨을 완전히 말려버릴 사막의 바람이었다. 하룻밤만에 박넝쿨을 자라게 하신 분이 말씀으로 그 넝쿨을 순식간에 말려버릴 수도 있었지만, 벌레를 사용하신다. 하나님이 기적을 행하실 때는 가능하면 자연현상을 최대한으로 활용하시기 때문이다. 과거에는 하나님이 '큰 바람'과 '큰 물고기'를 사용하셨는데, 이번에는 아주 작은 벌레를 사용하신다. 하나님은 '큰 것'을 통치하실 뿐만 아니라 '작은 것'도 다스리시는 절대적인 권능자이다. 여호와는 바다의 큰 바람만을 부리는 분이 아니라, 육지(사막)의 작은 바람도 통치하는 분이신 것이다.

넝쿨의 그늘을 잃은 요나의 반응은 하나님이 기대하시던 것과 달랐다. 요나는 "이렇게 사느니 차라리 죽는 것이 더 낫겠습니다"라고 말하며 죽기를 원했다(8절). 요나의 고질병이 다시 도진 것이다. 이 선지자는 자기 맘에 들지 않는 일만 생기면 죽기를 원한다. 우리는 2장에서 물에 빠져 죽을지언정 하나님께 기도하기를 거부하던 요나를 보았다. 또 4장에서는 하나님이 니느웨에 내리려던 심판을 거두시자 차라리 죽여 달라고 항의하던 선지자를 보았다(4:3). 이제 자기가 주장하는 것을 하나님이 수용하지 않자 다시 죽기를 자청한다. 이런 인간을 끝까지 마다하지 않고 가르쳐서 사람 만들겠다고 하시는 하나님이 무한 감사하다. 하나님이 요나에게 하신 것처럼 우리를 대하실 때에도 끝까지 소망을 버리지 않고 가르치고 치유해 나가시기를 바랄 뿐이다.

하나님이 실망의 기색을 감추시고 묵묵히 요나에게 다시 한 번 물으신다. "박 넝쿨이 죽었다고 네가 이렇게 화를 내는 것이 옳으냐?" "네가 이렇게 화를 내는 것이 옳으냐?"(הֵיטֵב חָרָה־לְךָ)는 4절에서 하셨던 질문과 동일한 것이다. 앞에서 니느웨에 대한 심판을 거두어들이신 것에 대하여 요나가 제기했던 문제에 답하실 것을 암시한다. 이 질문은 또한 책의 중심 주제이기도 하다(Stuart). "우리는 하나님께 남들은 박대하고 우리만 환대해달라고 요구할 권한을 가지고 있는가?" 하나님은 '[하찮은] 박넝쿨에 대하여'(עַל־הַקִּיקָיוֹן)라는 말씀을 추가하여 요나의 어리석음을 극대화하며 동시에 마지막 펀치라인(punch line)을 준비하신다(Simon).

앞에서는 하나님의 질문에 침묵했던 요나가 이번에는 즉시 대답한다. "옳다뿐이겠습니까? 저는 화가 나서 죽겠습니다"(9절, 새번역). 요나의 대답을 어떻게 이해해야 하는가? 요나는 매우 큰 피해 의식에 사로잡혀 있다. 그는 하나님이 요나 자신을 대할 때보다 이방인인 니느웨 사람을 대할 때 더 관대했으므로 공평하지 않다고 생각하는 사람이다. 매우 한심한 상황이 전개되고 있다. 요나는 하나님이 은혜로 통치하는 세상에서 살기를 원하지 않았지만(1-3절), 은혜가 없는 세상에서도 살기를 원치 않는다(7-9절)(Wolff).

C. 하나님의 응답(4:10-11)

¹⁰ 여호와께서 이르시되 네가 수고도 아니하였고 재배도 아니하였고 하룻밤
에 났다가 하룻밤에 말라 버린 이 박넝쿨을 아꼈거든 ¹¹ 하물며 이 큰 성읍
니느웨에는 좌우를 분변하지 못하는 자가 십이만여 명이요 가축도 많이 있
나니 내가 어찌 아끼지 아니하겠느냐 하시니라

하나님은 니느웨 사람의 생명에는 관심이 없고, 오직 하찮은 박넝쿨
때문에 죽겠다고 나서는 요나에게 반문하신다.[12] 요나와 하나님에 대한
대조가 10-11절 하나님의 말씀에서 '너'(אַתָּה)와 '나'(אֲנִי) 대명사가 강조
되어 사용된 것에서 역력하게 드러난다. 또한 문장 구조에서도 그 대
조가 분명하다. 하나님은 수사학적인 질문을 사용하여 요나를 설득하
시려 한다. "네가 주장하는 것의 허구성을 생각해보라." 하나님은 요나
에게 "너는 박넝쿨을 사랑하기로 선택했지만, 나는 사람을 선택했다"
라고 말씀하시는 것이다(Kennedy).

네가 그처럼 이 식물을 아까워하는데	어찌 내가 아끼지 않겠느냐?
네가 수고하지도 않았고, 네가 키운 것도 아니며,	[내가 수고하며 키운]

---

12 한 주석가는 이 섹션의 구조를 다음과 같이 파악한다(Trible). 우리말로 번역하면 문장 순
서가 달라지기 때문에 영어로 표기한다.
And said Yahweh
A. You, you pitied for the plant
   B. which you did not plant and did not cause to be great,
      C. which became a child of the night and perished a child of the night.
A'. And I, shall not I pity for Nineveh the great city
   B'. which [has] in it many more than one hundred and twenty thousand humans
      C'. who do not know between his right hand and his left
         D. and animal[s] many?

그저 하룻밤 사이에 자라났다가 하룻밤 사이에 죽어 버린	하물며 좌우를 가릴 줄 모르는 사람들이 십이만 명도 더 되고 짐승들도 수없이 많은 이 큰 성읍 니느웨를

니느웨는 책이 시작할 때부터 '큰 도시'(הָעִיר הַגְּדוֹלָה)로 불렸다. 이 책이 끝나는 순간까지도 니느웨는 '큰 도시'(הָעִיר הַגְּדוֹלָה)로 불린다. 그러나 의미상에 변화가 있다. 책이 시작될 때 니느웨는 도시의 규모가 큰 만큼이나 '큰 죄악의 도시'였다. 반면 온 백성이 회개한 이 순간에 니느웨는 더 이상 '큰 죄악의 도시'가 아니라 하나님께 매우 '큰[소중한] 도시'가 되어 있다(Simon). 니느웨는 회개를 통해 신분상의 변화를 경험하게 된 것이다.

저자는 니느웨의 인구수를 12만 명으로 기록하는데, 12만 명의 정체와 숫자에 대해 논란이 많다. 하나님이 12만 명을 '좌와 우를 구분하지 못하는 자들'로 규정하는 것에 근거하여 이 숫자는 아이들 인구를 뜻하는 것으로 해석하기도 한다(Keil). 이 경우 전체적인 인구는 60만 명에 달할 수 있다. 다른 사람들은 12만 명에 아이들도 포함되어 있다고 생각한다(Wolff, Baldwin). 어찌 되었건 12만 명 자체도 그 당시 니느웨 성의 인구로는 너무 많다는 견해가 일반적이다. 그래서 이 숫자를 '수많은 사람'을 뜻하는 상징으로(Youngblood, Simon), 혹은 주변의 변두리 성읍의 인구까지 합한 숫자로 보는 견해도 있다(Wiseman). 그러나 산헤립 시대에는 니느웨와 그 근교에 30만 명이 살았다는 기록도 있다(Sasson).

책이 질문으로 끝나는 것에 대하여 많은 사람이 못마땅하게 생각하지만, 매우 예술적이면서도 독자로 하여금 무언가를 생각하게 하는 끝맺음이라 하겠다. 우리는 믿지 않는 사람을 어떻게 생각하고 있는가? 세상 사람을 어떻게 대하고 있는가? 혹시 우리도 요나처럼 구원은 우리만의 전유물이지 악하고 못된 세상 사람을 위한 것이 아니라고 생각하고 있는 것은 아닌지 두렵다. 요나서는 결론을 주지 않는 책이다. 마지막 질문은 답이 없다. 다만 풍부한 하나님의 자비를 깨닫는 자만이 답할 수 있다(Ellul). 저자는 각자 자신의 삶에서 이 질문을 답하라고 격려하고 있다(Smith & Page).

하나님은 이 마지막 섹션에서 요나에게 이런 질문을 던지신다. "창조주인 내가 사람들에게 자비와 긍휼을 베푸는 것에 인간인 너의 허락을 받아야 하느냐?"(Baldwin). 하나님은 똑같은 질문을 우리에게 하고 계신다. 하나님이 은혜를 베푸시는 일에 우리의 허락을 받아야 하는가? 만일 요나처럼 그렇다고 대답한다면, 우리는 회개해야 한다. 하나님은 자신의 주권에 따라 스스로 운행하는 분이시다. 오히려 인간의 허락에 따라 은혜를 베풀지 않고 자신의 의지와 긍휼에 따라 은혜를 베푸신다는 것이 우리에게 위로가 되고 소망이 되지 않는가? 하나님이 왜 우리만 사랑하셔야 하는가? 하나님은 다른 사람도 사랑하신다. 그것도 매우 많이! 한 사람이 하나님께 질문했다. "하나님, 인간을 얼마나 사랑하세요?" 하나님이 자리에서 일어나시더니 양쪽으로 팔을 활짝 펴시면서 "이만큼!" 하시고는 십자가에서 죽으셨다. 내가 하나님께 소중하다면, 타인도 하나님께 소중한 존재라는 것을 인정하는 것도 매우 중요하다.